[redacted]

RECHTSANWÄLTE

[redacted]

D1985478

[redacted]

[redacted]

Neue MaRisk

4. Auflage

in der Reihe:

Bearbeitungs- und Prüfungsleitfaden

Prozesse prüfen * Risiken vermeiden * Fehler aufdecken
→ Handlungsempfehlungen ableiten

Finanz Colloquium Heidelberg, 2018

Zitiervorschlag:

Autor in: Berndt/Klein (Hrsg.), Neue MaRisk, 4. Auflage 2018, RdNr. XX.

Download der Checklisten als Word-Dateien unter www.FC-Heidelberg.de
im persönlichen Benutzerbereich (Menüpunkt Mein FCH):
Zugangscode oTKv4

ISBN: 978-3-95725-081-0

Im Bosseldorn 30, 69126 Heidelberg
www.FC-Heidelberg.de
info@FC-Heidelberg.de

Titelfoto: Silberberg GmbH Montafon
Satz: MetaLexis, Niedernhausen
Druck: STRAUSS GmbH, Mörlenbach

Bearbeitungs- und Prüfungsleitfaden

Neue MaRisk

4. Auflage

Axel Becker
Leiter Revision
SÜDWESTBANK AG

Michael Berndt (Hrsg.)
Partner
Ernst & Young GmbH Wirtschaftsprüfungsgesellschaft

Florian Brand
Senior Manager
Ernst & Young GmbH Wirtschaftsprüfungsgesellschaft

Ingo Carvalho Nunninger
Abteilungsleiter Risikocontrolling
Sparkasse Odenwaldkreis, Erbach

Prof. Dr. Leo Cremer
Hochschule RheinMain, Wiesbaden

Frank Cürlis
Direktor
Santander Consumer Bank AG

Dr. Andrea Ehrenheim
Stv. Direktorin
Leiterin Kommunikation und Vorstandsstab sowie
zentrale Dienstleistersteuerung
Landesbank Saar, Saarbrücken

Andreas Hessel
Informationssicherheitsbeauftragter
Landesbank Saar, Saarbrücken

Jan-Arne Hoffmann
Vorstandsvorsitzender
Volks- und Raiffeisenbank eG, Wismar

Adam Hormanski
Principal Project Manager
Commerzbank AG

Dr. Jochen Klein (Hrsg.)
Chefsyndikus
Direktor, Leiter Recht und Services
Landesbank Saar, Saarbrücken

Helge Kramer
Mitglied des Vorstandes
Frankfurter Bankgesellschaft (Deutschland) AG

Thomas Krebs
Leiter Revision
Taunus Sparkasse

Prof. Dr. Marcus Martin
Studiengangs- und Prüfungsausschussleiter M. Sc. Business Mathematics
Technische Hochschule Mittelhessen

Dr. Stephan Neumann
Informationssicherheitsmanagement
Landesbank Saar, Saarbrücken

Dr. Jürn Schmelzer
Leiter der Umsetzung BCBS 239, Risikocontrolling
Deka Bank, Frankfurt

Philip Stegner
Ernst & Young GmbH Wirtschaftsprüfungsgesellschaft

Christian Stevens
Stv. Informationssicherheitsbeauftragter
Landesbank Saar, Saarbrücken

Dr. Max Weber
Partner
Ernst & Young GmbH Wirtschaftsprüfungsgesellschaft

Dr. Carsten Wehn
Leitung Modellvalidierung
Deka Bank

Unter Mitarbeit von:

Carsten von Drathen
Senior Manager
Ernst & Young GmbH Wirtschaftsprüfungsgesellschaft

Steffen Laufenberg
Executive Director
Ernst & Young GmbH Wirtschaftsprüfungsgesellschaft

Gordon Mantell
Ernst & Young GmbH Wirtschaftsprüfungsgesellschaft

Jürgen Siegl
Ernst & Young GmbH Wirtschaftsprüfungsgesellschaft

Finanz Colloquium Heidelberg, 2018

Inhaltsübersicht

Inhaltsverzeichnis

Vorwort der Herausgeber

Liebe Leserinnen und Leser,

als die aktuelle fünfte Novelle der Mindestanforderungen an das Risikomanagement (MaRisk) im Oktober 2017 von der Bundesanstalt für Finanzdienstleistungsaufsicht (BaFin) veröffentlicht wurde, war dem ein langes Konsultationsverfahren vorausgegangen. Bereits im Februar 2016 hatte die BaFin begonnen, ihre damals schon konkreten Überlegungen zu einer Überarbeitung der MaRisk insbesondere mit Vertretern von Kreditinstituten und Finanzdienstleistungsinstituten, Verbandsvertretern und Prüfern zu diskutieren. Die teilweise kontrovers geführten Gespräche haben aus Sicht der Institute zu begrüßenswerten Änderungen der ursprünglichen Ansätze der Aufsicht geführt. So ist durch die Dialogbereitschaft der Aufsicht, aber auch durch die Hartnäckigkeit und Überzeugungsfähigkeit der beaufsichtigten Institute und ihrer Vertreter nicht zuletzt den berechtigten Interessen kleinerer Institute stärker Rechnung getragen worden. Die anfänglichen Befürchtungen der Praxis, die Neuerungen der MaRisk-Novelle nicht oder nur mit enormem, unverhältnismäßigem Aufwand umsetzen zu können, sind dadurch nicht vollumfänglich eingetreten.

Für die BaFin waren im Wesentlichen drei Faktoren für die Überarbeitung der bisher geltenden MaRisk-Fassung 2012 ausschlaggebend. Wie seit der Finanzmarktkrise zunehmend üblich, kam dabei internationalen Entwicklungen eine besondere Rolle zu. So wollte die BaFin zunächst die in dem 2013 veröffentlichten Papier BCBS 239 (»Grundsätze für die effektive Aggregation von Risikodaten und die Risikoberichterstattung«) enthaltenen Standards des Baseler Ausschusses für Bankenaufsicht in die deutsche Aufsichtspraxis überführen. Dann wollte die BaFin internationalen Veröffentlichungen zur Weiterentwicklung der Risikokultur der Institute in den MaRisk Rechnung tragen. Dabei ließ sich die BaFin maßgeblich von dem 2014 erschienenen Papier »Guidance on Supervisory Interaction with financial institutions on Risk Culture« des Financial Stability Board (FSB) leiten. Und schließlich sollten die eigenen Erfahrungen der BaFin aus der neueren Aufsichtspraxis in die MaRisk-Novelle einfließen. Dies hat nicht zuletzt zu Anpassungen der für Auslagerungen geltenden MaRisk-Regelungen geführt.

Die MaRisk-Novelle 2017 ist mit ihrer Veröffentlichung am 27. Oktober 2017 in Kraft getreten. Für ausgewählte Änderungen hat die BaFin jedoch abweichende Umsetzungsfristen eingeräumt und damit den Instituten angemessenere Reaktionszeiträume zugestanden. Darüber hinaus hat die BaFin für Ausnahmefälle auch ihre Bereitschaft signalisiert, mit Instituten individuelle Umsetzungsfahrpläne zu vereinbaren.

Der vorliegende Bearbeitungs- und Prüfungsleitfaden soll – nun bereits in vierter Auflage – Bankpraktiker und Prüfer im Umgang mit den neuen MaRisk unterstützen. Dazu gehen die Autoren vertiefend auf die neuen Regelungen ein und ordnen sie in den Kontext der bereits bekannten, fortbestehenden MaRisk-Vorschriften ein; zudem geben die Autoren konkrete Handlungsempfehlungen zur Weiterentwicklung des Risikomanagements und zu den Prozessabläufen. Zahlreiche, für die Schriftenreihe der Bearbeitungs- und Prüfungsleitfäden charakteristische Checklisten ermöglichen eine schnelle, strukturierte Orientierung. Zudem können die Checklisten internen und externen Prüfern, aber auch den zuständigen ein *Self-Assessment* durchführenden Fachbereichen, Anregungen für ein mögliches Prüfungsraster geben.

Der Umfang der vorliegenden vierten Auflage des Bearbeitungs- und Prüfungsleitfadens hat im Vergleich zu den Vorauflagen nochmals zugenommen. Dafür sind im Wesentlichen die neuen oder angepassten Regelungen der MaRisk verantwortlich, deren Kommentierung viel Raum gegeben worden ist. Zudem ist erstmals der komplette Text der MaRisk als Anlage beigefügt worden, um ein schnelles Nachschlagen zu ermöglichen.

Trotz des erweiterten Umfanges des Leitfadens sind wir stolz, dass es uns mit dieser Neuauflage erneut gelungen ist, ein Buch vorzulegen, dass die aktuellen MaRisk vollständig behandelt und dabei nicht nur inhaltlich, sondern auch von seinen Dimensionen her praxistauglich ist – ein in der Bibliothek verstaubender »Wälzer« soll unser Leitfaden nicht sein!

Abschließend gilt unser besonderer Dank den Autoren dieses Leitfadens für ihr Engagement und die (erneut) sehr konstruktive Zusammenarbeit bei der Erstellung dieser Neuauflage. Mit ihrer langjährigen Bankexpertise ist es den Autoren gelungen, einen fundierten, praxisorientierten Bearbeitungs- und Prüfungsleitfaden über die MaRisk 2017 zu erstellen. Die vergleichsweise hohe Anzahl von Autoren hatte dabei wieder zwei Vorteile. Zum einen war es möglich, die Bearbeitung jedes MaRisk-Moduls einem diesbezüglichen Spezialisten zuzuweisen. Zum anderen konnte die Erstellung des Manuskriptes sprichwörtlich auf viele Schultern verteilt werden, was eine Grundvoraussetzung dafür war, dass das Werk bereits ein gutes halbes Jahr nach Veröffentlichung der MaRisk-Novelle erscheinen konnte.

Wir wünschen Ihnen, liebe Leserinnen und Leser, eine erkenntnisreiche und in Ihrer Praxis verwertbare Lektüre. Über Anregungen und sonstige Kommentierungen dieses Leitfadens würden wir uns freuen.

Michael Berndt Dr. Jochen Klein

Frankfurt/M. und Saarbrücken, im April 2018

I.

Allgemeiner Teil

I. Allgemeiner Teil

1. AT 1 Vorbemerkung

1.1. Internationale Ebene

1 Als Reaktion auf die seit 2007 tief greifende Finanzmarktkrise wurden eine ganze Reihe international abgestimmter Regulierungsinitiativen in die Wege geleitet, die die Stabilität der Finanzmärkte maßgeblich erhöht haben. Den entscheidenden Anstoß gab dabei das Financial Stability Forum (FSF) im April 2008, mit dem nach seinem Vorsitzenden benannten Draghi-Report[1]. In seinem Report richtet das FSF insgesamt 67 Empfehlungen zur Stabilisierung der Finanzmärkte an die G20-Staaten, zu deren Umsetzung sich unter anderem auch Deutschland freiwillig verpflichtet hat. Dabei empfiehlt das FSF eine grundsätzlich stärkere Beaufsichtigung des Kapital-, Liquiditäts- und Risikomanagements sowie eine deutliche Verbesserung hinsichtlich der Transparenz und der verwendeten Bewertungsstandards.

2 Die umfangreichen Empfehlungen des FSF führten in der Folge zu diversen Anschlussarbeiten auf internationaler Ebene. Vom Basel Committee on Banking Supervision (BCBS) wurden im September 2008 mit den »Principles for Sound Liquidity Risk Management and Supervision« speziell für die Liquiditätsrisikosteuerung dezidierte Vorgaben und Empfehlungen ausgesprochen. In diesen Prinzipien werden sowohl die Verantwortung und die Grundzüge eines Liquiditätsrisikomanagements verdeutlicht als auch konkrete Anforderungen an die Messung bzw. Steuerung der Liquiditätsrisiken sowie die damit verbundene Offenlegung und die Rolle der Aufsicht beschrieben. In den ebenfalls vom BCBS veröffentlichten »Principles for Sound Stress Testing Practices and Supervision« nahm sich der Baseler Ausschuss im Januar 2009 den während der Finanzkrise zu Tage getretenen Schwachstellen bei den bestehenden Stresstesting-Modellen an. Die überraschende Stärke und Dauer der aktuellen Krise hat es erforderlich gemacht, dass sowohl die Institute selbst als auch die Aufsichtsbehörden den Aufbau und Einsatz der Modelle einer kritischen Überprüfung unterziehen. Die ersten sechs Empfehlungen des BCBS erfassen daher die Integration und Anwendung von Stresstests in die Risk Governance eines Instituts. Die folgenden neun Empfehlungen beschreiben detaillierter die Methodik der Stresstests und die entsprechende

1 Report of the Financial Stability Forum on Enhancing Market and Institutional Resilience, July 2008.

Szenarioauswahl. Die letzten sechs Empfehlungen zur Verbesserung der Kontrolle von Stresstests sind wiederum direkt an die Aufsichtsbehörden adressiert.

3 Die Empfehlungen des Draghi-Reports sind auch in die Beschlüsse der beiden Gipfeltreffen der G20, dem internationalen Forum für Wirtschaftsfragen in London und Pittsburgh im Jahr 2009, eingeflossen. Zur Operationalisierung der Beschlüsse wurde auf dem Gipfel in London beschlossen, das Financial Stability Forum als Financial Stability Board (FSB) weiterzuführen. Ziel des FSB ist es, die internationale Zusammenarbeit der nationalen Aufsichtsbehörden zu stärken sowie eine effiziente Regulierung und Überwachung im Interesse der Finanzstabilität zu erzielen. Über das FSB werden Vorschläge zu neuen aufsichtsrechtlichen Vorschriften und regulatorischen Anforderungen an das Europäische Parlament weitergegeben. Im April und September 2009 veröffentlichte das FSB beispielsweise mit den »Principles for Sound Compensation Practices« bzw. den »Implementation Standards« weitere Empfehlungen hinsichtlich der künftigen Ausgestaltung von Vergütungs- und Anreizsystemen, die in Deutschland Eingang in die 2. MaRisk Novelle vom 14. August 2009 fanden. Die Empfehlungen zielen darauf ab, die Anreize für exzessive Risikoübernahmen einzuschränken, indem der Verbindung zwischen Vergütung und Risiko ein höherer Stellenwert eingeräumt wird. Davor wurden in den meisten Instituten die Vergütungssysteme völlig losgelöst von den Risikomanagementsystemen betrachtet. Diese fehlende Verbindung hat unter anderem den Anreiz verstärkt, zu Gunsten kurzfristiger Erfolge äußerst riskante Geschäfte einzugehen. Ein Einfluss der hiermit verbundenen langfristigen Risiken auf die Vergütung der Mitarbeiter war dabei in Vergangenheit weitestgehend nicht vorgesehen. Die vom FSB zur regelmäßigen Überwachung des Umsetzungsfortschritts gegründete Compensation Monitoring Contact Group (CMRC) kam im Rahmen des Fortschrittsberichts vom Juni 2012[2] zum Ergebnis, dass die meisten Mitgliedsländer die Principles und Standards in die jeweiligen nationalen aufsichtsrechtlichen Regularien bereits integriert haben.

4 Im Rahmen einer Untersuchung in Hinblick auf die Implementierung von Maßnahmen zur Behebung der in der Finanzmarktkrise identifizierten Schwächen in der Risk Governance der Institute, hat das FSB im Februar 2013 notwendige Anschlussarbeiten vorgeschlagen und verschiedene Vorgaben und

2 *FSB,* Implementing the FSB Principles for Sound Compensation Practices and their Implementation Standards, June 2012.

Empfehlungen zur Verbesserung der Risk Governance veröffentlicht[3]. Diese zielen insbesondere auf die Erhöhung der Wirksamkeit der Risikoüberwachung durch die Leitungsgremien, der Verbesserung des Status der Risikomanagement-Funktion und der Gewährleistung einer wirksamen Überwachung der Risikobeherrschung durch die Aufsichtsbehörden.

Im November 2013 publizierte das FSB Mindestanforderungen an ein effekti- 5
ves »Risk Appetite Framework[4]«. Das Framework zielt darauf ab, ein allgemeines Verständnis für den Begriff des Risikoappetits zu etablieren und beinhaltet Begriffsdefinitionen und Richtlinien (z. B. quantitative Risikolimite, klar definierte Aufgaben und Rollen der Geschäftsführung und des Managements oder klare Aussagen zum Risikoappetit des Instituts).

Eine weitere Schärfung der Risk Governance von Instituten erfolgte im April 6
2014 mit der Veröffentlichung eines Leitfadens zur Risikokultur[5]. Der Leitfaden nennt vier Indikatoren für eine angemessene Risikokultur von Instituten, die im Rahmen der Aufsicht berücksichtigt werden sollten, die jedoch nicht als abschließende Aufzählung zu verstehen sind und gesamtheitlich und in gegenseitiger Abhängigkeit zu sehen sind: Die Leitungskultur (Tone from the top), die Verantwortlichkeiten der Mitarbeiter (Accountability), die offene Kommunikation einschließlich eines kritischen Dialogs (Effective Communication and Challenge) sowie angemessene Anreizstrukturen (Incentives).

Im Vorfeld des G-20 Gipfels in Hamburg am 7./8. Juli 2016 hat das FSB 7
verschiedene weitere Dokumente und Berichte veröffentlicht, die darauf hinwirken sollen, neu entstehende Risiken für die Finanzstabilität frühzeitig zu erkennen, zu bewerten und zu adressieren (u. a. Empfehlungen zur Reduzierung der verbliebenen Risiken im Schattenbankensektor, ergänzende Leitlinien zum Einsatz von Vergütungsinstrumenten für die Verhinderung von Fehlverhalten).

Neben dem FSB hat auch der Basler Ausschuss für Bankenaufsicht die auf 8
den G20 Gipfeln gefassten Beschlüsse aufgegriffen, konkretisiert und internationale Richtlinien wie auch Empfehlungen ausgearbeitet. Seit dem G20 Gipfel im April 2009 in London wurden alleine im dritten und vierten Quartal 2009 mindestens zweimonatlich neue Regulierungsanforderungen veröffentlicht. Die Prinzipien und Empfehlungen sind in die Überarbeitung des

3 Thematic Review on Risk Governance, February 2013.

4 Thematic Review on Risk Governance, February 2013.
Principles for an effective risk appetite framework, November 2013.

5 »Guidance on Supervisory Interaction with Financial Institution on Risk Culture« (2014, FSB).

Basel-II-Rahmenwerks eingeflossen, dessen finale Fassung der Basler Ausschuss im Juli 2009 veröffentlicht hat[6]. Die Änderungen im Rahmen der Säule II umfassen vor allem das institutsweite Risikomanagement und die Risikoüberwachung sowie im Besonderen das Management von Liquiditäts- und Konzentrationsrisiken. Im Dezember 2009 wurden zwei Konsultationspapiere zur Umsetzung der G20 Beschlüsse und damit zur Stärkung der globalen Kapital- und Liquiditätsvorschriften und Erhöhung der Widerstandskraft des Bankensektors veröffentlicht[7]. In der ersten Jahreshälfte 2010 wurde dann auf Basis dieser Konsultationspapiere eine weitere quantitative Auswirkungsstudie (Quantitative Impact Study, QIS), an der 263 Banken aus 23 Mitgliedsländern teilnahmen, durchgeführt. Die Ergebnisse, welche die Grundlagen für die anschließende finale Überarbeitung der bestehenden Basel II Regelwerke und eine Kalibrierung der Konsultationspapiere bilden, wurden am 16. Dezember 2010 veröffentlicht.

9 Mitte September 2010 hat der Basler Ausschuss in seiner Sitzung über die künftigen internationalen regulatorischen Eigenkapital- und Liquiditätsstandards (Basel III) beraten und sich auf eine Kompromisslinie hinsichtlich der Ausgestaltung einzelner Parameter und der zeitlichen Übergangsfristen auf die neuen Regelungen geeinigt. Die hierbei vom Basler Ausschuss festgelegten Regelungen wurden auf dem G20 Gipfel am 11. November 2010 in Seoul verabschiedet, am 16. Dezember 2010 veröffentlicht und dann stufenweise in den Folgejahren von den nationalen Aufsehern umgesetzt.

10 Das Thema Internal Governance wurde vom BCBS erstmals im Oktober 2010 mit der Veröffentlichung der »Principles for enhancing corporate governance«[8] thematisiert. Aufbauend auf dem FSB Dokument »Guidance on Supervisory Interaction with Financial Institution on Risk Culture« fordert der Basler Ausschuss in seiner im Juli 2015 überarbeiteten Fassung der »Corporate governance principles for banks« für jedes Institut ein Risk Governance Framework, das insbesondere eine methodische Ableitung des Risikoappetits und eine Definition der Risikokultur beinhaltet.

11 Im Januar 2013 hat der Basler Ausschuss die »Grundsätze für die effektive Aggregation von Risikodaten und die Risikoberichterstattung« veröffentlicht (BCBS 239). Das Dokument besteht aus elf Grundsätzen, die sich auf die

---

6 Enhancements to the Basel II framework, July 2009.

7 Strengthening the resilience of the banking sector, December 2009; International framework for liquidity risk measurement, standards and monitoring, December 2009.

8 *Basel Committee on Banking Supervision:* »Principles for enhancing corporate governance«, October 2010.

Gesamtunternehmensführung und Infrastruktur, die Risikodatenaggregationskapazitäten und die Risikoberichterstattung beziehen. Das Papier richtet sich an global und national systemrelevante Banken und fordert neben der Genauigkeit und Integrität der Daten, eine schnellere Erstellung der Risikoberichte, Transparenz über Daten, Prozesse und Gesamtrisikoberichterstellung sowie einen einheitlichen Datenhaushalt.

Nach mehreren Jahren der Konsultation und intensiven Verhandlungen hat der Baseler Ausschuss am 7. Dezember 2017 das überarbeitete und endgültige Reformpaket[9] zu Basel III veröffentlicht. Mit den neuen Baseler Regelungen, die zum 1. Januar 2022 angewendet werden sollen, ist die übergreifende Reform der globalen Bankenregulierung nach der Finanzkrise abgeschlossen. 12

Ein Kernziel des finalen Regelwerkes ist die Erzielung von transparenten und vergleichbaren Berechnungen der risikogewichteten Aktiva bzw. die Vermeidung unangemessener Abweichungen in den Berechnungsergebnissen der Banken. Das während der Finanzkrise geschwundene Vertrauen in die Berechnung der risikogewichteten Aktiva soll durch einen robusteren und risikosensitiveren Standardansatz für das Kredit- und operationelle Risiko, die Beschränkung der Verwendung interner Modelle und die Komplementierung der risikogewichteten Eigenkapitalquote durch eine finalisierte Verschuldungsquote und einen überarbeiteten und robusteren Output-Floor wiederhergestellt werden. 13

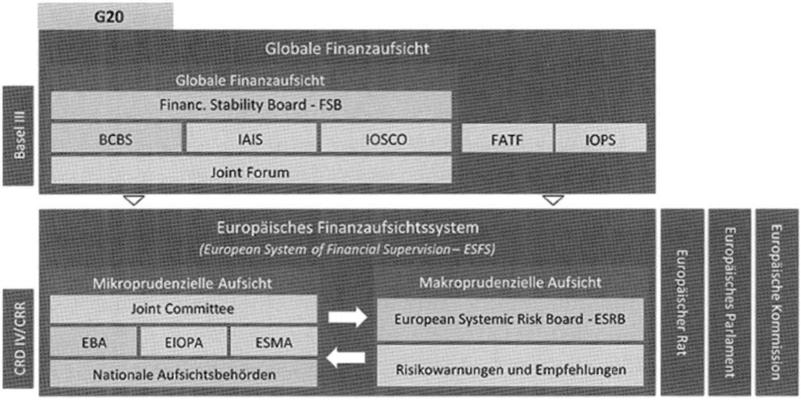

Abbildung 1: Institutionen der internationalen Finanzaufsicht

9 Basel III: »Finalising post-crisis reforms«, 7. Dezember 2017.

1.2. EU-Ebene

14 Neben den Arbeiten auf internationaler Ebene des FSBs und des Basler Ausschusses liegen die Gründe für die erneute Überarbeitung der MaRisk insbesondere in umfangreichen europäischen Regulierungsvorhaben, die im Rahmen der letzten MaRisk-Anpassung keine Berücksichtigung mehr fanden. Neben der Umsetzung der Vorgaben des Basler Ausschusses, welcher für die Institute einheitliche Regelungen unter anderem in den Bereichen Risikodatenaggregation und -berichterstattung sowie Risiko-Governance veröffentlichte, stehen unter anderem die EBA Guidelines für einen einheitlichen Überprüfungs- und Überwachungsprozess im Fokus europäischer Bankenaufsicht. Außerdem wurde die Gesetzgebung im Rahmen der Capital Requirements Regulation (CRR) weitestgehend neu gefasst.

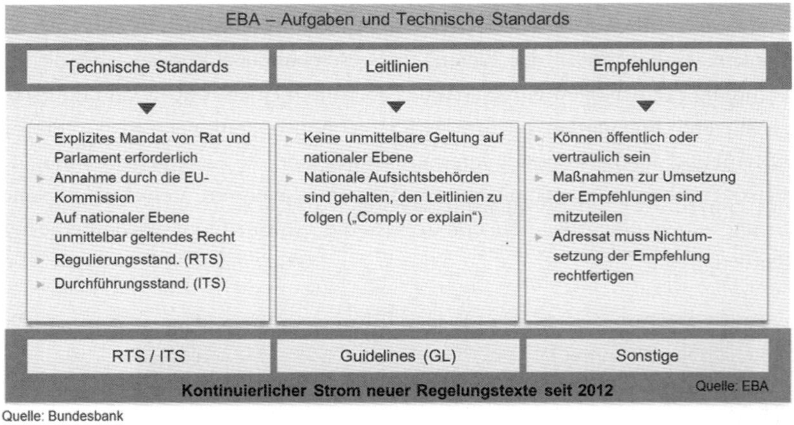

Abbildung 2: Publikationen der EBA

15 Zum 1. Januar 2014 ist das CRD IV Reformpaket zur Umsetzung der bis dahin finalisierten Basel III-Vorschriften innerhalb Europas in Kraft getreten. Das Reformpaket besteht aus der Richtlinie Capital Requirements Directive IV[10] sowie der (unmittelbar anwendbaren) Verordnung Capital Requirements Regulation (CRR)[11]. Die Richtlinie beinhaltet unter anderem auch die Regelungen zum Internal-Capital-Adequacy-Assessment-Process (ICAAP)

10 »DIRECTIVE 2013/36/EU on access to the activity of credit institutions and the prudential supervision of credit institutions and investment firms«, 26. Juni 2013.

11 »REGULATION (EU) No 575/2013 on prudential requirements for credit institutions and investment firms«, 26. Juni 2013.

und zum Supervisory-Review-and-Evaluation-Process (SREP) aus der Säule 2 des Basler Papiers.

In der CRD IV wurden eine Reihe von Vorschriften zur Verbesserung der Corporate Governance, die u. a. auf das »Grünbuch Europäischer Corporate Governance-Rahmen« der Europäischen Kommission aus dem Frühjahr 2011 zurückgehen, festgelegt. Durch die Finanzkrise ist deutlich geworden, dass bei der internen Risikosteuerung der Institute, durch die Geschäftsleiter und Aufsichtsorgane erhebliche Defizite vorlagen. 16

Ein wesentliches Ziel der Corporate Governance Anforderungen der CRD IV ist es, die Wirksamkeit der Überwachung der institutsinternen Kontrollen und Entscheidungsprozesse durch die Leitungsgremien zu stärken. Umsetzung soll dies in der Einrichtung einer separaten Compliance Funktion bis hin zum Einsatz von Risikoausschüssen finden. Zudem wurden Anforderungen an die Zusammensetzung und Qualifikation der Geschäftsleitung und der Aufsichtsräte erweitert. 17

Ferner wurde die Einrichtung einer vom operativen Geschäft unabhängigen Risikomanagement-Funktion gefordert, an deren Spitze eine unabhängige Führungskraft steht, die eigens für diese Funktion zuständig ist und nur mit Zustimmung des Aufsichtsrats abbestellt werden kann. 18

Eine Folge der CRD IV ist, dass die Entwicklung und Förderung einer angemessenen Risikokultur durch die Geschäftsführung eines Unternehmens festgelegt und gesteuert wird. Da Defizite in der Unternehmensführung das Eingehen unverhältnismäßig hoher Risiken gefördert haben, ist der Erwägungsgrund 54 der CRD IV ein wichtiges Instrument zur Steuerung der Risikokultur. Mit dem Erwägungsgrund werden diverse Grundsätze und Standards festgelegt, um eine wirksame Kontrolle von Risiken durch die Leistungsorgane zu gewährleisten. Der europäische Gesetzgeber fordert im Rahmen des Erwägungsgrunds die Einführung und Umsetzung einer soliden Risikokultur innerhalb der EU-Mitgliedstaaten, welche als Teil des Risikomanagements alle Unternehmensebenen fördert. 19

Auch die europäische Bankenaufsicht EBA hat im September 2011 mit den »EBA Guidelines on Internal Governance«[12] ein Regelwerk vorgelegt, demzufolge eine Compliance-Funktion einzurichten ist. Diese soll auf die Einhaltung von gesetzlichen Bestimmungen und sonstigen Vorgaben ausgerichtet werden und sich mit den Risikomanagement-Bestimmungen auseinandersetzen. Au- 20

12 »EBA Guidelines on Internal Governance (GL 44)«, 27. September 2011.

ßerdem soll sie die Vorgaben für die Compliance-Funktion und das Risikocontrolling präzisieren. Die Guidelines beinhalten zudem Anforderungen an die Ausgestaltung der Risikokultur, deren Bedeutung für die Institute im Rahmen der 2014 veröffentlichten Leitlinien zu gemeinsamen Verfahren und Methoden für den aufsichtlichen Überprüfungs- und Bewertungsprozess nochmals hervorgehoben wird.

21 Die EBA hat die Leitlinie zur Internal Governance zwischenzeitlich überarbeitet und im September 2017 eine neue Version[13] veröffentlicht. Hintergrund der Überarbeitung waren u. a. umfangreiche Governance-Anforderungen an eine effiziente und effektive Unternehmensführung, die aus der CRD IV resultieren. Die Leitlinien betonen die Eindeutigkeit und Transparenz in den Aufgabenverteilungen und den Verantwortlichkeitsstrukturen der Geschäftsleitung und der Überwachungsorgane (Aufsichtsrat oder Verwaltungsrat) aber auch dem Risikomanagement, Compliance und der Internen Revision als Grundvoraussetzung für eine angemessene Risikokultur. Ferner sollen die Institute sogenannte Corporate Values und Code of Conducts festlegen, die dazu beitragen sollen, dass die Durchführung aller Aktivitäten mit deren Vorgaben in Übereinstimmung stehen und insbesondere die Schwellen der festgelegten Risikobereitschaft beachtet werden. Gesondert betont wird, dass intransparente Gruppenstrukturen und Transaktionen nach Möglichkeit vermieden, zumindest aber transparent dargestellt werden sollen und begründet werden müssen. Daraus abgeleitet wird das Know Your Structure Prinzip für das Leistungsorgan unterstrichen.

22 Am 19.12.2014 hat die EBA die Guidelines zum Supervisory Review and Evaluation Process vorgelegt und beschreibt damit ihre Erwartungshaltung an einen ganzheitlichen Überwachungs- und Bewertungsprozess. Dabei sollen nicht nur die Systeme der Bank zur Identifizierung, Messung, Steuerung und Überwachung der Risiken durch die Institute beurteilt werden. Wesentliche Bestandteile des ganzheitlichen Ansatzes sind eine Beurteilung der Geschäftsmodelle auf Rentabilität und Nachhaltigkeit sowie der Internal Governance und des Internen Kontrollsystems einer Bank. Ergebnis des entsprechend Größe, Komplexität, Struktur etc. der Institute jährlich, mindestens aber alle drei Jahre durchzuführenden Beurteilungsprozesses, ist es Scorewerte für die einzelnen Beurteilungsbausteine (Geschäftsmodell, Interne Governance und Kontrollsystem, Kapitalrisiken, Liquiditätsrisiken) sowie einen Gesamtscore festzulegen. Auf Basis der Ergebnisse des SREP sind entspre-

13 »Guidelines on internal governance under Directive 2013/36/EU (EBA/GL/2017/11)«, 26. September 2017.

chend zusätzliche Kapitalanforderungen, sog. Pillar 2 Requirements festzulegen. Die SREP Leitlinie befindet sich derzeit in Überarbeitung. Unter anderem sollen die zusätzlich festzulegenden Kapitalanforderungen in »harte« Pillar 2 Requirements und »etwas weichere« Pillar 2 Guidance unterteilt werden.

Der SREP stellt den bankaufsichtlichen Überprüfungs- und Evaluierungsprozess in den Mittelpunkt der präventiven risikoorientierten Aufsicht. Unter anderem werden die Themen Sachverhaltsaufklärung mit anschließender Auswertung und zukunftsgerichteter Bewertung aktueller und potentieller Risiken, sowie die zusammenfassende und zukunftsgerichtete Beurteilung von Informationen aufgenommen. 23

Quelle: EBA

Abbildung 3: Aufbau der SREP Leitlinie

Des Weiteren hat die EBA in den letzten Jahren verschiedene Leitlinien, z. B. zum Zinsänderungsrisikomanagement zu den institutsinternen Stresstests, zu Aspekten des Liquiditätsrisikos oder zu Risiken aus Informations- und Kommunikationsrisiken veröffentlicht und weiterentwickelt. 24

Seit Ende 2016 wird auf EU Ebene zudem die Neufassung der Capital Requirement Directive (CRD V) und der Capital Requirement Regulation (CRR 2) verhandelt. Während in der CRR 2 insbesondere die im Nachgang zum ersten Basel III Paket aus 2010 weiteren Reformen der Eigenmittelanforderungen sowie der Liquiditätsanforderungen einfließen sollen, stärkt die CRD V den Aufsichtsrahmen weiter und soll den nationalen Regierungen und Behörden 25 mehr Eingriffsmöglichkeiten geben. Insbesondere finden sich weitere Vorgaben zum Zinsänderungsrisiko im Bankbuch und zur Festlegung der über die Säule 1 hinausgehenden Kapitalzuschläge; letzteres ist die Grundlage für die Unterscheidung in Pillar 2 Requirements und Pillar 2 Guidance, die die EBA mit der Überarbeitung der SREP Leitlinie aus 2014 bereits aufgegriffen hat.

1.3. Nationale Ebene

26 Am 27. Oktober 2017 veröffentlichte die BaFin die finale Fassung der 5. MaRisk Novelle. Die Novelle ergänzt die MaRisk zum einen um die o. g. Entwicklungen auf internationaler und europäischer Ebene zum Risikomanagement und zur Internal Governance. Zum anderen werden bestehende Anforderungen konkretisiert bzw. Klargestellt; hierbei sind auch Erkenntnisse und Erfahrungen aus der Aufsichtspraxis der letzten Jahre eingeflossen.

27 Zu den wesentlichen Neuerungen zählen unter anderem Vorgaben Datenmanagement, zur Datenqualität und zur Aggregation von Risikodaten als Grundlage für eine angemessene und wirksame Risikoberichterstattung, die Entwicklung einer angemessenen Risikokultur und eines Verhaltenskodexes unter der Gesamtverantwortung der Geschäftsleitung, sowie detailliertere Vorschriften zum Auslagerungsmanagement und den Grenzen von Auslagerungen, speziell für die Kontrollbereiche einer Bank.

28 Im Folgenden werden die wesentlichen Neuerungen zusammenfassend dargestellt:

1.3.1. Risikodatenaggregation und Risikoberichterstattung

29 Basierend auf den Vorgaben des Basler Ausschusses für Bankenaufsicht zur Risikodatenaggregation und zur Risikoberichterstattung (BCBS 239) werden die MaRisk zum einen um ein neues Modul AT 4.3.4 betreffend Datenmanagement, Datenqualität und Aggregation von Risikodaten ergänzt und zum anderen um ein neues Modul BT3 erweitert, in dem zum einen die Anforderungen an die Risikoberichterstattung gebündelt, aber auch um Anforderungen aus BCBS 239 ergänzt werden. Das neue Modul AT 4.3.4 gilt nur für systemrelevante Institute i. S. d. §§ 10f und 10g KWG (global systemrelevante und anderweitig systemrelevante Institute). Allerdings wird es auch für andere Institute sinnvoll sein zu prüfen, wie das Datenmanagement und die Aggregation von Daten verbessert und die Berichterstattung beschleunigt werden können.

Die Anforderungen zielen auf eine Verbesserung der Datenarchitektur und der dafür notwendigen IT Infrastruktur und eine umfassende, exakte und zeitnahe Aggregation der Risikodaten eines Instituts als Grundlage für eine angemessene, flexible und zeitnahe Risikoberichterstattung. Dies soll die Risikotragfähigkeit verbessern und verhindern, dass eine Situation wie in der Finanzkrise entstehen kann, in der die Institute häufig nur zeitverzögert Informationen zu Gesamtexposures gegenüber bestimmten Parteien und Produkten generieren konnten. So konnte nicht sofort auf kritische Entwicklungen reagiert werden, da belastbare Zahlen fehlten. Zudem waren die z. T. mit vielen manuellen Eingriffen aggregierten Informationen nicht hinreichend belastbar. Ziel ist es den Entscheidungsträgern, mit umfassenden, exakten und zeitnahen Daten zu Risikopositionen möglichst automatisch über das interne Berichtswesen zu informieren. Manuelle Prozesse bei der Datenaggregation sollen auf das Notwendigste reduziert werden. Der Um- und Ausbau der IT-Systeme wird enorme Anstrengungen erfordern, aber auch zu einer verbesserten Berichterstattung führen. 30

Die bislang in den verschiedenen MaRisk-Modulen enthaltenen Anforderungen zur Risikoberichterstattung wurden im neuen Modul BT 3 zusammengefasst und um die Anforderungen des BCBS 239 ergänzt. Die neuen Anforderungen zur Risikoberichterstattung richten sich an alle Institute, wohingegen der neue Absatz AT 4.3.4 primär systemrelevante Institute adressiert. Die BaFin betont, dass die Umsetzung des BT 3 unter Berücksichtigung des Proportionalitätsprinzips weiterhin nach institutsindividuellen Bedürfnissen und Notwendigkeiten erfolgen kann. 31

Neu sind umfassende Anforderungen an die Qualität, die Flexibilität und die Zeitnähe der Gesamtrisikoberichterstattung. Dazu gehört, dass die Risikodaten für die Risikoberichterstattung vollständig, genau und aktuell sein müssen und die Berichte neben einer Darstellung und Beurteilung der Risikosituation auch eine zukunftsorientierte Risikoeinschätzung enthalten müssen und sich nicht ausschließlich auf aktuelle und historische Daten stützen dürfen, sondern auch Ergebnisse der Stresstests enthalten. Ferner wird die Fähigkeit, adhoc Risikoinformationen zu liefern, um auf aktuelle Situationen am Markt zeitnah reagieren zu können, unterstrichen. Der Risikobericht ist mindestens quartalsweise und in Abhängigkeit der Volatilität der relevanten bzw. wesentlichen Risikoarten ggf. monatlich, wöchentlich oder täglich zu stellen. 32

Im Weiteren werden in dem neuen Modul BT3 die bereits bestehenden Berichtspflichten aufgelistet. Dieses Modul gilt für alle Institute, gemäß dem 33

Proportionalitätsprinzip. Der vierteljährliche Meldeturnus an die Aufsicht bleibt bestehen, jedoch werden längere Produktionszeiten für einzelne Berichte nicht mehr gebilligt. Außerdem gewinnen die inhaltliche Aussagekraft der Information, die Aufbereitung von wohl durchdachten quantitativen und qualitativen Daten und die Beurteilung dieser für die nationale Aufsicht an Bedeutung.

1.3.2. Risikokultur

34 In Zukunft gehört die Entwicklung, Förderung und Eingliederung einer angemessene Risikokultur zur ordnungsgemäßen Geschäftsorganisation eines Instituts und einer Institutsgruppe und fällt unter die Gesamtverantwortung der Geschäftsleitung (MaRisk AT 3 Tz. 1). Die Risikokultur soll auf die Komplexität, Größe und das Geschäftsmodell des Instituts abgestimmt sein und auf allen Ebenen das Risikobewusstsein fördern. Mit der Risikokultur wird kein grundsätzlich neuer Risikomanagementansatz vertreten, sondern vorhandene Bestandteile, wie die Festlegung des Risikoappetits (bisher die sog. Risikotoleranz) sowie der dazugehörigen internen Kommunikation und der Kontrolle unter diesem Begriff neu zusammengefasst und weiter fortgeführt. Das Ziel ist es, dadurch das Risikobewusstsein in der Unternehmenskultur zu verankern und im Umgang mit dem täglichen Geschäft ein Bewusstsein dafür zu schaffen. Außerdem soll ein kritischer Austausch mit der Unternehmungsleitung unterstützt werden, sowie eine offene und kollegiale Führung und Kommunikation. Die Mitarbeiter sollen bspw. durch materielle und immaterielle Leistungsanreize dazu motiviert werden, innerhalb der festgelegten Risikotoleranzen zu handeln. Bei der Ausarbeitung der Risikokultur ist auch ein Verhaltenskodex zu erstellen (MaRisk AT 5 Tz. 3), der nicht nur das erwünschte Verhalten beschreibt, sondern definiert, welche Risiken und Geschäfte eingegangen bzw. nicht eingegangen werden dürfen. Durch die Einführung der Risikokultur will der Gesetzgeber Bemühungen in den Instituten fördern, welches moralisch ordnungsgemäßes Verhalten auch durch nicht-monetäre Anreize fördert.

1.3.3. Auslagerungen

35 Die Neuerungen, Konkretisierungen und Klarstellungen in AT 9 spiegeln die seit Jahren praktizierte Auslegung der Aufsicht im Rahmen der MaRisk Sonderprüfungen nach § 44 KWG wieder. Besonderes Augenmerk liegt auf den Auslagerungen im Zusammenhang mit IT-Dienstleistungen; diese Anforde-

rungen werden durch die ebenfalls Ende 2017 veröffentlichten BAIT weiter konkretisiert.

In Bezug auf die Abgrenzung des sonstigen Fremdbezugs bei Software-Einsatz wurde klargestellt, dass der reine Erwerb von Software in der Regel keine Auslagerung darstellt. Im Gegensatz dazu liegt bei oft umfangreichen Unterstützungsleistungen der Anbieter von Software, die zur Identifizierung, Beurteilung, Steuerung, Überwachung und Kommunikation der Risiken eingesetzt wird oder die für die Durchführung von bankgeschäftlichen Aufgaben von wesentlicher Bedeutung ist, immer ein Auslagerungssachverhalt vor. Der Betrieb der Software durch einen externen Dritten ist regelmäßig als Auslagerung einzustufen. 36

Zum einen wird dargelegt, dass die Klärung des Auslagerungstatbestands unabhängig von der zivilrechtlichen Ausgestaltung des Vertrages ist. Bezüglich der Auslagerung von Teilen des Kernbankenbereichs sowie wichtiger Kontrollfunktionen wird verdeutlicht, dass dies nur möglich ist, sofern in diesen Bereichen weiterhin nachhaltige Kenntnisse und Erfahrungen institutsintern vorliegen, so dass die Auslagerungen effektiv gesteuert werden und ggf. jederzeit zurückverlagert werden können (MaRisk AT 9 Tz. 5). Zu den Kontrollfunktionen gehören die Funktionen Risikocontrolling, Compliance und die Interne Revision, da diese Bereiche hohe Relevanz für die Steuerung und Kontrolle durch die Geschäftsleitung haben. Im Besonderen das steuerungsrelevante Risikocontrolling darf nicht vollständig ausgelagert werden. Die beiden anderen Kontrollbereiche können gemäß dem Proportionalitätsprinzip bei kleineren Instituten, je nach Geschäftsmodell, vollständig ausgelagert werden. Für die Gruppe und für den jeweiligen Finanzmarkt unwesentliche Tochterunternehmen können die Kontrollfunktionen vollständig auf die Mutter auslagern. 37

Eine Teilauslagerung der Kernbankenbereiche soll vor allem für kleinere Institute weiterhin möglich sein, um Expertenwissen von außen einholen zu können. Neben diesen Aspekten rückt ein zentrales Auslagerungsmanagement in den Vordergrund, welches in geeigneter Art und Weise einheitlich die Risiken der Auslagerungen überwacht. 38

1.3.4. Weitere Neuerungen

Weitere Ergänzungen und Konkretisierungen ergeben sich u. a. zu den Themen Liquidität, operationelle Risiken, den Anforderungen an den neue Pro- 39 dukte Prozess, der technisch organisatorischen Ausstattung und an die Interne Revision.

40 Die Anforderungen an die Steuerung des Liquiditätsrisikos (BTR 3.1 Tz. 3) wurden dahingehend erweitert, dass die Institute aussagekräftige Liquiditätsübersichten erstellen müssen. Die Liquiditätsübersichten sollen die Liquiditätslage im kurz-, mittel- und langfristigen Bereich darstellen. Dies hat sich in den getroffenen Annahmen, die den Mittelzu- und -abflüssen zugrunde liegen, und in der Untergliederung in Zeitbändern angemessen widerzuspiegeln. Den auch in normalen Marktphasen üblichen Schwankungen der Zahlungsflüsse ist in den Liquiditätsübersichten angemessen Rechnung zu tragen. Darüber hinaus wird gefordert, auf eine angemessene Diversifikation der Refinanzierungsquellen zu achten und die Entwicklung der belasteten Vermögenswerte (Assets Encumbered) entsprechend zu berücksichtigen und auch mit Notfallplänen zu verknüpfen. In die Stresstests müssen sowohl institutseigene als auch marktweite Ursachen für Liquiditätsrisiken einbezogen und der voraussichtliche Überlebenshorizont ermittelt werden. Anhand eines internen individuellen Refinanzierungsplanes sollen Institute die Veränderungen der eigenen Geschäftstätigkeit oder der strategischen Ziele sowie Veränderungen des wirtschaftlichen Umfelds auf den Refinanzierungsplan hin beurteilen.

41 Gemäß den Anforderungen des BTR 4 Tz. 1 sollen die Institute ihre Definition der operationellen Risiken schärfen und eine institutsintern einheitliche Festlegung und Abgrenzung der operationellen Risiken vornehmen und an die Mitarbeiter kommunizieren. Bei der Erfassung der Schadensfälle ist auch der Umgang mit nicht eindeutig zuordenbaren Schadensfällen (boundary events), Beinaheverlusten und zusammenhängenden Ereignissen zu regeln.

42 Das Modul AT 8.1. zum NPP fordert nunmehr das Vorhalten eines Kataloges über sämtliche Produkte, die aktuell Gestand der Geschäftsaktivitäten sind, sowie eine jährliche Überprüfung des NPP auf seine Tauglichkeit.

43 Im Modul AT 7.2 Tz. 4 wird für IT-Risiken die Einrichtung angemessener Überwachungs- und Steuerungsprozesse gefordert. Die Anforderungen sind auch beim Einsatz von durch die Fachbereiche selbst entwickelten Anwendungen (Individuelle Datenverarbeitung – »IDV«) entsprechend der Kritikalität der unterstützten Geschäftsprozesse und der Bedeutung der Anwendungen für diese Prozesse zu beachten.

44 Eine weitergehende Konkretisierung der bereits bestehenden Regelungen der MaRisk zur IT erfolgt in den am 6. November 2017 veröffentlichten »Bankaufsichtlichen Anforderungen an die IT« (BAIT).

Bei der Internen Revision soll das Risikopotential durch Manipulationen 45
durch Mitarbeiter bei der Prüfungsplanung berücksichtigt, sowie vierteljährlich an die Geschäftsleitung berichtet werden. Daneben schreibt die Neufassung eine Cooling-off-Periode beim Wechsel von Mitarbeitern zwischen dem Handel und Vertrieb in die Kontrollbereiche vor, um die Selbstprüfung zu verhindern.

1.4. Fazit/Ausblick

Mit der Veröffentlichung der neugefassten MaRisk hat die Aufsicht vor dem 46
Hintergrund der fundamentalen und umfangreichen Regulierungsvorgaben auf internationaler und europäischer Ebene eine Reihe neuer Themenkomplexe aufgegriffen und bereits bestehende Anforderungen weiter präzisiert bzw. ausgeweitet.

Insgesamt engen die Konkretisierungen in den neuen MaRisk die Methoden- 47
freiheit weiter ein. An der grundsätzlich prinzipienorientierten Ausrichtung und den damit in der Praxis verbundenen Anwendungsspielräumen wird jedoch festgehalten.

Auch dem Proportionalitätsgedanken wird weiterhin ein hohes Gewicht ein- 48
geräumt. So enthalten z. B. die Anforderungen an die Auslagerung von Kontroll- und Kernbankenbereichen oder die Berichterstattung über Liquiditätsrisiken spezifische Öffnungsklauseln, die kleineren Instituten eine vereinfachte Umsetzung ermöglichen. Mittelgroße Institute stehen ggf. vor der Herausforderung möglicherweise ausgelagerte Bereiche wieder einzugliedern bzw. ein funktionierendes Auslagerungsmanagement und die entsprechenden Kompetenzen zur möglichen Rückverlagerung vorzuweisen.

Die neue Fassung der MaRisk tritt mit ihrer Veröffentlichung in Kraft. Um 49
den Instituten eine ausreichende zeitliche Flexibilität einzuräumen, sind lediglich die überarbeiteten Anforderungen sofort umzusetzen. Für Regelungen, die im MaRisk-Kontext neu und nicht lediglich Klarstellungen schon vorhandener Anforderungen sind, gilt eine Umsetzungsfrist bis zum 31.Oktober 2018. Davon abweichend verlängert sich die Umsetzungsfrist für Institute, die die Anforderungen an die Risikodatenaggregation umsetzen müssen, für diesen Teil auf drei Jahre.

Auch wenn den Instituten somit grundsätzlich eine angemessene Übergangs- 50
frist eingeräumt worden ist, stellt die Umsetzung der einzelnen Anforderungen die Institute vor nicht unerheblichen Herausforderungen.

51 So gelten bestimmte Module und Textziffern wie bspw. die Anforderungen an die Risikodatenaggregation zwar nur für global systemrelevante und anderweitig systemrelevante Institute. In ihrem Begleitschreiben zur Novelle betont die BaFin jedoch explizit, dass auch nicht systemrelevante Institute die Angemessenheit ihrer Aufbau- und Ablauforganisation hinsichtlich ihrer Risikodatenaggregationskapazitäten prüfen sollten.

52 Bei der Umsetzung der Neuerungen müssen Schnittstellen und Interdependenzen zu weiteren aufsichtsrechtlichen Veröffentlichungen der BaFin institutsspezifisch analysiert und angemessen in der Aufbau- und Ablauforganisation (schriftlich fixierte Ordnung, Prozesse und Kontrollen) sowie in den Systemen und Anwendungen entsprechend berücksichtigt werden.

53 Die von der BaFin am 3. November 2017 veröffentlichten bankaufsichtlichen Anforderungen an die IT (BAIT) interpretieren analog den MaRisk die gesetzlichen Anforderungen des § 25a Absatz 1 Satz 3 Nummern 4 und 5 KWG. Sie stellen inhaltlich eine weitergehende Konkretisierung bzw. Ergänzung der MaRisk in Bezug auf die Themen der Informationstechnologie dar. Die BaFin betont in ihrem Anschreiben zu den BAIT, dass, soweit auf dezidierte Textziffern der MaRisk referenziert wird (z. B. Auslagerungen von IT-Dienstleistungen oder Notfallkonzept), diese in einer Gesamtschau mit den einschlägigen Textziffern in den BAIT anzuwenden sind.

54 AT 4.1. Tz 2 der Novelle gibt den Instituten vor, bei den Verfahren zur Sicherstellung der Risikotragfähigkeit sowohl das Ziel der Institutsfortführung (»Going-Concern«) als auch den Schutz der Gläubiger vor Verlusten aus ökonomischer bzw. wertorientierter Sicht angemessen zu berücksichtigen. Die Vorgaben zur Risikotragfähigkeit bleiben in den MaRisk zwar weitgehend unverändert, durch die geplante Neufassung des Leitfadens zur Risikotragfähigkeit, ändern sich die anzuwendenden Methoden zur Ermittlung der Risikotragfähigkeit jedoch grundlegend und werden an die europäischen Vorgaben zum ICAAP angepasst. Zukünftig ist eine sog. Normative Risikotragfähigkeit, die sich vorwiegend an den Eigenmitteln und den Risiken der Säule 1 orientiert, sowie eine Ökonomische Risikotragfähigkeit, die sich primär an institutsinternen Verfahren zur Bemessung der Risiken und der Eigenmittel orientiert, sicherzustellen.

55 Weiterer Handlungsbedarf bzw. Anpassungsbedarf für kleinere und mittlere Institute resultiert ggf. aus dem sich derzeit von der BaFin in Entwicklung befindlichen SREP-Prozess für weniger bedeutende Institute.

2. AT 2 Anwendungsbereich

Das Modul AT 2 Anwendungsbereich der MaRisk gliedert sich in die drei Untermodule Anwenderkreis der MaRisk (AT 2.1), adressierte Risiken (AT 2.2) und zugrunde liegende Geschäfte (AT 2.3) auf. 56

Die einleitende Textziffer des Anwendungsbereichs spezifiziert die übergeordnete Zielsetzung des Regelwerks. Die MaRisk sollen insgesamt dazu beitragen, dass Institute über die Anforderungen der CRR hinaus ausreichend Eigenmittel und Liquidität vorhalten (Solvenzgedanke), über eine angemessene Internal Governance, insbesondere ein angemessenes Internes Kontrollsystem verfügen und damit sowohl dem Gläubiger- und Anlegerschutz sowie der Funktionssicherung dienen: Durch die Beachtung der MaRisk soll solchen Missständen im Kredit- und Finanzdienstleistungswesen entgegen gewirkt werden, welche die Sicherheit der den Instituten anvertrauten Vermögenswerte gefährden, die ordnungsgemäße Durchführung der Bankgeschäfte oder Finanzdienstleistungen beeinträchtigen oder erhebliche Nachteile für die Gesamtwirtschaft herbeiführen können. Bei der Erbringung von Wertpapierdienstleistungen und Wertpapiernebendienstleistungen müssen die Anforderungen der MaRisk die Interessen der Wertpapierdienstleistungskunden schützen. 57

2.1. Anwenderkreis AT 2.1

In Hinblick auf den Anwenderkreis der MaRisk ist der Institutsbegriff gemäß § 1 Abs. 1b bzw. § 53 Abs. 1 KWG maßgeblich. Entsprechend sind die MaRisk grundsätzlich von allen Kredit- und Finanzdienstleistungsinstituten umzusetzen. Die gilt grundsätzlich auch für Zweigniederlassungen ausländischer Kreditinstitute (§ 53 Abs. 1 KWG). Hat das ausländische Institut allerdings seinen Sitz in einem anderen Staat des europäischen Wirtschaftsraumes finden die MaRisk keine Anwendung; hier greift der sog. europäische Pass, vgl. § 53b KWG. Unterhält ein deutsches Kreditinstitut eine rechtlich unselbständige Zweigniederlassung im Ausland, ist für diese die MaRisk entsprechend umzusetzen. 58

Bei den MaRisk handelt es sich um eine den § 25a Abs. 1 KWG norminterpretierende nationale Verwaltungsvorschrift, die zunächst nur zur Selbstbindung der deutschen Aufsicht führt. In der aktuellen Prüfungspraxis wird jedoch auch bei bedeutenden Instituten (significant institutions), für die die EZB die zuständige Aufsichtsinstanz ist, auf die MaRisk referenziert. Den- 59 noch ist derzeit die Maßgeblichkeit der MaRisk für die bedeutenden Institute in Deutschland umstritten, insbesondere auch aufgrund der Abweichungen der MaRisk und der europäischen Vorgaben zum Supervisory Review Evaluation Process und anderen europäischen Leitlinien.

60 Die Ordnungsmäßigkeit der Geschäftsorganisation gemäß § 25a Abs. 1 KWG ist nicht nur auf Einzelinstitutsebene, sondern gemäß § 25a Abs. 3 KWG auch auf Gruppenebene sicherzustellen. Entsprechend sind die Anforderungen des AT 4.5 MaRisk (Risikomanagement auf Gruppenebene) auch von dem übergeordneten Unternehmen bzw. von dem übergeordneten Finanzkonglomeratsunternehmen einer Institutsgruppe, von einer (gemischten) Finanzholdinggruppe oder von einem Finanzkonglomerat umzusetzen.

AT 2.1 Tz. 1

Die Anforderungen des Rundschreibens sind von allen Instituten im Sinne von § 1 Abs. 1b KWG beziehungsweise im Sinne von § 53 Abs. 1 KWG zu beachten. Sie gelten auch für die Zweigniederlassungen deutscher Institute im Ausland. Auf Zweigniederlassungen von Unternehmen mit Sitz in einem anderen Staat des Europäischen Wirtschaftsraums nach § 53b KWG finden sie keine Anwendung. Die Anforderungen in Modul AT 4.5 des Rundschreibens sind von übergeordneten Unternehmen beziehungsweise übergeordneten Finanzkonglomeratsunternehmen einer Institutsgruppe, einer Finanzholdinggruppe oder eines Finanzkonglomerats auf Gruppenebene zu beachten.

61 Für Wertpapierhandelsbanken und Finanzdienstleistungsinstitute gelten die MaRisk lediglich in begrenztem Umfang. Aufgrund der Heterogenität der Institutsstrukturen und der Vielfalt der möglichen Geschäftsaktivitäten hat die BaFin darauf verzichtet gemeinsame Mindestanforderungen festzulegen. Aufgrund der expliziten Öffnungsklausel haben diese Institute die Anforderungen des Rundschreibens nur insoweit zu beachten, wie dies vor dem Hintergrund der Institutsgröße sowie von Art, Umfang, Komplexität und Risikogehalt der Geschäftsaktivitäten zur Einhaltung der gesetzlichen Pflichten aus § 25a und 25b KWG geboten erscheint. In der Praxis ist die Nutzung dieser Ermessensspielräume bzw. die Prüfung, welche Anforderungen der MaRisk jeweils umgesetzt werden müssen, an ein hohes Maß an Eigenverantwortung der Institute geknüpft.

Explizit hervorgehoben wird die Bedeutung der Module Gesamtverantwortung der Geschäftsleitung (AT 3), Organisationsrichtlinien (AT 5), Ressourcen (AT 7) und Outsourcing (AT 9), so dass grundsätzlich davon auszugehen ist, dass diese Module für Wertpapierhandelsbanken und Finanzdienstleistungsinstitute Anwendung finden. Ausgewählte Module finden für Finanzierungsleasing- und Factoringinstitute grundsätzlich keine Anwendung. So ist es beispielsweise aus Sicht der BaFin vertretbar, wenn Finanzierungsleasing- und Factoringinstitute, die nicht in nennenswertem Umfang Handelsgeschäfte betreiben, die auf Handelsgeschäfte bezogenen Anforderungen (insbesondere das Modul BTO 2 der MaRisk) nicht anwenden[14]. 62

AT 2.1 Tz. 2

Finanzdienstleistungsinstitute und Wertpapierhandelsbanken haben die Anforderungen des Rundschreibens insoweit zu beachten, wie dies vor dem Hintergrund der Institutsgröße sowie von Art, Umfang, Komplexität und Risikogehalt der Geschäftsaktivitäten zur Einhaltung der gesetzlichen Pflichten aus §§ 25a und 25b KWG geboten erscheint. Dies gilt insbesondere für die Module AT 3, AT 5, AT 7 und AT 9.

Mit dem Gesetz zur Änderung des Investmentgesetzes und zur Anpassung anderer Vorschriften (Investmentänderungsgesetz) vom 21. Dezember 2007 wurde das Investmentgeschäft aus dem Katalog der Bankgeschäfte gestrichen. Unternehmen, die das Investmentgeschäft betreiben, haben damit ihre Institutseigenschaft verloren. Im Zuge der Neufassung der MaRisk vom 14. August 2009 hat die BaFin daher Kapitalanlagegesellschaften vom Anwenderkreis der MaRisk ausgenommen. Für diese hat die BaFin separate Mindestanforderungen an die Ausgestaltung einer ordnungsgemäßen Geschäftsorganisation entwickelt und zunächst als Mindestanforderungen an das Risikomanagement von Investmentgesellschaften (InvMaRisk) und am 10.1.2017 neugefasst als Mindestanforderungen an das Risikomanagement von Kapitalverwaltungsgesellschaften (KAMaRisk) veröffentlicht[15]. Die KAMaRisk geben den Rahmen für die Ausgestaltung einer ordnungsgemäßen Geschäftsorganisation für Kapitalanlagegesellschaften und Investmentgesellschaften vor und legen zugleich Mindestanforderungen an das Risikomanagement von AIF- 63

14 Begleitschreiben von der Bundesanstalt für Finanzdienstleistungsaufsicht und der deutschen Bundesbank für Finanzierungsleasing- und Factoringinstitute zu den Mindestanforderungen an das Risikomanagement (MaRisk).

15 Rundschreiben 01/2017 (WA) vom 10.01.2017 zu den Mindestanforderungen an das Risikomanagement von Kapitalgesellschaften (KAMaRisk).

Kapitalverwaltungsgesellschaften fest, die für Rechnung des AIF Gelddarlehen gewähren oder in unverbriefte Darlehensforderungen investieren.

2.2. Risiken im Sinne der MaRisk AT 2.2

64 Die MaRisk sehen Anforderungen an das Management der für das Institut wesentlichen Risiken sowie damit verbundener Risikokonzentrationen vor.

65 In AT 2.2 werden hierbei die vier Risikoarten Adressenausfallrisiko, Marktpreisrisiko, Liquiditätsrisiko und operationelles Risiko als in der Regel zumindest wesentliche Risikoarten vorgegeben. In Abhängigkeit des Geschäftsmodells und ggf. der äußeren Umstände (Rahmenbedingungen) können aber auch weitere Risiken wesentlich sein. Explizit werden in den Erläuterungen die Reputationsrisiken als Beispiel genannt. Darüber hinaus müssen weitere, nicht wesentliche Risiken angemessen berücksichtigt werden, d. h. die MaRisk sind nicht nur auf die in AT 2.2 genannten wesentlichen Risikoarten anzuwenden.

66 Diese Forderung liegt darin begründet, dass die Beurteilung der Wesentlichkeit insbesondere vom Geschäftsmodell und den jeweiligen Rahmen- bzw. Umweltbedingungen abhängig ist. Somit sollte in regelmäßigen Abständen (z. B. mindestens jährlich) und anlassbezogen bei Vorliegen entsprechender Erkenntnisse über eine veränderte Risikosituation (z. B. bei Neuausrichtung der Geschäftstätigkeiten) eine Risikoinventur durchgeführt werden. Ferner ist eine regelmäßige Überprüfung der Risiko-Messmethoden durchzuführen, ob diese ausreichen, um die Wesentlichkeit von Risiken zu beurteilen. In der 3. MaRisk Novelle vom 15. Dezember 2010 wurde die Forderung nach einer Risikoinventur zur Identifizierung der für ein Institut wesentlichen Risiken erstmals explizit aufgenommen.

AT 2.2 Tz. 1

Die Anforderungen des Rundschreibens beziehen sich auf das Management der für das Institut wesentlichen Risiken. Zur Beurteilung der Wesentlichkeit hat sich die Geschäftsleitung regelmäßig und anlassbezogen im Rahmen einer Risikoinventur einen Überblick über die Risiken des Instituts zu verschaffen (Gesamtrisikoprofil). Die Risiken sind auf der Ebene des gesamten Instituts zu erfassen, unabhängig davon, in welcher Organisationseinheit die Risiken verursacht wurden.

> Grundsätzlich sind zumindest die folgenden Risiken als wesentlich einzustufen:
>
> a) Adressenausfallrisiken (einschließlich Länderrisiken),
>
> b) Marktpreisrisiken,
>
> c) Liquiditätsrisiken und
>
> d) operationelle Risiken.
>
> Mit wesentlichen Risiken verbundene Risikokonzentrationen sind zu berücksichtigen. Für Risiken, die als nicht wesentlich eingestuft werden, sind angemessene Vorkehrungen zu treffen.

Die Institute hatten zwar auch davor schon eine Risikoanalyse durchzuführen 67
und darauf aufbauend ein institutsindividuelles Gesamtrisikoprofil zu erstellen, um sich einen Überblick über ihre Risiken zu verschaffen. Durch die explizite Forderung nach einer Risikoinventur aus AT 2.2 Tz. 1 und Tz. 2, werden die Anforderungen nach einem strukturierten Vorgehen und einer entsprechenden Dokumentation hervorgehoben. Die Textziffer 2 orientiert sich hierbei insbesondere an Tz. 31 des CEBS-Papiers »Guidelines on the Management of Concentration Risk under the Supervisory Review Process« (CP 31).

Wesentliches Ziel der Risikoinventur ist die Analyse, welche konkreten Risi- 68
ken die Vermögenslage, die Kapitalausstattung, die Ertragslage oder die Liquiditätslage wesentlich beeinflussen können. Die Aussagekraft der Risikoinventur soll hierbei nicht durch die Nutzung von Spielräumen im Rahmen der Rechnungslegung oder durch formalrechtliche Ausgestaltungsmöglichkeiten beeinflusst werden; sie soll primär unter ökonomischen Gesichtspunkten vorgenommen werden, also auch solche Bestandteile umfassen, die in der Rechnungslegung und in den aufsichtlichen Eigenmittelanforderungen nicht oder nicht angemessen abgebildet werden.

Gemäß Tz. 19 des Diskussionspapiers der BaFin zur aufsichtlichen Beurtei- 69
lung bankinterner Risikotragfähigkeitskonzepte und deren prozessualer Einbindung in die Gesamtbanksteuerung (»ICAAP«) vom 06. September 2017 muss die Risikoinventur neben der ökonomischen auch die normative Perspektive des Risikotragfähigkeitskonzepts widerspiegeln[16]. Die normative

16 Diskussionspapier der BaFin zur aufsichtlichen Beurteilung bankinterner Risikotragfähigkeitskonzepte und deren prozessualer Einbindung in die Gesamtbanksteuerung (»ICAAP«) vom 06. September 2017.

Perspektive umfasst hierbei die Gesamtheit der regulatorischen und aufsichtlichen Anforderungen sowie die darauf basierenden internen Anforderungen.

> **AT 2.2 Tz. 2**
>
> Das Institut hat im Rahmen der Risikoinventur zu prüfen, welche Risiken die Vermögenslage (inklusive Kapitalausstattung), die Ertragslage oder die Liquiditätslage wesentlich beeinträchtigen können. Die Risikoinventur darf sich dabei nicht ausschließlich an den Auswirkungen der Rechnungslegung sowie an formalrechtlichen Ausgestaltungen orientieren.

70 Die Anforderung nach der Berücksichtigung der Risiken aus außerbilanziellen Gesellschaftskonstruktionen geht auf Beobachtungen aus der Finanzmarktkrise zurück, in dessen Verlauf Institute ihre Zweckgesellschaften aus Reputationsgründen unterstützt haben, obwohl sie dazu vertraglich nicht verpflichtet gewesen wären.

71 In diesem Zusammenhang hat der Baseler Ausschuss für Bankenaufsicht (BCBS) am 25. Oktober 2017 Leitlinien zur Identifizierung und zum Management von Step-in Risiken veröffentlicht, die Institute dazu verpflichten ihre Step-in Risiken zu identifizieren und eine angemessene Risikovorsorge zu treffen[17]. Unter Step-in Risiken werden sämtliche Risiken zusammengefasst, die aus der Gewährung finanzieller Unterstützung für ein nicht aufsichtlich konsolidiertes Unternehmen resultieren, ohne dass ein Institut hierzu vertraglich verpflichtet wäre. Die EBA erwägt, dass solche mit einem Step-in Risiko verbundene Gesellschaftskonstruktionen ggf. zu konsolidieren sind.[18]

72 Platzierungsrisiken (Risiken, dass ein Institut bei Verbriefungstransaktionen bestimmte Teile der Emission nicht am Markt platzieren kann) stellen de facto keine eigene Risikoart dar und werden in den Erläuterungen zu Tz. 2 seit der Fassung vom 14. Dezember 2012 nicht mehr explizit erwähnt.

---

17 *Basler Ausschuss für Bankenaufsicht,* Identification and management of step-in risk, Basel, Oktober 2017, S. 3.

18 Vgl. EBA/CP/2017/20.

AT 2.2 Tz. 2, Erläuterungen

Ganzheitliche Risikoinventur

Bei der Risikoinventur sind auch Risiken aus außerbilanziellen Gesellschaftskonstruktionen zu betrachten (z. B. Risiken aus nicht konsolidierungspflichtigen Zweckgesellschaften). Abhängig vom konkreten Gesamtrisikoprofil des Instituts sind ggf. auch sonstige Risiken, wie etwa Reputationsrisiken, als wesentlich einzustufen.

Die Anforderungen an die Berücksichtigung von Risikokonzentrationen hatten mit der 3. Novelle Eingang in die MaRisk gefunden und wurden in der Fassung vom 14. Dezember 2012 durch neue Anforderungen konkretisiert. Institute sollen neben den Intra-Risikokonzentrationen auch Inter-Risikokonzentrationen analysieren, in den Risikosteuerungs- und -controllingprozessen abbilden und bei der Beurteilung der Risikotragfähigkeit berücksichtigen. 73

Gemäß dem Anschreiben der BaFin zur Veröffentlichung der 4. MaRisk Novelle bedeutet hierbei die Abbildung von Risikokonzentrationen in den Risikosteuerungs- und -controllingprozessen bzw. die Berücksichtigung bei der Beurteilung der Risikotragfähigkeit nicht, dass eine isolierte Steuerung und Limitierung von Risikokonzentrationen parallel zur Risikosteuerung der wesentlichen Risiken zu erfolgen hat. 74

Die Aufsicht versteht unter Inter-Risikokonzentrationen risikoartenübergreifende Konzentrationen, die dann entstehen, wenn ein Risikofaktor mehrere Risikoarten in die gleiche Richtung beeinflusst (Gleichlauf von Risikopositionen über unterschiedliche Risikoarten hinweg). So kann ein Institut beispielsweise an einem Unternehmen Aktien halten und diesem gleichzeitig einen Kredit gewährt haben. Eine Verschlechterung der Bonität dieses Unternehmens hat somit Auswirkungen auf das Marktpreis- und das Adressenausfallrisiko des Instituts. Die oben dargestellte Anforderung wird in den Erläuterungen zu AT 2.2 Tz. 1 beschrieben. 75

Von Intra-Risikokonzentrationen spricht man hingegen dann, wenn Risikokonzentrationen innerhalb einer Risikoart entstehen (Gleichlauf von Risikopositionen innerhalb einer Risikoart hinweg, z. B. Aktienrenditen mit einer Korrelation nahe Eins oder hochkorrelierte Zinssätze zu unterschiedlichen Laufzeiten). 76

AT 2.2 Tz. 1, Erläuterungen

Risikokonzentrationen

Neben solchen Risikopositionen gegenüber Einzeladressen, die allein aufgrund ihrer Größe eine Risikokonzentration darstellen, können Risikokonzentrationen sowohl durch den Gleichlauf von Risikopositionen innerhalb einer Risikoart (»Intra-Risikokonzentrationen«) als auch durch den Gleichlauf von Risikopositionen über verschiedene Risikoarten hinweg (durch gemeinsame Risikofaktoren oder durch Interaktionen verschiedener Risikofaktoren unterschiedlicher Risikoarten – »Inter-Risikokonzentrationen«) entstehen.

77 Nachfolgend werden die in AT 2.2 genannten wesentlichen Risikoarten erläutert und den Instituten primär einen Eindruck darüber vermittelt werden, welche Aspekte unter die verschiedenen Risiken fallen.

2.2.1. Adressenausfallrisiken

78 Eine Definition des Adressenausfallrisikos wird in den MaRisk nicht vorgenommen. Die Adressenausfallrisiken sind diejenigen Risiken, die dadurch entstehen, dass Geschäftskontrahenten ihren Zahlungsverpflichtungen nicht nachkommen können. Unter Adressenausfallrisiken fallen laut der deutschen Rechnungslegungsstandards Nr. 5–10 insbesondere Kreditrisiken, Kontrahentenrisiken, Emittentenrisiken sowie Länderrisiken.[19]

79 Gemäß Tz 60 bzw. Tz. 61 des Diskussionspapiers zur aufsichtlichen Beurteilung bankinterner Risikotragfähigkeitskonzepte sind grundsätzlich auch Migrationsrisiken und Credit Spread Risiken als Aspekte des Adressenausfallrisikos zu berücksichtigen.

80 Das **Kreditrisiko** umschreibt die Gefahr, dass ein Schuldner aufgrund mangelnder Bonität seinen Tilgungs- und/oder Zinszahlungsverpflichtungen nicht mehr nachkommen kann.[20] Dem Kreditrisiko wird auch das Besicherungsrisiko, d. h. dass Risiko, dass sich der Wert der Sicherheiten reduziert, zugeordnet. Ggf., insbesondere wenn das Kreditgeschäft sehr stark auf Kreditsicherheiten abstellt, ist das Besicherungsrisiko explizit in der Risikoinventur zu erfassen und in der Risikoüberwachung abzubilden. Das **Kontrahentenrisiko**

---

19 Vgl. *Deutsches Rechnungslegungsstandards Commitee e. V.*, Deutscher Rechnungslegungsstandard Nr. 20, »Konzernlagebericht«, Berlin, 14. September 2012, Tz. 11.

20 Vgl. *Deutsches Rechnungslegungsstandards Commitee e. V.*, Deutscher Rechnungslegungsstandard Nr. 20, »Konzernlagebericht«, Berlin, 14. September 2012, Tz. 11.

beschreibt das Risiko, dass durch den Ausfall eines Vertragspartners ein unrealisierter Gewinn aus schwebenden Geschäften nicht realisiert werden kann.[21] **Beteiligungsrisiken** bezeichnen Risiken aus der Übernahme von Eigentümerpositionen an Unternehmen, die zu einem teilweisen oder vollständigen Vermögensverlust oder zu einem Rückgang oder Ausfall des Ertrags der Vermögensposition führen können.[22]

Explizit genannt werden in den MaRisk die **Länderrisiken** als ein besonderer Teil der Adressenausfallrisiken. Der Grund dafür liegt in der großen Bedeutung des Herkunftslandes für die Verlustgefahr mancher Kontrahenten. Das Institut soll die aktuelle politische, ökonomische und gesellschaftliche Entwicklung des jeweiligen Landes in seiner Analyse betrachten, ohne ein vorgeschriebenes Verfahren anwenden zu müssen. Diese Risiken werden z. B. durch Krisensituationen hervorgerufen. 81

Das **Migrationsrisiko** bezeichnet die Veränderung der Bonität eines Kreditnehmers, ausgedrückt über die Veränderung des Ratings bzw. der Abweichung von der erwarteten Ratingveränderung und einer damit verbundenen höheren Ausfallwahrscheinlichkeit, mit der Folge einer höheren Abschreibung auf den herausgelegten Kredit. Sofern bei Buchkrediten keine aussagekräftigen Marktinformationen zu den Kreditnehmern im Hinblick auf das **Credit Spread Risiko** (Verlustrisiko aufgrund der Veränderung des Abstands (Spread) der Zinssätze eines kreditrisikobehafteten Engagements zu einem risikolosen Engagements (risikoloser Marktzins), letzterer dient quasi als Benchmark zur Bemessung des Spread Risikos) zu erhalten sind, können Institute auf die Berücksichtigung verzichten. Credit Spread Risiken können auch den Marktpreisrisiken zugeordnet werden. 82

Die spezifischen Anforderungen an die Adressenausfallrisiken im Rahmen der Gestaltung der Risikosteuerungs- und -controllingsprozesse werden in BTR 1 der MaRisk detailliert dargestellt. 83

21 Vgl. *Deutsches Rechnungslegungsstandards Commitee e. V.,* Deutscher Rechnungslegungsstandard Nr. 20, »Konzernlagebericht«, Berlin, 14. September 2012, Tz. 11.

22 Vgl. *Deutsches Rechnungslegungsstandards Commitee e. V.,* Deutscher Rechnungslegungsstandard Nr. 20, »Konzernlagebericht«, Berlin, 14. September 2012, Tz. 11.

2.2.2. Marktpreisrisiken

84 Das Marktpreisrisiko beschreibt die Gefahr eines potentiellen Verlusts aufgrund von nachteiligen Veränderungen von Marktpreisen oder preisbeeinflussenden Parametern.[23] Marktpreisrisiken werden gemäß den Erläuterungen zu BTR 2.1 Tz. 1 in

- Kursrisiken
- Zinsänderungsrisiken,
- Währungsrisiken sowie
- Rohwaren- und sonstige Preisrisiken einschl. der jeweils dazugehörenden Optionsrisiken.

85 In den MaRisk wird unterschieden zwischen Marktpreisrisiken des Handelsbuchs (BTR 2.2) und des Anlagebuchs (BTR 2.3). Übergreifende Anforderungen an Marktpreisrisiken sind in BTR 2.1 enthalten.

86 Das **Kursrisiko** wird in das allgemeine und das besondere Kursrisiko unterteilt. Das allgemeine Kursrisiko wird verursacht durch unerwartete Veränderungen des gesamten Marktes bzw. eines den Markt beschreibenden Indexes. Im Unterschied dazu wird das besondere Kursrisiko durch solche Kursbewegungen hervorgerufen, die auf emittentenbezogene oder instrumentenspezifische Ursachen zurückzuführen sind, die also nicht durch allgemeine Marktbewegungen erklärt werden können.[24] Eine besondere Ausprägung des Kursrisikos ist das **Aktienkursrisiko** – das mit Aktienbeteiligungen verbundene Kursrisiko.

87 Das **Zinsänderungsrisiko** wird allgemein als die Gefahr einer von Marktzinsänderungen herbeigeführten Veränderung einer erwarteten Ergebnisgröße verstanden. Dabei wird zumeist unterschieden zwischen dem Zinsertragsrisiko und dem zinsindizierten Barwertrisiko.[25]

88 Das **Währungsrisiko** ergibt sich aus Veränderungen der Währungsparität. Es beschreibt allgemein die Gefahr, dass durch den Übergang von einer Währung auf eine andere der geplante Erfolg bzw. die erwartete Gewinnspanne beeinträchtigt wird.[26]

---

23 Vgl. *Deutsches Rechnungslegungsstandards Commitee e. V.*, Deutscher Rechnungslegungsstandard Nr. 20, »Konzernlagebericht«, Berlin, 14. September 2012, Tz. 11.

24 Vgl. *Krumnow, J.* et. al., Gabler Bank Lexikon, Bank – Börse – Finanzierung, 13. Auflage, Berlin, Chemnitz, Frankfurt am Main, September 2002, S. 1192.

25 Vgl. *Scharpf, P., Luz, G.*, Risikomanagement, Bilanzierung und Aufsicht von Finanzderivaten 2., überarb. und erw. Auflage, Stuttgart, 2000, S. 90.

26 Vgl. *Büschgen, H., Börner, C.*, Bankbetriebslehre, 4. Auflage, Köln 2003, S. 276; vgl. *Schulte, M., Horsch, A.*, Wertorientierte Banksteuerung II: Risikomanagement, 2. Auflage, Frankfurt 2004, S. 27.

Das **Marktpreisrisiko aus Warengeschäften** ergibt sich aus der ungünstigen Entwicklung von Preisen für ein Portfolio mit Rohwaren (z. B. Gold, Öl, Weizen). Diesem Risiko sind auch Portfolien ausgesetzt, welche Rohwarenderivate enthalten.[27] 89

Unter den jeweiligen Marktpreisrisiken sind in Besonderem Positionen in derivativen oder strukturierten Finanzinstrumenten zu erfassen. Bei Optionen und Finanzinstrumenten mit eingebetteten (impliziten) Optionen sind darüber hinaus die nicht linearen Marktpreisrisiken (Optionspreisrisiken) zu erfassen. 90

Allen diesen Risikoausprägungen ist gemein, dass sie die Gefahr einer negativen Abweichung der angestrebten Erfolgsgröße (z. B. Erreichen einer bestimmten Zinsspanne, Erwirtschaften eines festgelegten Zinsüberschusses, Erzielen eines angestrebten Aktienkurses) beschreiben.[28] Die Anforderungen an diese Risiken werden in BTR 2 näher definiert. 91

2.2.3. Liquiditätsrisiken

Das Liquiditätsrisiko entsteht dadurch, dass ein Unternehmen seine Zahlungsverpflichtungen nicht mehr erfüllen kann. Es umfasst u. a. **Refinanzierungsrisiken** im Falle fehlender Ersatzbeschaffung fristgerecht abgerufener Einlagen oder ausgelaufener sonstiger Verbindlichkeiten, **Terminrisiken** im Falle einer nicht-termingerechten Rückzahlung von herausgelegten Krediten sowie **Abrufrisiken** im Falle eines unerwarteten Abrufs von Kreditzusagen oder Einlagen. Die Anforderungen an diese Risiken werden näher in BTR 3 definiert. 92

Zu beachten ist, dass das **Refinanzierungsrisiko** auch als passivisches Liquiditätsrisiko bezeichnet werden kann.[29] Weiterhin wird als **Abrufrisiko** die Gefahr bezeichnet, dass vertragskonform zum einen Kreditzusagen unerwartet in Anspruch genommen werden und zum anderen Einlagen unerwartet abgezogen werden. Es bringt zum Ausdruck, dass Banken bei der Disposition ihrer Liquiditätsreserven davon ausgehen können, dass ein gewisser, aus Erfahrung gewonnener Anteil an Einlagen verlängert wird und Kreditlinien nur in einem bestimmten, ebenfalls aus Erfahrungen spezifizierbaren Prozentsatz in Anspruch genommen werden. Das Abrufrisiko bezieht sich nun darauf, 93

27 Vgl. *Krumnow, J.* et. al., Gabler Bank Lexikon, Bank – Börse – Finanzierung, 13. Auflage, Berlin, Chemnitz, Frankfurt am Main, September 2002, S. 1110.

28 *Schulte, M., Horsch, A.,* Wertorientierte Banksteuerung II: Risikomanagement, Frankfurt, 2004, S. 27.

29 Vgl. *Büschgen, H.*, Bankbetriebslehre, Bankgeschäfte und Bankmanagement, 5. Auflage, Wiesbaden, 1998, S. 900.

dass die tatsächliche Verlängerung der Einlagen unter der erwarteten Verlängerung bzw. die tatsächliche Kreditinanspruchnahme über der erwarteten Kreditinanspruchnahme liegt. Das Abrufrisiko tritt damit als aktivisches und passivisches Liquiditätsrisiko in Erscheinung. Das **Terminrisiko** bezieht sich hingegen auf die Gefahren, die aus vertragsinkonformen Verhalten resultieren und bei Aktivgeschäften Einfluss auf die Kapitalbindungsdauer haben. Dies ist der Fall, wenn Kredite verzögert bedient bzw. getilgt werden. Es wird auch als aktivisches Liquiditätsrisiko bezeichnet.

94 Die jederzeitige Sicherstellung der Liquidität ist eine strenge Nebenbedingung und deshalb nimmt das Liquiditätsrisiko in den MaRisk eine besondere Stellung ein. Gemäß AT 4.1 Tz. 4 können Liquiditätsrisiken von der Risikotragfähigkeitsberechnung ausgenommen werden, wenn dies nachvollziehbar begründet wird. Unabhängig davon sind für Liquiditätsrisiken angemessene Risikosteuerungs- und -controllingprozesse einzurichten (vgl. BTR 3).

95 Neben den dargestellten, auf die Liquidität eines Unternehmens abstellenden Liquiditätsrisiken, sind ggf. Marktliquiditätsrisiken zu berücksichtigen. Hierbei handelt es sich um die Gefahr, dass auf einem Markt gehandelte Finanzinstrumente aufgrund von illiquiden Märkten nur zu einem hohen Abschlag veräußert werden können.

2.2.4. Operationelle Risiken

96 Die operationellen Risiken entstehen durch die Gefahr von Verlusten in Folge der Unangemessenheit oder des Versagens von internen Verfahren, Systemen, Menschen oder in Folge externer Ereignisse. Sie müssen entsprechend der Vorschriften in BTR 4 erfasst und gehandhabt werden. Eine abschließende Definition bzw. Abgrenzung der operationellen Risiken findet sich in den MaRisk nicht. Art. 4 Abs. 1 Nr. 52 CRR definiert das operationelle Risiko als Risiko von Verlusten, die durch die Unangemessenheit oder das Versagen von internen Verfahren, Menschen und Systemen oder durch externe Ereignisse verursacht werden, einschließlich Rechtsrisiken. Die **Rechtsrisiken** sind ausdrücklich im Definitionsumfang enthalten; nicht jedoch strategische Risiken und Reputationsrisiken. Diese sind aber ggf. als Sonstige Risiken zu erfassen.

97 Konkrete Verfahren für die Umsetzung in der Praxis werden in dem Rundschreiben nicht genannt. Denkbare Aktivitäten sind z. B. eine dezentrale Erfassung von Verlustereignissen, Fragebögen, angemessene Softwareunterstützung, Kommunikation und ausgeprägte Risikokultur, Sensitivitäts- und Szena-

rioanalysen, sowie die Durchführung von Stresstests, um die Risikoarten auch bei Stresssituationen beurteilen zu können.

Operationelle Risiken wirken sich entweder mittelbar oder unmittelbar aus. 98
Eine mittelbare Auswirkung liegt vor, wenn ein operationelles Risiko über ein Markt- oder Kreditrisiko zum Tragen kommt.[30] Hierfür kann beispielhaft ein mit Betrugsabsicht getätigtes Geschäft erwähnt werden. Dabei hat ein Markrisiko zwar den Verlust generiert (z. B. Kursverluste), verursacht wurde dieser jedoch durch ein operationelles Risiko: Nämlich Organisations- und Prozessmängel bzw. Betrug. Ebenso können Forderungsausfälle (Kreditrisiko) durch operationelle Risiken (z. B. mangelhafte Kreditprüfungs- und Kreditvergabeprozesse) verursacht werden.

2.2.5. Sonstige Risiken

Auch wenn nicht explizit erwähnt, müssen die Institute im Rahmen der Risi- 99
koinventur untersuchen, ob über die oben genannten Risiken hinaus weitere, sog. Sonstige Risiken wesentlich sind. Häufig sind dies Reputationsrisiken und strategische oder Geschäftsrisiken. Hier ist auf jeden Fall zu begründen, weshalb diese ggf. nicht als wesentlich eingestuft wurden. Weitere Risiken können sich aus dem Geschäftsmodell ergeben. Banken, die z. B. einen größeren Immobilienbestand verwalten oder besitzen oder ein starkes Standbein in der Immobilienvermittlung haben, sind möglicherweise einem Immobilienrisiko ausgesetzt; Banken, in deren Geschäftsmodell das M&A Geschäft eine gesonderte Rolle spielt, sind in Besonderem Maße Beteiligungsrisiken oder Beratungsrisiken ausgesetzt; Leasingunternehmen sind Restwertrisiken ausgesetzt. Nicht den sonstigen Risiken, sondern den Kreditrisiken zuzuordnen sind solche immobilienpreisbedingten Risiken, die sich dadurch ergeben, dass das Institut in erhöhtem Ausmaß Immobilien finanziert und als Sicherheiten hereinnimmt; in diesem Fall sind die Immobilienrisiken Teil des Kreditrisikos (Risiken im Zusammenhang mit Kreditsicherheiten). Insoweit ist im Rahmen der Risikoinventur eine klare und transparente Abgrenzung der Risiken wichtig.

30 *Thonabauer, G., Nösslinger, B.*, Leitfaden Management des operationellen Risikos, 2005, S. 11.

2.3. Geschäfte AT 2.3

100 In AT 2.3 der MaRisk wird eine geschäftsorientierte Abgrenzung des Anwendungsbereichs dargestellt. Die MaRisk gelten für Kreditgeschäfte im Sinne des AT 2.3 Tz. 1 sowie für Handelsgeschäfte gemäß AT 2.3 Tz. 3 und Termingeschäfte gemäß AT 2.3 Tz. 4.

101 Die Einstufung als Kreditgeschäft gilt unabhängig davon, ob die maßgeblichen Positionen Gegenstand von Verbriefungen sein sollen oder nicht.

102 In AT 2.3 Tz. 3 der MaRisk werden zahlreiche Geschäfte aufgezählt, die als Handelsgeschäfte im Sinne der MaRisk zu identifizieren sind, sofern diese im eigenen Namen und für eigene Rechnung abgeschlossen werden. Bei der Abgrenzung und Definition der Handelsgeschäfte sind zahlreiche Öffnungsklauseln enthalten.

103 Auch wenn AT 2.3 »nur« Kredit- und Handelsgeschäfte explizit aufführt, sind im Rahmen der MaRisk, insbesondere wenn es um die Anforderungen an die Messung und Steuerung der Risiken nach BTR und an die Risikoberichte nach BT3 geht, auch alle weiteren Geschäfte prinzipienorientiert zu berücksichtigen. Die Abgrenzung bzw. definitorische Festlegung der Kredit- und Handelsgeschäfte in AT 2.3 ist v. a. die Module BTO 1 und BTO 2 relevant.

104 Gemäß AT 2.3 Tz. 1 sind Kreditgeschäfte im Sinne der MaRisk grundsätzlich alle Geschäfte nach Maßgabe des § 19 Abs. 1 KWG, welcher unter dem Kreditbegriff Bilanzaktiva, Derivate und andere außerbilanzielle Geschäfte mit Adressenausfallrisiken subsumiert. Das heißt, die MaRisk sind nicht nur für klassische Kreditprodukte wie z. B. Darlehen oder Bürgschaften anzuwenden, sondern auf grundsätzlich alle Geschäfte mit einem Adressenausfallrisiko. Für bestimmte Geschäfte sehen die MaRisk jedoch Erleichterungen vor. So fallen z. B. Beteiligungen unter die Bilanzaktiva, dennoch wird in den Erläuterungen zu BTO 1 Tz. 1 explizit eine »sinngemäße Umsetzung« der MaRisk bei Beteiligungen erwähnt.

AT 2.3 Tz. 1, 2

Tz. 1: Kreditgeschäfte im Sinne dieses Rundschreibens sind grundsätzlich Geschäfte nach Maßgabe des § 19 Abs. 1 KWG (Bilanzaktiva und außerbilanzielle Geschäfte mit Adressenausfallrisiken).

Tz. 2: Im Sinne dieses Rundschreibens gilt als Kreditentscheidung jede Entscheidung über Neukredite, Krediterhöhungen, Beteiligungen, Limitüberschreitungen, die Festlegung von kreditnehmerbezogenen Limiten sowie von Kontrahenten- und Emittentenlimiten, Prolongationen und Änderungen risikorelevanter Sachverhalte, die dem Kreditbeschluss zugrunde lagen (z. B. Sicherheiten, Verwendungszweck). Dabei ist es unerheblich, ob diese Entscheidung ausschließlich vom Institut selbst oder gemeinsam mit anderen Instituten getroffen wird (so genanntes Konsortialgeschäft).

In den MaRisk werden unter AT 2.3 Tz. 2 mehrere Ereignisse aufgezählt, die als Kreditentscheidungen gelten. Dazu zählen Entscheidungen über Neukredite, Krediterhöhungen, Beteiligungen, Limitüberschreitungen, die Festlegung von kreditnehmerbezogenen Limiten sowie von Kontrahenten- und Emittentenlimiten, Prolongationen und Änderungen risikorelevanter Sachverhalte, die dem Kreditbeschluss zugrunde lagen. 105

Der zentrale Begriff der Kreditentscheidung ist Bestandteil von zahlreichen Textziffern der MaRisk: 106

- BTO 1.1 Tz. 2: Anforderungen an die Votierung vor Kreditentscheidung
- BTO 1.1 Tz. 4: Anforderungen an die Votierung bei Kreditentscheidungen des nicht-risikorelevanten Kreditgeschäfts

Die MaRisk unterscheiden nicht zwischen Kreditentscheidungen, die vom Institut selbst getroffen werden und Entscheidungen die gemeinsam mit anderen Instituten im Rahmen eines Konsortialgeschäfts getroffen werden. 107

In den Erläuterungen zu AT 2.3 Tz. 2 sind Ereignisse im Rahmen der Prolongation und Zinsanpassung genannt, die (grundsätzlich) nicht als Kreditentscheidung im Sinne der MaRisk gelten: 108

AT 2.3 Tz. 2, Erläuterungen

Prolongationen: Hinsichtlich des Begriffes »Prolongationen« wird nicht zwischen externen und internen Prolongationen (z. B. interne Verlängerung von extern b. a. w. zugesagten Krediten) unterschieden. Interne »Überwachungsvorlagen«, die lediglich der Kreditüberwachung während der Laufzeit dienen, gelten hingegen nicht als Prolongationen und damit nicht als Kreditentscheidungen im Sinne dieses Rundschreibens.

Zinsanpassungen: Nach Ablauf von Zinsbindungsfristen (die nicht mit der Gesamtlaufzeit übereinstimmen) erfolgende Zinsanpassungen können als Bestandteil des Gesamtkreditvertrages angesehen werden, die vor Kreditvergabe (mit-)geprüft werden. Es handelt sich daher grundsätzlich nicht um eine gesonderte Kreditentscheidung im Sinne dieses Rundschreibens.

Stundungen: Stundungen stellen keine von vornherein geplanten Änderungen des Kreditverhältnisses dar. Sie dienen z. B. der kurzzeitigen Überbrückung der Zeit bis zu einer Sanierung und sind somit als Kreditentscheidung im Sinne dieses Rundschreibens zu qualifizieren.

109 In AT 2.3 Tz. 3 der MaRisk werden die Geschäfte aufgezählt, die grundsätzlich als Handelsgeschäfte im Sinne der MaRisk zu identifizieren sind, sofern diese im eigenen Namen und für eigene Rechnung abgeschlossen werden. Im Gegensatz zur Definition von Kreditgeschäften kann bei der Definition von Handelsgeschäften nicht direkt auf die gesetzlichen Regelungen des KWG abgestellt werden. Aus diesem Grund schließt die Definition von Handelsgeschäften grundsätzlich alle Abschlüsse ein, die ein Geldmarktgeschäft, Wertpapiergeschäft, Devisengeschäft, Geschäft in handelbaren Forderungen (z. B. Handel in Schuldscheinen), Geschäft in Waren oder Geschäft in Derivaten zur Grundlage haben und die im eigenen Namen und für eigene Rechnung abgeschlossen werden. Unerheblich ist, ob ein Geschäft oder eine Position dem Handelsbuch gem. Art. 4 Abs. 1 Nr. 85 CRR zugeordnet ist. D. h. auch ein Wertpapier oder Derivat, das dem aufsichtlichen Anlagebuch zugeordnet wird, gilt gem. MaRisk als Handelsgeschäft.

AT 2.3 Tz. 3

Handelsgeschäfte sind grundsätzlich alle Abschlüsse, die ein

a) Geldmarktgeschäft,

b) Wertpapiergeschäft,

c) Devisengeschäft,

d) Geschäft in handelbaren Forderungen (z. B. Handel in Schuldscheinen),

e) Geschäft in Waren oder

f) Geschäft in Derivaten

zur Grundlage haben und die im eigenen Namen und für eigene Rechnung abgeschlossen werden. Als Wertpapiergeschäfte gelten auch Geschäfte mit Namensschuldverschreibungen sowie die Wertpapierleihe, nicht aber die Erstausgabe von Wertpapieren. Handelsgeschäfte sind auch, ungeachtet des Geschäftsgegenstandes, Vereinbarungen von Rückgabe- oder Rücknahmeverpflichtungen sowie Pensionsgeschäfte.

Bei der Abgrenzung und Definition der Handelsgeschäfte gemäß AT 2.3 Tz. 3 110
sind zahlreiche Öffnungsklauseln enthalten. So sind z. B. (grundsätzlich) keine Handelsgeschäfte im Sinne des Rundschreibens

- Geschäfte im fremden Namen oder für fremde Rechnung (Abschlussvermittlung und Finanzkommissionsgeschäft),
- die Erstausgabe von Wertpapieren,
- Geschäfte in handelbaren Forderungen bei denen von Seiten des Instituts keine Handelsabsicht besteht und
- Warengeschäfte, die in Folge fest getroffener Vereinbarungen über die Abnahme bzw. Lieferung der jeweiligen Ware zum Zeitpunkt der Erfüllung geschlossene Positionen während der gesamten Geschäftsdauer begründen.

AT 2.3 Erläuterungen zu Tz. 3

Emissionsgeschäft: Die Erstausgabe von Wertpapieren ist grundsätzlich kein Handelsgeschäft im Sinne dieses Rundschreibens. Hingegen stellt der Ersterwerb aus einer Emission ein Handelsgeschäft im Sinne dieses Rundschreibens dar. Beim Ersterwerb sind Erleichterungen im Hinblick auf die Marktgerechtigkeitskontrolle möglich (Erläuterungen zu BTO 2.2.2 Tz. 5).

Einordnung von Forderungen als Handelsgeschäfte: Zu d): Forderungen sind dann als Handelsgeschäfte zu qualifizieren, wenn von Seiten des Instituts eine Handelsabsicht besteht. Hierzu hat das Institut geeignete Kriterien festzulegen.

Warengeschäfte Zu e): Zu den Geschäften in Waren zählen insbesondere der Handel mit Edelmetallen und Rohwaren sowie der CO_2-Handel und der Stromhandel. Geschäfte in Waren im Sinne dieses Rundschreibens umfassen nicht die Warengeschäfte, die infolge fest getroffener Vereinbarungen über die Abnahme beziehungsweise Lieferung der jeweiligen Ware zum Zeitpunkt der Erfüllung geschlossene Positionen während der gesamten Geschäftsdauer begründen.

Traditionelles Warengeschäft von gemischtwirtschaftlichen Kreditgenossenschaften

Für das traditionelle Warengeschäft von gemischtwirtschaftlichen Kreditgenossenschaften kann in Abhängigkeit von Art, Umfang und Risikogehalt dieser Geschäftsaktivitäten eine sinngemäße Umsetzung der Anforderungen für das Handelsgeschäft angemessen sein.

111 Eine Definition der Geschäfte in Derivate ist in AT 2.3 Tz. 4 enthalten:

AT 2.3 Tz. 4 und Erläuterungen

Zu den Geschäften in Derivaten gehören Termingeschäfte, deren Preis sich von einem zugrunde liegenden Aktivum, von einem Referenzpreis, Referenzzins, Referenzindex oder einem im Voraus definierten Ereignis ableitet.

Garantien/Avale:

Garantien/Avale und Ähnliches fallen nicht unter die Derivate-Definition des Rundschreibens.

112 Für Derivate – die im Sinne der MaRisk den Handelgeschäften zuzuordnen sind – sind u. a. die Anforderungen an die Aufbau- und Ablauforganisation (BTO 2) sowie an die Risikosteuerungs- und -controllingprozesse (BTR) umzusetzen.

3. AT 3 Gesamtverantwortung der Geschäftsleitung

Die nach AT 3 Tz. 1 MaRisk bestimmte Gesamtverantwortung der Geschäftsleitung erstreckt sich auch unabhängig von der internen Geschäftsverteilung auf sämtliche Bereiche des Unternehmens. Als Verantwortung der Geschäftsleitung ist hier die Unternehmensverantwortung hinsichtlich der Geschäftstätigkeit und der damit im Zusammenhang stehenden Risiken sowie deren Auswirkungen auf die Gesellschaft, die Mitarbeiter, die Umwelt und das wirtschaftliche Umfeld zu verstehen. Insbesondere die seit 2007 nachhaltig anhaltenden Krisen haben gezeigt, dass das Konzept der sog. **Corporate Responsibility** einen wesentlich höheren Stellenwert einnehmen und weit über die individuellen Unternehmensinteressen – insbesondere bei Finanzdienstleistungsunternehmen – hinausgehen muss. 113

Aus der Analyse von Risiko- und Compliance-Ereignissen sind die Schwächen in der Risikokultur der Finanzinstitute als wesentliche Ursache für die globale Finanzkrise ableitbar. Die Risikokultur in einem Finanzinstitut spielt eine wichtige Rolle, die die Entscheidungen und das Handeln jedes Einzelnen beeinflusst. Durch Einzelpersonen innerhalb des Finanzinstituts oder der Unternehmensgruppe getroffene Entscheidungen spiegeln auch die Haltung gegenüber ihren Stakeholdern wider. In erster Linie sollte man erwarten, dass die Mitarbeiter in allen Teilen der Einrichtung Geschäfte in einer rechtlich und ethisch einwandfreien Art und Weise durchführen. Eine Umgebung, die Integrität fördert, ist über die Institution als Ganzes zu schaffen, die neben rechtlichen und ethischen Anforderungen auch dem Anspruch an faire Geschäfte mit den Kunden gerecht wird. Diese Anforderung wird durch die Erweiterung des prinzipienorientierten Aufbaus der MaRisk, der im AT 2 Tz. 1 beschrieben wird, hervorgehoben. Kennzeichnend für eine angemessene Risikokultur ist vor allem das klare Bekenntnis der Geschäftsleitung zu risikoangemessenem Verhalten, die strikte Beachtung des durch die Geschäftsleitung kommunizierten Risikoappetits durch alle Mitarbeiter und die Ermöglichung und Förderung eines transparenten und offenen Dialogs innerhalb des Instituts zu risikorelevanten Fragen.[31] Sofern es zur Sicherstellung der Angemessenheit und Wirksamkeit des Risikomanagements erforderlich sein sollte, sind auch über die Anforderungen der MaRisk hinausgehende Vorkehrungen zu treffen, die dies sicherstellen – **Prinzip der sog. »Proportionalität nach oben«**. Dies erfordert eine unternehmerische Nachhaltigkeit, die eine Unternehmensführung unter ausgewogener Berücksichtigung von ökonomischen, 114

31 Vgl. *BaFin,* Konsultation 02/2016: Entwurf der MaRisk in der Fassung vom 18.02.2016.

ökologischen und sozialen Faktoren verlangt. Daraus leitet sich auch die Anforderung an jeden einzelnen Geschäftsleiter ab, die Risiken beurteilen zu können sowie zu deren Begrenzung – gegebenenfalls auch auf Gruppenebene – ein **geeignetes und wirksames Risikomanagementsystem** einzurichten.

115 Zu diesem Zweck wurden die Mindestanforderungen an das interne Kontrollsystem (AT 1 Tz. 1) als wesentlicher Bestandteil des Risikomanagementsystems um eine Risikocontrolling-Funktion (AT 4.4.1) und eine Compliance-Funktion (AT 4.4.2) erweitert. Außerdem wurden auch die Anforderungen an die Organisationsrichtlinien der MaRisk erweitert, die einen Verhaltenskodex für Mitarbeiter als zwingende Voraussetzung für die Erreichung der gewünschten Risikokultur definieren. AT 5 Tz. 3 f) verlangt nunmehr von den Instituten, einen derartigen Verhaltenskodex vorzuhalten.

116 Diese in AT 3 Tz. 1 Satz 3 beschriebene Anforderung wird aus Sicht des MaRisk-Fachgremiums[32] in seiner Absolutheit für nicht umsetzbar erachtet, da auch Fragen der **Geschäftsleitereignung** berührt werden, die bereits abschließend in den §§ 32 und 33 KWG geregelt sind.[33] Daraus lässt sich ableiten, dass Spezialisierungen – insbesondere in größeren Instituten – nicht in Frage zu stellen sind und nicht auf risikomethodische Spezial- bzw. Tiefenkenntnisse der Geschäftsleiter abzustellen ist. Hier erscheint neben den fachlichen Qualifikationen der Geschäftsleiter vielmehr eine Konkretisierung dergestalt hilfreich, dass neben der Fähigkeit der Geschäftsleiter Risiken beurteilen zu können und dafür ein entsprechendes Risikomanagementsystem einzurichten auch Anforderungen an die **Risikokommunikation** definiert werden müssen. Die Einrichtung einer klar definierten Risikokommunikation fördert das Risikobewusstsein der Empfänger von Reportings und Kompetenzträgern, woraus sich eine **Risikokultur** im Sinne des AT 3 Tz.1 entwickelt, die Art, Umfang, Komplexität und Risikogehalt des Geschäftsumfangs gerecht wird. Damit werden indirekt auch die Anforderungen an eine angemessene qualitative Personalausstattung erfüllt, die sich aus dem AT 7.1 ableiten lassen. Neben der eigenen rein fachlichen Fähigkeit der Geschäftsleiter, die im Kreditwesengesetz abschließend geregelt ist, stellt die Umsetzung der Anforde-

32 Zu den Hauptaufgaben des MaRisk-Fachgremiums zählt, grundsätzliche Auslegungsfragen und prüfungsrelevante Sachverhalte zu erörtern. Dem Gremium gehören Experten aus kleineren und größeren Instituten, Prüfer, Verbandsvertreter und Aufseher an. Durch die institutionalisierte Mitwirkung der Industrie sollen die MaRisk laufend praxisgerecht verbessert und weiterentwickelt werden.

33 Vgl. *BaFin,* Protokoll zur 2. Sitzung des Fachgremiums MaRisk am 17.08.2006 – 3.a) Gesamtverantwortung der Geschäftsleitung.

rungen des AT 3 Tz. 1 Sätze 3 und 4 folglich auch Anforderungen an die **Führungsfähigkeiten der Geschäftsleiter**.

AT 3

Tz. 1

Alle Geschäftsleiter (§ 1 Abs. 2 KWG) sind, unabhängig von der internen Zuständigkeitsregelung, für die ordnungsgemäße Geschäftsorganisation und deren Weiterentwicklung verantwortlich. Diese Verantwortung bezieht sich unter Berücksichtigung ausgelagerter Aktivitäten und Prozesse auf alle wesentlichen Elemente des Risikomanagements. Die Geschäftsleiter werden dieser Verantwortung nur gerecht, wenn sie die Risiken beurteilen können und die erforderlichen Maßnahmen zu ihrer Begrenzung treffen. Hierzu zählt auch die Entwicklung, Förderung und Integration einer angemessenen Risikokultur innerhalb des Instituts und der Gruppe. Die Geschäftsleiter eines übergeordneten Unternehmens einer Institutsgruppe oder Finanzholding-Gruppe beziehungsweise eines übergeordneten Finanzkonglomeratsunternehmens sind zudem für die ordnungsgemäße Geschäftsorganisation in der Gruppe und somit auch für angemessenes und wirksames Risikomanagement auf Gruppenebene verantwortlich (§ 25a Abs. 3 KWG).

Tz. 2

Ungeachtet der Gesamtverantwortung der Geschäftsleitung für die ordnungsgemäße Geschäftsorganisation und insbesondere für ein angemessenes und wirksames Risikomanagement ist jeder Geschäftsleiter für die Einrichtung eines angemessener Kontroll- und Überwachungsprozesse in seinem jeweiligen Zuständigkeitsbereich verantwortlich.

3.1. Führung und Verantwortung

Führung bedeutet, bewusst auf das Verhalten anderer Menschen einzuwirken, 117
um ein bestimmtes Ziel zu erreichen.[34] Das Ziel bzw. die Ziele lassen sich in der jeweiligen Geschäftsstrategie der Institute ablesen, die gemäß AT 4.2 von der Geschäftsleitung festzulegen ist. Darüber hinaus verlangen die MaRisk eine dazu konsistente Risikostrategie. Auch an dieser Stelle wird explizit die Gesamtverantwortung der Geschäftsleitung herausgestellt und verbietet eine Delegation für die Festlegung der Strategien. Auf welche Art die

34 *Hannemann, Ralf/Schneider, Andreas/Hanenberg, Ludger,* Mindestanforderungen an das Risikomanagement (MaRisk), Eine einführende Kommentierung, 2. Auflage, S. 118.

Unternehmensziele erreicht werden sollen zeigt die Geschäftsstrategie in der Unternehmensführung. Die mit der Führung verknüpfte Verantwortung entfaltet ihre Wirkung auf jeden einzelnen Geschäftsleiter und auf die Geschäftsleitung als Ganzes. Ungeachtet dessen haben die MaRisk in AT 3 Tz. 2 eine Erweiterung der Verantwortung jedes einzelnen Geschäftsleiters für die Einrichtung angemessener Kontroll- und Überwachungsprozesse in seinem jeweiligen Zuständigkeitsbereich erfahren. Aus der Verantwortung leiten sich unmittelbare Konsequenzen ab. § 93 AktG sieht vor, dass Vorstandsmitglieder, die ihren Sorgfaltspflichten nicht nachkommen, haftbar gemacht werden können. Dieser Rechtsgedanke gilt entsprechend auch für diejenigen Institute, die nicht in der Rechtsform einer Aktiengesellschaft betrieben werden, also z. B. für Genossenschaftsbanken und Sparkassen. Jedes Vorstandsmitglied haftet demnach unabhängig von der Geschäftsverteilung gesamtschuldnerisch. Auch das im Einzelfall nicht zuständige Vorstandsmitglied bleibt haftungsrechtlich verantwortlich.[35] Dem Prinzip der Gesamtverantwortung der Geschäftsleitung wird in vielen verschiedenen Spezialgesetzen ein hoher Stellenwert beigemessen.[36]

118 Die MaRisk sehen darüber hinaus ausdrücklich eine Erweiterung der bereits bestehenden Pflichten der Geschäftsleitung vor, um die **Governance-Strukturen** weiter zu stärken. Insbesondere hat die Geschäftsleitung dem Vorsitzenden des Aufsichtsorgans ein **direktes Auskunftsrecht** gegenüber der Internen Revision einzuräumen, damit es seine Überwachungsfunktion noch effektiver wahrnehmen kann.[37] Dies umfasst wie bisher die laufende Risikoberichterstattung an das Aufsichtsorgan, die in nachvollziehbarer und aussagefähiger Art und Weise zu dokumentieren ist, gesonderte Ausführungen zu besonderen Risiken für die Geschäftsentwicklung, die unverzügliche Weiterleitung von unter Risikogesichtspunkten wesentlichen Informationen sowie geplante Maßnahmen der Geschäftsleitung. Eine weitere Stärkung der Governance-Strukturen erfahren die MaRisk sowohl durch die Risikocontrolling-Funktion (AT 4.4.1), die neben der zwingenden Ein-bindung bei wichtigen risikopolitischen Entscheidungen auch eine grundsätzlich exklusive Wahrnehmung der Tätigkeit vorsieht, als auch durch die Compliance-Funktion

35 Vgl. *Hüffer, Uwe,* Aktiengesetz, 6. Auflage, München 2004, § 77 Tz. 14, § 93 Tz. 13b.

36 Nach § 23 des Sparkassengesetzes leitet der Vorstand die Sparkasse in eigener Verantwortung. Gleiches gilt für den Vorstand einer Genossenschaft gemäß § 27 GenG. Diese Norm deckt sich mit § 76 AktG, der dem Prinzip der Gesamtverantwortung des Vorstandes bei Aktiengesellschaften zugrunde liegt.

37 Vgl. *BaFin,* Mindestanforderungen an das Risikomanagement (MaRisk) – Rundschreiben BA 54-FR 2210-2008/0001 vom 14.08.2009.

(AT 4.4.2), die auf eine angemessene Compliance-Kultur aller Geschäftsbereiche beratend und koordinierend einwirken soll.[38]

Die Umsetzung und Sicherstellung dieser Anforderungen setzt eine ordnungsgemäße Geschäftsorganisation mit einem funktionsfähigen internen Kontrollverfahren voraus. 119

3.2. Ordnungsgemäße Geschäftsorganisation

Die Grundlage für die Anforderungen einer ordnungsgemäßen Geschäftsorganisation ergeben sich aus § 25a Abs. 1 KWG. Diese gesetzliche Regelung ist einerseits die Basis für die Anforderungen an die Organisation und andererseits der Ausgangspunkt für die Ausgestaltung der Mindestanforderungen an das Risikomanagement (MaRisk). Die Vorschrift des § 25a Abs. 1 KWG stellt Anforderungen an die Organisation, die das ordnungsgemäße Betreiben der Geschäfte und die Beachtung der gesetzlichen Bestimmungen gewährleisten. Darüber hinaus bieten die Mindestanforderungen an das Risikomanagement den qualitativen Rahmen zur Umsetzung der Anforderungen der Bankenrichtlinie – »CRD IV« – zur Organisation und zum Risikomanagement der Institute[39]. Es wird nicht geregelt, wie die einzelnen gesetzlichen Bestimmungen umzusetzen sind, sondern es werden **Anforderungen an die Organisation** gestellt.[40] Jedes Institut hat sicherzustellen, dass die Geschäftsaktivitäten auf der Grundlage von Organisationsrichtlinien betrieben werden (z. B. Handbücher, Arbeitsanweisungen und Arbeitsablaufbeschreibungen). Der Detaillierungsgrad der Organisationsrichtlinien hängt von Art, Umfang, Komplexität und Risikogehalt der Geschäftsaktivitäten ab. Hinsichtlich der Darstellung der Organisationsrichtlinien kommt es in erster Linie darauf an, dass diese sachgerecht und für die Mitarbeiter nachvollziehbar sind. Der AT 8.2 verlangt darüber hinaus, dass vor wesentlichen Änderungen in der Aufbau- und Ablauforganisation sowie in den IT-Systemen die Auswirkungen auf die Kontrollverfahren und Kontrollintensität unter Einbindung der Risikocontrolling-Funktion, der Compliance-Funktion und der Internen Revision zu analysieren sind. Die Organisationsrichtlinien müssen schriftlich fixiert und in geeigneter Weise bekannt gemacht sowie dauerhaft im Zugriff sein. Die Ausgestaltung bleibt den Instituten überlassen. Mit den MaRisk werden je- 120

38 Vgl. *BaFin,* Mindestanforderungen an das Risikomanagement (MaRisk) – Rundschreiben BA 54-FR 2210-2012/0002 vom 14.12.2012.

39 Vgl. *BaFin,* Entwurf der MaRisk in der Fassung vom 18.02.2016, AT 1 Tz. 1.

40 Vgl. *Boos/Fischer/Schulte-Mattler,* Kreditwesengesetz Kommentar, 3. Auflage, § 25a Tz. 12, S. 817.

doch qualitative Mindestanforderungen an ein angemessenes und wirksames Risikomanagement und dessen wesentliche Bestandteile ausformuliert, die im Einzelfall auch über die in den MaRisk formulierten Anforderungen hinausgehen können (AT 1 Tz. 3).

121 Um festzustellen, ob eine nach § 25a Abs.1 KWG ordnungsgemäße Geschäftsorganisation eingerichtet ist, sind insbesondere hinsichtlich des Risikomanagements folgende Fragestellungen relevant:

3.3. Checkliste

	Fragestellung »ordnungsgemäße Geschäftsorganisation«	**Erfüllt**
1.	Ist die quantitative und qualitative Personalausstattung angemessen und an den betriebsinternen Erfordernissen, den Geschäftsaktivitäten sowie der Risikosituation ausgerichtet? (AT 7.1)	
2.	Orientiert sich die technisch-organisatorische Ausstattung an den betriebsinternen Erfordernissen, den Geschäftsaktivitäten sowie der Risikosituation? (AT 7.2)	
3.	Liegen eine Geschäftsstrategie und eine dazu konsistente Risikostrategie vor? (AT 4.2)	
4.	Existieren aufbau- und ablauforganisatorische Regelungen mit klarer Abgrenzung der Verantwortungsbereiche, die die Einhaltung der gesetzlichen Bestimmungen und betriebswirtschaftlichen Notwendigkeiten sicherstellen?	
5.	Existiert ein Verhaltenskodex für Mitarbeiter? (AT 5 Tz. 3)	
6.	Ist sichergestellt, dass vor wesentlichen Änderungen der Aufbau- und Ablauforganisation sowie der IT-Systeme die Auswirkungen auf die Kontrollverfahren und die Kontrollintensität unter Einbindung der Risikocontrolling-Funktion, der Compliance-Funktion sowie der Internen Revision analysiert werden? (AT 8.2)	

7.	Sind angemessene Leitungs-, Steuerungs- und Kontrollprozesse zur Identifizierung, Beurteilung, Steuerung sowie Überwachung und Kommunikation der Risiken (Internes Kontrollsystem) eingerichtet, die auch eventuell ausgelagerte Aktivitäten und Prozesse berücksichtigen? (AT 9)	
8.	Ist die Übernahme aller wesentlichen Elemente des Risikomanagements sichergestellt (Risikotragfähigkeit)? (AT 4.1)	
9.	Ist eine funktionsfähige Interne Revision eingerichtet? (AT 4.4.3)	
10.	Ist ein angemessenes Notfallkonzept – insbesondere für IT-Systeme – eingerichtet? (AT 7.3)	

3.4. Angemessenes und wirksames Risikomanagement

Das Risikomanagement ist das Kernelement der MaRisk und integraler Bestandteil einer ordnungsgemäßen Geschäftsorganisation. Grundlage eines angemessenen und wirksamen Risikomanagements ist zunächst eine kritische Auseinandersetzung mit den existierenden Risiken **(Gesamtrisikoprofil)** im Rahmen einer **Risikoinventur** auf der einen und des bestehenden **Risikodeckungspotenzials** auf der anderen Seite. 122

Die Ausgestaltung des Risikomanagements umfasst neben der Formulierung einer Risikostrategie für jede wesentliche Risikoart die Risikoanalyse, die darauf folgende Risikobewertung, an die sich dann eine Risikolimitierung sowie Risikosteuerung anschließt. Mit dem **Kapitalplanungsprozess** (AT 4.1 Tz. 11) soll das Risikotragfähigkeitskonzept zukunftsorientiert erfolgen und einen mehrjährigen Zeitraum umfassen, um etwaigen Kapitalbedarf frühzeitig zu identifizieren. Dies bedeutet jedoch ausdrücklich nicht, dass das Risikotragfähigkeitskonzept im Sinne der MaRisk über einen mehrjährigen Zeitraum ausgedehnt werden soll.[41] Dieser **Risikosteuerungs- und Controllingprozess** mündet in einem entsprechenden Reporting. Dazu hat jedes Institut einen internen Prozess zur **Sicherstellung der Risikotragfähigkeit** einzurichten.[42] Dieser Prozess ist derart auszugestalten, dass eine der Art, Umfang, Komplexität und Risikogehalt angemessene Identifizierung, Beurteilung, Steuerung, Überwachung und Kommunikation der Risiken sichergestellt wird. 123

41 Vgl. *BaFin,* Mindestanforderungen an das Risikomanagement (MaRisk) – Rundschreiben BA 54-FR 2210-2012/0002 vom 14.12.2012.

42 Vgl. *BaFin,* Rundschreiben 11/2010 (BA) vom 15.12.2010, AT 4.1, Ziffer 2, S. 6.

Darüber hinaus ist eine Einbettung in das **interne Kontrollsystem** unter Beteiligung der Internen Revision essentiell.

124 Die MaRisk unterteilen das betriebswirtschaftliche Gesamtrisiko in folgende wesentliche Risikoarten:

- Adressenausfallrisiken (einschließlich Länderrisiken)
- Marktpreisrisiken
- Liquiditätsrisiken und
- Operationelle Risiken.

125 Das **Adressenausfallrisiko** beschreibt grundsätzlich den Ausfall von Kreditnehmern. Den systematischen Ausfall mehrerer Geschäftspartner aufgrund von Branchenrisiken oder Länderrisiken bezeichnet man in der Kreditwirtschaft auch als Klumpenrisiko. Dieser Aspekt wird in den MaRisk auch als **Konzentrationsrisiko** behandelt. Als besonderen Teil des Kreditrisikos wird der Ausfall von Kontrahenten (Kontrahentenrisiko) bei Handelsgeschäften zum Ausdruck gebracht. Neben den **Risikokonzentrationen** im Adressrisiko sind auch für Marktpreisrisiken, Liquiditätsrisiken und operationelle Risiken sowie sonstige wesentliche Risiken (z. B. Ertragskonzentrationen) Risikokonzentrationen zu identifizieren, zu beurteilen, zu steuern und zu überwachen sowie zu kommunizieren. Eine eigene Risikoart stellen die Konzentrationsrisiken jedoch nicht dar, sondern stehen im Kontext der wesentlichen Risiken. Im **Marktpreisrisiko** werden das Wechselkursrisiko und das Zinsänderungsrisiko quantifiziert. Das **Liquiditätsrisiko** birgt die Gefahr, dass fällige Gelder nicht aus den flüssigen Mitteln bedient werden können und auch nicht durch anderweitige Geschäfte auf Grund mangelnder Marktliquidität zu den erwarteten Bedingungen abgeschlossen werden können bzw. nicht in einem ausreichenden Maße zur Verfügung gestellt wird. Darüber hinaus verlangen die MaRisk für große Institute mit komplexen Geschäftsaktivitäten ein **Verrechnungssystem für Liquiditätskosten, -nutzen und -risiken** (BTR 3.1 Tz. 6). Weniger große Institute mit weniger komplexen Geschäftsaktivitäten können hingegen einfachere Verfahren zur internen Verrechnung von Liquiditätskosten, -nutzen und –risiken zur Anwendung bringen.[43] Das **operationelle Risiko** ist ein inhärentes Risiko der bereits aufgeführten Risikoarten und wird vielfach auch dort abgebildet, ohne eine explizite Unterscheidung vorzunehmen. Darüber hinaus können operationelle Risiken durch prozessuale Störungen z. B. durch Ausfälle in der IT oder auch im Personal entstehen. Die An-

43 Vgl. *BaFin,* Mindestanforderungen an das Risikomanagement (MaRisk) – Rundschreiben BA 54-FR 2210-2012/0002 vom 14.12.2012.

forderung zur Erstellung von Notfallplänen erstreckt sich selbstverständlich auch auf diese Bereiche. Das Reputationsrisiko wird oftmals als Risiko des Ansehensverlustes durch geschäftspolitische Entscheidungen separat vom operationellen Risiko betrachtet.

Hierarchie der Begriffe in den MaRisk mit der Risikotragfähigkeit im Zentrum

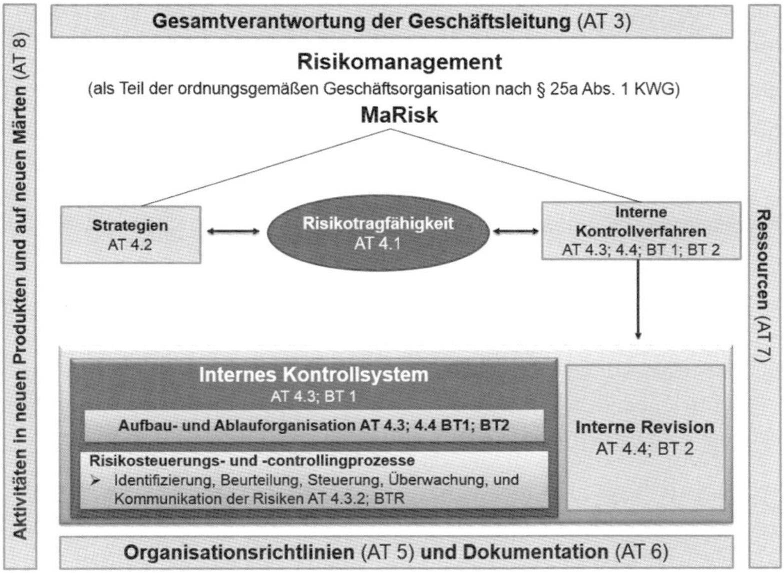

Abbildung 1: Anlage 4 zum Rundschreiben 18/2005 der BaFin vom 20.12.2005 – modifiziert gem. MaRisk 2012

Als Ergebnis der Auseinandersetzung mit den Risikoarten **(Risikoinventur)** 126
stehen die als wesentlich erkannten Risiken fest. Im nächsten Schritt ist zu definieren, welche der wesentlichen Risiken im **Risikotragfähigkeitskonzept** zu berücksichtigen sind. Sofern als wesentlich identifizierte Risiken nicht in das Risikotragfähigkeitskonzept einbezogen werden, besteht die Möglichkeit, die **Öffnungsklausel** in AT 4.1 Tz. 4 der MaRisk zu nutzen. Die Nichtberücksichtigung der Risiken ist zu begründen und zu dokumentieren. Unabhängig davon ist sicherzustellen, dass solche Risiken angemessen in den

Risikosteuerungs- und Controllingprozessen berücksichtigt werden.[44] Dabei kann es sich beispielsweise um folgende Risikoarten handeln:

- Beteiligungsrisiken und die Immobilienrisiken
- Vertriebsrisiko
- sonstige Risiken, z. B. Reputationsrisiken
- …

127 Ungeachtet dessen sollte auf die besondere Berücksichtigung von **Konzentrationsrisiken** explizit eingegangen werden.

128 Für die Entwicklung der Risikostrategien, die Risikoanalyse, die Ausgestaltung des Risikotragfähigkeitskonzeptes und den praktischen Umgang mit Risiken sind Grundsätze gemäß AT 5 Tz. 3 f) zu definieren, die die Risikobereitschaft der Geschäftsleitung widerspiegeln und als Handlungsmaxime für die Kompetenzträger und damit als Rahmen für die laufend fortzuentwickelnde **Risikokultur** dienen.

129 In der folgenden Auflistung sind beispielhafte Grundsätze aufgeführt, die die zentralen Verhaltensregeln für den Umgang mit Risiken innerhalb eines Instituts darstellen können. Sie bilden die Grundlage für ein unternehmensweit möglichst einheitliches Verständnis der Unternehmensziele im Zusammenhang mit dem Risikomanagement:

✓ Praxistipp »Verhaltenskodex zum Risikomanagement«

- Die Geschäftsleitung und alle Mitarbeiter fühlen sich den risikopolitischen Grundsätzen verpflichtet und treffen auch ihre Alltagsentscheidungen unter Einhaltung dieser Leitlinien.
- Das Risikomanagement wird so organisiert, dass Interessenkonflikte sowohl auf persönlicher Ebene als auch auf Ebene von Organisationseinheiten vermieden werden.
- Die Qualität des Risikomanagements soll hinsichtlich der wesentlichen, gegebenenfalls existenzgefährdenden Risikoarten den aktuellen Standards und Entwicklungen gerecht werden (»State of the Art«) und zumindest jenem von strukturell und größenmäßig vergleichbaren Instituten entsprechen (»Best-Practice-Grundsatz«).

44 Vgl. *BaFin,* Rundschreiben 11/2010 (BA) vom 15.12.2010, AT 4.1, Ziffer 4, S. 7.

- Bei intransparenter Risikolage oder methodischen Zweifelsfällen ist dem Vorsichtsprinzip der Vorzug zu geben.
- Die Risikosteuerung orientiert sich primär am Ziel eines geordneten Unternehmensfortbestandes (»Going-Concern«). Nebenbedingungen, insbesondere aufsichtsrechtlicher Art, sind in der Regel mit einem Sicherheitspuffer einzuhalten.
- Das geschäftliche Engagement richtet sich nur auf Geschäftsfelder, in denen entsprechende Kenntnisse zur Beurteilung der spezifischen Risiken zur Verfügung stehen.
- Der Aufnahme neuer Geschäftsfelder oder Produkte geht grundsätzlich eine adäquate Analyse der geschäftsspezifischen Risiken voraus.

Die Einbeziehung der Geschäftsleitung in das Risikomanagement hängt von 130
der Art und dem Umfang der betriebenen Geschäfte und von der jeweiligen Institutsgröße ab. Den Geschäftsleitern stehen hier hinreichende **Delegationsspielräume** zur Verfügung. Dennoch ist darauf hinzuweisen, dass die internen **Zuständigkeitsdefinitionen** keinen Einfluss auf die gesetzlichen Regelungen der Gesamtverantwortung der Geschäftsleitung haben. Allein aus Haftungsgründen muss die Geschäftsleitung sich in angemessener Weise an der Ausgestaltung des Risikomanagements (Strategien, Risikotragfähigkeit, Internes Kontrollsystem und Interne Revision) beteiligen.

3.5. Risikomanagement auf Gruppenebene

Die Auseinandersetzung mit den Anforderungen auf Gruppenebene setzt 131
zunächst eine Definition der Gruppe voraus. Die MaRisk sind aus dem Kreditwesengesetz abgeleitet. Die maßgebliche Grundlage bildet der § 25a KWG. Insofern ist auf die Gruppendefinition im Sinne des Artikels 4 der Verordnung (EU) Nr. 575/2013 abzustellen. Danach sind die Anforderungen auf Gruppenebene an die **übergeordneten Unternehmen** von Institutsgruppen gemäß § 10a Abs. 1, 2 KWG und **Finanzholding-Gruppen** gemäß §10a Abs. 3 KWG sowie an übergeordnete **Finanzkonglomeratsunternehmen** gemäß § 10b Abs. 3 KWG adressiert. Davon abweichende Gruppenbegriffe z. B. nach HGB sind daher in diesem Zusammenhang grundsätzlich nicht relevant.[45]

---

45 Vgl. *BaFin,* Protokoll zur 3. Sitzung des Fachgremiums MaRisk am 06.03.2007 – 4.a) Gruppenbegriff nach KWG bzw. MaRisk.

132 Diese gesetzliche Definition lässt den Schluss zu, dass diese Anforderungen nicht für den öffentlich-rechtlichen und den genossenschaftlichen **Finanzverbund** gelten.

133 Eine Ausnahme ergibt sich für Institute, die die Voraussetzungen des § 2a Abs. 1 Satz 1 Nr. 3 KWG erfüllen und vom **Waiver** Gebrauch machen. Zu den Voraussetzungen zählt insbesondere, dass die Risikobewertungs-, -mess- und -kontrollverfahren des übergeordneten Instituts die nachgeordneten Institute einschließen.

134 Bei der Umsetzung der Anforderungen für die Steuerung auf Gruppenebene gilt der gleiche Maßstab, wie für ein einzelnes Institut. Eine zu starke Dezentralisierung des Risikomanagements- und des Risikocontrollings ist zu vermeiden, um den Gesamtüberblick und das Gesamtrisikoprofil optimal ermitteln zu können. Hinsichtlich der Ausgestaltung der Anforderungen wird auf den AT 4.5 Risikomanagement auf Gruppenebene verwiesen.

§ 25a Abs. 3 KWG

Die Absätze 1 und 2 gelten für Institutsgruppen, Finanzholding-Gruppen und gemischte Finanzholding-Gruppen und Institute im Sinne des Artikels 4 der Verordnung (EU) Nr. 575/2013 mit der Maßgabe entsprechend, dass die Geschäftsleiter des übergeordneten Unternehmens für die ordnungsgemäße Geschäftsorganisation der Institutsgruppe, der Finanzholding-Gruppe oder gemischten Finanzholding-Gruppe verantwortlich sind. Zu einer Gruppe im Sinne von Satz 1 gehören auch Tochterunternehmen eines übergeordneten Unternehmens oder nachgeordneten Tochterunternehmens einer Institutsgruppe, Finanzholding-Gruppe oder gemischten Finanzholding-Gruppe, auf die weder die Verordnung (EU) Nr. 575/2013 noch § 1a zur Anwendung kommt. Die sich aus der Einbeziehung in das Risikomanagement auf Gruppenebene ergebenden Pflichten müssen von Tochterunternehmen der Gruppe mit Sitz in einem Drittstaat nur insoweit beachtet werden, als diese Pflichten nicht dem geltenden Recht im Herkunftsstaat des Tochterunternehmens entgegenstehen.

3.6. Checkliste

	Fragestellung »Gesamtverantwortung der Geschäftsleitung«	**Erfüllt**
1.	Hat sich die Geschäftsleitung einen Überblick über das Gesamtprofil der wesentlichen Risiken verschafft (Risikoinventur)? (AT 2.2)	
2.	Liegen eine Geschäftsstrategie und eine dazu konsistente Risikostrategie vor? (AT 4.2)	
3.	Sind die Risiken eventueller Auslagerungen hinreichend berücksichtigt worden? (AT 9)	
4.	Wurden die Strategien dem Aufsichtsorgan zur Kenntnis gegeben und mit diesem erörtert? (AT 4.2 Tz. 4 und 5)	
5.	Erfolgt eine regelmäßige Berichterstattung über die Risikosituation und eine Szenariobetrachtung an alle Geschäftsleiter? (AT 4.3.2 und BT 3)	
6.	Wird das Aufsichtsorgan wenigstens vierteljährlich über die Risikosituation schriftlich informiert? (BT 3.1 Tz. 5)	
7.	Sind die Prüfungsplanung und ggf. wesentliche Anpassungen dieser Planung der Innenrevision von der Geschäftsleitung genehmigt? (AT 4.4.3)	
8.	Sind Weisungen und Beschlüsse der Geschäftsleitung, die für die Innenrevision relevant sind, dort bekannt? (AT 4.4.3)	
9.	Ist für den Fall der vollständigen Auslagerung der Innenrevision ein Revisionsbeauftragter benannt? (AT 4.4.3)	
10.	Erfolgt eine mindestens jährliche Information an das Aufsichtsorgan über von der Innenrevision festgestellte schwerwiegende Mängel und noch nicht beseitigte Mängel? (AT 4.4.3)	
11.	Ist sichergestellt, dass bei Veränderungen in der Leitung der Internen Revision das Aufsichtsorgan informiert wird? (AT 4.4.3)	
12.	Ist der Prozess für die Aufnahme neuer Produkte geregelt? (AT 8.1)	

3.7. Geschäftsstrategie (Strategieprozess)

135 Neben der Gesamtverantwortung der Geschäftsleitung für die Risikostrategie rücken die Mindestanforderungen an das Risikomanagement (MaRisk), die ebenfalls nicht delegierbare Gesamtverantwortung der Geschäftsleitung zur Festlegung einer konsistenten Geschäftsstrategie in den Fokus (AT 4.2 Satz 2 i. V. m. Satz 3). In den Anforderungen an die Ausgestaltung der Strategien unterscheiden die MaRisk zwischen der Geschäftsstrategie und der Risikostrategie. Während die inhaltliche Gestaltung der Geschäftsstrategie ausdrücklich allein im Ermessen der Geschäftsleitung liegt, verlangen die MaRisk neben der Konsistenz zur Risikostrategie eine hinreichend konkrete Formulierung der Ziele.[46] Ausdrücklich verlangen die MaRisk die **Einrichtung eines Strategieprozesses**, der entgegen der inhaltlichen Ausgestaltung der Geschäftsstrategie einer Überprüfung Stand halten muss. Diese Anforderung schafft einen »Graubereich«, der in der Prüfungspraxis zu Abgrenzungsschwierigkeiten führen kann, weil sich die Definition einer Trennlinie zwischen Strategieinhalt auf der einen und Strategieprozess auf der anderen Seite nicht ohne weiteres festlegen lässt. Die Motivation einer derartigen Anforderung findet seinen Ursprung in der Finanzkrise und soll dazu führen, dass die Finanzdienstleistungsinstitute zu einer **nachhaltigen Geschäfts-strategie** angehalten werden, die laufend in einem qualitativ hochwertigen Prozess angemessen weiterentwickelt wird und insgesamt zu einer Stabili-sierung des Finanzsystems beitragen soll.

136 Der strategische Prozess ist so zu konzipieren, dass er regelmäßig (mindestens jährlich) zur Strategieüberprüfung, Strategieüberarbeitung und Strategieentwicklung genutzt werden kann. Ein mögliches **Strategie-Modell** lässt sich in sechs Prozessschritte, wie die folgende Abbildung zeigt, unterteilen. Ferner zeigt die Grafik die von den MaRisk im AT 4.2 Textziffer 4 geforderte Verknüpfung zum operativen Prozess (linker Teil der Grafik) auf.

46 Kommentierung der Mindestanforderungen an das Risikomanagement, AT 4.2 Tz. 1 (MaRisk), Eine einführende Kommentierung, 2. Auflage, S. 118 sowie *BaFin,* Rundschreiben 11/2010 (BA) vom 15.12.2010, AT 4.2, Ziffer 4, S. 8.

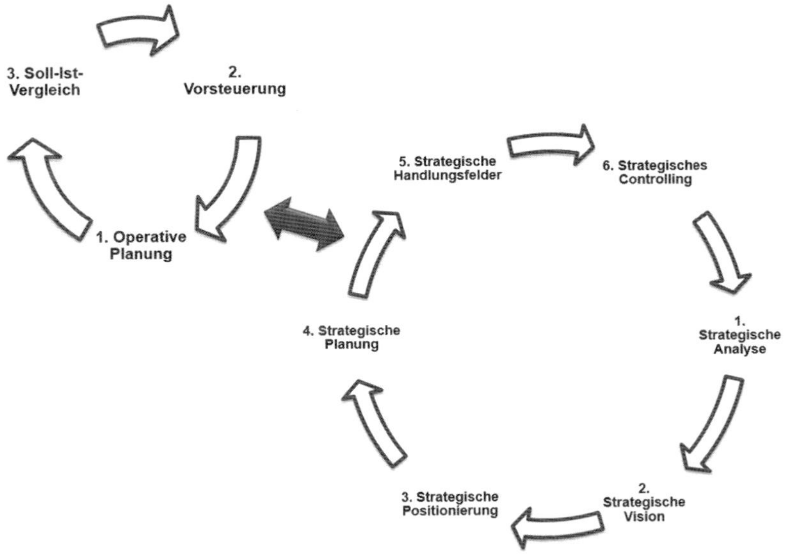

Abbildung 2: Leitfaden »Strategische Steuerung einer Primärbank« Version 1.0; März 2007vom Bundesverband der Deutschen Volksbanken und Raiffeisenbanken e. V.

Die MaRisk definieren im AT 4.2 Textziffer 4 die Strategieprozessschritte Planung, Umsetzung, Beurteilung und Anpassung als Mindestanforderung. Ungeachtet dessen erfordert eine Planung eine strategische Analyse, in der sowohl die Ausgangslage als auch die zukünftige Entwicklung der internen und externen Rahmenbedingungen untersucht wird. Für die Beurteilung der internen Ausgangssituation stehen in der Regel bereits vielfältige betriebswirtschaftliche Informationen und Analysen zur Verfügung. Um die Komplexität für die Analyse und die Prognose der externen Faktoren zu reduzieren, bietet es sich an, insbesondere die externen Wirkungsfelder zu unterteilen: 137

- Megatrends
- Region
- Wettbewerb
- Konjunktur
- Geld- und Kapitalmarkt
- Recht und Politik
- …

138 Eine derartige Analyse erfolgt in der Regel mittels einer SWOT-Analyse[47], die sowohl die Stärken und Schwächen als auch die Chancen und Risiken betrachtet. Am Ende des Strategieprozesses steht die Zieldefinition, die dann in der operativen Planung und Umsetzung mündet.

139 Im Rahmen der **strategischen Planung** werden die strategischen Ziele auf Realisierbarkeit untersucht. Um die Prüfung auf eine solide Basis zu stellen, bieten sich die Istzahlen als Ausgangssituation an. Über die Istzahlen können dann die Eckwerte des nächsten Jahres geplant werden, um darauf aufbauend die Mehrjahresplanung durchzuführen. Aus dieser Planung lässt sich erkennen, ob die strategischen Stoßrichtungen aus der strategischen Positionierung erreichbar sind. Die strategischen Ziele sind so zu formulieren, dass eine sinnvolle Überprüfung möglich ist[48], d. h. neben verbalen Zielbeschreibungen sind auch zwingend Messgrößen zu definieren, die die Zielformulierungen konkretisieren und einen Soll-/Ist-Vergleich erlauben.[49]

140 Die strategische Planung und der sich ergebende Soll-/Ist-Vergleich mit einer Ursachenanalyse für mögliche Planungsabweichungen schließen den Kreislauf des Strategieprozesses. Von zentraler Bedeutung ist die Erörterung mit dem Aufsichtsorgan, die nach AT 4.2 Textziffern 4 und 5 explizit in diesen Prozess einzubeziehen ist.

141 In der Auseinandersetzung mit dem strategischen Planungsprozess, der in einer Zieldefinition mündet, sollten der planerischen Gestaltungsfreiheit und dem Prinzip der Verhältnismäßigkeit hinreichend Raum eingeräumt werden.

---

47 SWOT ist ein Akronym für **S**trengths (Stärken), **W**eaknesses (Schwächen), **O**pportunities (Chancen) und **T**hreats (Bedrohungen).

48 Vgl. *BaFin,* Rundschreiben 11/2010 (BA) vom 15.12.2010, AT 4.2, Ziffer 4, S. 8.

49 Vgl. *BaFin,* Mindestanforderungen an das Risikomanagement (MaRisk) – Rundschreiben BA 54-FR 2210-2010/0003 vom 15.12.2010.

4. AT 4 Allgemeine Anforderungen an das Risikomanagement

Im Anschreiben[50] der BaFin an die Verbände der Kreditwirtschaft zur MaRisk-Novelle 2017 wird aufgezeigt, dass in den MaRisk wesentliche Teile der EU-Richtlinienanforderungen zum Risikomanagement, aber auch einschlägige Leitlinien der CEBS und der EBA in die nationale Aufsichtspraxis überführt wurden. Namentlich genannt werden an dieser Stelle folgende von CEBS bzw. der EBA veröffentlichten Leitlinien: Zu Liquiditätspuffern (Dezember 2009), zu Stresstests (GL32 – August 2010), zu Risikokonzentrationen (GL31 – September 2010), zu operationellen Risiken in Handelsaktivitäten (Oktober 2010), zur Liquiditätskostenverrechnung (Oktober 2010) sowie wesentliche Teile der Leitlinien zur »Internal Governance« (GL 44 – September 2011), soweit diese nicht ohnehin durch das KWG oder anderweitiges Recht umgesetzt werden. 142

Das Modul AT 4 bildet weiterhin den zentralen Ausgangspunkt des allgemeinen Teiles der MaRisk. Mit der Behandlung der fünf grundlegenden Bestandteile des Risikomanagements werden in diesem Modul die Anforderungen in Bezug auf den § 25a Abs. 1 Nr. 1 bis 3 KWG präzisiert. Die Gliederung orientiert sich dabei am Aufbau des KWG-Paragraphen. 143

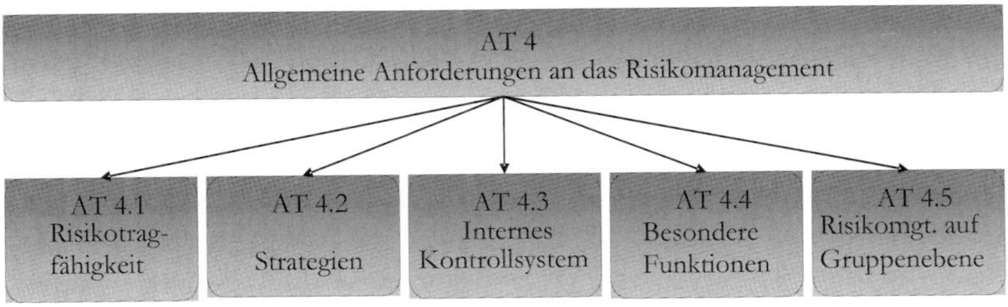

Abbildung 1: Gliederung des Moduls AT 4 der MaRisk

Das Modul AT 4 bildet weiterhin den materiellen und terminologischen Ausgangspunkt für die Module im besonderen Teil der MaRisk.[51] 144

50 Vgl. *BaFin*, Mindestanforderungen an das Risikomanagement (MaRisk) – Neufassung vom 27.10.2017 – Anschreiben an alle Verbände der Kreditwirtschaft.

51 Vgl. *Hannemann R., Schneider A., Hanenberg L.*, Mindestanforderung an das Risikomanagement, 2008, Seite 125.

4.1. AT 4.1 Risikotragfähigkeit

145 Kurz vor der Veröffentlichung der MaRisk am 27.10.2017 hat die BaFin – wie schon bei der Vorstellung des nationalen SREP-Konzepts im Mai 2016 bekannt gegeben – den Leitfaden »Aufsichtliche Beurteilung bankinterner Risikotragfähigkeitskonzepte« inhaltlich und strukturell überarbeitet und am 6. September 2017 als Diskussionspapier veröffentlicht. Das Diskussionspapier mit dem Titel »Aufsichtliche Beurteilung bankinterner Risikotragfähigkeitskonzepte und deren prozessualer Einbindung in die Gesamtbanksteuerung (ICAAP) – Neuausrichtung« wird den aktuell noch geltenden aufsichtlichen Leitfaden zur aufsichtlichen Beurteilung bankinterner Risikotragfähigkeitskonzepte vom 07.12.2011 ersetzen und die Anforderungen der MaRisk hier dementsprechend konkretisieren.

146 Die EZB hat mittlerweile ihre Erwartungen an den institutsinternen ICAAP bei bedeutenden Instituten (SI) veröffentlicht und um Stellungnahme gebeten. Entsprechende Erwartungen der EZB bezüglich der Ausgestaltung des ICAAP mit Blick auf die weniger bedeutenden Institute (LSI) werden ebenfalls entwickelt. Vor diesem Hintergrund hält die BaFin es für erforderlich, die aufsichtlichen Beurteilungskriterien zu bankinternen Risikotragfähigkeitskonzepten auf eine neue Basis zu stellen und den veränderten Gegebenheiten innerhalb des SSM anzupassen[52].

147 Im Sinne der europäischen Leitlinien wird von der deutschen Aufsicht explizit ein Bezug zu den neuen Perspektiven (normativ intern und ökonomisch intern) hergestellt. Die Betrachtung der normativen Perspektive folgt vorwiegend dem Ziel der Fortführung des Instituts und die Betrachtung der ökonomischen Perspektive dem Ziel der Sicherung der Substanz des Institutes sowie dem Schutz der Gläubiger vor Verlusten aus ökonomischer Sicht. Die BaFin erachtet die Weiternutzung der bestehenden Going Concern-Risikotragfähigkeitskonzepte – so genannte »Going-Concern Ansätze alter Prägung« (nach Novelle der MaRisk) – jedoch bis auf weiteres als zulässig, entsprechend werden die bisher geltenden Anforderungen in einen gleichnamigen Annex überführt. Im Folgenden wird, wo angebracht, dieses neue Konzeptpapier (Entwurf, Stand 06.09.17) zusätzlich berücksichtigt.

148 Wie bisher stellt die Risikotragfähigkeit die Grundlage für das Betreiben der Geschäftsaktivitäten der Institute dar[53]. Der Fokus der Regelungen zur Risiko-

52 Vgl. Anschreiben der BaFin an die Mitglieder des Fachgremiums MaRisk, 05.09.2017, zur Aufsichtlichen Beurteilung bankinterner Risikotragfähigkeitskonzepte, Neuausrichtung.

53 Vgl. *Becker A., Gehrmann V., Schulte-Mattler H.*, Ökonomisches Kapital, 2008, Seite 104.

tragfähigkeit liegt auf der Angemessenheit interner Risikomanagementsysteme. Die Verwendung angemessener oder geeigneter Verfahren und Methoden wird in vielen Textziffern der MaRisk gefordert. Hierbei muss sich jedes Institut im Klaren sein, dass jede Variante der Risikotragfähigkeitskonzepte grundsätzlich verfahrensimmanenten Beschränkungen unterliegt. So beleuchten auch in sich konsistente Verfahren regelmäßig nicht jeden Aspekt, der im Hinblick auf die Risikotragfähigkeit eines Institutes von Bedeutung ist.[54] Jedes Institut muss individuell für sich entscheiden, ob die Wahl der Methoden und Verfahren zur Beurteilung der Risikotragfähigkeit angemessen ist, um einerseits die Fortführungsfähigkeit des Instituts und andererseits den Schutz der Gläubiger vor Verlusten aus ökonomischer Sicht parallel sicherzustellen. Dabei sind auch die Zielvorgabe und Strategie des Instituts zu berücksichtigen. Die Entscheidungen des Instituts sind nachvollziehbar zu dokumentieren (zum Beispiel auch für die Prüfer).

In der aktuellen Überarbeitung der MaRisk sind im Modul AT 4.1 Passagen 149
hervorgehoben worden, beispielsweise durch eine eigene Numerierung (AT 4.1. Tz. 8 = Methodenfreiheit), oder es wurden vorhandene Erläuterungen und Textpassagen qualitativ an geeigneterer Stelle gebündelt (AT 4.1. Tz. 2) oder es sind Klarstellungen vorgenommen worden im Hinblick auf die Anforderung an einen jederzeitigen vollständigen Überblick über die eingesetzten Methoden und Verfahren zur Risikoquantifizierung (AT 4.1 Tz. 9). Eine Neuerung ist in Textziffer 10 aufgeführt; hier wird von der Geschäftsführung erwartet, eine angemessene Unabhängigkeit zwischen Methodenentwicklung und Validierung zu gewährleisten. Dies ist in kleineren Häusern – aus Sicht der Autoren – kaum darzustellen, da hier häufig die gleichen Personen die Wissensträger sind.

Da die aufsichtliche Beurteilung bankinterner Risikotragfähigkeitskonzepte 150
auch aufgrund internationaler Arbeiten einer gewissen Dynamik unterliegt, wird in Zukunft darauf zu achten sein, wie die nationale Aufsicht die Entwicklung auf diesem Gebiet interpretiert und dafür Sorge trägt, dass die hier verankerten Grundsätze praxistauglich bleiben und das Proportionalitätsprinzip, insbesondere mit Blick auf die national beaufsichtigten kleineren Institute, gewahrt bleibt.[55]

---

54 Vgl. *BaFin,* Anschreiben »Aufsichtliche Beurteilung bankinterner Risikotragfähigkeitssysteme«, 07.12.2011, Seite 2/3.

55 Vgl. *BaFin,* Entwurf »Aufsichtliche Beurteilung bankinterner Risikotragfähigkeitskonzepte und deren prozessuale Einbindung in die Gesamtbanksteuerung«, 06.09.2017, Tz. 5.

151 Der Umgang mit den Risiken, Risikokonzentrationen und insbesondere der Risikotragfähigkeit steht als Basis für die Stabilität und Solvenz eines jeden Kreditinstituts.[56] In den folgenden Textziffern wird deutlich, was die nationale Aufsicht von den Kreditinstituten im Rahmen der Risikotragfähigkeit erwartet, um die Solidität, Wirksamkeit und Vollständigkeit dieses Steuerungskreises zu beurteilen. Ferner soll bewertet werden, wie die Risikotragfähigkeit in das Gesamtrisikomanagement und das strategische Management (einschließlich Kapital- und Liquiditätsplanung) integriert ist.

Auszug AT 4.1 Tz. 1

Auf der Grundlage des Gesamtrisikoprofils ist sicherzustellen, dass die wesentlichen Risiken des Instituts durch das Risikodeckungspotenzial, unter Berücksichtigung von Risikokonzentrationen, laufend abgedeckt sind und damit die Risikotragfähigkeit gegeben ist.

152 In dieser Textziffer werden die Mindestanforderungen an die Risikotragfähigkeit dargestellt. Risikotragfähigkeit ist grundsätzlich gegeben, wenn durch das Risikodeckungspotenzial alle wesentlichen Risiken (Gesamtrisikoprofil) inklusive Konzentrationsrisiken laufend abgedeckt sind:

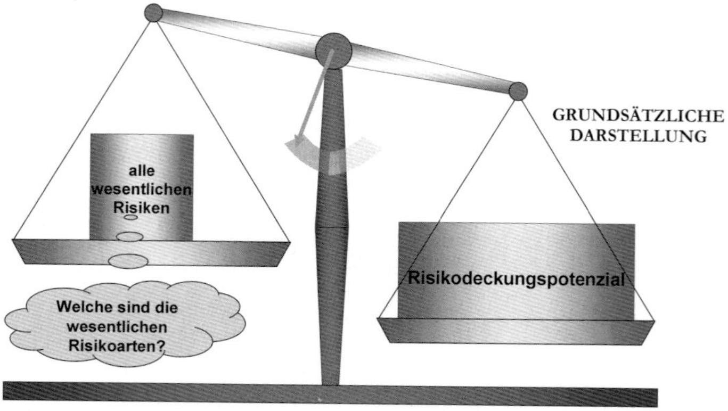

Abbildung 2: Grundsätzliche Darstellung der Risikotragfähigkeit

153 Die bisherigen Risikotragfähigkeitskonzepte (Going-Concern- und Liquidationsansätze) beschreiben, welche potenziellen Deckungsmassen einem Institut zur Abdeckung von Risiken und Verlusten zur Verfügung stehen jeweils in

56 Vgl. *Becker A., Berndt M., Klein J.*, MaRisk Öffnungsklauseln: Dokumentation, 2008, Seite 85.

einem GuV-/bilanzorientierten oder wertorientierten Steuerungskreis. Im neuen Diskussionspapier der Aufsicht (Konsultation Leitfaden Risikotragfähigkeit) werden diese Begriffe nicht mehr verwendet. Im neuen Konzept wird auf eine normative Perspektive (Ziel Fortführungsfähigkeit) bzw. eine ökonomische Perspektive (Ziel: Substanz- und Gläubigerschutz) reflektiert.

Die Risikotragfähigkeit bezieht sich jeweils immer auf das Gesamtinstitut und 154
dessen Risiken. Die wesentlichen Risiken sind anhand einer Risikoinventur, die den Vorgaben des AT 2.2 der MaRisk entspricht, zu identifizieren und zu beurteilen. Hierbei sind alle materiell relevanten Risiken einschließlich Risikokonzentrationen zu berücksichtigen. Die Integration der Risikokonzentrationen in dieser Textziffer führt deshalb zu einer instituts- und risikoartenübergreifenden Berücksichtigung der Risikokonzentrationen.

Auszug AT 4.1 Tz. 2

Das Institut hat einen internen Prozess zur Sicherstellung der Risikotragfähigkeit einzurichten. Die hierzu eingesetzten Verfahren haben sowohl das Ziel der Fortführung des Instituts als auch den Schutz der Gläubiger vor Verlusten aus ökonomischer Sicht angemessen zu berücksichtigen. Die Risikotragfähigkeit ist bei der Festlegung der Strategien (AT 4.2) sowie bei deren Anpassung zu berücksichtigen. Zur Umsetzung der Strategien beziehungsweise zur Gewährleistung der Risikotragfähigkeit sind ferner geeignete Risikosteuerungs- und -controllingprozesse (AT 4.3.2) einzurichten.

Diese Textziffer regelt, dass Institute Verfahren zur Ermittlung und Sicher- 155
stellung der Risikotragfähigkeit einzurichten haben, wobei eine vorsichtige Ermittlung der Risiken (Vorsichtsprinzip) und des zu ihrer Abdeckung verfügbaren Risikodeckungspotenzials (RDP) zugrunde zu legen ist.[57] Diese Textziffer gibt vor, dass die Ausrichtung der Risikotragfähigkeit nach dem Fortführungsansatz (Going Concern) oder dem Schutz der Gläubiger vor Verlusten aus ökonomischer Sicht angemessen (Liquidationsansatz – Gone-Concern) durchgeführt werden kann,[58] wobei Wechselwirkungen zwischen diesen Ansätzen berücksichtig werden müssen. Die Interpretation[59] dieser

57 Entsprechend § 25a Abs. 1 Satz 3 Nr. 2 KWG: »Ordnungsgemäße Geschäftsorganisation umfasst Verfahren zur Ermittlung und Sicherstellung der Risikotragfähigkeit, wobei eine vorsichtige Ermittlung der Risiken und des zu ihrer Abdeckung verfügbaren Risikodeckungspotenzials zugrunde zu legen ist«.

58 Vgl. *BaFin*, Aufsichtsrechtl. Beurteilung bankinterner Risikotragfähigkeitskonzepte 12/2011, Tz. 16.

59 Vgl. *DSGV*, Basisprojektplan MaRisk Novelle 2012, Version 1.0, Seite 2.

Textziffer sieht vor, dass keine explizite parallele Berücksichtigung der beiden Ansätze durch die Aufsicht erwartet wird, aber wenn ein konkreter Steuerungsansatz aus der Perspektive eines der beiden Ziele (Fortführung des Instituts oder Gläubigerschutz) ausgestaltet ist, so ist ggf. dem jeweils anderen Ziel durch entsprechende Adjustierungen bzw. Ergänzungen des Steuerungsansatzes Rechnung zu tragen.

156 Die Aufsicht geht davon aus, dass die wesentlichen Risiken[60] eines Instituts zumindest in einem Steuerungskreis, der den Grundsätzen und Kriterien dieses Papiers entspricht, mit strengen, auf seltene Verlustausprägungen abstellenden Risikomaßen und Parametern quantifiziert werden.[61]

157 Da jeder Steuerungsansatz die Risikotragfähigkeit nur aus einer bestimmten Perspektive zu beleuchten vermag, geht die Aufsicht davon aus, dass die Institute die Grenzen der von ihnen implementierten Steuerungskreise kennen und ihnen angemessen begegnen. So erwartet die Aufsicht bei Instituten, die ihre Risikotragfähigkeit anhand eines Going-Concern-Ansatzes mit wertorientierter RDP-Ableitung oder eines Liquidationsansatzes steuern, dass zumindest ergänzende Verfahren vorhanden sind, die auf die Einhaltung der aufsichtlichen Mindestkapitalanforderungen bei schlagend werdenden Risiken abzielen. Dabei werden nur freie Eigenmittelbestandteile als Risikopuffer zu berücksichtigen sein, die dem Institut unter Fortführungsgesichtspunkten zur Verfügung stehen. Liegen stille Lasten in Wertpapieren des Anlagebestands in erheblicher Größenordnung vor, so erwartet die Aufsicht, dass diese in einem Steuerungskreis vollständig berücksichtigt werden.[62]

158 Übergeordnetes Ziel eines jeden ICAAP[63], unabhängig von der konkreten Ausgestaltung des Ansatzes, der damit verbundenen Steuerungssignale sowie der konkreten Bezeichnung des gewählten Ansatzes ist es, die Risikotragfähigkeit jederzeit und somit auch das langfristige Fortführen der Unternehmenstätigkeit auf Basis der eigenen Substanz und Ertragskraft sicherzustellen. Es sind daher nur solche Ansätze der Risikotragfähigkeitsbetrachtung angemessen, die auf die Risikotragfähigkeit des Instituts aus eigener der-

60 Die Aussage bezieht sich nicht auf solche Risiken, die aufgrund ihrer Eigenart nicht sinnvoll durch RDP begrenzt werden können (vgl. AT 4.1 Tz. 4 MaRisk).

61 Vgl. *BaFin*, Aufsichtsrechtl. Beurteilung bankinterner Risikotragfähigkeitskonzepte 12/2011, Tz. 16.

62 Vgl *BaFin*, Aufsichtsrechtl. Beurteilung bankinterner Risikotragfähigkeitskonzepte 12/2011, Tz. 16, 49.

63 Vgl *BaFin*, Entwurf »Aufsichtliche Beurteilung bankinterner Risikotragfähigkeitskonzepte und deren prozessuale Einbindung in die Gesamtbanksteuerung«, 06.09.2017, Tz 17; ICAAP = interner Prozess zur Sicherstellung der Risikotragfähigkeit gemäß § 25a Abs. 1 Satz 3 Nr. 2 KWG i. V. m. AT 4.1 Tz. 1 MaRisk.

zeitiger Substanz und Ertragskraft heraus abstellen. Dies kann in Form von Frühwarnindikatoren geschehen, die potentielle Überschreitungen der Risikotragfähigkeit früh- und vor allem rechtzeitig anzeigen sollen. Darüber hinaus empfiehlt es sich, Eskalationsmechanismen zu implementieren, die dann von Frühwarnfaktoren oder anderen relevanten Ereignissen ausgelöst werden, um das Einhalten der Risikotragfähigkeit zu gewährleisten.

Zur Einhaltung der gesamten Risikotragfähigkeit werden üblicherweise Limite 159
eingesetzt, die den Rahmen der einzugehenden Risiken in einzelnen Risikoarten begrenzen. Das Verhältnis zwischen der Deckungsmasse und den zugeteilten Limiten (in Summe) steht in der Folge für die Risikoneigung eines Hauses. Der Umfang der geeigneten Risikosteuerungs- und -controllingprozesse wird von der Risikoneigung oder allgemein dem Umgang mit den Risiken bestimmt.

Für eine dauerhafte Einbindung der Risikotragfähigkeit in die Steuerungsab- 160
läufe des Instituts ist der interne Prozess entsprechend zu dokumentieren und in die notwendigen Steuerungsgremien und -prozesse zu integrieren. Solche Steuerungsgremien oder -prozesse können im einfachsten Fall Vorstandssitzungen oder Vorstandsgespräche sein, bis hin zu Eigenanlageausschüssen oder Treasury-Runden. Dabei sollte beachtet werden, dass die Ersteller der Risikotragfähigkeitsberichte in den Gremien berücksichtigt sind. Gerade bei komplexen Berechnungen können Auswirkungen von Handlungsmaßnahmen, die in den Gremien beschlossen werden, nicht immer einfach auf ihre Auswirkung auf die verschiedenen Risikotragfähigkeitskonzepte abgeschätzt werden.

Neben diesen Anforderungen zu den Risikosteuerungs- und -controlling- 161
prozessen verweist die Textziffer an dieser Stelle auf den AT 4.2. Die Risikotragfähigkeit ist bei der Anpassung und Festlegung der Strategien zu beachten.

Auszug AT 4.1 Tz. 3

Knüpft das Risikotragfähigkeitskonzept an Jahresabschluss-Größen an, so ist eine angemessene Betrachtung über den Bilanzstichtag hinaus erforderlich.

Die Textziffer 3 hat sich in dieser Novelle nicht geändert und thematisiert 162
einen oft diskutierten Punkt im Rahmen der periodischen Risikotragfähigkeit. Es geht hier um den notwendigen Zeithorizont für die Risikotragfähigkeits-

ermittlung. Bei der barwertigen oder wertorientierten Betrachtung stellt sich diese Frage nicht oder wird spätestens durch deren Parametrisierung geregelt.

163 Bei der Anküpfung des Risikotragfähigkeitskonzeptes an Jahresabschlussgrößen können in der Regel eine Betrachtung bis zum übernächsten Bilanzstichtag spätestens ab Mitte des laufenden Jahres oder eine rollierende 12-Monats-Betrachtung[64] angemessene Lösungsansätze sein. Beide Risikobetrachtungshorizonte haben jeweils Vor- und Nachteile, so dass sich kein Verfahren bisher durchgesetzt hat.

164 In dem neuen BaFin-Leitfaden[65] wird in der normativen Perspektive (entspricht derzeit im Wesentlichen dem Going-Concern-Ansatz, GuV-Sicht) ein Zeithorizont von mindestens drei Jahren zum Zeitpunkt der Erstellung verlangt, mit mindstens jährlicher Fortschreibung.

Auszug AT 4.1 Tz. 4

Wesentliche Risiken, die nicht in das Risikotragfähigkeitskonzept eingebzogen werden, sind festzulegen. Ihre Nichtberücksichtigung ist nachvollziehbar zu begründen und nur dann möglich, wenn das jeweilige Risiko aufgrund seiner Eigenart nicht sinnvoll durch Risikodeckungspotenzial begrenzt werden kann (z. B. das Zahlungsunfähigkeitsrisiko). Es ist sicherzustellen, dass solche Risiken angemessen in den Risikosteuerungs- und -controllingprozessen berücksichtigt werden.

165 Bei der Berechnung der Risikotragfähigkeit ist grundsätzlich davon auszugehen, dass alle wesentlichen Risiken, die in einer Risikoinventur mindestens jährlich ermittelt und quantifiziert werden (AT. 2.2, Risikoprofil), zu erfassen sind. In Textziffer 4, die sich dem Grunde nach in dieser Novelle nicht verändert hat, wird die Verfahrensweise dargestellt, die zu beachten ist, falls ein wesentliches Risiko nicht berücksichtigt werden soll. Dabei wird erläutert, dass die allgemeinen Anforderungen der MaRisk nicht ein Risiko explizit durch Nennung ausschließen, sondern in Form einer Öffnungsklausel ermöglichen, dass Risiken mit sinnhafter Begründung in der institutseigenen Risikotragfähigkeitsberechnung unberücksichtigt bleiben können.

---

64 Vgl. *Kramer H.*, Ausgestaltung der Risikotragfähigkeitsgestaltung, Seite 51, in: Becker/Berndt/Klein, Risikotragfähigkeit im Fokus der Bankenaufsicht, 2010.

65 Vgl. *BaFin,* Entwurf »Aufsichtliche Beurteilung bankinterner Risikotragfähigkeitskonzepte und deren prozessuale Einbindung in die Gesamtbanksteuerung«, 06.09.2017, Tz 33.

Bei der Festlegung der wesentlichen Risiken ist die Nichtberücksichtigung bestimmter Risiken nachvollziehbar zu begründen und auch nur dann möglich, wenn das jeweilige Risiko aufgrund seiner Eigenart nicht sinnvoll durch das Risikodeckungspotential begrenzt werden kann (z. B. das Zahlungsunfähigkeitsrisiko). 166

Ein Beispiel hierfür kann auch das Reputationsrisiko sein. Derzeit bestehen für dieses Risiko nur teilweise Quantifizierungsmöglichkeiten, und somit kann in der Folge keine sinnvolle Begrenzung durch Deckungskapital vorgenommen werden. Es ist jedoch zu beachten, dass immer dann, wenn die Risiken als wesentlich deklariert wurden, auch bei der Herausnahme aus der Risikotragfähigkeitsrechnung noch angemessene Risikosteuerungs- und -controllingprozesse notwendig sind. Wird also zum Beispiel das Zahlungsunfähigkeitsrisiko in der Risikotragfähigkeitsbetrachtung nicht berücksichtigt, befreit dies nicht von geeigneten Prozessen zur Überwachung oder Beobachtung dieses Risikos. Dies gilt dem Grunde nach auch für die als unwesentlich eingestuften Risiken. 167

Das Beispiel Zahlungsunfähigkeitsrisiko ist anstatt »Allgemeinen Liquiditätsrisiken« in die Klammer der Textziffer 4 aufgenommen worden. Im Gegensatz zu der vorherigen MaRisk-Version haben sich zwischenzeitlich die Verfahren und Prozesse zur Risikomessung von Liquiditätsrisiken derart verfeinert, dass die Aufsicht von den Instituten erwartet, dass eine Einbindung in die Risikotragfähigkeitskonzepte konsistent über alle Risikoarten (inklusive Liquidität) und Perspektiven hinweg geschieht. 168

Auszug AT 4.1 Tz. 5

Verfügt ein Institut über keine geeigneten Verfahren zur Quantifizierung einzelner Risiken, die in das Risikotragfähigkeitskonzept einbezogen werden sollen, so ist für diese auf der Basis einer Plausibilisierung ein Risikobetrag festzulegen. Die Plausibilisierung kann auf der Basis einer qualifizierten Expertenschätzung durchgeführt werden.

Die Textziffer 5, die unverändert zur bisherigen Novelle geblieben ist, fordert auch Institute auf, die keine geeigneten Verfahren zur Messung von Risikopositionen besitzen, einen Risikobetrag festzulegen. Unterstützend wird hervorgehoben, dass eine qualifizierte Expertenschätzung eine Möglichkeit der Festlegung darstellt. Fehlende Verfahren sind dabei nicht unbedingt auf fehlende technische Möglichkeiten zurückzuführen, sondern können auch auf 169 einer fehlenden Datenbasis beruhen, ohne die ein solches Verfahren nicht durchgeführt werden kann. Beispielsweise besitzen viele Institute keine ausreichende, valide Datenbasis für die Berechnung eines Value at Risk aus operationellen Risiken. Daher wäre es in solch einem Fall möglich, alternativ zum Basisindikatoransatz eine qualifizierte Expertenschätzung (Beispiel Self-Assessment) für die Risikoquantifizierung durchzuführen, wobei solche Schätzungen die Erkenntnisse der zwangsweise vorhandenen Risikosteuerungs- und -controllingprozesse berücksichtigen muss (z. B. Beachtung bereits aufgetretener quantifizierter Risiken).

170 Gerade bei den operationellen Risiken wird deutlich, dass selbst bei noch fehlender Datenbasis zur mathematisch-statistischen Risikoermittlung mit Hilfe von Expertenschätzungen ein pragmatischer, aber sinnvoller Wert zur Risikoeinschätzung ermittelt werden kann. Beispielsweise können Schäden aus internem Betrug mit Hilfe der Internen Revision auf ihre Häufigkeit und ihr Ausmaß geschätzt werden. Dadurch wird die Ermittlung eines potentiellen Risikos auf Basis von Erfahrungswerten möglich. Gerade solche sinnvoll ermittelbaren Risiken werden durch die vorgenannte Textziffer gefordert. Im Zweifel ist die Berücksichtigung eines solchen Risikos mit sinnvollen sachlichen Annahmen einer Nichtberücksichtigung vorzuziehen. Neben der Quantifizierung fördern solche Expertenrunden weiterhin die kritische Auseinandersetzung mit den institutseigenen Risiken, was sich in Form einer besseren Transparenz auswirkt.

Auszug AT 4.1 Tz. 6

Soweit ein Institut innerhalb oder zwischen Risikoarten risikomindernde Diversifikationseffekte im Risikotragfähigkeitskonzept berücksichtigt, müssen die zugrunde liegenden Annahmen anhand einer Analyse der institutsindividuellen Verhältnisse getroffen werden und auf Daten basieren, die auf die individuelle Risikosituation des Instituts als übertragbar angesehen werden können. Die zugrunde liegende Datenhistorien müssen ausreichend lang sein, um Veränderungen von Diversifikationseffekten in konjunkturellen Auf- und Abschwungphasen widerzuspiegeln. Diversifikationseffekte müssen so konservativ geschätzt werden, dass sie auch in konjunkturellen Abschwungphasen sowie bei im Hinblick auf die Geschäfts- und Risikostruktur des Instituts ungünstigen Marktverhältnissen als ausreichend stabil angenommen werden können.

In der unveränderten Textziffer 6 gehen die MaRisk auf die Einbeziehung von Diversifikationseffekten ein. Hierbei geht es vor allem um die zu beachtenden Voraussetzungen für die Berücksichtigung sich ausgleichender Risikoeffekte. Die getroffenen Annahmen müssen auf den analytisch ermittelnden instituts-eigenen Verhältnissen basieren, um eine Konsistenz zur institutseigenen Risikosituation herstellen zu können. 171

Die Datenhistorien müssen nicht nur ausreichend lang sein, an dieser Stelle wird gefordert, dass die Datenhistorie mindestens eine Auf- und Abschwungphase enthalten muss. Damit sollen die Veränderung und Berücksichtigung der Diversifikationseffekte auch in negativen Phasen gewährleistet werden. Es geht weiterhin darum, die unterschiedliche Auswirkung von Diversifikationen in den wechselnden Phasen des wirtschaftlichen Umfelds richtig und als Grundlage für stabile Diversifikationseffekte zur Verfügung zu stellen. Die Verwendung von Annahmen für die Berücksichtigung von Diversifikationseffekten soll auf keinen Fall zu einer Unterschätzung der Risiken führen. 172

Im Zweifel sollte die kleinstmögliche Korrelation aus den verschieden ermittelten Phasen berücksichtigt werden. Die Anforderung nach Auf- und Abschwungphasen ist an dieser Stelle eher im Sinne einer Mindestanforderung zu verstehen. Die Aufsicht geht davon aus, dass Auf- und Abschwungphasen einen nicht unerheblichen Einfluss auf die Verwendung von Diversifikationseffekten haben, die den berechneten Effekten aus nur einer Phase deutlich entgegensteht. Sollte eine Messung detaillierterer Phasen zu stabileren Ergebnissen führen, kann diese ergänzend durchgeführt werden. Im Fokus steht, wie bereits erwähnt, eine mögliche Risikounterschätzung zu vermeiden. 173

Dies wird durch die Forderung nach einer konservativen Schätzung von Diversifikationseffekten nochmals verstärkt. Diversifikationseffekte sind so zu schätzen, dass Sie auch bei ungünstigen Marktverhältnissen stabil bleiben. Die Ableitung von Diversifikationseffekten aus einer Durchschnittsbildung ist nur zulässig, wenn keine Anhaltspunkte dafür vorliegen, dass sie in Zukunft nicht stabil bleiben werden. Damit soll gewährleistet werden, dass die Diversifikationseffekte mit dem niedrigsten Wert berücksichtigt werden, der in verschiedenen, vor allem aber ungünstigen Marktkonstellationen auftreten kann. 174

Zur Thematik Datenhistorie sei erwähnt, dass die Erläuterungen auch hier die Möglichkeit geben, von der Forderung nach der Betrachtung der Auf- und Abschwungphasen abzuweichen. Sollte die Historie keine Auf- und Abschwungphasen enthalten, so ist zumindest nachzuweisen, dass eine für das »aktuelle« Portfolio des Instituts ungünstige Marktphase in den Daten enthal- 175 ten ist. Die Festlegung von Diversifikationseffekten aus einer Durchschnittsbildung ist nur zulässig, wenn keine Anhaltspunkte dafür vorliegen, dass sie in Zukunft nicht stabil bleiben werden. Dabei muss das Portfolio immer zu den Annahmen aus historischen bzw. hypothetischen Daten zur aktuellen Asset Allokation des Instituts passen. Bei wesentlichen Veränderungen der eigenen Asset Allokation sind diese Parameter entsprechend zu prüfen (vgl. folgende Textziffer zur anlassbezogenen Überprüfung der Diversifikationsannahmen).

Auszug AT 4.1 Tz. 7

Die Verlässlichkeit und die Stabilität der Diversifikationsannahmen sind regelmäßig und ggf. anlassbezogen zu überprüfen.

176 Es scheint empfehlenwert, in einer zukünftigen Novelle der MaRisk die Textziffern 6 und 7 zusammenzufassen, da diese sachlogisch zusammengehören. Die unveränderte Textziffer 7 fordert eine regelmäßige Überprüfung der Diversifikationseffekte und deren zugrunde liegenden Annahmen. Dies kann durch ein entsprechendes Backtestingverfahren unterstützt werden. Soweit notwendig, ist dies auch außerhalb der selbst definierten wiederkehrenden Termine in der Regel jährlich zu tun. Wichtig ist, dass die Nachhaltigkeit nachgewiesen wird, da (wie bereits dargestellt) ansonsten eine Unterschätzung der Risiken erfolgen könnte. Gerade auf der Ebene der aggregierten Risikoarten (Unterteilung des Gesamtrisikos in wenige Arten), auf der die Annahmen der gegenläufigen Risikoeffekte meist getroffen werden, hätten Abweichungen oder fehlerhafte Annahmen erhebliche Auswirkungen auf den Gesamtausweis der Risiken. Diese Textziffer regelt somit die notwendigen Überprüfungsprozesse.

Auszug AT 4.1 Tz. 8

Die Wahl der Methoden und Verfahren zur Beurteilung der Risikotragfähigkeit liegt in der Verantwortung des Instituts. Die den Methoden und Verfahren zugrunde liegenden Annahmen sind nachvollziehbar zu begründen. Die Festlegung wesentlicher Elemente der Risikotragfähigkeitssteuerung sowie wesentlicher zugrunde liegender Annahmen ist von der Geschäftsleitung zu genehmigen.

Die neue Textziffer 8 stellt nochmals klar, dass die Methodenfreiheit weiterhin in den MaRisk gilt. Den Anforderungen hinsichtlich der Angemessenheit und Wirksamkeit der Risikotragfähigkeitskonzepte können Kreditinstitute grundsätzlich durch unterschiedlich ausgestaltete interne Verfahren entsprechen. Die Methodenfreiheit der Kreditinstitute findet ihre Grenze indes dort, wo die internen Verfahren das aufsichtsrechtlich vorgegebene Ziel der »Sicherstellung der Risikotragfähigkeit« nicht hinreichend zu gewährleisten in der Lage sind.[66] 177

Bei der Beurteilung der internen Verfahren im Rahmen des bankaufsichtlichen Überprüfungsprozesses orientiert sich die Aufsicht unter Berücksichtigung des Proportionalitätsprinzips an den Geboten der Vollständigkeit der Risikoabbildung, der Konsistenz der Verfahren sowie dem Vorsichtsprinzip. Diese Überprüfungsprozesse sollten vom Vorstand im Institut implementiert sein, schriftlich fixiert und mindestens jährlich pro Risikoart und Risikokonzentration durchgeführt werden. Viele Institute haben ein Gesamtbankrisikohandbuch, welches mindestens jährlich aktualisiert wird und in dem die Methoden, Verfahren und die zugrunde liegenden Annahmen vollumfänglich beschrieben sind. Dieses Gesamtbankrisikohandbuch wird des Weiteren mit der Gesamtbankstrategie verzahnt, so dass mit der Mehrjahres- und der Kapitalplanung ein geeigneter Steuerungskreislauf erzeugt wird. 178

Der Vorstand muss sich regelmäßig in den Vorstandssitzungen oder den hierfür definierten Steuerungskreisen mit den Methoden und Verfahren der Risikotragfähigkeit beschäftigen und mindestens ein Mal jährlich die weitgreifenden Parameter, mit maßgeblichen Auswirkungen auf den Ausweis der Risiken der Institute, selber bestimmen. Der Vorstand muss genau wissen, was hinter diesen Parametern steckt. Man kann sich an dieser Stelle vorstellen, dass gerade solche Parameter, wenn sie im Rahmen der institutsübergreifenden Risikobetrachtung verwendet werden, in Zukunft in den bankaufsichtsrechtlichen Gesprächen diskutiert werden. Es ist an dieser Stelle empfehlenswert, einen Prozess zu implementieren, der den Abstimmungs- und Genehmigungsprozess mit dem Vorstand enthält. 179

Zusätzlich stellt der Vorstand im jährlichen Lagebericht die wesentlichen Methoden und Verfahren inkl. der zugrunde liegenden Annahmen im Rahmen der Risikotragfähigkeit der Öffentlichkeit vor. 180

66 Vgl *BaFin,* Aufsichtsrechtl. Beurteilung bankinterner Risikotragfähigkeitskonzepte 12/2011, Tz. 3.

Auszug AT 4.1 Tz. 9

Die Angemessenheit der Methoden und Verfahren ist zumindest jährlich durch die fachlich zuständigen Mitarbeiter zu überprüfen. Im Rahmen der Überprüfung ist den Grenzen und Beschränkungen, die sich aus den eingesetzten Methoden und Verfahren den ihnen zugrunde liegenden Annahmen und den in die Risikoquantifizierung einfließenden Daten ergeben, hinreichend Rechnung zu tragen. Die Stabilität und Konsistenz der Methoden und Verfahren sowie die Aussagekraft der damit ermittelten Risiken sind insofern kritisch zu analysieren.

181 Die überarbeitete Textziffer 9 fordert, die angewendeten Methoden und Verfahren zur Risikoquantifizierung bzgl. ihrer Stabilität und Konsistenz zu analysieren, und die Angemessenheit der Methoden mindestens einmal jährlich zu überprüfen. Neben dem angegebenen Turnus der Überprüfung ist zu beachten, dass die MaRisk einen fachlich zuständigen Mitarbeiter fordern, das heißt, die Überprüfung innerhalb des Hauses ist einer konkreten Stelle zuzuordnen. Für die Überprüfung solcher Risikomodelle bieten sich in der Praxis Backtestingverfahren an. In solchen Verfahren wird im Wesentlichen überprüft, ob die berechneten Risiken im Zeitverlauf überschritten wurden. Beispielsweise überprüft man bei der Berücksichtigung von Value-at-Risk-Kennzahlen im Nachgang, ob innerhalb der definierten Haltedauer (z. B. Value-at-Risk für 10 Handelstage) die Schwankung der Kurswerte (etwa tatsächliche Kursentwicklung gegebener Aktien) den berechneten Value-at-Risk innerhalb von 10 Handelstagen überschritten hat. Bei einem Value-at-Risk mit einem Konfidenzniveau von 99,9 % sollte dies nicht öfter als einmal pro tausend Werten vorkommen. Wird ein Verstoß im Rahmen des Backtestingverfahrens festgestellt, sind die Risikomodelle und deren Annahmen zu prüfen und anzupassen. Sollte ein solcher Anpassungsprozess nicht möglich sein, so könnte ggf. das Risiko über eine Skalierung höher angesetzt werden, so dass die Verstöße innerhalb des Backtesting nicht mehr auftreten. Den Grenzen und Beschränkungen der Verfahren ist hierbei Rechung zu tragen, das heißt, ob eine höhere Skalierung im obigen Beispiel sinnvoll ist, sollte im Einzelfall kritisch geprüft werden; wie vorgehend bereits dargestellt, ist eine Unterzeichnung des Risikos zu vermeiden.

182 In den Kommentierungen zu den MaRisk wird festgehalten, dass jegliche Methoden und Verfahren zur Risikoquantifizierung die Realität nicht vollständig abzubilden vermögen. Dem Umstand, dass die Risikowerte Ungenau-

igkeiten – sowohl auf Ebene der Einzelrisiken als auch auf aggregierter Ebene – aufweisen oder das Risiko unterschätzen könnten, ist bei der Beurteilung der Risikotragfähigkeit hinreichend Rechnung zu tragen. Die Aussagekraft der quantifizierten Risiken ist kritisch zu analysieren. Annahmen und Grenzen der eingesetzten Methoden und Verfahren zur Risikoquantifizierung sollten reflektiert werden (kein »blindes Vertrauen« in Modelle). Bei der Beurteilung der Risikotragfähigkeit ist die Möglichkeit ungenauer Risikowerte bzw. einer Risikounterschätzung zu berücksichtigen. Sofern ermittelte Risikowerte bei einfachen Verfahren hinreichend und erkennbar konservativ sind, kann auf eine weitergehende Analyse verzichtet werden. Bei komplexeren Sachverhalten ist eine entsprechend umfassende quantitative und qualitative Validierung dieser Komponenten sowie der Risikoergebnisse in Bezug auf ihre Verwendung erforderlich.

Mindestens jährlich sollen die eingesetzten Methoden und Verfahren unter 183
Einbindung von Geschäftsleitung und Aufsichtsorgan einer kritischen Würdigung unterzogen werden. Da für die Finanzwirtschaft keine naturwissenschaftlichen Gesetze gelten, sondern lediglich annahmebehaftete Modellansätze eingesetzt werden können, soll so offenbar einer allzu unkritischen Methodengläubigkeit vorgebeugt werden.[67]

In die Risikodeckungspotenzial- und Risikoermittlung sowie die Aggregation 184
von Risikodaten dürfen keine Parameter einfließen, die auf der Basis von externen Daten und Annahmen ermittelt werden, die unreflektiert aus anderen Quellen übernommen wurden. Dies gilt nicht für die inhaltliche Überprüfung der Richtigkeit von öffentlich zugänglichen Marktinformationen (Zinssätzen, Marktpreisen, Renditen etc.). Auf externen Daten beruhende Annahmen zu Parametern der Risiko- oder Risikodeckungspotenzialermittlung setzen voraus, dass das Institut plausibel darlegen kann, dass die zugrunde liegenden Daten die tatsächlichen Verhältnisse des Instituts angemessen widerspiegeln. Insgesamt ergeben sich erhöhte Dokumentationsanforderungen in diesen Bereichen und eine erhöhte Erwartungshaltung an die Validierungsaktivitäten der Institute.

Hierbei haben die Institute zu jeder Zeit einen vollständigen und aktuellen 185
Überblick, z. B. mittels eines Inventars oder Katalogs, über die zur Risikoquantifizierung eingesetzten Methoden und Verfahren zu gewährleisten. Dies erfordert in den meisten Instituten die Implementierung einer neuen Abteilung oder die Benennung eines Mitarbeiters, der zentral alle Methoden und

67 Vgl. *Leuker, Ulrich*, Banken-Times 2013, S. 1.

Verfahren (inkl. Modellrisiken) betreut, um diesen Anforderungen gerecht zu werden. Das Beschäftigen mit Modellrisiken zeigt die Stabilität und Konsistenz der jeweiligen Methoden und Verfahren sowie die Aussagekraft der damit ermittelten Risiken auf und erfüllt somit den von den MaRisk geforderten kritischen Umgang mit diesen Größen.

186 Vorerst sind in den MaRisk keine zusätzlichen Kapital- oder Risikoaufschläge für Modellrisiken erforderlich, aber in der CRD[68] werden erste, wenn auch wenig konkrete, Aussagen getroffen, die Hinweise zur Erfassung und Messung von Modellrisiken geben. Dort bezeichnet »[…] ›Modellrisiko‹ den potenziellen Verlust, der einem Institut als Folge von Entscheidungen entsteht, die sich grundsätzlich auf das Ergebnis interner Modelle stützen könnten, wenn diese Modelle Fehler bei der Konzeption, Ausführung oder Nutzung aufweisen«. Die EBA Veröffentlichungen[69] zur »Prudent Valuation« fordern zusätzlich die Erfassung von Modellrisiken für Bewertungsmodelle. Jegliche Annahmen, die Eingang in die Quantifizierungsmodelle finden, sind plausibel darzulegen.

187 Der steigende Einfluss und Einsatz von Modellen gerade auch in der Risikoquantifizierung wird dazu führen, dass diese Modellrisiken mit dem gleichen Anspruch wie »klassische« Risikoarten gemanaged werden müssen. Da das Modellrisiko quer zu diesen »klassischen« Risikoarten liegt, d. h. über alle Risikoarten hinweg beobachtet werden kann, ist ein spezielles Framework sowohl über die Risikoarten als auch über die Bewertungs- und Risikomodelle übergreifend aufzusetzen. Das Thema Modellrisiken wird vermutlich in kommenden Neuerungen der MaRisk weiter präzisiert werden.

Auszug AT 4.1 Tz. 10

Ist aufgrund der vergleichsweisen Komplexität der Verfahren und Methoden, der zugrunde liegenden Annahmen oder der einfließenden Daten eine umfassende Validierung dieser Komponenten gemäß Tz. 9 durchzuführen, ist hierbei eine angemessene Unabhängigkeit zwischen Methodenentwicklung und Validierung zu gewährleisten. Die wesentlichen Ergebnisse der Validierung und ggf. Vorschläge für Maßnahmen zum Umgang mit bekannten Grenzen und Beschränkungen der Methoden und Verfahren sind der Geschäftsleitung vorzulegen.

68 Vgl. *CRD IV*, Artikel 3 Absatz1 Nummer 11.

69 Vgl. *EBA,* FINAL draft Regulatory Technical Standards on prudent valuation under Article 105(14) of Regulation (EU) No 575/2013.

Die Institute haben, wie in Tz. 9 beschrieben, zu jeder Zeit einen vollständigen und aktuellen Überblick über die zur Risikoquantifizierung eingesetzten Methoden und Verfahren zu bewahren. Die neue Textziffer 10 fordert darüber hinaus, eine angemessene Unabhängigkeit zwischen Validierung und Modellentwicklung einzuhalten. Erste Entwicklungen in der Praxis zeigen eine große Spannbreite von einer vollständigen funktionalen Trennung bis hin zu einem Cross Check innerhalb einer Methodenabteilung. Die angemessene Unabhängigkeit beschränkt zwar die prozessuale Umgebung im Methodenbereich, öffnet jedoch wiederum neue Spielräume in der fachlichen und organisatorischen Ausgestaltung der Fachabteilungen. In dieser Textziffer ist zu erkennen, dass die Anforderungen an KSA-Institute immer weiter verschärft werden und sich jenen, die an IRBA-Institute gerichtet sind, annähern.[70]. 188

Aus den Validierungen resultierende wesentliche Ergebnisse und Vorschläge für Maßnahmen zum Umgang mit den Grenzen und Beschränkungen der Methoden und Verfahren sollen der Geschäftsleitung anschließend vorgelegt werden. Diese Vorgehensweise harmoniert mit den Vorgaben von Tz. 8. 189

Auszug AT 4.1 Tz. 11

Jedes Institut muss über einen Prozess zur Planung des zukünftigen Kapitalbedarfs verfügen. Der Planungshorizont muss einen angemessen langen, mehrjährigen Zeitraum umfassen. Dabei ist zu berücksichtigen, wie sich über den Risikobetrachtungshorizont des Risikotragfähigkeitskonzepts hinaus Veränderungen der eigenen Geschäftstätigkeit oder der strategischen Ziele sowie Veränderung des wirtschaftlichen Umfelds auf den Kapitalbedarf auswirken. Möglichen adversen Entwicklungen die von den Erwartungen abweichen, ist bei der Planung angemessen Rechnung zu tragen.

Die Textziffer 11 (ehemals Textziffer 9) ist unverändert geblieben. Die Aufsicht erwartet hier einen zukunftsgerichteten mehrjährigen Kapitalplanungsprozess, der den langfristigen Bedarf für internes Kapital frühzeitig identifiziert, um dieses bei der strategischen Ausrichtung des Instituts berücksichtigen zu können. Der geforderte Kapitalplanungsprozess ist dabei nicht durch schlichte zeitliche Ausdehnung der Risikotragfähigkeitsbetrachtung umzusetzen, sondern zielt auf eine strategische Kapitalplanung (regulatorische Eigenmittelausstattung und Risikodeckungspotenzial) ab. Dabei sind geplante 190

70 Vgl. C1Plus i, Fachbeitrag MaRisk-Novelle 2017, von Anita Schacht, Henning Heuter und Dr. Marcus Rose.

und erwartete regulatorische Veränderungen (z. B. aus Basel IV, de facto bindenden rechtlichen/regulatorischen Änderungen) sowie neue Ansätze in der Geschäftstätigkeit ebenso zu berücksichtigen wie Veränderungen des Markt- und Wettbewerbsumfelds. Der Betrachtungszeitraum für den Kapitalplanungsprozess sollte aus Sicht der Autoren synchron mit der bestehenden mittelfristigen Planungsrechnung sein und mindestens 36 Monate betragen.[71]

191 Auch bei Veränderungen der eigenen Geschäftstätigkeit oder strategischer Ziele, die auf die Risikotragfähigkeit abstrahlen, muss im Vorfeld die Auswirkung auf alle Steuerungskreisläufe untersucht werden. Eine veränderte strategische Ausrichtung oder schon eine geänderte Fokussierung innerhalb der einzelnen Geschäftsfelder erfordert in Zukunft also eine Betrachtung der Auswirkungen auf die eigene Risikotragfähigkeit. Auch dabei sind die Grundsätze der Wesentlichkeit zu beachten; es empfiehlt sich jedoch, auch bei nicht wesentlichen Veränderungen eine Dokumentation mit Erläuterungen des Untersuchungsergebnisses zu erstellen.

192 Ein Ausblick auf den neuen RTF-Leitfaden zeigt, dass dem Kapitalplanungsprozess (im Plan- wie auch adversen Szenario) in der normativen Perspektive eine zentrale Bedeutung zukommen wird. In diesem Basisszenario (Planszenario) erwartet die Aufsicht, dass alle regulatorischen Anforderungen und Zielgrößen (z. B. Kernkapitalanforderungen, SREP, kombinierte Puffer, Eigenmittelzielkennziffer, Höchstverschuldungsquote) eingehalten werden.

71 Vgl. *BaFin,* Entwurf »Aufsichtliche Beurteilung bankinterner Risikotragfähigkeitskonzepte und deren prozessuale Einbindung in die Gesamtbanksteuerung«, 06.09.2017, Tz 33.

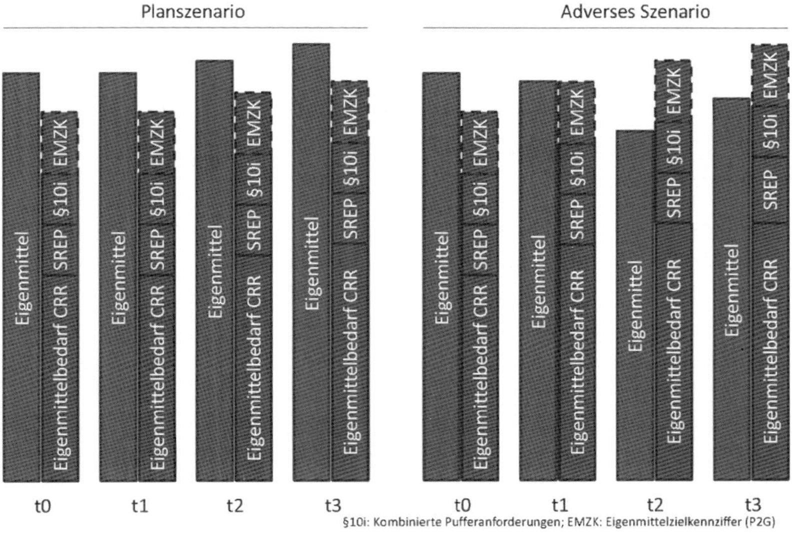

Abbildung 3: Normative Perspektive, Entwicklung über die Zeit im Plan- und adversen Szenario (illustratives Beispiel, zufällige Wahl der Eigenkapital- und Kapitalanforderungen in der jeweiligen Periode)[72]

Die Planung hat sich auf mögliche adverse Entwicklungen, die von den Erwartungen abweichen, zu erstrecken. Das Institut hat sicherzustellen, dass mindestens die SREP-Gesamtkapitalanforderung (Total SREP Capital Requirements – »TSCR«) auch unter solchen adversen Bedingungen eingehalten wird. Die Einhaltung der kombinierten Kapitalpufferanforderungen nach § 10 i Abs. 1 KWG wie auch die Eigenmittelzielkennziffer (P2G) muss nicht zwingend im (schweren) adversen Szenario eingehalten werden. Das Institut hat bei Unterschreitung dieser Anforderungen Handlungsoptionen aufzuzeigen (z. B. Sanierungsplan nach MaSan), wie es die regulatorischen und aufsichtlichen Anforderungen wieder erreichen will. 193

Die Nutzung regulatorischer Eigenkapitalelemente zur Risikoabdeckung in adversen Szenarien muss konsistent zur Schwere der angenommenen Szenarien und dem Risikoappetit des Instituts sein. Das Institut hat für diesen Fall einen plausibel umsetzbaren Maßnahmenkatalog zur Wiederherstellung der Einhaltung aller regulatorischen Eigenkapitalanforderungen zu erstellen. Vor- 194

72 Vgl. *BaFin,* Entwurf »Aufsichtliche Beurteilung bankinterner Risikotragfähigkeitskonzepte und deren prozessuale Einbindung in die Gesamtbanksteuerung«, 06.09.2017, Tz 35.

gesehene potentielle Maßnahmen zur Wiederherstellung müssen grundsätzlich im Einklang mit der Strategie des Instituts stehen.[73]

195 Die bei der Kapitalplanung zu betrachtenden adversen Entwicklungen müssen nicht zwingend die (maximale) Schwere der vom Institut durchgeführten Stresstests besitzen. Es wird aber vor dem Hintergrund des Vorsichtsprinzips erwartet, dass adverse Entwicklungen für das Institut widrige Entwicklungen widerspiegeln, die einen spürbaren Einfluss auf die zukünftige Kapitalausstattung und Kapitalplanung des Instituts haben oder haben können, und insofern mit Auswirkungen einer Rezession oder einem für das Institut ähnlich schweren Szenarios vergleichbar sind.[74] Sollte der in AT 4.3.3. MaRisk geforderte schwere konjunkturelle Abschwung zu deutlichen Veränderungen in der Kapitalausstattung und Kapitalplanung führen, ist dieses Szenario als adverse Entwicklung auch für die Kapitalplanung geeignet. Eine entsprechende Kapitalplanung in der normativen Perspektive, wie es das Diskussionspapier derzeit vorsieht, bedeutet auch, die Anforderungen der Textziffer 11 der MaRisk-Novelle zu erfüllen.

196 Der Autor hat in diesem Abschnitt AT 4.1 Risikotragfähigkeit der MaRisk-Novelle die Veränderungen deutlich aufgezeigt. Die gerade laufende Überarbeitung der »Aufsichtlichen Beurteilung bankinterner Risikotragfähigkeitskonzepte und deren prozessualer Einbindung in die Gesamtbanksteuerung (»ICAAP«)« wird in Kombination mit diesen MaRisk-Anforderungen deutliche Veränderungen in den bisherigen Konzepten bewirken. Auch wenn in der derzeitigen Konsultation noch Veränderungen vorgenommen werden, stehen die wesentlichen Eckpunkte aus Sicht des Autors – wie beschrieben – fest. Auch wenn in einem Übergangszeitraum, wie im Annex (neuer Entwurf RTF-Konzept) niedergelegt, der »Going concern Ansatz« bisheriger Prägung dem Grunde nach noch erlaubt sein wird, ist den Instituten perspektivisch anzuraten, auf die »neuen« Risikotragfähigkeitsmodelle (normative und ökonomische Perspektive) zu wechseln.

73 Vgl. *BaFin,* Entwurf »Aufsichtlichen Beurteilung bankinterner Risikotragfähigkeitskonzepte und deren prozessuale Einbindung in die Gesamtbanksteuerung«, 06.09.2017, Tz 35.

74 Vgl. *BaFin,* Entwurf »Aufsichtlichen Beurteilung bankinterner Risikotragfähigkeitskonzepte und deren prozessuale Einbindung in die Gesamtbanksteuerung«, 06.09.2017, Tz 38.

Checkliste und Praxistipps

	Checkliste »Risikotragfähigkeit«	**Erfüllt**
1.	Sind alle wesentlichen Risiken in der Risikotragfähigkeit erfasst und sind diese auch in den Risikosteuerungs- und -controllingprozessen enthalten?	
2.	Falls ein wesentliches Risiko in der Risikotragfähigkeitsberechnung nicht erfasst ist, wird es durch geeignete Risikosteuerungs- oder -controllingprozesse gesondert überwacht?	
3.	Besteht ein adäquater Prozess zur Identifikation von Risikokonzentrationen und ist dieser angemessen dokumentiert?	
4.	Wurden die Risikokonzentrationen auch auf Institutsebene und vor allem risikoartenübergreifend untersucht?	
5.	Wird zur Durchführung der periodischen Risikotragfähigkeit ein rollierendes 12-Monatsverfahren verwendet oder ab Jahresmitte der übernächste Jahresabschluss in der Berechnung berücksichtigt?	
6.	Ist für die nicht berücksichtigten Risiken eine klare Begründung und Erläuterung vorhanden, die darlegt, warum die entsprechenden Risiken nicht sinnvoll durch Deckungspotential begrenzt werden können?	
7.	Wurden Diversifikationsannahmen in der Risikotragfähigkeitsberechnung berücksichtigt?	
8.	Wurden verwendete Diversifikationsannahmen nachvollziehbar dokumentiert?	
9.	Werden verwendete Diversifikationsannahmen regelmäßig auf ihre Wirksamkeit (Verlässlichkeit und Stabilität) überprüft?	
10.	Entspricht die festgelegte Risikoneigung der beschlossenen Risikostrategie?	
11.	Wurde ein interner Prozess zur Sicherstellung der Risikotragfähigkeit festgelegt?	
12.	Ist ein Abstimmungsprozess zur Strategie vorhanden und ist dieser entsprechend dokumentiert?	

13.	Wurden bei der regelmäßigen Überarbeitung der Risikostrategie Veränderungen vorgenommen und sind diese dokumentiert?	
14.	Sind die verwendeten Verfahren zur Quantifizierung der Risiken für die Risikotragfähigkeit angemessen und geeignet? Sind diese Verfahren dokumentiert und die zugrunde liegenden Annahmen plausibilisiert?	
15.	Wurden plausible Risikobeträge (z. B. Expertenschätzung, Näherungswerte) festgelegt, falls für Risiken keine geeigneten Verfahren zur Quantifizierung vorhanden sind?	
16.	Sind die Annahmen für die plausiblen Risikobeträge dokumentiert?	
17.	Bestehen geeignete Risikosteuerungs- und -controllingprozesse für das gesamte Risikomanagement? Werden diese regelmäßig oder anlassbezogen überprüft?	
18.	Sind die Risikosteuerungs- und -controllingprozesse sachgerecht dokumentiert?	
19.	Wurden geeignete Methoden und Annahmen für die Berechnung der Risikotragfähigkeit getroffen und sind diese Annahmen begründet und dokumentiert?	
20.	Wurden Puffer in der Berechnung der Risikotragfähigkeit berücksichtigt und sind diese dokumentiert und erläutert? Warum werden diese Puffer noch gebraucht?	
21.	Wird die Risikotragfähigkeitsberechnung und damit verbunden die Angemessenheit der Methoden und Annahmen durch die fachlich zuständigen Mitarbeiter überprüft?	
22.	Werden alle wesentlichen Annahmen der Risikotragfähigkeitssteuerung von der Geschäftsleitung genehmigt?	
23.	Sind Modellrisiken in den Methoden und Verfahren berücksichtigt? Wie erfolgt die Einbindung in die Steuerungskreisläufe?	
24.	Ist der Kapitalplanungsprozess definiert und ist der Zeithorizont ausreichend lang bemessen?	
25.	Wird die Risikoquantifizierung kritisch analysiert?	

26.	Sind Adjustierungen im Rahmen der Risikotragfähigkeitsermittlung (Fortführungs- oder Liquidationsperspektive erforderlich) berücksichtigt?	
27.	Sind beide Steuerungsansätzte (Fortführung des Instituts oder Gläubigerschutz) parallel aufgesetzt?	
28.	Wenn ein Steuerungsansatz tragend ist, wird der jeweils andere Ansatz entsprechend ergänzt, dokumentiert und beleuchtet?	
29.	Wie geht das Institut mit externen Daten um?	
30.	Nutzt das Institut bei der Risikoermittlung Berechungen Dritter?	
31.	Wie dokumetiert das Institut, dass bei externen Daten die tatsächlichen Verhältnisse des Instituts angemessen widergespiegelt werden?	
32.	Ist die personelle Unabhängigkeit zwischen Methodenentwicklern und Validierern sichergestellt?	
33.	Hat das Institut jederzeit einen aktuellen Überblick über die Methoden und Verfahren zur Risikoquantifizierung?	

✓ Praxistipp »Risikotragfähigkeit«

Deckungsmasse:

Die Deckungsmassen sind nachvollziehbar zu berechnen. Da das Verhältnis zwischen dem potentiellen Risiko und der Deckungsmasse die Risikoneigung des Hauses widerspiegelt, erscheint es nicht zielführend, die Quantifizierung der Deckungsmassen bereits unter Berücksichtigung von diversen Sicherheitspuffern vorzunehmen. Bei der Berechnung der Deckungsmassen sind die regulatorischen Größen der nationalen Umsetzung oder zukünftige bekannte Regelungen (Änderungen in der CRR, CRD, ICAAP) als Mindestdeckung zu beachten (Solvabilitätsverordnung). Die geforderte EK-Austattung sollte den SREP-Zuschlag, die kombinierten Pufferanforderungen und die Eigenkapitalzielkennziffer mindestens enthalten.

Risikopotential:

Bei der Bereitstellung des Deckungspotentials sollte berücksichtigt werden, dass es der Risikoneigung des Hauses entspricht. Die Vergabe übergroßer Limite (bezogen auf die Auslastung) kann für einen Außenstehenden den Eindruck einer eher risikoaffinen Geschäftspolitik erwecken. Weiterhin fehlt übergroßen Limiten unter Umständen der Steuerungscharakter. Desweiteren muss der Betrachtungshorizont (z. B. Kapitalplanungsrechung) auf mindestens 36 Monate ausgeweitet werden, auch zu diesem Zeithorizont muss die Risikoneigung des Hauses passen.

Methoden- und Verfahrensprüfung:

Die Methoden und Verfahren sind mindestens einmal jährlich zu prüfen. Selbst anerkannte Verfahren, wie zum Beispiel der »Value at Risk«, sind auf ihre Plausibilität oder Wirksamkeit in der jeweiligen Risikoberechnung zu testen. Oft kommt es insbesondere bei Verfahren mit historischen Daten zu Überschreitungen bei den tatsächlich eingetretenen Werten. Hier ist zu überlegen, ob die Parameter entsprechend anzupassen sind oder das Risiko aus den Berechnungen entsprechend hochskaliert werden kann. Die jeweiligen Methoden und Verfahren, die zugrunde liegenden Annahmen wie auch die einfließenden Daten sind nachvollziebar zu überprüfen, die Validierung zu begründen und das Ergebnis inkl. möglicher Abweichungen ist vom Vorstand zu genehmigen.

Risikopuffer:

Bei der Durchführung der Risikotragfähigkeitsberechnung sollten nach Möglichkeit keine Risikopuffer berücksichtigt werden. Hat ein Institut keine geeigneten Verfahren zur Quantifizierung einzelner Risiken, sollten diese Risiken eher auf Basis einer Plausibilisierung des Risikobeitrages einfließen. Viele Risikopuffer können für einen externen Adressaten (Prüfer) das tatsächliche Bild der Risikotragfähigkeit und deren Auslastung verklären. Denn bei der Berechnung der Risikotragfähigkeit geht es auch darum, die Risikodimension adäquat abzubilden.

4.2. AT 4.2 Strategien

Eine Strategie ist das bewusste Setzen von konsistenten Zielen unter Angabe der dorthin führenden systematischen Vorkehrungen. Ziele müssen untereinander konsistent sein, das heißt, das Erreichen eines Ziels darf das Erreichen eines anderen Ziels nicht ausschließen. In der Regel sind mehrere Zielrichtungen fundamental gegenläufig, etwa Ertragssteigerung und Risikosenkung oder Kostensenkung und Geschäftsausbau. Die Forderung nach Konsistenz bedeutet somit, dass Abwägungen zu erfolgen haben und vernünftige Kombinationen zu bestimmen sind. Die Ziele müssen ferner mit dem Handlungsrahmen konsistent sein. Institutsintern ist dies insbesondere die Risikotragfähigkeit, die nicht umsonst dem Modul über Strategien vorausgestellt ist. Zu beachten sind auch die vorhandenen Kenntnisse und Fähigkeiten, etwa der Mitarbeiter und der IT-Infrastruktur. Institutsexterne Rahmenbedingungen bestehen etwa durch die Marktverhältnisse bei den Kunden und im Wettbewerb sowie in der gesellschaftlichen und politischen Situation. Daher kann es keine allgemeingültigen Zielvorgaben geben, denn die meisten relevanten Einflussfaktoren sowie die Zielabwägung sind institutsindividuell. 197

Ebenso institutsspezifisch sind damit die systematischen Vorkehrungen, die das Erreichen der Ziele ermöglichen sollen. Wenn klar ist, wohin die Reise für das Institut gehen soll, dann sollen alle Handlungen darauf ausgerichtet sein. Umgekehrt plausibilisiert ein Blick auf die getroffenen Maßnahmen, ob die aufgestellten Ziele tatsächlich erreichbar sind. Bei Systemen und Strukturen handelt es sich um Investitionen, denn das Institut geht in Vorlage, um durch spätere Zielerreichung zu profitieren, etwa in Form von geringeren Risiken. Für die Geschäftstätigkeit zentral sind die Geschäftsprozesse, mit denen den Kunden des Instituts die angestrebte Leistungsart und -qualität bereitgestellt wird. Ergänzt wird die Strategie für alle Kreditinstitute um die Risikosteuerungs- und -controllingprozesse, da deren wesentliche Risiken in jedem Fall ein Teil ihrer (Risiko-)Strategie sind. Entsprechend folgt diesem Modul über Strategien das Modul über das Interne Kontrollsystem. 198

Auszug AT 4.2 Tz. 1

Die Geschäftsleitung hat eine nachhaltige Geschäftsstrategie festzulegen, in der die Ziele des Instituts für jede wesentliche Geschäftsaktivität sowie die Maßnahmen zur Erreichung dieser Ziele dargestellt werden. Bei der Festlegung und Anpassung der Geschäftsstrategie sind sowohl externe Einflussfaktoren (z. B. Marktentwicklung, Wettbewerbssituation, regulatorisches Umfeld) als auch interne Einflussfaktoren (z. B. Risikotragfähigkeit, Liquidität, Ertragslage, personelle und technisch-organisatorische Ressourcen) zu berücksichtigen. Im Hinblick auf die zukünftige Entwicklung der relevanten Einflussfaktoren sind Annahmen zu treffen. Die Annahmen sind einer regelmäßigen und anlassbezogenen Überprüfung zu unterziehen; erforderlichenfalls ist die Geschäftsstrategie anzupassen.

199 Für die Gesamtheit der wesentlichen Geschäftsaktivitäten des Institutes hat die Geschäftsführung eine Strategie zu formulieren. Grundlage ist die interne und externe Rahmensituation aktuell und in Zukunft, wobei die zukünftige Entwicklung naturgemäß eine Prognose ist. Die Strategie umfasst Ziele und einen diesbezüglichen Maßnahmenkatalog. Die Erläuterungen[75] der BaFin zu dieser Textziffer machen klar, dass es sich dabei nicht um eine minutiöse Detailplanung handeln muss, sondern Eckpunkte für die operative Maßnahmenplanung ausreichen; der Anspruch ist, dass diese systematischen Vorgaben eine solche Detailplanung ermöglichen. Die in diesen Erläuterungen geforderte hinreichende Konkretheit der Maßnahmeneckpunkte ist allgemein schwer festzumachen. Im Rahmen des Strategieprozesses nach AT 4.2 Tz. 4 oder spätestens der Strategiekommunikation nach AT 4.2 Tz. 6 lässt sich jedoch per expliziter Nachfrage die ausreichende Spezifiziertheit ermitteln.

200 Während zu Art und Anzahl der Ziele sowie dem Umfang des Maßnahmenkatalogs keine Vorgaben gemacht werden, sind hinsichtlich der zu berücksichtigenden Rahmenbedingungen genauere Vorstellungen formuliert. Deren Behandlung sollte folglich im Rahmen des Strategieprozesses dokumentiert werden, was durchaus außerhalb des eigentlichen Strategiedokuments erfolgen kann. Für möglicherweise strategierelevante interne und externe Einflussfaktoren werden zwar nur jeweils Beispiele genannt. Bei diesen handelt es sich jedoch letztlich weit überwiegend um Faktoren, die für jedes Kreditinstitut bedeutend sind. Für die Geschäftstätigkeit jedes Unternehmens sind Entwick-

75 Vgl. *BaFin*, Mindestanforderungen an das Risikomanagement (MaRisk) – Neufassung vom 27.10.2017 – Anlage 1: Erläuterungen zu den MaRisk in der Fassung vom 27.10.2017.

lungen am Kundenmarkt sowie im Wettbewerb bedeutsam, für Kreditinstitute auf jeden Fall auch regulatorische Rahmenvorgaben. Ebenso sind die beispielhaft aufgezählten internen Einflussfaktoren fast zwangsweise zu berücksichtigen. Die angeführte Ertragslage stellt eher eine Resultante der Strategie dar; das Betrachten der bisher erreichten Ertragslage erdet solche zukünftigen Erwartungen jedoch und kann auch über das eigene Rating eine wichtige Restriktion für die Strategiefindung sein.

In den Erläuterungen[76] der BaFin werden als Mindestinhalte der Geschäfts- 201
strategie Ausführungen zu umfangreichen Auslagerungen sowie zur zukünftig geplanten Ausgestaltung der IT-Systeme genannt. Mit der MaRisk-Version 2017 wurde ergänzt, dass systemrelevante Institute Aussagen zur Möglichkeit der Verbesserung von Aggregationskapazitäten für Risikodaten zu treffen haben. Diese Aspekte müssen nicht nur als Rahmenbedingungen berücksichtigt werden, sondern gehören in die Strategie selbst. Bei allen Aspekten handelt es sich nicht um eigenständige geschäftliche Ziele mit einem wirtschaftlichen Selbstzweck. Damit wären diese Themen eigentlich zu den Maßnahmen zu zählen, insofern geschäftlichen Zielen zuzuordnen. Es wäre allerdings ein beachtlicher Eingriff in den Verantwortungsbereich der Geschäftsführung, unabhängig von tatsächlichen Notwendigkeiten hier Maßnahmen vorauszusetzen, und zwar nicht nur operativer Natur. Die Forderung nach Aussagen beziehungsweise Ausführungen zu diesen drei Themen lässt daher zu Recht die Möglichkeit offen, weder diesbezügliche Ziele noch Maßnahmen zu formulieren. Damit umfasst die Strategie potenziell auch Ausführungen allgemeiner Natur, die weder als Ziele nachgehalten werden (AT 4.2 Tz. 4) noch unbedingt zu operativen Veränderungen führen müssen.

Die Geschäftsstrategie hat nachhaltig zu sein. Dies heißt, dass der Substanz- 202
erhalt des Kreditinstitutes sichergestellt sein muss, das Institut also bei Eintreten der prognostizierten Entwicklung in keiner schlechteren Situation ist als zum Zeitpunkt der Strategiefestlegung. Der Prüfstein jeder nachhaltigen (Geschäfts-) Strategie ist daher der die Ertrags- und Wertentwicklung abbildende Finanzplan, in dessen Erstellung die aufgestellte Umfeldprognose und die Maßnahmen einschließlich ihrer Investitionskosten einfließen. Ergänzt werden kann dies um Segment-, Kunden- oder Produktkalkulationen. Nachhaltigkeit ist nicht gleichbedeutend mit Langfristigkeit: Die MaRisk sehen gerade vor, dass die Geschäftsleitung auf sich ändernde Rahmenbedingungen reagiert, Strategien somit eine endliche Lebenszeit haben. Die langfristige

76 Vgl. *BaFin*, Mindestanforderungen an das Risikomanagement (MaRisk) – Neufassung vom 27.10.2017 – Anlage 1: Erläuterungen zu den MaRisk in der Fassung vom 27.10.2017.

Perspektive kommt jedoch indirekt ins Spiel: Substanzerhalt misst sich am zukünftigen Potenzial, so wie Werterhalt auf der Sicherstellung zukünftigen Ertrages beruht. Eine weitere Möglichkeit, Nachhaltigkeit in der Strategie zu gewährleisten, ist somit das Formulieren wertorientierter Ziele.

203 Die Strategie kann und soll auf Annahmen basieren. Die Geschäftsleitung muss sich somit nicht auf alle möglichen Entwicklungen einstellen, sondern darf ein Basisszenario für ihre Ziele und Maßnahmen voraussetzen. Nun kann sich die Zukunft anders entfalten als prognostiziert, so dass zu überwachen ist, ob die getroffenen Annahmen noch im Wesentlichen gelten. Ist dies nicht mehr der Fall, ist die darauf beruhende Strategie zu hinterfragen und je nach Ergebnis anzupassen, was letztlich auf einer aktualisierten Prognose beruht.

204 Angesichts der vielfältigen Rahmenbedingungen sind die Anforderungen an ihre Berücksichtigung zu Recht relativ allgemein gehalten und sind daher vom Institut auszugestalten. Für quantitative Einflussfaktoren bietet sich ein Indikatorsystem an, das sogar teilweise mit den Anforderungen nach AT 4.3.2 Tz. 2 kombinierbar sein dürfte. Für die wohl überwiegenden qualitativen Einflussfaktoren wie das regulatorische Umfeld ist ein entsprechendes Monitoring notwendig. Im Rahmen der Berichtsvorlage an die Geschäftsführung kann diese zudem über Änderungsbedarf entscheiden. Das Festlegen von Schwellenwerten wird nicht immer sachgerecht sein, da die meisten Einflussfaktoren struktureller Natur sein dürften. Es bietet sich an, ist jedoch nicht zwingend, die regelmäßige Strategiereflexion mit der Beurteilung der Zielerreichung gemäß AT 4.2 Tz. 4 zu verbinden. Zusätzlich sollten Kriterien für eine anlassbezogene Strategieüberprüfung aufgestellt werden. Diese Kriterien dürften realistischerweise eher grundsätzlich als konkret formuliert sein, da entscheidende Änderungen der Rahmenbedingungen sich meist durch ihre Einmaligkeit auszeichnen, an die vorab gerade nicht gedacht wurde.

205 Weder zu Art und Anzahl der Ziele noch zu den Maßnahmen gibt es inhaltliche Vorgaben, denn dies liegt vollständig in der Kompetenz der Geschäftsführung. Der Inhalt der Geschäftsstrategie ist entsprechend nicht prüfungsfähig, wie die BaFin ausdrücklich erläutert.[77] Explizit zu prüfen seitens Interner Revision und Jahresabschlussprüfer ist hingegen der Strategieprozess gemäß AT 4.2 Tz. 4. Dies schließt bezogen auf diese Textziffer ein, ob die Rahmenbedingungen identifiziert wurden, ob die Strategie mit diesen konsistent for-

77 Vgl. *BaFin,* Mindestanforderungen an das Risikomanagement (MaRisk) – Neufassung vom 27.10.2017 – Anlage 1: Erläuterungen zu den MaRisk in der Fassung vom 27.10.2017.

muliert wurde, ob die Ziele miteinander verträglich sind und ob die Maßnahmen prinzipiell zielführend sind.

> **Auszug AT 4.2 Tz. 2**
>
> Die Geschäftsleitung hat eine mit der Geschäftsstrategie und den daraus resultierenden Risiken konsistente Risikostrategie festzulegen. Die Risikostrategie hat, ggf. unterteilt in Teilstrategien für die wesentlichen Risiken, die Ziele der Risikosteuerung der wesentlichen Geschäftsaktivitäten sowie die Maßnahmen zur Erreichung dieser Ziele zu umfassen. Insbesondere ist, unter Berücksichtigung von Risikokonzentrationen, für alle wesentlichen Risiken der Risikoappetit des Instituts festzulegen. Risikokonzentrationen sind dabei auch mit Blick auf die Ertragssituation des Instituts (Ertragskonzentrationen) zu berücksichtigen. Dies setzt voraus, dass die Institute ihre Erfolgsquellen voneinander abgrenzen und diese quantifizieren können (z. B. im Hinblick auf den Konditionen- und den Strukturbeitrag im Zinsbuch).

So wie die Geschäftstätigkeit bewusst entlang den Vorgaben einer Geschäfts- 206
strategie erfolgen soll, hat der Umgang mit Risiken im Rahmen der bewussten Vorgaben einer Risikostrategie zu geschehen. Auch diese Strategie enthält Ziele und die hierzu vorgesehenen Maßnahmen. Zu formulieren sind diese für alle wesentlichen Risikoarten in allen wesentlichen Geschäftsaktivitäten. Vorausgegangen sein muss daher eine Risikoinventur nach AT 2.2 Tz. 1 sowie das Aufstellen der Geschäftsstrategie nach AT 4.2 Tz. 1, was die Risikotragfähigkeitsanalyse nach AT 4.1 voraussetzt.

Aus der originären Geschäftstätigkeit des Instituts ergeben sich überhaupt erst 207
Risiken, so dass die Konsistenz beider Strategien eine natürliche Anforderung ist. In Teilen wird die Geschäftsstrategie bewusst eine Risikonahme vorsehen, um Ertrag zu generieren; hier muss die Risikostrategie einen quantitativen Rahmen festlegen, damit die Risikotragfähigkeit gewährleistet ist. In Teilen sieht die Geschäftsstrategie wiederum die Risikovermeidung vor, insbesondere wenn der Risikonahme kein ausreichender Ertrag gegenübersteht; hier muss die Risikostrategie qualitative Eckpunkte vorgeben, die sich operativ vor allem in Prozessausgestaltungen niederschlagen. Hilfreich kann die Erkenntnis des Capital Asset Pricing Model (CAPM) sein, dass (Mehr-) Ertrag proportional zum systematischen Risiko ist, während unsystematisches Risiko nicht honoriert wird. Demzufolge ist es auch bei der bewussten Risikonahme vernünftig,

Vorkehrungen gegen individuelle Fehler zu treffen. Bei jedem dieser Aspekte ist Konsistenz prüfungsfähig und prüfungswürdig, wie in den Erläuterungen[78] der BaFin zur vorausgehenden Textziffer auch ausgeführt wird.

208 Bereits beim Erstellen der Geschäftsstrategie erfolgt somit eine Abwägung zwischen Ertrag und Risiko. Diese Abwägung resultiert für alle wesentlichen Risiken in einem Risikoappetit, der in der Risikostrategie anhand konkreter Vorgaben verbalisiert werden soll. Der eher positive Begriff des Risikoappetits tritt mit MaRisk-Version 2017 an die Stelle der bisher geforderten Risikotoleranzen. Die vorgenannten Erläuterungen der BaFin zu diesem Begriff geben mehrere Beispiele an, auf welcher Basis sich die Ziele der Risikostrategie formulieren lassen. Quantitativ kann dies etwa mittels (Global-) Limiten und Puffern in bestimmten Stressszenarien erfolgen. Als quantitative Vorgabe wird außerdem die Strenge der Risikomessung genannt; dies kann beispielsweise eine generelle Vorgabe zu Beleihungsgrenzen und Wertabschlägen auf Sicherheiten sein. In qualitativer Hinsicht nennen die Erläuterungen das Vermeiden bestimmter Geschäfte sowie Anforderungen an die Kreditbesicherung. Letzteres könnte etwa eine Liste mit zulässigen Objektarten bei Immobilienkrediten sein.

209 Risikokonzentrationen sind nicht unbedingt zu beschränken, solange sie in der Risikostrategie berücksichtigt werden. Dies stellt sicher, dass sich Institute spezialisieren können, indem sie bewusst nur bestimmte Leistungen anbieten und regionale Märkte bedienen. Geht eine solche Spezialisierung mit spezifischem Know-how und dessen aktiver Nutzung einher, dürfte dies aus Risikosicht gegenüber einer rein passiven Aktivitätsstreuung eher vorteilhaft sein. Eine Pflicht zur Diversifikation besteht nicht. Die Berücksichtigung von Risikokonzentrationen drückt sich daher weniger in Konzentrationslimiten als vielmehr im Anspruch an die Prozess- und Methodentiefe aus.

210 Das Erwähnen von Ertragskonzentrationen legt daher nicht den Grundstein für eine neue Risikoart, sondern weist auf diesen Zusammenhang hin. Wenn sich ein Institut spezialisiert und dadurch sein Ertrag aus wenigen Quellen kommt, dann soll dies in der Risikostrategie addressiert – und nicht unterbunden – werden. Um überhaupt entscheiden zu können, ob eine Ertragskonzentration vorliegt, muss eine Abgrenzung und Zuordnung erfolgen. Der Hinweis, dass dies eine Voraussetzung ist, stellt somit die Forderung da, eine Ertragsattribution vorzunehmen – denn ansonsten sind Ertragskonzen-

78 Vgl. *BaFin*, Mindestanforderungen an das Risikomanagement (MaRisk) – Neufassung vom 27.10.2017 – Anlage 1: Erläuterungen zu den MaRisk in der Fassung vom 27.10.2017.

trationen nicht ermittelbar und von der Risikostrategie nicht berücksichtigbar. Die Art und Weise der Erfolgsrechnung steht ganz im Ermessen des Institutes, so dass eine Aufspaltung von Konditionen- und Strukturbeitrag nur ein möglicher Ansatz für den Teilbereich Zinsbuch ist. Thematisch gehört eine solche Ertragsbetrachtung zur Geschäftsstrategie; in der Risikostrategie finden sich konsistent hierzu die Konsequenzen daraus.

Auszug AT 4.2 Tz. 3

Die Geschäftsleitung ist verantwortlich für die Festlegung und Anpassung der Strategien; diese Verantwortung ist nicht delegierbar. Die Geschäftsleitung muss für die Umsetzung der Strategien Sorge tragen. Der Detaillierungsgrad der Strategien ist abhängig von Umfang und Komplexität sowie dem Risikogehalt der geplanten Geschäftsaktivitäten. Es bleibt dem Institut überlassen, die Risikostrategie in die Geschäftsstrategie zu integrieren.

Bereits nach § 25a Abs. 1 KWG obliegt der Geschäftsleitung die Verant- 211
wortung für die ordnungsgemäße Geschäftsorganisation, zu der unter anderen das Festlegen von Strategien gehört. Die Betonung dieser Regelung liegt somit auf der Nicht-Delegierbarkeit. Angesichts der vielfältigen zu berücksichtigenden Faktoren werden zulässigerweise eine Reihe von Mitarbeitern und Bereichen des Institutes Informationen und Formulierungsvorschläge zuliefern. Nur der Akt der Festlegung der Strategie muss unmittelbar durch die Geschäftsleitung erfolgen, also mittels eines formalen Beschlusses. Geschäfts- und Risikostrategien dürfen hingegen nicht von einzelnen Geschäftsbereichen eigenständig aufgestellt werden; diese können höchstens die zentralen strategischen Vorgaben im Sinne der BaFin-Erläuterungen[79] zu AT 4.2 Tz. 1 in operative Maßnahmenkataloge umsetzen. Die Geschäftsbereiche sollten zur Klarstellung der Verantwortungen besser vermeiden, Teilpläne ebenfalls als Strategien zu bezeichnen, auch wenn letztendlich der Charakter und nicht die Bezeichnung maßgeblich ist.

Wenn in AT 4.2 Tz. 1 von einer fakultativen Unterteilung der Risikostrategie 212
in Teilstrategien die Rede ist, dann wird die Möglichkeit zu mehreren Dokumenten eingeräumt. Eine solche Einteilung kann nach Risikoarten erfolgen, während dort von einer Aufteilung nach Geschäftstätigkeiten nicht die Rede ist. In dieser Textziffer 3 wird umgekehrt ermöglicht, die Geschäfts- und

79 Vgl. *BaFin*, Mindestanforderungen an das Risikomanagement (MaRisk) – Neufassung vom 27.10.2017 – Anlage 1: Erläuterungen zu den MaRisk in der Fassung vom 27.10.2017.

Risikostrategie in einem Dokument aus einem Guss zu erstellen. Diese Integration dürfte tatsächlich Doppelungen und Widersprüche reduzieren und somit die Konsistenz einfacher gewährleisten. Besonders kleineren Instituten kann bei der Strategieerstellung zudem helfen, dass für die Detailtiefe Geschäfts- und Risikoproportionalität vorgesehen ist.

213 Das Kümmern um die Umsetzung der Strategie ist ebenfalls in der Verantwortung der Geschäftsführung. Im Anschreiben[80] zur MaRisk-Version 2010 begründet die BaFin die seinerzeitige Einfügung dieser und weiterer Vorgaben damit, dass nach ihrem Eindruck ansonsten die Strategien rein formal verabschiedet, jedoch nicht gelebt werden. Damit ist allerdings die Herausforderung hinzugekommen, das Sorgetragen der Geschäftsführung für die Strategieumsetzung in geeigneter Form zu dokumentieren. Das genannte Anschreiben hilft dabei, da dort die Erfüllung der Anforderungen in den folgenden Textziffern 4 und 6 dieses Moduls als geeignet aufgeführt werden.

Auszug AT 4.2 Tz. 4

Die Geschäftsleitung hat einen Strategieprozess einzurichten, der sich insbesondere auf die Prozessschritte Planung, Umsetzung, Beurteilung und Anpassung der Strategien erstreckt. Für die Zwecke der Beurteilung sind die in den Strategien niedergelegten Ziele so zu formulieren, dass eine sinnvolle Überprüfung der Zielerreichung möglich ist. Die Ursachen für etwaige Abweichungen sind zu analysieren.

214 Die Strategien machen strukturierte Vorgaben, die Strategiefestsetzung soll ebenfalls strukturiert erfolgen. Hierzu ist ein Strategieprozess zu definieren. Aus der Prozessbeschreibung im Anschreiben[81] zur MaRisk-Version 2012 folgt, dass mit dem Begriff Planung die »strukturierte Auseinandersetzung mit der Festlegung strategischer Ziele« gemeint ist. Wie dies zu erfolgen hat, obliegt jedem Institut selbst. Zur Umsetzung gehören die Kommunikation der Strategie gemäß Textziffer 6 sowie das Aufstellen operativer Teilplanungen. Die Reflexion der aufgestellten Strategie anhand des Erreichungsgrads ihrer Ziele einschließlich einer Ursachenanalyse ist Kernpunkt der Strategiebeurteilung und liegt der BaFin gemäß vorgenanntem Anschreiben besonders am Herzen. Der Strategieprozess ist dadurch ein Regelkreis, denn die folgende

80 Vgl. *BaFin*, Mindestanforderungen an das Risikomanagement (MaRisk) – Neufassung vom 15.12.2010 – Anschreiben an alle Verbände der Kreditwirtschaft.

81 Vgl. *BaFin*, Mindestanforderungen an das Risikomanagement (MaRisk) – Neufassung vom 15.12.2010 – Anschreiben an alle Verbände der Kreditwirtschaft.

Strategieanpassung bzw. mindestens deren Erwägen führen wieder zum Prozessanfang zurück – tatsächlich besteht der grundlegende Strategieprozess somit aus drei wiederkehrenden Schritten.

Eine Vorgabe für den Überprüfungsturnus besteht nicht. Wegen der gegen- 215
seitigen Abhängigkeit von Strategie und Finanzplanung wird in den meisten Instituten mindestens eine jährliche Überprüfung stattfinden. Die notwendigen Zielvorgaben lassen sich zusätzlich unterjährig überprüfen, denn selbst bei langfristigen Zielen ist zumindest eine laufende Einschätzung möglich, ob die Ziele überhaupt noch erreichbar sind. Ein laufender Bericht im Rahmen des Risikocontrolling-Reportings nach BT 3 liegt nahe, zumal die dort genannten Kenngrößen in der Risikostrategie verzielt sein können. Da nach AT 4.2 Tz. 1 auch die grundlegenden Annahmen für die Geschäftsstrategien regelmäßig zu überprüfen sind, bietet sich die Kombination dieser Überprüfung mit der Zielerreichungsprüfung an.

Damit ein Prüfen der Zielerreichung überhaupt möglich ist, sind die strate- 216
gischen Ziele konkret zu formulieren. Das angeführte Anschreiben der BaFin zur seinerzeitigen Vorgabeneinführung betont, dass dies nicht als Zwang zu rein quantitativen Zielen zu verstehen ist. Auch qualitative Ziele sind möglich, solange eindeutig bestimmtbar ist, inwieweit diese erreicht wurden. Hierzu bedarf es Zielen, die einen bestimmbaren Zustandes zu einem gewissen Zeitpunkt beschreiben. Trotz dieser Öffnung macht es die Ergebnisermittlung leichter, wenn ein quantitativer Maßstab gewählt wurde. Eine Möglichkeit ist es, ein Ziel zuerst qualitativ zu formulieren und dann ein oder mehrere quantitative Größen mit dem expliziten Hinweis zu nennen, dass es sich um Indikatoren handelt. Dies vermeidet einen Rückzug auf eine rein formale Zieldefinition, gerade dann, wenn sich Geschäfts- und Risikoqualität nur scheinbar einfach quantifizieren lassen. Beispielsweise ist das Ziel einer Ertragsverbesserung mit dem Jahresüberschuss messbar; wenn dann festgestellt wird, dass dies nur mittels margenschwacher Volumenausweitung erfolgt ist, sollte die Geschäftsleitung über die reine Messzahl hinausblicken können.

Das Einrichten und das dieser Regelung gemäße Durchlaufen des Strategie- 217
prozesses sind von der Internen Revision und dem Jahresabschlussprüfer überprüfbar. Gleiches gilt für die Existenz und konkrete Formulierung von Zielen. Die Ziele selbst sind hingegen nicht prüfungsfähig, da es nicht die einzig richtigen Ziele gibt. Selbst nach Einschätzung des Prüfers unrealistische Ziele sind eben eine subjektive Einschätzung des Prüfers, so wie die Ziele einer zulässigerweise subjektiven Einschätzung der Geschäftsleitung ent-

sprungen sind. Hier ist vielmehr prüfungsfähig, dass und wie auf Offensichtlichwerden einer Zielverfehlung reagiert wird, also zeitnah eine Strategie- und damit Zielanpassung erfolgen.

Auszug AT 4.2 Tz. 5

Die Strategien sowie ggf. erforderliche Anpassungen der Strategien sind dem Aufsichtsorgan des Instituts zur Kenntnis zu geben und mit diesem zu erörtern. Die Erörterung erstreckt sich auch auf die Ursachenanalyse nach AT 4.2. Tz. 4 im Falle von Zielabweichungen.

218 Die Geschäftsleitung hat das Aufsichtsorgan in den Strategieprozess einzubinden. Der Geschäftsleitung obliegt unzweifelhaft die alleinige Hohheit über die Geschäfts- und Risikostrategie, so dass hier kein Teilen der Verantwortung vorgesehen wird. Das Aufsichtsgremium hat eine Überwachungsfunktion, und dieser kann es nur nachkommen, wenn es die Strategien und ihre Hintergründe kennt. Zum Zeitpunkt der Erörterung existieren die Strategien bereits, wurden damit von der Geschäftsleitung bereits festgesetzt. Prozessual bedeutet eine Erörterung, dass dem Aufsichtsorgan über die passive Kenntnisnahme hinaus Gelegenheit zu aktiven Nachfragen gegeben wird und diese auch beantwortet werden. Die Erörterung soll sich inhaltlich insbesondere auf die Untersuchungen beziehen, die zur Strategieanpassung geführt haben. Dies ist vor allem dann sinnvoll, wenn diese nicht in den Strategien mit niedergelegt wurden. Ein Nebeneffekt der Kenntnisnahme und Erörterung ist, dass das Aufsichtsorgan die Ziele oder zumindest die verwendeten Zielgrößen der Vergütung der Mitglieder der Geschäftsleitung zugrunde legen kann.

219 Die Erläuterungen[82] der BaFin lassen zu, dass die Erörterung nur in einem Ausschuss des Aufsichtsorgans anstatt im vollständigen Gremium erfolgt, unter den beiden Bedingungen, dass alle Mitglieder des Aufsichtsorgans auf eigenen Wunsch Kenntnis über die Strategien erhalten können, und dass der Ausschuss explizit vom Gesamtgremium eingerichtet wurde, also sich auch bewusst nur ein Teil der Mitglieder mit den Strategien aktiv beschäftigen soll.

82 Vgl. *BaFin*, Mindestanforderungen an das Risikomanagement (MaRisk) – Neufassung vom 27.10.2017 – Anlage 1: Erläuterungen zu den MaRisk in der Fassung vom 27.10.2017.

Auszug AT 4.2 Tz. 6

Die Inhalte sowie Änderungen der Strategien sind innerhalb des Instituts in geeigneter Weise zu kommunizieren.

Gemäß Anschreiben[83] zur MaRisk-Version 2012 erfolgte eine detaillierte Regelung des Strategieprozesses, weil der Eindruck von rein formalen und nicht gelebten Strategien entstanden war. Die festgesetzten Strategien sind nur dann der Umsetzung im Institutsbetrieb überhaupt zugänglich, wenn diese bekannt sind. Die Forderung, die Strategien in geeigenter Weise intern zu kommunizieren, bedeutet daher die Kenntnisnahme der sie betreffenden Ziele und Maßnahmen durch die davon betroffenen Bereiche und Mitarbeiter, so dass diese ihre operative Planung darauf ausrichten können. Für die Art der Kommunikation besteht keine Formvorgabe, eine schriftliche Verbreitung gewährleistet auf jeden Fall die Dokumentation. 220

Spätestens bei grundlegenden Anpassungen des Geschäftsmodells oder des Risikoappetits dürfte die reine schriftliche Information nur über die isoliert relevanten Fakten nicht mehr ausreichen und geeignet sein. Erstens funktioniert das Leben von Strategien besser mit einem lebendigen Eindruck. Nicht umsonst hat sich mit dem Change Management eine eigene Disziplin zum Implementieren von Veränderungen entwickelt, bei der zwischenmenschliche Faktoren eine zentrale Rolle spielen. Zweitens fördert es die Risikokultur, wenn auch der Kontext von Detailregelungen verstanden und das große Ganze einschließlich seiner Begründung verstanden wird. Insofern kann die Geschäftsleitung ihrem Grundauftrag zur Entwicklung der Risikokultur nach AT 3 Tz. 1 durch Bekanntgabe und idealerweise Erläutern der Gesamtstrategien im besonderen Maße gerecht werden. 221

83 Vgl. *BaFin,* Mindestanforderungen an das Risikomanagement (MaRisk) – Neufassung vom 15.12.2010 – Anschreiben an alle Verbände der Kreditwirtschaft.

Checkliste und Praxistipps

	Checkliste »Strategien«	**Erfüllt**
1.	Wurde eine Geschäftsstrategie für das Institut festgelegt?	
2.	Wurden externe Einflussfaktoren wie zum Beispiel Marktentwicklung, Wettbewerbssituation oder regulatorisches Umfeld bei der Festlegung der Strategien berücksichtigt?	
3.	Wurden interne Einflussfaktoren wie zum Beispiel Risikotragfähigkeit, Liquidität, Ertragslage, personelle und technisch-organisatorische Ressourcen bei der Festlegung der Strategien berücksichtigt?	
4.	Wurden für die relevanten Einflussfaktoren konkrete Annahmen bzw. Prognosen niedergelegt?	
5.	Wurde die Nachhaltigkeit der Geschäftastrategie geprüft?	
6.	Sind in der Geschäftsstrategie überprüfbare Ziele und dazu passende Maßnahmen niedergelegt?	
7.	Sind in der Geschäftsstrategie Aussagen zu geplanten Auslagerungen enthalten?	
8.	Sind in der Geschäftsstrategie Aussagen zur Möglichkeit der Verbesserung von Aggregationskapazitäten für Risikodaten enthalten?	
9.	Wurde eine Risikostrategie für das Institut festgelegt?	
10.	Sind in der Risikostrategie Steuerungsziele und dazu passende Maßnahmen für alle wesentlichen Geschäftsaktivitäten niedergelegt?	
11.	Sind die Ziele und Maßnahmen der Risikostrategie mit den Zielen und Maßnahmen der Geschäftsstrategie konsistent?	
12.	Berücksichtigt die Risikostrategie Risikokonzentrationen, insbesondere mit Blick auf die Ertragssituation?	
13.	Falls Teilstrategien vorhanden sind: Sind diese miteinander konsistent?	
14.	Wurde ein systematischer Strategieprozess eingerichtet?	

15.	Ist ein mindestens jährlicher Überprüfungsturnus vorgesehen?	
16.	Wurden die Strategien von der Geschäftsleitung festgelegt?	
17.	Hat die Geschäftsführung die Strategien mit dem Aufsichtsorgan erörtert?	
18.	Wurden die Strategien angemessen intern kommuniziert und ggf. erläutert?	
19.	Unterliegen die als relevant identifizierten Einflussfaktoren einer systematischen Überwachung?	
20.	Ist bei sich signifikant ändernden Einflussfaktoren eine Strategieüberprüfung vorgesehen bzw. erfolgt?	
21.	Unterliegen die in der Geschäftsstrategie festgelegten Ziele einer systematischen Überwachung?	
22.	Ist bei signifikanten Zielabweichungen eine Strategieüberprüfung vorgesehen bzw. erfolgt?	

✓ Praxistipp »Strategien«

Beispielhafte Struktur einer integrierten Geschäfts-/Risikostrategie

1. Externe Rahmenbedingungen: Ist
   - Allgemeines wirtschaftliches, politisches und regulatorisches Umfeld
   - Markt- und Wettbewerbssituation im Kundensegment A (z. B. Kredite)
   - Markt- und Wettbewerbssituation im Kundensegment B (z. B. Einlagen)
2. Interne Rahmenbedingungen: Ist
   - Finanzielle Ressourcen (z. B. Kapital, Liquidität)
   - Personelle Ressourcen
   - Technisch-organisatorische Ressourcen
3. Rahmenbedingungen: Prognose
   - Identifizierte zentrale Einflussfaktoren
   - Jeweils getroffene Prognose (Basisszenario) inkl. Toleranzbereich

4. Grundsätzliche Positionierung (enthält Einzelziele inkl. Messgrößen)
   - Auswahl der zukünftig fokussierten Kundensegmente
   - Leistungsangebot/-versprechen an angesprochene Kunden
   - Zur Leistungsbereitstellung eingerichtete Geschäftsprozesse inkl. Auslagerungen und IT-Systeme
5. Maßnahmenplan
6. Nachhaltigkeit des Ertragsmodells
   - Ergebnisse der Profitrechnung der Segmente (ohne Maßnahmen)
   - Ergebnisse der Finanzplanung (inkl. Maßnahmen)
7. Allokation der Risikodeckungsmasse auf die Kundensegmente
8. Risikovorgaben
   - Limite und Risikosteuerungs- und -controllingprozesse im Kundensegment A
   - Limite und Risikosteuerungs- und -controllingprozesse im Kundensegment B

Die Strategieprozessschritte Planung und Anpassung gemäß AT 4.2 Tz. 4 können dieser Struktur folgen; je nach Ergebnis der Teil- und Gesamtkalkulation sind die Schritte 4. bis 6. allerdings mehrmals zu durchlaufen.

4.3. AT 4.3 Internes Kontrollsystem

222 Die neue MaRisk-Version 2017 fügt in den AT 4.3 ein neues Modul AT 4.3.4 zu Datenmanagement, Datenqualität und Aggregation von Risikodaten ein. Dieses richtet sich allerdings ausschließlich an systemrelevante Institute. In den anderen Modulen erfolgten teilweise Klarstellungen. Zudem wurden bisher an dieser Stelle befindliche Anforderungen an die Risikoberichterstattung in das neue Modul BT 3 verschoben.

Auszug AT 4.3 Tz. 1

In jedem Institut sind entsprechend Art, Umfang, Komplexität und Risikogehalt der Geschäftsaktivitäten

a) Regelungen zur Aufbau- und Ablauforganisation zu treffen,

b) Risikosteuerungs- und -controllingprozesse einzurichten und

c) eine Risikocontrolling-Funktion und eine Compliance-Funktion zu implementieren.

Die an dieser Stelle aufgezählten Aspekte sind die drei konstituierenden Be- 223
standteile eines internen Kontrollsystems nach § 25a Abs. 1 Nr. 3 KWG. Risikocontrolling- und Compliance-Funktion gehören dazu, die Interne Revision hingegen nicht, auch wenn zu ihrer Ausgestaltung im Untermodul AT 4.4.3 Ausführungen erfolgen.

Die Zusammenstellung der drei Aspekte – bereits im KWG – macht deutlich, 224
dass das interne Kontrollsystem nicht nur aus gewissen Prozessschritten besteht, sondern auch eine risikoadäquate Aufgabenzuordnung zu erfolgen hat. Dadurch, dass Risikocontrolling- und Compliance-Funktion herausgehoben und besonders abgegrenzt werden, soll über das korrekte Durchlaufen von Prozessen hinaus sichergestellt werden, dass zumindest bei den diesen Funktionen zugeordneten Handlungen und Entscheidungen die Risikosicht maßgeblich ist. Hier haben die MaRisk in der Version 2017 zusätzliche Trennlinien gezogen, indem der Wechsel zwischen Bereichen mit potenziell gegenläufigen Interessen mit Übergangsfristen belegt wurde. Weiterhin gibt es in mehreren Einzelthemen Öffnungsklauseln für kleinere Institute; bei deren Nutzung empfiehlt es sich jedoch, den grundsätzlichen Geist der Einbringung einer unabhängigen Risikosicht in den Risikosteuerungs- und -controllingprozessen zu berücksichtigen und dies entsprechend zu dokumentieren.

Generell ist zum Erfüllen dieser Anforderungen eine ausführliche Dokumen- 225
tation erforderlich: Regelungen sind zu treffen und Prozesse einzurichten, also auch innerhalb des Institutes verbindlich festzulegen und damit zu kommunizieren. Dies beinhaltet unter anderem miteinander verzahnte Prozessabläufe, Stellenbeschreibungen, Berichtslinien, Kompetenzen und Eskalationsregeln. Unterstützt wird dies von IT-Systemen, die entlang dieser Vorkehrungen eingerichtet sein müssen. Die MaRisk-Version 2017 ergänzt daher neben dem neuen Untermodul AT 4.3.4 zu Datenmanagement, Datenqualität und Aggregation von Risikodaten in anderweitigen Teilziffern von AT 4.3 IT-bezogene

Anforderungen etwa zum Need-to-know-Prinzip und Zugriffsrechten auf für eine Funktion relevante Daten.

4.3.1. AT 4.3.1 Aufbau- und Ablauforganisation

Auszug AT 4.3.1 Tz. 1

Bei der Ausgestaltung der Aufbau- und Ablauforganisation ist sicherzustellen, dass miteinander unvereinbare Tätigkeiten durch unterschiedliche Mitarbeiter durchgeführt und auch bei Arbeitsplatzwechseln Interessenkonflikte vermieden werden. Beim Wechsel von Mitarbeitern der Handels- und Marktbereiche in nachgelagerte Bereiche und Kontrollbereiche sind für Tätigkeiten, die gegen das Verbot der Selbstprüfung und -überprüfung verstoßen, angemessene Übergangsfristen vorzusehen.

226 Das Grundprinzip für alle organisatorischen Regelungen eines Institutes soll sein, dass Tätigkeiten, die nicht miteinander vereinbar sind, auch nicht von ein und demselben Mitarbeiter auszuführen sind. Für eine Reihe von Tätigkeiten geben die MaRisk solche Trennungen vor. Diese Vorgaben lassen zwei zentrale Indikatoren für Unvereinbarkeit erkennen. Erstens sind Geschäftsinitiierung und damit kundenorientierte Bereiche von geschäftsumsetzenden Bereichen zu trennen, also Markt von Marktfolge (z. B. BTO 1.1 Tz. 1) sowie Handel von Abwicklung und Kontrolle (z. B. BTO 2.1 Tz. 1). Zweitens sind Risikoübernahme und Risikoüberwachung zu trennen. Dies wird in den vielfältigen Regeln für das Risikocontrolling deutlich (AT 4.4.1 Tz. 1, 4 und 5 sowie BTO Tz. 3). Dabei werden die geschäftsumsetzenden Bereiche grundsätzlich ebenso als Risikoübernehmer angesehen.

227 Diese vorausgestellte Generalforderung geht allerdings deutlich weiter als die konkreten nachfolgenden Einzelregelungen. Sie adressiert jeden Prozess des Institutes, also ebenso Abläufe innerhalb z. B. der Marktfolge und des Risikocontrollings also auch Abläufe in geschäftsunterstützenden Einheiten wie der IT. Für jeden Prozess ist somit zu hinterfragen, ob in den einzelnen Tätigkeiten unterschiedliche Interessen vertreten werden. Ist dies der Fall, dann sind hierfür unterschiedliche Mitarbeiter einzusetzen. Ein Beispiel innerhalb des Marktes könnte je nach Geschäftsansatz die von der Kundenbetreuung getrennte Konditionierungskompetenz sein, falls hier die Gefahr einer zu großen Kundennähe der Betreuer gesehen wird – das Institut kann aber auch zu einer anderen Einschätzung kommen. Ein Beispiel in einer geschäftsunterstützenden Einheit könnte die personelle Trennung von Programmentwick-

lung und Entwicklungstests innerhalb des IT-Bereiches sein, falls hier ein Widerspruch zwischen möglichst schneller Fertigstellung und fehlerfreier Umsetzung gesehen werden.

Ein erleichternder Aspekt bei dieser Generalforderung ist immerhin, dass eine solche Bearbeitungstrennung auch innerhalb von Bereichen durch Aufgabenverteilung auf unterschiedliche Personen erfolgen kann. Prozesse auf unterschiedliche Bereiche zu verteilen, ist nur für die in der BTO explizit genannten Tätigkeiten erforderlich. 228

Es obliegt dem Institut, seine Prozesse auf Interessenkonflikte einzuschätzen. 229 Eine risikoorientierte Beschränkung auf relevante Interessenkonflikte und zugehörige Risiken ist hierbei auch ohne explizite Erwähnung als zulässig anzunehmen, denn die folgenden Detailregelungen sehen selbst mehrfach Ausnahmen für nicht-risikorelevante Kredit- bzw. Handelsgeschäfte vor (z. B. BTO 1.1 Tz. 4 und BTI 2.1 Tz. 2). Entsprechende Überlegungen werden typischerweise bei der Gestaltung von Abläufen angestellt werden, und diesen prozessualen Ansatzpunkt formulieren die MaRisk hier auch. Im Sinne einer einfachen Dokumentation und routinemäßigen Prüfung sind jedoch in der Regel Stellenbeschreibungen ein geeigneter Ansatzpunkt, denn die dort enthaltene Tätigkeitsauflistung ermöglicht gerade in ihrer konzentrierten Form, gegensätzliche Interessen aufzudecken. Eine Möglichkeit, der Sicherstellungsforderung nachzukommen, kann dann das obligatorische Gegenprüfen von Stellenprofilen bzw. Prozessbeschreibungen in den Bereichen Personal bzw. Organisation bei Änderungen an betrieblichen Prozessen und Strukturen nach AT 8.2 Tz. 1 sein.

Allerdings sind sauber getrennte Stellenprofile nur eine notwendige und keine 230 hinreichende Bedingung zur Vermeidung von Interessenkonflikten: Die MaRisk beziehen sich auf einzelne Mitarbeiter und betonen dies in der neuen Version 2017 dadurch, dass bei Wechseln angemessene Übergangsfristen vorzusehen sind. Gemeint sind nur interne Wechsel, da eine Selbstprüfung und -überprüfung vermieden werden soll, also die Kontrolle von vormals vom Mitarbeiter initiierten Geschäften. Aus gleichem Grund ist in der Regel keine Übergangsfrist notwendig, wenn vom Markt in die Handelsabwicklung oder vom Handel in die Marktfolge gewechselt wird, solange sich die Tätigkeit auf andere Geschäftsarten bezieht. Als nachgelagerte Bereiche und Kontrollbereiche führen die Erläuterungen[84] der BaFin neben Marktfolge sowie Abwicklung und Kontrolle noch die Risikocontrolling- und Compliance-Funk-

84 Vgl. *BaFin*, Mindestanforderungen an das Risikomanagement (MaRisk) – Neufassung vom 27.10.2017 – Anlage 1: Erläuterungen zu den MaRisk in der Fassung vom 27.10.2017.

tion auf. Für einen Wechsel in die Interne Revision müssen hingegen keine Übergangsfristen vorgesehen werden.

231 Für kleinere, wenig komplexe Institute lassen diese Erläuterungen den Verzicht auf Übergangsfristen zu, falls dies den Betriebsablauf unverhältnismäßig verzögern würde und anderweitig sichergestellt wird, dass alternative Kontrollmechanismen eingerichtet werden. In diesem Fall ist somit die Verhältnismäßigkeit in Form einer Kosten-Nutzen-Abwägung darzulegen und eine Vorkehrung zu treffen, dass der gewechselte Mitarbeiter nicht seine eigenen Geschäfte kontrolliert.

232 Die Übergangsfristen können instituts- und sogar mitarbeiterspezifisch festgelegt werden. Die Länge orientiert sich dabei am Gebot der Angemessenheit, somit an den Geschäftsspezifika. Wenn zum Beispiel im Handel die Frist zwischen Geschäftsinitiierung und -abwicklung relativ kurz ist, besteht die Gefahr der Selbstprüfung bereits nach relativ kurzer Zeit nicht mehr. Die Nachwirkungen bezüglich des Risikocontrollings können hingegen länger sein, so dass der Übergang sich hier verzögern kann.

233 Beim Wechsel von einem nachgelagerten Bereich oder Kontrollbereich in den Handel oder Markt müssen keine Übergangsfristen vorgesehen werden. Da diese beiden Bereiche initiierend am Beginn von Geschäftsprozessen stehen, sind Selbstprüfung und -überprüfung an sich kein Thema. Trotzdem sind auch in diese Richtung mögliche Interessenkonflikte routinemäßig zu untersuchen. Problematisch könnte etwa sein, wenn der Entwickler eines Handelsüberwachungssystems in den Handel wechselt und dort – ggf. sogar selbst geschaffene – Schwachstellen ausnutzt.

Auszug AT 4.3.1 Tz. 2

Prozesse sowie die damit verbundenen Aufgaben, Kompetenzen, Verantwortlichkeiten, Kontrollen sowie Kommunikationswege sind klar zu definieren und aufeinander abzustimmen. Berechtigungen und Kompetenzen sind nach dem Sparsamkeitsgrundsatz (Need-to-know-Prinzip) zu vergeben und bei Bedarf zeitnah anzupassen. Dies beinhaltet auch die regelmäßige und anlassbezogene Überprüfung von IT-Berechtigungen, Zeichnungsberechtigungen und sonstigen eingeräumten Kompetenzen innerhalb angemessener Fristen. Die Fristen orientieren sich dabei an der Bedeutung der Prozesse und, bei IT-Berechtigungen, dem Schutzbedarf verarbeiteter Informationen. Das gilt auch bezüglich der Schnittstellen zu wesentlichen Auslagerungen.

Alle Abläufe müssen eindeutig und verständlich festgelegt werden. Es reicht somit nicht, dass alle konkreten Aktivitäten den Anforderungen genügen, vielmehr soll es hierzu bindende Prozessvorgaben geben. Diese Vorgaben umfassen nicht nur die einzelnen Tätigkeiten in ihrer Abfolge, sondern auch die zugehörigen Verantwortungen und Kompetenzen. Die vorgesehenen Kontrollen sind ebenfalls Regelungsbestandteil, ob nun als Teil des Ablaufes oder als übergeordnete Kontrollhandlung. Da über die Funktionstrennung fast immer mehrere Mitarbeiter involviert sein werden, gehört schließlich eine Festlegung der Kommunikationswege dazu. 234

Definierte Prozesse garantieren zwar nicht, dass in jedem Einzelfall exakt wie vorgeschrieben gehandelt wird. Ohne Regelungen sind Risiken jedoch Tür und Tor geöffnet. Insoweit ist es eine realitätsnahe Zuweisung von Verantwortung an die Geschäftsleitung, dass diese erstens Prozesse vorgibt, zweitens diese aufeinander abstimmt, drittens Kontrollen vorsieht und viertens die Vorgaben kommuniziert, denn auch dies ist im Gebot der Klarheit enthalten. Die Regelungstiefe ist an dieser grundsätzlichen Stelle nicht eingeschränkt worden, mit AT 5 Tz. 1 ist jedoch die übliche Abhängigkeit von Geschäft und Risikogehalt gegeben. 235

Für Kompetenzen und Berechtigungen fügt die MaRisk-Version 2017 den Sparsamkeitsgrundsatz bzw. das Need-to-know-Prinzip ein: Jeder soll die für seine Aufgaben nötigen Rechte erhalten, mehr jedoch nicht. Dies betrifft nicht nur die eigenen Mitarbeiter, ausdrücklich eingeschlossen sind per Auslagerung (AT 9 Tz. 1) mit Kompetenzen versehene externe Unternehmen und Personen. Während Entscheidungskompetenzen klassischerweise aktiv zugeordnet werden, müssen Zugriffsrechte tendenziell eher eingeschänkt werden. Es fällt ohne weitere Vorkehrungen nicht auf, wenn bei einem Wechsel Schlüsselbesitz, Zugangscode, Zeichnungsvollmacht und Ordnereinsichtsrechte bestehen bleiben, während etwa entfallene Kreditkompetenzen von anderen am Prozess beteiligten Mitarbeitern normalerweise schnell bemerkt werden. Daher sind gerade für Berechtigungen, aber natürlich ebenso für Kompetenzen, zeitnahe Anpassungen bei Entfall der Grundlage vorzusehen. 236

Das sachgerechte Anpassen von Kompetenzen und Berechtigungen hat anlassbezogen – etwa bei einem Bereichswechsel oder Prozessanpassungen – sowie zusätzlich im regelmäßigen Turnus zu erfolgen. In der neuen MaRisk-Version 2017 wurde die Angemessenheit der Überprüfungsfristen eingefügt, wobei sich diese an der Prozessbedeutung und bei Zugriffsrechten am Schutzbedarf der Daten orientieren kann. Die Fristen sind somit vom Institut 237 für den regelmäßigen Überprüfungsturnus sowie für ebenso zu definierende Anlässe festzuschreiben. Einen zeitlichen Anhaltspunkt geben die Erläuterungen[85] der BaFin, gemäß denen eine Analyse spätestens alle drei Jahre zu erfolgen hat. Für Zeichnungsrechte bei Zahlungsverkehrskonten und wesentliche IT-Berechtigungen verkürzt sich diese Frist auf maximal ein Jahr, bei IT-Administratoren und anderen kritischen IT-Berechtigungen hat die Überprüfung spätestens alle sechs Monate zu erfolgen. Während die Rechtevergabe in modernen IT-Systemen durchaus differenziert geregelt werden kann, erfordert die Rechteprüfung eine zusätzliche Dokumentation und sollte im Sinne der allgemeinen Funktionstrennung gerade nicht aus einem Bereich mit eigenen umfangreichen Zugriffsrechten erfolgen, da sonst eine Selbstkontrolle vorliegen würde.

Berechtigung/Kompetenz	**Überprüfungsturnus**
Kritische IT- (Administrator-) Rechte u. ä.	≤ 6 Monate
Wesentliche IT-Berechtigungen	≤ 12 Monate
Zeichnungsrechte im Zahlungsverkehr	≤ 12 Monate
Alle Sonstigen	≤ 36 Monate

Abbildung 4: Prüfungsfrequenz für Berechtigungen

85 Vgl. *BaFin*, Mindestanforderungen an das Risikomanagement (MaRisk) – Neufassung vom 27.10.2017 – Anlage 1: Erläuterungen zu den MaRisk in der Fassung vom 27.10.2017.

4.3.2. AT 4.3.2 Risikosteuerungs- und -controllingprozesse

Auszug AT 4.3.2 Tz. 1

Das Institut hat angemessene Risikosteuerungs- und -controllingprozesse einzurichten, die eine

a) Identifizierung,

b) Beurteilung,

c) Steuerung sowie

d) Überwachung und Kommunikation

der wesentlichen Risiken und damit verbundener Risikokonzentrationen gewährleisten. Diese Prozesse sind in eine gemeinsame Ertrags- und Risikosteuerung (»Gesamtbanksteuerung«) einzubinden. Durch geeignete Maßnahmen ist zu gewährleisten, dass die Risiken und die damit verbundenen Risikokonzentrationen unter Berücksichtigung der Risikotragfähigkeit und des Risikoappetits wirksam begrenzt und überwacht werden.

Während § 25a Abs. 1 Nr. 3 b) KWG die Einrichtung von Prozessen zur Identifizierung, Beurteilung, Steuerung sowie Überwachung und Kommunikation der Risiken fordert, sprechen die MaRisk durchgehend von Risikosteuerungs- und -controllingprozessen. An dieser Stelle wird klargestellt, dass jeweils die gleichen Prozesse gemeint sind. Folgend aus der expliziten Aufgabenauflistung für die Risikocontrolling-Funktion in AT 4.4.1 Tz. 1 und 2 ist das Identifizieren und Beurteilen von Risiken der Risikosteuerung zugeordnet, während nur Überwachung und Kommunikation zum Risikocontrolling gezählt werden. 238

Jeweils gemeint sind Einzelrisiken und nicht die übergreifenden Risikoarten. 239 Die Risikoinventur (AT 2.2) zählt daher nicht zur Risikoidentifikation, sondern ist auf einer übergeordneten Ebene Grundlage für das Einrichten von Prozessen je wesentlicher Risikoart, innerhalb derer konkrete Gefährdungspotenziale erkannt werden. In den Risikocontrollingprozessen werden die Risiken des Instituts somit laufend beobachtet und dargestellt. Zentrales Element ist daher das Risikoberichtswesen (BT 3). In den Risikosteuerungsprozessen werden Risiken erfasst, eingeordnet und entweder rechtzeitig reduziert oder auch akzeptiert. Zentrales Instrument sind hierfür Frühwarnsysteme (AT 4.3.2 Tz. 2).

240 Risikosteuerungs- und -controllingprozesse unterliegen als Prozesse den allgemeinen Anforderungen nach AT 4.3.1 Tz. 2. Ihre Einrichtung wird nur für als wesentlich eingestufte Risiken gefordert, was hinter der gesetzlichen Forderung bezogen auf alle Risiken scheinbar zurücksteht; allerdings sehen auch die MaRisk vor, dass ebenso für als nicht wesentlich eingestufte Risiken angemessene Vorkehrungen zu treffen sind (AT 2.2 Tz. 1). Nur für wesentliche Risiken sind demnach die methodischen Vorgaben dieses Moduls AT 4.4.1 relevant, während nicht als wesentlich eingestufte Risiken zum Beispiel seltener betrachtet werden müssen, etwa nur im Rahmen der Risikoinventur. Die Beschränkung auf wesentliche Risiken setzt schließlich überhaupt erst eine Risikoinventur voraus, so dass diese selbst nicht zu den Risikosteuerungs- und -controllingprozessen gehört (AT 2.2 Tz. 1).

241 Die Risikosteuerungs- und -controllingprozesse sollen Teil einer Gesamtsteuerung des Kreditinstitutes sein, insbesondere soll die Risikoperspektive auf einer übergeordneten Managementebene mit der Ertragsperspektive kombiniert werden. Dieses Zusammenführen ist für die Geschäftsführung von zentraler Bedeutung, denn das Gegenüberstellen von Ertrag und Risiko dürfte in den allermeisten Fällen gerade die Begründung für eine Risikonahme sein. Zur Form der Integration bestehen keine Vorgaben, und im Anschreiben[86] zur MaRisk-Version 2010 wird klargestellt, dass ein integriertes System für eine risikoadjustierte Renditesteuerung nicht zwingend ist, sondern der Blick auf die Interaktion von Risiko und Ertrag im Vordergrund steht.

242 In Analogie zu den Erläuterungen[87] der BaFin zu AT 4.2 Tz. 1 betreffend die Geschäftsstrategie geben die MaRisk für diese Einbindung über die Tatsache an sich hinaus keinen Prüfungsansatz. Insoweit ist auch die Beurteilung der Angemessenheit von Ertrag und Risiko in der Diskretion der Geschäftsleitung und hängt von ihrem Risikoappetit ab (in der Vorversion noch: Risikotoleranz). An diesem Risikoappetit sowie der Risikotragfähigkeit als elementarer Handlungsbeschränkung hat sich die Ausgestaltung der Risikosteuerungs- und -controllingprozesse zu orientieren. Wesentliche Risiken sind angemessen zu begrenzen und das Einhalten der Grenze zu überwachen, das Setzen der Grenzen steht der Geschäftsführung innerhalb der allgemeinen Rahmenbedingungen frei.

86 Vgl. *BaFin*, Mindestanforderungen an das Risikomanagement (MaRisk) – Neufassung vom 15.12.2010 – Anschreiben an alle Verbände der Kreditwirtschaft.

87 Vgl. *BaFin*, Mindestanforderungen an das Risikomanagement (MaRisk) – Neufassung vom 27.10.2017 – Anlage 1: Erläuterungen zu den MaRisk in der Fassung vom 27.10.2017.

Bemerkenswert ist, dass selbst für das Risikomanagement kein integriertes System verlangt wird. Solange die wesentlichen Risiken und Risikokonzentrationen mit der angeführten Prozesskette jeweils angemessen adressiert werden, sind die Mindestanforderungen erfüllt. Umgekehrt bedeutet dies, dass es keine Standardprozesse über alle Risikoarten geben muss, sondern jeweils eine spezifische Angemessenheit angestrebt werden muss. Hiermit ergibt sich somit keine Hintertür, doch alle Risikoarten zum Beispiel im Risikotragfähigkeitskonzept integrieren zu müssen. Dies stellt die BaFin in ihren Erläuterungen[88] ausdrücklich klar. 243

In diesen Erläuterungen nennt die BaFin ergänzend eine Reihe von Maßnahmen, die zur Risikobegrenzung und -überwachung geeignet sind. Möglich sind demnach sowohl quantitative Verfahren wie Limit- und Ampelsysteme als auch schwerpunktmäßig qualitative Verfahren wie regelmäßige Risikoanalysen. Ideal ist zwar das quantitative Limitsystem, aber nur insoweit dies tatsächlich sinnvoll einsetzbar ist. Ein Beispiel für sinnvollerweise eher qualitative Verfahren ist das Compliance-Risiko (AT 4.4.2). Zum Ergebnis, dass qualitative Verfahren alleine nicht angemessen sind, kann ein Institut ebenso bei gewissen Risikokonzentrationen kommen, falls auf dem Gesetz der großen Zahl beruhende quantitative Verfahren gerade nicht anwendbar sind. Mindestens bei Verzicht auf den Standardfall Limitsystem sollten die Überlegungen zur Angemessenheit dokumentiert werden, letztlich empfiehlt sich dies jedoch ebenso bezüglich auch anders ausgestalteter Risikosteuerungs- und -controllingprozesse. 244

In die vorgenannten BaFin-Erläuterungen zu dieser Textziffer wurde mit Version 2017 neu aufgenommen, dass Intragruppenforderungen in den Risikosteuerungs- und -controllingprozessen abzubilden sind. Dies heißt, dass Risiken aus gruppeninternen Verbindungen ebenso identifiziert, beurteilt, gesteuert, überwacht und kommuniziert werden müssen. Da auch hier die Angemessenheit als Maßstab gilt, kann bei entsprechender Grundsatzüberlegung durchaus eine Abweichung zur ansonsten üblichen Intensität vorgesehen werden, solange die Forderungen mit den Risikosteuerungs- und -controllingprozessen abgedeckt werden. 245

88 Vgl. *BaFin*, Mindestanforderungen an das Risikomanagement (MaRisk) – Neufassung vom 27.10.2017 – Anlage 1: Erläuterungen zu den MaRisk in der Fassung vom 27.10.2017.

Auszug AT 4.3.2 Tz. 2

Die Risikosteuerungs- und -controllingprozesse müssen gewährleisten, dass die wesentlichen Risiken – auch aus ausgelagerten Aktivitäten und Prozessen – frühzeitig erkannt, vollständig erfasst und in angemessener Weise dargestellt werden können. Hierzu hat das Institut geeignete Indikatoren für die frühzeitige Identifizierung von Risiken sowie von risikoartenübergreifenden Effekten abzuleiten, die je nach Risikoart auf quantitativen und/oder qualitativen Risikomerkmalen basieren.

246 In der vorausgehenden Teilziffer wurden Risikosteuerungs- und -controllingprozesse über die Mindest-Prozessinhalte definiert. Diese Textziffer gibt nun vor, welchen Ansprüchen diese Prozesse genügen sollen. Erster Anspruch ist die frühzeitige Risikoerkennung: Mögliche Schäden sollen erfasst werden, bevor sie eintreten, so dass Gegenmaßnahmen möglich sind. Eine Risikovermeidung ist damit nicht verpflichtend, die Risikonahme soll vielmehr bewusst erfolgen. Zweiter Anspruch ist die vollständige Risikoerfassung: Wenn eine Risikoart als wesentlich erkannt wurde, dann sind innerhalb dieser auch alle sich abzeichnenden Schadenpotenziale zu sammeln. Das Erfassen kann zentral oder dezentral erfolgen. Dritter Anspruch ist die adäquate Darstellung: Den für Beurteilung und Steuerung Zuständigen soll aus der zusammenfassenden Darstellung das tatsächliche Risikopotenzial transparent werden, denn so stehen ihre Schlussfolgerungen auf solidem Grund. Bei der Prozessausgestaltung kann die frühzeitige und vollständige Erfassung nur angestrebt, jedoch nicht pauschal garantiert werden. Wichtig ist daher, dass auf Erkenntnisse von Stichprobenkontrollen etwa der Internen Revision reagiert wird.

247 Um diese Anforderungen zu erfüllen, ist verpflichtend das Einrichten eines Indikatoren-basierten Risikofrüherkennungsverfahrens vorgesehen, außerhalb der MaRisk auch kürzer Frühwarnsystem genannt. Für deren Einrichtung und Weiterentwicklung ist nach AT 4.4.2 Tz. 2 die Risikocontrolling-Funktion zuständig. Pro wesentlicher Risikoart sind getrennte Frühwarnsysteme zulässig und angesichts der unterschiedlichen Risikoindikatoren auch zweckmäßig. Für die Risiken im Kreditgeschäft existieren mit BTO 1.3 spezifische Vorgaben. Nützlich kann die vorhandene Öffnungsklausel sein, auch ganz oder teilweise qualitative Indikatoren verwenden zu dürfen.

248 Zusätzlich sind zum Erkennen risikoartenübergreifender Effekte Indikatoren aufzustellen und zu überwachen. Diese können – müssen jedoch nicht – mit den übergeordneten Szenarien bei den Stresstests (AT 4.3.3 Tz. 2) verknüpft

werden, welche wiederum idealerweise auf den Einflussfaktoren für die Geschäftsstrategie nach AT 4.2 Tz. 1 beruhen. Beispielsweise können stark gestiegene mittlere Spreads bei Staatsanleihen auf potenzielle Probleme bei Kredit-, Marktpreis- oder Liquiditätsrisiko hindeuten.

Die Vorgaben betonen die fortbestehende Risikoverantwortung bei Aus- 249
lagerungen. Die Risikosteuerungs- und -controllingprozesse enden nicht an der Haustür des Instituts, sondern müssen Auslagerungen mit einbeziehen. Für die Verantwortung zum angemessenen Risikomanagement ist es unerheblich, ob ein Prozess ausgelagert wurde oder nicht, solange im Schadensfall das Institut betroffen ist, also ein Risiko vorliegt. Wer die Konsequenzen trägt, der entscheidet, und wer entscheidet, dem stehen Informationen zu. Bei einem Outsourcing sind somit Möglichkeiten vorzusehen, die das frühzeitige und vollumfängliche Erhalten von Informationen erlauben. Die operationellen Risiken in den ausgelagerten Prozessen gehören nur dazu, solange daraus tatsächliche Risiken für das auslagernde Institut resultieren. Dafür sind auch Indikatoren aufzustellen, über die – sofern wesentlich – das Risiko aus der Auslagerung an sich im Auge behalten wird, etwa die Bonität des Auslagerungsnehmers.

Auszug AT 4.3.2 Tz. 3

Die Geschäftsleitung hat sich in angemessenen Abständen über die Risikosituation berichten zu lassen. Zudem hat die Geschäftsleitung das Aufsichtsorgan mindestens vierteljährlich über die Risikosituation in angemessener Weise schriftlich zu informieren. Einzelheiten zur Risikoberichterstattung an die Geschäftsleitung und an das Aufsichtsorgan sind in BT 3 geregelt.

Der Risikoberichterstattung ist mit MaRisk-Version 2017 ein eigenes Modul 250
BT 3 gewidmet. Dieses ist deutlich umfangreicher als die bisherigen Regelungen waren. Verblieben ist an dieser Stelle die allgemeine Vorgabe, dass der Geschäftsleitung über die Risikosituation berichtet wird. Die als angemessen akzeptierten Abstände sind in BT 3 näher genannt. Auf die neue Forderung, dass die Geschäftsleitung ihrerseits an das Aufsichtsgremium berichtet, ist bereits vorstehend eingegangen worden.

Auszug AT 4.3.2 Tz. 4

Unter Risikogesichtspunkten wesentliche Informationen sind unverzüglich an die Geschäftsleitung, die jeweiligen Verantwortlichen und ggf. die Interne Revision weiterzuleiten, so dass geeignete Maßnahmen beziehungsweise Prüfungshandlungen frühzeitig eingeleitet werden können. Hierfür ist ein geeignetes Verfahren festzulegen.

251 Sind irgendwo im Institut Informationen bekannt, die aus Risikosicht wesentlich sind, hat außerhalb von regelmäßigen Berichtszyklen und standardisierten Berichtsformen eine Weiterleitung ohne schuldschaftes Zögern an die Geschäftsleitung und die ggf. abweichenden jeweiligen Verantwortlichen zu erfolgen. Damit wird das Einrichten einer ad hoc-Berichtspflicht gefordert. Im Ermessen jedes Institutes liegt es, diese zu konkretisieren. Ziel muss gemäß MaRisk dabei sein, die Möglichkeit von Gegenmaßnahmen offen zu halten bzw. durch Prüfungshandlungen so schnell wie möglich mehr Klarheit über den Sachverhalt zu erlangen. Eine Informationsweiterleitung soll daher bereits bei absehbarem Risiko erfolgen, nicht erst im Schadensfall.

252 Zum Regelungsbedarf gehört somit erstens die Definition von Wesentlichkeit, die am Ausmaß der potenziellen Auswirkungen des neu bekannt gewordenen Sachverhaltes auf das Gesamtrisikoprofil orientiert werden kann. Betragliche Leitgrößen helfen bei der Beurteilung, angesichts des anzunehmenden Zeitdrucks wäre es aber kontraproduktiv, eine exakte Quantifizierung zur Voraussetzung der Meldung zu machen, denn die Risikobeurteilung soll ja gerade vom letztendlichen Empfänger erfolgen. Zweitens muss das Meldeverfahren festgelegt werden, gerade weil im Notfall klare Anweisungen zum Vorgehen eine Starre wie beim sprichwörtlichen Kaninchen vor der Schlange vermeiden. Hierzu müssen vor allem die obligatorischen Empfänger genannt sein. Die direkte Ansprache der Geschäftsleitung könnte als Hürde für eine Meldung verstanden werden, zu viele Zwischenstationen kosten allerdings Zeit. Es kann ein Element der allgemeinen Risikokultur sein, dass zur direkten Ansprache eingeladen wird und die Mitinformation etwa der Risikocontrolling-Funktion parallel erfolgt. Eine besondere Formvorschrift ist auf den ersten Blick wegen Zeitdrucks nicht sinnvoll und auch nicht vorgeschrieben, trotzdem kann ein einfaches Formular die Gedanken strukturieren helfen und stellt auch im Interesse des Meldenden eine schriftliche Dokumentation der erfüllten Meldepflicht dar.

An die Interne Revision ist eine solche Information nur gegebenenfalls weiterzuleiten. Maßstab ist nach den Erläuterungen[89] der BaFin das Vorliegen von Mängeln, der konkrete Verdacht auf Unregelmäßigkeiten oder ein bereits eingetretener Schaden. Letzteres würde die misslungene Früherkennung bedeuten und damit quasi automatisch einen Prozessmangel signalisieren. Vorgesehen ist, dass die Interne Revision vom meldenden Bereich nach dessen Einschätzung eingebunden wird, nicht die Geschäftsleitung entscheidet hierüber originär. Da in solchen Fällen eine (Sonder-) Prüfung im auslösenden Bereich sinnvoll sein kann, empfiehlt sich der zusätzliche Austausch zwischen Geschäftsleitung und Interner Revision. 253

Auszug AT 4.3.2 Tz. 5

Die Risikosteuerungs- und -controllingprozesse sowie die zur Risikoquantifizierung eingesetzten Methoden und Verfahren sind regelmäßig sowie bei sich ändernden Bedingungen auf ihre Angemessenheit zu überprüfen und ggf. anzupassen. Dies betrifft insbesondere auch die Plausibilisierung der ermittelten Ergebnisse und der zugrunde liegenden Daten. AT 4.1 Tz. 9 ist entsprechend anzuwenden.

Die selbstkritische Überprüfung und daraus folgende Anpassung der Risikosteuerungs- und -controllingprozesse wurde mit der MaRisk-Version 2017 genauer spezifiziert. Bei sich ändernden Bedingungen – also den maßgeblichen Annahmen, auf denen die Ausgestaltung beruhte – ist zu hinterfragen, ob weiterhin Angemessenheit besteht. Entfallen ist erstens die feste Verknüpfung der Umfeldänderung mit einer Prozessänderung; dies lässt auch das Nicht-Ändern zu, solange dies eine bewusste, fundierte Entscheidung ist. Zweitens fehlt nun die Forderung nach Zeitnähe einer Anpassung. Letztendlich folgt bereits aus der allgemeinen Anforderung nach Angemessenheit (AT 4.3.2 Tz. 1), dass alle vorliegenden und damit auch neue Erkenntnisse in die Risikosteuerungs- und -controllingprozesse einfließen sollen. Abgeleitete Anpassungen können jedoch einige Zeit in Anspruch nehmen, so dass der Entfall von geforderter Zeitnähe einen unrealistischen Druck herausnimmt. 254

Neu hinzugekommen ist mit der MaRisk-Version 2017 die Zusatzforderung nach einer regelmäßigen Überprüfung der Risikosteuerungs- und -controllingprozesse auf ihre Angemessenheit. Der Turnus der Überprüfung muss insti- 255

89 Vgl. *BaFin*, Mindestanforderungen an das Risikomanagement (MaRisk) – Neufassung vom 27.10.2017 – Anlage 1: Erläuterungen zu den MaRisk in der Fassung vom 27.10.2017.

tutsspezifisch festgelegt werden. Auch wenn hier nicht explizit genannt, kann dabei die Differenzierung nach Risikoarten oder Prozessgruppen sinnvoll sein.

256 Eingeschlossen in die Überprüfung wurden nun gleichzeitig die Methoden und Verfahren zur Risikoquantifizierung. Dazu soll nicht nur allgemein das Rechenmodell als System hinterfragt werden, sondern ganz konkret eine Plausibilisierung der Rechnungen erfolgen. Dies bezieht sich sowohl auf den Input als auch den Output. Erstens kann es sein, dass die in das Quantifizierungsmodell einfließenden Daten die Risikosituation nicht mehr adäquat darstellen. Beispielsweise können sich herangezogene Marktdaten als problematisch erweisen, wenn mit einer Zinskurve gearbeitet wird, der mittlerweile kein liquider Markt mehr zugrunde liegt. Zweitens kann es sein, dass die im Rechenmodell verwendeten strukturellen Annahmen nicht mehr gültig sind. Zum Beispiel können sich Geschäftsstrukturen und Konventionen ändern, wodurch aus an sich korrekten Daten falsche Schlüsse gezogen werden. Dies ist durch eine Plausibilisierung der Rechenergebnisse zu prüfen, indem die Modellergebnisse mit der Realität verglichen werden. Ein klassisches Beispiel für dieses Vorgehen ist das so genannte Backtesting von Value-at-Risk-Modellen: Wenn das Modell eine Aussage zum Verhalten an 1 % aller Handelstage gibt, dann sollte diese Quote rückblickend über genug Handelstage hinweg auch empirisch nachweisbar sein. Falls nicht, dann spricht dies gewichtig für eine Anpassung des Rechenmodells.

4.3.3. AT 4.3.3 Stresstests

Auszug AT 4.3.3 Tz. 1

Es sind regelmäßig sowie anlassbezogen angemessene Stresstests für die wesentlichen Risiken durchzuführen, die Art, Umfang, Komplexität und den Risikogehalt der Geschäftsaktivitäten widerspiegeln. Hierfür sind die für die jeweiligen Risiken wesentlichen Risikofaktoren zu identifizieren. Die Stresstests haben sich auch auf die angenommenen Risikokonzentrationen und Diversifikationseffekte innerhalb und zwischen den Risikoarten zu erstrecken. Risiken aus außerbilanziellen Gesellschaftskonstruktionen und Verbriefungstransaktionen sind im Rahmen der Stresstests zu berücksichtigen.

257 Die Vermögens-, Ertrags- und Liquiditätslage eines Institutes hängt von vielfältigen Einflussfaktoren ab, etwa dem allgemeinen Zinsniveau oder der Ausfallrate ihrer Kreditnehmer. Die relevanten, also wichtigstens Einflussfaktoren

hat das Institut nach AT 4.2 Tz. 1 im Rahmen der Strategieerstellung zu identifizieren und prognostizieren. Dieses Basisszenario fließt übergreifend in den Finanzplan des Kreditinstitutes und ebenso in die Teilplanungen etwa der Risikovorsorge ein. Ändern sich diese Einflussfaktoren, so ergeben sich Auswirkungen auf die Vermögens-, Ertrags- und Liquiditätslage: Die Einflussfaktoren werden zu Risikofaktoren.

Ein Stresstest ist die Analyse der Auswirkungen einer erheblichen Verände- 258
rung von Risikofaktoren auf die Vermögens-, Ertrags- und Liquiditätslage des Gesamtinstituts oder eines seiner Teilbereiche. Dies setzt erstens voraus, dass die Risikofaktoren bekannt sind; gefordert wird, dass zumindest die wesentlichen Risikofaktoren pro wesentlicher Risikoart bestimmt sind. Zweitens sind Risikoszenarien zu definieren, indem pro berücksichtigtem Risikofaktor eine zukünftige Entwicklung angenommen wird; nähere Anforderungen sind in AT 4.3.3 Tz. 2 und 3 genannt. Drittens ist ein Modell erforderlich, mit dem die Auswirkungen einer hypothetischen Veränderung auf die Vermögens-, Ertrags- und Liquiditätslage ermittelt werden können. Möglich sind Modelle sowohl für Teilaspekte des Instituts, etwa nur eine wesentliche Risikoart, und für das Gesamtinstitut, beispielweise auf Basis der Planungsrechnung. Viertens wird die Ergebnisabweichung zum Basisszenario ermittelt, die das Gefährdungspotenzial darstellt. Als Variation hiervon kann umgekehrt zu einem Gefährdungspotenzial die dazu führende Faktorentwicklung bestimmt werden – auf diese inversen Stresstests wird in AT 4.3.3 Tz. 4 näher eingegangen.

Verändert werden müssen nicht unbedingt alle Risikofaktoren gemeinsam, 259
ebenso gut lässt sich auch die Auswirkung nur eines Risikofaktors betrachten. Gerade die isolierte Variation eines einzelnen Risikofaktors kann bei der Einschätzung helfen, ob dieser überhaupt wesentlich ist. Viele Abhängigkeiten sind approximativ linear, d. h. bei einer Verdopplung der Abweichung eines Faktors im Risikoszenario vom Basisszenario ist das Gefährdungspotenzial ungefähr doppelt so groß wie bei einfacher Abweichung, falls alle anderen Risikofaktoren auf Normalniveau belassen wurden. Mit einer solchen Sensitivitätsanalyse kann daher schnell die Auswirkung größerer und kombinierter Faktorveränderungen überschlagen werden. Die MaRisk schließen nicht aus, dass die Auswirkung komplexerer Risikoszenarien, wie in AT 4.3.3 Tz. 2 gefordert, auf diese Weise ermittelt wird.

Erfolgt eine Risikobetrachtung über mehrere Szenarien hinweg, dann machen 260
sich in der Regel Diversifikationeffekte bemerkbar. Bereits dann, wenn der Ausfall von Kreditnehmern gänzlich unabhängig voneinander ist, ergibt sich

aus der Vielzahl an Ausfallkombinationen eine ausgleichende Wirkung: Wenn jeder von drei Kreditnehmern unabhängig voneinander mit 10 % Wahrscheinlichkeit ausfällt, dann fallen alle drei Kreditnehmer gemeinsam nur mit $(10\,\%)^3 = 0{,}1\,\%$ Wahrscheinlichkeit aus. Bei einem Value-at-Risk mit Sicherheitsniveau 99 % liegt diese Kombination deutlich unter dem Radar. Stresstests lassen durch Betrachten eines konkreten Risikoszenarios Diversifikationseffekte (weitgehend) außen vor: Ein Risikoszenario wäre etwa, dass die Ausfallrate von 10 % auf 25 % steigt und sich damit der Risikovorsorgebedarf knapp verdoppelt.[90] Eine Relativierung des Ergebnisses durch die Vielzahl anderer Entwicklungsmöglichkeiten erfolgt bei einem Stresstest gerade nicht.

261 Auf einer so tiefen Ebene der einzelnen Kreditnehmer wird ein Institut natürlich kein Risikoszenario festlegen, gerade wenn gemeinsame Risikofaktoren zugrunde gelegt werden sollen. In Teilmodellen – also zur Beschreibung der Wirkung eines Risikofaktors auf mehrere Geschäfte – dürften daher weiter Diversifikationsannahmen hinterlegt sein. Dies ist auch akzeptabel, solange genau diese Diversifikationseffekte ebenfalls Gegenstand von Stresstests sind, indem etwa Korrelationen als eigenständiger Risikofaktor betrachtet und variiert werden. Gleiches gilt für Diversifikationseffekte zwischen Risikofaktoren sowie angenommene Risikokonzentrationen: Letzteres umfasst nach der Erläuterung[91] zu AT 2.2 Tz. 1 den Gleichlauf von Risikopositionen und Risikofaktoren, also eigentlich das Gegenteil einer Diversifikation. Doch auch dies ist eine vereinfachende Annahme, und bei Stresstests soll diese ebenso hinterfragt werden. Die gemäß Anschreiben[92] zur MaRisk-Version 2010 zum Sammeln von Praxiserfahrung auch zulässigen qualitativen Stresstests bieten sich in diesem Zusammenhang besonders an, da ja gerade quantitative Effekte hinterfragt werden sollen.

262 Übergreifend gilt, dass Stresstests regelmäßig und aus konkretem Anlass vorzunehmen sind. Dies erfordert eine institutsinterne Festlegung, wobei eine Anlehung an die Kriterien hinsichtlich der Einflussfaktoren auf die Strategie nach AT 4.2 Tz. 1 denkbar ist.

---

90 Von im Mittel $0{,}26 = 1 \cdot (90\,\%)^3 + 3 \cdot (90\,\%)^2 \cdot 10\,\% + 3 \cdot 90\,\% \cdot (10\,\%)^2 + 1 \cdot (10\,\%)^3$ Ausfällen auf im Mittel $0{,}53 = 1 \cdot (75\,\%)^3 + 3 \cdot (75\,\%)^2 \cdot 25\,\% + 3 \cdot 75\,\% \cdot (25\,\%)^2 + 1 \cdot (25\,\%)^3$ Ausfälle.

91 Vgl. *BaFin*, Mindestanforderungen an das Risikomanagement (MaRisk) – Neufassung vom 27.10.2017 – Anlage 1: Erläuterungen zu den MaRisk in der Fassung vom 27.10.2017.

92 Vgl. *BaFin*, Mindestanforderungen an das Risikomanagement (MaRisk) – Neufassung vom 15.12.2010 – Anschreiben an alle Verbände der Kreditwirtschaft.

Auszug AT 4.3.3 Tz. 2

Regelmäßige und ggf. anlassbezogene Stresstests sind auch für das Gesamtrisikoprofil des Instituts durchzuführen. Dazu sind ausgehend von Art, Umfang, Komplexität und Risikogehalt der Geschäftsaktivitäten geeignete übergeordnete Szenarien zu definieren, die sowohl institutseigene als auch marktweite Ursachen berücksichtigen. Deren potenzielle Auswirkungen auf die wesentlichen Risikoarten sind kombiniert in einer Weise abzubilden, die die Wechselwirkungen zwischen den Risikoarten berücksichtigt.

Die hier enthaltene Forderung nach Stresstests auf Ebene des Gesamtinstituts 263
fand sich bereits in der Vorgängerversion der MaRisk unter der vorausgehenden Textziffer. Mit der Version 2017 wurde hieraus eine eigene Textziffer, in der die Grundvorgabe um neue Detailanforderungen zur Ausgestaltung ergänzt wurde.

Die Steuerung und das Controlling der wesentlichen Risiken können separat 264
erfolgen. Oft ist gerade das differenzierte Modellieren der einzelnen Risikoarten angemessener als ein übergreifendes Allgemeinmodell etwa in Form der Planungsrechnung. Dies liegt daran, dass Abhängigkeiten eine zusätzliche Komplexitätsstufe bedeuten. Die MaRisk verlangen an keiner Stelle ein solches Modell zur Risikoaggregation, auch nicht im Rahmen der Risikotragfähigkeit. Aus AT 4.1 Tz. 6 ist vielmehr eine gewisse Skepsis herauszulesen, dass modellhafte Aggregation die Risikosituation eher untertreibt. Die gemeinschaftliche Betrachtung aller wesentlichen Risiken heißt ebensowenig, dass nun doch eine Aggregation erfolgen muss. Im Gegenteil, gefordert ist eine Analyse der Auswirkungen auf das Gesamtrisikoprofil gemäß Definition in AT 2.2 Tz. 1. Eine aggregrierte Quantifizierung schließt das nicht aus, ist aber auch nicht notwendig. Diese Formulierung verlangt vielmehr eine Neueinschätzung der möglichen Beeinträchtigung von Vermögens-, Ertrags- und Liquiditätslage auf Basis des jeweiligen Risikoszenarios. Ergebnis kann daher zum Beispiel sein, dass bei einer gewissen Entwicklung Risikokonzentrationen eine wichtigere Rolle spielen. Bei der Gesamtsicht stehen somit qualitative und grundsätzliche Analysen im Vordergrund, im Gegensatz zu den Stresstests pro Risikoart.

Gefordert sind Risikoszenarien sowohl für institutseigene als auch marktweite 265
Ursachen. Zwei Beispiele sollen aufzeigen, wie Wirkungen in verschiedenen Risikoarten entstehen können. Institutsspezifisch ist der öffentlichwirksame Ausfall eines Großkunden; außer dem direkten Schaden im Kreditportfolio

bei dessen Krediten sowie denen seiner Zulieferer kann es zu einer teureren Refinanzierung kommen, etwa in Folge von einer Ratingverschlechterung. Das Liquiditätsrisiko wird meist außerhalb der Risikotragfähigkeit gesteuert, bei einem solch konkreten Risikoszenario sollte es jedoch gut möglich sein, die Auswirkungen mit denen des Kreditausfalls zusammen zu betrachten. Ein marktweites Risikoszenario kann eine allgemeine Staatsschuldenkrise sein, die sich sowohl im Kreditportfolio als auch beim Marktrisiko auswirkt. Ein kombinierter Effekt ist etwa, wenn mit der Ausfallgefahr auch das Exposure steigt, falls die Krise mit stark fallenden Zinsen einhergeht. Dies mag bereits im Kreditrisikomodell berücksichtigt sein, dort wirkt eine Interdependenz jedoch eher diversifizierend, während im Risikoszenario realistische Entwicklungen ohne Wenn und Aber untersucht werden.

266 Die für das Gesamtrisikoprofil betrachteten Risikoszenarien können und sollten in der Regel andere sein als für die Einzelrisikobetrachtung. Auf jeden Fall müssen sie Risikoarten-übergreifend sein, damit sie tatsächlich wie gefordert der Komplexität der Geschäftsaktivitäten gerecht werden. Dies legt auch hier nahe, gerade die im Rahmen der Strategieerstellung festgelegten Einflussfaktoren auf die Geschäftstätigkeit zu verwenden. Als Konzession an eine solche Komplexität kann verstanden werden, dass für übergreifende Stresstests eine andere Frequenz als bei den isolierten Stresstests definiert werden kann (aber nicht muss).

Auszug AT 4.3.3 Tz. 3

Die Stresstests haben auch außergewöhnliche, aber plausibel mögliche Ereignisse abzubilden. Dabei sind geeignete historische und hypothetische Szenarien darzustellen. Anhand der Stresstests sind dabei auch die Auswirkungen eines schweren konjunkturellen Abschwungs auf Gesamtinstitutsebene zu analysieren. Bei der Festlegung der Szenarien sind die strategische Ausrichtung des Instituts und sein wirtschaftliches Umfeld zu berücksichtigen.

267 Das Ausmaß, um den die Risikofaktoren geändert werden, ist eine Gradwanderung zwischen dem Außergewöhnlichen und dem Plausiblen. Die Veränderungen der Risikofaktoren sollen in der betrachteten Konstellation zusammen möglich sein und dabei über das Übliche hinausgehen. Pro Risikofaktor lässt sich dies anhand ihrer historischen Bandbreite bestimmen, indem die größten Veränderungen primär betrachtet werden. Bei mehreren Risikofaktoren gibt

es keine solche eindeutige Sortierbarkeit, und extreme Entwicklungen bei einem Risikofaktor müssen nicht unbedingt mit extremen Entwicklungen bei einem anderen Risikofaktor einhergehen. Plausibilität bedeutet damit auch, dass in Kombination von einzeln weniger extremen Entwicklungen ausgegangen werden kann. Sollten mehrere Risikofaktoren hingegen im Gleichlauf zu Extremen neigen, dann deutet dies auf die Maßgeblichkeit eines dieser Faktoren oder einen gemeinsamen Risikofaktor im Hintergrund hin, was sogar eine Faktorreduktion zur Folge haben kann. Solche Überlegungen sind nur bei den notwendigen hypothetischen Risikoszenarien notwendig, während bei ebenso notwendigen historischen Risikoszenarien direkt auf eine beobachtete extreme Konstellation abgestellt werden kann. Dies können absolute wie relative Veränderungen sein: Wenn die Zinsen bereits niedrig sind, dann ist ein passendes Szenario weniger, dass Zinsen von einem hohen auf ein niedriges Niveau fallen, sondern dass die Zinsen noch weiter sinken.

Die Risikoszenarien sollen geeignet sein und die Geschäftsstrategie des Instituts berücksichtigen. Eine direkte Verbindung ist bei Verwenden der Einflussfaktoren nach AT 4.2 Tz. 1 als Risikofaktoren möglich. Werden bei einer neuen Geschäftsstrategie andere Einflussfaktoren benannt, ändern sich damit die Stresstests. Alternativ kann die Geeignetheit der Risikoszenarien nachgewiesen werden, indem bei ihrem Ansetzen tatsächlich signifikante Auswirkungen auf die Vermögens-, Ertrags- und Liquiditätslage attestiert werden. Dies schließt aus, dass mit Blick auf die Plausibilität auf bekannte, aber unpassende Wirtschaftskrisen zurückgegriffen wird: Für einen Immobilienfinanzierer dürfte ein Aktiencrash wie im Oktober 1987 trotz Bekanntheit und einfach verfügbarer Daten nicht zur Risikoeinschätzung geeigent sein, für eine Privatbank mit Depotgeschäft und Lombardkrediten hingegen schon. 268

Zu den Risikoszenarien hat auf jeden Fall ein konjunktureller Abschwung zu gehören. Dies erfordert ein Modell, wie sich die Konjunktur auf die Vermögens-, Ertrags- und Liquiditätslage des Instituts auswirkt. Typischerweise geht ein Abschwung mit sinkenden Zinsen und Preisindices einher, zusätzlich dürften die Kreditausfallraten steigen, was im dinglich besicherten Geschäft zur Risikoverstärkung führen kann. Als schwerer konjuktureller Abschwung kann historisch die Finanzkrise beziehungsweise Euroschuldenkrise ab 2008 herangezogen werden, zumal diese Anforderung mit der Version 2010 in diesem Kontext in die MaRisk aufgenommen wurde. 269

Auszug AT 4.3.3 Tz. 4

Das Institut hat auch sogenannte »inverse Stresstests« durchzuführen. Die Ausgestaltung und Durchführung ist abhängig von Art, Umfang, Komplexität und Risikogehalt der Geschäftsaktivitäten und kann qualitativ oder quantitativ erfolgen.

270 Inverse Stresstests untersuchen gemäß den Erläuterungen[93] der BaFin zu dieser Textziffer, welche Ereignisse die Überlebensfähigkeit des Institutes gefährden würden. Damit ist vorab zu definieren, ab wann ein solcher Zustand erreicht ist. Festgemacht werden kann dies an Größen, die den Gläubigerschutz und die Fortführungsfähigkeit gemäß AT 4.1 Tz. 2 gewährleisten oder ab einer gewissen Grenze auf das Gegenteil hindeuten. In Frage kommen demnach vor allem Liquiditätskennzahlen als akute Indikatoren und wertbasierte Kennzahlen wie für die Risikotragfähigkeit nach AT 4.1 als substanzielle Indikatoren. Nun werden die Einflussfaktoren soweit variiert, bis diese Grenzen nach dem aufgestellten Wirkungsmodell erreicht werden. Vorausgesetzt, dass in typischen Risikoszenarien zumindest nach Gegenmaßnahmen die Grenzen eingehalten werden, kommen bei inversen Stresstests extremere Faktorveränderungen heraus – wie viel Spielraum genau besteht, ist hierbei die entscheidende Frage.

271 Inverse Stresstests erfordern somit nicht nur das einfache Vorwärtsrechnen, sondern erfordern ein Rückwärtsrechnen. Hilfreich dabei ist eine Sensitivitätsanalyse pro Faktor wie zu Textziffer 1 beschrieben: Wenn das Risikodeckungspotenzial im Basisszenario die Risiken zu 150 % abdeckt und bei einer um 1 Prozentpunkt gestiegenen Zinskurve nur noch zu 140 %, dann dürfte (ungefähr) bei 5 Prozentpunkten Zinsanstieg die Grenze der Risikotragfähigkeit erreicht sein. Eine methodische Vorgabe besteht allerdings nicht, und gemäß Regelungstext und zusätzlich dem Anschreiben[94] zur MaRisk-Version 2010 sind sogar qualitative Analysen akzeptabel. Dies ermöglicht ein exploratives Vorgehen wie im Beispiel skizziert. Ebenso ist es nicht unbedingt erforderlich, gemeinsame Faktorveränderungen zu simulieren, denn verschiedene Kombinationen können zum gleichen Ergebnis einer Gefährdung der Überlebensfähigkeit führen.

93 Vgl. *BaFin*, Mindestanforderungen an das Risikomanagement (MaRisk) – Neufassung vom 27.10.2017 – Anlage 1: Erläuterungen zu den MaRisk in der Fassung vom 27.10.2017.

94 Vgl. *BaFin*, Mindestanforderungen an das Risikomanagement (MaRisk) – Neufassung vom 15.12.2010 – Anschreiben an alle Verbände der Kreditwirtschaft.

Erforderlich ist es, die Ergebnisse dieser inversen Stresstests zu reflektieren. Grundsätzlich adressieren Stresstests genauso die Überlebensfähigkeit wie das Risikotragfähigkeitskonzept, so dass in Textziffer 6 eine Verknüpfung hergestellt wird. Bei inversen Stresstests wird allerdings gerade nach Situationen gesucht, in denen der Fortbestand des Instituts gefährdet ist. Die so ermittelten Faktorentwicklungen werden in der Regel nicht plausibel sein, so dass keine Konsequenzen für die Risikotragfähigkeit folgen. Trotzdem ist eine kritische Reflexion sinnvoll, etwa in der Hinsicht, ob die Prioritätensetzung zur Beobachtung und Berücksichtigung von Risikofaktoren stimmt. 272

Auszug AT 4.3.3 Tz. 5

Die Angemessenheit der Stresstests sowie deren zugrunde liegende Annahmen sind in regelmäßigen Abständen, mindestens aber jährlich, zu überprüfen.

Stresstests können nicht mehr angemessen sein, wenn sich das Geschäftsmodell und die damit verbundenen Einflussfaktoren ändern. Bei Verknüpfung oder sogar Identität Letzterer mit den Risikofaktoren wird die Überprüfungspflicht somit zu einem großen Teil bereits im Rahmen der Überwachung nach AT 4.2 Tz. 1 miterfüllt. Anpassungen der Risikoszenarien ergeben sich zusätzlich bei neuen Erkenntnissen über deren Spektrum, also bei neuen Extremereignissen, und zwar sowohl einzeln als auch in Kombination. Da dies zu deutlichen Prognoseabweichungen im Sinne von AT 4.2 Tz. 1 führt, ist eine Anpassung der Stresstests ebendort regelbar. Als Konsequenz können neue Risikoszenarien aufgenommen oder bisherige ersetzt werden. Entscheidet sich das Institut dazu, strategische Einflussfaktoren und Risikofaktoren zu trennen, ist für Letztgenannte eine separate, wenn auch ähnlich gestaltbare Regelung notwendig. 273

Auszug AT 4.3.3 Tz. 6

Die Ergebnisse der Stresstests sind kritisch zu reflektieren. Dabei ist zu ergründen, inwieweit, und wenn ja, welcher Handlungsbedarf besteht. Die Ergebnisse der Stresstests sind auch bei der Beurteilung der Risikotragfähigkeit angemessen zu berücksichtigen. Dabei ist den Auswirkungen eines schweren konjunkturellen Abschwungs besondere Aufmerksamkeit zu schenken.

274 Die Resultate der Stresstests vergleichen sich in erster Linie mit den Ergebnissen der Risikotragfähigkeitsrechnung: Wenn ein immerhin als plausibel betrachtetes Risikoszenario zur Existenzgefährdung führt, dann kann keine Risikotragfähigkeit gegeben sein.

275 Eine Ausnahme stellen erstens die inversen Stresstests nach Textziffer 4 wie dort erläutert dar. Zweitens kann Konsequenz auch eine Risikoreduktion etwa durch Positionsabbau oder Anpassen des Geschäftsmodells sein. Drittens entwickeln sich Risikofaktoren über eine gewisse Zeit und lassen währenddessen noch Gegensteuern zu, was im Wirkungsmodell tendenziell nicht berücksichtigt wird; eine Reaktion kann daher auch das Sicherstellen einer ausreichenden Reaktionsfähigkeit auf solche Entwicklungen sein. Die Erläuterungen[95] nennen beispielsweise Limitanpassungen und schärfere Risikoüberwachungen als geeignete Gegenmaßnahmen.

276 Die vorgenannten Erläuterungen der BaFin weisen auf die Möglichkeit hin, Stresstests direkt zur Messung der Risikotragfähigkeit zu verwenden. Dies stellt die engstmögliche Verknüpfung dar, und in diesem Fall sind aus institutsexistenziellen Stresstestergebnissen nach AT 4.1 Tz. 1 unmittelbar Konsequenzen zu ziehen.

Checkliste [und Praxistipps]

	Checkliste »Internes Kontrollsystem«	**Erfüllt**
1.	Wurden für die Aufbau- und Ablauforganisation angemessene Regelungen nach Art, Umfang, Komplexität und Risikogehalt der Geschäftsaktivitäten des Institutes festgelegt?	
2.	Sind Regelungen vorhanden und berücksichtigt, bei Arbeitsplatzwechseln Selbstprüfung und -überprüfung zu verhindern?	
3.	Sind Berechtigungen und Kompetenzen nach dem Need-to-know-Prinzip vergeben?	
4.	Werden alle Berechtigungen und Kompetenzen innerhalb der Höchstfristen überprüft?	
5.	Sind die wesentlichen Prozesse inkl. der verbundenen Aufgaben klar definiert?	

95 Vgl. *BaFin*, Mindestanforderungen an das Risikomanagement (MaRisk) – Neufassung vom 27.10.2017 – Anlage 1: Erläuterungen zu den MaRisk in der Fassung vom 27.10.2017.

6.	Sind angemessene Risikosteuerungs- und -controlling-prozesse für das Institut definiert?	
7.	Sind die Risikosteuerungs- und -controllingprozesse des Instituts geeignet, wesentliche Risiken und Risiken aus Konzentrationen zu identifizieren? beurteilen? steuern? überwachen? kommunizieren?	
8.	Wurden angemessene Vorkehrungen zur Begrenzung von Risikokonzentrationen getroffen und wurden diese in die bestehenden Risikosteuerungs- und -controllingprozesse entsprechend integriert?	
9.	Sind – so vorhanden – Intragruppenforderungen bei den Risikosteuerungs- und -controllingprozessen berücksichtigt?	
10.	Bestehen wirksame Risikofrüherkennungssysteme für die wesentlichen Risikoarten?	
11.	Sind – soweit bestehend – Auslagerungen in den Risiko-früherkennungssystemen berücksichtigt?	
12.	Ist die Risikoberichterstattung einschließlich Ad-hoc-Informationen geregelt?	
13.	Werden die Risikosteuerungs- und -controllingprozesse sowie die Methoden und Verfahren zur Risikoquantifizierung regelmäßig und anlassbezogen überprüft?	
14.	Wurden die relevanten Risikofaktoren für die wesentlichen Geschäftsaktivitäten identifiziert?	
15.	Sind Stresstests für alle wesentlichen Risiken vorhanden?	
16.	Wurden sowohl historische als auch hypothetische Risiko-szenarien definiert?	
17.	Werden die Risikokonzentrationen und Ertragskonzentrationen in den Stresstests angemessen berücksichtigt?	

18.	Wurde ein Stresstest definiert, der einen schweren konjunkturellen Abschwung auf Gesamtinstitutsebene berücksichtigt?	
19.	Werden die Risikoszenarien regelmäßig und anlassbezogen überprüft?	
20.	Werden die Stresstests regelmäßig und anlassbezogen vorgenommen?	
21.	Erfolgen auch inverse Stresstests regelmäßig und anlassbezogen?	
22.	Werden die Ergebnisse der Stresstests kritisch reflektiert und für die Beurteilung der Risikotragfähigkeit angemessen berücksichtigt?	

4.3.4. AT 4.3.4 Datenmanagement, Datenqualität und Aggregation von Risikodaten

4.3.4.1. Einleitung und Geltungsbereich

Das Modul AT 4.3.4 Datenmanagement, Datenqualität und Aggregation von Risikodaten wurde mit der 5. MaRisk-Novelle neu in das Rundschreiben aufgenommen. Der Hintergrund auch dieses Moduls ist die Übernahme von Anforderungen zum Datenmanagement und zu Risikodatenaggregationskapazitäten aus dem Standard BCBS 239 »Grundsätze für die Aggregation von Risikodaten und die Risikoberichterstattung« des Baseler Ausschusses für Bankenaufsicht (BCBS) vom Januar 2013[96]. Mit BCBS 239 werden in elf Grundsätzen Anforderungen zu Gesamtunternehmensführung und Infrastruktur (Grundsätze 1–2), Risikodatenaggregationsfähigkeiten (Grundsätze 3–6) sowie zur Risikoberichterstattung (Grundsätze 7–11) formuliert, die zunächst jeweils eigenständig zu erfüllen sind. Wiederholt wurde jedoch seitens des Baseler Ausschusses[97] darauf hingewiesen, dass inhaltliche Abhängigkeiten zwischen den Grundsätzen bestehen. Eine wesentliche Abhängigkeit wird darin gesehen, dass ohne eine angemessene Governance und ein angemessenes Datenmanagement auch die Erfüllung der Anforderungen zur Risikoberichterstattung nicht gewährleistet werden kann. 277

Mit der dreijährigen Frist nach Veröffentlichung, d. h. bis Anfang 2016, waren alle BCBS 239-Grundsätze für die global systemrelevanten Institute[98] unmittelbar verbindlich umzusetzen, eine zeitnahe Adressierung für die jeweiligen national systemrelevanten Institute[99] wurde seitens des Baseler Ausschusses nachdrücklich empfohlen. Mit der 5. MaRisk-Novelle wurden die Anforderungen in die deutsche Aufsichtspraxis überführt und werden damit für alle deutschen A-SRI[100] und die sonstigen Institute relevant. Bei der Übertragung 278

96 *Basel Committee on Banking Supervision (BCBS):* Principles for effective risk data aggregation and risk reporting, Januar 2013.

97 Siehe u. a. Kapitel 4 »Supervisory assessments« in: *Basel Committee on Banking Supervision (BCBS):* Progress in adopting the principles for effective risk data aggregation and risk reporting, Dezember 2013.

98 Diese Institute werden als G-SIB (»global systemically important bank«) bezeichnet.

99 Als Bezeichnung für die national systemrelevanten Institute werden die Kürzel D-SIB (»domestic systemically important bank«), O-SII (»other systemically important institution«) und A-SRI (»anderweitig systemrelevantes Institut«) verwendet. Die Liste der systemrelevanten Institute wird von der European Banking Authority (EBA) veröffentlicht und jährlich aktualisiert.

100 Die meisten deutschen anderweitig systemrelevanten Institute wurden im Frühjahr 2016 über ihren Status informiert – diejenigen Institute, die seit Ende 2014 der direkten Aufsicht der EZB im Rahmen des »Single Supervisory Mechanism« (SSM) unterliegen, wurden und werden ggf. auch vor Ablauf der dreijährigen Umsetzungsfrist über den »Supervisory Review and

der BCBS 239-Anforderungen in die MaRisk wurde gemäß bisheriger Praxis das Proportionalitätsprinzip zugrunde gelegt. Die offensichtlichste Ausprägung davon ist, dass die BCBS 239-Anforderungen zur Risikoberichterstattung im neu strukturierten Modul BT 3 »Anforderungen an die Risikoberichterstattung« aufgenommen wurden und für alle Institute Geltung erlangen, während sich das Modul 4.3.4 zunächst ausschließlich an die systemrelevanten Institute richtet[101]. Dies wird auch an anderer Stelle der MaRisk[102] konsistent so behandelt. Dies entspricht auch der während der Konsultationsphase zum Ausdruck gebrachten Intention der deutschen Aufsicht, mit der MaRisk keine neuen, anderen oder gar gegensätzlichen Anforderungen zu den Regelungen aus BCBS 239 zu formulieren. Aufgrund dieses Zusammenhangs stellt es sich als sehr hilfreich dar, bei der Interpretation bzw. Adressierung der MaRisk-Anforderungen auch die korrespondierenden BCBS 239-Prinzipien zu reflektieren.

279 Angesichts der Abhängigkeit der Qualität der Risikoberichte von der Qualität der zugrundeliegenden Daten wird es dennoch auch für die sonstigen nicht systemrelevanten Institute hilfreich sein, zum Geschäftsmodell und der Risikosituation passende Weiterentwicklungen im Datenmanagement anzustreben, auch abseits formal für diese Institute geltender Anforderungen[103].

Auszug AT 4.3.4 Tz. 1 (relevanter Ausschnitt)

Die Anforderungen dieses Moduls richten sich an systemrelevante Institute.

280 Nach Ansicht des Baseler Ausschusses und auch der nationalen Aufsicht wird die Umsetzung der Anforderungen des Moduls Datenmanagement, Datenqualität und Aggregation von Risikodaten erhebliche Anstrengungen seitens der betroffenen Institute erfordern. Dem wird durch eine dreijährige Umsetzungsfrist Rechnung getragen, sodass die vollständige Erfüllung der Anforderungen für die meisten deutschen A-SRIs voraussichtlich erst im Frühjahr

Evaluation Process« (SREP) mit den BCBS 239 Anforderungen direkt konfrontiert. Hierfür wäre beispielhaft der 2016 seitens der EZB durchgeführte »Thematic Review« zum Umsetzungsstand von BCBS 239 bei ausgewählten Instituten zu nennen.

101 Die im Rahmen der Konsultation diskutierte »30-Milliarden-Euro-Grenze« wurde zugunsten des Begriffs »systemrelevantes Institut« aufgegeben.

102 So wird auch in MaRisk AT 5.3 c) zu den Organisationsrichtlinien die »Regelungen zu Verfahren, Methoden und Prozessen der Aggregation von Risikodaten« nur bei systemrelevanten Instituten gefordert.

103 Diese Erwartungshaltung wurde seitens der BaFin sowohl in Form eines Appells im Anschreiben zum MaRisk-Konsultationsentwurf vom 18.2.2016 als auch im Übermittlungsschreiben der finalen MaRisk vom 27.10.2017 formuliert.

2019 erwartet wird. Es ist aber damit zu rechnen, dass auch während dieses Zeitraums eine intensive Befassung der Aufsicht mit der institutsspezifischen Interpretation der Vorgaben, mit den geplanten Aktivitäten zur Erfüllung der Anforderungen und dem jeweils erreichten Umsetzungsstand stattfinden wird.

Sowohl die Grundsätze von BCBS 239 als auch die Formulierungen im hier kommentierten Modul der MaRisk enthalten zum Teil sehr explizite, detaillierte Vorgaben an die Ausgestaltung des Datenmanagements auf den Ebenen Governance und Aufbauorganisation, Prozesse, Methoden, IT-Infrastruktur und Dokumentation, ohne Anspruch darauf, abschließend einen vollständigen Datenmanagement-Ansatz zu beschreiben. Daher ergibt sich für jedes Institut die Notwendigkeit, ein an dem eigenen Geschäftsmodell und der jeweiligen Risikosituation ausgerichtetes, in sich konsistentes System zum Datenmanagement aufzusetzen. Bei der Übertragung der in BCBS 239 formulierten Anforderungen in die MaRisk wurden nicht sämtliche expliziten Vorgaben übernommen. Als Beispiele hierfür seien die Forderung nach der Berücksichtigung der Risikodatenaggregationskapazitäten in allen Veränderungsprozessen eines Institutes[104] sowie die Bemühung zur Etablierung einer maßgeblichen Datenquelle für jede Risikoart[105] genannt. Weiterhin werden in BCBS 239 den zwei dort referenzierten Managementebenen »Oberstes Verwaltungsorgan« und »Geschäftsführung« explizite Verantwortlichkeiten und Aufgaben[106] insbesondere auch im Datenmanagement, z. B. zur Ressourcenausstattung, zugeschrieben. Auch dies findet sich im MaRisk-Modul Datenmanagement, Datenqualität und Aggregation von Risikodaten in dieser Explizitheit nicht wieder. 281

Des Weiteren sind einzelne, in BCBS 239 formulierte Anforderungen nicht nur im Modul AT 4.3.4 oder BTR 3, sondern auch an anderer Stelle aufgenommen worden. So findet sich die Anforderung zur Berücksichtigung der Risikodatenaggregationskapazitäten und Risikomeldeverfahren[107] in den MaRisk unter den Erläuterungen zu AT 4.2 Strategien, Tz. 1: »Systemrelevante 282

104 BCBS 239, Grundsatz 1, Tz. 29 b) – hier wurde eine Ergänzung nur in der MaRisk AT 8.3, aber nicht in AT 8.1 und AT 8.2 vorgenommen.

105 BCBS 239, Grundsatz 3, Tz. 36 d).

106 Beispiele hierfür sind BCBS 239, Grundsatz 1, Tz. 27: »Das oberste Verwaltungsorgan und die Geschäftsleitung einer Bank sollten die Identifizierung, Bewertung und Steuerung von Qualitätsrisiken der Datenreihen im Rahmen des Gesamtrisikomanagements fördern.«, sowie Grundsatz 1, Tz. 30: »Die Geschäftsleitung einer Bank sollte sich über die Beschränkungen einer vollkommenen Risikodatenaggregation im Klaren sein. […] Ferner hat die Geschäftsleitung bei ihrer strategischen IT Planung Datenreihen zu identifizieren, die für Risikodatenaggregations- und IT-Infrastruktur-Projekte von grundlegender Bedeutung sind.«

107 BCBS 239, Grundsatz 1, Tz. 30 »die IT-Strategie der Bank Möglichkeiten zur Verbesserung der Datenaggregationskapazitäten und Risikomeldeverfahren […] vorsieht.«

Institute haben zudem Aussagen zur Möglichkeit der Verbesserung von Aggregationskapazitäten für Risikodaten zu treffen«.

283 Die angemessene Ausgestaltung des Datenmanagements betrifft nicht nur die risikokontrollierenden Einheiten. In den Erläuterungen zu AT 4.3.4., Tz. 1 wird unter »Aggregation von Risikodaten« ausgeführt, dass hiermit »die gesamte Verfahrens- und Prozesskette von der Erhebung und Erfassung von Daten über die Verarbeitung bis hin zur Auswertung nach bestimmten Kriterien und zur Berichterstattung von Risikodaten zu verstehen« ist. Damit wird klargestellt, dass die Regelungen zum Datenmanagement auch die positionsverantwortenden Bereiche Markt, Handel, Kredit, ggf. Treasury sowie Abwicklung und Marktfolge betrifft. Bzgl. der geforderten Abgleiche bzw. Plausibilitätsprüfungen mit den Datenhaushalten anderer Bereiche hat dieses Modul Auswirkungen ggf. auch auf die Einheiten des Meldewesens und Rechnungswesens. Je nach Ausgestaltung der unabhängigen Überprüfung der Einhaltung der definierten prozessabhängigen Kontrollen können auch weitere Bereiche, wie z. B. Compliance, betroffen sein. Nicht zuletzt ist die Einbeziehung der IT in die entsprechenden Regelungen sowie bei der kontinuierlichen Adressierung der infrastrukturellen Handlungsbedarfe notwendig.

284 In den folgenden Abschnitten werden die Textziffern des Moduls 4.3.4 Datenmanagement, Datenqualität und Aggregation von Risikodaten im Einzelnen erörtert.

285 Zur Erleichterung der inhaltlichen Strukturierung werden dafür die Vorgaben aus den einzelnen Textziffern folgendermaßen gebündelt:

- Übergreifendes: Tz. 1
- Risikodatenaggregation: Tz. 2, (3) und 6
- Datenqualität: Tz. 3, 4, 5
- Verantwortlichkeiten und unabhängige Überprüfung: Tz. 7

286 Unter anderem über die aktuell bereits veröffentlichten vier Fortschrittsberichte zur Umsetzung von BCBS 239 wird deutlich, mit welch besonderen Herausforderungen die aktuell bereits betroffenen Institute im Rahmen der großen und langlaufenden Umsetzungsprojekte zur Erreichung der Compliance insbesondere mit Blick auf das Datenmanagement konfrontiert sind. Dieser Thematik widmet sich daher ein abschließender Abschnitt:

- Erfolgsfaktoren zur Umsetzung.

4.3.4.2. Übergreifendes

> **Auszug AT 4.3.4 Tz. 1**
>
> Die Anforderungen dieses Moduls […] gelten sowohl auf Gruppenebene als auch auf der Ebene der wesentlichen gruppenangehörigen Einzelinstitute.

Die Formulierung in Textziffer 1 bzgl. der Relevanz der Anforderungen nicht nur für die Gruppe, sondern auch für alle wesentlichen Einzelinstitute steht u. a. im Zusammenhang mit den Erkenntnissen aus dem ersten Fortschrittsbericht zur Umsetzung von BCBS 239[108]. Aus Sicht des Baseler Ausschusses war es eine der größten Schwächen der Herangehensweise der G-SIBs zu dem Zeitpunkt, die Anforderungen nicht für jede wesentliche Tochter oder materielle Business Unit individuell angewendet zu haben. Zur Bestimmung der wesentlichen Einzelinstitute wurde im Rahmen der Konsultation eine »30-Milliarden-Euro-Grenze« diskutiert, diese aber zugunsten des Begriffs der eigenständig »systemrelevanten Institute« aufgegeben. 287

Sofern ein Einzelinstitut zu den systemrelevanten Instituten gehört, hat es daher nicht nur die entsprechenden Vorgaben der Gruppe zu beachten, sondern ist dazu angehalten, eine eigenständige Interpretation und Umsetzung der Anforderungen dieses Moduls vorzunehmen. 288

> **Auszug AT 4.3.4 Tz. 1**
>
> Das Institut hat institutsweit und gruppenweit geltende Grundsätze für das Datenmanagement, die Datenqualität und die Aggregation von Risikodaten festzulegen, die von der Geschäftsleitung zu genehmigen und in Kraft zu setzen sind.

Für die Begriffe »Datenmanagement«, »Datenqualität« und auch »Aggregation von Risikodaten« gibt es zunächst kein branchenweites klares und einheitliches Verständnis. Dies liegt teilweise an der bereits langjährigen, aber nicht einheitlich geregelten bzw. gelebten Praxis und teilweise daran, dass diese Begriffe mit BCBS 239 und nun der MaRisk neu eingeführt oder expliziten (neuen) Regelungen unterworfen wurden und sich ein entsprechendes Verständnis noch entwickeln muss. Daher wird zunächst das Verständnis dieser Begriffe für die Zwecke der dann folgenden Erörterungen explizit dargelegt. 289

108 *Basel Committee on Banking Supervision (BCBS):* Progress in adopting the principles for effective risk data aggregation and risk reporting, Dezember 2013.

✓ **Erläuterung relevanter Begriffe**

Datenmanagement:

Unter dem Datenmanagement eines Instituts versteht man die Gesamtheit der Regelungen zum Umgang mit bankfachlichen Informationen von ihrer initialen Entstehung über sämtliche Stufen der Verarbeitung und Anreicherung bis hin zur Verwendung der Information im Reporting. Die Regelungen sollten die Aspekte Daten-Governance, Datenqualität und Datendokumentation mit ihren jeweiligen Auswirkungen auf die Aufbauorganisation, Prozesse, Methoden und IT-Infrastruktur abdecken.

Daten-Governance:

Unter Daten-Governance werden die Regelungen zu den Verantwortlichkeiten und damit einhergehenden Aufgaben im Umgang mit Daten in der Aufbauorganisation verstanden. Maßgeblich durch die Formulierungen von BCBS 239 wird klargestellt, dass zusätzlich zu IT-Verantwortlichkeiten vor allem auch fachliche Verantwortlichkeiten durchgängig zu beschreiben und zuzuweisen sind. Gremienstrukturen zur Adressierung bereichsübergreifender Sachverhalte, z. B. für Priorisierung oder Eskalation von datenbezogenen Sachverhalten, sind ebenfalls Bestandteil der Daten-Governance.

Datenqualität:

Datenqualität wird als eine der wesentlichen inhaltlichen Komponenten eines Datenmanagements gesehen und daher liegt hier im Rahmen von BCBS 239 und der MaRisk auch ein Schwerpunkt explizit formulierter Anforderungen. Dabei wird die grundsätzliche Zielsetzung der Sicherstellung verlässlicher Risikoberichte verfolgt, um die darauf aufbauenden Risikosteuerungsprozesse uneingeschränkt durchführen zu können. Im Ergebnis der Befassung mit Datenqualität ist daher sicherzustellen, dass zum einen das erforderliche Qualitätsniveau der in den Risikoberichten verwendeten Risikodaten tatsächlich erreicht wurde und dass dies zum anderen auch nachvollziehbar dokumentiert ist.

Aggregation von Risikodaten:

Für diesen Begriff gibt die Erläuterung zu AT 4.3.4., Tz. 1, das Verständnis der deutschen Aufsicht direkt wieder: »Unter der Aggregation von Risikodaten ist die gesamte relevante Verfahrens- und Prozesskette von der Erhebung und Erfassung von Daten über die Verarbeitung bis hin zur Auswertung nach bestimmten Kriterien und zur Berichterstattung von Risikodaten zu verstehen.« Dies stellt damit auch klar, dass das Datenmanagement sämtliche relevanten Informationen von ihrer initialen Entstehung über sämtliche Stufen der Verarbeitung und Anreicherung bis hin zur Verwendung in der Risikoberichterstattung zu adressieren hat.

Datendokumentation:

Die beiden wesentlichen Komponenten der Datendokumentation sind eine Darstellung aller relevanten Datenflüsse über sämtliche Stufen der Informationsverarbeitung zur Erstellung der Risikokennzahlen und die Dokumentation der Metadaten der relevanten Informationen.

Die Notwendigkeit für die Festlegung übergreifender Regelungen durch die 290
Geschäftsführung folgt aus der oben erläuterten bereichsübergreifenden Natur des Datenmanagements. Auch die durch BCBS 239 besonders herausgestellte Verantwortung der Managementebenen für die Ausgestaltung des Datenmanagements in der Organisation wird über die explizite Benennung der Geschäftsführungsebene für die Genehmigung und In-Kraft-Setzung entsprechender Grundsätze für das Datenmanagement auch in der MaRisk gefordert.

Besondere Aufmerksamkeit sollte in der Ausgestaltung der Grundsätze auf 291
den Zusammenhang zur Risikoberichterstattung auch im Kontext der Interpretation der MaRisk gelegt werden, denn sinnvolle Vorgaben an das Datenmanagement können nur in Verbindung mit der Risikoinventur oder der Ausgestaltung der Risikoberichterstattung[109] entwickelt werden. Die diesbezüglich relevanten Module BT 3 »Anforderungen an die Risikoberichterstattung« und AT 4.4.1 »Risikocontrolling-Funktion« werden an anderer Stelle des Leitfadens behandelt und daher inhaltlich hier nicht weiter vertieft. Die von dieser

109 Hier sei auf die BT 3.1 Allgemeine Anforderungen an die Risikoberichte, Tz. 1 verwiesen: »Die Berichte müssen auf vollständigen, genauen und aktuellen Daten beruhen.« sowie auf BT 3.2 Tz. 1: Berichte der Risikocontrolling-Funktion: es »kann in Abhängigkeit von der Risikoart, der Art, dem Umfang, der Komplexität, dem Risikogehalt und der Volatilität der jeweiligen Positionen sowie der Marktentwicklung auch eine monatliche, wöchentliche oder tägliche Berichterstattung über einzelne Risikoarten erforderlich sein.«

Abhängigkeit betroffenen Themenfelder zur grundsätzlichen Regelung sind in der folgenden Checkliste aufgeführt:

	Fragestellung »Übergreifende Grundsätze zum Datenmanagement«	**erfüllt**
	Sind institutsweit (bzw. gruppenweit) geltende Grundsätze für das Datenmanagement inklusive Datenqualitätsmanagement sowie für die Risikodatenaggregation konsistent insbesondere zur Risikoinventur und Risikoberichterstattung etabliert?	
	Verantwortlichkeiten und Aufgaben der Managementebenen, vor allem der Geschäftsführung	
	Festlegung der Anwendbarkeit der Datenmanagement-Grundsätze auf die Gruppenstruktur (nur bei Gruppen)	
	Konkretisierung des Ziels der Datenmanagementorganisation, insbesondere über die Festlegung der relevanten Kennzahlen zur Beschreibung der Risikosituation (Risikokennzahlen)	
	Vorgaben an die Angemessenheit der Datenqualität für Risikodaten, darin enthalten insbesondere auch die Bereitstellungszeiten von Risikokennzahlen im Standard- und im Stressfall	
	Vorgaben an die inhaltliche Granularität sowie Konsistenz der erzeugten und vorzuhaltenden Risikodaten als Basis für ein angemessenes Ad-hoc-Reporting	
	Vorgaben an die Angemessenheit bei Nutzung manueller Prozesse in der Risikodatenaggregation	
	Vorgaben an die Verzahnung mit MaRisk AT 8 Prozessen	
	Ist die regelmäßige bzw. anlassbezogene Aktualisierung und Bestätigung der Grundsätze sichergestellt?	

292 Die Grundsätze für ein übergeordnetes Datenmanagement sollten darüber hinaus folgende spezifische Themen adressieren:

	Fragestellung »Übergreifende Grundsätze spezifisch für die Ausgestaltung des Datenmanagements«	**erfüllt**
	Sind institutsweit (bzw. gruppenweit) geltende Grundsätze spezifisch für das Datenmanagement inklusive Datenqualitätsmanagement sowie für die Risikodatenaggregation etabliert?	
	Konkretisierung des institutsspezifischen Verständnisses zu fachlichen und technischen Verantwortlichkeiten und Aufgaben im Umgang mit Risikodaten	
	Vorgaben an Rollen für zentrale und dezentrale Datenmanagementaufgaben, das Zusammenspiel der verschiedenen Rollen inklusive bereichsübergreifender Gremienstrukturen sowie Sicherstellung der durchgängigen transparenten Verantwortungszuweisung für Risikodaten	
	Vorgaben an die systematische Ausgestaltung des Datenqualitätsmanagements, insbesondere zu DQ-Kriterien, DQ-Messung, DQ-Reporting und Umgang mit DQ-Auffälligkeiten	
	Vorgaben an die Ausgestaltung der Datendokumentation	
	Vorgaben an die Ausgestaltung der relevanten IT-Infrastruktur sowohl für ggf. erforderliche zentrale Datenmanagement-Komponenten als auch für die dezentralen IT-Systeme, in denen relevante Daten verarbeitet, gespeichert oder übertragen werden	
	Vorgaben an die kontinuierliche Weiterentwicklung des Datenmanagements insgesamt	

4.3.4.3. Risikodatenaggregation

Grundlagen

Auszug AT 4.3.4 Tz. 2

Datenstruktur und Datenhierarchie müssen gewährleisten, dass Daten zweifelsfrei identifiziert, zusammengeführt und ausgewertet werden können sowie zeitnah zur Verfügung stehen.

293 Zunächst ist es zur Klarstellung der Begriffe »Datenstruktur« und »Datenhierarchie« erforderlich, den Begriff der »Datenarchitektur« zu beschreiben[110].

✓ Erläuterung relevanter Begriffe

Datenarchitektur/Datenfluss (Data Lineage):

Mit einem Datenfluss wird die durchgängige fachliche Darstellung der Verarbeitung sämtlicher Informationsobjekte im Prozess zur Ermittlung einer Risikokennzahl verstanden. Die Gesamtheit aller Datenflüsse zur Ermittlung der seitens eines Institutes für die Beschreibung der Risikosituation als relevant festgelegten Risikokennzahlen wird als relevante Datenarchitektur bezeichnet. Für sämtliche Informationsobjekte in der Datenarchitektur sind die bestimmenden Eigenschaften, d. h. ihre Metadaten – u. a. die inhaltliche Bedeutung, Verantwortlichkeiten, Angaben zu Datenqualitätsaspekten – transparent zu hinterlegen.

294 Die Notwendigkeit einer vollständigen und nachhaltig aktuellen fachlichen Dokumentation der relevanten Datenarchitektur ergibt sich nicht nur aus einer einmaligen Erwähnung in einer Textziffer, sondern sie ist eine zwingende Voraussetzung und Grundlage für die Adressierung einer ganzen Reihe von konkreten Anforderungen des AT 4.3.4. Als Beleg dafür sei hier die angemessene Verortung von Messpunkten und zugehöriger Kontrollen im Rahmen des Datenqualitätsmanagements, die durchgängige Zuweisung von Verantwortlichkeiten und die Sicherstellung eines durchgängig angemessenen Automatisierungsgrades genannt. Eine schematische Darstellung eines durchgängigen Datenflusses ist in *Abbildung 1: Schematische Struktur eines Datenflusses zur Erzeugung einer Risikokennzahl* zu finden. Am Ende des Datenflusses steht als spezielles Informationsobjekt eine Risikokennzahl. Im Verlauf der Verarbeitungskette zur Ermittlung dieser Kennzahl werden diverse Informationsobjekte erzeugt und sind über die Verarbeitungsprozesse miteinander verknüpft. Die maßgeblichen Eigenschaften der Informationsobjekte bilden in ihrer Gesamtheit die »Datenstruktur«.

110 Dieser Begriff wird in BCBS 239, Grundsatz 2, Tz. 33: »Eine Bank hat integrierte Datentaxonomien einschließlich einer entsprechenden konzernweiten Datenarchitektur zu erstellen.« explizit eingeführt.

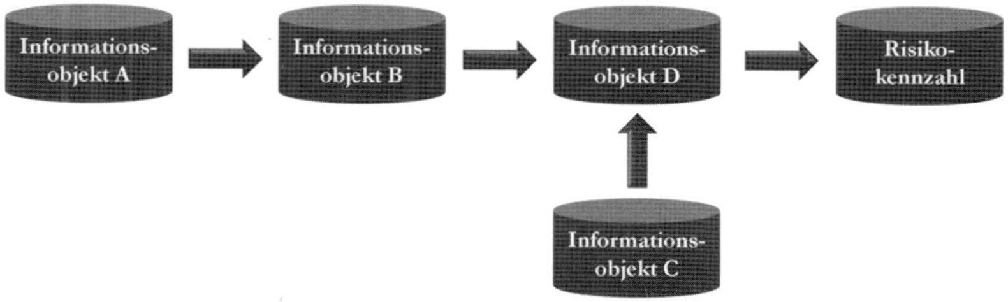

Abbildung 1: Schematische Struktur eines Datenflusses zur Erzeugung einer Risikokennzahl

Damit wird auch die Bedeutung der Festlegung der Liste der relevanten Kennzahlen zur Beschreibung der Risikosituation als grundlegender Ausgangspunkt nicht nur für die Berichterstattung, sondern auch für die Ausgestaltung des Datenmanagements deutlich[111]. 295

✓ Erläuterung relevanter Begriffe

Relevante Risikokennzahl

Zur vollständigen Beschreibung der Risikosituation eines Institutes sind durch die Managementebenen entsprechende Risikokennzahlen explizit festzulegen. Diese leiten sich ab von der Geschäfts- und Risikostrategie und berücksichtigen damit automatisch auch die für das Institut relevanten Risikoarten.

In *Tabelle 1: Illustrative Liste möglicher risikorelevanter Kennzahlen* ist eine beispielhafte Aufstellung relevanter Risikokennzahlen zu finden. Bei der Aufstellung dieser Liste können sich die Institute zunächst an den diversen konkreten Anforderungen an die Risikoberichterstattung bzw. Erläuterungen zu den Anforderungen[112] orientieren, bevor dann institutsspezifische Ergänzungen vorgenommen werden. 296

111 Von ähnlich gelagerter grundsätzlicher Bedeutung ist die Festlegung der Liste der relevanten Risikokennzahlen für die Identifikation und Ausgestaltung der jeweiligen Risikoberichte.

112 Siehe Erläuterungen zu MaRisk AT 4.3.4 Tz. 5, MaRisk BT 3.2 Tz. 1 und 2, BCBS 239 Grundsatz 8 Tz. 57–59.

Risikoart	Mögliche Beispiele
Übergreifend	Auslastung Risikotragfähigkeit, Eigenkapital, ökonomisches Kapital
Marktrisiko	Value-at-Risk Marktrisiko, Regulatorische RWA Marktrisiko, Sensitivitäten
Adressenrisiko	Risikobeitrag Adressenrisiko, Kreditvolumen, Risikovorsorge
Operationelles Risiko	Schadenspotential, Höhe tatsächlich realisierter Schäden
Liquiditätsrisiko	Liquiditätssalden (LAB), LCR-Quote
Geschäftsrisiko	Je nach Geschäftsmodell, ggf. Proxies

Tabelle 1: Illustrative Liste möglicher risikorelevanter Kennzahlen

297 Die Abfolge der Informationsobjekte in der Datenarchitektur und ihre Beziehungen zueinander bilden nun die »Datenhierarchie«, an die die Anforderung der zweifelsfreien Identifikation, Zusammenführung und Auswertung gestellt wird. Bei der Aufnahme der Datenflussdokumentation besteht vor allem die Herausforderung, dass die zwingend erforderliche Durchgängigkeit gepaart wird mit der Notwendigkeit, Metadaten einzelner Informationsobjekte teilweise bis auf die Detailebene einzelner Datenfelder zu dokumentieren. Beim Versuch, den maximal erforderlichen Detaillierungsgrad durchgängig einzuhalten, wird man eine Informationsmenge erzeugen, die weder inhaltlich nützlich ist noch mit vertretbarem Aufwand kontinuierlich gepflegt werden kann. Hier werden Ansätze zielführend sein, in denen die durchgängige fachliche Modellierung auf dem niedrigsten möglichen Detaillierungsgrad vorgenommen wird, bei gleichzeitiger Möglichkeit, einen höheren Detaillierungsgrad ausschließlich an den erforderlichen Stellen abzubilden.

	Fragestellung »Existiert eine durchgängige fachliche und aktuelle Dokumentation der relevanten Datenarchitektur inklusive der Dokumentation der relevanten Informationsobjekte?«	erfüllt
	Gibt es eine verbindliche Vorgabe für eine durchgängige und aktuelle fachlichen Dokumentation der relevanten Datenarchitektur inklusive der Dokumentation der relevanten Informationsobjekte?	
	Ist eine durchgängige fachliche und aktuelle Dokumentation der relevanten Datenarchitektur inklusive der Dokumentation der relevanten Informationsobjekte vorhanden?	
	Ist die vorhandene Dokumentation vollständig bzgl. aller definierten Risikokennzahlen?	

Einheitliche Konventionen

Unmittelbar wird über die direkt folgende Formulierung in der Textziffer 2 aufgezeigt, auf welchem Weg die Anforderung nach der zweifelsfreien Identifikation, Zusammenführung und Auswertung von Daten aus Sicht der Aufsicht zu erfüllen ist. 298

Auszug AT 4.3.4 Tz. 2

Hierfür sind, soweit möglich, einheitliche Namenskonventionen und Kennzeichnungen von Daten festzulegen und innerhalb des Instituts zu kommunizieren. Bei unterschiedlichen Namenskonventionen und Kennzeichnungen hat das Institut sicherzustellen, dass Daten automatisiert ineinander überleitbar sind.

✓ Erläuterung relevanter Begriffe

Einheitliche Namenskonventionen/Datentaxonomien:

Innerhalb der relevanten Datenarchitektur sind für gleiche Informationen auch gleichartige Bezeichnungen bzw. Konventionen zu verwenden. Das einheitliche Verständnis hinter diesen einheitlichen Konventionen ist festzulegen und zu dokumentieren und eine verbindliche Verwendung sicherzustellen.

Business Data Dictionary:

Als Business Data Dictionary wird das jeweilige Tool bezeichnet, in dem die fachliche Dokumentation der einheitlichen Namenskonventionen abgelegt und publiziert wird. Regelmäßig kann ein solches Tool ebenfalls für die Dokumentation der Eigenschaften der relevanten Informationsobjekte in der Datenarchitektur oder für weitere übergreifende Dokumentationsanforderungen verwendet werden.

299 Die Ausprägung der in der gesamten Datenarchitektur einheitlich zu definierenden und dann zu verwendenden Konventionen lässt sich unterteilen in einheitliche Schlüssel für z. B. die Kontexte Geschäft, Position, Adresse und Portfolio und ihren jeweils zugehörigen Auswertungsdimensionen, nach denen Daten der verschiedenen Kontexte einheitlich ausgewertet werden können. Beispiele dafür finden sich in *Tabelle 2: Beispielhafte Ausprägungen einheitlicher Datenkonventionen und Auswertungsdimensionen.*

Beispiele für einheitliche Schlüssel	Beispiele für zugehörige einheitliche Auswertungsdimensionen
Eindeutiger Schlüssel für ein Geschäft, z. B. die Trade-ID aus einem Handelssystem	Produktkategorie, z. B. Aktie oder Option Verbriefungsform, z. B. Inhaberschuldverschreibung oder Schuldscheindarlehen Strukturierungsmerkmale, z. B. Besicherungsgrad
Eindeutiger Schlüssel für ein Portfolio, z. B. alle Geschäfte eines Handelstisches	Zuordnungsmerkmal Handelsbuch oder Bankbuch Zuordnung zu einer Organisationseinheit, z. B. Aktienhandel Zuordnung zu einem Geschäftsfeld, z. B. Finanzierungen
Eindeutiger Schlüssel für eine Adresse (Kunde, Kontrahent, Sicherungsgeber)	Region/(Risiko-) Land, z. B. Europa/Deutschland Branche, z. B. Finanzdienstleister

Tabelle 2: Beispielhafte Ausprägungen einheitlicher Datenkonventionen und Auswertungsdimensionen

Bei der Festlegung der einheitlichen Konventionen ist es analog der Festlegung der Liste der risikorelevanten Kennzahlen hilfreich, sich zunächst an den konkreten Hinweisen seitens der Aufsicht in den Anforderungen bzw. Erläuterungen zu orientieren und dann entsprechend zu ergänzen. 300

Die praktischen Herausforderungen bei der Einführung und nachhaltigen Verwendung der einheitlichen Konventionen ergeben sich aus der bei vielen Instituten historisch gewachsenen Komplexität der Datenarchitektur und den darin häufig unabhängig voneinander entwickelten Datenstrukturen in den verschiedenen Disziplinen der Unternehmenssteuerung, also ökonomisches Risikocontrolling, regulatorisches Meldewesen und Rechnungswesen/Bilanzierung. Getrieben durch teilweise unterschiedliche methodische Anforderungen, häufig aber auch durch den Druck, neue regulatorische oder Marktanforderungen schnell und kostengünstig zu adressieren, wurden Bereinigungsinitiativen entweder nicht für notwendig erachtet oder nicht mit ausreichender Priorität verfolgt. 301

Die Einführung der einheitlichen Konventionen bedeutet nicht automatisch, dass jede unterschiedliche Sichtweise auf einen fachlichen Kontext zu vereinheitlichen und identisch abzubilden ist. Fachlich motivierte und nachhaltig akzeptierte Unterschiede sind weiterhin zulässig, müssen jedoch transparent und nachvollziehbar sein, damit die geforderte Möglichkeit einer automatisierten Überleitung der Daten aus unterschiedlichen Kontexten, z. B. im Rahmen eines Abgleichs, gegeben ist. Neben den Festlegungen der einheitlichen Konventionen an sich ist daher auch die Etablierung entsprechender Kontrollen zur tatsächlichen und nachhaltigen Sicherstellung der einheitlichen Verwendung notwendig. 302

	Fragestellung »Ist die Verwendung einheitlicher Konventionen und Kennzeichnungen von Daten sichergestellt?«	**erfüllt**
	Sind angemessene Vorgaben zu einheitlichen Konventionen und Kennzeichnungen von Daten etabliert?	
	Werden die Festlegungen zu den einheitlichen Konventionen sowie ggf. akzeptierte Ausnahmen transparent kommuniziert?	
	Wird die Verwendung der einheitlichen Konventionen (abgesehen von den akzeptierten Ausnahmen), z. B. durch Abgleiche, sichergestellt?	
	Werden geeignete Maßnahmen der Behebung ergriffen, wenn eine uneinheitliche Verwendung der einheitlichen Konventionen aufgefallen ist?	

Ad-hoc-Reportingfähigkeit

Auszug AT 4.3.4 Tz. 3

Daten müssen nach unterschiedlichen Kategorien auswertbar sein und sollten, soweit möglich und sinnvoll, automatisiert aggregiert werden können.

AT 4.3.4 Tz. 6

Die Datenaggregationskapazitäten müssen hinreichend flexibel sein, um Informationen ad hoc nach unterschiedlichen Kategorien ausweisen und analysieren zu können. Dazu gehört auch die Möglichkeit, Risikopositionen auf den unterschiedlichsten Ebenen (Geschäftsfelder, Portfolios, ggf. Einzelgeschäfte) auszuweisen und zu analysieren.

303 Die Anforderungen aus Textziffer 6, ergänzt um den Satz aus der Textziffer 3, sowie die Erläuterungen zu beiden Textziffern lassen sich als Anforderungen an ein flexibles Ad-hoc-Reporting interpretieren, die sowohl über die Bereitstellung einer entsprechenden Datengrundlage als auch über die Ausprägung entsprechend funktionaler IT-Systeme zu adressieren sind.

304 Zunächst ist dafür der Begriff der Ad-hoc-Anfrage einzuschränken auf Abfragen seitens der Aufsicht oder der Managementebenen zu vorhandenen (historischen) Bestandsdaten. In Abgrenzung dazu fallen Szenario-Analysen, die

eine Neuparametrisierung der Risikomodelle unter ad hoc definierten Rahmenbedingungen, z. B. zur Analyse makroökonomischer Szenarien, nicht unter diese Anforderung.

Der erste notwendige Schritt zur Adressierung der Anforderung zur Sicher- 305
stellung der Ad-hoc-Reportingfähigkeit, namentlich die inhaltliche Festlegung, welche Risikokennzahlen nach welchen Kriterien in welcher Granularität auswertbar sein sollen, entspricht sinnvollerweise den vorher diskutierten einheitlichen Konventionen, insbesondere den dort beschriebenen Auswertungsdimensionen. An dieser Stelle wird auch nochmal die grundlegende Bedeutung einer wirksamen Durchsetzung der einheitlichen Verwendung deutlich: Wenn erst bei einer akuten Ad-hoc-Anfrage und einer dafür notwendigen Zusammenführung von Daten aus unterschiedlichen Kontexten festgestellt wird, dass die Zusammenführung nicht automatisiert gelingt, ist nicht nur die Anforderung gemäß MaRisk nicht erfüllt, sondern auch der Nutzen für das Institut zur Erhöhung der Geschwindigkeit und Qualität in der Beantwortung von Ad-hoc-Anfragen nicht mehr gegeben.

Als zweiter Schritt folgt die Festlegung funktionaler und nichtfunktionaler 306
Anforderungen an die IT-Systeme, in denen die relevanten Daten gehalten werden. Hierzu gehören u. a. Anforderungen an die Flexibilität von Auswertungsmöglichkeiten der Daten nach den Auswertungsdimensionen durch den Fachanwender (beispielsweise über Reporting-Cubes), der Zugriff auf historische Datensätze, die Reproduzierbarkeit von Analysen sowie eine ausreichende Performance.

Je nach institutsspezifischer Ausprägung der Aufbauorganisation und Daten- 307
architektur kann an dieser Stelle auch die Einführung und kontinuierliche Befüllung eines neuen übergreifenden Datenhaushaltes mit konsolidierten Ergebnisdaten eine zielführende Maßnahme sein. Dabei ist jedoch der Nutzen der zentralen Bereitstellung konsolidierter Ergebnisdaten gegen die entstehende zusätzliche Komplexität und redundante Datenhaltung durch die neue Komponente in der Datenarchitektur abzuwägen.

	Fragestellung »Ist die Fähigkeit zur Beantwortung von Ad-hoc-Anfragen ausreichend gegeben?«	erfüllt
	Sind angemessene Vorgaben zur Bereitstellung der Risikokennzahlen in unterschiedlichen Kategorien und Granularität definiert?	
	Sind angemessene funktionale und nichtfunktionale Anforderungen an die datenhaltenden IT-Systeme formuliert, so dass eine ausreichende Flexibilität durch den Fachanwender und eine ausreichende Performance für die Auswertungen sichergestellt ist?	
	Sind die datenhaltenden IT-Systeme entsprechend der Anforderungen ausgestaltet?	

4.3.4.4. Datenqualität

Grundlegender Ansatz

Auszug AT 4.3.4 Tz. 3

Das Institut hat zu gewährleisten, dass Risikodaten genau und vollständig sind. […] Die Datenqualität und die Datenvollständigkeit sind anhand geeigneter Kriterien zu überwachen. Hierfür hat das Institut interne Anforderungen an die Genauigkeit und Vollständigkeit der Daten zu formulieren.

308 Die Befassung mit Datenqualität ist offensichtlich nicht nur für Banken und nicht erst im Kontext der Veröffentlichung von BCBS 239 oder der MaRisk relevant geworden. So gibt es neben einer umfassenden, auch akademisch unterlegten Literatur viele Praxiserfahrungen aus anderen Branchen, Abhandlungen in diversen Branchenmagazinen sowie Publikationen von Beratungsunternehmen und von Herstellern diverser unterstützender Softwarelösungen.

309 Demgegenüber steht die Wahrnehmung, dass es zwar in lokalen Kontexten viele Beispiele erfolgreicher Implementierungen von DQ-Ansätzen gibt, übergreifende, nachhaltig wirksame Datenqualitätsmanagement-Systeme jedoch deutlich seltener zu finden sind. Dieser Eindruck wird offenbar auch seitens der Aufsicht geteilt, so dass hier ein expliziter regulatorischer Regelungsbedarf gesehen wurde. Ein Erklärungsansatz dafür könnte sein, dass die wesentlichen erfolgskritischen Komponenten im lokalen Kontext implizit von allen Beteiligten erkannt und befolgt werden, während in übergreifenden Kontexten das

Fehlen einer oder mehrerer explizit zu adressierender Komponenten eines DQ-Systems schnell zum Scheitern führen kann.

Daher sollen im Folgenden die wesentlichen Bausteine eines funktionierenden DQ-Systems diskutiert werden, um aufzuzeigen, welche Aspekte in der Implementierung besonderer Aufmerksamkeit bedürfen. 310

Gemeinsam haben die meisten Datenqualitätsmanagement-Systeme, dass sie zum einen eine transparente und für alle Beteiligten verbindliche und verständliche Zielvorgabe beinhalten und dass sie zum anderen keinen einmaligen oder statischen Charakter haben, sondern eher einem Regelkreis zur kontinuierlichen Weiterentwicklung und Verbesserung entsprechen, wie in *Abbildung 2: Standard-Regelkreis im Datenqualitätsmanagement* schematisch dargestellt wird. Es ist in dem Zusammenhang eine interessante Beobachtung, dass sowohl die europäische als auch die deutsche Aufsicht offenbar der Ansicht war, dass die allgemeine Forderung nach der Implementierung eines DQ-Frameworks nicht ausreicht und daher teilweise sehr konkrete Elemente eines solchen Frameworks als explizite Anforderungen formuliert wurden. Dabei wurden jedoch unterschiedliche Schwerpunkte gesetzt. Während nur in den MaRisk u. a. die konkrete Formulierung von DQ-Anforderungen explizit gefordert wird, finden sich in BCBS 239 explizite Anforderungen zur Beteiligung der Managementebenen[113], zur Ermittlung und Überwachung der Datenqualität sowie zur Einrichtung angemessener Eskalationswege sowie Maßnahmen zur Verbesserung[114]. 311

113 BCBS 239, Grundsatz 1, Tz. 27: »Das oberste Verwaltungsorgan und die Geschäftsleitung einer Bank sollten die Identifizierung, Bewertung und Steuerung von Qualitätsrisiken der Datenreihen im Rahmen des Gesamtrisikomanagements fördern.«

114 BCBS 239, Grundsatz 3, Tz. 40: »Die Aufsichtsinstanzen erwarten von den Banken, dass sie die Genauigkeit der Daten ermitteln und überwachen; ferner werden angemessene Eskalationswege sowie Maßnahmenpakete verlangt, um einer schlechten Datenqualität entgegenzuwirken.«

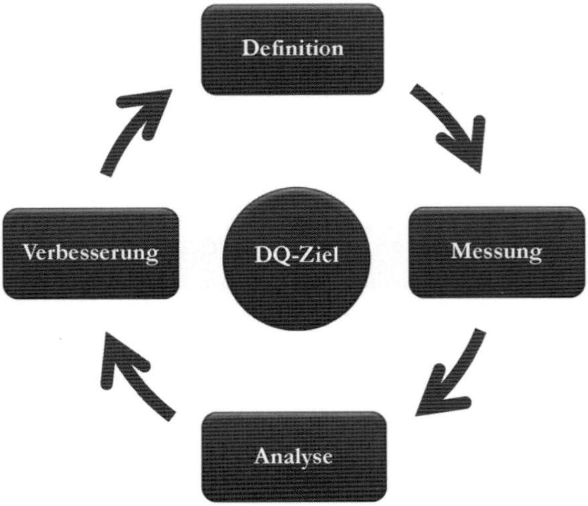

Abbildung 2: Standard-Regelkreis im Datenqualitätsmanagement

312 Ein vergleichbarer Eindruck zeigt sich auch anhand der Kriterien, in denen Datenqualität definiert und damit auch gemessen werden kann. Während in den MaRisk AT 4.3.4 die Begriffe »Vollständigkeit« und »Genauigkeit« besonders betont werden und über BTR 3.1 auch der Begriff »Aktualität« angesprochen wird, wird in BCBS 239 auch die Dimension »Integrität« explizit eingeführt. Insgesamt fokussieren sich damit aber beide Aufsichtsinstanzen auf eine eher geringe Zahl von DQ-Kriterien.

313 Über die Gegenüberstellung dieser Beobachtungen soll die Ansicht begründet werden, dass eine Minimalausrichtung entlang der expliziten Formulierungen der MaRisk kein geeigneter Ansatz für eine nachhaltig erfolgreiche Implementierung sein wird, sondern jedes Institut seine eigene, angemessene Ausgestaltung eines systematischen DQ-Ansatzes ausarbeiten sollte. Dies schließt auch die Festlegung eines einheitlichen Ansatzes für die relevanten DQ-Kriterien mit ein, die in jedem Fall mindestens die Komponenten Genauigkeit, Vollständigkeit, Aktualität und Integrität beinhalten sollte, um keine zusätzliche und unnötige Komplexität beim Nachweis der Erfüllung der Anforderung gegenüber der Aufsicht zu erzeugen.

Ausgestaltung der DQ-Komponente: DQ-Ziel

Bei der Ausgestaltung des Datenmanagements gemäß MaRisk AT 4.3.4 oder BCBS 239 ist das DQ-Ziel grundsätzlich über die inhaltliche Verbindung zur Risikoberichterstattung[115] vorgegeben. Prägnant formuliert geht es darum sicherzustellen, dass zum einen die Qualität der Risikodaten für die Zwecke einer angemessenen Risikosteuerung ausreichend ist, und dies zum anderen nachvollziehbar zu dokumentieren. 314

In der Konkretisierung dieses Ziels i.S. der quantitativer und qualitativer Festlegung von Toleranzschwellen (auch als DQ-Ambitionsniveau bezeichnet) zu allen definierten DQ-Kriterien kommt auch die ebenfalls explizit geforderte nachhaltige Beteiligung der Managementebenen zum Tragen. Zur wirksamen und nachhaltigen Ausrichtung aller am übergreifenden DQ-Prozess Beteiligten muss dieses DQ-Ziel von den Managementebenen verabschiedet und transparent kommuniziert werden. 315

Bei der inhaltlichen Konkretisierung steht ein weiteres Mal der Zusammenhang zur Risikoberichterstattung bzw. auch zur Risikoinventur im Vordergrund. So kann das Ambitionsniveau an das Kriterium Aktualität der bereitgestellten Risikokennzahlen nicht sinnvoll formuliert werden, ohne sich an der Häufigkeit und Zeitnähe der erwarteten Bereitstellung der entsprechenden Risikoberichte auszurichten[116]. Eine weitere Konkretisierung erfährt die Anforderung an die Festlegung des DQ-Kriteriums Aktualität über die Textziffer 5, in der die zeitliche Bereitstellungsdimension als ein Bestandteil eines umfassenderen DQ-Ambitionsniveaus explizit gefordert wird: 316

AT 4.3.4 Tz. 5

Die Datenaggregationskapazitäten müssen gewährleisten, dass aggregierte Risikodaten, sowohl unter gewöhnlichen Umständen als auch in Stressphasen, zeitnah zur Verfügung stehen. Das Institut hat unter Berücksichtigung der Häufigkeit von Risikoberichten den zeitlichen Rahmen zu definieren, innerhalb dessen die aggregierten Risikodaten vorliegen müssen.

115 MaRisk, BT 3.1 Tz. 1: »Die Berichte müssen auf vollständigen, genauen und aktuelle Daten beruhen.«

116 MaRisk, BT 3.2 Tz. 1: »In Abhängigkeit von der Risikoart, der Art, dem Umfang, der Komplexität, dem Risikogehalt und der Volatilität der jeweiligen Positionen sowie der Marktentwicklung [kann] auch eine monatliche, wöchentliche oder tägliche Berichterstattung über einzelne Risikoarten erforderlich sein.«

317 Analog zu BCBS 239 sind neben dem zeitlichen Ambitionsniveau für die Bereitstellungszeiten von Risikodaten unter gewöhnlichen Umständen auch für Stress- oder Krisenphasen entsprechende Vorgaben explizit festzulegen.

318 Bei der Entwicklung von Vorgaben an die Genauigkeit und Vollständigkeit der Risikodaten sollte sich das Institut in der quantitativen Ausprägung an den Materialitätskonzepten orientieren, die im Rahmen der Risikoinventur zur Anwendung gebracht werden. Es wäre z. B. nicht konsistent, eine DQ-Genauigkeitsanforderung in einer Höhe festzulegen, die deutlich über den Schwellen liegt, die bei der Risikoinventur die Wesentlichkeit einer Risikoart bestimmt.

Ausgestaltung des DQ-Regelkreises

319 Eine wesentliche weitere Vorüberlegung betrifft die Tatsache, dass die Qualität einer Risikokennzahl nicht mehr vollumfänglich auf der Ebene der Risikokennzahl ermittelt werden kann. Als Beispiel sei ein Front-Office-seitig fehlendes (z. B. zu spät) erfasstes Geschäft genannt, auf dessen Basis ein zu geringer und damit ungenauer Value-at-Risk zur Quantifizierung des Marktrisikos ermittelt wird. Je nach Materialität des Geschäfts kann diese Ungenauigkeit auf Ebene der Risikokennzahl auch mit intensiven DQ-Messungen nicht mehr entdeckt werden, dafür sind Front-Office-nahe Prozesse, z. B. seitens eines Trade-Supports oder der unabhängigen Abwicklung, nötig. Dieses Beispiel illustriert, dass eine Befassung mit Datenqualität entlang der gesamten Verarbeitungskette zwingend erforderlich ist, um das eigentliche DQ-Ziel auf der Ebene der Risikokennzahlen zu erreichen[117].

320 Dies betrifft sämtliche Komponenten des Regelkreises, angefangen von der Definition von DQ-Messpunkten und zugehörigen DQ-Regeln entlang der ganzen Verarbeitungskette, der Etablierung kontinuierlicher DQ-Messungen und einer dazugehörigen lokalen und übergreifenden DQ-Berichterstattung sowie der konsequenten Analyse von Auffälligkeiten und dem systematischen Anstoßen von Verbesserungen. Letzteres beinhaltet dann nicht nur unmittelbare operative Korrekturen von lokalen und offensichtlichen Datenfehlern, sondern darüber hinaus auch die Möglichkeit, DQ-Probleme entlang der Verarbeitungskette an der Quelle des Entstehens systematisch zu adressieren und nicht zuletzt kontinuierlich Impulse für die Weiterentwicklung des DQ-Regelkreises abzuleiten.

---

117 Dieses inhaltliche Argument mag damit als Ergänzung und Motivation zu der ohnehin eindeutigen Vorgabe aus Tz. 1, dass die Anforderungen an das Datenmanagement an die gesamte Verarbeitungskette gestellt werden, dienen.

Grundsätzlich kann die institutsspezifische Ausgestaltung des Regelkreises eine Beteiligung der Managementebenen an jeder Stelle beinhalten. Die Mindestbeteiligung sollte neben der bereits beschriebenen Verabschiedung übergreifender Vorgaben und der Einbindung in Eskalationsfällen durch eine regelmäßige übergreifende DQ-Berichterstattung gewährleistet werden, in der insbesondere über die tatsächliche Einhaltung des vorgegebenen DQ-Ambitionsniveaus berichtet wird. 321

In der folgenden Checkliste sind die entsprechenden Fragestellungen für die Einrichtung eines angemessenen und wirksamen übergreifenden Datenqualitätsmanagement aufgeführt. Einzelne Bestandteile davon wurden bereits in der Checkliste zur Beurteilung der übergreifenden Anforderung aus MaRisk AT 4.3.4 mit aufgeführt, die damit einhergehende Redundanz wird zur Erhöhung des besseren Verständnisses bewusst in Kauf genommen. 322

	Fragestellung »Ist ein angemessenes und wirksames übergreifendes Datenqualitätsmanagement etabliert?«	**erfüllt**
	Sind institutsweit (bzw. gruppenweit) geltende Vorgaben für das Datenqualitätsmanagement etabliert?	
	Sind Vorgaben seitens des Managements zur Ausgestaltung eines übergreifenden DQ-Frameworks als kontinuierlicher Prozess etabliert?	
	Ist die Zielsetzung des DQ-Frameworks seitens des Managements i.S. konkreter Vorgaben an die zu erreichende Datenqualität festgelegt und transparent kommuniziert?	
	Sind dabei auch Vorgaben für Genauigkeit und Vollständigkeit sowie zeitliche Vorgaben an die Bereitstellung der für die Risikoberichterstattung benötigten Daten im Standardfall und für Stressphasen berücksichtigt?	
	Ist eine regelmäßige Berichterstattung an das Management zur tatsächlichen Erreichung der DQ-Vorgaben etabliert?	
	Sind Vorgaben an die kontinuierliche Weiterentwicklung des Datenqualitätsmanagements aus sich heraus oder in Verbindung mit MaRisk AT 8-Vorgängen etabliert?	

	Sind angemessene methodische Vorgaben für die Ausgestaltung des übergreifenden Datenqualitätsmanagements etabliert?	
	Sind transparente Festlegungen zur einheitlichen Definition der relevanten DQ-Kriterien vorhanden?	
	Sind angemessene Messpunkte entlang der relevanten Verarbeitungskette definiert? Sind die zu den Messpunkten gehörigen DQ-Kontrollen definiert und angemessen ausgestaltet?	
	Sind angemessene und wirksame Prozesse zur operativen Steuerung der Datenqualität eingerichtet?	
	Wird eine kontinuierliche Messung der Datenqualität an den Messpunkten durchgeführt und ist ein dafür angemessenes Reporting und die Dokumentation der Ergebnisse eingerichtet?	
	Wird sichergestellt, dass bei Nichterreichen der vorgegebenen Datenqualität eine entsprechende Information an den Empfänger der Risikokennzahl veranlasst wird?	
	Ist ein nachvollziehbarer und angemessener Umgang mit Auffälligkeiten i.S. von Analysen, Korrekturen oder Eskalationen etabliert?	
	Werden die Ergebnisse der Analysen in entsprechenden Verbesserungsmaßnahmen lokaler oder übergreifender Natur aufgegriffen?	
	Sind angemessene Prozesse zur kontinuierlichen Anpassung der DQ-Messpunkte und DQ-Kontrollen aus sich heraus oder in Verbindung mit MaRisk AT 8-Vorgängen etabliert?	

Angemessenheit manueller Prozesse

Auszug AT 4.3.4 Tz. 3

Der Einsatz und der Umfang manueller Prozesse und Eingriffe sind zu begründen und zu dokumentieren und auf das notwendige Maß zu beschränken.

Sowohl im Rahmen von BCBS 239 als auch der MaRisk adressieren die Aufsichtsinstanzen die potentiell negativen Auswirkungen von manuellen Prozessen in der Risikodatenaggregation im Hinblick auf mögliche Datenqualitätsprobleme. Interessanterweise übernehmen die MaRisk die gemäß BCBS 239 explizite Anforderung nach einheitlichen Regelungen[118] für manuelle Prozesse inklusive Desktop-Anwendungen aber nicht. Dabei haben sowohl die deutsche als auch die europäische Aufsicht in der Vergangenheit klargestellt, dass aus ihrer Sicht manuelle Prozesse nicht grundsätzlich kritisch gesehen werden, aber gleichwohl eine Erwartungshaltung besteht, insgesamt eine Erhöhung des Automatisierungsgrades zu erreichen. 323

Zur systematischen Adressierung dieser Anforderung sind inhaltlich die folgenden Schritte zu durchlaufen: 324

1. Festlegung von Kriterien zur Beurteilung manueller Prozessschritte: Abgeleitet von der Intention, die Integrität der verarbeiteten Daten zu erhalten und negative Auswirkungen auf die Genauigkeit zu begrenzen, könnten als Kriterien z. B. die Materialität der betroffenen Daten auf die Erstellung einer Risikokennzahl, die Komplexität des manuellen Prozesses sowie die Frequenz seiner Durchführung gewählt werden.
2. Festlegung eines Ambitionsniveaus für die Angemessenheit: Entlang der gewählten Kriterien sind quantitative und qualitative Toleranzlevel zu definieren, anhand derer ein Ambitionsniveau für die Angemessenheit eines manuellen Prozesses festgelegt werden kann.
3. Dokumentation der Angemessenheit: Aufnahme aller manuellen Prozesse entlang der Verarbeitungsketten aller Risikokennzahlen, Bewertung und ggf. weitergehende Begründung der Angemessenheit und Notwendigkeit der manuellen Durchführung dieses Prozesses.

Die hier beschriebene erforderliche Dokumentation der manuellen Prozesse ist kontinuierlich aktuell zu halten. Sollte sich über die initiale Aufnahme der Dokumentation gemäß Schritt 3 herausstellen, dass nicht angemessene manuelle Prozesse in der Verarbeitungskette vorhanden sind, sind entsprechende Maßnahmen zur Ablösung der manuellen Prozesse durch eine automatisierte Lösung zu entwickeln und umzusetzen. 325

118 BCBS 239, Grundsatz 3, Tz. 36 b): »Nutzt eine Bank manuelle Prozesse sowie Desktop-Anwendungen, […] sind effektive risikomindernde Maßnahmen […] einzurichten.«

	Fragestellung »Sind die manuellen Prozesse entlang der Verarbeitungsketten angemessen, begründet und dokumentiert?«	**erfüllt**
	Sind institutsweit (bzw. gruppenweit) geltende Vorgaben für die Angemessenheit manueller Prozesse etabliert?	
	Sind Kriterien zur Bestimmung der Angemessenheit eines manuellen Prozesses sowie dazugehörige Toleranzlevel festgelegt?	
	Sind Vorgaben zur durchgängigen und vollständigen Dokumentation manueller Prozesse inklusive Begründung zur Angemessenheit etabliert?	
	Ist die Transparenz über die manuellen Prozesse entlang der relevanten Verarbeitungsketten gegeben?	
	Liegt eine aktuelle, durchgängige und vollständige Dokumentation der manuellen Prozesse vor?	
	Beinhaltet diese Dokumentation die Begründung zur Angemessenheit und Notwendigkeit des manuellen Prozesses?	
	Sind die manuellen Prozesse entlang der relevanten Verarbeitungsketten angemessen?	
	Sind alle manuellen Prozesse angemessen?	

Abgleiche zur Unterstützung der Datenqualität

AT 4.3.4 Tz. 4

Die Risikodaten sind mit anderen im Institut vorhandenen Informationen abzugleichen und zu plausibilisieren. Es sind Verfahren und Prozesse zum Abgleich der Risikodaten und der Daten in den Risikoberichten einzurichten, mittels derer Datenfehler und Schwachstellen in der Datenqualität identifiziert werden können.

326 Die in Textziffer 4 hinterlegte Anforderung korrespondiert zunächst mit der vergleichbaren Anforderung aus BCBS 239[119]. Anders als in frühen Phasen der Umsetzung in der Branche diskutiert, handelt es sich dabei keineswegs um

119 BCBS 239, Grundsatz 3, Tz. 36 c): »Die Risikodaten sind mit anderen der Bank zur Verfügung stehenden Daten (gegebenenfalls auch Rechnungslegungsdaten) abzugleichen, um die Genauigkeit der Risikodaten sicherzustellen.«

die Anforderung nach einer detaillierten Überleitungsrechnung der ökonomischen Risikokennzahlen zu anderen fachlichen Kontexten, z. B. dem Meldewesen oder Rechnungswesen. Hintergrund dieser Anforderung ist die weitere Absicherung der Genauigkeit (bzw. auch anderer Qualitätskriterien) der Risikodaten, wie auch in einer expliziten Erläuterung in BCBS 239 als Fußnote hinterlegt. In diesem Sinne ist ein Abgleich ein »Prozess, in dem Sachverhalte oder Ergebnisse verglichen und die Unterschiede erläutert werden«.

Solche Abgleichprozesse können nun auf verschiedenen Ebenen der Risikodatenaggregation sinnvoll angesiedelt sein. Insbesondere auf der Ebene der operativen Daten zu Geschäftsvorfällen kann ein Abgleich der Grundgesamtheit der verarbeiteten Geschäfte sowie ihrer ökonomisch relevanten Geschäftsattribute zwischen zwei Datenhaushalten bei unerklärten Abweichungen Hinweise auf mangelnde Vollständigkeit, Genauigkeit oder Aktualität in einem der Datenhaushalte liefern. Auf der Ebene von Risikokennzahlen hingegen wird die Möglichkeit der Identifikation unerklärter Abweichungen aufgrund der unterschiedlichen komplexen Methoden deutlich schwieriger, so dass nur in besonderen Konstellationen über Plausibilisierungsansätze sinnvolle Erkenntnisse zu Problemen in der Datenqualität gewonnen werden können. 327

Um der explizit formulierten Anforderung gerecht zu werden, ist eine übergreifende Festlegung, zwischen welchen Datenhaushalten in der Verarbeitungskette Abgleiche implementiert werden, notwendig. Jeder dieser Abgleiche stellt damit eine spezifische Form einer Datenqualitätskontrolle dar, die idealerweise in das übergreifende Datenqualitätsmanagement integriert ist. 328

Ein zusätzlicher Aspekt der Anforderung stärkt ein weiteres Mal die inhaltliche Verbindung zum Risikoberichtswesen[120]. Dies bedeutet, dass Banken nicht nur DQ-Kontrollen auf der Verarbeitungskette bis hin zur Erstellung der Risikokennzahlen systematisch aufbauen müssen, sondern dass auch explizit über entsprechende Kontrollprozesse sichergestellt werden muss, dass die ermittelten Risikokennzahlen korrekt in den Berichten wiedergegeben werden. 329

120 Die entsprechend analoge Anforderung in BCBS 239 findet sich dann auch im Grundsatz 7, Tz. 53 a), in der als Mindeststandard »Prozesse zum Abgleich von Berichten und Risikodaten« gefordert werden.

	Fragestellung »Sind Abgleiche mit anderen Datenhaushalten zur Sicherstellung der Qualität der Risikodaten etabliert sowie deren korrekte Verwendung in den Berichten sichergestellt?«	**erfüllt**
	Sind Abgleiche mit anderen Datenhaushalten zur Sicherstellung der Qualität der Risikodaten etabliert?	
	Gibt es eine übergreifend verbindliche Festlegung, welche Abgleiche zwischen welchen Datenhaushalten durchzuführen sind, um die Qualität der Risikodaten zu unterstützen?	
	Sind die definierten Abgleiche als besondere Ausprägung einer DQ-Kontrolle angemessen ausgestaltet?	
	Sind die definierten Abgleiche in das übergreifende Datenqualitätsmanagement integriert?	
	Ist die korrekte Verwendung der Risikodaten in den Risikoberichten sichergestellt?	
	Sind Vorgaben bzgl. durchzuführender Kontrollen bei Verwendung von Risikokennzahlen in Risikoberichten vorhanden?	
	Ist eine nachvollziehbare Dokumentation der durchgeführten Kontrollen vorhanden?	

4.3.4.5. Verantwortlichkeiten und unabhängige Überprüfung

Auszug AT 4.3.4 Tz. 7

Für alle Prozessschritte sind Verantwortlichkeiten festzulegen und entsprechende prozessabhängige Kontrollen einzurichten.

330 Durch diese Anforderung zur durchgängigen Festlegung von Verantwortlichkeiten sind insbesondere die Fachbereiche betroffen. In der Regel ist die IT-Verantwortung für alle maßgeblichen Systeme in einer Bankinfrastruktur (abgesehen von Desktop-Anwendungen, die an anderer Stelle behandelt werden) klar geregelt und zugewiesen. Regelmäßig finden sich jedoch Datenhaushalte entlang der Verarbeitungskette, in denen kein dezidierter Fachbereich die Verantwortung für die darin verarbeiteten Daten übernimmt; noch viel häufiger lässt sich feststellen, dass die tatsächliche Ausübung der mit der fachlichen

Verantwortung einhergehenden Aufgaben nicht vollständig oder nicht einheitlich wahrgenommen wird.

So besteht der erste Schritt in der Adressierung dieser Anforderung für ein Institut, die mit der fachlichen Verantwortung einhergehenden Aufgaben einheitlich für alle Beteiligten an der Prozesskette festzulegen. In *Tabelle 3: Beispielhafte Zusammenstellung von Aufgabenbereichen einer fachlichen Verantwortung für Daten* ist eine beispielhafte Auflistung der in Frage kommenden Aufgabenstellungen zu finden. 331

Aspekte fachlicher Verantwortung für Daten	**Beispielhafte Ausprägung zugehöriger Aufgaben**
Datenerzeugung	▪ Erstmalige Erzeugung einer Information im Rahmen der Verarbeitungskette, z. B. über manuelle Erfassung eines Handelsgeschäftes, den Bezug eines Marktdatums aus einer externen Quelle oder die Ermittlung eines Bewertungspreises
Datenverarbeitung	▪ Transparenter (ggf. über SLA[121] geregelter) Bezug aller benötigten Eingangsdaten für den eigenen Verarbeitungsprozess ▪ Sicherstellung der benötigten Datenqualität (Ableitung des lokalen DQ-Ziels, Messung, Analyse, Verbesserung, Weiterentwicklung) für die verarbeiteten Daten und Mitwirkung an allen relevanten Komponenten des übergreifenden DQ-Prozesses ▪ Operative Auskunftsfähigkeit zu den verarbeiteten Daten ▪ Durchführung aller Prozesse für die Datenverarbeitung inklusive notwendiger Kontrollen (ggf. über die expliziten DQ-Kontrollen hinaus) ▪ Weitergabe der Daten gemäß fachlicher Anforderung nachgelagerter Prozessverantwortlicher (ggf. über SLA geregelt)

121 Service Level Agreements.

Datendokumentation	▪ Aufnahme und kontinuierliche Aktualisierung der fachlichen Beschreibung von Dateninhalten inklusive der Metadaten ▪ Aufnahme und kontinuierliche Aktualisierung der Datenflüsse ▪ Aufnahme und kontinuierliche Aktualisierung von Datenliefervereinbarungen zwischen unterschiedlichen Prozessbeteiligten inklusive Anforderungen zu Datenqualitätsaspekten
Vorgabeverantwortung für Daten	▪ Entwicklung, Kommunikation und Durchsetzung von Vorgaben an einzelne Datenelemente, z. B. für erlaubte Ausprägungen von Zinsberechnungsmethoden bei der Erfassung von Handelsgeschäften oder gültige Bezeichnungen für Portfolios

Tabelle 3: Beispielhafte Zusammenstellung von Aufgabenbereichen einer fachlichen Verantwortung für Daten

332 Eine Zuweisung von fachlichen Verantwortlichkeiten für die Datenverarbeitung wird entweder nicht gelingen oder zu keiner inhaltlichen Verbesserung führen, sofern nicht im Vorfeld ein gemeinsames Verständnis zu den damit einhergehenden Aufgaben hergestellt wurde. Es wird auch nicht immer möglich oder sinnvoll sein, alle Aspekte der fachlichen Verantwortung für einen gegebenen Datenhaushalt ausschließlich einem einzigen Fachbereich zuzuweisen. Relativ häufig ergeben sich Konstellationen, in denen Aufgabenbündel zwischen einzelnen Fachbereichen aufgeteilt werden, aber auch, dass einzelne Aspekte bis auf Datenfeldebene unterschiedlichen Fachbereichen zuzuordnen sind, stellt keinen seltenen Ausnahmefall dar. Die ergänzende Aufnahme der jeweils verantwortlichen IT-Einheit für einen bestimmten Datenhaushalt stellt, wie oben bereits geschildert, selten ein Problem dar, da es sich in der Regel von der Verantwortung für das jeweilige IT-System ableitet.

	Fragestellung »Sind Verantwortlichkeiten durchgängig festgelegt und entsprechende Kontrollen eingerichtet?«	erfüllt
	Ist ein einheitliches Verständnis über fachliche und technische Verantwortlichkeiten für Daten übergreifend fixiert?	
	Gibt es eine übergreifend verbindliche Festlegung, welche Aufgaben mit der fachlichen und technischen Verantwortung für Daten einhergehen?	
	Sind die fachlichen und technischen Verantwortlichkeiten für sämtliche Daten in der Verarbeitungskette durchgängig vergeben?	
	Existiert eine durchgängige und aktuelle Dokumentation der fachlichen und technischen Verantwortlichkeiten für sämtliche Daten in der Verarbeitungskette?	
	Geht daraus hervor, dass sämtliche Aspekte vor allem auch der fachlichen Verantwortung für alle Daten in der Verarbeitungskette zugewiesen sind?	
	Sind durch den für die Datenverarbeitung zuständigen Bereich angemessene prozessabhängige Kontrollen (ggf. über die expliziten DQ-Kontrollen hinaus) etabliert?	

Auszug AT 4.3.4 Tz. 7

Daneben ist regelmäßig zu überprüfen, ob die institutsinternen Regelungen, Verfahren, Methoden und Prozesse von den Mitarbeitern eingehalten werden. Die Überprüfung ist von einer von den geschäftsinitiierenden bzw. geschäftsabschließenden Geschäftseinheiten unabhängigen Stelle wahrzunehmen.

Wie auch durch BCBS 239 wird eine regelmäßige unabhängige Überprüfung gefordert, die die nachhaltige Compliance mit den Anforderungen sicherstellen soll. Während sich im Rahmen von BCBS 239 die Überprüfung selbstverständlich auch auf die Prinzipien zur Risikoberichterstattung bezieht, könnte man durch die Aufnahme dieser Anforderung im Absatz AT 4.3.4 seitens der deutschen Aufsicht davon ausgehen, dass sich der Anwendungsbereich zunächst nur auf die Vorgaben des AT 4.3.4 und nicht des BT 3 bezieht. Gleichwohl steht dem nicht nur der mehrfach diskutierte inhaltliche Zusammenhang zum Berichtswesen, sondern auch die Formulierung in der Erläuterung (»hinreichende Kenntnisse bezüglich der IT-Systeme und des Berichts- 333 wesens«) entgegen. Es ist anzunehmen, dass eine sehr formale enge Auslegung des Anwendungsbereichs der Überprüfung weder sinnvoll ist noch langfristig Bestand haben wird.

334 Eine wichtige Hilfestellung bei der inhaltlichen Ausgestaltung der Überprüfung sind auch die in den Erläuterungen sowohl zu den MaRisk als auch zu BCBS 239 getroffenen Aussagen, die die inhaltlichen, spezifischen Kompetenzen der mit der Prüfung betrauten Mitarbeiter zu IT, Datenverarbeitung und Berichtswesen betonen. Zusammen mit der seitens BCBS 239 direkt formulierten Verortung innerhalb der zweiten und nicht der dritten Verteidigungslinie (Interne Revision) betont dies die Erwartung einer inhaltlich fundierten und nicht einer formalen Überprüfung.

335 Die Prüfungsobjekte selbst sind zu unterscheiden zum einen in die übergreifenden Festlegungen und Vorgaben und deren kontinuierliche Angemessenheit auch bei einer Weiterentwicklung der Geschäfts- und Risikostrategie und bei Marktveränderungen und zum anderen in die Prozesse und Kontrollen der operativen Ausgestaltung der Vorgaben durch die beteiligten Bereiche. Ergänzt werden können die Überprüfungshandlungen durch Stichproben zu einzelnen Prüfungsobjekten mit einer inhaltlichen Tiefenprüfung.

336 Der Turnus der Validierungshandlungen ist festzulegen und das Ergebnis der regelmäßigen Überprüfungen den Managementebenen vorzulegen, entweder bzgl. der nachgewiesenen Einhaltung der Vorgaben oder ggf. auch der Abweichungen davon mit Handlungsempfehlungen.

337 Bezüglich der Ansiedlung der Aufgaben in der Aufbauorganisation ist die Unabhängigkeit der Überprüfung gegen die Sicherstellung der inhaltlichen Kompetenz abzuwägen. Gemäß der wahrnehmbaren Zielsetzung der Aufsicht, eine inhaltlich fundierte Überprüfung zu etablieren, scheint eine Ansiedlung dieser Funktion innerhalb eines der von der Verarbeitungskette betroffenen Bereiche, z. B. dem Risikocontrolling, vorteilhaft. In diesem Fall wäre die Sicherstellung einer angemessenen inhaltlichen Kompetenz der betroffenen Mitarbeiter langfristig leichter zu gewährleisten, die erforderliche Unabhängigkeit der Überprüfung muss dann auf den unteren Ebenen der Aufbauorganisation und durch eine geeignete Ablauforganisation sichergestellt werden.

	Fragestellung »Ist eine regelmäßige unabhängige Überprüfung der Einhaltung der institutsinternen Regelungen, Verfahren, Methoden und Prozesse etabliert?«	**erfüllt**
	Sind angemessene übergreifende Vorgaben zur regelmäßigen unabhängigen Überprüfung etabliert?	
	Sind Vorgaben zu den betroffenen Objekten der unabhängigen Überprüfung, zum Turnus der Validierungshandlungen und der Berichterstattung gegenüber den Managementebenen etabliert?	
	Wird die unabhängige Überprüfung wirksam durchgeführt?	
	Sind die Berichte zum Ergebnis der Überprüfungshandlung dem Management vorgelegt worden?	
	Sind ggf. berichtete Abweichungen von der Einhaltung der Vorgaben angemessen adressiert worden?	

4.3.4.6. Erfolgsfaktoren zur Umsetzung

(K)ein Großprojekt wie jedes andere …

Unmittelbar mit Beginn der Veröffentlichung von BCBS 239 im Januar 2013 338
begann aus mehreren Gründen ein intensiver Austausch in der Branche über die damit einhergehenden Herausforderungen. Zunächst wurde deutlich, dass für eine Festlegung eines konkreten Umsetzungsziels eine institutsspezifische Auslegung der elf Prinzipien erforderlich war. Diese Auslegung war wegen der noch nicht verfügbaren Marktpraxis, aber auch ohne klare institutsspezifische Vorgaben seitens der lokalen Ansprechpartner der Aufsicht mit hoher Unsicherheit behaftet. Auch die von Anfang an über explizite Sanktionsmöglichkeiten demonstrierte hohe Ernsthaftigkeit seitens der Aufsichtsorgane gepaart mit der expliziten Zuweisung der Verantwortung für die gesamthafte, nachhaltige Einhaltung der Prinzipien auf die obersten Managementebenen trug einen großen Teil dazu bei. Nicht zuletzt war die lange Laufzeit der erforderlichen Umsetzungsprogramme mit erheblichen, großen Infrastrukturanpassungen und damit einhergehenden hohen Umsetzungsbudgets ein wesentlicher Treiber für den erforderlichen intensiven Austausch. Als Plattform des Austauschs zwischen den betroffenen Banken, aber auch mit den Vertretern der nationalen und internationalen Aufsicht, den Wirtschaftsprüfern und Bera-

tungsgesellschaften dienten Veröffentlichungen in einschlägigen Branchenmagazinen, Konferenzen, offizielle und informelle sowie regelmäßige und anlassbezogene Roundtables. Eine besondere Bedeutung erlangten aber die seitens des Baseler Komitees für Bankenaufsicht veranlassten Selbsteinschätzungen der betroffenen Banken zum Umsetzungsstand von BCBS 239 und die auf dieser Basis veröffentlichten Fortschrittsberichte.

339 Eine wesentliche Erkenntnis aus diesem Austausch war, dass die planmäßige Erreichung der Compliance-Deadlines durch das Aufsetzen und Abarbeiten entsprechender Umsetzungsprogramme für viele Institute eine immense Herausforderung darstellte und immer noch darstellt. Es ist bemerkenswert, dass noch im vierten Fortschrittsbericht vom März 2017 festgestellt wird, dass nur eine der G-SIB Banken die vollständige Compliance zum ursprünglich avisierten Termin erreicht hat, während für die Umsetzung in den anderen Banken in der Regel ein Zeitraum von fünf bis sechs Jahren anstatt der ursprünglich zugestandenen drei Jahre benötigt wird. Die wesentlichen Herausforderungen wurden zu diesem Zeitpunkt im Management der Komplexität der großen Umsetzungsprogramme gesehen sowie in der Koordination mit anderen strategischen Initiativen der Institute, in einem zu hohen Grad an manuellen Prozessen in der Risikoberichterstattung, in ungenügenden und nicht genügend wirksamen Vorgaben an das bankweite Datenmanagement und in Schwächen im Datenqualitätsmanagement. Zusätzlich kommen Schwierigkeiten bei der Ableitung eines geeigneten Materialitätskonzeptes (konsistent zum Geschäftsmodell bzw. zur Risikoinventur) und der Sicherstellung einer nachhaltigen Compliance (Berücksichtigung in der Weiterentwicklung, bei Fusionen, in der kontinuierlichen Pflege der IT-Infrastruktur) zum Tragen.

340 Die im Folgenden dargestellten Erörterungen maßgeblicher Erfolgsfaktoren bei der Einführung eines übergreifenden Datenmanagements nach BCBS 239 und MaRisk AT 4.3.4 sollen daher Anregungen zur Lösung der spezifischen Herausforderungen geben, ohne den Anspruch einer vollständigen Handlungsanleitung zum Durchführen eines entsprechenden Umsetzungsprojektes zu erheben.

»Datenmanagement? Haben wir doch schon längst!«

341 Der operative Umgang mit Informationen und Daten ist seit jeher Kernbestandteil des Bankgeschäfts und dementsprechend haben die meisten Mitarbeiter und Führungskräfte in den Banken die Wahrnehmung einer zumindest lokal bereits etablierten und bewährten Praxis im »Datenmanagement«. Das macht es besonders schwierig, zum einen die in einer bestehenden Organisa-

tion tatsächlich notwendigen Veränderungen herauszuarbeiten und zum anderen die von der Veränderung betroffenen Stakeholder dafür zu motivieren. Anhand der *Abbildung 3: Vorgaben an die Ausgestaltung des Datenmanagements betreffen viele Bereiche und alle Hierarchie-Ebenen der Bankorganisation* lässt sich erkennen, dass von den Veränderungen bei der Einführung eines übergreifenden Datenmanagement-Systems eine Reihe von sehr unterschiedlichen Stakeholder-Gruppen in einer grundsätzlichen Weise betroffen sind:

1. Den obersten Managementebenen werden explizite Verantwortlichkeiten im Datenmanagement zugewiesen. Das hat u. a. zur Folge, dass sich die Personen in diesen Ebenen oft intensiver als bislang mit den strukturellen Schwächen der Organisation in der Risikodatenaggregation auseinandersetzen und eine eigenständige Position zum Umgang damit (Akzeptieren, Behebung priorisieren) entwickeln müssen. Auch ein tieferes Verständnis dafür, wie eine schnell gestellte Anforderung nach einer neuen Auswertung oder einem neuen Bericht teilweise immense Auswirkungen auf die zugrundeliegende Datenverarbeitung haben kann, wird sich erst entwickeln müssen. Dafür muss ein neuer, inhaltlicher und bidirektionaler Kommunikationskanal zwischen den Managementebenen und der operativen Organisation entwickelt und auch eine ggf. unvorteilhafte Fehlerkultur korrigiert werden.

2. Für die Operationalisierung dieses neuen Kommunikationskanals sowie zur Adressierung der bereichsübergreifenden Themenstellungen sind neuartige Rollen für »zentrales Datenmanagement« und »unabhängige Überprüfung« einzurichten, in der Aufbauorganisation zu verorten und mit entsprechend erfahrenen und kompetenten Mitarbeitern zu besetzen.

3. Die verantwortlichen Fachbereiche entlang der Datenverarbeitungskette sind drei grundsätzlichen Veränderungstreibern ausgesetzt. Zunächst muss jeder Fachbereich akzeptieren, dass sein jeweils lokales, häufig über viele Jahre ausgeprägtes und bewährtes Verständnis vom angemessen Umgang mit Daten häufig nicht vollumfänglich den neuen Anforderungen genügt, regelmäßig aber auch vom Verständnis aller anderen Fachbereiche entlang der Prozesskette abweicht. Die Notwendigkeit zur Synchronisation der diversen Ansätze wird spätestens dann offenkundig, wenn der bereits bestehende Datenfluss vom Front Office über die unabhängige Kontrolle hin zur Ermittlung und Berichterstattung der Risikokennzahlen strukturell um die durchgängige Rückkopplung erweitert wird. Diese transportiert systematisch Anforderungen an die Datenbereitstellung auch im Kontext von Datenqualität als ein neuer elementarer Bestandteil der erforderlichen Zusammenarbeit. Zuletzt sind die Fachbereiche unterschiedlicher Steuerungsdisziplinen, d. h. Rechnungswesen/Bilanzierung, Meldewesen

und Risikocontrolling dazu angehalten, ihre ggf. unterschiedlichen Perspektiven auf die Daten zu einer bestimmten Geschäftsaktivität initial und dann nachhaltig zu vereinheitlichen.

342 All den genannten Veränderungen ist gemeinsam, dass sie nicht nur eine Erweiterung von notwendigem Wissen oder Kompetenzen der betroffenen Mitarbeiter, sondern auch eine Anpassung von Haltungen, Rollenverständnissen und Zusammenarbeitsmodellen erfordern, die eine konsequente, kontinuierliche Adressierung über einen längeren Zeitraum benötigen. Beispielhafte Ausprägungen einer Haltungsänderung können sein, dass die erforderliche Harmonisierung unterschiedlicher Sichtweisen nicht als Bedrohung des eigenen Selbstverständnisses, sondern als Bereicherung wahrgenommen wird. Gleichermaßen sollte die bereichsübergreifende Befassung mit DQ-Auffälligkeiten nicht zu einer »Suche nach dem Schuldigen« verkommen, sondern im Geiste einer kontinuierlichen gemeinsamen Verbesserung aufgesetzt werden.

343 Neben den oben genannten Veränderungen wird es regelmäßig weitere Bestandteile einer initialen Umsetzung geben, die aus methodischen, prozessualen oder infrastrukturellen Anpassungen bestehen. Diese sind in ihrer Art eher Standardvorgänge im Change-the-Bank-Prozess der Banken und stellen daher keine ungewöhnliche Herausforderung an sich dar. Solange die oben genannten Veränderungen jedoch nicht frühzeitig und systematisch angegangen werden, wird schon die Festlegung eines stabilen Umsetzungsziels für eine Organisation eine kaum lösbare Herausforderung sein. Sofern im Kontext der Einführung eines Datenmanagements auch noch große eigenständige IT-Infrastrukturvorhaben ins Leben gerufen werden, z. B. zur Einführung zentraler Datenpools zur einheitlichen Versorgung diverser Unternehmenssteuerungsfunktionen, sollten die oben genannten Veränderungsbedarfe umso konsequenter adressiert werden.

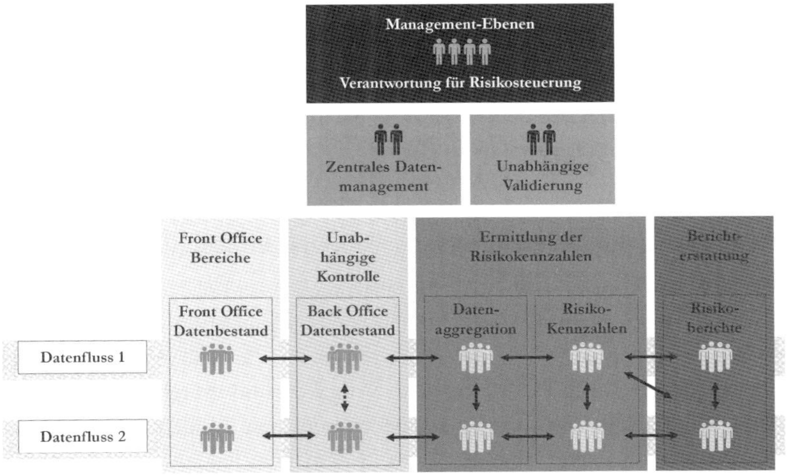

Abbildung 3: Vorgaben an die Ausgestaltung des Datenmanagements betreffen viele Bereiche und alle Hierarchie-Ebenen der Bankorganisation

»Nur eine weitere regulatorische Pflichtübung ...«

In der Summe der Veränderungsbedarfe zur Einführung eines übergreifenden 344
Datenmanagements wird offensichtlich, dass schon allein die Vermittlung des Wissens um die notwendigen Anpassungen bei den vielen Beteiligten eine Herausforderung darstellt, der systematisch begegnet werden muss. Hierfür können entsprechende Change-Management-Ansätze zur Anwendung kommen, die mindestens eine entsprechende projektbegleitende Kommunikation (z. B. über das Intranet, Newsletter, Broschüren, Roadshows), idealerweise jedoch auch ein bedarfsorientiertes Adressieren von identifizierten Widerständen (z. B. über individuelles Coaching, Maßnahmen zur Organisationsentwicklung) beinhalten. Neben der Tatsache, dass die Erfüllung der regulatorischen Anforderungen für die betroffenen Banken der primäre und unausweichliche Treiber einer solchen Umsetzung ist, lässt sich unterstützend feststellen, dass mit der Umsetzung erhebliche Mehrwerte für die verschiedenen Stakeholder in der Organisation verknüpft werden können. Beispiele hierfür sind ein höheres Sicherheitsempfinden bzgl. der Risikoberichte seitens der Vertreter der Managementebenen, die Möglichkeit zur nachhaltigen und systematischen Bereinigung bereichsübergreifender struktureller Qualitätsprobleme sowie die Entwicklung kooperativer Zusammenarbeitsmodelle über Bereichsgrenzen hinweg, aber nicht zuletzt die explizit auch seitens der Aufsicht erwartete Verbesserung der Fähigkeit der Institute, Risikoberichte stan-

dardisiert und ad hoc zu generieren. Die Chance zur Erreichung dieser und weiterer Mehrwerte sollte selbstverständlich allein wegen der Realisierung dieser Mehrwerte an sich genutzt werden. Darüber hinaus erleichtert es aber auch die Kommunikation über die ohnehin notwendigen Anpassungen und hilft dabei, ggf. vorhandene Widerstände gegen die Umsetzung zu überwinden.

»Hauptsache, die Linienorganisation stört das Projekt nicht!«

345 Wie bei jedem Projekt sollten das Projektvorgehen und die Ausgestaltung der Projektsteuerung nicht als eine von der Linienorganisation losgelöste Problemstellung betrachtet werden. Aus der reinen Projektsicht stellt es sich zwar zunächst als einfacher dar, strategische Vorgaben und grundsätzliche Ausgestaltungsmerkmale des Datenmanagements in kleinen Runden oder top-down zu erarbeiten und abnehmen zu lassen. Sofern man jedoch bereits in dieser Phase eine breite Befassung mit den Vertretern der betroffenen Organisationseinheiten in das Projektvorgehen integriert, zahlt sich der damit einhergehende Aufwand mehrfach aus. Zunächst demonstriert ein solches Vorgehen in einer frühestmöglichen Phase den erforderlichen kooperativen Ansatz der Zusammenarbeit der verschiedenen Fachbereichseinheiten und erzielt damit ein besseres, breites Verständnis und eine höhere Akzeptanz der neuen übergreifenden Datenmanagementvorgaben. Das sollte sich zunächst in effizienteren Detailkonzeptions- und Umsetzungsaktivitäten niederschlagen, und nicht zuletzt wird dadurch auch das Risiko verringert, das grundlegende Vorgaben zu einem späten Zeitpunkt korrigiert werden müssen, weil entsprechende Erkenntnisse erst spät in der Anwendung auf die Organisation gewonnen werden.

346 Die vielfältigen Möglichkeiten einer frühzeitigen Ausrichtung der Projektstrukturen auf eine Linienorganisation, die auch nach Abschluss der initialen Umsetzung für eine kontinuierliche Compliance sorgen kann, lassen sich anhand verschiedener Sachverhalte gerade im Kontext eines übergreifenden Datenmanagements demonstrieren, siehe *Tabelle 4: Zusammenspiel zwischen Projekt- und nachhaltigen Linienstrukturen.*

Projektvorgehen/ Projektstruktur	**Verknüpfung zur zukünftigen Linienorganisation**
Einbeziehung der Managementebenen in die Projektsteuerung, z. B. Lenkungsausschuss	Verantwortung für kontinuierliche Einhaltung Compliance bzw. Verfolgung der Maßnahmen zur Wiederherstellung der Compliance
Einbeziehung der Managementebenen in die Entwicklung wesentlicher inhaltlicher Vorgaben	Verantwortung für initiale Festlegung sowie auch regelmäßige Bestätigung bzw. Anpassung der Vorgaben gemäß Weiterentwicklung der Geschäftsstrategie
Priorisierung ausreichender interner und externer Ressourcen für die Umsetzung	Sicherstellung einer nachhaltigen Ressourcenausstattung
Systematisches Projektfortschritts-Controlling auch im Hinblick auf Erhöhung des Compliance-Grades	Durchführung der unabhängigen Überprüfung
Besetzung von Projektsteuerungsgremien, z. B. Lenkungsausschuss und unterstützende Gremien	Etablierung von Gremien zur kontinuierlichen Adressierung datenbezogener bereichsübergreifender Sachverhalte
Identifikation abnahmeverantwortlicher Fach- und IT-Einheiten	Durchgängige Zuweisung fachlicher und technischer Verantwortlichkeiten entlang der gesamten Verarbeitungsprozesse
Systematisches Management von Projektabhängigkeiten	Kontinuierliche Verzahnung mit MaRisk AT 8-Vorgängen (Anpassungen in Aufbau- und Ablauforganisation, Aktivitäten in neuen Produkten oder Märkten sowie Fusionen und Übernahmen)

Tabelle 4: Zusammenspiel zwischen Projekt- und nachhaltigen Linienstrukturen

»Seid Ihr immer noch nicht fertig?«

347 Für ein mehrjähriges Umsetzungsprojekt stellt sich darüber hinaus grundsätzlich die Herausforderung, sowohl die Motivation der handelnden Personen als auch die Akzeptanz der umgebenden Organisation über die Laufzeit aufrecht zu erhalten. Sofern dies nicht gelingt, wirkt es sich unter Umständen nicht nur auf die Qualität der Projektergebnisse und die Disziplin bei der Meilensteinerreichung aus, sondern führt im Extremfall zum Scheitern des Projekts aufgrund des vorzeitigen Abzugs der notwendigen Umsetzungsressourcen. In der Strukturierung des Vorgehens zur Umsetzung eines übergreifenden Datenmanagements sollte diese Perspektive angemessen reflektiert werden. Eine mögliche Ausprägung ist in *Abbildung 4: High-Level Struktur einer Umsetzungs-Roadmap* dargestellt und wird im Folgenden erläutert.

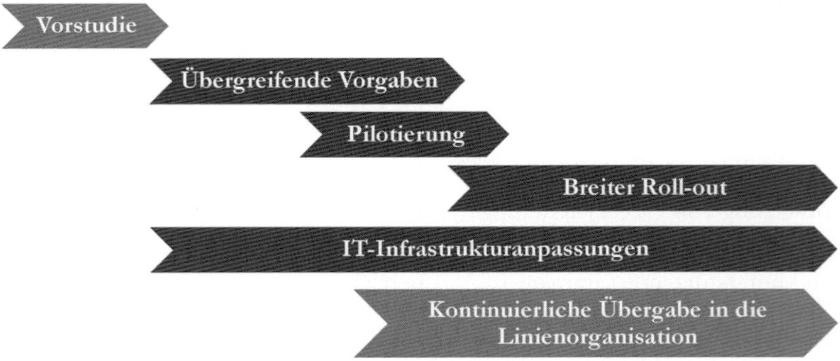

Abbildung 4: High-Level Struktur einer Umsetzungs-Roadmap

348 Im Rahmen einer Vorstudie unter Beteiligung aller maßgeblich betroffenen Fachbereiche und der IT sowie den Managementebenen vor dem eigentlichen Start eines Umsetzungsprojektes werden mindestens folgende Fragestellungen adressiert:

1. Entwicklung und Abstimmung erster Hypothesen zur institutsspezifischen Ausgestaltung der wesentlichen Vorgaben, u. a. Anwendbarkeit auf die Gruppenstruktur, Festlegung der relevanten Managementebenen, betroffene Risikokennzahlen und Ambitionsniveau zur Datenqualität.
2. Ableitung des konkreten Umsetzungsziels inklusive gezielter unterstützender Anpassungen an der IT-Infrastruktur zur Reduktion historisch gewachsener, aber nicht erforderlicher Komplexität oder als Treiber der Vereinheitlichung von Datenkonventionen.

3. Schätzung des erforderlichen Umsetzungs- und nachhaltigen Linienaufwands.

4. Identifikation der betroffenen Bereiche, Ausprägung einer entsprechenden Projektsteuerung und Priorisierung/Aktivierung der benötigten Umsetzungsressourcen.

Das eigentliche Umsetzungsprojekt startet mit der Entwicklung übergreifen- 349
der Vorgaben zur Ausgestaltung des Datenmanagements. In dieser Phase werden die Hypothesen aus der Vorstudie erhärtet und zu einer möglichst frühen ersten »formalen« Abnahme durch die Managementebenen gebracht. Zur Erreichung einer möglichst hohen Akzeptanz der zunächst abstrakt wirkenden Festlegungen hat sich eine flankierende, ggf. mit agilen Vorgehensmodellen durchgeführte Pilotierung der konkreten Umsetzung dieser Vorgaben in den Methoden, Prozessen und IT-Systemen eines begrenzten, aber nicht lokalen Bereichs der betroffenen Prozesskette als sehr hilfreich erwiesen. Der erfolgreiche Abschluss dieser Projektphase und die damit einhergehende Konkretisierung des Umsetzungsziels und hoffentlich positive Resonanz sind dann die Basis für den Roll-out der Umsetzung auf alle betroffenen Bestandteile der Organisation.

Flankierend zur Entwicklung und Umsetzung der Vorgaben hat ein unmittel- 350
barer Start größerer Infrastrukturanpassungen nicht nur den Vorteil, dass ausreichend Zeit für die teilweise langwierigen Maßnahmen bleibt. Er sorgt auch dafür, dass das Projekt nicht nur »Papier produziert«, sondern unmittelbaren und konkreten Mehrwert schafft und damit auch eine positive Wahrnehmung des Projektes in der Organisation unterstützt.

Nicht zuletzt sollte unbedingt darauf geachtet werden, dass die Struktur der 351
Ergebnisobjekte eine frühzeitige Übergabe in die Linie unterstützt. Neben der Vermeidung der immer als kritisch einzuschätzenden Effekte eines Big-Bang-Projektabschlusses hat dies den Vorteil, dass die initiale Stabilisierung und Weiterentwicklung der neuen Linienprozesse durch die noch bestehende Projektorganisation unterstützt werden können. Hiermit ist u. a. auch gemeint, dass eine regelmäßige Bestätigung der übergreifenden Vorgaben seitens des Managements unter Würdigung neuer Erkenntnisse aus der eigenen Umsetzung oder aus externen Entwicklungen, wie z. B. einer sich etablierenden Marktpraxis im Sinne einer ersten »Linienverankerung«, ausgestaltet werden kann.

Fazit zum Abschnitt »Erfolgsfaktoren zur Umsetzung«

352 Die Reflexion und Berücksichtigung der hier ausgeführten Erfolgsfaktoren sind sicherlich kein alleiniger Garant für eine erfolgreiche Etablierung eines übergreifenden Datenmanagement-Systems. Doch für diejenigen, die sich in der Rolle des Projektleiters, Auftraggebers oder Mitwirkenden einer solchen Herausforderung stellen, wird diese Darstellung hoffentlich den einen oder anderen hilfreichen Gedankengang beinhalten.

Literaturverzeichnis

Basel Committee on Banking Supervision (BCBS 239): Principles for effective risk data aggregation and risk reporting, Januar 2013.

Basel Committee on Banking Supervision (BCBS 268): Progress in adopting the principles for effective risk data aggregation and risk reporting, Dezember 2013.

Basel Committee on Banking Supervision (BCBS 308): Progress in adopting the principles for effective risk data aggregation and risk reporting, Januar 2015.

Basel Committee on Banking Supervision (BCBS 348): Progress in adopting the principles for effective risk data aggregation and risk reporting, Dezember 2015.

Basel Committee on Banking Supervision (BCBS 399): Progress in adopting the principles for effective risk data aggregation and risk reporting, März 2017.

4.4. AT 4.4 Besondere Funktionen

Zu den besonderen Funktionen gehören die jeweils auch in § 25a Abs. 1 KWG vorgesehenen Risikocontrolling- und Compliance-Funktionen sowie die Interne Revision. Wenn hier von Funktionen die Rede ist, meint dies eine bestimmte Menge von Mitarbeitern innerhalb des Institutes. Diese müssen nicht unbedingt einen eigenen Bereich bilden oder die jeweiligen Aufgaben exklusiv ausüben. Dabei sind allerdings vielfältige, meist größenabhängige Trennungsvorschriften zu beachten, was teilweise doch auf eigene Bereiche mit sogar exklusiver Geschäftsleiterzuständigkeit hinauslaufen kann. 353

4.4.1. AT 4.4.1 Risikocontrolling-Funktion

Risikocontrolling wird im Rahmen der MaRisk nicht nur prozessual behandelt, sondern seit der MaRisk-Version 2012 ebenso als Funktion im Sinne von mit diesen Aufgaben betrauten Mitarbeitern und Einheiten. Dies gibt einen Rahmen für die konkrete Ausgestaltung der Risikocontrolling-Funktion gemäß § 25a Abs. 1 Nr. 3 c) KWG vor. Die positive Zuweisung von Aufgaben zu dieser Funktion geht mit einer negativen Abgrenzung zu anderen Bereichen einher. Mitarbeiter und Leitung der Risikocontrolling-Funktion werden zudem mit besonderen Kompetenzen ausgestattet. Mit der MaRisk-Version 2017 wurde die Forderung nach Unabhängigkeit der Funktion noch deutlicher formuliert. 354

Auszug AT 4.4.1 Tz. 1

Jedes Institut muss über eine unabhängige Risikocontrolling-Funktion verfügen, die für die Überwachung und Kommunikation der Risiken zuständig ist. Die Risikocontrolling-Funktion ist aufbauorganisatorisch bis einschließlich der Ebene der Geschäftsleitung von den Bereichen zu trennen, die für die Initiierung bzw. den Abschluss von Geschäften zuständig sind.

Während in den MaRisk ansonsten übergreifend von Risikosteuerungs- und -controllingprozessen die Rede ist, erfolgt hier eine konkrete Themenzuordnung: Risikocontrolling beinhaltet die Überwachung und Kommunikation von Risiken (ebenso gemäß BTO Tz. 2). Nicht zum Risikocontrolling gehört die Beurteilung von Risiken, denn diese liegt bei der Geschäftsleitung (AT 3 Tz. 1). Weitere Aufgaben der Risikocontrolling-Funktion bestehen gemäß Auflistung in der folgenden Textziffer 2; diese beziehen sich auf den 355

Risikosteuerungs- und -controllingprozessen vorgelagerte oder übergeordnete Tätigkeiten wie die Risikoinventur.

356 In der MaRisk-Version 2017 wurde die Anforderung der Unabhängigkeit vom Bezug auf Überwachung und Kontrolle auf die Funktion an sich verschoben. Damit wurde deutlicher herausgestellt, dass die Funktionsträger an sich autonom sein sollen und nicht nur eigenständig ihre Aufgaben erledigen. Klar getrennt sein muss die Risikocontrolling-Funktion von den Bereichen, die geschäftlich tätig sind und somit gerade die Risiken übernehmen, die es zu überwachen gilt. Dies sind nach BTO Tz. 3 insbesondere die Bereiche Markt und Handel.

357 Gemäß den neuen Erläuterungen[122] der BaFin zur MaRisk-Version 2017 liegt bereits dann ein unzulässiger Bezug zur Geschäftstätigkeit vor, wenn in einem Bereich Positionsverantwortung besteht, ohne dass Maßnahmen zur Positionierung selbst operativ ausgeführt, sondern nur maßgeblich initiiert werden. Als Beispiel hierfür wird der Treasury-Bereich genannt. Zusätzlich in der vorgenannten Erläuterung klargestellt wurde zudem, dass grundsätzlich eine Zuständigkeit für »nicht-risikorelevantes Kreditgeschäft« im Sinne von BTO 1.1 Tz. 4 ebenfalls nicht mit der Risikocontrolling-Funktion vereinbar ist; eine Ausnahme hiervon ist nur bei kleineren Instituten mit nicht mehr als drei Geschäftsleitern möglich, solange der Bereich Markt hiervon abgetrennt wird und ansonsten keine Interessenkonflikte oder zu konzentrierte Verantwortungen entstehen. Eine solche Zusammenfassung bedarf somit insbesondere einer Dokumentation, dass dadurch keine potenziell gegenläufigen Handlungsimpulse entstehen und sich das Gewicht in der Geschäftsleitung noch relativ gleichmäßig verteilt.

Auszug AT 4.4.1 Tz. 2

Die Risikocontrolling-Funktion hat insbesondere die folgenden Aufgaben:

- Unterstützung der Geschäftsleitung in allen risikopolitischen Fragen, insbesondere bei der Entwicklung und Umsetzung der Risikostrategie sowie bei der Ausgestaltung eines Systems zur Begrenzung der Risiken;
- Durchführung der Risikoinventur und Erstellung des Gesamtrisikoprofils;

122 Vgl. *BaFin*, Mindestanforderungen an das Risikomanagement (MaRisk) – Neufassung vom 27.10.2017 – Anlage 1: Erläuterungen zu den MaRisk in der Fassung vom 27.10.2017.

- Unterstützung der Geschäftsleitung bei der Einrichtung und Weiterentwicklung der Risikosteuerungs- und -controllingprozesse;
- Einrichtung und Weiterentwicklung eines Systems von Risikokennzahlen und eines Risikofrüherkennungsverfahrens;
- Laufende Überwachung der Risikosituation des Instituts und der Risikotragfähigkeit sowie der Einhaltung der eingerichteten Risikolimite;
- Regelmäßige Erstellung der Risikoberichte für die Geschäftsleitung;
- Verantwortung für die Prozesse zur unverzüglichen Weitergabe von unter Risikogesichtspunkten wesentlichen Informationen an die Geschäftsleitung, die jeweiligen Verantwortlichen und ggf. die Interne Revision.

Was mit den grundsätzlichen Aufgaben der Überwachung und Kommunikati- 358
on konkret einhergeht, wird – nicht abschließend – von der BaFin in dieser Teilziffer spezifiziert. Zum einen sind dies die berichtenden Tätigkeiten auf Basis des Gesamtrisikoprofils und im Rahmen der eingerichteten Prozesse. Zum anderen ist es die laufende Weiterentwicklung eben dieser Prozesse, ausgehend von der Risikoinventur über ein Begleiten der Geschäftsleitung beim Fortschreiben der Risikostrategie bis zu konkreten Prozessanpassungen auch außerhalb des Risikocontrollings.

Im Gegensatz zu den Anforderungen an die Compliance-Funktion nach 359
AT 4.4.2 Tz. 1 muss die Risikocontrolling-Funktion jedoch nicht auf Änderungen hinwirken. In der Verantwortung ist die Geschäftsleitung: Das Risikocontrolling soll und muss unterstützen, jedoch quasi nur auf Nachfrage. Letztlich kann es hier auch nicht in die Führung gehen, denn die Entscheidung über Maßnahmen kann nur auf einer Beurteilung der Risikosituation beruhen, und dies gehört nicht zu den Aufgaben der Risikocontrolling-Funktion.

Auszug AT 4.4.1 Tz. 3

Den Mitarbeitern der Risikocontrolling-Funktion sind alle notwendigen Befugnisse und ein uneingeschränkter Zugang zu allen Informationen einzuräumen, die für die Erfüllung ihrer Aufgaben erforderlich sind. Hierzu gehört insbesondere auch ein uneingeschränkter und jederzeitiger Zugang zu den Risikodaten des Instituts.

360 Die Risikocontrolling-Funktion bedarf sowohl für das Erstellen des Gesamtrisikoprofils als auch für die laufende Risikoüberwachung vielfältiger Informationen. Diese müssen den Mitarbeitern des Risikocontrollings intern explizit eingeräumt werden, so dass diese sich ein umfassendes und wirklichkeitsgetreues Bild der Risikosituation machen können. Eine Information der Risikocontrolling-Funktion über Weisungen und Beschlüsse der Geschäftsleitung – sofern dies nicht unter das Beteiligungsgebot bei wichtigen risikopolitischen Entscheidungen nach AT 4.4.1 Tz. 4 fällt – ist hingegen grundsätzlich nicht notwendig, passend dazu, dass das Risikocontrolling in einer unterstützenden und nicht proaktiven Rolle handelt. Allerdings wird es dadurch über potenzielle Änderungen im Gesamtrisikoprofil sowie geplante Prozessänderungen informiert, indem das Risikocontrolling in den Neu-Produkt-Prozess (AT 8.1 Tz. 5) und bei Änderungen an betrieblichen Prozessen und Strukturen (AT 8.2 Tz. 1) eingebunden sein muss.

361 Mit dem Fokus der MaRisk-Version 2017 auf das (Risiko-)Datenmanagement wurde in dieser Textziffer die Klarstellung aufgenommen, dass die Risikocontrolling-Funktion jederzeit und ohne Einschränkungen auf alle Risikodaten des Instituts zugreifen können muss. Damit werden interne Regelungen zu Risikodaten gemäß AT 4.3.4 auch für nicht systemrelevante Institute notwendig. Um Zugriffsrechte einzuräumen, ist deren Reichweite zu definieren, denn das Need-to-know-Prinzip nach AT 4.3.1 Tz. 2 greift auch hier und das Risikocontrolling kann Bezug nehmend auf diese Anforderung nicht automatisch auf alle Institutsdaten zugreifen.

Auszug AT 4.4.1 Tz. 4

Die Leitung der Risikocontrolling-Funktion ist bei wichtigen risikopolitischen Entscheidungen der Geschäftsleitung zu beteiligen. Diese Aufgabe ist einer Person auf einer ausreichend hohen Führungsebene zu übertragen. Sie hat ihre Aufgaben in Abhängigkeit von der Größe des Instituts sowie Art, Umfang, Komplexität und Risikogehalt der Geschäftsaktivitäten grundsätzlich in exklusiver Weise auszufüllen.

362 Der Risikocontrolling-Funktion soll gleichzeitig Schlagkraft und Unabhängigkeit eingeräumt werden, indem die Leitungsaufgabe einer Person auf einer möglichst hohen Hierarchiestufe anvertraut wird. Dies kann eine Ansiedlung in der Geschäftsführung, typischerweise auf der Führungsebene unmittelbar darunter oder notfalls auch auf der dritten Führungsebene bedeuten. Dies

ergibt sich aus der zusätzlichen aufsichtlichen Forderung nach exklusiver Wahrnehmung der Risikocontrolling-Leitung; in den Erläuterungen[123] zur MaRisk-Version 2017 wurde nun klargestellt, welche Konstellationen noch zulässig sind und welche nicht mehr. Der Regelfall ist demnach die Alleinzuständigkeit eines Leiters für das Risikocontrolling auf der Ebene unmittelbar unterhalb der Geschäftsleitung, und zwar explizit getrennt von der Marktfolge.

Eine Ausnahme hiervon ist nur bei Instituten mit höchstens drei Geschäfts- 363
leitern erlaubt. Dort können Risikocontrolling und Marktfolge unter einheitlicher Leitung stehen und dieser sogar Marktfolge-Votierungskompetenzen eingeräumt werden, solange keine Interessenkonflikte vorliegen und die Leitung nicht in Kundenbetreuung und Geschäftsinitiierung eingebunden ist. Kundenkontakt im Rahmen des Sanierungs- und Abwicklungsprozesses gemäß BTO 1.2.5 Tz. 1 dürfte im Normalfall unschädlich sein, dies sollte jedoch spezifisch untersucht und dokumentiert werden. Ebenso ist in Instituten mit maximal drei Geschäftsleitern zulässig, die Leitung Risikocontrolling eine Ebene tiefer anzusiedeln, solange der Direktbericht an die Geschäftsleitung gewährleistet ist. Bei Anwendung dieser Ausnahmeregelung bleibt jedoch zu beachten, dass die MaRisk in erster Linie eine Proportionalität zur Größe und zum Risikogehalt der Geschäftstätigkeit verlangen, so dass dies von der Geschäftsleitung bei Ausgestaltung der Aufbauorganisation neben ihrer reinen Kopfzahl zusätzlich zu berücksichtigen ist.

Die Leitung des Risikocontrollings soll nicht nur hierarchisch möglichst hoch 364
angesiedelt sein, sondern ebenso prozessual in die zentralen risikopolitischen Entscheidungen der Geschäftsleitung eingebunden sein. Dazu sind institutsspezifische Regeln für Anlass und Form der Beteiligung aufzustellen. Aus AT 4.4.1 Tz. 2 ergibt sich, dass mindestens Entscheidungen über die Risikostrategie und das System zur Risikobegrenzung als risikopolitisch relevant gelten. Zusätzlich ist zu definieren, welche Entscheidungen in risikopolitischer Hinsicht als wesentlich gelten. Denkbar, jedoch nicht zwingend, ist etwa die Einbindung bei Geschäften mit hohem Einzelrisiko oder größeren Einzelwertberichtigungen. Da die MaRisk von risikopolitischen Entscheidungen nur der Geschäftsführung sprechen, ergibt sich jedenfalls nicht automatisch eine Einbindung in Entscheidungen auf Ebene der Geschäftsbereiche. Ebenfalls nicht vorgegeben und damit institutsspezifisch festzulegen ist die Art der Beteiligung. Dies umfasst naturgemäß mindestens die (Vorab-)Information

123 Vgl. *BaFin*, Mindestanforderungen an das Risikomanagement (MaRisk) – Neufassung vom 27.10.2017 – Anlage 1: Erläuterungen zu den MaRisk in der Fassung vom 27.10.2017.

und sinnvollerweise die Kenntnisnahme der Einschätzung seitens der Risikocontrolling-Leitung. Beides sollte dokumentiert werden. Eine Mitentscheidungsvollmacht oder ein Vetorecht ergeben sich aus dieser Regelung hingegen nicht.

Auszug AT 4.4.1 Tz. 5

Bei systemrelevanten Instituten hat die exklusive Wahrnehmung der Leitung der Risikocontrolling-Funktion grundsätzlich durch einen Geschäftsleiter zu erfolgen (»Chief Risk Officer« – CRO). Er kann auch für die Marktfolge zuständig sein, sofern eine klare aufbauorganisatorische Trennung von Risikocontrolling-Funktion und Marktfolge bis unterhalb der Geschäftsleiterebene erfolgt. Der CRO darf weder für den Bereich Finanzen/Rechnungswesen (»Chief Financial Officer« – CFO) noch für den Bereich Organisation/IT »Chief Operational Officer« – COO) verantwortlich sein. Ausnahmen hiervon sind lediglich im Vertretungsfall möglich.

365 Mit der MaRisk-Version 2017 wurde die bisherige reine Erläuterung[124], die Leitung des Risikocontrollings bei großen und international tätigen Instituten auf Geschäftsleitungsebene anzusiedeln, zu einer eigenen Textziffer. Zudem ist nun klargestellt, dass sich die Forderung nur auf systemrelevante Institute bezieht. Im Gegensatz zu AT 4.4.1 Tz. 4 wird bei einer solchen Konstellation jedoch auch die Zuständigkeit für die Marktfolge zugelassen, solange auf der nächsten Führungsebene eine organisatorische Trennung erfolgt. Insofern wird mit dieser Regelung eine maßgebliche Einbringung der Risikosicht bei risikopolitischen Entscheidungen durch den Chief Risk Officer erreicht, da dieser selbst Teil der Geschäftsleitung ist und über entsprechende Entscheidungskompetenzen verfügt; gleichzeitig wird jedoch die natürliche Aufgabendelegation an spezialisierte Bereiche nicht in Frage gestellt. Allerdings wird bei systemrelevanten Instituten AT 4.4.1 Tz. 1 verschärft, denn eine gleichzeitige ständige Zuständigkeit auch für die Bereiche Finanzen/Rechnungswesen und Organisation/IT wird als nicht zulässig erklärt.

124 Vgl. *BaFin*, Mindestanforderungen an das Risikomanagement (MaRisk) – Neufassung vom 14.12.2012 – Anlage 1: Erläuterungen zu den MaRisk in der Fassung vom 14.12.2012.

> **Auszug AT 4.4.1 Tz. 6**
>
> Wechselt die Leitung der Risikocontrolling-Funktion, ist das Aufsichtsorgan rechtzeitig vorab unter Angabe der Gründe für den Wechsel zu informieren.

Die exponierte Stellung der Leitung der Risikocontrolling-Funktion wird dadurch betont, dass das Aufsichtsorgan über einen Wechsel zu informieren ist. Gegenüber dem Vorsitzenden des Aufsichtsorgans oder seines Risikoausschusses besteht nach § 25d Nr. 8 KWG zudem eine unmittelbare Auskunftspflicht. Wie beim Compliance-Beauftragten (AT 4.4.2 Tz. 8) und beim Leiter der Internen Revision (AT 4.4.3 Tz. 6) muss ein Wechsel bereits vorab und unter Angabe der Wechselgründe erfolgen, wie die MaRisk-Version 2017 nun ausdrücklich fordert. Für alle drei Fälle empfiehlt sich eine gemeinsame interne Regelung, in der auch definiert wird, was unter Rechtzeitigkeit zu verstehen ist. Die MaRisk beziehen sich in allen drei Fällen allerdings auf den Wechsel und nicht auf die Wechselabsicht, so dass hier keine Eingriffsmöglichkeit des Aufsichtsorgans begründet wird, ebenso wenig wie zwingend eine ad hoc-Information. 366

4.4.2. AT 4.4.2 Compliance-Funktion

Die Compliance-Funktion stellt gemäß § 25a Abs. 1 Nr. 3. c) KWG einen zwingenden Bestandteil des internen Kontrollsystems jedes Kreditinstituts dar. Diesbezügliche Anforderungen der Aufsicht wurden erstmals in die MaRisk-Version von 2012 aufgenommen. Die neuen MaRisk fügen diesen bekannten Vorgaben eine Reihe von Klarstellungen hinzu, vor allem in organisatorischer Hinsicht. 367

> **Auszug AT 4.4.2 Tz. 1**
>
> Jedes Institut muss über eine Compliance-Funktion verfügen, um den Risiken, die sich aus der Nichteinhaltung rechtlicher Regelungen und Vorgaben ergeben können, entgegenzuwirken. Die Compliance-Funktion hat auf die Implementierung wirksamer Verfahren zur Einhaltung der für das Institut wesentlichen rechtlichen Regelungen und Vorgaben und entsprechender Kontrollen hinzuwirken. Ferner hat die Compliance-Funktion die Geschäftsleitung hinsichtlich der Einhaltung dieser rechtlichen Regelungen und Vorgaben zu unterstützen und zu beraten.

368 Compliance bezeichnet das Einhalten rechtlicher Regelungen und Vorgaben. Kreditinstitute unterliegen vielfältigen Rechtsvorschriften, sowohl für das originäre Bankgeschäft selbst als auch für den gewerblichen Geschäftsbetrieb an sich, etwa die Rechnungslegung oder den Datenschutz. Werden rechtliche Anforderungen verletzt, sind damit zum Beispiel Geldbußen, Schadenersatzverpflichtungen, Rufschädigungen oder der Entzug einer Erlaubnis verbunden. Verletzungen von Rechtsvorschriften können somit Konsequenzen für die Ertrags- und Vermögenslage eines Institutes nach sich ziehen. Compliance-Risiko stellt damit eine eigene Risikoart dar, die im Rahmen des Risikomangements zu adressieren ist.

369 Rechtliche Regelungen und Vorgaben sind von jedem Handelnden selbst zu berücksichtigen und einzuhalten, und zwar im vollen Umfang. Weder sehen KWG oder MaRisk eine Berücksichtigung nur der wesentlichen Gesetzesbestimmungen vor, noch wird die Verantwortung zur Einhaltung alleine bei der Geschäftsleitung oder einer Compliance-Stelle angesiedelt. Rechtstreue ist nicht (hoch-) delegierbar. Dies kann bei alltäglichen Entscheidungssituationen in den Geschäftsbereichen allerdings auch dazu führen, dass geschäftliche oder persönliche Interessen den rechtlichen Anforderungen entgegenstehen. Hier sollte klar sein: Die rechtlichen Anforderungen haben Vorrang. In der Verantwortung der Geschäftsleitung liegt nach § 25a Abs. 1 KWG daher, dass die Geschäftsorganisation das Einhalten von für das Kreditinstitut relevanten gesetzlichen Bestimmungen sicherstellt. Dies geschieht klassisch auf dem Wege der institutsinternen Ordnung und durch eine »angemessene Compliance-Kultur«. Letztere bezeichnete die BaFin im Anschreiben[125] zur MaRisk-Version von 2012 sogar als Kern ihrer Anforderungen.

370 Die Compliance-Funktion – und die ihr zugeordneten Mitarbeiter – sollen die Geschäftsleitung in dieser Hinsicht unterstützen, und zwar helfend und drängelnd. Ihre Berichte und Empfehlungen sollen die Geschäftsführung dazu bringen, adäquate Verfahren zur Einhaltung von rechtlichen Vorgaben und Regelungen einzurichten und diese von Kontrollen zu flankieren. Die konkrete Geschäftstätigkeit des Instituts ist Grundlage der Arbeit dieser Funktion, denn ihr Augenmerk liegt auf den wesentlichen Rechtsvorgaben, und diese Einschätzung kann von Institut zu Institut erheblich variieren. Insofern können sich weder Geschäftsleitung noch Compliance-Funktion ihren jeweiligen Verantwortungen entledigen, indem organisatorischen Pauschalrezepten gefolgt wird. Die entwickelten und eingerichteten Vorkehrungen müssen sich

125 Vgl. *BaFin*, Mindestanforderungen an das Risikomanagement (MaRisk) – Neufassung vom 14.12.2012 – Anschreiben an alle Verbände der Kreditwirtschaft.

daher am Geschäftsbetrieb orientieren und dem tatsächlichen Schadenspotenzial angemessen sein, wenn der MaRisk-Forderung nach Wirksamkeit der Verfahren und einem Fokus auf die Wesentlichkeit von Compliance-Risiken entsprochen werden soll.

Die Regelungen der MaRisk betreffen seit der Version 2012 eine Compliance-Funktion, welche die gesamte Bandbreite an rechtlichen Anforderungen im Blick hat. Bereits länger präsent unter gleicher Bezeichnung ist die Compliance-Funktion nach § 33 Abs. 1 Nr. 1 WpHG (»Wertpapier-Compliance«), deren Aufgabe auf die Einhaltung der WpHG-Regelungen beschränkt ist. Die BaFin hat für diese WpHG-Compliance-Funktion 2010 eigene Mindestanforderungen an die Compliance-Funktion (MaComp)[126] aufgestellt. Im Anschreiben[127] zur MaRisk-Version 2012 stellt die BaFin klar, dass WpHG-Compliance nur einen Teilbereich der MaRisk-Compliance ausmacht. Die WpHG-Compliance ist ebenso gemeint, wenn in AT 5 Tz. 3 der MaRisk Compliance als ein Beispiel für einzuhaltende rechtliche Regelungen und Vorgaben genannt wird. Zu berücksichtigen ist bei dieser sprachlichen Überlappung, dass WpHG und KWG nicht den identischen Geltungsbereich haben. Die MaRisk-Regelungen und damit die MaRisk-Compliance-Funktion sind auf alle institutsrelevanten Rechtsvorschriften ausgerichtet und umfassen die WpHG-Compliance als ein möglicherweise relevantes Feld. Eine entsprechende Mitabdeckung gilt für die Vorschriften auf Basis von § 25h KWG, wonach an der Gefährdungssituation orientierte Sicherungsmaßnahmen zur Verhinderung von Geldwäsche, Terrorismusfinanzierung und sonstigen strafbaren Handlungen einzurichten sind. 371

Auszug AT 4.4.2 Tz. 2

Die Identifizierung der wesentlichen rechtlichen Regelungen und Vorgaben, deren Nichteinhaltung zu einer Gefährdung des Vermögens des Instituts führen kann, erfolgt unter Berücksichtigung von Risikogesichtspunkten in regelmäßigen Abständen durch die Compliance-Funktion.

126 Vgl. *BaFin*, Rundschreiben 4/2010: Mindestanforderungen an die Compliance-Funktion und die weiteren Verhaltens-, Organisations- und Transparenzpflichten nach §§ 31 ff. WpHG für Wertpapierdienstleistungsunternehmen (MaComp) – Neufassung vom 08.03.2017.

127 Vgl. *BaFin*, Mindestanforderungen an das Risikomanagement (MaRisk) – Neufassung vom 14.12.2012 – Anschreiben an alle Verbände der Kreditwirtschaft.

372 Grundlage der Arbeit der Compliance-Funktion ist eine Analyse der Gefährdungssituation des Institutes in rechtlicher Hinsicht. Diese hat auf jeden Fall turnusmäßig zu geschehen, typischerweise wird die Analyse mindestens einmal pro Jahr fortgeschrieben. Eine Gesamtanalyse mehrmals im Jahr dürfte angesichts typischer Vorläufe für Rechtsvorhaben meistens übertrieben sein, bei einem Rhythmus von mehreren Jahren könnten jedoch neue relevante Rechtsvorschriften länger unbeachtet bleiben. Nicht vorgeschrieben ist ein laufendes Rechtsmonitoring; allerdings kann hierdurch auch die ansonsten auftretende Arbeitsspitze bei der regelmäßigen Analyse etwas geglättet werden, wenn eine laufende Fortschreibung erfolgt. Ein Neueinordnungsbedarf von rechtlichen Vorschriften kann sich zudem ergeben, wenn es Änderungen in der Geschäftstätigkeit gibt. Die MaRisk sehen daher vor, die Compliance-Funktion in den Neu-Produkt-Prozess (AT 8.1 Tz. 5) und bei Änderungen betrieblicher Prozesse und Strukturen (AT 8.2 Tz. 1) einzubinden.

373 Ergebnis dieser regelmäßigen Analyse ist eine Liste des institutsspezifisch wesentlichen Compliance-Risikos. Maßstab für die Wesentlichkeitseinstufung ist die konkrete Geschäftstätigkeit, denn die Nichtberücksichtigung von Rechtsvorschriften muss schon zu einer Vermögensgefährdung führen. Diese Richtschnur alleine würde die Aufgabe zur Identifikation von Compliance-Einzelrisiken trotzdem fast unmöglich machen, müssten doch erst alle rechtlichen Vorschriften auf Wesentlichkeit untersucht werden. Die BaFin hatte daher bereits im Anschreiben[128] zur MaRisk-Version 2012 eine Liste mit Rechtsbereichen aufgeführt, die mit den Vorgaben zur Compliance-Funktion adressiert werden sollten: »Vorgaben zu Wertpapierdienstleistungen (WphG), Geldwäsche und Terrorismusfinanzierung, allgemeine Verbraucherschutzvorgaben (z. B. auch mit Bezug auf das Kreditgeschäft oder andere Aktivitäten), Datenschutzvorgaben, Verhinderung doloser Handlungen zu Lasten des Instituts, ggf. weitere rechtliche Regelungen und Vorgaben, soweit sie vom Institut als unter Compliance-Gesichtspunkten wesentlich eingestuft wurden«. Diese fünf Rechtsbereiche sollten von der Analyse somit auf jeden Fall abgedeckt und anhand der konkreten Geschäftstätigkeit beurteilt werden. Innerhalb dieser Rechtsfelder können es daher von Institut zu Institut verschiedene Einzelvorschriften sein, die als wesentliches Compliance-Risiko eingestuft werden.

---

128 Vgl. *BaFin*, Mindestanforderungen an das Risikomanagement (MaRisk) – Neufassung vom 14.12.2012 – Anschreiben an alle Verbände der Kreditwirtschaft.

Die BaFin nimmt im vorgenannten Anschreiben zudem jene Rechtsbereiche, die vom Risikocontrolling, dem Rechnungswesen und dem Bereich Recht adressiert werden, aus den für die Compliance-Funktion relevanten Rechtsthemen grundsätzlich heraus. Im Sinne der ansonsten geforderten Gesamtsicht sollte die regelmäßige Analyse dennoch auch auf diese Rechtsbereiche eingehen, auch wenn dies sehr kurz geschehen kann, falls der aufsichtlichen Argumentation gefolgt wird. Obwohl mindestens WpHG-Compliance, Geldwäsche und Datenschutz ebenfalls bereits spezialisiert adressiert werden dürften, kann auf eine eingehende Analyse der fünf explizit genannten Rechtsgebiete nicht mit dem gleichem Argument verzichtet werden. 374

Die Wesentlichkeitseinschätzung des Compliance-Risikos kann zum Beispiel anhand der üblichen Dimensionen Eintrittswahrscheinlichkeit und Schadenspotenzial bei Eintritt erfolgen. Ihrem Auftrag zur Unterstützung beim Einhalten der wesentlichen rechtlichen Regelungen und Vorgaben kann die Compliance-Funktion nachkommen, indem sie jedem Bruttorisiko die diesbezüglich eingerichteten Vorkehrungen gegenüberstellt, deren Wirksamkeit beurteilt und das verbleibende Nettorisiko abschätzt. Hieraus ergeben sich fast automatisch Empfehlungen für Handlungsbedarf – möglicherweise sogar zum Rückbau von Vorkehrungen, die mittlerweile nicht mehr notwendig sind. 375

Auszug AT 4.4.2 Tz. 3

Grundsätzlich ist die Compliance-Funktion unmittelbar der Geschäftsleitung unterstellt und berichtspflichtig. Sie kann auch an andere Kontrolleinheiten angebunden werden, sofern eine direkte Berichtslinie zur Geschäftsleitung existiert. Zur Erfüllung ihrer Aufgaben kann die Compliance-Funktion auch auf andere Funktionen und Stellen zurückgreifen. Die Compliance-Funktion ist abhängig von der Größe des Instituts sowie der Art, des Umfangs, der Komplexität und dem Risikogehalt der Geschäftsaktivitäten in einem von den Bereichen Markt und Handel unabhängigen Bereich anzusiedeln.

Nur die Geschäftsführung kann der Compliance-Funktion bezüglich ihrer inhaltlichen Tätigkeit Weisungen erteilen, und umgekehrt müssen fachliche Informationen nur an diese fließen. Diese Vorgabe bezieht sich auf die Tätigkeit im Rahmen der Compliance. Sofern Einheiten oder Personen gleichzeitig auch andere Tätigkeiten ausüben, muss dies für jene nicht gelten. Die Compliance-Funktion kann in einer anderen Kontrolleinheit angesiedelt sein oder mit 376 dieser zusammenfallen. Die Zuordnung zu einer anderen Einheit verlagert dann die personelle Führungslinie, nicht jedoch die direkte fachliche Zusammenarbeit mit der Geschäftsleitung. Als andere Kontrolleinheiten in Frage kommen nach den Erläuterungen[129] der BaFin explizit die Risikocontrolling-Funktion sowie die Funktion des Geldwäschebeauftragten nach § 25h Abs. 7 KWG bzw. § 7 GwG, wobei hier jeweils ebenfalls eine direkte fachliche Berichtslinie zur Geschäftsleitung bestehen muss. Diese Themen müssen wohlgemerkt nicht zusammengelegt sein, sondern können dezentral bearbeitet werden. Weitere Einheiten, in denen eine Ansiedlung möglich ist, sind die Marktfolge, die Abwicklung und Kontrolle, das Rechnungswesen und der Bereich Recht. Explizit nicht in Frage kommt nach diesen Erläuterungen die Interne Revision. Die neue Version 2017 der MaRisk stellt zudem nun explizit klar, dass die Compliance-Funktion nicht innerhalb der Bereiche Markt und Handel angesiedelt werden darf. Die organisatorische Ausgestaltung hat sich letztlich nach der Institutsgröße und der Geschäftstätigkeit zu richten.

377 Umgekehrt hat die Compliance-Funktion ein aufgabenbezogenes Weisungsrecht gegenüber allen anderen Funktionen und Einheiten des Instituts. Ihre erste Aufgabe ist, auf Verfahren und Kontrollen zur Einhaltung von Rechtsvorschriften hinzuwirken, nicht jedoch die Einführung dieser Vorkehrungen selbst. Die einforderbare Zuarbeit zur Compliance-Funktion besteht hier somit in der Behandlung und Priorisierung von als notwendig identifizierten Maßnahmen. Eine Projektführerschaft der Compliance-Funktion bei der Implementierung ergibt sich hieraus nicht. Zweite Aufgabe der Compliance-Funktion ist die Identifikation von Compliance-Risiken – hierzu enthält AT 4.4.2 Tz. 5 die detaillierten Regelungen. Wenn als notwendig erachtet, muss zudem der Bereich Recht Gesetzesänderungen zuliefern. Zudem müssen die Beauftragten für einzelne Rechtsthemen, insbesondere den explizit aufgelisteten, der Compliance-Funktion ihre Teilanalysen bereitstellen. Weitere hilfreiche Quellen, die nach dieser Regelung Informationen mindestens auf Anforderung zuliefern müssen, sind das Risikocontrolling und die Interne Revision.

---

129 Vgl. *BaFin*, Mindestanforderungen an das Risikomanagement (MaRisk) – Neufassung vom 27.10.2017 – Anlage 1: Erläuterungen zu den MaRisk in der Fassung vom 27.10.2017.

Auszug AT 4.4.2 Tz. 4

Systemrelevante Institute haben für die Compliance-Funktion eine eigenständige Organisationseinheit einzurichten.

Während allgemein die Compliance-Funktion in anderen Kontrolleinheiten und auch dezentral angesiedelt sein kann, müssen systemrelevante Institute eine eigene Einheit dafür bilden. Dies ist nun eine Muss-Forderung der neuen MaRisk, während bisher nur eine entsprechende Soll-Anforderung für größere Institute bestand. Die geforderte Eigenständigkeit schließt die Befassung mit Compliance-fremden Aufgaben aus, nicht jedoch mit Unteraspekten der Compliance im Sinne der MaRisk. Eine solche Einheit darf und wird tendenziell auch die WpHG-Compliance-Funktion und den Geldwäschebeauftragten umfassen. 378

Auszug AT 4.4.2 Tz. 5

Das Institut hat einen Compliance-Beauftragten zu benennen, der für die Erfüllung der Aufgaben der Compliance-Funktion verantwortlich ist. Abhängig von Art, Umfang, Komplexität und Risikogehalt der Geschäftsaktivitäten sowie der Größe des Instituts kann im Ausnahmefall die Funktion des Compliance-Beauftragten auch einem Geschäftsleiter übertragen werden.

Die Compliance-Funktion ist an sich eine Aufgabe, die von mindestens einer Person wahrgenommen wird. Durch die Vorgabe der MaRisk, einen Compliance-Beauftragten zu benennen, werden erstens die Verantwortung zum Erfüllen der Aufgaben der Compliance-Funktion personalisiert und zweitens möglicherweise dezentral behandelte Risikobereiche gebündelt. Damit muss zugleich eine Person ausgezeichnet werden, die finale Entscheidungen trifft, etwa bei der Wesentlichkeitsbeurteilung. Nach den Erläuterungen[130] der BaFin zu AT 7.1 Tz. 1 muss zwingend nur dieser Compliance-Beauftragte eine spezifische Qualifikation besitzen; für reine Mitarbeiter ohne Entscheidungsgewalt gilt dies nicht. Ebenso kann nach AT 9 Tz. 4 und 5 in Ausnahmefällen zwar die Compliance-Funktion ganz oder teilweise ausgelagert werden, der Compliance-Beauftragte hingegen nicht. Verantwortung kann nur jemand tragen, der bindende Entscheidungen treffen kann, also Teil des Instituts ist. Insbesondere in solchen Fällen lassen die MaRisk zu, dass der Compliance-Beauftragte 379

130 Vgl. *BaFin*, Mindestanforderungen an das Risikomanagement (MaRisk) – Neufassung vom 27.10.2017 – Anlage 1: Erläuterungen zu den MaRisk in der Fassung vom 27.10.2017.

Teil der Geschäftsleitung ist. Weitere Ausnahmen können sich bei kleineren Instituten mit wenig komplexen Geschäftstätigkeiten ergeben.

Auszug AT 4.4.2 Tz. 6

Den Mitarbeitern der Compliance-Funktion sind ausreichende Befugnisse und ein uneingeschränkter Zugang zu allen Informationen einzuräumen, die für die Erfüllung ihrer Aufgaben erforderlich sind. Weisungen und Beschlüsse der Geschäftsleitung, die für die Compliance-Funktion wesentlich sind, sind ihr bekanntzugeben. Über wesentliche Änderungen der Regelungen, die die Einhaltung der wesentlichen rechtlichen Regelungen und Vorgaben gewährleisten sollen, sind die Mitarbeiter der Compliance-Funktion rechtzeitig zu informieren.

380 Die Compliance-Funktion muss für ihre regelmäßige Analyse zur Risikoidentifikation das gesamte Geschäftsspektrum mit dem gesamten rechtlichen Rahmenwerk in Verbindung bringen. Hierfür ist sie realistischerweise auf Informationen aus allen Bereichen des Institutes angewiesen – und muss nach den MaRisk hierfür uneingeschränkte Informationsrechte erhalten. Dies kann grundsätzlich bereits aus AT 4.4.2 Tz. 3 gefolgert werden, besser durchsetzbar ist dieses Recht jedoch, wenn es wie hier gefordert als Befugnis institutsintern festgeschrieben ist. Explizit eingeschlossen sind relevante Weisungen und Beschlüsse der Geschäftsleitung, die der Compliance-Funktion ohne besondere Aufforderung zuzuleiten sind, d. h. die Geschäftsleitung hat eine Bringschuld. Dies gilt ebenso für Änderungen an Vorkehrungen mit Compliance-Relevanz. Beides wird sinnvollerweise ebenfalls im internen Regelwerk als verpflichtend festgeschrieben.

Auszug AT 4.4.2 Tz. 7

Die Compliance-Funktion hat mindestens jährlich sowie anlassbezogen der Geschäftsleitung über ihre Tätigkeit Bericht zu erstatten. Darin ist auf die Angemessenheit und Wirksamkeit der Regelungen zur Einhaltung der wesentlichen rechtlichen Regelungen und Vorgaben einzugehen. Ferner hat der Bericht auch Angaben zu möglichen Defiziten sowie zu Maßnahmen zu deren Behebung zu enthalten. Die Berichte sind auch an das Aufsichtsorgan und die Interne Revision weiterzuleiten.

Die Risikoanalyse der Compliance-Funktion nach AT 4.4.2 Tz. 2 ist für sich genommen eine rein interne Angelegenheit, und nach AT 4.4.2 Tz. 3 besteht generell nur eine allgemeine Berichtspflicht gegenüber der Geschäftsleitung. Mindestens einmal mindestens jährlich muss auf jeden Fall ein Bericht über die bestehenden Maßnahmen zum Einhalten rechtlicher Regelungen und Vorgaben erfolgen, kombiniert mit Hinweisen auf Verbesserungsnotwendigkeiten und konkreten Anpassungsvorschlägen. Hierbei darf sich auf als wesentlich identifizierte Rechtsvorschriften beschränkt werden. Das Mitliefern einer Begründung der Wesentlichkeit ist nicht verpflichtend, dürfte den Empfehlungen jedoch Nachdruck verleihen und daher typischerweise Berichtsbestandteil sein; zudem ist die aktualisierte Risikoanalyse Beleg für die ebenfalls zu berichtende Tätigkeit. 381

Mit dieser Teilziffer wird die Berichtspflicht der Compliance-Funktion zudem auf das Aufsichtsorgan und die Interne Revision als Empfänger ausgeweitet. Aus der Weiterleitung ergibt sich, dass der Bericht in schriftlicher Form zu erfolgen hat. Besondere Anlässe können einen außerordentlichen Bericht notwendig machen, so z. B. bei einer deutlichen Änderung der Wesentlichkeitseinstufung, bei akutem Handlungsbedarf oder bei besonderen Ereignissen innerhalb der Compliance-Funktion, etwa personeller Art. 382

Auszug AT 4.4.2 Tz. 8

Wechselt die Position des Compliance-Beauftragten, ist das Aufsichtsorgan rechtzeitig vorab unter Angabe der Gründe für den Wechsel zu informieren.

Der Compliance-Beauftragte trägt die Verantwortung für die Wahrnehmung der Aufgaben der Compliance-Funktion und damit auch für den mindestens jährlichen Bericht an das Aufsichtsorgan. Bei einem Wechsel des Verantwortlichen soll das Aufsichtsorgan entsprechend informiert werden. Die Einfügung in den neuen MaRisk, dass die Information rechtzeitig und unter Angabe der Wechselgründe zu erfolgen hat, eröffnet dem Aufsichtsorgan Einblick in die Compliance-Kultur des Instituts. Da erst der feststehende Wechsel und nicht bereits eine Wechselabsicht zu melden ist, ergeben sich hieraus allerdings keine Eingriffsmöglichkeiten des Aufsichtsorgans. Diese Regelung entspricht derjenigen zur Risikocontrolling-Funktion (AT 4.4.1 Tz. 6) und zum Leiter der Internen Revision (AT 4.4.3 Tz. 6). 383

Checkliste (und Praxistipps)

	Checkliste »Besondere Funktionen«	**Erfüllt**
1.	Wurde eine Risikocontrolling-Funktion eingerichtet?	
2.	Ist dabei die aufbauorganisatorische Trennung von damit unvereinbaren Tätigkeiten berücksichtigt?	
3.	Ist die Risikocontrolling-Funktion in Risikoinventur, Risikostrategieentwicklung und Risikoprozess-Entwicklung eingebunden?	
4.	Sind alle Mitarbeiter der Risikocontrolling-Funktion mit den notwendigen Befugnissen ausgestattet?	
5.	Wurde die Leitung der Risikocontrolling-Funktion auf einer ausreichend hohen Führungsebene angesiedelt?	
6.	Ist bei einem Wechsel der Leitung der Risikocontrolling-Funktion eine Information des Aufsichtsgremiums rechtzeitig und mit Gründen vorgesehen bzw. erfolgt?	
7.	Wurde eine Compliance-Funktion eingerichtet?	
8.	Ist dabei die aufbauorganisatorische Trennung von damit unvereinbaren Tätigkeiten berücksichtigt?	
9.	Hat die Compliance-Funktion die wesentlichen rechtlichen Regelungen und Vorgaben identifiziert, deren Nichteinhaltung zu einer Gefährdung des Vermögens des Instituts führen kann?	
10.	Ist ein fachlicher Direktbericht an die Geschäftsleitung vorgesehen und gelebt?	
11.	Erfolgt mindestens jährlich ein Tätigkeitsbericht?	
12.	Beinhaltet der Tätigkeitsbericht Aussagen zur Angemessenheit und Wirksamkeit der Regelungen zur Einhaltung der wesentlichen rechtlichen Regelungen und Vorgaben, Angaben zu möglichen Defiziten sowie zu Maßnahmen zu deren Behebung?	
13.	Erhalten Interne Revision und Aufsichtsgremium eine Berichtskopie?	

14.	Sind alle Mitarbeiter der Compliance-Funktion mit den notwendigen Befugnissen ausgestattet?	
15.	Wurde ein Compliance-Beauftragter benannt?	
16.	Ist bei einem Wechsel des Compliance-Beauftragten eine Information des Aufsichtsgremiums rechtzeitig und mit Gründen vorgesehen bzw. erfolgt?	

4.4.3. AT 4.4.3 Interne Revision

384 Die MaRisk fordern im AT 4.4.3 eine funktionsfähige Interne Revision, d. h. diese muss sowohl formalen als auch inhaltlichen Ansprüchen gerecht werden.

Auszug AT 4.4.3 Tz. 1
Jedes Institut muss über eine funktionsfähige Interne Revision verfügen. Bei Instituten, bei denen aus Gründen der Betriebsgröße die Einrichtung einer Revisionseinheit unverhältnismäßig ist, können die Aufgaben der Internen Revision von einem Geschäftsleiter erfüllt werden.

Definition Interne Revision

385 Nach der Definition des Berufsstandes erbringt die Interne Revision unabhängige und objektive Prüfungs- und Beratungsdienstleistungen, welche darauf ausgerichtet sind, Mehrwerte zu schaffen und Geschäftsprozesse zu verbessern. Sie unterstützt die Organisation bei der Erreichung ihrer Ziele, in dem sie mit einem systematischen und zielgerichteten Ansatz die Effektivität des Risikomanagements, der Kontrollen und der Führungs- und Überwachungsprozesse bewertet und diese verbessern hilft.[131]

386 Als Ergebnis der Definition wurde ein Wandel dahingehend eingeleitet, dass die gesamte Organisation eines Unternehmens von der Internen Revision im Rahmen der Prüfungs- und Beratungsleistung unterstützt wird. Dies wirkt sich letztlich auch auf die Wertsteigerung des Unternehmens aus.[132]

Betriebsgrößenbedingte Erleichterungen

387 Für kleinere und kleinste Institute kann aus den MaRisk die Öffnungsklausel dahingehend genutzt werden, dass die Aufgaben der Internen Revision von einem Geschäftsleiter mit erfüllt werden können. Dies stellt eine deutliche Erleichterungsregelung für Kreditinstitute und Finanzdienstleistungsunternehmen bei kleiner Betriebsgröße und Mitarbeiterzahl dar. In diesem Falle verlangt die Bankenaufsicht aus Erleichterungsgründen keine Einrichtung einer eigenen Revisionsabteilung.

131 Vgl. *DIIR*: Internationale Standards für die berufliche Praxis der Internen Revision 2017, The Institute of Internal Auditors (IIA), Florida USA, S. 1 ff.

132 Vgl. *Peemöller V.H./Kregel J.*: Grundlagen der Internen Revision – Standards, Aufbau und Führung, Berlin 2010, S. 17.

Funktionsfähigkeit

Die Funktionsfähigkeit der Internen Revision wird regelmäßig durch externe Stellen wie den Jahresabschlussprüfer und/oder Sonderprüfer geprüft. Weiterhin bietet der Berufsstand über das Deutsche Institut für Interne Revision die Möglichkeit zur Prüfung von Internen Revisionssystemen (Quality Assessments)[133], welche auch die Wirksamkeit und Funktionsfähigkeit der Tätigkeit der Internen Revision umfasst. 388

Auszug AT 4.4.3 Tz. 2

Die Interne Revision ist ein Instrument der Geschäftsleitung, ihr unmittelbar unterstellt und berichtspflichtig. Sie kann auch einem Mitglied der Geschäftsleitung, nach Möglichkeit dem Vorsitzenden, unterstellt sein. Unbeschadet dessen ist sicherzustellen, dass der Vorsitzende des Aufsichtsorgans unter Einbeziehung der Geschäftsleitung direkt bei dem Leiter der Internen Revision Auskünfte einholen kann.

Unabhängigkeit

Die unabhängige Position/Stellung der Internen Revision soll dadurch untermauert werden, dass sie als Stabsabteilung direkt der Geschäftsleitung (z. B. Vorstand) unterstellt ist. Die Empfehlung der Bankenaufsicht spricht sich dabei für die Zuordnung zu dem Vorsitzenden der Geschäftsleitung oder Vorstandsvorsitzenden aus. Die Anforderung regelt auch, dass der Vorsitzende des Aufsichtsgremiums unter Einbeziehung der Geschäftsleitung direkt beim Leiter der Internen Revision Auskünfte einholen kann. Hierdurch ist dem Überwachungsorgan die direkte Möglichkeit gegeben, mit dem Revisionsleiter in Kontakt zu treten. 389

Einholung von Auskünften durch den Vorsitzenden des Aufsichtsorgans[134]

Wenn das Institut einen Prüfungsausschuss eingerichtet hat, kann alternativ sichergestellt werden, dass der Vorsitzende des Prüfungsausschusses Auskünfte beim Leiter der Internen Revision einholen kann. 390

133 Vgl. *DIIR*: Revisionsstandard Nr. 3 – Prüfung von Internen Revisionssystemen (Quality Assessments), Frankfurt/Main, veröffentlicht im April 2017.

134 Vgl. *BaFin*: Mindestanforderungen an das Risikomanagement (MaRisk) – Veröffentlichung der Neufassung vom 27.10.2017, AT 4.4 Tz. 2 – Kommentierung der BaFin in den Erläuterungen zu den MaRisk.

391 Dies ist ein Schritt in Richtung Corporate Governance, d. h. Erhöhung der Transparenz sowie Stärkung des Überwachungsgremiums (Aufsichtsrat, Verwaltungsrat), um einen stärkeren Einblick in das Unternehmensgeschehen und die vorliegenden Erkenntnisse der Internen Revision zu gewinnen. Der Berufsstand der Internen Revision, das Deutsche Institut für Interne Revision (DIIR), sieht in der Anforderung eine wirkungsvolle Stärkung der Unternehmensüberwachung und der Funktion der Internen Revision.[135] Nach einer Studie hat die Mehrheit der befragten Banken bereits das Auskunftsrecht des Aufsichtsorgans in schriftlicher Form geregelt.[136]

Auszug AT 4.4.3 Tz. 3

Die Interne Revision hat risikoorientiert und prozessunabhängig die Wirksamkeit und Angemessenheit des Risikomanagements im Allgemeinen und des internen Kontrollsystems im Besonderen sowie die Ordnungsmäßigkeit grundsätzlich aller Aktivitäten und Prozesse zu prüfen und zu beurteilen, unabhängig davon, ob diese ausgelagert sind oder nicht. BT 2.1. Tz. 3 bleibt hiervon unberührt.

Risikoorientierter Prüfungsansatz

392 Der risikoorientierte Prüfungsansatz beinhaltet in der einschlägigen Literatur folgende zentrale Komponenten:[137]

Risikoorientierte Prüfungsplanung
Risikoorientierte Auswahl der Prüfungshandlungen
Risikoorientierte Berichterstattung
Risikoorientierte Mängelverfolgung (Follow-up)

Abbildung 1: Komponenten des risikoorientierten Prüfungsansatzes

393 Der risikoorientierte Prüfungsansatz bedingt die Konzentration der Tätigkeiten der Internen Revision auf wesentliche Inhalte/Themen im Unternehmen wie beispielsweise die wesentlichen Risikokomponenten. Der Begriff der »Wesentlichkeit« wird intern bestimmt und i. d. R. anhand eines revisions-

135 Vgl. Ebenda, S. 2.

136 Vgl. *Paul A.*: Empirische Untersuchung zum direkten Auskunftsrecht nach AT 4.4 Tz. 2 MaRisk an der Dualen Hochschule Baden-Württemberg/Villingen-Schwenningen aus 2010, S. 16.

137 Vgl. *Amling T./Bantleon U.*: Handbuch der Internen Revision, Berlin 2007, S. 57 ff.

internen Bewertungsverfahrens für die *risikoorientierte Planung* abgeleitet. Revisionsinterne Bewertungskriterien können aus den folgenden Komponenten bestehen:

- Adressenausfallrisiko
- Zinsänderungsrisiko
- Operationelles Risiko
- Liquiditätsrisiko
- Inhärentes Risiko
- Wirtschaftliche/strategische Bedeutung
- Kontrollrisiko (auch als wesentlicher Teilbereich des operationellen Risikos)

Die einzelnen Prüffelder werden dann intern nach der Bedeutung für das 394
jeweilige Kreditinstitut gewichtet und mit dem einzelnen individuellen Prüfungsergebnis multipliziert. Aus solchen Datenbanken der Internen Revision lassen sich in Folge risikoorientierte Planungen ableiten.

Bei der Durchführung entscheidet sich der Prüfer aufgrund knapper Zeit- 395
ressourcen, welche *risikoorientierten Prüfungshandlungen* er im Einzelnen vornimmt. Bei Kreditprüfungen liegen diese beispielsweise bei der Ermittlung des zentralen Kreditrisikos, der Überprüfung der wirtschaftlichen Verhältnisse sowie der Sicherheitenposition des Kreditnehmers.

Beispiele für die *risikoorientierte Berichterstattung* ergeben sich häufig schon aus 396
den MaRisk. So ist beispielsweise im BT 2.4. Tz. 5 geregelt, dass bei schwerwiegenden Feststellungen gegen Geschäftsleiter der gesamten Geschäftsleitung unverzüglich, d. h. ad hoc, Bericht zu erstatten ist. Es gilt insgesamt der Grundsatz, je gewichtiger ein Bericht oder eine Feststellung für das betreffende Institut ist, je kürzer/schneller ergeben sich die daraus abgeleiteten Berichtsintervalle.

Mängelverfolgung

Bei der *Mängelverfolgung* gilt auch der risikoorientierte Grundsatz, der in den 397
MaRisk BT 2.5. im Speziellen geregelt ist. Werden wesentliche Mängel nicht in einer angemessenen Zeit beseitigt, so hat der Leiter der Internen Revision einen adäquaten Eskalationsprozess einzuleiten. Er hat dabei zunächst den fachlich zuständigen Geschäftsleiter in schriftlicher Form zu informieren. Erfolgt dann immer noch keine Mängelbeseitigung, ist die gesamte Geschäftsleitung spätestens im Rahmen des nächsten Gesamtberichts – wie im Rahmen

des Jahresberichts der Internen Revision – schriftlich über die noch nicht beseitigten Mängel zu unterrichten.[138]

Prozessunabhängigkeit

398 Das Ziel der *Prozessunabhängigkeit* liegt in der neutralen Stellung der Internen Revision gegenüber den weiteren Bereichen des Unternehmens. Hierdurch soll gewährleistet sein, dass die Interne Revision bei der Berichterstattung und der Wertung der Prüfungsergebnisse keinen Weisungen unterworfen ist.[139] Auch die Mitarbeiter der Internen Revision dürfen grundsätzlich nicht mit revisionsfremden Aufgaben wie »regulären Tätigkeiten« der Fachabteilung betraut werden. Auf gar keinen Fall dürfen sie solche Aufgaben wahrnehmen, die nicht mit der Prüfungstätigkeit im Einklang stehen.[140]

Zentrale Prüfungsaufgabe

399 Diese besteht darin, die Wirksamkeit und Angemessenheit des Risikomanagements im Allgemeinen und des Internen Kontrollsystems im Besonderen sowie die Ordnungsmäßigkeit (also die Vollständigkeit, Richtigkeit und Zeitnähe) aller Aktivitäten und Prozesse im Kreditinstitut zu prüfen. Diese zentrale Prüfungsaufgabe besteht aus mehreren Inhalten. Zum einen nehmen das Risikomanagement und das Interne Kontrollsystem eine zentrale Rolle bei der Umsetzung des risikoorientierten Prüfungsansatzes ein. Die Finanzkrise hat auch die Anfälligkeit einiger Risikomanagementsysteme in verschiedenen Banken aufgezeigt. Ohne interne Kontrollen können die Sicherheit im Unternehmen (z. B. durch dolose Handlungen) und die Aussagefähigkeit des Risikomanagements (z. B. durch mangelnde Datenqualität) eingeschränkt sein. Zum anderen favorisiert die Aufsicht den prozessorientierten Prüfungsansatz, der sich für die Prüfung aller Aktivitäten und Prozesse im Kreditinstitut in idealer Weise eignet.[141] Die Prüfungsanforderungen gelten gleichermaßen im Falle der Auslagerung der Revisionsaufgaben.

138 Vgl. *BaFin*: Mindestanforderungen an das Risikomanagement (MaRisk) – Veröffentlichung der Neufassung vom 27.10.2017, BT 2.5 Tz. 2.

139 Vgl. *BaFin*: Mindestanforderungen an das Risikomanagement (MaRisk) – Veröffentlichung der Neufassung vom 27.10.2017, BT 2.2 Tz. 1.

140 Vgl. *BaFin*: Mindestanforderungen an das Risikomanagement (MaRisk) – Veröffentlichung der Neufassung vom 27.10.2017, BT 2.2 Tz. 2.

141 Vgl. *Kreische K./Kunze R.*: Bankgeschäftliche Prüfungen im Kreditgeschäft in: Aufsichtsrecht für Prüfungen im Kreditgeschäft Becker A./Kastner A. (Hrsg.), Frankfurt 2007, S. 21 ff.

Auszug AT 4.4.3 Tz. 4

Zur Wahrnehmung ihrer Aufgaben ist der Internen Revision ein vollständiges und uneingeschränktes Informationsrecht einzuräumen. Dieses Recht ist jederzeit zu gewährleisten. Der Internen Revision sind insoweit unverzüglich die erforderlichen Informationen zu erteilen, die notwendigen Unterlagen zur Verfügung zu stellen und Einblick in die Aktivitäten und Prozesse sowie die IT-Systeme des Instituts zu gewähren.

Das uneingeschränkte Informationsrecht ist eines der elementaren Voraus- 400
setzungen für die effektive Durchführung von Prüfungshandlungen[142] und zur Modifizierung des risikoorientierten Prüfungsansatzes. In der Praxis werden Informationen wie über wesentliche operationelle Risiken (z. B. Ausfall des Rechenzentrums, Banküberfälle etc.) an die Interne Revision weitergeleitet.

Auszug AT 4.4 Tz. 5

Weisungen und Beschlüsse der Geschäftsleitung, die für die Interne Revision von Bedeutung sein können, sind ihr bekannt zu geben. Über wesentliche Änderungen im Risikomanagement ist die Interne Revision rechtzeitig zu informieren.

Aus den Weisungen und Beschlüssen der Geschäftsleitung können wichtige 401
strategische Schritte abgeleitet werden, die für die fortlaufenden, risikoorientiert ausgerichteten Prüfungen von Bedeutung sind. Der Internen Revision sollten auch alle Vorstandsbeschlüsse zur Verfügung gestellt werden, um revisionsrelevante Unternehmensentscheidungen wie die Einführung neuer Ratingverfahren oder die Implementierung neuer Prozesse zu erkennen. Aus einigen Informationen kann auch die risikoorientierte Prüffeldlandkarte der Internen Revision um beispielsweise neue Prozesse oder Geschäfte ergänzt werden.

Auszug AT 4.4 Tz. 6

Wechselt die Leitung der Internen Revision, ist das Aufsichtsorgan rechtzeitig vorab unter Angabe der Gründe für den Wechsel zu informieren.

142 Vgl. *Hannemann R./Schneider A./Hanenberg L.*: Mindestanforderungen an das Risikomanagement – Eine einführende Kommentierung, Stuttgart 2006, S. 171.

402 Vergleichbar mit der Risikocontrolling-Funktion und der Compliance-Funktion hat die Aufsicht eine Informationspflicht gegenüber dem Aufsichtsorgan verankert, um eine höhere Transparenz über einen personellen Wechsel in der Leitung der Revision zu erhalten. Hierbei ist neu, dass die Angabe der Gründe für den Wechsel rechtzeitig vorab dem Aufsichtsgremium mitgeteilt werden sollen. Dies ist auch ein weiterer Schritt zur Verbesserung der Corporate Governance im Unternehmen.

403 In der Praxis spielen hierbei sicherlich die fachliche und persönliche Qualifikation des Revisionsleiters eine wichtige Rolle. Das Aufsichtsorgan soll hierbei mitbekommen, das die neue Leitung der Internen Revision auch adäquat besetzt ist. Diese neue Anforderung ist auch einer der Ausflüsse aus dem BIS-Papier zur Ausgestaltung der Internen Revision bei Banken.[143] Denn hierbei setzen die internationalen Bankenaufsichten auf einen verstärkten und intensiven Dialog sowie eine verstärkte Überwachung auf Basis der Grundsätze 16 bis 20 aus dem BIS-Papier:[144]

▪ Regelmäßiger Informationsaustausch sowie turnusgemäße Überprüfung der Stellung und der Autorität der Internen Revision im Kreditinstitut sowie ihrer Prinzipien.
▪ Ausgestaltung und Stellung der Internen Revision haben Einfluss auf das Risikoprofil des Instituts und die Intensität der Aufsichtstätigkeit.
▪ Berichterstattung an die Geschäftsleitung bei identifizierten Mängeln, die die Interne Revision betreffen.
▪ Möglichkeit zur Einleitung von formellen und informellen Maßnahmen durch die Aufsicht, sofern Mängel nicht im abgestimmten Zeitrahmen behoben wurden.

Abbildung 2: Anforderungen zur Ausgestaltung der Internen Revision

143 Vgl. *Berndt M.*: Interne Revision – die »First Line of Defence« der Aufsicht? in: Bankpraktiker 01/2013, S. 460.

144 Vgl. Ebenda, S. 461.

Checkliste

	Fragestellungen »Interne Revision«	**Erfüllt**
	Funktionsfähigkeit der Internen Revision	
1.	Verfügt das Institut über eine funktionsfähige Interne Revision?	
2.	Existiert ein Leitbild der Internen Revision mit den wesentlichen Zielen und Aufgaben?	
3.	Wurde die Funktionsfähigkeit durch eine externe Stelle wie den Abschlussprüfer geprüft?	
4.	Verfügt das Kreditinstitut über die beruflichen Standards in der Internen Revision (z. B. DIIR, IAA)?	
5.	Werden diese Standards auch angewendet und von externen Stellen geprüft?	
6.	Nutzt das Institut Erleichterungsregelungen bei der Wahrnehmung der Revisionsfunktion (z. B. durch Geschäftsleiter)?	
	Interne Revision als Instrument der Geschäftsleitung	
7.	Ist sichergestellt, dass die Interne Revision direkt der Geschäftsleitung unterstellt ist?	
8.	Liegt ein direkter Berichtsfluss/-weg an die Geschäftsleitung vor?	
9.	Ist die Interne Revision, wenn möglich, dem Vorsitzenden der Geschäftsleitung unterstellt?	
10.	Hat die Geschäftsleitung sichergestellt, dass der Vorsitzende des Aufsichtsorgans direkt bei dem Leiter der Internen Revision Auskünfte einholen kann?	
11.	Gibt es weitere Regelungen zur Erhöhung der Corporate Governance im Unternehmen?	
	Risikoorientierter und prozessunabhängiger Prüfungsansatz	
12.	Hat die Interne Revision bisher einen risikoorientierten Prüfungsansatz praktiziert/gelebt?	
13.	In welcher Form ist der risikoorientierte Ansatz definiert?	

14.	Ist die prozessunabhängige Funktion der Internen Revision sichergestellt?	
15.	Beinhaltet der risikoorientierte Prüfungsansatz die Prüfung des Risikomanagements im Allgemeinen und des internen Kontrollsystems im Besonderen?	
16.	Enthält der Prüfungsansatz die Prüfung der Ordnungsmäßigkeit aller Aktivitäten und Prozesse des Kreditinstituts?	
17.	Sind die genannten Anforderungen auch bei Auslagerungen von Teilbereichen oder des vollständigen Bereichs der Internen Revision auf externe Dienstleister erfüllt?	
	Wahrnehmung des Informationsrechts der Internen Revision	
18.	Wurde der Internen Revision ein vollständiges und uneingeschränktes Informationsrecht eingeräumt?	
19.	Ist sichergestellt, dass das Recht jederzeit gewährleistet ist?	
20.	Werden der Internen Revision Informationen und Unterlagen zur Verfügung gestellt, die Einblick in die Aktivitäten und Prozesse sowie IT-Systeme des Instituts ermöglichen?	
	Information über Weisungen und Beschlüsse der Geschäftsleitung	
21.	Erhält die Interne Revision Weisungen und Beschlüsse der Geschäftsleitung, die von wesentlicher Bedeutung sein können?	
22.	Wird die Interne Revision über wesentliche Änderungen im Risikomanagement wie Einführung neuer Ratingverfahren informiert?	
23.	Erhält die Interne Revision alle Vorstandsbeschlüsse und sonstigen wesentlichen Informationen?	
24.	Verfügt die Interne Revision über eine Aufstellung sämtlicher Projekte (z. B. Übersicht aus dem Projektcontrolling/-management) im Kreditinstitut?	

	Informationspflicht an das Aufsichtsorgan über einen Wechsel in der Leitung der Internen Revision	
25.	Besteht ein Informationsprozess im Institut, welcher das Aufsichtsorgan automatisch über den Wechsel in der Leitung der Internen Revision informiert?	
26.	Wird die Informationspflicht in der Praxis auch tatsächlich vorgenommen?	
27.	Werden die Gründe für den Wechsel dem Aufsichtsorgan rechtzeitig vorab mitgeteilt?	

4.5. AT 4.5 Risikomanagement auf Gruppenebene

4.5.1. Auswirkungen der europäischen Bankenaufsicht auf Institutsgruppen

404 Die Aufsicht über Banken und Finanzdienstleister ist durch verschiedene nationale und europäische Gesetze und Verordnungen geregelt. Rechtliche Grundlage für die Aufsicht sind in erster Linie das deutsche Kreditwesengesetz (KWG), die europäische Capital Requirements Regulation (CRR, Verordnung (EU) Nr. 575/2013 zur Ermittlung der angemessenen Kapitalausstattung) und die SSM-Verordnung (Verordnung (EU) Nr. 1024/2013 zur Übertragung besonderer Aufgaben im Zusammenhang mit der Aufsicht über Kreditinstitute auf die Europäische Zentralbank).

405 Sowohl aus den in den vergangenen Jahren auf europäischer Ebene erlassenen Verordnungen als auch aus der Ausgestaltung der Aufsichtspraxis der Europäischen Zentralbank wird ersichtlich, dass die Regulierung auf Gruppenebene durch die Aufsichtsbehörden immer stärker in den Vordergrund rückt.

406 Vor diesem Hintergrund sind auch die Änderungen des Moduls AT 4.5 durch die MaRisk-Novelle 2017 durch die Verpflichteten zu betrachten. Dazu gehören insbesondere die Ergänzungen hinsichtlich der Berichterstattung auf Gruppenebene (AT 4.5, Tz. 4), die Durchführung regelmäßiger und anlassbezogener Stresstests für das Gesamtrisikoprofil auf Gruppenebene (AT 4.5 Tz. 5) als auch die gegenseitige Abstimmung von Revisionsgrundsätzen und Prüfungsstandards zwischen Konzernrevision und den Internen Revisionen der gruppenangehörigen Unternehmen (AT 4.5, Tz. 6).

4.5.2. Das Modul AT 4.5

407 Die vorherige Fassung der MaRisk, die am 14. Dezember 2012 veröffentlicht wurde, beinhaltete lediglich marginale Anpassungen des Moduls AT 4.5. Auch in der aktuellsten Version der MaRisk (BA) vom 27. Oktober 2017 sind im Modul AT 4.5 keine inhaltlichen Änderungen erfolgt, es wurden lediglich bereits bestehende Vorgaben präzisiert bzw. ergänzt und damit die bereits existierende Verwaltungspraxis widergespiegelt. Daher werden in diesem Abschnitt, neben den generellen Umsetzungshinweisen zur Erfüllung der Anforderungen, auch Problemfelder aus der Praxis sowie Lösungshinweise dargestellt.

4.5.3. Allgemeine Einordnung des Moduls

Dem **Prinzip der Proportionalität** folgend, ist die Ausgestaltung des Risikomanagements auf Gruppenebene von Art, Umfang, Komplexität und Risikogehalt sowie den im Einzelfall unterschiedlich zu würdigenden gesellschaftsrechtlichen Möglichkeiten abhängig. Wie bereits in den Vorbemerkungen der aktuellen Version der MaRisk dargestellt, beinhaltet der sachgerechte Umgang mit dem Proportionalitätsprinzip seitens der Institute aber auch, dass Institute im Einzelfall über bestimmte, in den MaRisk explizit formulierte Anforderungen hinaus weitergehende Vorkehrungen treffen, soweit dies zur Sicherstellung der Angemessenheit und Wirksamkeit des Risikomanagements erforderlich sein sollte. 408

Grundsätzlich sind jedoch alle wesentlichen Risiken der Gruppe, unabhängig davon, ob sie von konsolidierungspflichtigen Unternehmen oder von sonstigen Unternehmen, die nicht in den Anwendungsbereich der MaRisk fallen, verursacht werden, zu berücksichtigen. Darunter können demnach auch Industrieunternehmen oder Zweckgesellschaften fallen, die gemäß den Konsolidierungsregeln nach IFRS, HGB oder KWG nicht unter den Begriff der »Gruppe« anzusiedeln waren. 409

Das Modul AT 4.5 beinhaltet, neben der Verantwortung der Geschäftsleitung für die Einrichtung eines angemessenen und wirksamen Risikomanagements auf Gruppenebene auch die speziellen Anforderungen an die Geschäfts- und Risikostrategie, Risikotragfähigkeit, Risikosteuerungs- und -controllingprozesse, Ablauforganisation, Berichterstattung sowie Konzernrevision. 410

Das nachfolgende Schaubild weist den speziellen Anforderungen die jeweiligen Textziffern des Moduls zu: 411

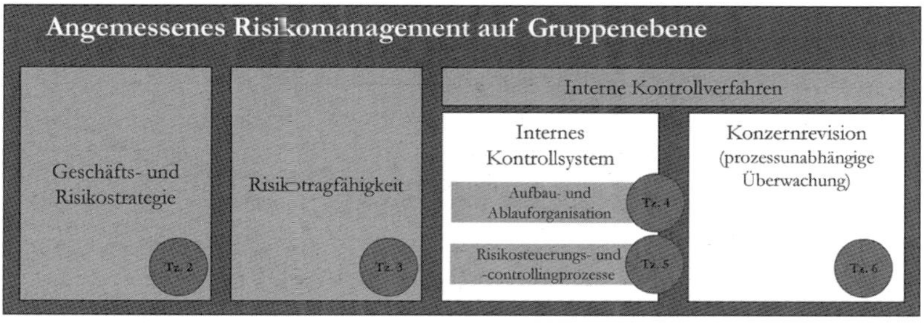

Abbildung 1: Grafische Darstellung der speziellen Anforderungen im Modul AT 4.5

4.5.4. Rückblick auf vorherige Regelungen

412 Vor der Aufnahme von Regelungen zum Risikomanagement auf Gruppenebene im Modul AT 4.5 (MaRisk in der Fassung vom 14. August 2009) waren neben einzelnen Hinweisen der Aufsichtsbehörden hauptsächlich die indirekten Anforderungen, die sich aus dem **§ 25a Abs. 1a KWG** ergaben, maßgeblich.

Auszug § 25a Abs. 1a KWG-alt

Absatz 1 gilt für Institutsgruppen, Finanzholding-Gruppen, Institute im Sinne des § 10a Abs. 14 und Finanzkonglomerate mit der Maßgabe entsprechend, dass die in § 1 Abs. 2 Satz 1 oder § 2d Abs. 1 bezeichneten Personen des übergeordneten Unternehmens oder des übergeordneten Finanzkonglomeratsunternehmens für die ordnungsgemäße Geschäftsorganisation der Institutsgruppe, Finanzholding-Gruppe oder des Finanzkonglomerats verantwortlich sind. § 10a Abs. 12 sowie Abs. 13 Satz 1 und 2 gilt für Institutsgruppen und Finanzholding-Gruppen, § 10b Abs. 6 sowie Abs. 7 Satz 1 und 2 für Finanzkonglomerate entsprechend.

413 Das übergeordnete Unternehmen hatte auch vor der Neufassung der MaRisk eine **angemessene Steuerung und Überwachung der wesentlichen Risiken auf Gruppenebene** durch entsprechende Verfahren sicherzustellen, dabei insbesondere:

- eine Strategie für die Institutsgruppe festzulegen,
- die Risikotragfähigkeit in der Institutsgruppe sicherzustellen,
- aufbau- und ablauforganisatorische Regelungen für die Institutsgruppe einzurichten,
- die gruppenweiten Risikosteuerungs- und -controllingprozesse zu implementieren und
- eine Konzernrevision einzurichten.[145]

414 Daneben waren in den bisher gültigen MaRisk in AT 4.5 auch bereits ein **Ermessensspielraum** verankert.

145 Vgl. *Hannemann R./Schneider A./Hanenberg L.*, Mindestanforderungen an das Risikomanagement (MaRisk) – Eine einführende Kommentierung, S. 77.

Auszug Modul AT 4.5 Tz. 1 Erläuterungen in der Fassung vom 27. Oktober 2017

Die konkrete Ausgestaltung des Risikomanagements auf Gruppenebene hängt insbesondere von Art, Umfang, Komplexität und Risikogehalt der von der Gruppe betriebenen Geschäftsaktivitäten sowie den gesellschaftsrechtlichen Möglichkeiten ab.

4.5.5. Anwenderkreis

Bevor im Folgenden auf die Reichweite des Risikomanagements eingegangen 415
wird, ist noch zuvor zu klären, wer in den Anwenderkreis dieser Anforderungen fällt und daher von der Präzisierung der Anforderungen an das Risikomanagement auf Gruppenebene betroffen ist.

Neben den **inländischen Instituten** sind auch **ausländische Institute** mit 416
Sitz in der EU, ausländische Institute mit Sitz außerhalb der EU und **nichtkonsolidierungspflichtige Unternehmen** (z. B. Zweckgesellschaften) sowie rechtlich selbständige und unselbständige **Tochtergesellschaften** bzw. **Niederlassungen** in die Betrachtung mit einzubeziehen.

	Gegenstand	Anwenderkreis MaRisk	Einbindungspflicht
Inländisches Kreditinstitut	► Inländische rechtlich selbständige Tochtergesellschaft	✓ a)	✓ c)
	► Ausländische rechtlich selbständige Tochtergesellschaft	X	✓ c), d)
	► Ausländische rechtlich unselbständige Zweigniederlassung	✓	✓
Ausländisches Kreditinstitut (Sitz in EU)	► Rechtlich selbständige Tochtergesellschaft in DE	✓ a)	n/a
	► Rechtlich unselbständige Zweigniederlassung in DE	X	n/a
Ausländisches Kreditinstitut (Sitz außerhalb EU)	► Rechtlich selbständige Tochtergesellschaft in DE	✓ a)	n/a
	► Rechtlich unselbständige Zweigniederlassung in DE	✓	n/a
Nicht Konsolidierungspflichtiges Unternehmen	► Inländische Zweckgesellschaft	X b)	✓ c), d)
	► Ausländische Zweckgesellschaft	X b)	✓ c), d)

Abbildung 2: Darstellung des Anwenderkreises für das Risikomanagement auf Gruppenebene

a) Soweit es sich bei der Tochtergesellschaft um ein Finanzdienstleistungsinstitut nach § 1 Abs. 1b KWG handelt, sind Erleichterungen für Finanzdienstleistungsinstitute nach AT 2.1 Tz. 2 MaRisk zu beachten.

b) Ein Bankgeschäft liegt vor, wenn zuvor veräußerte Darlehensforderungen vor Fälligkeit zurück erworben werden (§ 1 Abs. 1 Satz 2 Nr. 7 KWG).

c) Gemäß MaRisk bilden sowohl die KWG-Gruppenbegriffe (Institutsgruppe, Finanzholding-Gruppe oder gemischte Finanzholding-Gruppe gemäß § 10a Abs. 1, Finanzholding-Gesellschaft gemäß § 10a Abs. 2 und Finanzkonglomerat gemäß § 1 Nr. 20 *i. V. m. § 1 Abs. 2 FKAG* KWG) als auch nicht-konsolidierungspflichtige Unternehmen (AT 4.5 Tz. 1 MaRisk) die Reichweite des Risikomanagements auf Gruppenebene (bspw. Zweckgesellschaften) – bei den Tochtergesellschaften bzw. den nicht-konsolidierungspflichtigen Unternehmen sind »wesentliche Risiken« zu begründen.

d) Es besteht eine indirekte Anforderung zur Einrichtung eines angemessenen Risikomanagements bei »nicht-beaufsichtigten« Unternehmen, die »wesentliche Risiken« begründen.

Checkliste »Anwenderkreis«

	Fragestellung »Anwenderkreis«	**Erfüllt**
	Wurde geprüft, welche Gesellschaften in den Anwenderkreis für das Risikomanagement auf Gruppenebene fallen?	
1.	Handelt es sich um ein Kreditinstitut gem. § 1 Abs. 1b KWG?	
1a.	…oder um eine inländische rechtlich selbständige Tochtergesellschaft eines Kreditinstituts?	
1b.	…oder um eine ausländische rechtlich unselbständige Tochtergesellschaft eines Kreditinstituts?	
1c.	…oder um eine ausländische rechtlich selbständige Tochtergesellschaft eines Kreditinstituts, die unter den Gruppenbegriff des Moduls AT 4.5 fällt?	
1d.	…oder um eine ausländische rechtlich selbständige Tochtergesellschaft eines Kreditinstituts, die die wesentlichen Risiken verursacht?	
2.	Handelt es sich um ein Finanzdienstleistungsinstitut gem. § 1 Abs. 1b KWG?	
2a.	Können Erleichterungen für Finanzdienstleistungsinstitute und Wertpapierhandelsbanken gemäß AT 2.1 Tz. 2 der MaRisk in Anspruch genommen werden?	

3.	Handelt es sich um eine rechtlich selbständige deutsche Tochtergesellschaft eines ausländischen Instituts mit Sitz in der EU?	
4a.	Handelt es sich um eine rechtlich selbständige deutsche Tochtergesellschaft eines ausländischen Instituts mit Sitz außerhalb der EU?	
4b.	Handelt es sich um eine rechtlich unselbständige deutsche Zweigniederlassung eines ausländischen Instituts mit Sitz außerhalb der EU?	
5.	Handelt es sich um eine inländische Zweckgesellschaft, welche unter den Gruppenbegriff des Moduls AT 4.5 fällt oder wesentliche Risiken verursacht?	
6.	Handelt es sich um eine ausländische Zweckgesellschaft, welche unter den Gruppenbegriff des Moduls AT 4.5 fällt oder wesentliche Risiken verursacht?	
	[…]	

4.5.6. Verantwortung der Geschäftsleitung

Falls eine der in der Checkliste »Anwenderkreis« gestellten Fragen mit »Ja« beantwortet wurde, muss der Geschäftsleiter des übergeordneten Unternehmens ein angemessenes und wirksames Risikomanagement auf Gruppenebene für diesen Anwenderkreis einrichten. 417

Auszug AT 4.5 Tz. 1

Nach § 25a Abs. 3 KWG sind die Geschäftsleiter des übergeordneten Unternehmens einer Institutsgruppe oder Finanzholding-Gruppe sowie die Geschäftsleiter des übergeordneten Finanzkonglomeratsunternehmens eines Finanzkonglomerats für die Einrichtung eines angemessenen und wirksamen Risikomanagements auf Gruppenebene verantwortlich.

Die Begriffe *Institutsgruppe*, *Finanzholding-Gruppe* als auch *Finanzkonglomerat* werden im nächsten Abschnitt »Definition der Reichweite« ausführlich behandelt und sind für die Bestimmung des übergeordneten Unternehmens maßgeblich. 418

4.6. Definition der Reichweite

419 Das Risikomanagement auf Gruppenebene hat sich auf alle **wesentlichen Risiken** zu erstrecken. Daher können z. B. nachgeordnete Unternehmen, deren Risiken aus Sicht des übergeordneten Unternehmens als nicht wesentlich eingestuft werden, von den Anforderungen an das Risikomanagement auf Gruppenebene ausgenommen werden. Das gilt nicht, wenn die Risiken bei zusammengefasster Betrachtung aller nachgeordneten Unternehmen mit jeweils unwesentlichem Risiko insgesamt als wesentlich einzustufen sind.

Auszug AT 4.5 Tz. 1

Die Reichweite des Risikomanagements auf Gruppenebene erstreckt sich auf alle wesentlichen Risiken der Gruppe unabhängig davon, ob diese von konsolidierungspflichtigen Unternehmen begründet werden oder nicht (z. B. Risiken aus nicht konsolidierungspflichtigen Zweckgesellschaften). Die eingesetzten Methoden und Verfahren (z. B. IT-Systeme) dürfen der Wirksamkeit des Risikomanagements auf Gruppenebene nicht entgegenstehen.

420 Auf die Besonderheiten die sich bei **spezialgesetzlichen Regelungen**, wie z. B. bei Bausparkassen hinsichtlich der Kollektivsteuerung oder bei Pfandbriefbanken, gemäß AT 4.5 Tz. 1 letzter Satz ergeben, wird hier nicht näher eingegangen, da dies über den Rahmen dieser Ausarbeitung hinaus gehen würde.

4.6.1. Abgrenzung des Begriffs »Gruppe«

421 Die in der Literatur häufig vorgenommenen Definitionen der Gruppe (insbesondere im Finanzsektor) orientieren sich schwerpunktmäßig am Gruppenbegriff des KWG, welcher grundsätzlich in drei verschiedenen Konstellationen wieder zu finden ist:

- Institutsgruppe, Finanzholding-Gruppe oder gemischte Finanzholding-Gruppe nach § 10a Abs. 1 KWG;
- Finanzholding-Gesellschaft nach § 10a Abs. 2 KWG;
- Finanzkonglomerat nach § 1 Nr. 20 KWG *i. V. m. § 1 Abs. 2 FKAG*;

4.6.1.1. Institutsgruppe nach § 10a Abs. 1 KWG

Eine Institutsgruppe, Finanzholding-Gruppe oder gemischte Finanzholding-Gruppe besteht jeweils aus einem übergeordneten Unternehmen und einem oder mehreren nachgeordneten Unternehmen. Übergeordnete Unternehmen sind CRR-Institute, die nach Artikel 11 der Verordnung (EU) Nr. 575/2013 die Konsolidierung vorzunehmen haben, sowie Institute, die nach § 1a in Verbindung mit Artikel 11 der Verordnung (EU) Nr. 575/2013 die Konsolidierung vorzunehmen haben. Nachgeordnete Unternehmen sind Unternehmen, die nach Artikel 18 der Verordnung (EU) Nr. 575/2013 zu konsolidieren sind oder freiwillig konsolidiert werden. 422

	Fragestellung zur Bestimmung einer Institutsgruppe nach § 10a Abs. 1 KWG	**JA**	**NEIN**
1.	Handelt es sich um ein Institut mit Sitz im Inland?		
2.	Besteht eine Verflechtung mit anderen Unternehmen?		
3.	Sind diese Tochterunternehmen selbst Institute, Kapitalanlagegesellschaften, Finanzunternehmen oder Anbieter von Nebendienstleistungen?		
4.	Ist das Institut mit anderen Unternehmen der Banken- und Wertpapierdienstleistungsbranche oder der Investmentbranche in der Gruppe nur horizontal verflochten?		

4.6.1.2. Finanzholding-Gesellschaft nach Art. 4 Abs. 1 Nr. 20 CRR

Eine Finanzholdinggesellschaft ist ein Finanzinstitut, das keine gemischte Finanzholdinggesellschaft ist und dessen Tochterunternehmen ausschließlich oder hauptsächlich Institute oder Finanzinstitute sind, wobei mindestens eines dieser Tochterunternehmen ein Institut ist. 423

	Fragestellung zur Bestimmung einer Finanzholdinggesellschaft (Art. 4 Abs. 1 Nr. 20 CRR i. V. m. § 10a Abs. 2 KWG)	**JA**	**NEIN**
1.	Gibt es eine Gesellschaft, die als Teil eines Konzerns, die Funktion der Dach- oder Muttergesellschaft übernimmt?		
2.	Ist zumindest ein Einlagenkreditinstitut, E-Geld-Institut oder Wertpapierhandelsunternehmen mit Sitz im Inland der Holdinggesellschaft untergeordnet?		
3.	Besteht eine Verflechtung mit anderen Unternehmen der Gruppe?		

4.6.1.3. Finanzkonglomerat nach § 1 Nr. 20 KWG i. V. m. § 1 Abs. 2 FKAG

424 Ein Finanzkonglomerat ist eine Gruppe oder Untergruppe von Unternehmen, der **mindestens ein Unternehmen aus der Banken- und Wertpapierdienstleistungsbranche** und **ein Unternehmen aus der Versicherungsbranche** zugehören und diese in der Weise miteinander verbunden sind, dass die **konsolidierte und aggregierte Tätigkeit in beiden Branchen als erheblich** erscheint. In der Praxis ist die Beantwortung der Frage, ob es sich um ein Finanzkonglomerat handelt oder nicht, aufgrund der Komplexität der Konzernstrukturen und der nicht immer einwandfrei auslegbaren Voraussetzungen, nicht immer einfach. Aufgrund der bereits vorliegenden umfänglichen Ausarbeitungen zum Thema, wird an dieser Stelle auf eine weitere Darstellung und Erläuterung verzichtet und entsprechend auf die Literatur zum Thema verwiesen.[146]

146 Siehe hierzu auch *Luz G./Neus W./Scharpf P./Schneider P./Weber M.:* Kommentar zum KWG inklusive SolvV, LiqV, GroMiKV, MaRisk.

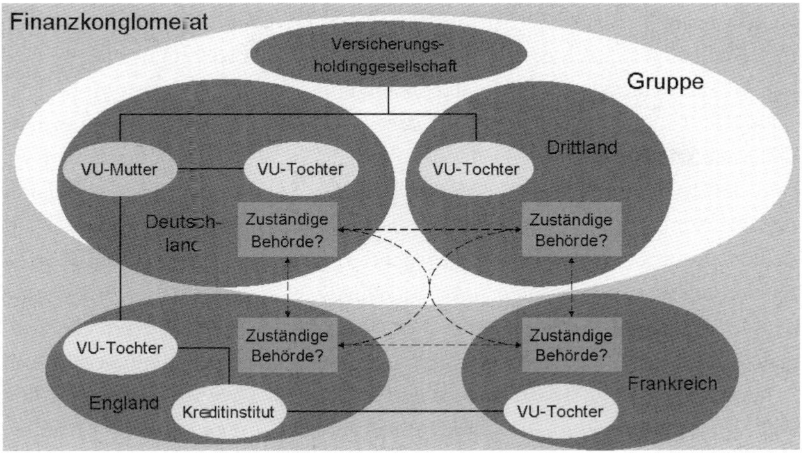

Abbildung 3: Illustratives Beispiel für ein Finanzkonglomerat

4.6.2. Abgrenzung des Begriffs »Übergeordnetes Unternehmen«

Als **übergeordnetes Unternehmen** werden grundsätzlich Unternehmen der Banken- und Wertpapierdienstleistungsbranche bezeichnet, die in Ihrer jeweiligen Gruppe keiner anderen Gesellschaft untergeordnet sind und daher gewissermaßen die **Gruppenspitze** darstellen. 425

Bei *Institutsgruppen und Finanzholding-Gruppen* gelten als übergeordnete Unternehmen CRR-Institute, die nach Artikel 11 der Verordnung (EU) Nr. 575/2013 die Konsolidierung vorzunehmen haben, sowie Institute, die nach § 1a in Verbindung mit Artikel 11 der Verordnung (EU) Nr. 575/2013 die Konsolidierung vorzunehmen haben. Die BaFin kann auf Antrag des übergeordneten Unternehmens nach vorheriger Anhörung ein anderes gruppenangehöriges Institut als übergeordnetes Unternehmen bestimmen. Erfüllt bei wechselseitigen Beteiligungen kein Unternehmen der Institutsgruppe die Voraussetzungen des § 10a Abs. 1 Satz 2, bestimmt die BaFin das übergeordnete Unternehmen der Gruppe. Bei einer horizontalen Unternehmensgruppe im Sinne von Artikel 18 Absatz 3 der Verordnung (EU) Nr. 575/2013 gilt das gruppenangehörige Institut mit Sitz im Inland mit der höchsten Bilanzsumme als übergeordnetes Unternehmen. 426

Als übergeordnetes Unternehmen in einem *Finanzkonglomerat* wird das das beaufsichtigte Unternehmen bezeichnet, das an der Spitze des Finanzkonglomerats steht und seinen Sitz im Inland hat. 427

428 Neben der rein aufsichtsrechtlich dargestellten Definition des übergeordneten Unternehmens ist auch die gesellschaftsrechtliche Einordnung des übergeordneten Unternehmens innerhalb eines Konzerns bzw. Teilkonzerns zu berücksichtigen. In Konzernen in denen das gesellschaftsrechtlich übergeordnete Unternehmen auch das aufsichtsrechtlich übergeordnete Unternehmen ist, sind die Anforderungen aus dem Modul AT 4.5 wesentlich unkomplizierter umzusetzen als in Konzernen, in denen das Gesellschaftsrecht und das Aufsichtsrecht unterschiedliche übergeordnete Unternehmen definieren. So kann es beispielweise vorkommen, dass in einigen Konzernen ein gesellschaftsrechtlich übergeordnetes Unternehmen gemäß den Anforderungen des Moduls AT 4.5 einem anderen eigentlich gesellschaftsrechtlich untergeordneten Unternehmen, aufsichtsrechtlich unterzuordnen ist. Dies ist immer dann der Fall, wenn das gesellschaftsrechtlich übergeordnete Unternehmen zwar in die Gruppe von Unternehmen fällt, die gemäß MaRisk entweder in die Begriffsdefinition der Institutsgruppe, Finanzholdinggruppe oder eines Finanzkonglomerats fällt, jedoch nicht der Banken- oder Wertpapierdienstleistungsbranche angehört. Ein derartiges Auseinanderfallen von Über- oder Unterordnung wird regelmäßig dazu führen, dass die Kommunikation von Regelungstatbeständen entweder gesellschaftsrechtlich oder aufsichtsrechtlich an die Grenzen der rechtlichen Umsetzbarkeit stößt.

✓ Praxistipp »Übergeordnetes Unternehmen«

Bei der Festlegung des »übergeordneten« Unternehmens gemäß MaRisk sollten die Auswirkungen auf die gesellschaftsrechtliche Ebene rechtzeitig erkannt und berücksichtigt werden. In manchen Fällen wird es sogar notwendig sein, die Kompetenzen auf der einen oder auf der anderen Ebene so anzupassen, dass beide Ebenen die rechtlichen Anforderungen erfüllen. In anderen Fällen könnte es sogar dazu führen, dass nicht nur Kompetenzen eingeschränkt oder erweitert werden müssen, sondern auch Zuständigkeiten für Geschäftsbereiche neu geordnet und zugewiesen werden müssen. In den Fällen in denen, das gesellschaftsrechtlich untergeordnete Unternehmen durch die MaRisk ein aufsichtsrechtlich »übergeordnetes« Unternehmen wird, sind eventuell komplizierte Kompetenzstrukturen zu schaffen, die es ermöglichen beiden Ebenen gerecht zu werden.

4.6.3. Wesentlichkeit

Nachdem im vorigen Abschnitt dargestellt wurde, welches Unternehmen die übergeordnete Rolle in der Gruppe inne hält, wird nachfolgend auf die Gesamtheit der Unternehmen eingegangen, die unter die Begriffsdefinition »Gruppe« nach MaRisk fallen und somit im Risikomanagement auf Gruppenebene zu berücksichtigen sind. Hierbei ist speziell das Kriterium der Wesentlichkeit maßgeblich 429

> **Auszug AT 4.5 Tz. 1 Erläuterungen**
>
> Die konkrete Ausgestaltung des Risikomanagements auf Gruppenebene hängt insbesondere von Art, Umfang, Komplexität und Risikogehalt der von der Gruppe betriebenen Geschäftsaktivitäten sowie den gesellschaftsrechtlichen Möglichkeiten ab.

Nicht nur **Art, Umfang, Komplexität und Risikogehalt der von der Gruppe betriebenen Geschäftsaktivitäten,** sondern auch die gesellschaftsrechtlichen Möglichkeiten sind in der Praxis in unterschiedlichster Ausprägung vorzufinden und daher einzelfallbezogen kritisch zu würdigen. 430

> **Auszug AT 4.5 Tz. 1 Erläuterungen**
>
> Das Risikomanagement auf Gruppenebene erstreckt sich auf alle wesentlichen Risiken. Daher können z. B. nachgeordnete Unternehmen, deren Risiken aus Sicht des übergeordneten Unternehmens als nicht wesentlich eingestuft werden, von den Anforderungen an das Risikomanagement auf Gruppenebene ausgenommen werden. Das gilt nicht, wenn die Risiken bei zusammengefasster Betrachtung aller nachgeordneten Unternehmen mit jeweils unwesentlichem Risiko insgesamt als wesentlich einzustufen sind.

Das Ziel sollte sein, die Tochterunternehmen zu identifizieren, deren Geschäftstätigkeit und -umfang **maßgeblichen Einfluss auf die Risikosituation der Gruppe** nehmen. Dabei sollten neben **quantitativen auch qualitative Kriterien** definiert werden, die ein Tochterunternehmen innerhalb der Gruppe als wesentlich bzw. unwesentlich einstufen. 431

Risiken	Beispiele für Wesentlichkeitskriterien
Kreditrisiko	▶ Geschäftsgegenstand des Tochterunternehmens ▶ Anteil der Ist-Risikokosten des Tochterunternehmens an den Ist-Risikokosten des Konzerns > x % ▶ Anteil der risikogewichteten Aktiva des Tochterunternehmens an risikogewichteten Aktiva der Gruppe > x %
Operationelles Risiko	▶ Mehrheitsbeteiligung (ja/nein) ▶ Beteiligungsbetrag > x EUR
Marktpreisrisiko (Handelsbuchinstitut)	▶ Abstellen auf Kriterien für Handelsbuchinstitut
Marktpreisrisiko (Anlagebuchinstitut)	▶ Geschäftsgegenstand des Tochterunternehmens ▶ Anteil des Zinsüberschusses des Tochterunternehmens am Zinsüberschuss der Gruppe > x %
Liquiditätsrisiko	▶ Bekannter Refinanzierungsbedarf der nächsten x (z. B. 12) Monate > x EUR
Immobilienrisiko	▶ Geschäftsgegenstand des Tochterunternehmens ▶ Relativer Anteil des Tochterunternehmens am Immobilienvermögen des Konzerns > x %
Risikoübergreifend	▶ Anteil am Konzernergebnis des Tochterunternehmens > x %

Abbildung 4: Beispiele für Wesentlichkeitskriterien

432 Die Definition der Wesentlichkeit erscheint als eines der Kernthemen bei der Bestimmung der Reichweite des Risikomanagements. Daher sollte man diesem Thema besonderen Augenmerk widmen und intensiv würdigen. Im folgenden Schaubild wird beispielhaft dargestellt, wie ein **Assessment der Wesentlichkeit** auf Basis der spezifisch definierten Wesentlichkeitskriterien angemessen aufgebaut werden könnte:

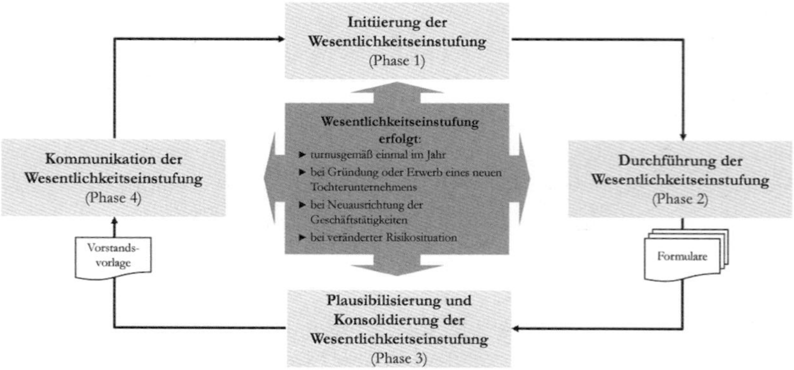

Abbildung 5: Beispiele für ein Wesentlichkeits-Assessment

433 Das Ergebnis einer derartigen Untersuchung bildet den Rahmen der Reichweite des Riskomanagements auf Gruppenebene und zählt alle Unternehmen auf, die den **»MaRisk Konsolidierungskreis«** bilden.

W = Wesentlich U = Unwesentlich	Mutter-gesellschaft	Tochter 1	Tochter 2	Tochter 3	Tochter 4	Tochter 5	Tochter 6	Tochter 7	Tochter 8
Kreditrisiko	W	W	U	U	W	U	W	U	W
Marktpreisrisiko HB	W	U	U	U	W	U	U	U	W
Marktpreisrisiko AB	W	W	U	U	W	U	W	U	W
Operationelles Risiko	W	W	W	W	W	U	W	W	W
Liquiditätsrisiko	W	W	U	U	W	U	U	U	W
...	...	...	...	...	...	...	...	...	...

Abbildung 6: Beispielhafte Übersicht über den »MaRisk Konsolidierungskreis«

Im Nachgang zu der Bestimmung der Tochterunternehmen, die über Risiken 434
verfügen, welche im Rahmen des Wesentlichkeits-Assessments als wesentlich eingestuft wurden, sollte eine **MaRisk GAP-Analyse** durchgeführt werden.

Ziel einer derartigen MaRisk GAP-Analyse ist es, die MaRisk Anforderungen 435
zu identifizieren, die im Zusammenhang mit den wesentlichen Tochterunternehmen auf Gruppenebene umzusetzen und anzuwenden sind. Ferner sind dabei auch MaRisk Anforderungen zu identifizieren, die auf Ebene der Tochterunternehmen anzuwenden sind und bislang noch nicht umgesetzt (**Umsetzungslücken**) wurden.

1.	Kontaktaufnahme mit dem jeweiligen MaRisk Ansprechpartner des Tochterunternehmen.
2.	Untersuchung / Validierung der Materialitätseinstufung und Dokumentation.
3.	Konsolidierung aller für die MaRisk Umsetzung erforderlichen ToDo's, einschließlich Erledigungsdatum, in der Overall ToDo-Liste für das jeweilige Tochterunternehmen.
4.	Vereinbarung eines Initiierungs-Workshops zwecks: ▪ Klärung des Status Quo hinsichtlich MaRisk-Themen, ▪ Beantwortung offener Fragen, ▪ Darstellung und Erläuterung der Vorgehensweise, ▪ Erlangung eines gemeinsamen Verständnis.
5.	Nachhalten der Aufträge bzw. Sicherstellung der termingerechten Umsetzung der ToDo's durch monatliches Reporting.
6.	Bedarfsabhängige Durchführung von Folge-Workshop(s), bspw. zur Besprechung / Lösung von konkreten Umsetzungsproblemen.

Abbildung 7: Beispielhafter Ablauf einer MaRisk GAP-Analyse mit den Tochterunternehmen

436 Da insbesondere Art, Umfang, Komplexität und Risikogehalt der von der Gruppe betriebenen Geschäftsaktivitäten, aber auch die gesellschaftsrechtlichen Möglichkeiten die Anwendung in der Praxis einzelfallbezogen prägen werden, könnte die anschließende **Ausrollung der MaRisk auf Gruppenebene** – wie nachfolgend beispielhaft dargestellt – erfolgen:

Stufe 1	Pflicht zur **Umsetzung der gesamten MaRisk** auf Ebene der Tochterunternehmen ▪ Institutsstatus: das Tochterunternehmen selbst ist MaRisk-pflichtig. ▪ Umsetzungsgrad: Ausrollen der MaRisk auf Konzern- und Tochterebene.
Stufe 2	**Umsetzung von Teilaspekten der MaRisk** auf Ebene der Tochterunternehmen ▪ Wesentliches Tochterunternehmen ist nicht MaRisk-pflichtig, z.B. Finanzunternehmen. ▪ Umsetzungsgrad: Ausrollen der MaRisk auf Konzernebene und selektive Umsetzung bestimmter MaRisk-Anforderungen auf Ebene der Tochterunternehmen.
Stufe 3	**Nur Konzernsteuerung relevant** ▪ Wesentliche Tochterunternehmen, Quantifizierung der Risiken, MaRisk werden nicht ausgerollt. ▪ Grund: Art der Geschäftstätigkeit / -organisation o.ä. (z.B. reine Holdingfunktion). ▪ Umsetzungsgrad: Ausrollen der MaRisk auf Konzernebene.

Abbildung 8: Beispielhaftes Ausrollung der MaRisk auf Gruppenebene

437 Die Bestimmung des Konsolidierungskreises hat auch Auswirkungen auf der Unternehmensebene der in den Konsolidierungskreis einbezogenen Unternehmen. So sind nicht nur die gruppenweiten Anforderungen, die durch das übergeordnete Unternehmen vorgegeben werden, zu erfüllen, sondern die eigenen Anforderungen, wie z. B. Geschäfts- und Risikostrategie, haben sich an der übergeordneten Geschäfts- und Risikostrategie der Gruppe zu orientieren. Hier ist also ein gewisser Top-Down-Ansatz zu befolgen, obwohl in der Vorbereitung und Aktualisierung der gruppenweiten Geschäfts- und Risikostrategie natürlich die Umsetzbarkeit auf Unternehmensebene regelmäßig Berücksichtigung findet (Bottom-Up-Ansatz). Die Geschäftsleitung hat bei der Festlegung von gruppenweiten Vorgaben daher nicht nur die eigenen Interessen auf Gruppenebene zu berücksichtigen, sondern in Teilbereichen auch Anforderungen an spezielle Branchen oder in manchen Ländern (z. B. Unterschiede im Aufsichts- oder Gesellschaftsrecht) mit einfließen zu lassen.

✓ Praxistipp »Wesentlichkeitskonzept«

Zur Identifizierung der Reichweite des Risikomanagements auf Gruppenebene empfiehlt es sich ein Wesentlichkeitskonzept zu erstellen und darin unter anderem die Gesamtheit der Unternehmen mit wesentlichen Risiken (»Konsolidierungskreis MaRisk«) festzulegen.

In einem derartigen Wesentlichkeitskonzept könnten folgende Aspekte aufgenommen werden:

- Durchführung einer turnusmäßigen Risikoinventur bzw. Wesentlichkeitseinstufung auf Gruppenebene (mindestens jährlich).
- Regelung von Abläufen und Verantwortlichkeiten zur Durchführung einer Risikoinventur.
- Regelungen, wie bei Erwerb, Neugründung oder einer veränderten Risikosituation eines Tochterunternehmens eine ad hoc Risikoinventur durchzuführen und zu berücksichtigen ist (anlassbezogen).

4.6.4. Berücksichtigung der Waiver Regelung

Der Gesetzgeber als auch die BaFin haben bei der Bestimmung von Anforderungen im Finanzsektor regelmäßig Ausnahmen explizit und implizit vorgesehen. So auch bei der Bestimmung der Reichweite des Risikomanagements auf Gruppenebene: »Die **Waiver Regelung**«. 438

Die Waiver[147] Regelung ist eine **Erleichterungsmaßnahme** für spezielle Institute im Rahmen der Eigenkapitalregelungen nach Basel III. Im deutschen Recht ist diese Ausnahmeregelung im § 2a KWG (Ausnahmen für gruppenangehörige Institute) verankert worden. Bei Erfüllung der dort genannten Voraussetzungen kann die Aufsichtsbehörde Institute auf Antrag für das Management von Risiken mit Ausnahme des Liquiditätsrisikos von den Anforderungen gemäß § 25a Absatz 1 Satz 3 Nummer 1, 2 und 3 Buchstabe b und c bezüglich der Risikocontrolling-Funktion freistellen. 439

Damit wird die Beaufsichtigung der genannten Erfordernisse auf die Gruppenebene verlagert und die Einzelinstitutsebene somit entlastet. Demzufolge haben Einzelinstitute in Instituts- und Finanzholding-Gruppen, die die Voraussetzungen für die Inanspruchnahme der Waiver-Regelung erfüllen, **keine eigene Geschäfts- und Risikostrategie, keine Verfahren zur Ermittlung** 440

147 Der englische Begriff »Waiver« bezeichnet in diesem Zusammenhang eine Art Verzichtserklärung.

und Sicherstellung der Risikotragfähigkeit, keine Prozesse zur Identifizierung und Steuerung bestimmter Risiken sowie keine eigene Risikocontrolling-Funktion und Compliance-Funktion einzurichten. Dies gilt nicht für die Steuerung und Überwachung der Liquiditätsrisiken.

441 Allerdings kann die Aufsichtsbehörde bei Vorliegen bestimmter Voraussetzungen an das gruppenweite Liquiditätsmanagement gemäß Artikel 8 CRR zugunsten höherer Konsolidierungsebenen von der Anwendung auf Einzelinstitutsebene absehen (sog. Liquiditäts-Waiver). Damit ist dann eine umfassende Befreiung des nachgeordneten Instituts in Bezug auf **alle wesentlichen Risikoarten** (§ 2a Abs. 2 und Abs. 4 i. V. m. § 25a Absatz 1 Satz 3 Nummer 1, 2 und 3 Buchstabe b und c) möglich.

442 Dies wiederum impliziert eine vollständige Integration der nachgeordneten Unternehmen (nach § 10a Abs. 1 KWG) in die Prozesse des übergeordneten Instituts. So muss z. B. das nachgeordnete Unternehmen beim übergeordneten Unternehmen in aufbau- und ablauforganisatorische Regelungen einbezogen werden. Dies geht über die Anforderungen des AT 4.5 hinsichtlich eines Risikomanagements auf Gruppenebene hinaus.

443 Während sich der AT 4.5 auf alle Risiken der Gruppe erstreckt (bspw. auch auf nicht konsolidierungspflichtige Zweckgesellschaften), können durch die Waiver-Regelung nur nachgeordnete, inländische Unternehmen einer Institutsgruppe von der Anwendung des § 25a Abs. 1 Satz 3 Nummer 1, 2 und 3 Buchstabe b und c KWG befreit werden. Somit werden durch den »Waiver« nicht per se alle Unternehmen der Gruppe nach AT 4.5 erfasst.

444 Die Inanspruchnahme der Waiver-Regelung stellt gleichzeitig erhöhte Anforderungen und umfasst unter Umständen nicht alle Unternehmen der Gruppe, welche »wesentliche Risiken« begründen.

445 Institute, die die Waiver-Regelung in Anspruch nehmen wollen, müssen dies gemäß § 2a Abs. 2 KWG bei der Aufsichtsbehörde **beantragen** und durch **geeignete Unterlagen** nachweisen.

4.7. Spezielle Anforderungen an das Risikomanagement auf Gruppenebene

4.7.1. Geschäfts- und Risikostrategie

Grundvoraussetzung für ein ordnungsgemäßes und angemessenes Risikomanagement ist insbesondere eine einheitliche abgestimmte Geschäfts- und Risikostrategie. 446

> **Auszug AT 4.5 Tz. 2**
>
> Die Geschäftsleitung des übergeordneten Unternehmens hat eine Geschäftsstrategie sowie eine dazu konsistente Risikostrategie festzulegen (»gruppenweite Strategien«).

Dies bedeutet nicht, dass die Strategien »Top down« erstellt und umgesetzt werden müssen. Vielmehr sind die jeweiligen **Strategien und Konzepte aufeinander abzustimmen**. Beim übergeordneten Unternehmen sollte ein Überblick darüber bestehen, welche Strategien und Konzepte vorhanden sind und wie diese umgesetzt werden. Insbesondere unter Berücksichtigung der Tatsache, dass die Strategien der einzelnen Unternehmen in Teilbereichen sich von den gruppenweiten Strategien unterscheiden können und werden, ist bei der Kommunikation gezielt und angemessen vorzugehen. Ferner ist bereits im **Vorfeld der Finalisierung**, insbesondere in der Phase der gruppenweiten Abstimmung, ein **hohes Maß an Verhandlungsbereitschaft sowie -geschick notwendig**, um die vereinzelt konträren Ausrichtungen in Einklang zu bringen und dabei den einzelnen Unternehmen keine »Steine in den Weg« zu legen. Andererseits sind bei allen Unterschieden und institutsindividuellen Gegebenheiten Inkonsistenzen oder gar Widersprüche aus einer Gruppenperspektive in jedem Fall zu vermeiden. 447

In der **Geschäftsstrategie** sind die Ziele und Planungen der wesentlichen Geschäftsaktivitäten festzulegen. 448

In der **Risikostrategie** sind hingegen die Ziele der Risikosteuerung der wesentlichen Geschäftsaktivitäten der Gruppe zu dokumentieren. 449

Bei der Ausgestaltung der Geschäfts- und Risikostrategie auf Gruppenebene sind die Anforderungen der MaRisk auf Unternehmensebene (Modul AT 4.2) analog anzuwenden. 450

Auszug AT 4.5 Tz. 2

Die strategische Ausrichtung der gruppenangehörigen Unternehmen ist mit den gruppenweiten Strategien abzustimmen. Die Geschäftsführung des übergeordneten Unternehmens muss für die Umsetzung der gruppenweiten Strategien Sorge tragen.

451 Die Geschäftsleitung kann bei der Festlegung, Umsetzung und regelmäßigen Überprüfung der Strategien auf die Expertise eigener Mitarbeiter (z. B. Stabsstellen) oder externe Dritte zurückgreifen.

452 Auch die Neufassung der MaRisk in der Fassung vom 27. Oktober 2017 enthalten keine Vorgaben zur jährlichen Überprüfung und eventuellen Anpassung der gruppenweiten Strategien. Dies sollte in der Praxis jedoch nicht so ausgelegt werden, dass die gruppenweiten Strategien nun einmalig durch die Geschäftsleitung des übergeordneten Unternehmens festgelegt werden und dann für immer gelten. Vielmehr sollte hier analog der Vorgehensweise auf Institutsebene verfahren und daher bei Bedarf entschieden werden, ob die jeweilige Strategie auf Gruppenebene anzupassen ist. Der Strategieprozess sollte ebenfalls die entsprechende Kommunikation der Änderungen innerhalb der Gruppe beinhalten.

453 Unabhängig davon, ob die Überprüfung jährlich oder in einem anderen Turnus erfolgt, fällt die inhaltliche **Überprüfung der gruppenweiten Strategien weiterhin nicht in den Aufgabenbereich der Internen Revision/Konzernrevision**, sondern liegt in der Verantwortung der Geschäftsleitung des übergeordneten Unternehmens. Sie kann nicht delegiert oder von einer Anderen, als der Geschäftsleitung des übergeordneten Unternehmens, verantwortet werden.

✓ Praxistipp »Dokumentation der Geschäfts- und Risikostrategie«

Die Überprüfung und anschließende Anpassung der gruppenweiten Geschäfts- und Risikostrategie sollte unverzüglich allen Unternehmen, die in den MaRisk Konsolidierungskreis einbezogen werden müssen, mitgeteilt werden. Es empfiehlt sich, eine Versionisierung ein- und Gültigkeitszeiträume aufzuführen. Insbesondere bei international agierenden Gruppen sollten die Strategien, auch wenn sie in unterschiedlichen Sprachen erstellt und verbreitet wurden, konsistent sein. Daher sollten die Beschlussfassungen der Strategien auf Unternehmensebene auch chronologisch grundsätzlich den der Gruppenebene folgen und nicht umgekehrt.

Die Überprüfung des Vorliegens, der Kenntnis und der einheitlichen »Nutzung« der gruppenweiten Strategien sollte als Prüfungsgegenstand der Konzernrevision betrachtet werden.

Dabei sind neben internen und externen Einflussfaktoren auch strategische Ziele im Detail so auszuformulieren, dass es den operativen Einheiten erlaubt, deren Einhaltung auch beurteilen zu können. In der Praxis empfiehlt es sich daher, die operativen Einheiten (wie z. B. Finanzcontrolling und Risikomanagement) rechtzeitig mit einzubinden und sich im Detaillierungsgrad von diesen Bereichen »beraten« zu lassen. Die Geschäftsleitung soll sich gemäß BaFin bei den gruppenweiten Strategien nicht auf eine rein formale Umsetzung beschränken und so den Anschein erwirken, dass diese in der Praxis nicht gelebt, sondern nur zur Einhaltung von Anforderungen erstellt werden.

4.7.2. Risikotragfähigkeit

Institutsgruppen haben aufbauend auf den Strategien insbesondere ein aufeinander abgestimmtes Risikotragfähigkeitskonzept und Prozesse einzurichten, die sicherstellen, dass entsprechend dem individuellen **Risikoprofil** genügend **Risikodeckungspotenzial** vorhanden ist, um die wesentlichen Risiken der Gruppe zu tragen. Das Risikodeckungspotenzial sollte zudem als interne **Steuerungsgröße** berücksichtigt werden. 454

Auszug AT 4.5 Tz. 3

Das übergeordnete Unternehmen hat auf der Grundlage des Gesamtrisikoprofils der Gruppe einen internen Prozess zur Sicherstellung der Risikotragfähigkeit auf Gruppenebene einzurichten (AT 4.1 Tz. 2).

Bei der Einrichtung der Prozesse auf Gruppenebene ist neben der Basis zur Ermittlung des Risikodeckungspotenzials, die Risikobereitschaft der Geschäftsleitung der Gruppenunternehmen und die Anforderungen und Wechselwirkungen der Risiken zu erörtern bzw. zu harmonisieren. 455

Die wesentlichen quantifizierten Risiken der Tochterunternehmen sind in das Limitsystem des Konzerns zu integrieren. Vor diesem Hintergrund müssen die Limitsysteme aufeinander überleitbar und aggregierbar sein. Nur so kann sichergestellt werden, dass ein Limitsystem auf Gruppenebene funktionsfähig ist. 456

457 Des Weiteren sind Verfahren zur Steuerung und der Überwachung des gruppenweiten Limitsystems einzurichten – insbesondere Prozesse, die sicherstellen, dass bspw. die verschiedenen Gruppenunternehmen nur im Rahmen der noch freien Limite weitere Risikopositionen eingehen.

458 Die Ergebnisse aus der Steuerung und Überwachung des gruppenweiten Limitsystems sind zu kommunizieren.

Auszug AT 4.5 Tz. 3

Die Risikotragfähigkeit der Gruppe ist laufend sicherzustellen.

459 Eine weitere Konkretisierung dessen, was unter *laufend* zu verstehen ist, ist den MaRisk nicht zu entnehmen und daher institutsspezifisch auszulegen.

✓ Praxistipp »Auslegung des Begriffs Laufend«

Während mit den Begriffen »unverzüglich« (ohne schuldhaftes Zögern) oder »zeitnah« (so schnell wie möglich oder nötig) konkrete zeitliche Vorstellungen verbunden sind, wird der Begriff »laufend« im Kontext der MaRisk als Umschreibung für einen prozessualen Vorgang ohne konkrete zeitliche Dimension verwendet.

Somit ist der Begriff als **»regelmäßiger Vorgang«** bzw. als ein **»in angemessenen Abständen«** auszuführender Vorgang zu interpretieren.

Die Häufigkeit der Handlung ist vom Institut jeweils unter Berücksichtigung der institutsspezifischen Gegebenheiten festzulegen, bspw. kann sich die Gruppe an den internen Reportingzeiträumen orientieren.

Die institutsspezifische Auslegung sollte hinreichend begründet und dokumentiert werden.

4.7.3. Risikosteuerungs- und -controllingprozesse

460 Mit Verweis auf die Erläuterungen zu AT 4.5 Tz. 1 sind die **Methoden und Verfahren zur Ausgestaltung des Risikomanagements**, so zu wählen, dass diese der Wirksamkeit des Risikomanagements auf Gruppenebene nicht entgegenstehen. Es ist somit **nicht erforderlich**, dass die Steuerung, Überwachung und Kontrolle der Risiken **bei jedem einzelnen Institut nach identischen Verfahren** erfolgen müssen.

Auszug AT 4.5 Tz. 5

Das übergeordnete Unternehmen hat angemessene Risikosteuerungs- und Risiko-controllingprozesse einzurichten, die die gruppenangehörigen Unternehmen einbeziehen.

Der Grad der Flexibilisierung sollte aber von der wirtschaftlichen und risikobasierten Verflechtung der Unternehmen einer Gruppe abhängen. Grundsätzlich empfiehlt es sich, dass das übergeordnete Unternehmen einheitliche und aufeinander abgestimmte **Rahmenbedingungen** für die Risikosteuerung und das Risikocontrolling festlegt. 461

✓ Praxistipp »Angemessene Dokumentation«

Unter einer angemessenen Dokumentation ist zumindest eine jederzeit zugängliche und auffindbare, verständliche, aktuelle und qualitativ gesicherte Vorgabe zu verstehen.

Zugänglichkeit und Auffindbarkeit

Eine Veröffentlichung der Dokumentationen/Richtlinien ist erforderlich, muss jedoch nicht unternehmensweit stattfinden. Dabei kann der Zugriff über eine zentrale Stelle im Intranet erfolgen, so dass der Einstieg für alle Mitarbeiter einfach und schnell erfolgen kann.

Verständlichkeit

Um ein einheitliches Verständnis zu gewährleisten, sollte ein »Glossar« erstellt werden. Ferner sind in Bezug auf die Dokumentation selbst (Format, Zuständigkeiten oder Verantwortlichkeiten) weitere Dokumente zu erstellen, die die Transparenz und Orientierung für Benutzer zu gewährleisten.

Qualität/Aktualisierung

Für sämtliche Dokumente sind Verantwortlichkeiten zu definieren, die die Veröffentlichung und Aktualisierung koordinieren und überwachen. Diese sind im Dokument anzugeben.

Des Weiteren sind auch auf Gruppenebene angemessene Stresstests zu gestalten und durchzuführen. Dies sollte gemäß AT 4.5 Tz. 5 auch die Durchführung regelmäßiger und ggf. anlassbezogener Stresstests auch für das Gesamtrisikoprofil auf Gruppenebene beinhalten. 462

Auszug AT 4.5 Tz. 5

Für die wesentlichen Risiken auf Gruppenebene sind regelmäßig angemessene Stresstests durchzuführen.

463 **Stresstests** sind Methoden, mit denen die Institute ihre **Verlustanfälligkeit** bezüglich möglicher außergewöhnlicher Ereignisse überprüfen (siehe hierzu AT 4.3.3 MaRisk) und dienen zur Einschätzung der Auswirkungen bestimmter Ereignisse oder Veränderung ökonomischer Rahmenbedingungen auf die (finanzielle) Lage von Kreditinstituten. Hierbei steht insbesondere die Ausgestaltung der zugrunde liegenden **Szenarien** (historische und hypothetische Szenarien, Berücksichtigung des wirtschaftlichen Umfelds) im Vordergrund.

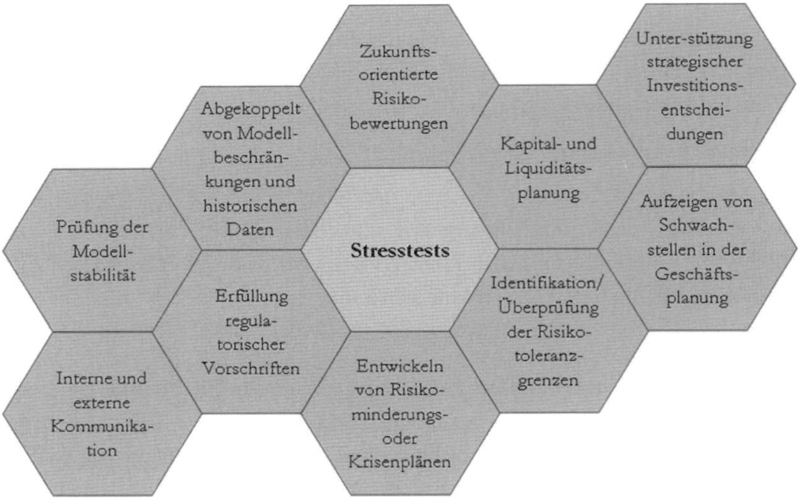

Abbildung 9: Bedeutung von Stresstests

464 Die Ausgestaltung von Stresstests auf Gruppenebene ist aufgrund der bereits dargestellten **Verantwortung der Geschäftsleitung des übergeordneten Unternehmens** konzernweit einheitlich auf Gruppenebene vorzugeben und durchzuführen. Bei der Durchführung von Stresstests sollten insbesondere die Vorgaben des AT 4.3.3 (Stresstests) analog herangezogen werden. Daher wird an dieser Stelle auf den Beitrag, der sich mit institutsspezifischen Stresstests auseinander setzt, verwiesen.

> **Auszug AT 4.5 Tz. 5**
>
> Das übergeordnete Unternehmen hat sich in angemessenen Abständen über die Risikosituation der Gruppe zu informieren.

Ein **Gruppenreporting** (z. B. hinsichtlich der finanziellen Lage oder der Risikosituation der Gruppe) ist auf Grundlage eines einheitlichen Managementinformationssystems aufzubauen und zu dokumentieren. Der **Turnus** des Gruppenreportings sollte sich insbesondere am Grad der Verflechtung der Gruppe untereinander und an den wechselseitigen Abhängigkeiten orientieren. 465

Im Rahmen der Risikoberichterstattung auf Konzernebene sind alle wesentlichen Konzerntöchter und Risikoarten zu erfassen. Dies gilt gleichwohl für (Risiko-) Akkumulationen oder gegenläufige Risikoeffekte. 466

Die laufende und unmittelbare Einwirkung auf das Tagesgeschäft (anhand der Ergebnisse aus der Risikoberichterstattung) ist jedoch **Aufgabe der einzelnen Gruppenunternehmen**. 467

4.7.4. Ablauforganisation

In Modul AT 4.5 Tz. 4 fordern die MaRisk die Definition (und Abstimmung) der ablauforganisatorischen Vorkehrungen auf Gruppenebene. Dies setzt jedoch nicht voraus, dass die Gruppenunternehmen hinsichtlich der (Aufbau- und) Ablauforganisation gleiche organisatorische Regelungen vorzuhalten haben. 468

> **Auszug AT 4.5 Tz. 4**
>
> Es sind angemessene ablauforganisatorische Vorkehrungen auf Gruppenebene zu treffen. Das heißt, dass Prozesse sowie damit verbundene Aufgaben, Kompetenzen, Verantwortlichkeiten, Kontrollen sowie Kommunikationswege innerhalb der Gruppe klar zu definieren und aufeinander abzustimmen sind. An die Geschäftsleiter des übergeordneten Unternehmens ist zeitnah Bericht zu erstatten.

Voraussetzung einer »ordnungsgemäßen Geschäftsorganisation« ist neben einer angemessenen **Dokumentation der Ablauforganisation** zudem, dass beim übergeordneten Unternehmen eine **Dokumentation zur Aufbaubau-** 469

organisation vorliegt – insbesondere eine Übersicht über alle zur Gruppe gehörenden Unternehmen.

470 Die Anforderung zur angemessenen Ablauforganisation ist bereits auf Einzelinstitutsebene aus dem AT 4.3.1 Tz. 2 (Aufbau- und Ablauforganisation) bekannt und dürfte daher keine weiteren Schwierigkeiten für die Verpflichteten mit sich bringen.

471 Im Rahmen der Neufassung der MaRisk wurden die ablauforganisatorischen Vorkehrungen in AT 4.5 Tz. 4 lediglich um die Maßgabe ergänzt, dass über diese Vorkehrungen zeitnah an die Geschäftsleiter des übergeordneten Unternehmens Bericht zu erstatten ist.

✓ Praxistipp »Angemessene Ablauforganisation«

Unter einer angemessenen Ablauforganisation sind zumindest folgende Eigenschaften im Rahmen der Dokumentation zu berücksichtigen:

Aufgaben

Darunter sind an einzelne, an Mitarbeiter gerichtete Verpflichtungen zu verstehen.

Kompetenzen

Zuständigkeiten und Befugnisse aller Ebenen von der Geschäftsleitung bis zum Sachbearbeiter. Diese sollten in einer Kompetenzordnung (Gruppenebene) zusammengefasst werden.

Verantwortlichkeiten

Zusammenwirken von Prozessen, Aufgaben und der jeweiligen Verantwortung sowie die Delegationsmöglichkeiten von Verantwortlichkeiten.

Kontrollen

Prozessabhängige Überwachungsmechanismen als Bestandteil des internen Kontrollsystems auf Gruppenebene.

Kommunikationswege

Wechselseitiger Austausch von Informationen, bspw. hinsichtlich der Berichtserstattung.

4.7.5. Konzernrevision

Das übergeordnete Unternehmen muss **zusätzlich zur Internen Revision** der gruppenangehörigen Unternehmen eine **Konzernrevision einrichten**, die als ergänzende Komponente einerseits selbst tätig werden muss, andererseits aber auch die Prüfungsergebnisse der Internen Revision der gruppenangehörigen Unternehmen verwenden darf. 472

Auszug AT 4.5 Tz. 6

Die Konzernrevision hat im Rahmen des Risikomanagements auf Gruppenebene ergänzend zur Internen Revision der gruppenangehörigen Unternehmen tätig zu werden.

Voraussetzung für die Sicherstellung eines **funktionsfähigen und wirksamen Internen Kontrollsystems einer Gruppe** ist die Einrichtung einer Konzernrevision, die die erforderlichen Prüfungen aus Gruppensicht durchführt sowie die Ergebnisse der einzelnen Revisionen der Gruppenunternehmen konsolidiert und auf Gruppenebene betrachtet. Die Konzernrevision darf somit nicht an die Stelle der Internen Revisionen der gruppenangehörigen Unternehmen treten. Da für die Institute, die den MaRisk unterliegen, nach wie vor der Grundsatz der Einzelbeaufsichtigung gilt, sind die Anforderungen an die Interne Revision damit ebenso aus Einzelinstitutssicht zu erfüllen. 473

Auszug AT 4.5 Tz. 6

Dabei kann die Konzernrevision auch die Prüfungsergebnisse der Internen Revisionen der gruppenangehörigen Unternehmen berücksichtigen.

Diese Anforderung war bereits in AT 4.5 Tz. 6 der MaRisk in der Fassung vom 14. Dezember 2012 verankert und bildet daher keine zusätzliche Herausforderung. 474

Auszug AT 4.5 Tz. 6

Es ist sicherzustellen, dass für die Konzernrevision und die Internen Revisionen der gruppenangehörigen Unternehmen Revisionsgrundsätze und Prüfungsstandards gelten, die eine Vergleichbarkeit der Prüfungsergebnisse gewährleisten. Des Weiteren sind die Prüfungsplanungen sowie die Verfahren zur Überwachung der fristgerechten Beseitigung von Mängeln aufeinander abzustimmen.

475 Die aktuellste Fassung der MaRisk erweitert die bisherigen Vorgaben des AT 4.5 Tz. 6 in Bezug auf die Vereinheitlichung der Grundlagen, die für die Revisionsfunktionen zur Durchführung ihrer Tätigkeiten herangezogen werden. In der Vergangenheit konnte beobachtet werden, dass es bei der Prüfungsplanung und -durchführung zu teilweise größeren Unterschieden zwischen den Konzernrevisionseinheiten und den Internen Revisionen der gruppenangehörigen Unternehmen kam. Hierzu gehörten u. a. Abweichungen hinsichtlich des risikoorientierten Prüfungszyklusses, der Einwertung von Prüfungsergebnissen als auch der Prüfungstiefe bei der Überwachung der fristgerechten Beseitigung von Mängeln (Follow up). Durch die Ergänzung in AT 4.5 Tz. 6 wird eine weitestgehende Vereinheitlichung der Standards auf Gruppenebene durch die Aufsicht vorgegeben.

Auszug AT 4.5 Tz. 6

Die Konzernrevision hat in angemessenen Abständen, mindestens aber vierteljährlich, an die Geschäftsleitung und das Aufsichtsorgan des übergeordneten Unternehmens über ihre Tätigkeit auf Gruppenebene in analoger Anwendung von BT 2.4 Tz. 4 zu berichten.

476 Eine weitere Ergänzung des AT 4.5 Tz. 6 betrifft die Berichterstattung der Konzernrevision hinsichtlich ihrer Tätigkeit auf Gruppenebene. Analog der Vorgaben des § 25c Abs. 4a Nr. 3g KWG i. V. m. BT 2.4 Tz. 4 MaRisk in Bezug auf die Berichterstattung der Internen Revision an die Geschäftsleitung und das Aufsichts- oder Verwaltungsorgan hat nun auch die Konzernrevision mindestens vierteljährlich an die entsprechenden Gremien des übergeordneten Unternehmens über die Tätigkeiten auf Gruppenebene zu berichten.

✓ Praxistipp »Aufgaben der Konzernrevision«

Der Aufgabenbereich der Konzernrevision könnte sich auf folgende Aufgaben erstrecken, die im Sinne eines Gruppeninteresses ausgelegt werden können.

- Gruppenübergreifendes Risikomanagement
- Ausarbeitung und laufende Aktualisierung von konzernweiten Rahmenbedingungen für die Revisionstätigkeit
- Durchführung von Sonderprüfungen nicht nur auf Gruppenebene
- Erstellung, Abstimmung und Koordination einer konzernweiten Prüfungsplanung
- Bereitstellung von Spezialexpertise
- Koordination des Themas Auslagerung in und außerhalb des Konzerns, z. B. Maßstäbe für Wesentlichkeit von Auslagerungen, Vertragsstandards etc.
- Auswertung der Revisionsergebnisse in den Gruppenunternehmen und konsolidierte Berichterstattung an die Risiko-/Revisionsverantwortlichen der Gruppe

Die Schnittstellen und Abstimmungsprozesse zwischen Interner Revision der Gruppenunternehmen und Konzernrevision sollten spezifiziert und dokumentiert werden.

4.8. Fazit

Durch die Etablierung gruppenweiter Risikomanagementsysteme sollen alle wesentlichen Risiken der Gruppe unter Verantwortung der Geschäftsleitung des übergeordneten Unternehmens erfasst, kontrolliert und gesteuert sowie ein angemessenes »Funktionieren« der Gruppe als Einheit ermöglicht werden. 477

Die Ausgestaltung der gruppenweiten Risikomanagementsysteme ist vor dem Hintergrund der Risikosituation und der wirtschaftlichen und risikobezogenen Verflechtung der Gruppe unternehmensspezifisch auszugestalten. Die eingerichteten Verfahren sind angemessen zu dokumentieren. 478

Die Anforderungen an ein Risikomanagement auf Gruppenebene wurden durch die 5. MaRisk-Novelle nur leicht ergänzt bzw. abgeändert. 479

480 Falls nicht bereits infolge der 4. MaRisk-Novelle geschehen, sind die bestehenden Prozesse somit insbesondere laufend auf MaRisk Konformität und Vollständigkeit zu überprüfen und nun auf Basis der 5. MaRisk-Novelle gegebenenfalls erneut zu aktualisieren.

481 Gewisse Ermesssensspielräume bestehen weiterhin bei der Auslegung der individuell zu gestaltenden Definition der Wesentlichkeit, die insbesondere bei der Bestimmung der Unternehmen, die unter den »MaRisk-Konsolidierungskreis« fallen, maßgeblichen Einfluss hat.

482 Ferner haben Unternehmen, die die Waiver-Regelung in Anspruch nehmen wollen oder bereits genommen haben, gewisse Erleichterungen, die auf den zweiten Blick jedoch eher zu einer Komplizierung führen könnten, die wiederum institutsspezifisch zu untersuchen sind.

483 Des Weiteren wird es in der Praxis zu Abstimmungsnotwendigkeiten mit Unternehmen aus dem Industriesektor führen, sofern diese als wesentlich im Sinne des Gruppenrisikomanagements bewertet werden.

484 Bei allen ergänzenden Vorgaben verbleibt jedoch nach wie vor die Beachtung des Grundsatzes der Proportionalität, wonach sicher gestellt werden sollte, dass die Regelungen individuell, risikoorientiert, institutsspezifisch ausgelegt und umgesetzt werden.

5. AT 5 Organisationsrichtlinien

5.1. Änderungen im Überblick

Im Nachfolgenden wird schrittweise der Anpassungs- und Änderungsbedarf – ausgehend von den im Kapitel AT 5 Organisationsrichtlinien dokumentierten neuen und bestehenden Anforderungen – analysiert und gewürdigt sowie entsprechende Handlungsoptionen aufgezeigt, wie die Institute diese Regelungen in die Bankpraxis übertragen können. 485

Ausgehend von einem Überblick und entsprechender Priorisierung der Änderungsanforderungen schließt sich eine Würdigung an. Davon abgeleitet werden unter Berücksichtigung der Übergangsfristen eine mögliche Planung der Implementierung sowie eine Ergebnisfortschrittverfolgung vorgestellt. 486

Im Anschluss daran findet sich die Vorstellung möglicher alternativer Darstellungs- und Kommunikationsformen. Abschließend werden die notwendige Überwachung und Dokumentierung der Ergebnisse hinsichtlich einer kurz- und langfristigen Wirkungstiefe gewürdigt. 487

Auszug AT 5

1 Das Institut hat sicherzustellen, dass die Geschäftsaktivitäten auf der Grundlage von Organisationsrichtlinien betrieben werden (z. B. Handbücher, Arbeitsanweisungen oder Arbeitsablaufbeschreibungen). Der Detaillierungsgrad der Organisationsrichtlinien hängt von Art, Umfang, Komplexität und Risikogehalt der Geschäftsaktivitäten ab.

2 Die Organisationsrichtlinien müssen schriftlich fixiert und den betroffenen Mitarbeitern in geeigneter Weise bekannt gemacht werden. Es ist sicherzustellen, dass sie den Mitarbeitern in der jeweils aktuellen Fassung zur Verfügung stehen. Die Richtlinien sind bei Veränderungen der Aktivitäten und Prozesse zeitnah anzupassen.

3 Die Organisationsrichtlinien haben vor allem Folgendes zu beinhalten:

a) Regelungen für die Aufbau- und Ablauforganisation sowie zur Aufgabenzuweisung, Kompetenzordnung und zu den Verantwortlichkeiten,

b) Regelungen hinsichtlich der Ausgestaltung der Risikosteuerungs- und -controllingprozesse,

c) Regelungen zu den Verfahren, Methoden und Prozessen der Aggregation von Risikodaten (bei systemrelevanten Instituten),

d) Regelungen zur Internen Revision,

e) Regelungen, die die Einhaltung rechtlicher Regelungen und Vorgaben (z. B. Datenschutz, Compliance) gewährleisten,

f) Regelungen zu Verfahrensweisen bei wesentlichen Auslagerungen,

g) abhängig von der Größe des Instituts sowie der Art, dem Umfang, der Komplexität und dem Risikogehalt der Geschäftsaktivitäten, einen Verhaltenskodex für die Mitarbeiter.

4 Die Ausgestaltung der Organisationsrichtlinien muss es der Internen Revision ermöglichen, in die Sachprüfung einzutreten.

5.2. Die Änderungen nach Priorität sortieren

488 Analytisch betrachtet beinhaltet der Teil der MaRisk im Kapitel AT 4 Allgemeine Anforderungen an das Risikomanagement traditionell die meisten Aktualisierungen und Neuerungen, die von den Instituten daher häufig mit erster Priorität in die Praxis überführt werden. Daneben sind sämtliche vorhandenen Richtlinien und Dokumentationen innerhalb der Institute zu diesem Themenkomplex auf Aktualität zu prüfen.

489 AT 5 behandelt speziell die Ausgestaltung der Organisationsrichtlinien (z. B. Handbücher, Arbeitsanweisungen und Arbeitsablaufbeschreibungen). Um diese erstellen zu können, müssen zunächst die Geschäftsaktivitäten definiert sein. Daraus folgt, dass die Beschäftigung mit AT 5 in den Instituten teilweise nachgelagert erfolgt. Dies darf jedoch nicht darüber hinweg täuschen, dass die Organisationsrichtlinien eine wesentliche und wichtige Grundlage der Vornahme von geschäftlichen Aktivitäten sind.

5.3. Ermittlung bestehender Richtlinien oder Regelungen im gleichen Kontext

490 Artgleiche Regelungen eines Instituts, die in der Vergangenheit zu den von der MaRisk-Novelle geforderten Neuerungen bereits Anwendung gefunden haben, sind in einem ersten Schritt hinsichtlich der Aktualität oder einer Substitution zu analysieren. Dies öffnet zudem den Raum für eine längst fällige Zusammenführung oder Neuerstellung ganzer Richtlinienbereiche in den aktuell verwendeten Organisationsanweisungen.

Hier kann der anlassbezogene Änderungsbedarf der MaRisk dazu verwendet werden, eine Überarbeitung ganzer Organisationskapitel vorzunehmen. 491

Um konsistente Regelungen für ein Institut sicher zu stellen, werden die Aufwände zur Prüfung auf Kontextbezogenheit und Einheitlichkeit weiter wachsen. Die Flut der in den letzten Jahren auf die Institute zugekommenen Reglementierungen und Mindestanforderungen haben zu einem starken Anstieg der Organisationsanweisungen (bezogen auf die Anzahl und ihre Seitenzahlen) geführt. Umso mehr ist auf die Struktur und Anpassungsfähigkeit sowie die damit verbundenen Aufwände zu achten, da davon auszugehen ist, dass dieser Trend wie in den letzten Jahren anhalten wird. 492

5.4. Aufbau von Richtlinien

Der Aufbau von Richtlinien ist institutstypisch individuell und ggf. aus der Historie gewachsen. Basierend auf den langjährigen Erfahrungen und bereits umgesetzten Novellen der MaRisk lassen sich die folgenden Grundprinzipien als Leitplanken zur Erstellung, Abstimmung, Veröffentlichung und Aktualisierung definieren. 493

Was	Art der Richtlinie	Anweisungscharakter	Inhalt und Wirksamkeit
OA	Organisationsanweisung	Ja	Prozess- oder produktorientierte dauerhafte Regelung mit Anweisungscharakter
OB	Organisationsbrief	Ja	Fallweise, nicht dauerhafte Regelung mit Anweisungscharakter
AI	Allgemeine Information	Nein	Situative bzw. Einzelfall-Regelung, nur informativ und ohne Anweisungscharakter

Tabelle 1: Richtlinienstandards und deren Wirkungsfeld

494 Traditionell bedienen sich die Institute zur Dokumentation von Regelwerken der Schriftform. Hierbei ist die Verwendung folgender Grundinformationen in der Kopfzeile zur Abgrenzung und Gültigkeitsüberwachung als Standard sinnvoll (Beispiel):

Art	OA, OB oder AI
Nr.:	123
Gültig ab:	01.01.2018
Vorherige Fassung:	25.06.2017
Ergänzungslieferung:	xx/2018
Verantwortungsbereich:	Bereich/Abteilung

Tabelle 2: Aufbau einer Kopfzeile für Richtlinien

495 Alle vorgenannten Regelungen sollten einer Gültigkeitsüberwachung durch das Organisationsteam unterliegen und einen Dokumenten-Owner – in der Regel ein Mitarbeiter aus einem zuständigen Fachbereich – aufweisen. Im Gegensatz zu den OAs sollten OBs nicht im Rahmen der Gültigkeitsüberwachung verlängerbar sein. Hier wäre vielmehr eine Regelung zu implementieren, nach der die fachlich verantwortlichen Organisationseinheiten (Verantwortungsbereiche) spätestens nach einem Jahr einen nicht dauerhaft benötigten Organisationsbrief (OB) in eine bestehende OA oder eine neue OA überführen, sofern der damit verbundene Kontext in eine dauerhafte Regelung überführt werden muss.

5.5. Verantwortliche Fachbereiche

496 Die Klärung bzw. Adressierung der fachlichen und inhaltlichen Verantwortung zur Erstellung solcher Regelungen und Abstimmung des Verantwortungsbereichs ist eine Führungsaufgabe und ist von der Unternehmensleitung an den dafür vorgesehenen Bereich bzw. die entsprechende Organisationseinheit zu adressieren. Es ist zu beachten, dass in vielen Fällen mehrere Bereiche fachlich an der Erstellung der neuen Richtlinie oder an der Überarbeitung von bestehenden Regelungen zu beteiligen sind. Es ist jedoch empfehlenswert, nur jeweils einen Verantwortungsbereich zuzulassen, da sonst bei der späteren Gültigkeitsüberwachung oder bei möglicherweise aufkommenden Beanstandungen im Rahmen von Prüfungen die Verantwortung für die jeweilige Orga-

nisationsrichtlinie nicht eindeutig zuzuordnen ist und damit erneut Aufwände zur Verantwortungsklärung anfallen werden.

Bezüglich der Thematik »Aggregation von Risikodaten« (Tz. 3 c) ist der Verantwortungsbereich an mehrere Organisationseinheiten, die einzubeziehen sind, zu adressieren. Das Risikocontrolling als Bindeglied ist hier aufgrund der Zentralfunktion offensichtlich der richtige Verantwortungsbereich, an den es die fachliche und thematische Verantwortung für die zu erstellenden Organisationsanweisungen zu adressieren gilt. Risikocontrolling hat in diesem Sinne dann die weiteren zu beteiligenden Bereiche zu koordinieren und in die Erstellung der Richtlinie einzubinden. 497

Bezüglich der Organisationsrichtlinie zum Verhaltenskodex für die Mitarbeiter (Tz. 3 g), der das Ziel hat, den Mitarbeitern deren Anwendung im beruflichen Alltag zu vereinfachen, sind als Verantwortungsbereiche Compliance oder ein Vorstandssekretariat zu nennen. Vor dem Hintergrund, dass es sich hierbei im Wesentlichen um die fachlichen und geistigen Verhaltensregelungen dreht sowie um rechtliche, interne und ethische Grundsätze handelt, sind darüber hinaus auch der Vorstand und insbesondere Strategien wie z. B. die Geschäftsstrategie einzubeziehen. 498

Für die fachlichen Inhalte und als Dokumenten-Manager ist als zentrale Koordinationsstelle der Bereich Compliance oder das Vorstandssekretariat in die Verantwortung zu nehmen. Dabei können die Personalabteilung sowie weitere Organisationseinheiten, die eine Affinität zu diesem Thema haben, mit eingebunden werden, um diese neue Regelung mit Leben zu füllen. Der sich daran anschließende Abstimmungsprozess ist sicherlich intensiver als bei anderen rein bankfachlichen Themen. Es ist davon auszugehen, dass es mehrerer Iterationen bedarf, um über eine Erstversion, die veröffentlicht werden kann, verfügen zu können. 499

Zudem sind neben den einzubindenden Fachbereichen erstmalig weitere Instanzen oder Gremien zu beteiligen. Dabei können neben dem Aufsichtsrat und dem Vorstand auch die Mitarbeitervertreter sowie weitere im direkten Umfeld des Instituts befindliche Unternehmen (Mutter- und Tochtergesellschaften) sowie ggf. wesentliche Dienstleister, die in erheblichem Maße in die Prozesskette des Kerngeschäfts eingebunden sind, beteiligt werden. Der Verhaltenskodex ist nicht nur nach innen gerichtet, sondern in einem besonderen Maße auch nach außen wirksam. 500

5.6. Anzahl der zu aktualisierenden Richtlinien und Aufwand

501 Bei der Betrachtung einer institutstypischen prozentualen Verteilung der bestehenden Organisationsrichtlinien auf Meta-Ebene ist festzustellen, dass Customer-, Risk- und Marketing-Management den höchsten Anteil an dokumentiertem Regelbedarf haben.

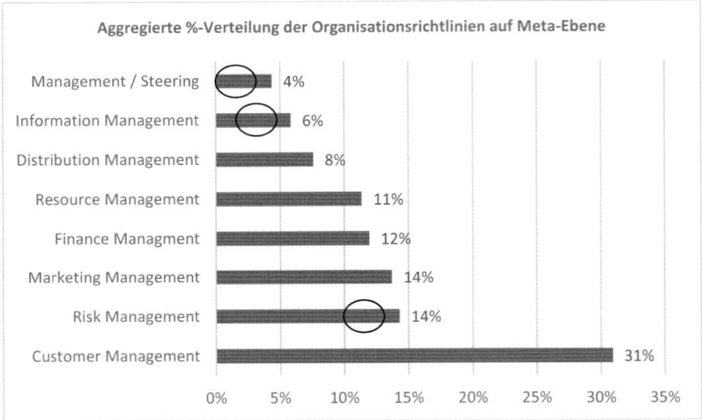

Abbildung 1: Balkendiagramm zur prozentualen Verteilung von Richtlinien auf Meta-Ebene

502 Bei der Prüfung der durch die MaRisk Novelle angestoßenen Themen dürfen die Kategorien Risk- und Information-Management sowie Steering repräsentativ herangezogen werden, um eine Einschätzung zum prozentualen Änderungsbedarf in bestehenden Richtlinien zu geben.

503 Aus dieser Analyse kann ein Überprüfungs- und Änderungsbedarf von schätzungsweise mindestens 25 % aller bestehenden Regelungen mit Anweisungscharakter abgeleitet werden.

504 Veranschlagt ein Institut die statistisch erhobenen Regelaufwände für eine Änderung inklusive der sich daran anschließenden Abstimmung mit diversen Instanzen im Hause, die vor der eigentlichen Veröffentlichung zwingend erforderlich sind, dann kann mit folgendem Schema ein 100er Preis kalkuliert werden.

		Schätzung des Aufwands in Std. und Dauer in Tagen			
Anzahl der OAs & OBs mit Anweisungscharakter 100er Preis Kalkulationsgrundlage für eine Hochrechnung	Überprüfungs- und Änderungsbedarf von ca. 25%	1. Schritt: - Identifikation - Änderungsbedarf ermitteln - Bilaterale Vorabstimmung - Texte ändern, anpassen - etc.	2. Schritt: - Interne Abstimmungsrunden - ggf. mehrere Iterationen	3. Schritt: - Archivierung der alten Regelung - Implementierung und Veröffentlichung - Koordination von Rückfragen und ggf. weiteren Änderungen (Nachlauf)	**Kalkulatorischer Gesamtaufwand in Std. und Dauer (100er Preis)**
100	25%	4-6 Std.	6-8 Std. bei ca. 4 einzubindenden weiteren Fachbereichen	1 Std.	**Min. 11 Std. Ø 13 Std. Max. 15 Std.**
		ca. 2-4 Tage	1-2 Wochen	1 Tag	**Min. 8 Werktage Ø 11,5 Werktage Max. 15 Werktage**
100	25%	2 Std.	6 Std.	1 Std.	**275 Std.**
		3 Std.	7 Std.	1 Std.	**325 Std.**
		3 Std.	8 Std.	1 Std.	**375 Std.**

Abbildung 2: Tabelle zur Kalkulation bzw. Herleitung von Aufwänden u. Kosten für die Anpassung von Richtlinien

505 Ein »100er Preis« ist der Preis, der kalkulatorisch zu veranschlagen ist, um bei 100 bestehenden Dokumenten mit Anweisungscharakter

- zu identifizieren, ob diese betroffen sind und die Änderungen einzuarbeiten (siehe Schritt 1),
- eine interne Abstimmung vorzunehmen (siehe Schritt 2) und
- die relevanten Dokumente zu veröffentlichen (siehe Schritt 3).

506 Ein Institut kann für die Prüfung und zeitgerechte Änderungen von 100 Organisationsanweisungen mit einem Minimalaufwand von ca. 275 Stunden und einem Maximalaufwand von ca. 375 Stunden (jeweils netto) rechnen. Dabei ist zu berücksichtigen, dass die Dauer für eine Änderung einer Organisationsanweisung in der Regel mit acht Werktagen bis hin zu 15 Werktagen anzusetzen ist.

507 Werden hierbei noch die Verteil- und Standardtägigkeiten berücksichtigt, die bei einer prozessualen Betrachtung zur Berechnung von Bruttoaufwänden für die Bearbeitung von Organisationsrichtlinien zu veranschlagen sind, dann ist mit einem kalkulatorischen Zuschlag von ca. 27 % zu rechnen.

508 Fazit: Damit würde sich ein kalkulatorischer Gesamtaufwand in Personentagen (PT) für den Aktualisierungsaufwand von 100 Organisationsrichtlinien von minimal 45 PT und maximal 61 PT (Anzahl der Stunden/7,8 Arbeitsstunden je Tag = PT) oder anders ausgedrückt von zwei bis drei Monaten an Beratertagen ergeben.

5.7. Generelle Würdigung

509 Die Neuerungen in den MaRisk sind hinsichtlich ihrer Konkretisierung je Institut einer Würdigung zu unterziehen. Unter Berücksichtigung der im Vorfeld vorhandenen Informationen und Versionen dürften diese nun veröffentlichten Konkretisierungen wenig überraschend sein. Lediglich die im Rahmen der Veröffentlichung in AT 4.3.4 Datenmanagement, Datenqualität und Aggregation von Daten beschriebenen Anforderungen dürften zu den aufwändigsten Umsetzungsthemen in Bezug zum Anpassungsaufwand bei Organisationsrichtlinien zählen.

510 Die unter dem Schirm der Risikokultur von der Aufsicht klassifizierte Thematik »Verhaltenskodex« stellt die Institute vor die Aufgabe, neben der üblichen Dokumentation von Regelwerken weitere ggf. neuere Wege der Kommunikation zu beschreiten, die in ihrer Form und hinsichtlich des Anweisungsgrades »Empfehlung zu Verhaltensweisen« eine Ausnahme darstellt.

Als generelles Ziel ist die intensive Auseinandersetzung mit einer institutsinternen Risikokultur abzuleiten, die mittels verschiedener Instrumente und Kanäle allen, direkt oder indirekt mit dem Institut arbeitenden Personen, zugänglich zu machen und zu vermitteln ist. So sind die Institute angehalten, diese auch per Anweisung im Rahmen von Organisationsinstrumenten wie der Strukturformalisierung und Formalorganisation mit Leben zu füllen, um sie in die Praxis zu transferieren. Dabei spielen mehr und mehr die handelnden Personen in ihren vorgesehenen Funktionen mit ihrer Vorbildfunktion eine Rolle anstelle der bisher herangezogenen Mittel der Organisationsrichtlinien. Das heißt aber nicht, dass auf Richtlinien zukünftig verzichtet werden kann, sondern vielmehr sind weitere flankierende Informationsplattformen zu schaffen, um die Mitarbeiter zu erreichen und diese zum gewünschten Handeln gemäß der dokumentierten Ordnung im OHB zu bewegen. 511

Zudem sind neue Regelwerke nicht sofort wirksam, nur weil diese im OHB veröffentlicht wurden. Hier wird vielmehr eine Kommunikationsstrategie gefragt sein, wie diese den Mitarbeitern in geeigneter Form und Art und Weise vermittelt werden können. In der Regel bedarf es bis zu sieben Kontakten mit einer Information, bis eine Regelung mit Anweisungscharakter verinnerlicht ist bzw. in der Praxis vollumfänglich angewendet wird. 512

Vergleiche mit Kompetenzrichtlinien und darin veröffentlichten harten Grenzwerten können nicht herangezogen werden. Verhaltensänderungen per Anweisung der Organisation zu verordnen, führt ggf. zu Ablehnung oder Unverständnis. Die Veröffentlichung von einem Kodex bedarf mehr an paralleler Kommunikation als die übliche Veröffentlichung von Organisationsrichtlinien im bekannten Medium Organisationshandbuch. 513

5.8. Darstellung der neuen Regelungen

Die Darstellungsform nach Ansicht der Aufsicht liest sich wie folgt: »Hinsichtlich der Darstellung der Organisationsrichtlinien kommt es in erster Linie darauf an, dass diese sachgerecht und für die Mitarbeiter des Instituts nachvollziehbar sind. Die konkrete Art der Darstellung bleibt dem Institut überlassen.« 514

Eine übliche Darstellung von Organisationsrichtlinien erfolgt in den Instituten in Textform auf einer zentralen Plattform, welche für alle Organisationseinheiten oder Mitarbeiter zugänglich ist und normalerweise zentralisiert durch ein Team administriert und vollumfänglich betreut wird. 515

516 Wird die weiter ansteigende Komplexität des Kerngeschäfts, getrieben auch durch den technologischen Fortschritt und eine höhere Arbeitsteiligkeit sowie durch den exponentiellen Anstieg von regulatorischen oder gesetzlichen Vorgaben und der dann noch verkürzte Versionsrhythmus eines vom Regulator vorgegebenen Regelwerks, berücksichtigt, so sind die Institute angehalten, über zukünftige Alternativmedien nachzudenken, um den Mitarbeitern Regelwerke mit Anweisungscharakter vereinfacht dargestellt inhaltlich zu erläutern und sie nachhaltig in den Geschäftsbetrieb zu überführen. Sonst kann als Folge dessen bei der jährlich anstehenden Prüfung mit entsprechenden Feststellungen gerechnet werden. Auch hier wird von den Prüfern grundsätzlich eine wörtliche Umsetzung sowie der Nachweis einer entsprechenden dokumentierten Ordnung (Dokumentation) gefordert.

517 Ein strategischer System- und Plattformwechsel bietet sich aus Effizienzgründen immer dann an, wenn größere Aktualisierungen – wie zum Beispiel durch die MaRisk-Novelle – anstehen.

518 Dabei ist vorstellbar, dass neben der kenntlich gemachten Nachverfolgung auch mit einem Darstellungsmix aus Dokumenten, Clips, Videos etc. in den Instituten gearbeitet werden kann. Eine Zielgruppen-adäquate Ansprache über alle Hierarchielevel hinweg auch unter Verwendung eines Medienmix stellt die Institute vor neue Herausforderungen, bietet aber auch gleichzeitig die Chance, den weiter ansteigenden Regelungsbedarf zu managen. Dabei wachsen das OHB und sonstige Unternehmensinformationsquellen sukzessive zusammen zu »Wissensdatenbanken« mit vielfach geteilten Verantwortlichkeiten.

5.9. Überwachung und Dokumentierung der Ergebnisse

519 Ein standardisiertes Managementreporting hinsichtlich des Aktualisierungsverhaltens der beteiligten Verantwortungsbereiche sowie identifizierte Überschreitungen der selbst gesetzten Gültigkeitszeiträume sind zukünftig ein Muss für jedes Institut, sofern noch nicht vorhanden. Ein solches Indikatoren-Modell gibt der Führung frühzeitig Hinweise, ob die neuen Regelungen in der Organisation greifen oder ob diese unzureichend im normalen Geschäftsbetrieb umgesetzt und beachtet werden.

520 Ausgehend von einer weiter ansteigenden Prüfungskultur durch die Interne Revision, Compliance, die Wirtschaftsprüfer oder sonstige externe Prüfer, bleiben das OHB und die darin enthaltenen Regelwerke und abgebildeten Strukturen der Ausgangspunkt für jede Art von Prüfung. Achtet ein Institut

nicht durch entsprechende Mechanismen und Aufmerksamkeit auf eine permanente Aktualisierung, so ist mit einer ggf. negativen Würdigung in den zukünftigen Berichten der Prüfer zu rechnen.

Die Umsetzungsfristen sind von der Aufsicht klar geregelt. »Klarstellungen gelten sofort, mit Veröffentlichung der MaRisk«; »neue Anforderungen haben eine Umsetzungsfrist bis zum 31.10.2018«. 521

Der Spagat zwischen Aufwand und Pflege in Bezug auf die zu erwartende Wertschöpfung von Regelungen sowie damit verbundenen Restriktionen bei Missachtung fordert die Institute auf, mögliche neue Wege abseits der Einzeldokumentation zu gehen. 522

Regelmäßige Fortschrittsberichte zum Umsetzungsstatus an die Führung bzw. an die verantwortlichen Ressortvorstände fördern den Willen der Organisation, diese neuen Regelungen zu verinnerlichen und in die Praxis zu transferieren. Hierbei kann auf die üblichen Methoden der Planung und Umsetzung von Projektvorhaben zurückgegriffen werden. 523

Korrekturmaßnahmen und deren Einplanung sind grundsätzlich zu beachten und sind in der Regel mit dem System der Gültigkeitsüberwachung auch schon instrumentalisiert. Unterjährige oder häufige Aktualisierungen von den wesentlichen Organisationsanweisungen oder Regelwerken sind in Anbetracht der Vielzahl der notwendigen, zum Teil wöchentlichen Veröffentlichungen zu vermeiden. 524

Harte Regelungen in Organisationsrichtlinien, die an Zahlen oder an technische Funktionen geknüpft sind und mittels organisatorischer Prozesse und Funktionen implementiert werden können, bedürfen in der Regel keiner langfristigen Überwachung. Weiche Regelungen, die auf Verhalten oder Interaktion abzielen (z. B. Verhaltenskodex) bedürfen eher einer langfristigen Planung und Überwachung der Zielerreichung mit geeigneten Mitteln, um eine Objektivierung des Umsetzungsgrades zu erreichen oder eine Rückmeldung von den Mitarbeitern aller Hierarchielevel des Instituts zu erhalten. Hier eignen sich z. B. Mitarbeiterbefragungen, 360-Grad-Beurteilungen von Führungskräften oder eigens dafür implementierte Gremien (wie z. B. Ethikausschuss, Kollegien, Change Management etc.). 525

Die Implementierung von geeigneten Strukturen und Prozessen zur langfristigen Prozesssteuerung des Anpassungsbedarfs von Richtlinien oder Organisationsanweisungen, wie sie im Rahmen des AT 5 Organisationsrichtlinien der MaRisk gefordert sind, ist ebenfalls angeraten. 526

527 Zusammenfassend ist eines sicherlich anzunehmen: Der Regelungsbedarf für die Institute und damit auch die Anzahl und Seitenzahlen der Organisationsrichtlinien werden zukünftig weiter zunehmen. Ein wesentlicher Gradmesser für die damit verbundenen Aufwände ist auch an der steigenden Seitenzahl der MaRisk abzulesen. Die Institute sind gut beraten diesen kommenden Mehraufwand – auch unter Effizienzgesichtspunkten – anders organisatorisch zu managen. Zudem wird durch die Aufforderung in den MaRisk, sich über »Verhaltensweisen im Risikokontext« Gedanken zu machen, eine Vorbildfunktion von Führungskräften und das »Vorleben« stärker gefordert sein als die herkömmlichen Dokumentationen mit Anweisungscharakter in Form von Organisationsrichtlinien. Dabei dürften ebenfalls neue Medienmixe (wie z. B. visuell, audio, schriftlich etc.) aus verschiedenen Quellen zum Einsatz kommen. Gleichzeitig wird das Zusammenwachsen von weiteren bestehenden Informationsquellen in den Instituten voranschreiten. Das Informationsmanagement, die richtigen Informationen zum richtigen Zeitpunkt in adäquater Weise den Mitarbeitern zur Verfügung zu stellen, stellt zudem zukünftig einen Erfolgsfaktor dar, den das Institut selber managen kann. Somit wird aus der Pflichtübung eine Chance für Institute unter dem Stichwort »Organisationsmanagement«!

6. AT 6 Dokumentation

Die Dokumentation umfasst die Sammlung, Ordnung, Speicherung, Zugängigmachung und Auswertung von Geschäftsdokumentationen und schriftlich fixierten Unterlagen aller Art.[148] 528

> **Auszug AT 6 Tz. 1**
>
> Geschäfts-, Kontroll- und Überwachungsunterlagen sind systematisch und für sachkundige Dritte nachvollziehbar abzufassen und grundsätzlich fünf Jahre aufzubewahren. Die Aktualität und Vollständigkeit der Aktenführung ist sicherzustellen.

6.1. Ordnungsgemäße Dokumentation

Die Basis eines ordnungsgemäßen Geschäftsbetriebes bilden sachgerechte 529 Dokumentationen zu wesentlichen Geschäfts-, Kontroll- und Überwachungsaktivitäten. Interne Kontrollsysteme gemäß MaRisk AT 4.3 können nur wirksam sein, wenn die Geschäftsvorgänge nachvollziehbar dokumentiert werden. Die Nachvollziehbarkeit MaRisk-relevanter Unterlagen muss aus diesen Gründen über fünf Jahre sichergestellt werden. Ziel muss es sein, dass sowohl Fachbereiche als auch Prüfer die Möglichkeit haben, relevante Geschäftsvorfälle auf der Basis lückenloser und strukturierter Dokumentationen prüfen zu können. Hier gilt es jedoch, risikoorientiert vorzugehen und nicht alle Geschäftsvorfälle in gleichem Umfang zu dokumentieren.

> **Auszug AT 6 Tz. 2**
>
> Die für die Einhaltung dieses Rundschreibens wesentlichen Handlungen und Festlegungen sind nachvollziehbar zu dokumentieren. Dies beinhaltet auch Festlegungen hinsichtlich der Inanspruchnahme wesentlicher Öffnungsklauseln, die ggf. zu begründen ist.

Art und Umfang der Dokumentationen sollten an der Wesentlichkeit der 530 Handlungen ausgerichtet werden. Öffnungsklauseln können genutzt werden. Die Fachbereiche sind entsprechend zu schulen. Ferner müssen technische und organisatorische Maßnahmen ergriffen werden, um diese Unterlagen über einen Zeitraum von fünf Jahren strukturiert und revisionssicher ablegen zu

148 Vgl. *Hannemann* R./*Schneider* A./*Hanenberg* L.: Mindestanforderungen an das Risikomanagement – Eine einführende Kommentierung, Stuttgart 2006, S. 184.

können. Auch dies ist neben der fachlichen eine nicht zu unterschätzende technische Herausforderung.

531 Wesentliche Handlungen sind nach MaRisk Beschlüsse, die beispielsweise Auswirkungen auf das Risikomanagement, die Risikokultur oder das interne Kontrollsystem haben. Auch die Nutzung von Öffnungsklauseln muss als wesentliche Handlung betrachtet werden. Hier stellen Prüfer immer wieder fest, dass Öffnungsklauseln dazu genutzt werden, wesentliche Anforderungen der MaRisk zu umgehen, was in der Regel zu schwerwiegenden Prüfungsfeststellungen führt. AT 6 Tz. 2 darf demnach nicht als Generalklausel missverstanden werden. Im Gegenteil muss jedes Kreditinstitut für sich entscheiden, welche Prozesse und Verfahren unter Risikogesichtspunkten wesentlich sind. Daher muss nicht nur die Nutzung von Öffnungsklauseln risikoorientiert erfolgen, sondern auch die Dokumentation. Demnach ist die Nutzung von Öffnungsklauseln, die beispielsweise erhebliche Auswirkungen auf die Risikosituation haben, ausführlicher zu begründen und zu dokumentieren, als Öffnungsklauseln im nicht-risikorelevanten Kreditgeschäft.

✓ Praxistipp »Dokumentation«

Geschäftsunterlagen

Für die praktische Umsetzung empfiehlt sich die Übernahme der gesetzlichen Aufbewahrungsfristen in den für das Institut relevanten Arbeitsanweisungen.

Öffnungsklauseln

Im Rahmen von in- und externen Prüfungen werden Inhalt und Begründung von Öffnungsklauseln (Erleichterungsregeln) regelmäßig geprüft. Wesentliche Öffnungsklauseln sollten daher beispielsweise in zentralen Dokumenten wie der Geschäfts- oder Risikostrategie dokumentiert und hinreichend begründet werden.

6.2. Checkliste

	Fragestellung »Dokumentationserfordernisse«	**Erfüllt**
1.	Hat das Kreditinstitut organisatorisch sichergestellt, dass die Geschäfts-, Kontroll- und Überwachungsunterlagen ordnungsgemäß dokumentiert werden?	
2.	Existieren nachvollziehbare Regelungen zu den Dokumentationspflichten?	
3.	Werden die Dokumentationen nachvollziehbar und systematisch abgelegt?	
4.	Ist technisch und organisatorisch sichergestellt, dass die Dokumentationen fünf Jahre aufbewahrt werden?	
5.	Werden die Öffnungsklauseln sachgerecht begründet und an zentraler Stelle aufbewahrt?	
6.	Sind die Mitarbeiter im Umgang mit Geschäftsunterlagen ausreichend geschult?	

7. AT 7 Ressourcen

7.1. AT 7.1 Personal

Auszug AT 7.1 Tz. 1

Die quantitative und qualitative Personalausstattung des Instituts hat sich insbesondere an betriebsinternen Erfordernissen, den Geschäftsaktivitäten sowie der Risikosituation zu orientieren. Dies gilt auch beim Rückgriff auf Leiharbeitnehmer.

532 Das Institut hat u. a. dafür Sorge zu tragen, dass die Organisationseinheiten entsprechend ihrer Funktionen mit entsprechend qualifizierten Mitarbeitern besetzt sind. Hier sind ebenfalls die Vorgaben bezüglich der Funktionstrennung (siehe BTO 1.1 und BTO 2.1) zu berücksichtigen. Die BaFin konkretisiert dies in den Bereichen der IT und Informationssicherheit in der BAIT (Bankaufsichtliche Anforderungen an die IT) über die Forderung, dass das Informationsrisikomanagement, das Informationssicherheitsmanagement, der IT-Betrieb und die Anwendungsentwicklung quantitativ und qualitativ angemessen mit Personal auszustatten sind. Hierbei sind der Stand der Technik einerseits sowie die aktuelle und zukünftige Entwicklung der Bedrohungslage zu berücksichtigen.[149] Grundsätzlich ist die Geschäftsleitung dafür verantwortlich, dass auf Basis der IT-Strategie die Regelungen zur IT-Aufbau- und IT-Ablauforganisation festgelegt und bei Veränderungen der Aktivitäten und Prozesse zeitnah angepasst werden.[150]

Auszug AT 7.1 Tz. 2

Die Mitarbeiter sowie deren Vertreter müssen abhängig von ihren Aufgaben, Kompetenzen und Verantwortlichkeiten über die erforderlichen Kenntnisse und Erfahrungen verfügen. Durch geeignete Maßnahmen ist zu gewährleisten, dass das Qualifikationsniveau der Mitarbeiter angemessen ist.

Anforderungen an die Qualifikation bei besonderen Funktionen

533 Bei der Mitarbeiterentwicklung sind sowohl die auf der aktuellen Position benötigen Kenntnisse zu berücksichtigen und regelmäßig zu überprüfen, als auch bei möglichen Stellenwechseln die auf der neuen Position notwendigen Qualifikati-

149 Vgl. BAIT 2, Tz. 5.
150 Vgl. BAIT 2, Tz. 4.

onen frühzeitig zu entwickeln. In den MaRisk werden die unter AT 4.4 beschriebenen Kontrollfunktionen besonders hervorgehoben: Die mit der Leitung der Risikocontrolling-Funktion und der Leitung der Internen Revision betrauten Personen sowie der Compliance-Beauftragte haben besonderen qualitativen Anforderungen entsprechend ihres Aufgabengebietes zu genügen.

Auszug AT 7.1 Tz. 3

Die Abwesenheit oder das Ausscheiden von Mitarbeitern sollte nicht zu nachhaltigen Störungen der Betriebsabläufe führen.

In der Literatur[151] wird diesbezüglich festgestellt, dass eine Stellvertreterrege- 534
lung insbesondere bei kleineren Instituten nicht für alle Aufgaben verhältnismäßig ist. Die Autoren empfehlen daher den Fokus der Betrachtung risikoorientiert zunächst auf kritische Funktionen sowie MaRisk-relevante Stellen zu legen. In diesem Zusammenhang empfehlen die Autoren Stellenbeschreibungen zu definieren, die zumindest folgende Details enthalten:

- Bezeichnung der Stelle
- Über-/Unterstellungsverhältnisse
- Kompetenzen
- Aufgabenschwerpunkte
- Anforderungsprofil

Checkliste

Nr	Frage	Erfüllt?
1.	Orientiert sich die quantitative und qualitative Personalausstattung an den Geschäftsaktivitäten sowie der Risikosituation?	
2.	Ist die Qualifikation und Weiterentwicklung der Mitarbeiter in Kontrollfunktionen ausreichend sichergestellt?	
3.	Ist die Kontinuität der Geschäftsprozesse im Falle einer zeitweisen oder dauerhaften Abwesenheit von Mitarbeitern gegeben?	

151 Vgl. *Helfer, M., Geiersbach, K., Prasser, S.*, »Erfüllung der Anforderungen der MaRisk unter Berücksichtigung von Öffnungsklauseln – Allgemeiner Teil (AT 4–AT 9)« In: »MaRisk-Öffnungsklauseln: Prüfungsvorbereitende Dokumentation« (2008).

7.2. AT 7.2 Technisch-organisatorische Ausstattung

535 Die zunehmende Abhängigkeit des Bankwesens von der Informationstechnik spiegelt sich in AT 7.2 wider. So wurden gegenüber den MaRisk 2012 zwei neue Textziffern (Tz. 4 und Tz. 5) aufgenommen. Die Textziffern zielen zum einen auf eine stärkere Verzahnung der Risikoprozesse mit der Informationstechnologie, zum anderen auf die sachgerechte Risikobetrachtung individueller, durch die Fachbereiche entwickelter Datenverarbeitung. Die folgenden Ausführungen beziehen sich im Wesentlichen auf die MaRisk und das konkretisierende Rundschreiben 10/2017 (BA) – Bankaufsichtliche Anforderungen an die IT (BAIT).

Auszug AT 7.2 Tz. 1

Umfang und Qualität der technisch-organisatorischen Ausstattung haben sich insbesondere an betriebsinternen Erfordernissen, den Geschäftsaktivitäten sowie der Risikosituation zu orientieren.

536 So fordert die BaFin, das Informationsrisikomanagement, das Informationssicherheitsmanagement, den IT-Betrieb und die Anwendungsentwicklung quantitativ und qualitativ angemessen mit Personal auszustatten.[152] Zur Identifizierung von Informationssicherheitsrisiken ist es von grundlegender Bedeutung, dass alle maßgeblichen Stellen und Funktionen kompetenzgerecht und frei von Interessenkonflikten aufgestellt sind und angemessen in das Risikomanagement eingebunden sind.[153] Zur Orientierung an den betriebsinternen Erfordernissen, Geschäftsaktivitäten und der Risikosituation ist es darüber hinaus von Bedeutung, dass das Institut stets einen aktuellen Überblick über die Bestandteile des festgelegten Informationsverbunds sowie deren Abhängigkeiten und Schnittstellen hat. Dazu gehören beispielsweise Geschäftsprozesse, IT-Systeme sowie Netz- und Gebäudeinfrastrukturen[154] sowie weitere geschäftsrelevante Informationen[155]:

- Bestand und Verwendungszweck der Komponenten der IT-Systeme mit den relevanten Konfigurationsangaben
- Standort der Komponenten der IT-Systeme

152 Vgl. BAIT 3, Tz. 5.
153 Vgl. BAIT 3, Tz. 9.
154 Vgl. BAIT 3, Tz. 10.
155 Vgl. BAIT 7, Tz. 46.

- Aufstellung der relevanten Angaben zu Gewährleistungen und sonstigen Supportverträgen (ggf. Verlinkung)
- Angaben zum Ablaufdatum des Supportzeitraums der Komponenten der IT-Systeme
- Akzeptierter Zeitraum der Nichtverfügbarkeit der IT-Systeme sowie der maximal tolerierbare Datenverlust.

Zur Sicherung des Informationsverbundes innerhalb der Institute (z. B. Ge- 537
schäftsprozesse, IT-Systeme im Eigenbetrieb) sowie außerhalb der Institute (z. B. Auslagerungen, Fremdbezug) ist die Ermittlung des Schutzbedarfs der verarbeiteten Informationen von zentraler Bedeutung. Die BAIT sieht vor, dass die gewählte Methodik zur Ermittlung des Schutzbedarfs die Konsistenz der resultierenden Schutzbedarfe nachvollziehbar sicherzustellen hat.[156] Eine etablierte Methode zur Ermittlung des Schutzbedarfs ist beispielsweise die des Bundesamtes für Sicherheit in der Informationstechnik (BSI).[157] Die Methode sieht vor, dass zunächst Schutzbedarfskategorien festgelegt werden, z. B. »niedrig« bis »sehr hoch«. Für Informationen, die in den Geschäftsprozessen verarbeitet werden, wird anschließend in Abstimmung zwischen dem Informationssicherheitsmanagement und den verantwortlichen Fachbereichen festgestellt, welche Auswirkungen das Verletzen der Vertraulichkeit, Integrität und Verfügbarkeit auf verschiedene Schadenskategorien (z. B. finanzielle Schäden, Reputationsschäden, Verletzung rechtlicher Vorgaben, ...) hat. Auf der Grundlage des Schutzbedarfs von Informationen und Geschäftsprozessen leitet sich der Schutzbedarf des darunterliegenden Informationsverbundes (insb. IT-Systeme und Dienstleister) ab. Zur eigentlichen Sicherung des Informationsverbundes hat das Institut auf den Schutzbedarf abgestimmte Schutzmaßnahmen in Form eines Sollanforderungskatalogs zu etablieren.[158] Im Rahmen des Risikomanagements sind die vorgesehenen Sollanforderungen mit den umgesetzten Sicherungsmaßnahmen abzugleichen und verbleibende Risiken zu identifizieren sowie angemessen zu steuern. Die Entscheidung der Risikotragfähigkeit obliegt den fachlich Verantwortlichen.[159] Hierbei bewährt sich ein Stufenmodell, das je nach Risikohöhe beispielsweise dem Risikomanager, einer fachlichen Führungskraft oder der Geschäftsleitung die Verantwortung überträgt. Grundsätzlich gilt, dass die Geschäftsleitung regelmäßig,

156 Vgl. BAIT 3, Tz. 11.

157 Vgl. Standard, B. S. I. »200-2: IT-Grundschutz-Methodik.« Bonn: Bundesamt für Sicherheit in der Informationstechnik (2017).

158 Vgl. BAIT 3, Tz. 12.

159 Vgl. *Kokert, J., Held, M.,* »IT-Sicherheit: Erwartungen der Bankenaufsicht« In »Fachartikel: IT-Sicherheit: Erwartungen der Bankenaufsicht« (2013).

jedoch mindestens vierteljährlich über die Ergebnisse der Risikoanalyse sowie Veränderungen an der Risikosituation zu unterrichten ist.[160] Dabei ist wichtig, dass Risikoberichte die Risikosituation nicht nur darstellen, sondern diese auch bewerten.[161]

Checkliste

Nr	Frage	Erfüllt?
1.	Verwaltet das Institut geschäftsrelevante Informationen, Prozesse, IT-Systeme, Netz- und Gebäudeinfrastrukturen sowie deren Beziehungen untereinander und werden diese regelmäßig und anlassbezogen überprüft?	
2.	Sind dem Institut die Schutzbedarfe des Informationsverbundes bekannt?	
3.	Hat das Institut auf Grundlage der Schutzbedarfsklassen und Objektklassen Sollanforderungen definiert?	
4.	Werden auf Grundlage der Schutzbedarfe und Sollanforderungen Risiken identifiziert und angemessen überwacht?	

Auszug AT 7.2 Tz. 2

Die IT-Systeme (Hardware- und Software-Komponenten) und die zugehörigen IT-Prozesse müssen die Integrität, die Verfügbarkeit, die Authentizität sowie die Vertraulichkeit der Daten sicherstellen. Für diese Zwecke ist bei der Ausgestaltung der IT-Systeme und der zugehörigen IT-Prozesse grundsätzlich auf gängige Standards abzustellen, insbesondere sind Prozesse für eine angemessene IT-Berechtigungsvergabe einzurichten, die sicherstellen, dass jeder Mitarbeiter nur über die Rechte verfügt, die er für seine Tätigkeit benötigt; die Zusammenfassung von Berechtigungen in einem Rollenmodell ist möglich. Die Eignung der IT-Systeme und der zugehörigen Prozesse ist regelmäßig von den fachlich und technisch zuständigen Mitarbeitern zu überprüfen.

160 Vgl. BAIT 3 Tz. 14.

161 Vgl. *Steinbrecher, I.*, »MaRisk – Neue Mindestanforderungen an das Risikomanagement der Banken«. In »BaFin Journal (November 2017)« (2017).

Standards zur Ausgestaltung der IT-Systeme

Zu solchen Standards zählen z. B. der IT-Grundschutzkatalog des Bundesamtes für Sicherheit in der Informationstechnik (BSI) und der internationale Sicherheitsstandard ISO/IEC 2700X der International Organization for Standardization. Das Abstellen auf gängige Standards zielt nicht auf die Verwendung von Standardhardware beziehungsweise -software ab. Eigenentwicklungen sind grundsätzlich ebenso möglich. 538

Standards zur Ausgestaltung der IT-Systeme

Die eingerichteten Berechtigungen dürfen nicht im Widerspruch zur organisatorischen Zuordnung von Mitarbeitern stehen. Insbesondere bei Berechtigungsvergaben im Rahmen von Rollenmodellen ist darauf zu achten, dass Funktionstrennungen beibehalten beziehungsweise Interessenkonflikte vermieden werden. 539

Zum Erreichen der Schutzziele Vertraulichkeit, Integrität und Verfügbarkeit innerhalb von IT-Systemen und Prozessen ist es grundsätzlich sinnvoll, auf etablierte Standards zurückzugreifen. Insbesondere die IT-Grundschutz-Methodik des BSI[162] stellt ein umfassendes Rahmenwerk dar. Hierbei sollte jedoch beachtet werden, dass die Grundschutzkataloge ausschließlich auf den niedrigen bis mittleren Schutzbedarf abgestellt sind. Obgleich sich die verschiedenen Methoden insbesondere bezüglich Detaillierungsgrad unterscheiden, lässt sich die IT-Grundschutz-Methodik als generische Leitlinie interpretieren. Die Methode sieht vor, dass zunächst der Geltungsbereich für die Absicherung von IT-Systemen und Prozessen definiert wird. Anschließend werden innerhalb des Geltungsbereichs die »Kronjuwelen« der Organisation identifiziert; dies sind die wichtigsten Informationen und Geschäftsprozesse, deren Schutz besonders bedeutsam ist. Der Schutz kritischer Informationen und Prozesse kann nur gewährleistet werden, wenn die Strukturen der Organisation genau bekannt sind. Folglich gilt es, über eine Strukturanalyse das Zusammenspiel der Informationen, Geschäftsprozesse, Anwendungen und IT-Systeme zu erfassen und zu dokumentieren (vgl. hierzu AT 7.2 Tz. 1). Die Anforderungen an die Objekte dieses Informationsverbundes können auf Grundlage des Schutzbedarfs und des Objekttyps aus dem standardisierten Sollanforderungskatalog der Organisation abgeleitet werden (vgl. hierzu AT 7.2 Tz. 1). 540

162 Vgl. Standard, B. S. I. »200-2: IT-Grundschutz-Methodik.« Bonn: Bundesamt für Sicherheit in der Informationstechnik (2017).

541 Ein besonderes Gewicht legt die BaFin mit Tz. 2 auf die Umsetzung eines adäquaten Berechtigungsmanagements. Gemäß BAIT stellen den zentralen Bestandteil des Berechtigungsmanagements Berechtigungskonzepte dar;[163] in Abhängigkeit vom Schutzbedarf und von der Anwendung der bereitgestellten Berechtigungen lassen sich über Berechtigungskonzepte feingranulare Nutzerrechte verwalten, begründen und dokumentieren sowie regelmäßig überprüfen.[164] Hierbei sollte beachtet werden, dass die Rechtevergabe grundsätzlich dem Need-to-know-Prinzip folgen sollte, also Mitarbeiter nur die Rechte erhalten, die sie zur Ausführung ihrer Tätigkeit benötigen. Insbesondere gilt es hier zur Vermeidung von Interessenkonflikten, die Vorgaben zur Funktionstrennung technisch umzusetzen (vgl. hierzu BTO 1.1 Funktionstrennung und Votierung). In Abhängigkeit von der Komplexität des Instituts ist die Erstellung einer Funktionstrennungsmatrix sinnvoll. Rollen und Stellen werden einer Funktion zugeordnet, Verstöße gegen die Funktionstrennung sind schnell zu identifizieren. Tsolkas und Schmidt[165] stellen fest, dass Berechtigungen in der Praxis oftmals voneinander abhängig sind. Die Autoren empfehlen daher, eine Berechtigungskette geschlossen zu betrachten, folglich auch das Need-to-know-Prinzip im Kontext dieser Berechtigungsketten umzusetzen. In diesem Zusammenhang empfiehlt Koenen[166], entsprechende Testszenarien für Berechtigungstests zu entwickeln. Die Konkretisierung der Tz. 2 sieht weiterhin vor, dass die Einhaltung der Vorgaben der Berechtigungskonzepte durch entsprechende prozessuale Vorgaben festzuschreiben ist[167] sowie deren Einhaltung durch adäquate technisch-organisatorische Maßnahmen gesichert ist.[168] Mögliche Maßnahmen sind hierbei der Einsatz angemessener Authentifizierungsverfahren, Datenverschlüsselung sowie die Sensibilisierung der Mitarbeiter.[169] Die BaFin fordert, zur Wahrung der Funktionstrennung neben der rein technischen Administration die Fachbereiche sowie die für die Berechtigungen zuständigen Kontrollinstanzen angemessen einzubeziehen.[170] Insbesondere zur Wahrung der Nachvollziehbarkeit sind Änderungen an Berechtigungen grundsätzlich angemessen zu dokumentieren.[171] Zur vollstän-

163 Vgl. *Bretz, J.,* »Anforderungen der Aufsicht«. In »IT im Fokus der Bankenaufsicht«. Finanz Colloquium Heidelberg (2015).
164 Vgl. BAIT 5, Tz. 24.
165 Vgl. *Tsolkas, A., Schmidt, K.,* »Rollen und Berechtigungskonzepte.« Vieweg+ Teubner (2010).
166 Vgl. *Koenen, D.,* »Wie Banken mit regulatorischen Vorgaben in der IT umgehen sollten.« Springer Professional (2016).
167 Vgl. BAIT 5, Tz. 26.
168 Vgl. BAIT 5, Tz. 30.
169 Vgl. BAIT 5, Tz. 30.
170 Vgl. BAIT 5, Tz. 26, 27.
171 Vgl. BAIT 5, Tz. 28.

digen Nachvollziehbarkeit von Handlungen und Tätigkeiten ist es notwendig, dass diese Handlungen jederzeit eindeutig dem Handelnden zugeordnet werden können.[172] Daher sind, soweit technisch möglich, personalisierte Benutzerkonten einzurichten. Generische Administrations- oder Gruppenkonten verhindern eine solche Zuordnung. Zur Umsetzung der Anforderungen an das Berechtigungsmanagement empfiehlt Bretz[173] einfache Konzepte mit zwei oder drei Profilen je Abteilung zu erstellen, da komplexe Konzepte in der Regel nicht praktikabel sind. Abschließend hat das Institut sicherzustellen, dass Berechtigungen regelmäßig überprüft und ggf. an veränderte Bedingungen angepasst werden (Rezertifizierung); so kann die Überprüfung der technischen Berechtigungen in den Systemen beispielsweise eine Abweichung von den Sollvorgaben des Berechtigungskonzeptes oder nicht mehr benötigte Berechtigungen offenlegen.

Conrads, Göhrig und Krug[174] fassen häufig auftretende Mängel interner und 542
externer Prüfungen zusammen, die im Folgenden auszugsweise dargestellt sind:

- Tatsächliche Zugriffsrechte weichen von der organisatorischen Zuordnung ab
- Unzureichende Sicherstellung der Funktionstrennung und Vermeidung von Interessenkonflikten
- Unzureichendes Soll-Rollenkonzept
- Zugriffsrechte auf sensible Daten sind zu weitreichend
- Unzureichender Rechtevergabeprozess für privilegierte Benutzerkennungen
- Rechte werden trotz Rollenkonzepte direkt an Nutzer vergeben
- Dienstleisterberechtigungen werden intransparent vergeben
- Unzureichende Durchführung der Rezertifizierung

172 Vgl. BAIT 5, Tz. 25.

173 Vgl. *Bretz, J.*, »Anforderungen der Aufsicht«. In »IT im Fokus der Bankenaufsicht«. Finanz Colloquium Heidelberg (2015).

174 Vgl. *Conrads, J., Göhrig, T., Krug, J.*, »Benutzerrechte: Vergabe, Protokollierung, Überwachung «. In »IT im Fokus der Bankenaufsicht«. Finanz Colloquium Heidelberg (2015).

Checkliste

Nr	Frage	Erfüllt?
1.	Bezieht sich das Institut zur Umsetzung und Aufrechterhaltung auf gängige Sicherheitsstandards?	
2.	Sind Berechtigungen und Rollen hinreichend präzise definiert?	
3.	Bezieht die IT-Berechtigungsvergabe den Schutzbedarf der IT-Infrastruktur angemessen mit ein?	
4.	Sind die Berechtigungsprozesse sowie Verantwortlichkeiten innerhalb der Prozesse hinreichend präzise definiert?	
5.	Sichern die Berechtigungsprozesse des Instituts, dass alle Mitarbeiter nur über diejenigen Berechtigungen verfügen, die sie benötigen?	
6.	Sind Aktivitäten immer eindeutig einer Benutzerkennung zuzuweisen?	
7.	Sind Dienstleister angemessen in den Berechtigungsprozess einbezogen?	
8.	Ist durch die Berechtigungsvergabe die Funktionstrennung sichergestellt?	

Auszug AT 7.2 Tz. 3

Die IT-Systeme sind vor ihrem erstmaligen Einsatz und nach wesentlichen Veränderungen zu testen und von den fachlich sowie auch von den technisch zuständigen Mitarbeitern abzunehmen. Hierfür ist ein Regelprozess der Entwicklung, des Testens, der Freigabe und der Implementierung in die Produktionsprozesse zu etablieren. Produktions- und Testumgebung sind dabei grundsätzlich voneinander zu trennen.

Veränderungen an IT-Systemen

543 Bei der Beurteilung der Wesentlichkeit von Veränderungen ist nicht auf den Umfang der Veränderungen, sondern auf die Auswirkungen, die eine Veränderung auf die Funktionsfähigkeit des betroffenen IT-Systems haben kann, abzustellen.

Abnahme durch die technisch und fachlich zuständigen Mitarbeiter

Bei der Abnahme durch die fachlich und die technisch zuständigen Mitarbeiter steht die Eignung und Angemessenheit der IT-Systeme für die spezifische Situation des jeweiligen Instituts im Mittelpunkt. Gegebenenfalls vorliegende Testate Dritter können bei der Abnahme berücksichtigt werden, sie können die Abnahme jedoch nicht vollständig ersetzen. 544

Die zunehmende Abhängigkeit von Informationstechnik macht die risikogerechte Entwicklung, Weiterentwicklung sowie den Test und die Freigabe essenziell für die Institute. Gemäß BAIT ist vorgesehen, die organisatorischen Grundlagen von IT-Projekten (inkl. Qualitätssicherungsmaßnahmen) sowie Kriterien für deren Anwendung zu regeln.[175] Ebenso sind anstehende IT-Projekte im ganzheitlichen Kontext aller IT-Projekte zu betrachten und somit Risiken im Hinblick auf Dauer, Ressourcenaufwand, Qualität sowie Projektabhängigkeiten zu erkennen und zu steuern. Derartige Risiken sind der Geschäftsleitung regelmäßig und anlassbezogen zu berichten.[176] Darüber hinaus sind für die Anwendungsentwicklung Prozesse und Vorgaben zu definieren, die die Aspekte Qualitätssicherung, Tests, Abnahmen und Freigaben abdecken.[177] 545

Mit Hinblick auf die Finanz-Dienstleistungsbranche stellen Claaßen und Matzen[178] ein etabliertes Phasenmodell der Softwareentwicklung dar. Dieses Modell gliedert sich in die vier Phasen 1) Analyse, 2) Design, 3) Entwicklung und Test sowie 4) Produktivnahme. Wichtig ist hierbei, Verantwortlichkeiten zu definieren. Ziel der Phase »Analyse« ist es, den Auftrag des Auftraggebers in konkrete Anforderungen zu übertragen. Ergebnis dieser Phase ist ein Fachkonzept, das einerseits die fachlichen Anforderungen im Sinne des Auftraggebers umfasst, gleichzeitig jedoch dem Auftragnehmer eine technische Umsetzung sowie Umsetzungskontrolle ermöglicht. Die Verantwortung für die korrekte Anforderungserhebung liegt in den Fachbereichen.[179] Wesentliche Bestandteile des Fachkonzeptes sind die Ergebnisse der Schutzbedarfsermittlung, Zugriffsregelungen sowie funktionale und nicht-funktionale Anforderungen an die IT-Anwendung und das IT-System.[180] Ebenso empfiehlt es sich an dieser Stelle, eine Risikoanalyse durchzuführen, in deren Rahmen die Risi- 546

175 Vgl. BAIT 6, Tz. 32.
176 Vgl. BAIT 6, Tz. 33–35.
177 Vgl. BAIT 6, Tz. 36.
178 Vgl. *Claaßen, N., Matzen, H.,* »Anwendungsmanagement unter Berücksichtigung der MaRisk«. In »IT im Fokus der Bankenaufsicht«. Finanz Colloquium Heidelberg (2015).
179 Vgl. BAIT 6, Tz. 37.
180 Ebenda.

ken der Umsetzung erkannt, bewertet, durch risikomitigierende Maßnahmen gemindert und kontinuierlich überwacht werden. Abschließend wird im Rahmen der Analyse-Phase ein initialer Qualitätsmanagementplan sowie Testplan erstellt. Der erfolgreiche und einvernehmliche Abschluss dieser Phase mündet in die Phase »Design«. Ziel der Design-Phase ist es, die fachlichen Anforderungen des Fachkonzeptes durch technische Lösungen abzubilden. In dieser Phase sollte weiterhin ein Datenmodell der vorgesehenen technischen Lösung erstellt werden. Darüber hinaus wird in diesem Teil des Projektes die Sicherheit der Technik in den Vordergrund gestellt. Hierzu ist neben dem Berechtigungskonzept ein Sicherheitskonzept zu erstellen, das die wesentlichen Risiken der technischen Lösung bewertet und risikomitigierende Maßnahmen beinhaltet. Die eigentliche Entwicklung der technischen Lösungen sollte standardisierten Programmierrichtlinien folgen. Sowohl Entwicklung wie Tests sind angemessen und nachvollziehbar zu dokumentieren. Es ist darüber hinaus empfehlenswert, eine Versionierung der entwickelten Anwendungen sowie deren Dokumentation umzusetzen.[181] Für die Entwicklungs- sowie Testphase ist es von zentraler Bedeutung, dass sowohl Entwicklungs-, Test- und Produktivumgebung voneinander getrennt sind und Produktivdaten – falls notwendig – nur anonymisiert auf der Entwicklungs- bzw. Testumgebung genutzt werden. Während der Anwendungsentwicklung gilt es, technische sowie organisatorische Maßnahmen umzusetzen, die dem Schutzbedarf des IT-Systems (bzw. der darin verarbeiteten Informationen) bzgl. Vertraulichkeit, Integrität und Verfügbarkeit gerecht werden.[182] Die BAIT nennt hier als Beispiele u. a. die Prüfung von Eingabedaten, Nutzerauthentifizierung sowie die Verfolgung von sicherheitsrelevanten Ereignissen. Darüber hinaus sind im Rahmen der Entwicklung Maßnahmen zu ergreifen, die eine absichtliche oder unabsichtliche Manipulation der Anwendung erkennen lassen.[183] Hierbei kann zum Beispiel das strikte Vier-Augen-Prinzip, z. B. in Form von Codereviews, eine geeignete Maßnahme sein. Nach Abschluss der Entwicklung bzw. nach wesentlichen Anwendungsänderungen wird die Testphase angestoßen. Es ist vorgesehen, dass eine definierte Methodik zur Testdurchführung etabliert ist und Anwendung findet. Hierbei ist es fundamental, dass die Funktionalität der Anwendung, die Sicherheitskontrollen und die Systemleistung unter verschiedenen Stressbelastungsszenarien einbezogen werden.[184] Die Planung und

181 Vgl. BAIT 6, Tz. 40.
182 Vgl. BAIT 6, Tz. 38.
183 Vgl. BAIT 6, Tz. 39.
184 Vgl. BAIT 6, Tz. 41.

Durchführung der Tests ist angemessen zu dokumentieren; dies umfasst zumindest die folgenden Punkte:[185]

- Testfallbeschreibung
- Dokumentation der zugrunde gelegten Parametrisierung des Testfalls
- Testdaten
- erwartetes Testergebnis
- erzieltes Testergebnis
- aus den Tests abgeleiteten Maßnahmen.

Wichtig und besonders hervorgehoben ist, dass die durchgeführten Tests sowohl aus technischer wie auch insbesondere aus fachlicher Sicht bewertet und abgenommen werden.[186] 547

Checkliste

Nr	Frage	Erfüllt?
1.	Sind die organisatorischen Grundlagen von IT-Projekten (inkl. Qualitätssicherungsmaßnahmen) sowie Kriterien für deren Anwendung geregelt?	
2.	Ist eine definierte Methodik zur Anwendungsentwicklung, zur Testdurchführung sowie zur Freigabe etabliert?	
3.	Werden Risiken, die im Rahmen der Anwendungsentwicklung oder Anwendungsfreigabe entstehen, ermittelt und bewertet?	
4.	Sind sowohl der anfordernde Fachbereich als auch der technische Bereich in das Test- und Freigabeverfahren eingebunden?	

185 Ebenda.
186 Ebenda.

Auszug AT 7.2 Tz. 4

Für IT-Risiken sind angemessene Überwachungs- und Steuerungsprozesse einzurichten, die insbesondere die Festlegung von IT-Risikokriterien, die Identifikation von IT-Risiken, die Festlegung des Schutzbedarfs, daraus abgeleitete Schutzmaßnahmen für den IT-Betrieb sowie die Festlegung entsprechender Maßnahmen zur Risikobehandlung und -minderung umfassen. Beim Bezug von Software sind die damit verbundenen Risiken angemessen zu bewerten.

548 Die zunehmende Forderung nach einer Intensivierung des Risikobewusstseins spiegelt sich in der neuen AT 7.2 Tz. 4 wider. Bezugnehmend auf AT 7.2 Tz. 1 bildet der Schutzbedarf von Informationen und Prozessen die Grundlage der Schutzbedarfsermittlung von IT-Anwendungen, IT-Systemen, Netzwerken, Gebäuden, Dienstleistern sowie sonstigem Fremdbezug. Risikoanalysen, die zum Beispiel im Rahmen der Anwendungsentwicklung, Schwachstellenidentifizierung oder Dienstleistersteuerung durchzuführen sind, beziehen sich somit immer auf die dem Schutzbedarf angepassten Sollanforderungen. Identifizierte Risiken sind wirksam zu koordinieren, zu dokumentieren, zu überwachen und zu steuern.[187] Insbesondere a-priori identifizierte Risiken sind hierbei angemessen in die Entscheidung einzubeziehen. So empfiehlt es sich beispielsweise, Prozesse zu etablieren, die Dienstleistungen auf Grundlage des angepassten Sollanforderungskatalogs vor Vertragsabschluss risikoorientiert bewerten oder den Bezug von IT-Anwendungen oder IT-Systemen vom Umsetzungsgrad relevanter Sollanforderungen abhängig machen. In die zu Grunde liegenden Prozesse sind sowohl die Fachbereiche als auch das Informationssicherheitsmanagement einzubinden. Die Risiken sowie risikomindernde Maßnahmen sind zu genehmigen, regelmäßig und anlassbezogen an die Geschäftsleitung zu berichten und in den Prozess des operationellen Risikocontrollings zu überführen.[188]

549 Bezugnehmend auf die IT-Risiken berichtet Bretz über die Prüfungspraxis der Deutschen Bundesbank. Dabei weist er insbesondere auf regelmäßige Feststellungen in den Bereichen Informationsrisikomanagement, Security Information and Event Management (SIEM), Auslagerung, Business Continuity Management, Benutzerrechte, Anwendungsentwicklung und Individuelle Datenverarbeitung hin.

187 Vgl. BAIT 3, Tz. 13.
188 Vgl. BAIT 3, Tz. 13–14.

Checkliste

Nr	Frage	Erfüllt?
1.	Sind Kriterien zur Bewertung und Überwachung von IT-Risiken etabliert?	
2.	Sind Prozesse zur Identifizierung, Überwachung und Steuerung von IT-Risiken etabliert?	
3.	Sind Verantwortlichkeiten innerhalb der Risikoprozesse präzise definiert?	
4.	Werden standardisierte Sollanforderungen hinreichend in die Risikoprozesse eingebunden und werden Schutzmaßnahmen entsprechend abgeleitet?	
5.	Sind Sollanforderungen der Informationssicherheit ausreichend im Vertragsmanagement beachtet?	
6.	Sind risikoidentifizierende Systeme wie SIEM/IDS-Systeme, Systeme für das Schwachstellenmanagement, Data Leakage Prevention im Einsatz?	

Auszug AT 7.2 Tz. 5

Die Anforderungen aus AT 7.2 sind auch beim Einsatz von durch die Fachbereiche selbst entwickelten Anwendungen (Individuelle Datenverarbeitung – »IDV«) entsprechend der Kritikalität der unterstützen Geschäftsprozesse und der Bedeutung der Anwendungen für diese Prozesse zu beachten. Die Festlegung von Maßnahmen zur Sicherstellung der Datensicherheit hat sich am Schutzbedarf der verarbeiteten Daten zu orientieren.

Der unsachgemäße Einsatz individuell durch Fachbereiche entwickelter Da- 550
tenverarbeitung stellt ein erhebliches Risiko dar, das Banken an den Rand ihrer Existenz treiben kann.[189] Aufsichtsrechtliche Vorgaben tragen dieser Tatsache zunehmend Rechnung, so dass Anforderungen an die individuelle Datenverarbeitung stetig konkretisiert werden. Die aktuellen MaRisk fordern erstmalig in Tz. 5, dass die Anforderungen des AT 7.2 grundsätzlich auch für IDV-Anwendungen Bestand haben; demnach sind also IDV-Anwendungen gemäß Schutzbedarf der unterstützten Prozesse und der verarbeiteten Infor-

189 Vgl. *Kozlova, E.*, »Individuelle Datenverarbeitung im Bankensektor – eine Herausforderung für die Wirtschaftsprüfung?« HMD Praxis der Wirtschaftsinformatik 50.1 (2013): 98–106.

mationen zu entwickeln und zu pflegen. Die BAIT konkretisieren die AT 7.2 Tz. 5 mit der Vorgabe, dass die Identifizierung aller von Endbenutzern des Fachbereichs entwickelten oder betriebenen Anwendungen zur Dokumentation, zu den Programmierrichtlinien und zur Methodik des Testens, zur Schutzbedarfsfeststellung und zum Rezertifizierungsprozess der Berechtigungen zu regeln sind.[190] Dazu soll eine zentrale Verwaltung dieser Anwendungen stattfinden, die zumindest folgende Informationen enthält:

- Name und Zweck der Anwendung
- Versionierung, Datumsangabe
- Fremd- oder Eigenentwicklung
- Fachverantwortliche(r) Mitarbeiter
- Technisch verantwortliche(r) Mitarbeiter
- Technologie
- Ergebnis der Risikoklassifizierung/Schutzbedarfseinstufung und ggf. die daraus abgeleiteten Schutzmaßnahmen.

551 Eine Herausforderung ergibt sich an dieser Stelle durch die Frage, welche Kriterien eine IDV zu einer Anwendung machen, die den risikoorientierten Anwendungsentwicklungsprozess durchlaufen muss. Das Institut hat demnach Kriterien zu definieren, welche Dateien den Anwendungsentwicklungsprozess durchlaufen müssen. Wird beispielsweise das Ergebnis einer IDV für wesentliche Entscheidungen oder Prüfungen verwendet, ist die IDV als Anwendung zu definieren und hat folglich die Qualität einer Anwendung vorzuweisen. Bretz[191] stellt einen Fragenkatalog zusammen, der die Verantwortlichen dabei unterstützen soll, häufig auftretende Mängel bankaufsichtlicher Prüfungen zu vermeiden. Die wesentlichen Aspekte der Fragen sind im Folgenden zusammengefasst:

- Zentrale Arbeitsanweisung für IDV-Anwendungen
- Zentrale Verwaltung von IDV-Anwendungen
- Schutzbedarf auf Grundlage der Fachprozesse abgeleitet und begründet
- IDV-Anwendungsentwicklungs-Prozesse in Abhängigkeit vom Schutzbedarf
- Verantwortlichkeiten der Programmierung und Abnahme

190 Vgl. BAIT 6, Tz. 44.

191 Vgl. *Bretz, J.*, »Anwendungen der individuellen Datenverarbeitung«. In »IT im Fokus der Bankenaufsicht«. Finanz Colloquium Heidelberg (2015).

- Versionsverwaltung
- Programmierrichtlinien
- Trennung von Programm und Daten
- Unabhängige fachliche Tests vor Produktivnahme
- Nachvollziehbarkeit der Freigabe
- Sicherer Betrieb von IDV-Anwendungen
- Integrität der verarbeiteten Daten
- Architektur- und technische Programmdokumentation

Checkliste

Nr	Frage	Erfüllt?
1.	Existiert eine zentrale Arbeitsanweisung für IDV-Anwendungen?	
2.	Existiert ein Prozess zur Identifikation von IDV-Anwendungen und werden diese zentral verwaltet?	
3.	Durchlaufen IDV-Anwendungen die standardisierten Prozesse der Anwendungsentwicklung (Konzeption, Entwicklung, Test und Freigabe)?	
4.	Orientieren sich Sicherungsmaßnahmen von IDV-Anwendungen am Schutzbedarf der darin verarbeiteten Informationen sowie der zu Grunde liegenden Geschäftsprozesse?	

7.3. AT 7.3 Notfallkonzept

552 Die Ausführung von Geschäftsprozessen ist abhängig von den genutzten Ressourcen, typischerweise Personal, IT-Assets, Räumen und Gebäuden sowie Dienstleistern. Steht mindestens eine Ressource durch einen Notfall nicht mehr in vollem Umfang zur Verfügung, wird dies die Prozessabläufe im Unternehmen negativ beeinflussen. Notfälle und zugehörige risikomitigierende Maßnahmen werden im Zuge des operationellen Risikomanagements betrachtet. Für die Ausgestaltung eines effektiven Notfallmanagements ist es erforderlich, dass die Gesamtverantwortung durch den Vorstand oder die Geschäftsleitung wahrgenommen wird.

Auszug AT 7.3 Tz. 1

Für Notfälle in zeitkritischen Aktivitäten und Prozessen ist Vorsorge zu treffen (Notfallkonzept). Die im Notfallkonzept festgelegten Maßnahmen müssen dazu geeignet sein, das Ausmaß möglicher Schäden zu reduzieren. Die Wirksamkeit und Angemessenheit des Notfallkonzeptes ist regelmäßig durch Notfalltests zu überprüfen. Die Ergebnisse der Notfalltests sind dem jeweiligen Verantwortlichen mitzuteilen. Im Fall der Auslagerung von zeitkritischen Aktivitäten und Prozessen haben das auslagernde Institut und das Auslagerungsunternehmen über aufeinander abgestimmte Notfallkonzepte zu verfügen.

Identifizierung der kritischen Prozesse – Business Impact Analyse (BIA)

553 Ein wichtiger Faktor für den risikoorientierten Umgang mit einem Notfall ist, dass die »kritischen« oder »zeitkritischen« Prozesse des Instituts identifiziert werden.[192] Basierend auf einem vollständigen und aktuellen Prozessmodell werden in der Business Impact Analyse die einzelnen Prozesse durch die verantwortlichen Fachbereiche oder die Prozessverantwortlichen im Hinblick auf ihre Kritikalität für das Kreditinstitut bewertet. Hierfür eignet sich die Arbeit mit definierten Schadenshöhen und -kategorien analog zur Schutzbedarfsfeststellung[193] (z. B. finanzielle Schäden, Verstoß gegen Gesetze und Vorschriften, Reputationsschäden) und deren Ausprägungen im Zeitverlauf. Dabei wird in einer Schadensanalyse untersucht, welches Schadenspotential besteht, falls ein

192 Vgl. *Bretz, J.*, »Anforderungen der Aufsicht«. In »IT im Fokus der Bankenaufsicht«. Finanz Colloquium Heidelberg (2015).

193 Vgl. MaRisk AT 7.2 Schutzbedarfsfeststellung.

Prozess über einen bestimmten Zeitraum aufgrund des Ausfalls einer oder mehrerer Ressourcen nicht zur Verfügung steht. Als Ergebnis liefert die Business Impact Analyse eine Übersicht der Prozesse, die aufgrund ihrer Kritikalität auch im Notfall innerhalb eines definierten Zeitfensters wieder abgebildet werden müssen.

Aufgrund der fortwährenden Änderungen an Prozessen, Organisationsstruk- 554
turen und am Geschäftsmodell sind auch die Ergebnisse einer durchgeführten Business Impact Analyse nicht statisch. Die Erhebung sollte daher bei wesentlichen Änderungen ad hoc, zumindest aber jährlich aktualisiert werden.[194]

Nach Durchführung der BIA kann mit der Erstellung eines Notfallplans be- 555
gonnen werden. Dieser enthält zumindest die Organisation des Notfallmanagements, d. h. die Mitglieder des Krisenstabs und die Notfallkoordinatoren/-teams werden benannt, und die internen und externen Kommunikationswege definiert. Das Institut definiert im Notfallkonzept, was als Notfall einzustufen ist und wie sich dieser abgrenzt zu Störungen und Krisen. Der Notfallplan umfasst die Beschreibung, wie die in der BIA identifizierten zeitkritischen Prozesse des Instituts im Notfall durchzuführen sind, und zwar in Form von Geschäftsfortführungsplänen.

Üben für den Ernstfall – Notfalltests

Um in einer wirklichen Notfallsituation schnell und zielgerichtet handeln zu 556
können, ist es notwendig, die definierten Notfallabläufe regelmäßig zu üben. Dabei wird durch das Institut überprüft, ob das Vorgehen und die Kommunikationswege, die im Notfallhandbuch und in den Geschäftsfortführungsplänen definiert sind, wie geplant in der vorgegebenen Zeit durchgeführt oder geprüft werden können. Grundsätzlich ist es sinnvoll, alle kritischen Prozesse jährlich einem Notfalltest zu unterziehen. Hier sollten alle relevanten Ausfallszenarien (Ausfall IT, Personal, Räume und Gebäude, Dienstleister) berücksichtigt werden. Auch die Einbindung des Managements ist regelmäßig zu prüfen, u. a. bei Übungen, die den Krisenstab aktivieren.

Die Ergebnisse der Notfalltests sind zu dokumentieren und mögliche Schwä- 557
chen in den bestehenden Plänen auf Basis der Erfahrungen zu identifizieren und zu beheben.

194 Vgl. *Hilbert, U.,* »Notfallmanagement«. In »IT im Fokus der Bankenaufsicht«. Finanz Colloquium Heidelberg (2015).

558 Besonders das Notfallszenario eines Dienstleisterausfalls kann organisatorisch aufwendig sein, daher bedarf es einer intensiven Abstimmung der Notfallprozesse und Notfallkonzepte zwischen dem Institut und dem Dienstleister. Hier sollten gemeinsame Notfallübungen durchgeführt werden, um die Verzahnung der Notfallpläne sicherzustellen und effiziente Kommunikations- und Eskalationswege zu gewährleisten.

Auszug AT 7.3 Tz. 2

Das Notfallkonzept muss Geschäftsfortführungs- sowie Wiederanlaufpläne umfassen. Die Geschäftsfortführungspläne müssen gewährleisten, dass im Notfall zeitnah Ersatzlösungen zur Verfügung stehen. Die Wiederanlaufpläne müssen innerhalb eines angemessenen Zeitraums die Rückkehr zum Normalbetrieb ermöglichen. Die im Notfall zu verwendeten Kommunikationswege sind festzulegen. Das Notfallkonzept muss den beteiligten Mitarbeitern zur Verfügung stehen.

Vorgehensmodell im Notfall – Geschäftsfortführungspläne

559 Für die als kritisch definierten Prozesse sind Geschäftsfortführungspläne (GFP) zu erstellen[195]. Die für die Ausführung verantwortliche Stelle hat die geplante Vorgehensweise zu beschreiben. Der Geschäftsfortführungsplan muss dabei die notwendigen Ressourcen (Personal, IT-Systeme, Räume und Gebäude, Dienstleister) umfassen. Kann aufgrund eines Ressourcenausfalls der Prozess nicht mehr analog der Vorgehensweise im Normalbetrieb ausgeführt werden, sind durch den Fachbereich Workarounds zu beschreiben. Ist beispielsweise ein IT-System nicht mehr verfügbar, könnte eine Alternative die papierbasierte Durchführung der Arbeitsschritte sein. Für die unterschiedlichen Ausfallszenarien sind die jeweils notwendigen Prozesse, Workarounds und Ressourcen zu beschreiben.

195 Vgl. Standard B.S.I. »100-4 Notfallmanagement«, Bonn, Bundesamt für Sicherheit in der Informationstechnik (2008).

Strukturierte Rückführung in den Normalbetrieb – Wiederanlauf und Wiederherstellung

Der Wiederanlauf nach einem Notfall und die Wiederherstellung zur Rückkehr in den Normalbetrieb sind in den Wiederanlaufplänen für die benötigten Ressourcen zu definieren. Insbesondere das Vorgehen zum Wiederanlauf der IT-Systeme ist zu beschreiben; zudem ist die Reihenfolge der IT-Systeme für den Wiederanlauf festzulegen. Dabei sind die Ergebnisse der Strukturanalyse heranzuziehen, um alle für eine Anwendung notwendigen Dienste (u. a. Netzwerk, Anbindung an Dienstleister, Datenbanken) in der richtigen Reihenfolge wieder bereitstellen zu können. Die definierten Zeiten und Service Level für Wiederanlauf und Wiederherstellung sind aus der BIA abzuleiten. Die Wiederanlaufpläne sind analog der Notfalltests für Geschäftsfortführungspläne regelmäßig zu überprüfen. 560

IT Service Continuity Management (ITSCM)

Aufgrund der besonderen Abhängigkeit von IT-Systemen sind Maßnahmen zur unterbrechungsfreien Sicherstellung des IT-Betriebes (im Normalbetrieb) und Vorgaben zum Umgang mit Notfallsituationen ein wesentlicher Bestandteil der IT-Strategie und des Business Continuity Management.[196] Basierend auf den Anforderungen der Fachbereiche ist für die IT-Systeme ein risikoorientiertes Konzept zur Aufrechterhaltung und Wiederherstellung des Betriebes im Notfall zu definieren. Als möglicher Standard für die Ausgestaltung des ITSCM bietet sich eine Prozessabbildung der Serviceleistungen der IT nach den »good practices« aus ITIL (IT Infrastructure Library) an. Insbesondere die IT-Service Continuity Pläne sind in diesem Zusammenhang zu definieren[197]. Es sind Vorgaben und Vorgehensweisen für die unterschiedlichen Szenarien zu definieren; dazu gehören beispielsweise der Ausfall eines Standortes, eines Rechenzentrums oder die Unterbrechung der Netzverbindung zu anderen Niederlassungen des Instituts oder zu Dienstleistern. 561

196 Vgl. BAIT 4 Tz. 2.
197 Vgl. IT Infrastructure Library, www.axelos.com/best-practice-solutions/itil

✓ **Praxistipp »Notfallkonzept«**

Priorisierte Wiederanlaufpläne

Nicht alle Prozesse sind gleich wichtig, nicht alle Systeme gleich relevant. Dem sollte bei der Erstellung der Wiederanlaufpläne Rechnung getragen werden. D. h., auch hier ist eine Priorisierung festzulegen, welche Pläne in welcher Reihenfolge durchlaufen werden sollen.

Realititätsnahe Tests

Geschäftsfortführungs- und Wiederanlaufpläne sollen in möglichst realitätsnahen Situationen überprüft werden. Fehler in den Beschreibungen fallen oft erst beim Testen auf. Für das Szenario »Personalausfall« ist ein oft verwendeter Lösungsansatz, dass Mitarbeiter aus anderen Abteilungen die Prozessschritte für die ausgefallenen Kollegen durchführen sollen. Dafür muss sichergestellt werden, dass die Mitarbeiter zeitnah die Berechtigungen in den notwendigen IT-Systemen erhalten, die Prozessabläufe kennen und regelmäßig in diesen Prozessen geschult werden.

	Fragestellung »Notfallkonzept«	Erfüllt
1.	Ist ein Mitglied der obersten Leitungsebene für das Notfallmanagement verantwortlich?	
2.	Hat das Institut die zeitkritischen Prozesse identifiziert und die Auswirkungen eines Ausfalls dieser Prozesse beschrieben?	
3.	Werden ausgelagerte Prozesse und IT-Systeme in die Business Impact Analyse einbezogen?	
4.	Hat das Institut in einer Leitlinie die Kriterien für einen »Notfall« definiert?	
5.	Sind die im Notfallkonzept festgelegten Maßnahmen angemessen, um das Ausmaß möglicher Schäden (operationeller Risiken) zu reduzieren?	
6.	Liegt ein institutsweit durchgängiges Notfallvorsorgekonzept vor (u. a. Notfallhandbuch, Geschäftsfortführungspläne, Wiederanlaufpläne, ITSCM-Konzept)?	

7.	Ist das Notfallvorsorgekonzept den betroffenen Mitarbeitern bekannt? Steht dies im Notfall auch in Papierform zur Verfügung?	
8.	Sind feste Ansprechpartner für die Meldung eines Notfalls benannt?	
9.	Wurden die im Notfall zu verwendenden Kommunikationswege festgelegt?	
10.	Ist die Zusammensetzung des Krisenstabs definiert?	
11.	Werden alle im Notfallkonzept beschriebenen Routinen regelmäßig überprüft?	
12.	Werden die Geschäftsfortführungspläne für die verschiedenen Ausfallszenarien regelmäßig, mindestens jährlich, in Notfalltests überprüft?	
13.	Ist durch regelmäßige Tests sichergestellt, dass die in den Wiederanlaufplänen definierten Zeiten für die Rückkehr in den Normalbetrieb eingehalten werden können?	
14.	Werden die verantwortlichen Stellen über die Ergebnisse der Notfalltests unterrichtet?	
15.	Werden durch Übungen identifizierte Schwachstellen in den Geschäftsfortführungs- und Wiederanlaufplänen zeitnah korrigiert?	
16.	Sind die Anforderungen der Fachbereiche im Hinblick auf die notwendigen Systeme während der Geschäftsfortführung und des Wiederanlaufs mit der IT abgestimmt?	
17.	Werden Auslagerungen (sowohl ausgelagerte Prozesse als auch ausgelagerte IT-Systeme) in die Notfallvorsorge einbezogen?	
18.	Werden koordinierte Notfalltests mit Dienstleistern/Auslagerungen durchgeführt?	
19.	Wird das Notfallkonzept regelmäßig angepasst und aktualisiert?	

8. AT 8 Anpassungsprozesse

8.1. AT 8.1 Neu-Produkt-Prozess

562 Im Falle der Entwicklung neuer Finanzprodukte oder dem Handel auf neuen Märkten müssen von den Kreditinstituten entsprechende Vorkehrungen getroffen werden. Die bankaufsichtlichen Anforderungen hierzu werden in dem AT 8 der MaRisk näher beschrieben.

> **Auszug AT 8.1 Tz. 1**
>
> Jedes Institut muss die von ihm betriebenen Geschäftsaktivitäten verstehen. Für die Aufnahme von Geschäftsaktivitäten in neuen Produkten oder auf neuen Märkten (einschließlich neuer Vertriebswege) ist vorab ein Konzept auszuarbeiten. Grundlage des Konzeptes müssen das Ergebnis der Analyse des Risikogehalts dieser neuen Geschäftsaktivitäten sowie deren Auswirkungen auf das Gesamtrisikoprofil sein. In dem Konzept sind die sich daraus ergebenden wesentlichen Konsequenzen für das Management der Risiken darzustellen.

Geschäftsaktivitäten verstehen

563 Das zentrale Element für die Aktivitäten in neuen Produkten oder auf neuen Märkten besteht darin, die Produkte und/oder Aktivitäten unter Risikogesichtspunkten zu verstehen und die Risiken zu beherrschen. Dadurch sollen bereits im Vorfeld erhöhte Risiken für das Institut vermieden werden. Zu diesen Risiken zählen Risiken, die sich aus der Komplexität eines Produktes selbst ergeben. Beispiele liegen in dem regelmäßigen Pricing der Geschäfte oder im Verständnis über die Zusammensetzung von Finanzprodukten, wie bei Asset Backed Securities, Optionen oder Kreditderivaten. Nicht zu vergessen sind die Risiken, die sich aus den Änderungen an IT-Systemen, Geschäftsprozessen und einschlägigen rechtlichen Anforderungen ergeben.

Inhalte des Einführungskonzepts

564 In dem Einführungskonzept müssen die Konsequenzen auf die Organisation, das Personal, die IT-Systeme, die Methoden zur Beurteilung damit verbundener Risiken sowie rechtliche Konsequenzen (Bilanz- und Steuerrecht etc.), soweit sie von wesentlicher Bedeutung sind, nachvollziehbar dargestellt

sein.[198] Mit einzubeziehen sind Auswirkungen im Hinblick auf die Informationssicherheit und den Datenschutz.

Auszug AT 8 Tz. 2

Das Institut hat einen Katalog jener Produkte und Märkte vorzuhalten, die Gegenstand der Geschäftsaktivitäten sein sollen. In einem angemessenen Turnus ist zu überprüfen, ob die Produkte noch verwendet werden. Produkte, die über einen längeren Zeitraum nicht mehr Gegenstand der Geschäftstätigkeit waren, sind zu kennzeichnen. Der Abbau von Positionen ist davon unberührt. Das Auslaufen oder die Bestandsführung von Positionen begründet keine Produktverwendung. Vor der Wiederaufnahme der Geschäftstätigkeit in gekennzeichneten Produkten ist die Bestätigung der in die Arbeitsabläufe eingebundenen Organisationseinheiten über das Fortbestehen der beim letztmaligen Geschäftsabschluss vorherrschenden Geschäftsprozesse einzuholen. Bei Veränderungen ist zu prüfen, ob der Neu-Produkt-Prozess erneut zu durchlaufen ist.

Katalog der Produkte und Märkte

Der Katalog aller Produkte und Märkte stellt eine vollständige Übersicht über 565
alle Produkte dar, die den Neu-Produkt-Prozess (NPP) durchlaufen haben und genehmigt wurden. Von besonderer Bedeutung ist die Vollständigkeit und Nachvollziehbarkeit dieses Kataloges. Bei internen und externen Prüfungen wird dieser Katalog als Nachweis dazu dienen, inwieweit das Institut gemäß AT 8.1 Tz. 1 einen vollständigen Überblick über die Geschäftsaktivitäten hat und diese handhabbar ausgestaltet hat.

Angemessener Turnus zur Überprüfung

Produktkataloge sind in einem angemessenen Turnus in Hinblick auf ihre 566
Aktualität zu überprüfen. Dabei sind Produkte, die über einen längeren Zeitraum keine Verwendung fanden, zu kennzeichnen. Werden diese Produkte wieder aktiviert, ist von den involvierten Bereichen zu prüfen, ob die erstmaligen Bewertungen im NPP noch Gültigkeit haben. Ist dies nicht der Fall, ist erneut ein NPP zu durchlaufen. Die Entscheidung ist zu dokumentieren.

198 Vgl. *BaFin*: Mindestanforderungen an das Risikomanagement (MaRisk) – Veröffentlichung der Neufassung vom 27.10.2017, AT 8 Tz. 1 – Kommentierung der BaFin in den Erläuterungen zu den MaRisk.

567 Der Produktkatalog ist die zentrale Dokumentation über die Geschäftstätigkeit des Institutes. Damit ist er auch Informationsquelle für die Mitarbeiter und Markteinheiten, welche Geschäfte und Märkte im Institut zulässig sind. Die Marktfolge wird ihre Kontrollaktivitäten an dem Produktkatalog ausrichten müssen.

Auszug AT 8 Tz. 3

Bei der Entscheidung, ob es sich um Geschäftsaktivitäten in neuen Produkten oder auf neuen Märkten handelt, ist ein vom Markt beziehungsweise vom Handel unabhängiger Bereich einzubinden.

Funktionale Trennung

568 Die Bereiche Markt und Handel sollen nicht alleine darüber entscheiden dürfen, ob ein neues Produkt oder ein neuer Markt erschlossen wird. Es ist darauf zu achten, dass ein funktional von Markt und Handel getrennter Bereich in die Entscheidungsfindung eingebunden wird. In der Regel sollte dies ein Bereich sein, der die neuen Geschäfte mit abbildet und Teil der involvierten Wertschöpfungskette ist.

Auszug AT 8 Tz. 4

Bei Handelsgeschäften ist vor dem laufenden Handel in neuen Produkten oder auf neuen Märkten grundsätzlich eine Testphase durchzuführen. Während der Testphase dürfen Handelsgeschäfte nur in überschaubarem Umfang durchgeführt werden. Es ist sicherzustellen, dass der laufende Handel erst beginnt, wenn die Testphase erfolgreich abgeschlossen ist und geeignete Risikosteuerungs- und -controllingprozesse vorhanden sind.

Testphase

569 In der Testphase muss der gesamte Neu-Produkt-Prozess regelmäßig durchlaufen werden. Ziel ist es festzustellen, ob alle beteiligten Bereiche ihre Aufgaben erfüllen können. Von zentraler Bedeutung ist hierbei, dass nicht nur die reine markt-/handelsseitige Abbildung durchlaufen wird, sondern auch die nachgelagerten Bereiche wie Abwicklung und Marktfolge. Gerade die Kontrollhandlungen der Back-Office-Bereiche müssen regelkonform durchgeführt werden. Die Wirksamkeit der Risikosteuerungs- und -controllingprozesse ist festzustellen und zu dokumentieren. Die Simulationen haben das Ziel, Fehler

in Prozessen und Konzepten zu identifizieren, Korrekturmaßnahmen zu ergreifen und damit operationelle Risiken zu vermeiden.

Kreditgeschäfte und Testphase

Bei Kreditgeschäften kann je nach Komplexität auch eine Testphase Grundla- 570
ge des Konzeptes sein.[199]

Einmalgeschäfte

Im Rahmen von Einmalgeschäften kann auf eine Testphase verzichtet 571
werden.[200]

Geeignete Risikosteuerungs- und -controllingprozesse

Die Wirksamkeit der Risikosteuerungs- und -controllingprozesse kann nur 572
sichergestellt werden, wenn alle Geschäfte des Instituts darin eingebunden sind. Das muss für Handels- und Kreditgeschäfte gleichermaßen gelten. Alle involvierten Bereiche müssen einen Überblick darüber haben, wie sich die Risiken der einzelnen Produkte auf das Institut auswirken. Letztlich muss eine begrenzte Risikotragfähigkeit zeitnah die weitere Geschäftsaufnahme einschränken. Das kann nur gelingen, wenn die Risikosteuerungs- und -controllingprozesse nahtlos in die Handels- und Marktprozesse eingebunden werden und der Risikoappetit des Instituts allen Bereichen bekannt ist.

Auszug AT 8 Tz. 5

Sowohl in die Erstellung des Konzeptes als auch in die Testphase sind die später in die Arbeitsabläufe eingebundenen Organisationseinheiten einzuschalten. Im Rahmen ihrer Aufgaben sind auch die Risikocontrolling-Funktion, die Compliance-Funktion und die Interne Revision zu beteiligen.

Einbindung der Organisationseinheiten

Neue Produkte bedingen regelmäßig Änderungen an bestehenden Prozessen 573
oder die Einführung neuer Prozesse. Daher ist bei der Einführung neuer Produkte insbesondere darauf zu achten, dass alle beteiligten Bereiche in diesen

199 Vgl. *BaFin:* Mindestanforderungen an das Risikomanagement (MaRisk) – Veröffentlichung der Neufassung vom 27.10.2017, AT 8 Tz. 4 – Kommentierung der BaFin in den Erläuterungen zu den MaRisk.

200 Vgl. *BaFin:* Mindestanforderungen an das Risikomanagement (MaRisk) – Veröffentlichung der Neufassung vom 27.10.2017, AT 8 Tz. 4 – Kommentierung der BaFin in den Erläuterungen zu den MaRisk.

Prozess eingebunden werden. Gerade die Vielzahl von gesetzlichen und bankaufsichtlichen Anforderungen wirken sich auf eine Vielzahl stark vernetzter Geschäftsprozesse aus. Zu klären ist zum Beispiel, wie die neuen Produkte in der Bilanz dargestellt und im Meldewesen behandelt werden. Auch rechtliche Fragen bei der Vertragsgestaltung mit externen Stellen sind angemessen zu behandeln. Ebenso sind die Auswirkungen auf die Informationssicherheit und den Datenschutz zu bewerten. Auch hieraus können sich bei der Einführung neuer Produkte Risiken ergeben, die zu steuern sind.

Einbindung der Risikocontrolling- und Compliance-Funktion

574 Die Risikocontrolling-Funktion muss über die im Neu-Produkt-Prozess identifizierten Risiken informiert werden. Ziel muss es sein, operationelle Risiken in allen beteiligten Bereichen im Vorfeld zu vermeiden. Ebenso muss die Compliance-Funktion im Rahmen ihrer Aufgaben in den Neu-Produkt-Prozess eingebunden werden.

Einbindung der Internen Revision

575 Die Interne Revision ist im Rahmen ihrer Aufgaben in den Neu-Produkt-Prozess einzubinden. Wird der Neu-Produkt-Prozess im Institut projekthaft gestaltet, kann die Interne Revision die Projekteinführung, wie im BT 2.1 Tz. 2 aufgeführt, unterstützen. Danach hat die Interne Revision unter Wahrung ihrer Unabhängigkeit und unter Vermeidung von Interessenskonflikten bei wesentlichen Projekten begleitend tätig zu sein.[201] Ist dies nicht der Fall, sollte die Interne Revision direkt über entsprechende Geschäftsanweisungen in den Neu-Produkt-Prozess eingebunden werden. Damit ist sichergestellt, dass die Interne Revision einen frühzeitigen Einblick in das neue Geschäftsfeld oder Produkt und die damit verbundenen Risiken erhält.

201 Vgl. *BaFin*: Mindestanforderungen an das Risikomanagement (MaRisk) – Veröffentlichung der Neufassung vom 27.10.2017, BT 2.1 Tz. 2 – Kommentierung der BaFin in den Erläuterungen zu den MaRisk.

Auszug AT 8 Tz. 6

Das Konzept und die Aufnahme der laufenden Geschäftstätigkeit sind von den zuständigen Geschäftsleitern unter Einbeziehung der für die Überwachung der Geschäfte verantwortlichen Geschäftsleiter zu genehmigen. Diese Genehmigungen können delegiert werden, sofern dafür klare Vorgaben erlassen wurden und die Geschäftsleitung zeitnah über die Entscheidungen informiert wird.

Entscheidung der Produkteinführung

576 In die Entscheidung zur Einführung neuer Produkte oder neuer Märkte muss der funktional vom Handel/Markt getrennte Geschäftsleiter eingebunden werden. In größeren Instituten kann die Entscheidung über die erforderlichen Genehmigungen auch an nachgelagerte Bereichsleiter delegiert werden. Die Nutzung dieser Öffnungsklausel ist nachvollziehbar zu begründen und von der Geschäftsleitung zu genehmigen.

Auszug AT 8 Tz. 7

Soweit nach Einschätzung der in die Arbeitsabläufe eingebundenen Organisationseinheiten Aktivitäten in einem neuen Produkt oder auf einem neuen Markt sachgerecht gehandhabt werden können, ist die Ausarbeitung eines Konzeptes nach Tz. 1 und die Durchführung einer Testphase nach Tz. 4 nicht erforderlich.

Mögliche Öffnungsklausel

577 Im AT 8 ist in Tz. 7 eine der wesentlichen Öffnungsklauseln enthalten. Das Institut kann auf wesentliche Teile des Neu-Produkt-Prozesses verzichten, wenn alle beteiligten Organisationseinheiten bestätigen, dass das Produkt sachgerecht gehandhabt werden kann. Damit können die Prozesskosten bei der Einführung neuer Produkte und Märkte wesentlich gesenkt werden. Der Wirtschaftsprüfer und auch die Aufsicht erwarten jedoch gerade bei dieser kritischen Öffnungsklausel eine nachvollziehbare Dokumentation dieser Entscheidung.

Auszug AT 8 Tz. 8

Treten im Neu-Produkt-Prozess Häufungen von Fällen auf, bei denen

- die in den Konzepten getroffenen Annahmen und die damit verbundenen Analysen des Risikogehalts der Aktivitäten in neuen Produkten oder auf neuen Märkten im Wesentlichen unzutreffend waren oder
- die in den Konzepten und aus den Testphasen gezogenen Konsequenzen im Wesentlichen unzutreffend waren oder
- gemäß Tz. 7 getroffene Einschätzungen, dass Aktivitäten in neuen Produkten oder auf neuen Märkten sachgerecht gehandhabt werden können, sich als unzutreffend erwiesen haben,

ist eine anlassbezogene Prüfung des Neu-Produkt-Prozesses durchzuführen. Bei Mängeln ist der Prozess unverzüglich anzupassen.

Anlassbezogene Prüfung

578 Die Sachgerechtigkeit und Wirksamkeit des NPP ist regelmäßig und anlassbezogen bei auftretenden Mängeln zu prüfen. Hier muss das Institut unter Risikogesichtspunkten sowohl einen Zeitraum definieren, in dem die Prüfungen durchgeführt werden, als auch einen Kriterienkatalog als Basis für die Prüfungen erstellen. Insbesondere muss Wert daraufgelegt werden, dass die Öffnungsklausel in Tz. 7 sachgerecht gehandhabt wurde. Dies muss auf der Basis einer aussagekräftigen und nachvollziehbaren Dokumentation erfolgen.

Identifikation von Mängeln

579 Werden Mängel identifiziert, sind diese zu dokumentieren und der NPP ist anzupassen. Die Aufsicht erwartet demnach einen dokumentierten kontinuierlichen Verbesserungsprozess, der sicherstellt, dass die Risiken aus neuen und zeitweise inaktiven Geschäftsfeldern wirksam gesteuert werden.

> ✓ **Praxistipp »Nutzung der Öffnungsklausel« des AT 8**
>
> **Produkteinführungsprozess**
>
> Der Neu-Produkt-Prozess muss nicht vollständig durchlaufen werden, wenn es sich bei den Produkten um Variationen bereits etablierter Produkte oder Märkte handelt. Es muss aber nachvollziehbar dokumentiert werden, dass keine wesentlichen neuen Anforderungen in allen beteiligten Bereichen zu erfüllen sind. Ebenso ist die Entscheidung über die Nutzung dieser Öffnungsklausel nachvollziehbar zu begründen und zu genehmigen. Die Nutzung der Öffnungsklausel kann erhebliche Prozesskosten einsparen.

Checkliste

	Prüfung »Nutzung Öffnungsklausel AT 8«	**Ja/Nein**
1	Wurde das Produkt innerhalb der letzten beiden Jahre neu eingeführt?	
	Liegen umfassende Erfahrungen auf dem (geplanten) Markt vor?	
2	Wurde der (geplante) Vertriebsweg bisher für das Produkt genutzt?	
3	Wurde das Produkt bereits auf dem (geplanten) Markt vertrieben?	
4	Bleibt die Ablauforganisation unverändert (auch bzgl. funktionierender bestehender Prozesse)?	
5	Bleibt die Aufbauorganisation unverändert?	
6	Bleiben die Aufgaben/Zuständigkeiten der involvierten Fachbereiche die gleichen?	
7	Bleibt das Interne Kontrollsystem unverändert?	
8	Sind wesentliche Rahmenbedingungen (z. B. gesetzlicher, aufsichtsrechtlicher Natur, IT, IT-Sicherheit, Datenschutz) seit dem letzten Produktabschluss unverändert?	

9	Besteht ein ausreichendes Know-how in allen involvierten Fachbereichen (keine Einbeziehung externer Berater o. a. erforderlich)?	
10	Kann das Produkt ohne weitere Maßnahmen in korrekter Form im Risiko- und Erfolgscontrolling abgebildet werden?	

580 Wenn alle Fragen mit Ja beantwortet wurden, kann davon ausgegangen werden, dass kein vollständiger Neu-Produkt-Prozess durchlaufen werden muss.

Checkliste

	Fragestellung »Neu-Produkt-Prozess«	Erfüllt
1	Ist das Produkt in dieser (geplanten) Form mit der Geschäfts- und Risikostrategie vereinbar?	
2	Ist das Produkt in dieser (geplanten) Form im Produktkatalog enthalten?	
3	Ist die Rechtssicherheit der verwendeten Dokumente gegeben?	
4	Liegen Dokumentationen zu Tests/Handel/Abbildung in den aktuell verwendeten Systemen vor?	
5	Ist sichergestellt, dass das Kreditinstitut und die betroffenen Organisationseinheiten ein ausreichendes Verständnis/Know-how für das neue Produkt haben?	
6	Wird vor Aufnahme der Geschäftsaktivitäten in neuen Produkten oder auf neuen Märkten vorab ein Konzept ausgearbeitet?	
7	Beschreibt das Konzept inhaltlich die Themen Organisation, Personal, notwendige Anpassungen oder Neuanschaffungen von IT-Systemen, Methoden zur Bewertung und Risikoermittlung?	
8	Werden in dem Einführungsprozess auch rechtliche Konsequenzen sowie bilanz- und steuerrechtliche Fragen geklärt?	
9	Basiert das Konzept auf einer Analyse des Risikogehalts der neu einzuführenden Geschäfte?	

10	Werden in dem Konzept die wesentlichen Konsequenzen für das Management der Geschäfte und der Risiken dargestellt und beschrieben?	
11	Ist sichergestellt, dass in die Entscheidung der Produktaufnahme oder Aktivität auf neuen Märkten ein vom Markt/Handel unabhängiger Bereich mit einbezogen wird?	
12	Wird bei Handelsgeschäften vor dem laufenden Handel eine Testphase durchgeführt?	
13	Dürfen während der Testphase lediglich Handelsgeschäfte in überschaubarem Umfang gehandelt werden?	
14	Ist sichergestellt, dass der Handel erst nach erfolgreicher Testphase aufgenommen werden kann?	
15	Sind vor Aufnahme des Handels in neuen Produkten oder auf neuen Märkten geeignete Risikosteuerungs- und -controllingprozesse implementiert worden?	
16	Werden alle relevanten, von dem neuen Produkt betroffenen Organisationseinheiten in den Produkteinführungsprozess mit eingebunden?	
17	Ist auch die Interne Revision im Rahmen ihrer Aufgaben mit eingebunden worden?	
18	Werden das Konzept und die Aufnahme der laufenden Geschäftstätigkeit von den zuständigen Geschäftsleitern genehmigt?	
19	Ist sichergestellt, dass auch der für die Überwachung zuständige Geschäftsleiter mit eingebunden wird?	
20	Existieren bei der Delegation von Genehmigungen über die Geschäftsaufnahme hierfür klare und verständliche Regelungen?	
21	Wird die Geschäftsleitung bei Entscheidungen über die Geschäftsaufnahme zeitnah informiert, wenn diese von untergeordneten Stellen – die die Entscheidungsbefugnis per Delegation erhalten haben – getroffen wurden?	

22	Wird auf den gesamten Einführungsprozess verzichtet, wenn nach Einschätzung aller in den Arbeitsprozess eingebundenen Organisationseinheiten das neue Produkt oder die Tätigkeit auf dem neuen Markt sachgerecht gehandhabt werden kann?	
23	Ist gewährleistet, dass über den Verzicht auf den Produkteinführungsprozess eine ordnungsgemäße Dokumentation angelegt wird?	
24	Wurde vor der Übernahme anderer Unternehmen oder Fusionen mit anderen Unternehmen ein schlüssiges Konzept ausgearbeitet?	
25	Enthält das Konzept folgende Mindestangaben? ▪ Strategische Ziele ▪ Voraussichtlich wesentliche Konsequenzen für das Management der Risiken ▪ Wesentliche Auswirkungen auf das Gesamtrisikoprofil des Instituts	
26	Wird hierbei auch die mittelfristig geplante Entwicklung der Vermögens-, Finanz- und Ertragsplanung, die voraussicht-liche Höhe der Risikopositionen, die notwendige Anpassung der Risikosteuerungs- und -controllingsysteme, die IT-Systeme und die Darstellung der wesentlichen rechtlichen Konsequenzen mit berücksichtigt?	

8.2. AT 8.2 Änderungen betrieblicher Prozesse oder Strukturen

Auszug AT 8.2 Tz. 1

Vor wesentlichen Veränderungen in der Aufbau- und Ablauforganisation sowie in den IT-Systemen hat das Institut die Auswirkungen der geplanten Veränderungen auf die Kontrollverfahren und die Kontrollintensität zu analysieren. In diese Analysen sind die später in die Arbeitsabläufe eingebundenen Organisationseinheiten einzuschalten. Im Rahmen ihrer Aufgaben sind auch die Risikocontrolling-Funktion, die Compliance-Funktion und die Interne Revision zu beteiligen.

Wesentliche Veränderungen in der Aufbau- und Ablauforganisation und in den IT-Systemen

Das Institut muss Kriterien definieren, nach denen es die Wesentlichkeit von Veränderungen in der Aufbau- und Ablauforganisation sowie den IT-Systemen feststellen kann. Mögliche Anhaltspunkte oder Kriterien sind:[202] 581

- Die geschäftspolitische Bedeutung (strategische Themen, neue Produktfelder).
- Die eingegangenen Risiken (Bedeutung innerhalb der bankinternen Risikolandkarte).
- Der Umfang der betroffenen Organisation/Organisationen (bankweit oder selektiv/national und/oder international).
- Die Bedeutung für den Betriebsablauf (gerade bei umfassenden IT-Systemen ist dies der Fall, z. B. Hauptbuchungssystem/Hauptanwendung).
- Die Bedeutung für die Risiken aus der Informationssicherheit (Einführung neuer IT-Systeme und/oder Technologien wie z. B. Block Chain).
- Die Veränderung von Risiken aus dem Datenschutz bei der Verarbeitung personenbezogener Daten (erhöhte Anforderungen an Dokumentation, Risikoanalyse usw. aufgrund der EU-Datenschutzgrundverordnung).
- Die Veränderung/Erweiterung des internen Kontrollgefüges im Hinblick auf die Funktionsfähigkeit des internen Kontrollsystems.

Bedeutung der internen Kontrollen

Die MaRisk stellen im allgemeinen Teil heraus, dass in jedem Institut entsprechend von Art, Umfang, Komplexität und Risikogehalt der Geschäftsaktivitäten Regelungen zur Aufbau- und Ablauforganisation zu treffen, Risikosteuerungs- und -controllingprozesse einzurichten und eine Risikocontrolling-Funktion und eine Compliance-Funktion zu implementieren sind.[203] Dabei dient das interne Kontrollsystem nicht nur der Erfüllung der rechtlichen Anforderungen, sondern ist auch weiterhin ein zentrales Managementinstrument zur Unterstützung der Unternehmensziele und der Risikoreduktion.[204] Das interne Kontrollsystem muss hierbei sicherstellen, dass Abweichungen von der Regel erkannt werden. Die sich daraus ergebenden Risiken müssen analysiert und dem Management in einem geregelten Risikomanagementprozess 582

202 Die dargestellte Liste ist exemplarisch aufgestellt und kann beliebig ergänzt werden.

203 Vgl. *BaFin:* Mindestanforderungen an das Risikomanagement (MaRisk) – Veröffentlichung der Neufassung vom 27.10.2017, AT 4.3 Internes Kontrollsystem, Tz. 1.

204 Vgl. *Krekel, C., Faulmann, B.,* Internes Kontrollsystem reduziert Risiken in: diebank 1/2013, S. 58.

transparent gemacht werden. Risikoreduzierende Maßnahmen wie z. B. zusätzliche 4-Augen-Kontrollen sind wiederum im internen Kontrollsystem zu etablieren.

Berücksichtigung der Funktionen

583 Die im AT 4.4 der MaRisk definierten besonderen Funktionen sind bei der Änderung der betrieblichen Prozesse und Strukturen im Rahmen ihrer Aufgaben einzubinden. Dabei stellen die »Risikocontrolling-Funktion« und die »Compliance-Funktion« als den Prozess überwachende Organisationseinheiten die »Second-Line-of-Defence« und die Interne Revision mit ihrer prozessunabhängigen Überwachungsaufgabe die »Third-Line-of-Defence«[205] dar. Der Bankenaufsicht geht es in den neuen MaRisk darum, sowohl die prozessabhängige Überwachung als auch die »prozessunabhängige Überwachung« verstärkt in die neu entstehenden betrieblichen Prozesse und Strukturen einzubinden, um in der Praxis ein höheres Sicherheitsgefüge zu erreichen.

✓ Praxistipp »Änderung betrieblicher Prozesse und Strukturen«

Hierbei ist bankintern sicherzustellen, dass die für die Veränderungen der betrieblichen Prozesse und Strukturen verantwortlichen Projektleiter nach dem Wesentlichkeitsgrundsatz und unter Beachtung der MaRisk die notwendigen Prozessschritte und Maßnahmen einleiten, um einen adäquaten Prozess mit ausreichenden internen Kontrollen bereit zu halten. Innerhalb des Veränderungsprozesses sind zwingend die »Risikocontrolling-Funktion«, die »Compliance-Funktion« und die »Interne Revision« mit einzubinden. Sind bei Änderungen auch IT-Systeme betroffen, ist zwingend die in der »Bankaufsichtliche Anforderungen an die IT« (Rundschreiben BA vom 03.11.2017, BAIT) genannte Funktion des Informationssicherheitsbeauftragten einzubinden.

205 Vgl. *Berndt, M.*, Interne Revision – die »First Line of Defence« der Aufsicht? in: BankPraktiker 12–01/2013, S. 460 ff.

Checkliste

	Fragestellung »Änderungen betrieblicher Prozesse und Strukturen«	**Erfüllt**
1	Hat das Institut vor einer wesentlichen Veränderung in der Aufbau- und Ablauforganisation sowie in den IT-Systemen die Auswirkungen der geplanten Veränderungen auf die Kontrollverfahren und die Kontrollintensität analysiert?	
2	Ist die Analyse ausreichend begründet und transparent?	
3	Enthält diese sowohl Chancen und Risiken als auch Stärken und Schwächen der betrieblichen Prozesse und Strukturen sowie den abgeleiteten Veränderungsbedarf (Handlungsbedarf)?	
4	Werden in die Analyse alle später in den Arbeitsablauf eingebundenen Organisationseinheiten mit eingeschaltet?	
5	Ist sichergestellt, dass die Risikocontrolling-Funktion, die Compliance-Funktion und auch die Interne Revision in ausreichendem Umfang eingebunden wurden?	
6	Ist bei wesentlichen Änderungen an IT-Systemen die Funktion des Informationssicherheitsbeauftragten eingebunden?	

8.3. AT 8.3 Übernahme und Fusionen

Auszug AT 8.3 Tz. 1

Vor der Übernahme anderer Unternehmen oder Fusionen mit anderen Unternehmen hat das Institut ein Konzept zu erarbeiten, in dem die wesentlichen strategischen Ziele, die voraussichtlichen wesentlichen Konsequenzen für das Management der Risiken und die wesentlichen Auswirkungen auf das Gesamtrisikoprofil des Instituts beziehungsweise der Gruppe dargestellt werden. Dies umfasst auch die mittelfristig geplante Entwicklung der Vermögens-, Finanz- und Ertragslage, die voraussichtliche Höhe der Risikopositionen, die notwendigen Anpassungen der Risikosteuerungs- und -controllingprozesse und der IT-Systeme (inklusive der Datenaggregationskapazitäten) sowie die Darstellung wesentlicher rechtlicher Konsequenzen (Bilanzrecht, Steuerrecht etc.).

584 Die Aufsicht fordert ein umfassendes Fusionskonzept bereits im Vorfeld von Verhandlungen. Dieses Fusionskonzept ist dann die Basis für den bevorstehenden Fusionsprozess und muss die MaRisk-Konformität des Fusionsprozesses sicherstellen. Von zentraler Bedeutung ist hierbei die notwendige Vereinheitlichung der Risikosteuerungs- und -controllingprozesse und der IT-Systeme. Diese Prozesse müssen bereits vor der Fusion so strukturiert werden, dass sie unmittelbar nach der Fusion funktionsfähig sind. Dabei sind auch die Auswirkungen auf das Gesamtrisikoprofil der »Unternehmensgruppe« darzustellen.[206] Folgende Punkte sind mit zu berücksichtigen:

Wesentliche Voraussetzungen
▪ Mittelfristig geplante Entwicklung der Vermögens-, Finanz- und Ertragslage
▪ Voraussichtliche Höhe der Risikoposition
▪ Notwendige Anpassungen der Risikosteuerungs- und -controllingprozesse
▪ Erforderliche IT-Systeme
▪ Darstellung der wesentlichen rechtlichen Konsequenzen (Bilanzrecht, Steuerrecht etc.)

Abbildung 1: Wesentliche Voraussetzungen bei Übernahmen und Fusionen[207]

206 Vgl. *BaFin:* Mindestanforderungen an das Risikomanagement (MaRisk) – Veröffentlichung der Neufassung vom 27.10.2017, AT 8.3 Übernahmen und Fusionen, Tz. 1, Satz 1.

207 Vgl. *BaFin:* Mindestanforderungen an das Risikomanagement (MaRisk) – Veröffentlichung der Neufassung vom 27.10.2017, AT 8.3 Übernahmen und Fusionen, Tz. 1, Satz 2.

Checkliste

	Fragestellung »Übernahme und Fusionen«	**Erfüllt**
1	Wurde vor der Übernahme anderer Unternehmen oder Fusionen mit anderen Unternehmen ein schlüssiges Konzept ausgearbeitet?	
2	Enthält das Konzept folgende Mindestangaben? ▪ Strategische Ziele ▪ Voraussichtlich wesentliche Konsequenzen für das Management der Risiken ▪ Wesentliche Auswirkungen auf das Gesamtrisikoprofil des Instituts	
3	Wird hierbei auch die mittelfristig geplante Entwicklung der Vermögens-, Finanz- und Ertragsplanung, die voraussichtliche Höhe der Risikopositionen, die notwendige Anpassung der Risikosteuerungs- und -controllingsysteme, die IT-Systeme und die Darstellung der wesentlichen rechtlichen Konsequenzen mitberücksichtigt?	
4	Bestehen auch ausreichende personelle Kapazitäten für die geplante Übernahme bzw. Fusion?	

9. AT 9 Auslagerung

9.1. Gegenstand

585 Mit dem Rundschreiben 05/2007 wurden die Anforderungen an Auslagerungen in die Mindestanforderungen an das Risikomanagement (MaRisk) überführt (Abschnitt AT 9) und damit das Rundschreiben 11/2001 abgelöst. Die Vorschriften konkretisieren den § 25b KWG. Mit den Regelungen wurde die Flexibilität im Umgang mit Auslagerungen grundsätzlich zunächst einmal erhöht, gleichzeitig sind Institute verpflichtet worden, die ausgelagerten Aktivitäten und Prozesse in eine angemessene Sourcing-Governance einzubetten. Auch mit der aktuellen Überarbeitung der MaRisk (Rundschreiben 09/2017) bleibt diese Ausrichtung erhalten.

586 Der nachfolgende Abschnitt soll den Auslagerungs- bzw. Dienstleisterbeauftragten in Instituten einen praxisorientierten Überblick zur Auslegung und Ausgestaltung der Auslagerungsprozesse geben, um bestehende Prozesse kritisch hinterfragen und gegebenenfalls optimieren zu können. Die entsprechenden Checklisten sollen hierbei unterstützen. Schwerpunkt der Betrachtung sind die MaRisk; ergänzt wird die Darstellung um die Anforderungen der aufsichtsrechtlichen Anforderungen an die IT (BAIT), die erstmals am 03.11.2017 veröffentlicht wurden.

587 Der Fokus wird auf die folgenden Inhalte gelegt:

- Formale Anforderungen
- Ausgestaltung des Risikoanalyseprozesses
- Abgrenzung Auslagerung zu sonstigem Fremdbezug
- Einrichtung von Verfahren zur ordnungsgemäßen Steuerung und Überwachung
- Anforderungen an Weiterverlagerungen
- Einrichtung eines zentralen Auslagerungsmanagements bzw. einer zentralen Dienstleistersteuerung
- Exkurs zu BAIT

9.2. Formale Anforderungen

Die MaRisk fordern, dass sich ein Institut sowohl mit den strategischen als auch den operativen Aspekten des Outsourcings auseinandersetzt. So ist ein formaler Rahmen für die Auslagerungsaktivitäten festzulegen und zu dokumentieren. 588

9.3. Geschäfts- und Risikostrategie

> **Auszug AT 4.2 Tz. 1 Erläuterungen (Besondere strategische Aspekte)**
>
> Im Falle umfangreicher Auslagerungen sind auch entsprechende Ausführungen hierzu [zu Auslagerungen] erforderlich.

Insbesondere durch den steigenden Kosten-, Margen- und Wettbewerbsdruck, die Entwicklung der Informations- und Kommunikationstechnologie sowie die zunehmende Marktkonsolidierung streben Institute nach einer Verbesserung ihrer Wettbewerbsfähigkeit durch Effizienzsteigerungen und eine Optimierung der Wertschöpfungskette. Bei einer solchen Zielsetzung spielen Auslagerungsüberlegungen eine zentrale Rolle. Sobald ein Institut unter entweder Kernbankprozesse auslagert oder insgesamt einen hohen Auslagerungsgrad aufweist, werden in der Geschäfts- und Risikostrategie entsprechende Ausführungen zum Outsourcing erwartet, insbesondere 589

- inwieweit von Möglichkeiten der Auslagerung von Aktivitäten und Prozessen Gebrauch gemacht wird/werden kann.
- welche Zielsetzungen mit den Auslagerungen verfolgt werden (beispielsweise Effizienzsteigerung oder Rückgriff auf spezifisches Knowhow oder spezifische Ressourcen, deren Aufbau im Institut wirtschaftlich nicht sinnvoll ist).
- wie das Auslagerungsrisiko im Rahmen der Risikomanagement- und -controllingprozesse Berücksichtigung findet.
- welche übergreifenden aufbau- und ablauforganisatorischen Maßnahmen eingerichtet sind (Verantwortlichkeiten, Risikoanalyseprozess, Leistung- und Dienstleistersteuerung).

Im Rahmen der mindestens jährlichen Überprüfung der Angemessenheit der Geschäfts- und Risikostrategie ist zu hinterfragen, ob die Ausführungen zu Auslagerungen (auch weiterhin) adäquat berücksichtigt werden. 590

✓ **Praxistipp zu den strategischen Überlegungen**

Definition einer Auslagerungsstrategie

In der Praxis werden die strategischen Überlegungen regelmäßig in eine eigenständige Auslagerungsstrategie überführt. Wesentliche Inhalte sind – neben Aussagen zu den MaRisk- sowie BAIT-Anforderungen – beispielsweise

- die institutsspezifische Auslegung des Auslagerungsbegriffs nach AT 9 Tz. 1
- die Festlegung der strategischen Ausrichtung des Instituts in Bezug auf das Thema Outsourcing, beispielsweise
  - »Auslagerungen sollen als Mittel zur Konzentration auf Kernkompetenzen dienen«
  - »die Kernkompetenzen des Instituts sind nicht auslagerbar«
  - »Unterstützungsfunktionen sollen so weit wie möglich im Konzernverbund zusammengefasst werden, um so von Synergieeffekten profitieren zu können«
  - »Verbund-Dienstleister werden (mit Blick auf ...) bei vergleichbarem/hinreichendem Kosten-Nutzen-Verhältnis bevorzugt«
- die Definition der wesentlichen Schritte bei Durchführung/Realisierung einer Auslagerung
- Aussagen zur regelmäßigen Überprüfung der Vorteilhaftigkeit bestehender Auslagerungen

9.4. Organisationsrichtlinien

591 Die MaRisk fordern, dass ein Institut Organisationsrichtlinien vorzuhalten hat, die entsprechende Regelungen zu den Verfahrensweisen bei wesentlichen Auslagerungen spezifizieren. Hierbei ist grundsätzlich zwischen auslagerungsübergreifenden sowie auslagerungsspezifischen Anweisungen zu unterscheiden. Zwischenzeitlich wird die Erfüllung der Anforderungen grundsätzlich für alle Auslagerungen erwartet. D. h., eine gleichartige, risikoorientierte Behandlung aller Auslagerungen sollte umgesetzt und dokumentiert werden. Spätestens mit der Veröffentlichung der BAIT ist eine weiter gehende Etablierung von Organisationsrichtlinien und entsprechenden Prozessen auch zu den

restlichen fremdbezogenen Dienstleistungen (sonstiger Fremdbezug) erforderlich.

Auszug AT 5 Tz. 3
Die Organisationsrichtlinien haben vor allem Folgendes zu beinhalten: [...]
f) Regelungen zu Verfahrensweisen bei wesentlichen Auslagerungen

Auszug AT 4.3.1 Tz. 2
Prozesse sowie die damit verbundenen Aufgaben, Kompetenzen, Verantwortlichkeiten, Kontrollen sowie Kommunikationswege sind klar zu definieren und aufeinander abzustimmen. [...] Das gilt auch bezüglich der Schnittstellen zu wesentlichen Auslagerungen.

In der Praxis finden sich übergreifende Vorgaben insbesondere zu den fol- 592
genden Aspekten, auf die nachfolgend detailliert eingegangen wird:

- Auslagerungsentscheidung: Festlegung, unter welchen (betriebswirtschaftlichen) Bedingungen eine Auslagerung infrage kommt
- Auswahl des Dienstleisters: Das Institut muss Kriterien festlegen, anhand derer eine Beurteilung zur Auswahl und Leistungsfähigkeit des möglichen Auslagerungsunternehmens erfolgt.
- Risikoanalyseprozess: Das institutsspezifische Verfahren zur Ermittlung der Wesentlichkeit einer Auslagerung (Risikoanalyse) wird regelmäßig in übergreifenden Organisationsrichtlinien definiert. Hier werden beispielsweise die Kriterien zur Wesentlichkeitsbeurteilung erläutert und das Verfahren zur Aktualisierung der Risikoanalyse beschrieben.
- Auslagerungscontrolling: In der Organisationsrichtlinie sollten u. a. Regelprozesse für die Steuerung und Überwachung von Auslagerungen wie beispielsweise die zu besetzenden Rollen und Verantwortlichkeiten (z. B. dezentraler Auslagerungsbeauftragter, zentrale Dienstleistersteuerung) hinsichtlich der Überwachung und das grundsätzliche Instrumentarium zur Überwachung von Auslagerungen (Auslagerungs-Jour Fixe, Auslagerungsbericht inklusive Turnus, IKS-Kontrollen etc.) definiert werden.

593 Daneben sind weiter gehende auslagerungsspezifische Dokumente in der Praxis vorzufinden, beispielsweise:

- der Dienstleistungsvertrag (bei mehreren Dienstleistungen ist ein Rahmenvertrag sinnvoll)
- Service Level Agreements
- Regelungen zur Steuerung und Überwachung der spezifischen Auslagerung
- Anweisungen an den Dienstleister, die entsprechende Abläufe/Prozesse oder Schnittstellen zum Institut definieren.

594 Gemäß AT 4.3.1 Tz. 2 sollten in den Organisationrichtlinien Aussagen zu den »Schnittstellen zu wesentlichen Auslagerungen« getroffen werden, beispielsweise Regelprozesse zur Einbindung der Geschäftsleitung bzw. Kommunikationsprozesse zwischen Institut und Dienstleister.

9.5. Festlegung der Verantwortlichkeiten bei Auslagerungen

Auszug AT 9 Tz. 10

Für die Steuerung und Überwachung wesentlicher Auslagerungen hat das Institut klare Verantwortlichkeiten festzulegen.

595 Die MaRisk fordern, dass für wesentliche Auslagerungen eine verantwortliche Stelle zu benennen ist. Die grundsätzlichen Aufgaben dieser (in der Regel dezentralen) Stelle umfassen insbesondere:

- Verantwortung für die Gestaltung des vertraglichen Rahmenwerks in Bezug auf die zu erbringende Dienstleistung (Angaben zur Leistungserbringung)
- fachliche Gesamtverantwortung bzgl. der Durchführung der Auslagerung
- Erstellung der Arbeitsanweisungen für den Dienstleister, Abstimmung der Schnittstellen zwischen Dienstleister und Institut
- Überwachungs- und Steuerungsaufgaben inkl.
  - Überwachung der jeweiligen Auslagerung u. a. anhand der Datenlieferung durch den Dienstleister sowie eigener Prüfungshandlungen
  - Kommunikation der Ergebnisse an die entsprechenden Einheiten im Institut und – sofern erforderlich – das Initiieren oder auch Ergreifen entsprechender (Gegen-)Maßnahmen
  - Zurückleitung von Steuerungsimpulsen an den Dienstleister
  - Überwachung der initiierten Maßnahmen

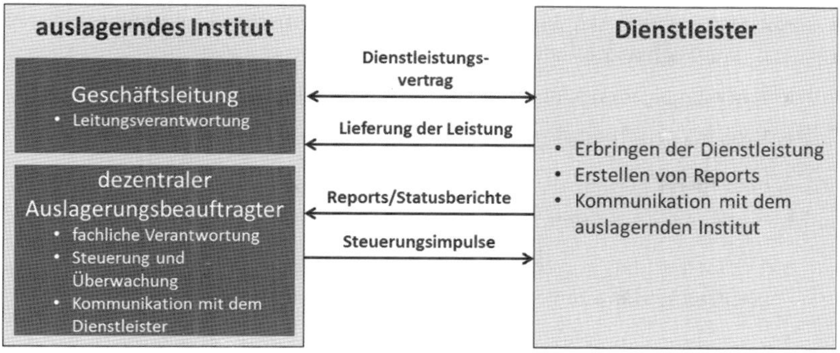

Abbildung 1: Aufgaben der verantwortlichen Stelle

Im Falle der vollständigen Auslagerung besonderer Funktionen gem. AT 9 Tz. 5 und Tz. 10 hat die Geschäftsleitung einen Beauftragten zu ernennen, der für die ordnungsgemäße Durchführung der ausgelagerten Aufgaben verantwortlich ist (siehe unten). 596

In der Praxis sollten für alle Auslagerungen mindestens folgende Verantwortlichkeiten festgelegt werden: 597

- dezentraler Auslagerungsbeauftragter/dezentraler Dienstleisterbeauftragter
- zentrales Auslagerungsmanagement/zentrale Dienstleistersteuerung (neue Anforderung der MaRisk, siehe unten)
- ggf. Beauftragter gem. AT 9 Tz. 5 und Tz. 10
- Interne Revision (siehe unten)

9.6. Zentrales Auslagerungsmanagement

Auszug AT 9 Tz. 12

Das Institut hat [...] ein zentrales Auslagerungsmanagement einzurichten.

Diese Anforderung aus AT 9 Tz. 12 ist in dieser Klarheit neu. Als zugehörige Aufgaben werden insbesondere die folgenden genannt: 598

- Implementierung und Weiterentwicklung eines angemessenen Auslagerungsmanagements und entsprechender Kontroll- und Überwachungsprozesse
- Erstellung und Pflege einer vollständigen Dokumentation der Auslagerungen (einschließlich Weiterverlagerungen)

- Unterstützung der Fachbereiche bei der Umsetzung aller gesetzlichen und aufsichtsrechtlichen Anforderungen
- Koordination und Überprüfung der Risikoanalyse-Durchführung
- Berichterstattung an die Geschäftsleitung (mindestens jährlich)

599 Zusätzlich bietet es sich an, folgende Aufgaben der zentralen Stelle zuzuordnen:

- Verantwortung für die übergreifende Auslagerungsstrategie sowie die übergreifenden Outsourcing-Organisationsanweisungen
- zentrale Ansprechpartnerfunktion für Abschlussprüfer und Aufsicht sowie Vorstand und interne Fachbereiche
- Ablage aller Auslagerungsdokumente im Original (Verträge, Risikoanalyse u. a.)

9.7. Interne Revision

600 Eine regelmäßige, risikoorientierte und prozessunabhängige Überprüfung der Angemessenheit und Wirksamkeit der internen Kontrollen sowie der Ordnungsmäßigkeit grundsätzlich aller ausgelagerten Aktivitäten und Prozesse hat durch die Interne Revision zu erfolgen. Die Verpflichtung, ausgelagerte Aktivitäten und Prozesse in die Prüfung einzubeziehen, ist explizit im AT 4.4.3 Tz. 3 festgeschrieben. Als verbindliche Grundlage hierfür sind gem. AT 9 Tz. 7b die Informations- und Prüfungsrechte der Internen Revision im Dienstleistungsvertrag festzulegen. Nach BT 2.1 Tz. 3 kann die Interne Revision des auslagernden Instituts im Fall wesentlicher Auslagerungen auf eigene Prüfungshandlungen verzichten, sofern die anderweitig durchgeführte Revisionstätigkeit den Anforderungen nach AT 4.4 und BT 2 genügt. Die Interne Revision hat sich in diesem Fall jedoch von der Einhaltung dieser Voraussetzungen regelmäßig zu überzeugen. Diese Erleichterung kann auch bei Auslagerungen auf so genannte Mehrmandantendienstleister in Anspruch genommen werden.

601 Die Einbindung der Internen Revision sollte (naturgemäß) umso intensiver erfolgen, je bedeutender die ausgelagerten Aktivitäten für das Institut sind bzw. je wesentlicher sich die Risikosituation darstellt.

9.8. Notfallmanagement

> **Auszug AT 7.3 Tz. 1**
>
> Im Fall der Auslagerung von zeitkritischen Aktivitäten und Prozessen haben das auslagernde Institut und das Auslagerungsunternehmen über aufeinander abgestimmte Notfallkonzepte zu verfügen.

Ein Institut hat für die ausgelagerten Aktivitäten und Prozesse sicherzustellen, dass aufeinander abgestimmte Notfallkonzepte bestehen. Die MaRisk legen hierbei den Schwerpunkt auf Notfall-relevante Aktivitäten und Prozesse, so beispielsweise im Falle einer Auslagerung 602

- des Betriebs/der Überwachung der Bankensysteme/Produktionssysteme für die Geschäftserfassung, die Risikoüberwachung oder das (tägliche) Meldewesen
- des Zahlungsverkehrs
- der Infrastruktur-/Kommunikationsdienste (z. B. Telefonie, Mail).

Das Institut hat für diese Fälle zu gewährleisten, dass der Dienstleister ein Notfallkonzept mit geeigneten Notfallmaßnahmen vorhält. Das auslagerungsspezifische Notfallkonzept hat u. a. die Schnittstelle zwischen dem Institut und dem Dienstleister zu beschreiben, Eskalationsverfahren festzulegen und geeignete Kommunikationswege im Falle von Störungen zu beschreiben, sodass ein schnelles Wiederanlaufen der Prozesse gewährleistet und eine zeitnahe Fortführung der Geschäfte sichergestellt werden kann. Um die Überprüfung der Tauglichkeit der Notfallpläne und -konzepte sicherzustellen, sind regelmäßige Notfallübungen durchzuführen und deren Ergebnisse zu dokumentieren. 603

Das Notfallkonzept des Dienstleisters ist mit dem Konzept des Instituts abzustimmen, um sicherzustellen, dass die Erwartungen des Instituts im Störfall bekannt sind und ggf. bestehende Lücken identifiziert werden. Identifizierte Lücken sind im Geschäftsfortführungsplan des Instituts zu schließen. 604

> **Auszug AT 9 Tz. 6**
>
> Ein Institut hat bei wesentlichen Auslagerungen im Fall der beabsichtigten oder erwarteten Beendigung der Auslagerungsvereinbarung Vorkehrungen zu treffen, um die Kontinuität und Qualität der ausgelagerten Aktivitäten und Prozesse auch nach Beendigung zu gewährleisten.

605 Ebenso hat das Institut geeignete Vorkehrungen auch für Fälle einer unbeabsichtigten oder unerwarteten Beendigung von Auslagerungsvereinbarungen zu treffen:

> **Auszug AT 9 Tz. 6**
>
> Für Fälle unbeabsichtigter oder unerwarteter Beendigung dieser Auslagerungen, die mit einer erheblichen Beeinträchtigung der Geschäftstätigkeit verbunden sein können, hat das Institut etwaige Handlungsoptionen auf ihre Durchführbarkeit zu prüfen und zu verabschieden. Dies beinhaltet auch, soweit sinnvoll und möglich, die Festlegung entsprechender Ausstiegsprozesse. Die Handlungsoptionen sind regelmäßig und anlassbezogen zu überprüfen.

606 Mögliche Vorkehrungen für den Fall einer beabsichtigten Beendigung sind z. B.:

- angemessene Kündigungsfristen im Auslagerungsvertrag
- die Verpflichtung des Dienstleisters im Auslagerungsvertrag zur geordneten Übergabe bzw. Rückführung des betroffenen Prozesses

607 Beispielhafte Vorkehrungen für den Fall einer unbeabsichtigten oder unerwarteten Beendigung sind u. a.:

- die Festlegung von institutsspezifischen Notfallplänen zur Rückführung der ausgelagerten Prozesse bzw. Überleitung der ausgelagerten Prozesse auf einen Dritten
- die Identifizierung von alternativen potenziellen Partnern zur (zeitnahen) Übernahme der ausgelagerten Aktivitäten und Prozesse bzw. grundsätzliches Vorhalten mehrerer Dienstleister für die gleichen kritischen Aufgaben

608 Für das Initiieren der anlassbezogenen Überprüfung sollten (vorab) Kriterien/Auslöser definiert werden, bei deren Vorliegen der Überprüfungsprozess angestoßen wird. Darauf wird nachfolgend näher eingegangen.

9.9. Risikosteuerungs- und -controllingprozesse

> **Auszug AT 4.3.2 Tz. 2**
>
> Die Risikosteuerungs- und -controllingprozesse müssen gewährleisten, dass die wesentlichen Risiken – auch aus ausgelagerten Aktivitäten und Prozessen – frühzeitig erkannt, vollständig erfasst und in angemessener Weise dargestellt werden können. Hierzu hat das Institut geeignete Indikatoren für die frühzeitige Identifizierung von Risiken sowie von risikoartenübergreifenden Effekten abzuleiten […].

Die MaRisk fordern, dass die institutsspezifischen Auslagerungsrisiken in die 609 Risikosteuerungs- und -controllingprozesse einzubeziehen sind. Zur Erkennung und Erfassung der Auslagerungsrisiken sowie zur Ableitung von Steuerungs- und Risikomanagementmaßnahmen sollte der Risikoanalyseprozess herangezogen werden, da dieser – richtig ausgestaltet – sämtliche (wesentlichen) Risiken der Auslagerungen identifiziert und bewertet. Auf dieser Basis sollten auch die entsprechenden Steuerungs- und Überwachungsmaßnahmen abgeleitet werden. Folglich stellt der Risikoanalyseprozess – neben den Instrumenten und Prozessen zur ordnungsgemäßen Steuerung und Überwachung einer Auslagerung – einen zentralen Baustein dar und ist regelmäßig Gegenstand externer Prüfungen.

Darüber hinaus hat das Institut geeignete Indikatoren für die frühzeitige Iden- 610 tifizierung einer Änderung der Risikosituation im Hinblick auf die bestehenden Auslagerungen festzulegen. Sollte ein Frühwarnindikator vorliegen, ist einzelfallbezogen eine Re-Evaluation der Wesentlichkeitseinschätzung (Aktualisierung der Risikoanalyse) für die jeweilige Auslagerung vorzunehmen.

9.10. Checkliste zu den formalen Anforderungen

	Fragestellung	Erfüllt
1.	Werden in der Geschäfts- und Risikostrategie Aussagen zu (wesentlichen) Auslagerungen getroffen? ▪ Strategische/betriebswirtschaftliche Aspekte? ▪ Schnittstellen zu (wesentlichen) Auslagerungen? ▪ Einbeziehung (wesentlicher) Auslagerungen in die Risikosteuerungs- und -controllingprozesse? ▪ Bereitschaft zum Umgang mit auslagerungsspezifischen Risiken? (Risikoappetit, vgl. AT 4.2 Tz. 2)	
2.	Wurden Organisationsrichtlinien definiert, die ausreichende Regelungen/Verfahrensweisen bei Auslagerungen beinhalten? ▪ Definition der Verantwortlichkeiten innerhalb des Instituts? ▪ Vorgaben zur vertraglichen Gestaltung? ▪ Darstellung des Risikoanalyseprozesses? ▪ Beschreibung des Auslagerungscontrollings?	
3.	Wurde ein MaRisk- sowie BAIT-konformer Auslagerungsvertrag für die Dienstleistungen vereinbart?	
4.	Bestehen für ausgelagerte zeitkritische Aktivitäten und Prozesse aufeinander abgestimmte Notfallkonzepte?	
5.	Wurden für wesentliche Auslagerungen Vorkehrungen für den Fall der Beendigung der Auslagerungsvereinbarung getroffen?	
6.	Wurden geeignete Vorkehrungen getroffen für Fälle einer unbeabsichtigten oder unerwarteten Beendigung von Auslagerungsvereinbarungen, wenn damit eine wesentliche Beeinträchtigung der Geschäftstätigkeit verbunden sein könnte?	
7.	Wird dem Proportionalitätsprinzip Rechnung getragen?	

9.11. Proportionalitätsprinzip

Für die Definition und Ausgestaltung des formalen Rahmens ist das Proportionalitätsprinzip maßgeblich. So sollten der gesamte Auslagerungsprozess sowie Umfang und Detaillierungsgrad der Dokumentation insbesondere der Größe des Instituts und dem Ausmaß der ausgelagerten (wesentlichen) Prozesse und Aktivitäten gerecht werden. 611

9.12. Ausgestaltung des Risikoanalyseprozesses

Auszug AT 9 Tz. 2

Das Institut muss auf der Grundlage einer Risikoanalyse eigenverantwortlich festlegen, welche Auslagerungen von Aktivitäten und Prozessen unter Risikogesichtspunkten wesentlich sind (wesentliche Auslagerungen).

Die MaRisk sehen vor, dass die Wesentlichkeit einer Auslagerung »unter Risikogesichtspunkten« zu bestimmen ist. Hierbei sind zum einen die Risiken zu identifizieren, die mit der Auslagerung einhergehen, und zum anderen die Eignungsmerkmale des Dienstleisters zu bewerten. Es ist ein nachvollziehbares Verfahren festzulegen, wann die Summe der Risiken (aus der Auslagerung selbst sowie der Risiken des jeweiligen Dienstleisters) als wesentlich betrachtet wird. Die Ausgestaltung der Risikoanalyse wird damit gerade nicht im Detail vorgegeben; eine Vielzahl unterschiedlicher Ansätze ist in der Praxis vorzufinden. Insbesondere sollten Institute – auch vor dem Hintergrund von Prüfungshandlungen z. B. durch den Abschlussprüfer – in Bezug auf die Risikoanalyse Folgendes vorhalten können: 612

- eine Organisationsrichtlinie, welche das institutsspezifische Verfahren (Risikoanalyseprozess) zur Ermittlung der Wesentlichkeit hinreichend spezifiziert
- eine Standard-/Muster-Risikoanalyse, in der die Risikokategorien/Einzelrisiken zur Bestimmung der Wesentlichkeit einer Auslagerung enthalten sind
- Risikoanalysen für die jeweiligen Auslagerungstatbestände des Instituts, die eine Bewertung der Wesentlichkeit beinhalten (und regelmäßig aktualisiert werden)

9.12.1. Beteiligte Fachbereiche

> **Auszug AT 9 Tz. 2**
>
> Die maßgeblichen Organisationseinheiten sind bei der Erstellung der Risikoanalyse einzubeziehen. Im Rahmen ihrer Aufgaben ist auch die Interne Revision zu beteiligen.

613 Nach den MaRisk sind die maßgeblichen Organisationseinheiten bei der Erstellung der Risikoanalyse einzubeziehen. Dies sind – auch in Abhängigkeit vom konkreten Auslagerungstatbestand – insbesondere

- der dezentrale Auslagerungsbeauftragte (aus dem zuständigen Fachbereich)
- die zentrale Auslagerungssteuerung/Dienstleistersteuerung
- das Informationssicherheitsmanagement
- der Datenschutzbeauftragte
- der Business Continuity Management (BCM)-Beauftragte
- die Interne Revision.

614 Daneben können weitere Bereiche, wie beispielsweise das Risikocontrolling hinsichtlich der Bewertung spezifischer Risiken, die IT zur Beurteilung IT-technischer Aspekte, der Rechtsbereich oder auch das Rechnungswesen u. a. zur Bewertung steuerlicher und bilanzieller Aspekte hinzugezogen werden. Die Einbindung der entsprechenden Bereiche ist zu dokumentieren, beispielsweise durch Unterzeichnung der Risikoanalyse.

9.12.2. Risikoanalyseprozess

615 Die Anforderungen aus dem AT 9 MaRisk hinsichtlich der Ermittlung der Wesentlichkeit einer Auslagerung sollten in ein systematisches Schema überführt werden. Dieser – aus den aufsichtsrechtlichen Anforderungen abgeleitete – übergreifende Risikoanalyseprozess, der auch die Klärung der aufsichtsrechtlichen Vereinbarkeit beinhaltet, wird in der folgenden Abbildung beispielhaft dargestellt.

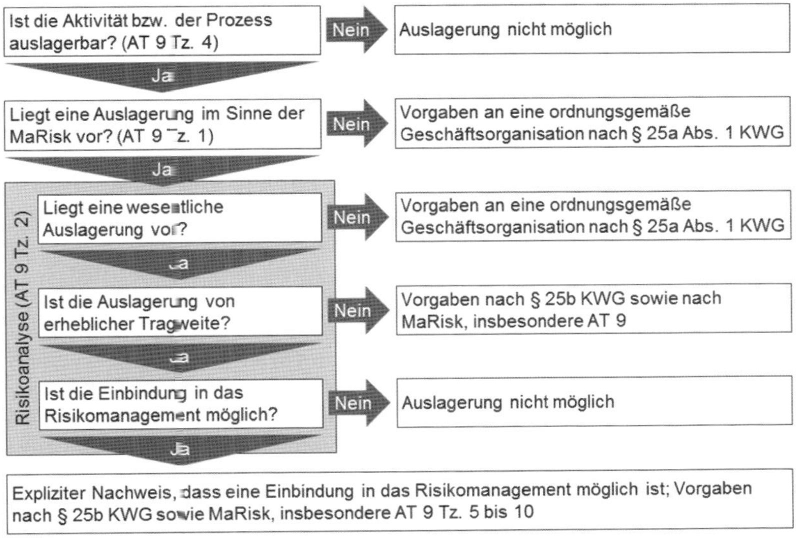

Abbildung 2: Standardisierter Risikoanalyseprozess

Die einzelnen Prozessschritte werden nachfolgend erläutert. 616

9.12.3. Auslagerbarkeit

In einem ersten Schritt sollte festgestellt werden, ob die Prozesse oder Aktivitäten, die ausgelagert werden sollen, überhaupt auslagerungsfähig sind (aufsichtsrechtliche Vereinbarkeit). 617

> **Auszug AT 9 Tz. 4**
>
> Grundsätzlich sind Aktivitäten und Prozesse auslagerbar, solange dadurch die Ordnungsmäßigkeit der Geschäftsorganisation gem. § 25a Abs. 1 KWG nicht beeinträchtigt wird.

Grundsätzlich sind gemäß MaRisk Prozesse und Aktivitäten auslagerbar, sofern ein angemessenes und wirksames Risikomanagement sichergestellt werden kann. Gleichwohl schränken die MaRisk die Zulässigkeit möglicher Auslagerungen ein: 618

- Die Auslagerung darf **nicht zu einer Delegation der Verantwortung der Geschäftsleitung** an das Auslagerungsunternehmen führen. Das Institut bleibt bei einer Auslagerung für die Einhaltung der vom Institut zu beachtenden gesetzlichen Bestimmungen verantwortlich (siehe auch § 25b Abs. 2 KWG).
- Die **Leitungsaufgaben der Geschäftsleitung sind nicht auslagerbar**. Hierzu zählen die Unternehmensplanung, -koordination, -kontrolle sowie die Besetzung der Führungskräfte. Ferner stellen Aufgaben, die der Geschäftsleitung durch den Gesetzgeber oder durch sonstige Regelungen explizit zugewiesen werden, z. B. die Entscheidung über Großkredite oder die Festlegung von Strategien, nicht auslagerbare Leitungsaufgaben dar. Von den Leitungsaufgaben abzugrenzen sind Funktionen oder Organisationseinheiten, derer sich die Geschäftsleitung bei der Ausübung ihrer Leitungsaufgaben bedient. Diese können grundsätzlich sowohl innerhalb des Instituts als auch durch Auslagerung nach außen delegiert werden.
- Auch **Spezialinstitute** sind Einschränkungen unterworfen. So dürfen Bauspar-kassen nicht ihr Kollektivmanagement und Pfandbriefbanken nicht die Deckungsregisterführung oder die Deckungsrechnung auslagern.
- Im Falle der Auslagerung **»von erheblicher Tragweite«** ist intensiv zu prüfen, ob und wie eine Einbeziehung der ausgelagerten Aktivitäten und Prozesse in das Risikomanagement sichergestellt werden kann (AT 9 Tz. 2 Erläuterungen). Die BaFin schreibt in ihrem Journal 11/2017 explizit, dass die Risikocontrolling-Funktion, die Interne Revision sowie die Compliance-Funktion »künftig möglichst in den Instituten verbleiben«, d. h. grundsätzlich nicht ausgelagert werden sollen.

9.12.4. Checkliste Auslagerbarkeit

	Fragestellung (auf Basis AT 9 Tz. 4 f.)	**Erfüllt**
1.	Keine Auslagerung von Leitungsaufgaben der Geschäftsleitung?	
2.	Keine Delegation der Verantwortung der Geschäftsleitung?	
3.	Keine Auslagerung spezialgesetzlicher Kernbereiche?	
4.	Keine Auslagerung der Strategie des Instituts?	
5.	Im Falle der Auslagerung von Aktivitäten/Prozessen in Kontroll- oder Kernbankbereichen: ▪ Sind weiterhin Instituts-intern Kenntnisse und Erfahrungen vorhanden, die eine wirksame Überwachung der Dienstleistung gewährleisten? ▪ Ist sichergestellt, dass im Falle der Beendigung der Dienstleistung oder der Gruppenstruktur der ordnungsgemäße Betrieb in diesem Bereich fortgesetzt werden kann?	
6.	Im Falle der vollständigen Auslagerung von Risikocontrolling-Funktion, Compliance-Funktion oder Internen Revision: ▪ Sind die besonderen Anforderungen an die Gruppenstruktur erfüllt? ▪ Ist das auslagernde Institut (Tochterinstitut) sowohl hinsichtlich seiner Größe, Komplexität und dem Risikogehalt der Geschäftsaktivitäten für den nationalen Finanzsektor als auch hinsichtlich seiner Bedeutung für die Gruppe als nicht wesentlich einzustufen?	
7.	Zusätzlich im Falle der vollständigen Auslagerung von Compliance-Funktion oder Interner Revision: ▪ Handelt es sich bei dem auslagernden Institut um ein kleines Institut, bei dem die Wahrnehmung der Funktionen vor dem Hintergrund der Institutsgröße sowie der Art, des Umfangs, der Komplexität und des Risikogehalts der betriebenen Geschäftsaktivitäten als nicht angemessen eingestuft wird?	

9.12.5. Auslagerungen in Abgrenzung zum sonstigen Fremdbezug

619 Das Institut muss prüfen, inwiefern es sich um eine Auslagerung im Sinne der MaRisk handelt, und das Prüfungsergebnis dokumentieren.

> **AT 9 Tz. 1**
>
> Eine Auslagerung liegt vor, wenn ein anderes Unternehmen mit der Wahrnehmung solcher Aktivitäten und Prozesse im Zusammenhang mit der Durchführung von Bankgeschäften, Finanzdienstleistungen oder sonstigen institutstypischen Dienstleistungen beauftragt wird, die ansonsten vom Institut selbst erbracht würden. Zivilrechtliche Gestaltungen und Vereinbarungen können dabei das Vorliegen einer Auslagerung nicht von vornherein ausschließen.

620 Als Auslagerungen gem. MaRisk einzustufen sind Kern- und Unterstützungsprozesse im Zusammenhang mit der Durchführung von Bankgeschäften und Finanzdienstleistungen gemäß KWG (§§ 1 Abs. 1 und 1a KWG), beispielsweise im Zusammenhang mit dem Einlagen- und Kreditgeschäft oder dem Leasinggeschäft. Dieses gilt gleichermaßen für Prozesse zum Management der Risiken, die im Zusammenhang mit der Durchführung von Bankgeschäften und Finanzdienstleistungen stehen, sowie für Prozesse zur Erfüllung der gesetzlichen/aufsichtsrechtlichen Anforderungen (z. B. Meldewesen- oder Compliance-Prozesse). Auch Dienstleistungen, die Risiko-relevante Prozesse oder Aktivitäten mit Bezug zum Bankgeschäft betreffen, sind als Auslagerungen gem. MaRisk zu qualifizieren – so ist z. B. die Vernichtung vertraulicher Unterlagen grundsätzlich als Auslagerung einzustufen, wohingegen der Reinigungsdienst (ohne Zugang zu vertraulichen Daten) als sonstiger Fremdbezug anzusehen ist.

621 Die Formulierung »sonstige institutstypische Dienstleistungen« bezieht sich auf Auslagerungen betrieblicher Aufgaben, die für die kontinuierliche und ordnungsgemäße Erbringung von Dienstleistungen für Kunden sowie Anlagetätigkeiten wichtig sind. Hierzu zählen insbesondere Nebendienstleistungen (beispielsweise bestimmte Beratungsdienstleistungen oder die Wertpapier- und Finanzanalyse), aber auch Eigengeschäfte des Instituts.

Auszug AT 9 Tz. 1 Erläuterungen

Der isolierte Bezug von Software ist in der Regel als sonstiger Fremdbezug einzustufen. Hierzu gehören unter anderem auch die folgenden Unterstützungsleistungen:

- die Anpassung der Software an die Erfordernisse des Kreditinstituts,
- die entwicklungstechnische Umsetzung von Änderungswünschen [...]

Dies gilt nicht für Software, die zur Identifizierung, Beurteilung, Steuerung, Überwachung und Kommunikation der Risiken eingesetzt wird oder die für die Durchführung von bankgeschäftlichen Aufgaben von wesentlicher Bedeutung ist, bei dieser Software sind Unterstützungsleistungen als Auslagerung einzustufen. Ferner gilt der Betrieb der Software durch einen externen Dritten als Auslagerung.

Neu in den MaRisk finden sich explizite Ausführungen zum Erwerb von Software. Während nur klarstellend erwähnt wird, dass der externe Betrieb von Software als Auslagerung einzustufen ist, werden weitere Anforderungen genannt: Sofern Software zur Identifizierung, Beurteilung, Steuerung, Überwachung und Kommunikation der Risiken eingesetzt wird oder für die Durchführung von bankgeschäftlichen Aufgaben von wesentlicher Bedeutung ist, müssen zugehörige »Unterstützungsleistungen« als Auslagerung eingestuft werden. Diese umfassen u. a. 622

- die Anpassung der Software an die Erfordernisse des Instituts,
- die entwicklungstechnische Umsetzung von Änderungswünschen (Programmierung),
- das Testen, die Freigabe und die Implementierung der Software in die Produktionsprozesse beim erstmaligen Einsatz und bei wesentlichen Veränderungen,
- Fehlerbehebungen (Wartung),
- sonstige Unterstützungsleistungen, die über eine reine Beratung hinausgehen.

Daneben nennen die MaRisk (AT 9 Tz. 1 Erläuterungen) Tatbestände, die nicht unter den Auslagerungssachverhalt fallen. Diese werden unter dem Begriff »sonstiger Fremdbezug von Leistungen« zusammengefasst. Hierunter fallen insbesondere 623

- der einmalige oder gelegentliche Fremdbezug von Gütern und Dienstleistungen, beispielsweise der Kauf von Sachmitteln oder die Inanspruchnahme von Beratungsdienstleistungen.
- Leistungen, die typischerweise von einem beaufsichtigten Unternehmen bezogen und aufgrund tatsächlicher Gegebenheiten oder rechtlicher Vorgaben regelmäßig weder zum Zeitpunkt des Fremdbezugs noch in der Zukunft vom Institut selbst erbracht werden können. Als Beispiele hierfür sind in den MaRisk die Nutzung von Zentralbankfunktionen oder Clearingstellen im Rahmen des Zahlungsverkehrs sowie der Wertpapierabwicklung, die Inanspruchnahme von Liquiditätslinien, die Einschaltung von Korrespondenzbanken oder die Verwahrung von Vermögensgegenständen von Kunden nach dem Depotgesetz genannt.
- der isolierte Bezug von Software, die nicht unter die oben genannten Anforderungen fällt.

624 Das Institut hat auch beim sonstigen Fremdbezug von Leistungen die allgemeinen Anforderungen an die Ordnungsmäßigkeit der Geschäftsorganisation gemäß § 25a Abs. 1 KWG zu beachten.

✓ Praxisbeispiele »Prüfung des Vorliegens einer Auslagerung«

Personalmanagement

Zum einen stellen die MaRisk explizite Anforderungen an die Ressource Personal (AT 7.1). So müssen beispielsweise Mitarbeiter sowie deren Vertreter (abhängig von ihren Aufgaben, Kompetenzen und Verantwortlichkeiten) über die erforderlichen Kenntnisse verfügen; die Ausgestaltung der Vergütungs- und Anreizsysteme darf den in den Strategien niedergelegten Zielen nicht widersprechen. Die Einhaltung dieser Anforderungen ist durch das auslagernde Institut sicherzustellen. Zum anderen verantwortet der Bereich Personalmanagement Personalprozesse, die die Einhaltung der bankbetrieblichen Leistungserstellungsprozesse sicherstellen. Damit stellt der Bereich Personalmanagement unter Risikogesichtspunkten grundsätzlich einen risikobehafteten Prozess dar, der im Zusammenhang mit der Durchführung von Bankgeschäften, Finanzdienstleistungen oder sonstigen institutstypischen Dienstleistungen steht. Vor diesem Hintergrund wäre z. B. die Durchführung der Gehaltsabrechnungen durch einen Dienstleister als Auslagerung einzustufen.

Service- und Unterstützungsdienstleistungen

Grundsätzlich können allgemeine Service- und Unterstützungsdienstleistungen (z. B. Postzustellung, Kantine oder Wachschutz ohne Zugriff auf sensible Daten) – nach sorgfältiger Abwägung durch das auslagernde Institut – als sonstiger Fremdbezug eingestuft werden.

Die Auslegung der Regelungen stellt Institute regelmäßig vor Herausforderungen. In Fällen sonstigen Fremdbezugs sind die Vorgaben an eine ordnungsgemäße Geschäftsorganisation nach § 25a Abs. 1 KWG zu erfüllen (siehe Abbildung 2). Eine sorgfältige Auswahl des Dienstleisters muss ebenso sichergestellt werden wie eine angemessene Einbindung in Kontrollprozesse. Empfehlenswert ist eine kompakte Dokumentation, beispielsweise in einer verkürzten Risikoanalyse (Kurz-Risikoanalyse). In dieser können die wesentlichen Risiken und die sich daraus ergebenden Steuerungs- und Kontrollmaßnahmen dokumentiert werden. Der Aufwand Instituts-intern ist dabei deutlich geringer als im Falle einer Auslagerung und die Dokumentation der Erfüllung von § 25a Abs. 1 KWG kann auf diese Weiche effizient durchgeführt werden. 625

9.12.6. Risikoanalyse

Auszug AT 9 Tz. 2 Erläuterungen

Bei der Risikoanalyse sind alle für das Institut relevanten Aspekte im Zusammenhang mit der Auslagerung zu berücksichtigen (z. B. die wesentlichen Risiken der Auslagerung einschließlich möglicher Risikokonzentrationen und Risiken aus Weiterverlagerungen, Eignung des Auslagerungsunternehmens) […]

Zielsetzung der Risikoanalyse ist insbesondere die Bestimmung der Wesentlichkeit der Auslagerung. Die folgende Vorgehensweise hat sich in der (Prüfungs-)Praxis bewährt: 626

- Identifizierung der mit der Auslagerung verbundenen Risiken, insbesondere bzgl. der Risiken der Auslagerung und der Eignung des Auslagerungsunternehmens
- Analyse/Bewertung der identifizierten Risiken und daran anschließende Ableitung der Gesamtrisikosituation der Auslagerung (Bestimmung der Wesentlichkeit einer Auslagerung)

- Ableitung von auslagerungsspezifischen Steuerungs- und Überwachungsmaßnahmen sowie Dokumentation dieser Maßnahmen
- Turnusgemäß (mindestens einmal jährlich) sowie anlassbezogen: Anpassung der Risikoanalyse

9.12.7. Risiken der Auslagerung

627 Ein Institut sollte zur Ermittlung der Wesentlichkeit zunächst die Risiken der Auslagerung betrachten, beispielsweise anhand folgender Kriterien (jeweils mit Angabe beispielhafter Fragestellungen/Detaillierungen):

- **Operationelle Risiken:**
  - Personalrisiken: Wie personalintensiv ist die Auslagerung? Welche Kenntnisse sind erforderlich?
  - IT-Infrastruktur-Risiken: Wie hoch ist die Technologie-Abhängigkeit? Wie Software-intensiv ist die Auslagerung?
  - allgemeine Prozessrisiken: Wie schnell ist die Auslagerung rückholbar oder der Dienstleister austauschbar? Wie hoch die Schnittstellen-Intensität?
  - Risiken der Verfügbarkeit: Wie hoch ist der Schaden bei Ausfall?
  - Risiko der Vertraulichkeit: Wie hoch ist der Schaden bei Datenpannen?
  - Risiko der Integrität: Wie hoch ist der Schaden bei der Verfälschung von Daten?
  - Rechtsrisiken: Wie stark ist der ausgelagerte Bereich rechtlich/aufsichts-rechtlich reguliert? Wie ist die Durchsetzbarkeit vertraglicher Anforderungen?
- **Reputationsrisiken**: Wie öffentlichkeitswirksam ist die Auslagerung?
- **Betriebswirtschaftliche Risiken** wie z. B. die Auslagerungskosten (Risiken aus unerwarteten Übergangs- und Managementkosten, Risiken aus steigenden bzw. versteckten Servicekosten u. a.) oder bzgl. der Überwachung und Steuerung (u. a. Risiken aufgrund eines Kontroll- und Informationsverlusts, Kommunikationsstörungen)
- **Strategische Risiken** wie z. B. hinsichtlich der organisatorischen Kompetenz (Risiken aus dem Verlust von Knowhow oder der Innovationskraft) oder der Abhängigkeit vom Dienstleister (z. B. fehlende Dienstleister-Alternativen)
- **Weitere Risiken** zur Beurteilung, inwieweit sich durch die Auslagerung neue oder erhöhte Risiken im Hinblick auf die für das Institut wesentlichen Risiken begründen (beispielsweise erhöhte Marktpreisrisiken bei Offshoring-Auslagerungen)

- **Risikomindernde Umstände:** zu beachten für gruppeninterne Auslagerungen

Gemäß MaRisk ist die Eignung des Auslagerungsunternehmens ebenfalls zur Einschätzung der Wesentlichkeit heranzuziehen. Dabei ist zu entscheiden, welche Gewichtung zwischen Auslagerungsrisiken und Dienstleistereignung bei der Ermittlung der Gesamtnote zu Grunde gelegt wird. Alle Auslagerungs-übergreifenden Festlegungen, die in die Gestaltung der Risikoanalyse einfließen (z. B. Gewichtung von Einzelrisiken, Gewichtung der Auslagerungsrisiken im Vergleich zu der Dienstleistereignung, Skala zur Ermittlung der Risiken (siehe auch nachfolgend zum quantitativen Verfahren)), sind mit einer ausreichenden Begründung zu dokumentieren. 628

9.12.8. Dienstleistereignung

In Abhängigkeit von seiner Eignung ergeben sich Risiken aus dem Dienstleister selbst, die im Folgenden beispielhaft genannt sind (mit Angabe möglicher Fragestellungen). 629

- **Expertise des Dienstleisters:** Wie umfangreich ist die Branchenkenntnis? Wie sind die Referenzen (insbesondere bei einer Erst-Auslagerung)? In welchem Umfang sind Weiterverlagerungen vorhanden?
- **Flexibilität:** Wie flexibel kann der Dienstleister auf Wünsche des Instituts/Änderungen gesetzlicher oder aufsichtsrechtlicher Vorgaben reagieren?
- **Organisatorische Aspekte:** Welche Rechtsform hat der Dienstleister? Wie groß ist der Dienstleister (Beurteilung z. B. anhand der Kriterien aus § 267 HGB)?
- **Risikomanagement:** Wie ist das IKS des Dienstleisters ausgestaltet? Welche Maßnahmen zur Betrugsvermeidung ergreift der Dienstleister (z. B. Fraud-Beauftragter)? Über welche Innenrevision verfügt der Dienstleister? Wie ist das Notfallkonzept des Dienstleisters ausgestaltet?
- **Datenschutz:** Welche Anforderungen an den Datenschutz werden umgesetzt?
- **Informationssicherheit:** Welche Anforderungen an die Informationssicherheit werden umgesetzt?
- **Personal:** Wie gut ist die personelle Ausstattung des Dienstleisters (qualitativ sowie quantitativ)? Welche Leistungs- und Qualitätsstandards bestehen beim Dienstleister? Wie stellen sich Fluktuationsraten und Vergütungsstruktur beim Dienstleister dar?

- **Technische Ausstattung:** Verfügt der Dienstleister über eine hinreichende/zeitgemäße technische Ausstattung?
- **Eigentümerstruktur**
- **Geschäftsentwicklung/Wirtschaftliche Situation:** Wie ist es um die finanzielle Stabilität des Dienstleisters bestellt?
- **(Aufsichts-)Recht:** Welche Prüfungsergebnisse finden sich in Revisionsberichten des Dienstleisters? Wie ist die Vertragsgestaltung mit dem Dienstleister? Welche Anforderungen an Datenschutz und Informationssicherheit setzt der Dienstleister um?
- **Kommunikation/Service:** Welches Dienstleister-Reporting wird angeboten? Wie ist der Kundenservice des Dienstleisters?
- **Kosten:** Wie hoch sind die Gesamtkosten für die geplante Auslagerung?

9.12.9. Ableitung der Wesentlichkeit einer Auslagerung

630 Beispielhafte Verfahren zur Ermittlung der Wesentlichkeit:

- **Qualitatives Verfahren:** Soweit unter Risikogesichtspunkten angemessen, ist ein qualitativer Ansatz zur Bewertung denkbar. Das Ergebnis der Bewertung der Risiken und des Gesamtrisikos (bzw. der Wesentlichkeit) basiert hier grundsätzlich auf einer Experteneinschätzung bzw. eines Workshops, bei welchem die maßgeblichen Organisationseinheiten eingebunden sind. Die folgende Abbildung zeigt beispielhaft die Ausgestaltung einer qualitativen Risikoanalyse.

Auslagerungsgegenstand				
Interne / externe Auslagerung				
Art der Auslagerung (vollständig / teilweise; Nearshoring / Offshoring; Joint Venture)				
Einbezogene Bereiche				
A: Liegt eine Auslagerung i.S.d. MaRisk vor? (MaRisk AT 9 Tz. 1)	Ja	Nein	Erläuterung	
B: Ist die Aktivität bzw. der Prozess auslagerbar? (MaRisk AT 9 Tz. 4)	Ja	Nein	Erläuterung	
C: Risikoanalyse (MaRisk AT 9 Tz. 2)				
CA: Liegt eine wesentliche Auslagerung vor	wesentlich	nicht-wesentlich	nicht zutreffend	Erläuterung
1. Risiken der Auslagerung				
…				
2. Eignung des Auslagerungsunternehmens				
…				
Bei Feststellung einer wesentlichen Auslagerung				
CB: Ist die Auslagerung von erheblicher Tragweite	Ja	Nein	Erläuterung	
CC: Bei Auslagerungen von erheblicher Tragweite, ist eine Einbindung in das Risikomanagement möglich?	Ja	Nein	Erläuterung	
D: Risikomindernde Vorkehrungen bei gruppeninternen Auslagerungen	Ja	Nein	Erläuterung	
1. Durchgriffsrechte				
2. Risikomanagement auf Gruppenebene				
E: Ergebnis	Wesentlich	Nicht-wesentlich	Erläuterung	
F: Einbindung in das Risikomanagement / Ableitung von Maßnahmen zur Steuerung und Überwachung	Erläuterung			

Abbildung 3: Beispiel qualitative Risikoanalyse

- **Schwellenwert-Verfahren:** Die Bewertung der Risiken (Risikobereiche) erfolgt anhand vorher festgelegter institutsspezifischer Indikatoren bzw. Schwellenwerte, soweit dies für die einzelnen identifizierten Risikobereiche möglich ist. Das Gesamtergebnis der Risikoanalyse kann beispielsweise auf einer qualitativen Einschätzung oder auf einem Zielwert basieren. Ab einer bestimmten Anzahl an wesentlichen Risikobereichen wird eine Aktivität bzw. ein Prozess unter Risikogesichtspunkten als wesentlich klassifiziert. Ein Beispiel hierfür ist in der folgenden Abbildung dargestellt.

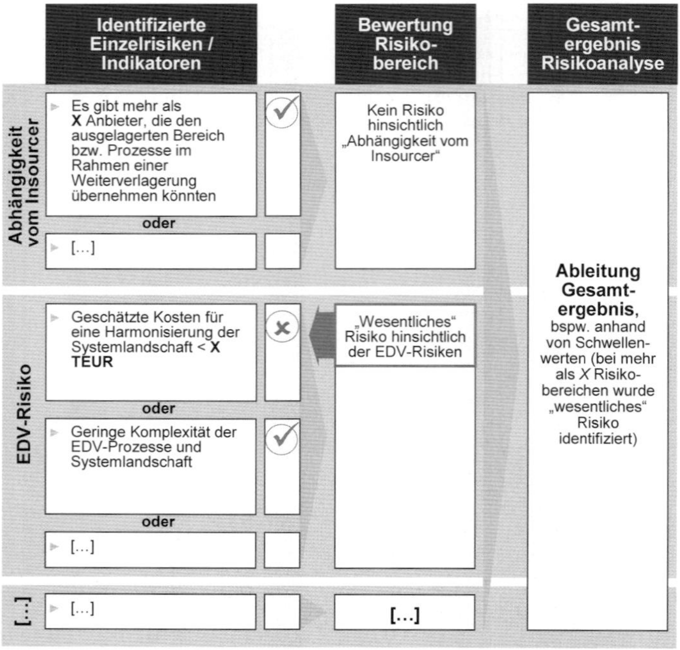

Abbildung 4: Beispiel Schwellenwert-Verfahren

- **Quantitatives Verfahren:** Die Einschätzung der Einzelrisiken (auf Grundlage festgelegter Kriterien) erfolgt hier anhand einer vom Institut festgelegten Skala, beispielsweise von 4 (hohes Risiko) bis 1 (kein Risiko/nicht relevant). Darüber hinaus sollte eine Gewichtung der Risiken vorgenommen werden. Die Ermittlung der Gewichtung kann im Rahmen eines Top-Dow-Ansatzes erfolgen; das Gesamtrisikogewicht wird systematisch auf die einzelnen Risikobereiche herunter gebrochen. Anhand der aus der Bewertungsskala abgeleiteten Risikowerte und den dazugehörenden Gewichtungsfaktoren lässt sich ein Gesamtscore ermitteln, indem die einzelnen risikogewichteten Ergebnisse summiert werden. Unter Berücksichtigung u. a. der Risikoneigung oder der institutsspezifischen Risikosituation sollte ein Limit (hinsichtlich des Gesamtscores) festgelegt werden, das die Grenze zwischen wesentlich und nicht wesentlich bildet. Ein solches Verfahren ist (auszugsweise) beispielhaft in der folgenden Abbildung dargestellt.

Thema	Gewichtung	Risikobeschreibung	Bew.	Begründung
Reputationsrisiko	10%	• nicht öffentlichkeitswirksam • kein Einfluss auf den Marktwert des Unternehmens / die Marke • keine Bedeutung für Investoren, Kunden, Geschäftspartner		
		• nicht öffentlichkeitswirksam • geringer / unerheblicher Einfluss auf den Marktwert des Unternehmens / die Marke • untergeordnete Bedeutung für Investoren, Kunden, Geschäftspartner	X	
		• regional öffentlichkeitswirksam (z. B. regionale Presse, TV, Rundfunk) • Einfluss auf Marktwert des Unternehmens / die Marke sowie das Vertrauen der Öffentlichkeit • Bedeutung für Investoren, Kunden; Geschäftspartner		
		• national / international öffentlichkeitswirksam z.B. Presse, TV, Rundfunk) • hoher Einfluss auf Marktwert, Marke sowie Vertrauen der Öffentlichkeit • sehr hohe Bedeutung für Investoren, Kunden, Geschäftspartner		

Abbildung 5: Beispiel quantitatives Verfahren

- **Zweistufiges Verfahren:** Vor dem Hintergrund der begrenzten Ressourcen eines Instituts kann es sinnvoll sein, einen zweistufigen Ansatz zu berücksichtigen. Hierbei erfolgt in einem ersten Schritt ein Risiko-Quick-Check. Anhand festgelegter Verfahren bzw. Kriterien wird bei diesem Quick-Check evaluiert, ob in einem zweiten Schritt eine detaillierte Risikoanalyse durchzuführen ist.

Nach den Erfahrungen zahlreicher Institute aus der aufsichtlichen Prüfungspraxis ist zur Konzeption der Risikoanalyse klar das quantitative Modell zu empfehlen, bei dem sowohl die gewichteten Risiken der Auslagerung als auch die gewichteten Risiken aus der Dienstleistereignung zur Ermittlung des Gesamtscores herangezogen werden. 631

9.12.10. Ableitung des Handlungsbedarfs auf Grundlage der Wesentlichkeitseinschätzung

Im Rahmen der Wesentlichkeitsbeurteilung sind nach Maßgabe der MaRisk die folgenden Ergebnisse möglich: 632

- **Nicht wesentliche Auslagerung:** Liegt eine nicht wesentliche Auslagerung vor, sind die Anforderungen an eine angemessene ordnungsgemäße Geschäftsorganisation nach § 25a Abs. 1 KWG zu berücksichtigen.

> **AT 9 Tz. 3**
>
> Bei unter Risikogesichtspunkten nicht wesentlichen Auslagerungen sind die allgemeinen Anforderungen an die Ordnungsmäßigkeit der Geschäftsorganisation gemäß § 25a Abs. 1 KWG zu beachten.

Mindestanforderung ist eine sorgfältige Auswahl des Dienstleisters sowie eine angemessene Einbindung in die Kontrollprozesse. In der Praxis hat sich die Verwendung der Standard-Risikoanalyse für alle Auslagerungen (wesentliche sowie nicht wesentliche) bewährt.

- **Wesentliche Auslagerung:** Wird anhand der institutsspezifischen Risikoanalyse eine wesentliche Auslagerung festgestellt, sind die Vorgaben des § 25b Abs. 2 KWG in Verbindung mit den MaRisk AT 9 – v. a. Tz. 6 bis 10 – maßgeblich. So haben Institute insbesondere folgende Anforderungen zu erfüllen:
  - Die Einrichtung von Vorkehrungen für den Fall der Beendigung der Auslagerung nach AT 9 Tz. 6.
  - Besondere Anforderungen an den Auslagerungsvertrag nach AT 9 Tz. 7 (wobei die Erfüllung dieser Anforderungen für alle Auslagerungsverträge angestrebt werden sollte). Mit der aktuellen MaRisk-Novelle wurden insbesondere Klarstellungen zu Prüfungs- und Informationsrechten, zur vertraglichen Fixierung von Eskalation bei Schlechtleistung sowie zu Sicherheitsanforderungen aufgenommen.
  - Angemessene Verfahren zur Steuerung und Überwachung nach AT 9 Tz. 9 f.

- **Auslagerungen von erheblicher Tragweite:** Nach dem AT 9 Tz. 2 sollte die Intensität der Analyse von Art (beispielsweise Joint Venture; Near- oder Off-shoring), Umfang (beispielsweise Teil- oder Vollauslagerung), Komplexität (beispielsweise hinsichtlich des auszulagernden Prozesses) und Risikogehalt (beispielsweise Risikopotenzial im Hinblick auf die Einhaltung des IKS oder die Marktstellung) der ausgelagerten Aktivitäten und Prozesse abhängig sein. Vor diesem Hintergrund nennen die MaRisk »Auslagerungen von erheblicher Tragweite«, beispielsweise bei einer Auslagerung besonderer Funktionen oder von Kernbankbereichen. In diesem Fall ist durch das Institut entsprechend intensiv zu prüfen, ob und wie eine Einbeziehung der ausgelagerten Aktivitäten und Prozesse in das Risikomanagement sichergestellt werden kann.

Abgesehen von den in AT 9 genannten besonderen Funktionen hat die Aufsicht keine konkreten Kriterien festgelegt, die eine eindeutige Differenzierung zwischen »wesentlich« und »erheblicher Tragweite« ermöglichen. Dieser Aspekt sollte – sofern für das Institut zutreffend – durch geeignete Maßnahmen in der Risikoanalyse Berücksichtigung finden.

9.12.11. Erleichterungen bei gruppeninternen Auslagerungen

> **Auszug AT 9 Tz. 2 Erläuterungen**
>
> Bei gruppeninternen Auslagerungen können wirksame Vorkehrungen, insbesondere ein einheitliches und umfassendes Risikomanagement auf Gruppenebene sowie Durchgriffsrechte, bei der Erstellung und Anpassung der Risikoanalyse risikomindernd berücksichtigt werden.

Auch für gruppeninterne Auslagerungen gelten die Anforderungen nach 633
AT 9, jedoch sind Erleichterungen bei Vorliegen geeigneter Vorkehrungen nach AT 9 Tz. 2 vorgesehen. Insbesondere ein entsprechend ausgestaltetes Risikomanagement auf Gruppenebene sowie Durchgriffsrechte können im Rahmen der Risikoanalyse risikomindernd berücksichtigt werden. Der jeweilige Einzelfall wird mittels der Risikoanalyse bewertet und dokumentiert.

9.12.12. Ableitung und Dokumentation von Steuerungs- und Überwachungsmaßnahmen

Durch die Risikoanalyse werden die mit der Auslagerung verbundenen Risiken 634
identifiziert. Aus diesen sind die erforderlichen Steuerungs- und Überwachungsmaßnahmen (Controlling-Maßnahmen) konsequent abzuleiten:

- Grundsätzlich gilt: Je höher das identifizierte Einzelrisiko, desto umfangreicher die notwendigen Steuerungs- und Überwachungsmaßnahmen. Eine Maßnahme bei nur gering ausgeprägtem Risiko ist beispielsweise die Festlegung vertraglicher Vorgaben. Je nach Ausprägung des Risikos können die Controlling-Maßnahmen von der Auswertung der Dienstleister-Berichterstattung über regelmäßige Meetings mit dem Dienstleister bis hin zu eigenen Vor-Ort-Prüfungen beim Dienstleister reichen.
- Beispiel 1: Im Falle eines nur sehr geringen Prozessrisikos kann die Vereinbarung vertraglicher Regelungen zum Change Management ausreichen. Wenn ein hohes Prozessrisiko identifiziert wurde, sind Maßnahmen wie die Auswertung von Change Management-Reports des Dienstleisters, die Erörterung der Thematik im Rahmen von Service

Quality-Meetings oder die Einbindung des Instituts in wesentliche Schritte des Dienstleister-Change Managements zu prüfen.

- Beispiel 2: Bei niedrigen Risiken aus Vertraulichkeit und Integrität sind ggf. vertragliche Vorgaben, z. B. in Bezug auf das Berechtigungsmanagement des Dienstleisters, ausreichend. Werden diese Risiken in der Risikoanalyse als sehr hoch eingestuft, liegen beispielsweise Maßnahmen wie die Überprüfung des Soll-Sicherheitskonzepts, die Überprüfung der Wirksamkeit des Berichtigungsmanagements oder die Überwachung, inwiefern die Daten-Verschlüsselung vereinbarungsgemäß erfolgt, nahe. Solche Überprüfungsmaßnahmen können auch anhand externer Prüfberichte vollzogen werden.

635 Dabei ist es wichtig, dass etwaige Maßnahmen zur Risikosteuerung und -überwachung nicht bereits risikomindernd in die Risikoanalyse einfließen. Bei der Beurteilung der Wesentlichkeit einer Auslagerung sind die Risiken »netto« zu betrachten.

9.12.13. Änderung der Risikosituation

636 Da die Einschätzung der Wesentlichkeit immer auf der aktuellen – zum Zeitpunkt der Durchführung der Risikoanalyse vorliegenden – Risikosituation basiert, sind zum einen regelmäßige Überprüfungen der Risikoanalyse und zum anderen anlassbezogene Aktualisierungen erforderlich. Es ist also ein Prozess zu implementieren, der die folgenden Aspekte beinhaltet:

- Eine Überprüfung nach einem vom Institut festgelegten Turnus, beispielsweise jährlich. Am jeweiligen Stichtag wird die Aktualisierung aller bestehenden Risikoanalysen durch die zentrale Stelle angestoßen. Diese wird unter Beteiligung aller relevanten Einheiten durchgeführt (eine Mitwirkung nur des dezentralen Auslagerungsbeauftragten und der zentralen Stelle ist nicht ausreichend).
- Für die anlassbezogene Überprüfung sind institutsspezifische Auslöser/Trigger zu definieren, bei deren Vorliegen der Prozess anzustoßen ist, beispielsweise:
  - ein Verkauf des Dienstleisters/ein Austritt des Dienstleisters aus dem (Unternehmens-)Verbund
  - wesentliche Ergebnisse aus der Steuerungs- und Überwachungstätigkeit: beispielsweise identifizierte (negative) Abweichungen von der vertraglich vereinbarten Leistungsqualität, wesentliche Beanstandungen durch die Interne Revision, Nicht-Einhaltung regulatorischer Vorschriften
  - negative mediale Berichterstattung über den Dienstleister, Wechsel anderer Kunden des Dienstleisters zu einem anderen Anbieter

- wesentliche Änderungen der für die Leistungserbringung relevanten Arbeitsabläufe oder -prozesse
- eine Weiterverlagerung der ausgelagerten Aktivität/des Prozesses
- eine Ausweitung des Auslagerungsauftrags

9.12.14. Checkliste Risikoanalyseprozess

Die folgende Checkliste fasst die wesentlichen Anforderungen an die Risikoanalyse und den zugehörigen Prozess ihrer Erstellung zusammen: 637

	Fragestellung	Erfüllt
1.	Werden in der Risikoanalyse die Risiken der Auslagerung und die Eignung des Auslagerungsunternehmens analysiert?	
2.	Ist ein unter Risikogesichtspunkten angemessenes Verfahren zur Ermittlung der Wesentlichkeit eingerichtet?	
3.	Ist sichergestellt, dass die maßgeblichen Organisationseinheiten einbezogen werden?	
4.	Werden in der Risikoanalyse wirksame Vorkehrungen bei gruppeninternen Auslagerungen risikomindernd berücksichtigt?	
5.	Werden die Ergebnisse der Risikoanalyse dokumentiert?	
6.	Ist ein Verfahren zur Aktualisierung der Risikoanalyse implementiert?	
7.	Werden die Steuerungs- und Überwachungsmaßnahmen nachvollziehbar aus den identifizierten Risiken hergeleitet?	

9.13. Anforderungen an die ordnungsgemäße Steuerung und Überwachung

Auszug AT 9 Tz. 9

Das Institut hat die mit wesentlichen Auslagerungen verbundenen Risiken angemessen zu steuern und die Ausführung der ausgelagerten Aktivitäten und Prozesse ordnungsgemäß zu überwachen. Dies umfasst auch die regelmäßige Beurteilung der Leistung des Auslagerungsunternehmens anhand vorzuhaltender Kriterien.

638 Zur Erfüllung der aufsichtsrechtlichen Anforderungen sind für alle Auslagerungen entsprechende Prozesse zur Steuerung und Überwachung einzurichten, wobei Turnus, Umfang und Detaillierungsgrad in Abhängigkeit von dem jeweils identifiziertem Risiko – das im Rahmen der Risikoanalyse ermittelt wurde – festgelegt werden.

639 Der Steuerungs- und Überwachungsprozess beinhaltet – nachfolgend erläutert – vor allem:

- ein entsprechendes **vertragliches Rahmenwerk** als Grundlage
- die Einrichtungen **angemessener Maßnahmen** mit Festlegung von Turnus, Inhalt und durchführender Stelle im Institut
- **Dokumentation** der Maßnahmen und zusammenfassende **Beurteilung am Jahresende**

9.13.1. Vertragliches Rahmenwerk

Auslagerungsvertrag:

640 Gemäß § 25b KWG bedürfen Auslagerungen, »die für die Durchführung von Bankgeschäften, Finanzdienstleistungen oder sonstigen institutstypischen Dienstleistungen wesentlich sind […] einer schriftlichen Vereinbarung, die die zur Einhaltung der vorstehenden Voraussetzungen erforderlichen Rechte des Instituts, einschließlich Weisungs- und Kündigungsrechten, sowie die korrespondierenden Pflichten des Auslagerungsunternehmens festlegt.« Eine solche vertragliche Vereinbarung ist jedoch nicht nur durch das KWG und die MaRisk (mindestens) für wesentliche Auslagerungen zwingend vorgeschrieben, sondern sollte schon zur Sicherung der Institutsinteressen in jedem Falle schriftlich und in inhaltlich ausreichender Form geschlossen werden. Empfehlenswert ist die Verwendung eines Standard- oder Mustervertrages für Auslagerungen, wie er z. B. von Bankenverbänden erarbeitet wurde. Damit kann auch sichergestellt werden, alle relevanten Vertragsbestandteile zu berücksichtigen.

641 Der Dienstleistungsvertrag wird in der Praxis häufig um einen Leistungskatalog ergänzt. Dieser umfasst in der Regel eine Übersicht und eine Beschreibung der Leistungen, die der Dienstleister übernimmt. In Einzelfällen werden hier bereits weiter gehende Regelungen getroffen, beispielsweise zum Berichtswesen oder zu den Kontrollen, die der Dienstleister einzurichten hat.

Anforderungen aus MaRisk und BAIT an die Inhalte eines Dienstleistungsvertrags

Beispielhafte Inhalte	MaRisk – AT 9 Tz. 7	MaRisk – AT 9 Tz. 8 und 11	BAIT – Tz. 55
Vertragspartner			
Leistungsgegenstand	X		
Mitwirkungspflichten			
Leistungsvorgaben			
ggf. technische und organisatorische Einrichtungen zur Leistungserbringung			
Vertragsbeginn, Dauer, Kündigungsfristen	X		
Berichtspflichten	X		
Weisungsrechte	X		
Change Management			
Einhaltung gesetzlicher und aufsichtsrechtlicher Anforderungen (inkl. Datenschutz, Auftragsdatenverarbeitung, Informationssicherheit)	X		X
Funktion der Internen Revision			
Prüfungsrechte für externe Prüfer, Interne Revision des Instituts, Bankenaufsicht	X		
Regelungen zu Weiterverlagerungen			X
Sicherheitsanforderungen, Notfallplanung	X	X	
Bankgeheimnis, Geheimhaltung			
Haftung			
Vergütung, Preisanpassung			

Abbildung 6: Anforderungen an den Auslagerungsvertrag

Hierbei ist zu beachten, dass auf eine explizite Vereinbarung von Weisungsrechten verzichtet werden kann, wenn die vom Auslagerungsunternehmen zu erbringende Leistung hinreichend klar im Auslagerungsvertrag spezifiziert ist (AT 9 Tz. 7). 642

9.13.2. Weiterverlagerungen

Die Anforderungen nach AT 9 Tz. 11 gelten grundsätzlich für alle Auslagerungen. 643

Auszug AT 9 Tz. 11

Die Anforderungen an die Auslagerung von Aktivitäten und Prozessen sind auch bei der Weiterverlagerung ausgelagerter Aktivitäten und Prozesse zu beachten.

644 Zwar sind die vertraglichen Anforderungen an Weiterverlagerungen gem. AT 9 Tz. 7 nur für die wesentlichen Auslagerungen zwingend vorgesehen, doch ist die Erfüllung von Tz. 11 in der Regel nur sicherzustellen, wenn entsprechende vertragliche Grundlagen geschaffen wurden. Mit der neuen Tz. 8 bringt die Aufsicht darüber hinaus zum Ausdruck, welche Bedeutung sie dem adäquaten Umgang mit Weiterverlagerungen beimisst. Hierzu gehört in aller Regel – mindestens für wesentliche Auslagerungen – die Vereinbarung vertraglicher Regelungen, wonach idealerweise Zustimmungsvorbehalte für das Institut fixiert werden. Mindestanforderung ist die Vereinbarung mit dem Dienstleister, dass alle seinerseits mit dem Subdienstleister getroffenen Absprachen im Einklang mit dem originären Vertrag zwischen Institut und Dienstleister stehen. Auch im Falle des Einsatzes von Subdienstleistern gilt, dass die finale Verantwortung bei dem auslagernden Institut verbleibt. Insofern ist es sinnvoll (und wird zwischenzeitlich von Prüfer-Seite erwartet), dass das Institut eine Aufstellung aller Auslagerungen vorhält, die um die Weiterverlagerungen ergänzt wurde. Auf diese Weise können beispielsweise auch etwaige Konzentrationsrisiken besser identifiziert werden.

9.13.3. Checkliste zum Dienstleistungsvertrag

	Fragestellung	**Erfüllt**
1.	Insbesondere für den Fall, dass ein Mustervertrag nicht zur Anwendung kommt oder individuell angepasst werden soll: Wurden alle relevanten Einheiten (vor allem dezentraler Auslagerungsbeauftragter, zentrale Dienstleistersteuerung sowie – je nach Dienstleistung – Datenschutzbeauftragter, Informationssicherheitsbeauftragter, BCM-Beauftragter, Rechtsabteilung, Interne Revision) in die Vertragserstellung eingebunden?	
2.	Ist die vom Dienstleister zu erbringende Leistung hinreichend spezifiziert und gegebenenfalls abgegrenzt?	
3.	Wurde die Einhaltung aller relevanten gesetzlichen und aufsichtsrechtlichen Vorgaben durch den Dienstleister vereinbart?	
4.	Sofern erforderlich: Sind Vorgaben in Bezug auf das Change Management enthalten?	

	Fragestellung	Erfüllt
5.	Wurde ein angemessenes Berichtswesen (Reportingpflichten des Dienstleisters) vereinbart?	
6.	Sind Informations- und Prüfungsrechte der Internen Revision sowie externer Prüfer festgelegt?	
7.	Sind Informations- und Prüfungsrechte sowie Kontrollmöglichkeiten der Aufsicht festgelegt?	
8.	Sofern erforderlich: Wurden Weisungsrechte vereinbart?	
9.	Sind ausreichende Vorgaben zu Datenschutz, Informationssicherheit und BCM festgelegt?	
10.	Wurden Kündigungsrechte und angemessene Kündigungsfristen vereinbart?	
11.	Sind angemessene Regelungen über die Möglichkeit und über die Modalitäten einer Weiterverlagerung enthalten?	
12.	Ist der Dienstleister vertraglich verpflichtet, das Institut über Entwicklungen zu informieren, die die ordnungsgemäße Erledigung der ausgelagerten Aktivitäten und Prozesse beeinträchtigen?	
13.	Sind Regelungen zur geordneten Übergabe/Rückgabe der ausgelagerten Aktivität bzw. Prozesse und zur unverzüglichen Herausgabe der betreffenden Unterlagen enthalten? (Mitwirkungspflichten)	
14.	Je nach institutsspezifischen Vorschriften: Wurden ausreichende Regelungen zu weiteren Themenstellungen (wie z. B. Nachhaltigkeitsvorgaben) festgelegt?	

9.13.4. Service Level Agreements

Neben der grundlegenden vertraglichen Gestaltung, die oft in einem Rahmenvertrag festgehalten wird, empfiehlt es sich, die Leistungen separat vertraglich zu fixieren. Insbesondere bei wesentlichen Auslagerungen, die in der Regel mit einer erhöhten Komplexität einhergehen, werden in der Praxis oft Service Level Agreements (SLAs) für die einzelnen ausgelagerten Leistungen vereinbart. Diese können folgende Inhalte umfassen: 645

- den Leistungsumfang (z. B. Zielsetzung, Bereitstellung, Ressourcen)
- die Servicequalität, insbesondere entsprechende Qualitätsparameter (z. B. Key Performance-Indikatoren (KPIs), Betriebszeiten, Dauer der Fehlerbehebung, Wartungsfenster), die Ausprägung der Qualitätsparameter und die Verfahren zur Messung der Servicequalität (inkl. Messstellen, Messintervalle, gegebenenfalls Tools etc.)
- das Reporting/Berichtswesen, beispielsweise regelmäßiger Leistungsnachweis (Qualität und Quantität), Service Quality-Meetings, Ad hoc-Reporting
- die (Eskalations-)Verfahren bei Leistungsstörungen
- spezielle Rechte und Pflichten (beispielsweise Unterstützungsleistungen des Auftraggebers, Außerkrafttreten wie im Katastrophenfall, Kündigung)
- das Preismodell bzw. die Preishöhe mit hinterlegtem Mengengerüst

646 Die Vereinbarung der SLAs sowie deren Überwachung und Weiterentwicklung lässt sich in einen strukturieren Prozess überführen – das Service Level Management (siehe untenstehende Abbildung). Auf diese Weise können grundsätzlich weitere Potenziale ermittelt werden, da die Leistung nicht nur überwacht wird, sondern gleichzeitig Verbesserungspotenziale ausgelotet werden.

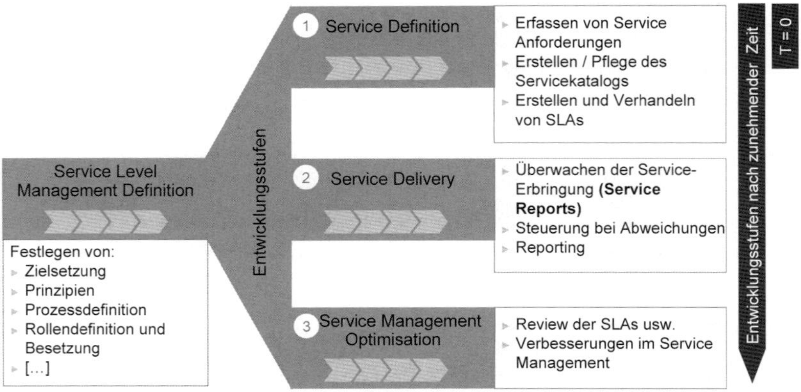

Abbildung 7: Service Level Management

9.13.5. Steuerung des Risikos

In AT 9 Tz. 9 MaRisk wird explizit gefordert, dass ein Institut die mit wesentlichen Auslagerungen verbundenen Risiken angemessen zu steuern hat. Darüber hinaus haben Institute für fremdbezogene Leistungen, ob Auslagerungen oder sonstiger Fremdbezug, Prozesse einzurichten, die eine ordnungsgemäße Geschäftsorganisation gem. § 25a Abs. 1 KWG gewährleisten. Vor diesem Hintergrund ist u. a. sicherzustellen, dass die ausgelagerten Prozesse regelmäßigen und wirksamen Kontrollen unterliegen. 647

9.13.6. Überwachung und Beurteilung des Risikomanagements des Dienstleisters

Das auslagernde Institut sollte sich durch den Einsatz geeigneter Instrumente einen qualifizierten Überblick über das Risikomanagement des Dienstleisters verschaffen können. Folgende Instrumente können hierzu beispielsweise genutzt werden: 648

- **Prüfungsberichte** von **Abschlussprüfungen**
- **Revisionsberichte** der Revision (des Dienstleisters oder des Instituts) hinsichtlich der ausgelagerten Prozesse und Aktivitäten: Nach BT 2.1 Tz. 3 kann die Interne Revision des Instituts für wesentliche Auslagerungen auf eigene Prüfungshandlungen verzichten, sofern die anderweitig durchgeführte Revisionstätigkeit den Anforderungen in AT 4.4 und BT 2 genügt.
- **Berichtswesen durch den Dienstleister**: beispielsweise die Ergebnisse der Kontrolltätigkeit oder ein Bericht über Key Risk-Indikatoren (KRI)
- **Berichte durch unabhängige Dritte**: Zur Steuerung bzw. Verminderung der in der Regel vorhandenen Informationsasymmetrie (v. a. in Form unzureichender Informationen über Prozesse, Kontrollen und Schwachstellen) zwischen Dienstleister und Institut ist der Rückgriff auf etablierte Prüfungs-/Berichts-standards (z. B. IDW PS 951, ISAE 3402, SSAE 16) sinnvoll. Hierbei wird das dienstleistungsbezogene interne Kontrollsystem nach spezifischen Vorgaben durch einen unabhängigen Dritten untersucht. Die Prüfung kann verschiedene Aspekte umfassen, was mit der Typ-Angabe I bzw. II transparent gemacht wird:
  - Prüfung des Kontrolldesigns und der Implementierung der Kontrollen (Typ I und II)
  - Prüfung der tatsächlichen Ausführung und der Wirksamkeit der Kontrollen über einen definierten Zeitraum (Typ II)

- **Eigene Vor-Ort-Prüfungen** dürften insbesondere bei Mehrmandantendienstleistern nur selten zum Einsatz kommen, stellen aber – gerade bei als sehr hoch identifizierten Risiken und einem fehlenden oder nur rudimentär vorhandenem Berichtswesen (insbesondere wenn keine Berichte unabhängiger Dritter vorliegen) – eine mögliche sinnvolle Maßnahme dar.

9.13.7. Überwachung der Leistung

649 Neben der Steuerung des Risikos ist gem. MaRisk

- die Ausführung der ausgelagerten Aktivitäten und Prozesse ordnungsgemäß zu überwachen.
- eine regelmäßige Beurteilung der Leistung des Auslagerungsunternehmens anhand vorzuhaltender Kriterien vorzunehmen.

650 Eine Leistungsbeurteilung des Dienstleisters kann grundsätzlich dann sachgerecht erfolgen, wenn entsprechende Kriterien festgelegt wurden, beispielsweise

- Kennzahlen (z. B. Erreichbarkeit > 98 %, Fehlerquote < 1 %),
- Bearbeitungszeiten (z. B. Abschluss der Fallbearbeitung nach max. 2–5 Arbeitstagen),
- qualitative Vorgaben (z. B. in Bezug auf das verwendete Ticketsystem oder hinsichtlich der Ausgestaltung der ausgelagerten Immobilien-Begutachtung).

9.13.8. Instrumente zur Leistungsüberwachung

651 Ein maßgebliches Instrument zur Leistungsüberwachung stellen die Service Level-Reports dar. Diese Reports berichten über die Erfüllung der im SLA vereinbarten Leistungen/Vorgaben, so z. B. über

- die Einhaltung der SLAs: Darstellung, ob die vereinbarten Kriterien wie z. B. Termintreue, korrekte Ausführung, Reaktionszeit eingehalten wurden. Die Beurteilung kann mit Hilfe eines Zielerfüllungsgrades (z. B. in %) gemessen und in ihrer Entwicklung über die Zeit dargestellt werden.
- betriebswirtschaftliche Daten: beispielsweise die Budgetentwicklung, die Budgetveränderung, die Stückpreisentwicklung oder auch die Personalentwicklung und Mitarbeiterauslastung.
- Schadensfälle: Über eingetretene Schadensfälle und den Umgang damit sollte berichtet werden. Dabei sind z. B. die Ursachen, die eingetretenen Verluste sowie die abgeleiteten Maßnahmen/Eskalationsprozesse zu beschreiben.

9.13.9. Zusammenfassende Dokumentation der Steuerungs- und Überwachungsmaßnahmen

Sinnvoll – und als Grundlage für den jährlichen Bericht an die Geschäftsleitung notwendig – ist eine zusammenfassende Darstellung aller Steuerungs- und Überwachungsmaßnahmen auf Auslagerungsebene in Bezug auf einen definierten Zeitraum (z. B. ein Kalenderjahr). 652

Idealerweise stellt das zentrale Auslagerungsmanagement hierfür ein Dokument/Formular zur Verfügung, damit für alle Auslagerungen vergleichbare Dokumentationen erstellt werden können. In diesem Dokument werden **alle durchgeführten Steuerungs- und Überwachungsmaßnahmen** eines Kalenderjahres **zusammengefasst** dargestellt und mit einem Gesamt-Fazit versehen. An der Befüllung des Dokuments wirken alle Instituts-internen Einheiten mit, die Steuerungs- und Überwachungsmaßnahmen durchführen. Inhalte/Kategorien einer solchen zusammenfassenden Darstellung sind insbesondere: 653

- die konkrete Maßnahme mit Angabe, aus welchem Risiko sie hergeleitet wurde, z. B.
  - Auswertung von Datenschutzberichten aufgrund eines erhöhten Datenschutz-Risikos
  - Prüfung der vertraglich vereinbarten Leistungsqualität anhand von Service Level-Reports aufgrund entsprechender Einwertungen in der Risikoanalyse zur Dienstleistereignung
- die Instituts-interne Zuständigkeit zur Durchführung der Maßnahme
- Ergebnis der durchgeführten Maßnahme, insbesondere mit Hinweis auf Auffälligkeiten und ggf. abgeleitete Folge-Maßnahmen
- Datum der Durchführung der Maßnahme
- Bewertung je Maßnahme, ggf. zusätzlich anhand eines Ampelstatus (rot/gelb/grün)
- Zusammenfassende Bewertung aller durchgeführten Einzel-Maßnahmen, ggf. ergänzt durch einen Ampelstatus

> ✓ **Praxistipp: Optimierung des Auslagerungscontrollings durch die gezielte Ausgestaltung des zentralen Auslagerungsmanagements**
>
> Wie dargestellt, erfordern die MaRisk die Einrichtung eines zentralen Auslagerungsmanagements (zentrale Stelle) und geben ein Mindest-Aufgabenspektrum vor. In Abhängigkeit von der Institutsgröße kann die Übertragung weiterer Aufgaben an die zentrale Stelle zu Effizienzsteigerungen beitragen. So führen in vielen Instituten zahlreiche dezentrale Auslagerungsbeauftragte in verschiedenen Fachbereichen ähnlich geartete Controlling-Aufgaben aus (beispielsweise die Auswertung von Datenschutz-Berichten) und dokumentieren diese. Auf diese Weise ist es unter Umständen aufwändig, ein einheitliches Vorgehen sicherzustellen; darüber hinaus muss spezifisches Knowhow in vielen Fachbereichen vorgehalten werden.
>
> Die Übernahme solcher Aufgaben durch die zentrale Stelle kann zu einer deutlichen Verbesserung der internen Ressourcennutzung führen, da nur wenige Mitarbeiter Spezialwissen vorhalten müssen und ein homogenes Vorgehen inklusive einer einheitlichen Dokumentation leichter sichergestellt werden kann.

9.13.10. Checkliste Steuerung und Überwachung

654 Die folgende Checkliste fasst wesentliche Anforderungen an die Steuerung und Überwachung von (insbesondere) wesentlichen Auslagerungen zusammen:

	Fragestellung	**Erfüllt**
1.	Sind Prozesse eingerichtet, die sicherstellen, dass die durch den Dienstleister ausgeführten Prozesse ordnungsgemäß erledigt werden und dass die Ausführung regelmäßigen und wirksamen Kontrollen unterliegt?	
2.	Wird durch eingerichtete Verfahren eine ordnungsgemäße Überwachung der Leistungserbringung sichergestellt?	
3.	Werden die Ergebnisse aus der Steuerung und Überwachung regelmäßig in einem Auslagerungsbericht an die relevanten Stellen im Unternehmen kommuniziert? Werden – sofern erforderlich – entsprechende Gegenmaßnahmen eingeleitet?	

4.	Werden die Maßnahmen in Bezug auf die spezifische Auslagerung einmal jährlich (vorzugsweise am Ende eines Kalenderjahres) zusammengefasst dargestellt und bewertet?	
5.	Existiert ein jährlicher Bericht an die Geschäftsleitung, der auf den zusammenfassenden Ergebnissen aller Auslagerungen basiert?	

9.14. Exkurs BAIT

Die im November 2017 erstmals veröffentlichten Bankaufsichtlichen Anforderungen an die IT (BAIT) wurden von der BaFin mit dem Hinweis veröffentlicht, dass es sich dabei – wie bei weiten Teilen der jüngsten MaRisk-Novelle – lediglich um Klarstellungen vorhandener Anforderungen handele. Weiter betont die BaFin, dass »IT-Governance und Informationssicherheit [...] inzwischen den gleichen Stellenwert [besitzen], wie die Ausstattung der Institute mit Kapital und Liquidität.« Die BAIT dienen insbesondere der Interpretation von § 25a Abs. 1 KWG und der Präzisierung von § 25b KWG. 655

9.14.1. Definition von IT-Dienstleistungen

Mit den BAIT definiert die BaFin IT-Dienstleistungen: 656

Auszug BAIT – 3. Auslagerungen und sonstiger Fremdbezug von IT-Dienstleistungen, Tz. 52

IT-Dienstleistungen umfassen alle Ausprägungen des Bezugs von IT; dazu zählen insbesondere die Bereitstellung von IT-Systemen, Projekte/Gewerke oder Personalgestellung.

Die BaFin stellt klar, dass bei ausgelagerten IT-Dienstleistungen alle Anforderungen der MaRisk einzuhalten sind und nennt weitere Beispiele für IT-Auslagerungen: 657

- Bereitstellung über ein Netz (z. B. Rechenleistung, Speicherplatz oder Software)
- Cloud-Dienstleistungen

BAIT – 8. Auslagerungen und sonstiger Fremdbezug von IT-Dienstleistungen, Tz. 53

Wegen der grundlegenden Bedeutung der IT für das Institut ist auch für jeden sonstigen Fremdbezug von IT-Dienstleistungen vorab eine Risikobewertung durchzuführen.

658 Die geforderte Risikobewertung ist (mindestens) für alle IT-Dienstleistungen und sinnvollerweise für alle Dienstleistungen (sonstiger Fremdbezug) durchzuführen und zu dokumentieren.

✓ Praxistipp: Erfüllung der BAIT und des § 25a Abs. 1 KWG in Bezug auf sonstigen Fremdbezug mit Hilfe einer Kurz-Risikoanalyse

Zur Erfüllung der BAIT sowie des § 25a Abs. 1 KWG ist auch der risikoorientierte Umgang mit **Dienstleistungen, die keine Auslagerungen** sind, erforderlich. In der Praxis bietet sich hierfür eine **Kurz-Risikoanalyse** an, mit der folgende Aspekte kompakt dargestellt werden können:

- die Einstufung/Abgrenzung Fremdbezug (vs. Auslagerung)
- die Einstufung/Abgrenzung sonstige Dienstleistung vs. IT-Dienstleistung
- die Bewertung der wesentlichen Risiken inkl. der Dienstleistereignung
- die risikoorientierte, angemessene Steuerung der Dienstleistung

Gleichzeitig kann das Dokument zur finalen Beschlussfassung über die Inanspruchnahme der Dienstleistung dienen.

9.14.2. Checkliste zur Kurz-Risikoanalyse und zum zugehörigen Prozess

	Fragestellung	Erfüllt
1.	Wird die Einstufung als sonstiger Fremdbezug erläutert und dokumentiert?	
2.	Sofern zutreffend: Wird die Einstufung als IT-Dienstleistung erläutert und dokumentiert?	
3.	Werden die wesentlichen Risiken aus der Dienstleistung bewertet? (z. B. operationelle Risiken)	

4.	Wird das Risiko aus der Dienstleistereignung bewertet?	
5.	Werden aus den dargestellten Risiken angemessene Steuerungs- und Überwachungsmaßnahmen abgeleitet?	
6.	Insbesondere für IT-Dienstleistungen: Wird bestätigt, dass die Steuerung der Dienstleistung im Einklang mit den Strategien erfolgt?	
7.	Erleichterung insbesondere für IT-Dienstleistungen: Kann (für gleichartige Formen von IT-Dienstleistungen) auf bestehende Risikobewertungen zurückgegriffen werden?	
8.	Werden die abgeleiteten Maßnahmen angemessen in der Vertragsgestaltung berücksichtigt (z. B. hinsichtlich der Vorgaben zum Informationssicherheitsmanagement und zum BCM)?	
9.	Insbesondere für IT-Dienstleistungen: Werden alle erforderlichen Maßnahmen auch im Falle des Einsatzes von Sub-Dienstleistern berücksichtigt?	
10.	Insbesondere für IT-Dienstleistungen: Werden die Ergebnisse der Risikobewertung angemessen im Managementprozess des operationellen Risikos berücksichtigt?	
11.	Wurden die relevanten Einheiten eingebunden und ihre Einbindung dokumentiert? (Mindestanforderung: dezentraler Dienstleisterbeauftragter, zentrale Dienstleistersteuerung, Informationssicherheitsmanagement und BCM)	
12.	Für IT-Dienstleistungen: Wird – bei Relevanz – eine Exit- bzw. Alternativstrategie entwickelt und dokumentiert, die bei einem Ausfall des Dienstleisters zur Anwendung kommen kann?	
13.	Für IT-Dienstleistungen: Ist eine regelmäßige sowie anlassbezogene Überprüfung der Kurz-Risikoanalyse sichergestellt?	
14.	Wird eine vollständige und strukturierte Vertragsübersicht vorgehalten?	

9.14.3. Vom Auslagerungsmanagement zur Dienstleistersteuerung

659 Dieser Exkurs zu den BAIT-Anforderungen und zu Vorschlägen ihrer Dokumentation führt zu der Überlegung, inwiefern eine Erweiterung des (reinen) zentralen Auslagerungsmanagements zu einer (weiter gefassten) zentralen Dienstleistersteuerung sinnvoll oder sogar notwendig ist. Die oben genannten Aufgaben des zentralen Auslagerungsmanagements könnten – unter konsequenter Berücksichtigung des Proportionalitätsprinzips – um sonstigen Fremdbezug erweitert werden. Auf diese Weise können ein durchgängig homogenes Verfahren erleichtert und – dank der zwingenden Einbindung der zentralen Stelle – falsche Einstufungen von Dienstleistungen vermieden werden.

9.15. Zusammenfassung

660 Die spezifische Auslegung der MaRisk-Anforderungen an Auslagerungen stellt Institute regelmäßig vor Herausforderungen. Insbesondere führt das Spannungsfeld zwischen Wirtschaftlichkeit – also einem angemessenen Ressourceneinsatz – und der vollständigen Erfüllung der aufsichtsrechtlichen Anforderungen zu Fragestellungen bei der Umsetzung. Die Beantwortung der Frage »Make or buy?« hat sich in den letzten Jahren durch die kontinuierlich steigenden Anforderungen spürbar gewandelt. Die reine Gegenüberstellung der Dienstleistervergütung und der institutsinternen Kosten bei Eigen-Erbringung der Leistung greift deutlich zu kurz. Zu berücksichtigen sind die deutlich gestiegenen (und künftig eher noch weiter zunehmenden) Anforderungen an die ordnungsgemäße Steuerung und Überwachung einer Auslagerung, die im auslagernden Institut relevante interne Kosten (v. a. interner Personal- und Verwaltungsaufwand) verursachen. Wie bereits dargestellt, kann die (verpflichtende) Einrichtung einer zentralen Dienstleistersteuerung zur Hebung von Effizienzpotenzialen führen.

661 Grundsätzlich erforderlich ist eine systematisierte Abbildung aller Outsourcing-Anforderungen in einem übergreifenden Auslagerungsprozess (siehe Abbildung 8). Anschließend sollten dann – in Abhängigkeit von dem jeweiligen identifizierten Risiko – die institutsspezifischen Prozesse und Maßnahmen abgeleitet werden.

Grundsätzlich gilt: Je höher das Risiko, das mit Auslagerungen einhergeht, desto differenzierter sollten auch die Auslagerungsprozesse ausgestaltet werden. Zur Bestimmung dieses Risikos können insbesondere die folgenden drei Ebenen herangezogen werden: 662

- die Anzahl an Auslagerungen,
- die Komplexität bzw. Wesentlichkeit der Auslagerungen sowie
- die Größe des Instituts.

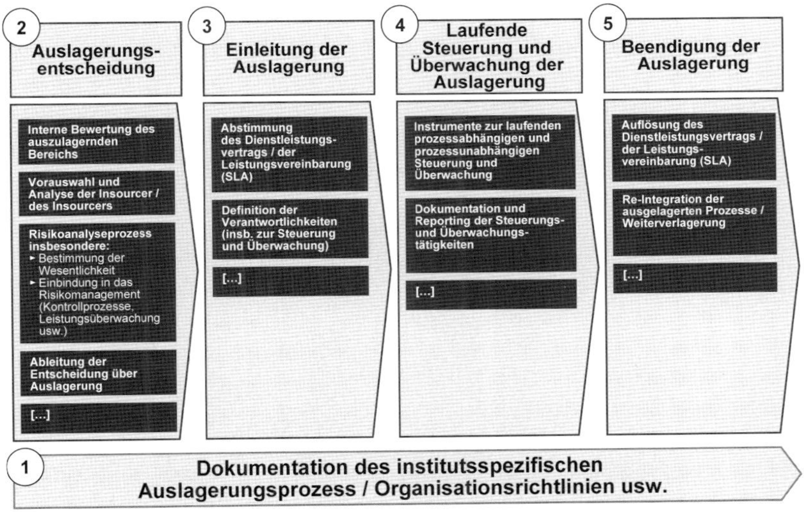

Abbildung 8: Beispielhafter übergreifender Auslagerungsprozess

II.

Besonderer Teil

II. Besonderer Teil

1. BT 1 Besondere Anforderungen an das Interne Kontrollsystem

In der Einleitung zu den speziellen Anforderungen an das Interne Kontrollsystem für die Prozesse (Aufbau- und Ablauforganisation) im Kredit- und Handelsgeschäft geht die Aufsicht auch auf mögliche Risikokonzentrationen ein. Diese spielen seit der Finanzkrise für verschiedene Einzelanforderungen der MaRisk eine wichtige Rolle und wurden bereits seit der dritten Novellierung an verschiedenen Stellen der Verlautbarung eingefügt. Durch die vierte Novelle vom 27.10.2017 wurden einzelne Ergänzungen in den Ausführungen vorgenommen. 663

Auszug BT 1 Tz. 1

In diesem Modul werden besondere Anforderungen an die Ausgestaltung des internen Kontrollsystems gestellt. Die Anforderungen beziehen sich vor allem auf die Ausgestaltung der Aufbau- und Ablauforganisation im Kredit- und Handelsgeschäft (BTO). Darüber hinaus werden unter Berücksichtigung von Risikokonzentrationen Anforderungen an die Ausgestaltung der Risikosteuerungs- und -controllingprozesse für Adressenausfallrisiken, Marktpreisrisiken, Liquiditätsrisiken und operationelle Risiken gestellt (BTR).

✓ Praxistipp »Internes Kontrollsystem«

Datenqualität in Kreditinstituten[208]

Das Thema Datenqualität ist nach wie vor ein brandaktuelles Thema vor dem Hintergrund der internen Kontrollsysteme (IKS) in den Kreditinstituten. Denn das IKS sichert die Datenqualität über prozessintegrierte Kontrollmaßnahmen. Über eine verlässliche Datenqualität werden in Folge auch eine Reihe von bankaufsichtlichen Vorschriften wie im Rechnungs- und Meldewesen erfüllt.

208 Vgl. *Kast M.*: Nur internes Kontrollsystem bietet Gewähr für hohe Datenqualität in: Betriebswirtschaftliche Blätter 01/2010, Berlin, S. 12.

Sowohl der Jahresabschlussprüfer und die Interne Revision überzeugen sich im Rahmen ihrer Prüfungen von der Funktionsfähigkeit der Internen Kontrollen bzgl. der Prüfungsgebiete »Rechnungs- und Meldewesen«. Risikoorientierte Funktionsprüfungen geben dabei einen Einblick über die Funktionsfähigkeit des Internen Kontrollsystems.

2. BTO Anforderungen an die Aufbau- und Ablauforganisation

664 Die praktische Umsetzung der Anforderungen an die Aufbau- und Ablauforganisation gehört zu den originären Pflichten des Kreditinstituts zur Schaffung/Bereithaltung einer ordnungsgemäßen Geschäftsorganisation gemäß § 25a Abs. 1 S. 3 KWG.[209] Die folgenden Ausführungen beschreiben im Speziellen die Anforderungen an die Prozesse im Kredit- und Handelsgeschäft.

Auszug BTO Tz. 1

Dieses Modul stellt vor allem Anforderungen an die Aufbau- und Ablauforganisation im Kredit- und Handelsgeschäft. Abhängig von der Größe der Institute, den Geschäftsschwerpunkten und der Risikosituation ist eine vereinfachte Umsetzung der Anforderungen in BTO möglich.

665 Neben den reinen bankaufsichtlichen Anforderungen gibt die BaFin eine Reihe von Hinweisen zur Nutzung von Prozesserleichterungen, sogenannte »Öffnungsklauseln«.

2.1. Definition Öffnungsklausel

666 Die *Öffnungsklausel* im Sinne der MaRisk beinhaltet die Nutzung von möglichen Erleichterungen innerhalb der Verlautbarung, die Kreditinstitute abhängig von ihrer Größe, den Geschäftsschwerpunkten und der Risikosituation nutzen können.

667 Mit den *Öffnungsklauseln* soll das Prinzip der Verhältnismäßigkeit der Mindestanforderungen in Deutschlands heterogenen Bankensektor gewahrt werden und dem einzelnen Kreditinstitut eine angemessene und passende Umsetzung

209 Vgl. *Boos K.-H./Fischer R./Schulte-Mattler H.*: Kreditwesengesetz – Kommentar zu KWG und Ausführungsvorschriften, München 2012, S. 800.

der bankaufsichtlichen Anforderungen unter Berücksichtigung der unternehmenstypischen Ausrichtung ermöglicht werden.[210]

Die nachfolgende Grafik enthält die in den MaRisk aufgeführten Kriterien für die Nutzung von Erleichterungsregelungen im Kreditgeschäft im Überblick: 668

Definition der Institutsgröße für kleinere Institute
Kreditvolumen höchstens EUR 100 Mio. Lediglich zwei Geschäftsleiter vorhanden Das Kreditgeschäft ist einfach strukturiert
Kredite an leitende Mitarbeiter und Geschäftsleiter
Nicht risikorelevantes Kreditgeschäft (für jedes Institut ist individuell die Wesentlichkeitsgrenze zu definieren; die Nutzung von Bagatellgrenzen ist sachgerecht)
Initiierung des Kreditgeschäftes durch Dritte
Fördergeschäft (Förderbankengeschäft) Bausparkassen oder über Handelsvertreter vermitteltes Geschäft Bei Kreditgeschäften über Händlerorganisationen Bei Bürgschaftsbanken über Hausbanken Bei Konsorten (vom Konsortialführer bei gemeinschaftlich vergebenen Engagements)
Initiierung durch Dritte/Normierung der Abläufe
Bei Wohnraumfördergesetz

Abbildung 1: Mögliche Nutzung von Öffnungsklauseln bei der funktionalen Trennung[211]

210 Vgl. *Serafin A./Günther M.*: Definition, Abgrenzung und Kategorisierung von Öffnungsklauseln in: MaRisk-Öffnungsklauseln: Prüfungsvorbereitende Dokumentation Becker A./ Berndt M./Klein J. (Hrsg.), Heidelberg 2008, S. 35.

211 Vgl. *Becker A.*: Auswirkungen der MaRisk auf die Kreditrevision in: Handbuch MaRisk Becker A./Gruber W./Wohlert D. (Hrsg.), Stuttgart 2006, S. 684.

> ✓ **Praxistipp »Übersicht über Öffnungsklauseln«**
>
> Zentrale Übersicht
>
> Um eine zentrale und zusammenfassende Übersicht über alle Öffnungsklauseln des Instituts zu erhalten, empfiehlt es sich, hierfür eine zentrale Übersicht in den Arbeitsanweisungen/Organisationshandbuch zu erstellen. Dies wird regelmäßig von externen Prüfern eingesehen und gibt den Fachabteilungen einen zentralen Überblick über die wesentlichen Erleichterungen.

2.2. Checkliste

	Fragestellung »Anforderungen an die Aufbau- und Ablauforganisation«	**Erfüllt**
1.	Liegen im Institut angemessene aufbau- und ablauforganisatorische Regelungen vor?	
2.	Gibt es ausreichende Stellenbeschreibungen, Kompetenzregelungen sowie Geschäftsverteilungspläne?	
3.	Sind alle Prozesse und Aktivitäten des Instituts durch ablauforganisatorische Regelungen beschrieben?	
4.	Werden diese Regelungen regelmäßig überarbeitet und den aktuellen Anforderungen angepasst?	
5.	Nutzt das Kreditinstitut Öffnungsklauseln in den Kredit- und Handelsprozessen?	
6.	Werden die Öffnungsklauseln hinreichend beschrieben?	
7.	Existiert ein zentraler Überblick aller genutzten Öffnungsklauseln im Organisationshandbuch/den Arbeitsanweisungen des Instituts?	
8.	Sind die Öffnungsklauseln inhaltlich angemessen (revisionsseitige Beurteilung notwendig)?	

Auszug BTO Tz 2

Für die Zwecke des Rundschreibens werden folgende Bereiche unterschieden:

a) Der Bereich der Kreditgeschäfte initiiert und bei den Kreditentscheidungen über ein Votum verfügt (Markt),

b) der Bereich, der bei den Kreditentscheidungen über ein weiteres Votum verfügt (Marktfolge) sowie

c) den Bereich Handel.

Darüber hinaus werden folgende Funktionen unterschieden:

d) Die Funktionen, die der Überwachung und Kommunikation der Risiken (Risikocontrolling) dienen und

e) Die Funktionen, die der Abwicklung und Kontrolle der Handelsgeschäfte dienen.

In BTO Tz. 2 werden zunächst alle Bereiche wie *Markt, Marktfolge und Risikocontrolling* einheitlich definiert. Die Definition ist die Basis für die Umsetzung der bankaufsichtlichen Anforderung zur funktionalen Trennung in BTO Tz. 3. 669

2.3. Erläuterung zur Verwendung der Begriffe »Bereich« und »Stelle«

Die BaFin gibt weitere Erläuterungen in der Anlage 1 der MaRisk zur Verwendung der Begriffe *Bereich* und *Stelle*.[212] Danach kann eine vom Markt und Handel unabhängige Stelle auch innerhalb der Geschäftsleiterlinie Handel bzw. Markt angesiedelt sein. Ein »Bereich außerhalb des Handels und des Markts« liegt nur dann vor, wenn dieser aufbauorganisatorisch bis einschließlich der Ebene der Geschäftsleitung von Handel und Markt getrennt ist.[213] 670

212 Vgl. *BaFin*: Mindestanforderungen an das Risikomanagement (MaRisk) – Neufassung vom 27.10.2017, BTO Tz. 2 – Kommentierung der BaFin in den Erläuterungen zu den MaRisk.

213 Vgl. *BaFin*: Mindestanforderungen an das Risikomanagement (MaRisk) – Neufassung vom 27.10.2017, BTO Tz. 2 – Kommentierung der BaFin in den Erläuterungen zu den MaRisk.

Auszug BTO Tz. 3

Grundsätzlich ist bei der Ausgestaltung der Aufbauorganisation sicherzustellen, dass die Bereiche Markt und Handel bis einschließlich der Ebene der Geschäftsleitung von denen in Tz. 2 unter b), d) und e) sowie den in BTO 1.1 Tz. 7, BTO 1.2 Tz. 1, BTO 1.2.4 Tz. 1, BTO 1.2.5 Tz. 1 und BTO 1.4 Tz. 2 genannten Bereiche oder Funktionen getrennt sind.

2.4. Funktionale Trennung

671 Die Grundnorm der funktionalen Trennung ist eines der zentralen Elemente der MaRisk und beinhaltet die klare Trennung der Bereiche »Handel und Markt« von den nachgelagerten Bereichen im Kreditinstitut. Diese funktionale Trennung ist eine zentrale Vorgabe für die aufbau- und ablauforganisatorische Sicherstellung des *Internen Kontrollsystems* in Kreditinstituten.

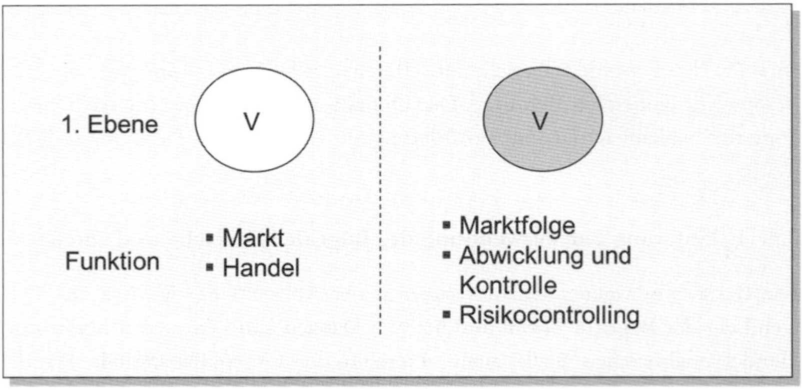

Abbildung 2: Funktionale Trennung

2.5. Ziel der funktionalen Trennung

672 Diese besteht in der klaren aufbau- und ablauforganisatorischen Trennung unvereinbarer Verantwortungsbereiche[214] wie Handel/Markt von den nachgelagerten Bereichen, um mögliche Interessenkonflikte zu vermeiden. Zusammenfassend lassen sich beispielsweise folgende Zielkomponenten für die Trennung der Aufgabenbereiche darstellen:

214 Vgl. *Becker A.*: Systemprüfungen durch die Interne Revision in Kreditinstituten in: ZIR 1/2005, Berlin, S. 30.

▪ Aufbauorganisatorische Sicherstellung des Internen Kontrollsystems im Bankbetrieb
▪ Sicherstellung einer angemessenen Aufgabentrennung
▪ Vermeidung von Interessenskonflikten
▪ Reduzierung von Verlustpotenzialen im Bankbetrieb (viele Schieflagen sind auf eine fehlende Aufgabentrennung zurückzuführen)

Abbildung 3: Ziel der funktionalen Trennung

2.6. Funktionstrennung bei rechtlich unselbständigen Auslandsfilialen

Eine aufbauorganisatorische Trennung bis einschließlich der Ebene der Ge- 673
schäftsleitung bedeutet eine sowohl fachliche als auch disziplinarische Trennung der Verantwortlichkeiten.[215] Ein Auseinanderfallen von fachlicher und disziplinarischer Verantwortung ist jedoch bei rechtlich unselbständigen Auslandsniederlassungen vertretbar. Voraussetzung hierfür ist, dass zumindest die Trennung der fachlichen Verantwortlichkeiten dem dargestellten Funktionstrennungsprinzip bis einschließlich der Ebene der Geschäftsleitung entspricht.[216]

2.7. Erläuterungen zu Halbsatz 2 der »funktionalen Trennung«

In dem zweiten Halbsatz spezifiziert die Aufsicht die einzelnen Anforde- 674
rungen der funktionalen Trennung:[217]

- BTO 1.1 Tz. 7: Die Überprüfung bestimmter, unter Risikogesichtspunkten festzulegender Sicherheiten sowie die Entscheidung über die Risikovorsorge bei bedeutenden Engagements.
- BTO 1.2 Tz. 1: Die Verantwortung für die Entwicklung und Qualität der Kreditbearbeitung, der Kreditbearbeitungskontrolle, der Intensivbetreuung, der Problemkreditbearbeitung und der Risikovorsorge.
- BTO 1.2.4 Tz. 1 Die Verantwortung für die Entwicklung und Qualität sowie die regelmäßige Überprüfung der Kriterien, wann ein Engagement der Intensivbetreuung zuzuordnen ist.

215 Vgl. *BaFin*: Mindestanforderungen an das Risikomanagement (MaRisk) – Neufassung vom 27.10.2017, BTO Tz. 3 – Kommentierung der BaFin in den Erläuterungen zu den MaRisk.

216 Vgl. *BaFin*: Mindestanforderungen an das Risikomanagement (MaRisk) – Neufassung vom 27.10.2017, BTO Tz. 3 – Kommentierung der BaFin in den Erläuterungen zu den MaRisk.

217 Vgl. *BaFin*: Mindestanforderungen an das Risikomanagement (MaRisk) – Neufassung vom 27.10.2017, BTO Tz. 3 – Kommentierung der BaFin in den Erläuterungen zu den MaRisk.

- BTO 1.2.5 Tz. 1: Die Verantwortung für die Entwicklung und Qualität sowie die regelmäßige Überprüfung der Kriterien, wann ein Engagement an die Sanierung beziehungsweise Abwicklung abgegeben wird sowie die Federführung für den Sanierungs- beziehungsweise Abwicklungsprozess oder die Überwachung der Prozesse.
- BTO 1.4 Tz. 2: Die Verantwortung für die Entwicklung, Qualität und Überwachung der Anwendung der Risikoklassifizierungsverfahren.

Auszug BTO Tz. 4

Funktionen des Marktpreisrisikocontrollings sind bis einschließlich der Ebene der Geschäftsleitung von Bereichen zu trennen, die die Positionsverantwortung tragen.

2.8. Aufgabe des Marktpreisrisikocontrollings

675 Der Bereich Marktpreisrisikocontrolling kontrolliert und überwacht fortlaufend die Marktpreise für die abgeschlossenen Geschäfte. Daher ist diese Funktion von den Bereichen zu trennen, die für die Prozesse originär verantwortlich sind. In der Regelung geht es darum, die Auswirkungen des geplanten Handelns auf die Auslastung der vorhandenen Limite vorher abschätzen zu können.[218] Dieses Ziel wird auch mit der Anforderung verfolgt, die Funktionen des Marktpreisrisikocontrollings aufbauorganisatorisch von jenen Bereichen zu trennen, die die Positionsverantwortung tragen.[219]

Auszug BTO Tz. 5

Die Funktionstrennungen sind auch im Vertretungsfall zu beachten. Die Vertretung kann dabei grundsätzlich auch von einem geeigneten Mitarbeiter unterhalb der Geschäftsleitung wahrgenommen werden.

2.9. Funktionstrennung im Vertretungsfall

676 Vertretungsfälle treten häufig durch Abwesenheiten (Urlaub, Aus- und Weiterbildung sowie Krankheit) ein. Die Geschäftsleitung kann sich durch ein weiteres Mitglied der Geschäftsleitung vertreten lassen, wenn die Voraussetzungen an die funktionale Trennung erfüllt sind. Sind diese nicht erfüllt, kann die Vertretung auch von einem Bereichsleiter unterhalb der Ebene der Ge-

218 Vgl. *Hannemann R./Schneider A./Hanenberg L.*: Mindestanforderungen an das Risikomanagement – Eine einführende Kommentierung, Stuttgart 2006, S. 244.

219 Vgl. Ebenda, S. 244.

schäftsleitung wahrgenommen werden. Wichtig sind klare und transparente Vertretungsregelungen sowie Urlaubspläne, aus denen die Abwesenheit und der entsprechende Vertreter hervorgehen.

Auszug BTO Tz. 6

Die Mitwirkung des für die Funktion des Risikocontrollings zuständigen Geschäftsleiter in einem von der Geschäftsleitung mit der Steuerung von Risiken betrauten Ausschuss steht dem Grundsatz der Funktionstrennung nicht entgegen.

2.10. Funktionstrennung in Ausschüssen

In Kreditinstituten werden in der Praxis häufig Ausschüsse für die Steuerung von Risiken gebildet. Dabei ist es von Bedeutung, dass der für das Risikocontrolling verantwortliche Geschäftsleiter mit an dem Steuerungsausschuss teilnimmt. Diese Teilnahme steht selbstverständlich nicht seiner neutralen, funktional getrennten Funktion entgegen. 677

Auszug BTO Tz. 7

Das Rechnungswesen, insbesondere die Aufstellung der Kontierungsregeln sowie die Entwicklung der Buchungssystematik, ist in einer vom Markt und Handel unabhängigen Stelle anzusiedeln.

2.11. Funktionale Trennung im Rechnungswesen

Die Forderung der funktionalen Trennung umfasst auch das Rechnungswesen, welches als unabhängige Organisationseinheit für die Kontierungsregeln sowie die Entwicklung der Buchungssystematik zuständig ist. Das Rechnungswesen ist zudem für die Einhaltung aller bilanz- und handelsrechtlichen Vorgaben sowie der meldetechnischen Erfordernisse zuständig. Auch die Bewertungsfragen werden letztlich durch das Rechnungswesen behandelt. 678

2.12. Funktionstrennung bei handelsintensiven Instituten

679 Aufgrund der erheblichen Bewertungsspielräume bei bestimmten Handelsgeschäften (z. B. strukturierte Produkte) sollten handelsintensive Institute das Rechnungswesen in einem vom Handel unabhängigen Bereich ansiedeln.[220]

> **Auszug BTO Tz. 8**
>
> Wesentliche Rechtsrisiken sind grundsätzlich in einer vom Markt und Handel unabhängigen Stelle (z. B. der Rechtsabteilung) zu überprüfen.

2.13. Wesentlichkeitsschwelle

680 Die Wesentlichkeit von Rechtsrisiken ist jeweils durch das Kreditinstitut selbst zu bestimmen. In der Praxis werden häufig Betragsgrenzen/Schwellenwerte als Wesentlichkeitsschwelle festgelegt. Die Überprüfung durch eine neutrale Abteilung unter Berücksichtigung des Grundsatzes der funktionalen Trennung ergibt sich aus der jeweiligen Bedeutung des Sachverhalts. Die Aufsicht möchte durch die Anforderung erreichen, dass das Eingehen von Risiken (Rechtsrisiken) durch die Bereiche Markt und Handel auf ein vertretbares Maß begrenzt wird.

> **Auszug BTO Tz. 9**
>
> Bei IT-gestützter Bearbeitung ist die Funktionstrennung durch entsprechende Verfahren und Schutzmaßnahmen sicherzustellen.

2.14. Funktionstrennung bei IT-gestützter Bearbeitung

681 Eine der Kernanforderungen besteht darin, dass auch in dem gesamten Prozess- und Programmumfeld der *Grundsatz der funktionalen Trennung* IT-technisch umgesetzt wird. Ein Händler darf beispielsweise über keine IT-technisch unterstützten Abwicklungsfunktionen verfügen, da damit die funktionale Trennung ausgehebelt würde. Auch der Marktmitarbeiter im Kreditbereich darf keine Marktfolgefunktionen haben, da er beispielsweise in Eigenregie – trotz angewiesener Co-Kompetenz – Kredite vergeben oder aktiv in den Kreditüberwachungsprozess eingreifen könnte. Die Einhaltung der IT-gestützten funktionalen Trennung ist eines der bedeutenden Prüfungsgebiete der Inter-

220 Vgl. *BaFin*: Mindestanforderungen an das Risikomanagement (MaRisk) – Neufassung vom 27.10.2017, BTO Tz. 7 – Kommentierung der BaFin in den Erläuterungen zu den MaRisk.

nen und externen Revision. In den MaRisk ist eine angemessene IT-Berechtingungsvergabe im AT 7.2 Tz. 2 gefordert.

2.15. Checkliste

	Fragestellung »Anforderungen an die funktionale Trennung«	Erfüllt
1.	Werden alle aufbau- und ablauforganisatorischen Anforderungen an die funktionale Trennung eingehalten?	
2.	Hat das Institut die Bereiche Markt, Handel, Marktfolge, Abwicklung, Risikocontrolling klar und eindeutig definiert?	
3.	Werden die Bereiche Handel und Markt funktional von den nachgelagerten Bereichen getrennt?	
4.	Ist sichergestellt, dass die Funktionen des Marktpreisrisikocontrollings bis einschließlich der Ebene der Geschäftsleitung von den Bereichen getrennt wurden, die Funktionsverantwortung haben?	
5.	Werden die Funktionstrennungen auch im Vertretungsfall beachtet?	
6.	Existiert eine angemessene Vertretungsregelung?	
7.	Spiegelt sich der Grundsatz der funktionalen Trennung im Geschäftsverteilungsplan des Instituts wider?	
8.	Ist das Rechnungswesen funktional von den Bereichen Handel/Markt getrennt?	
9.	Wird die Einschätzung wesentlicher Rechtsrisiken grundsätzlich von einer dem Markt/Handel getrennte Organisationseinheit vorgenommen?	
10.	Ist bei der IT-gestützten Bearbeitung der Prozesse der Grundsatz der funktionalen Trennung eingehalten?	
11	Bestehen entsprechende IT-Verfahren und Schutzmaßnahmen für die Einhaltung der funktionalen Trennung?	

3. BTO 1 Kreditgeschäft

Auszug BTO 1 Tz. 1

Dieses Modul stellt die Anforderungen an die Ausgestaltung der Aufbau- und Ablauforganisation, die Verfahren zur Früherkennung von Risiken und die Verfahren zur Klassifizierung der Risiken im Kreditgeschäft. Bei Handelsgeschäften und Beteiligungen kann von der Umsetzung einzelner Anforderungen dieses Moduls abgesehen werden, soweit deren Umsetzung vor dem Hintergrund der Besonderheiten dieser Geschäftsarten nicht zweckmäßig ist (z. B. die Anforderungen zur Kreditverwendungskontrolle unter BTO 1.2.2 Tz.1).

Modul für die Aufbau- und Ablauforganisation im Kreditgeschäft

682 Die einzelnen Anforderungen an die Aufbau- und Ablauforganisation stellen eine Orientierung für die Mindestorganisation im Kreditgeschäft dar. Aus Erleichterungsgründen kann dann von einzelnen Anforderungen abgesehen werden, wenn diese vor dem Hintergrund der Geschäftsarten, d. h. der Ausrichtung des Instituts nicht zweckmäßig sind. Beispiele hierfür sind z. B. die Einräumung von Kreditlinien bei Handelsgeschäften, bei denen andere Usancen gelten, d. h. eine Kreditmittelverwendungskontrolle im Vergleich zum klassischen Kredit praktisch nicht durchführbar ist, da die Kreditmittel vom Kreditnehmer nicht wie bei einem klassischen Kredit (z. B. Investitionsfinanzierung) investiert werden. Es wird hierbei lediglich eine Handelslinie eingerichtet, die vom Kontrahenten (Kreditnehmer) nach individuellem Bedarf in Anspruch genommen wird.

Sinngemäße Umsetzung bei Beteiligungen[221]

683 Die sinngemäße Umsetzung bei Beteiligungen umfasst – unabhängig davon, ob es sich im Einzelfall um kreditnahe beziehungsweise Kredit substituierende oder strategische Beteiligungen handelt – eine Beteiligungsstrategie sowie die Einrichtung eines Beteiligungscontrollings. Soweit es sich um kreditnahe beziehungsweise Kredit substituierende Beteiligungen handelt, sind darüber hinaus grundsätzlich auch die aufbau- und ablauforganisatorischen Anforderungen zu beachten. Bei Verbundbeteiligungen oder Pflichtbeteiligungen (z. B. Beteiligungen, die nach Sparkassengesetzen oder satzungsmäßig vorgegeben sind, oder Beteiligungen an der SWIFT) ist nicht zwingend ein ge-

221 Vgl. *BaFin*: Mindestanforderungen an das Risikomanagement (MaRisk) – Neufassung vom 27.10.2017, BTO 1 Tz. 1 – Kommentierung der BaFin in den Erläuterungen zu den MaRisk.

sondertes Risikocontrolling erforderlich. Der notwendigen Überwachung kann in diesen Fällen auch durch andere Maßnahmen Rechnung getragen werden (z. B. mittels Durchsicht von Jahresabschlüssen oder Geschäftsberichten oder Kontrolle von Beteiligungskonten).

Checkliste

	Fragestellung »Kreditgeschäft allgemein«	Erfüllt
1.	Existieren angemessene Anforderungen der Aufbau- und Ablauforganisation für das Kreditgeschäft?	
2.	Enthalten diese sowohl die klassischen Kreditprozesse Kreditgewährung, Kreditweiterbearbeitung, Problemkreditbearbeitung, Früherkennung von Risiken und Verfahren zur Klassifizierung von Risiken?	
3.	Wird bei Handelsgeschäften und Beteiligungen von den einzelnen Anforderungen abgesehen, soweit diese vor dem Hintergrund der Besonderheiten nicht zweckmäßig sind?	
4.	Gibt es bei Beteiligungen jeweils eine Beteiligungsstrategie und ein Beteiligungscontrolling?	
5.	Werden bei einer Kredit substituierenden Beteiligung die aufbau- und ablauforganisatorischen Anforderungen erfüllt?	

3.1. BTO 1.1 Funktionstrennung und Votierung

Auszug BTO 1.1 Tz. 1

Maßgeblicher Grundsatz für die Ausgestaltung der Prozesse im Kreditgeschäft ist die klare aufbauorganisatorische Trennung der Bereiche Markt und Marktfolge bis einschließlich der Ebene der Geschäftsleitung. Bei kleinen Instituten sind unter bestimmten Voraussetzungen Ausnahmen hinsichtlich der Funktionstrennung möglich.

Erleichterungen für kleine Institute[222]

Soweit ein Festhalten an der Einhaltung der geforderten Funktionstrennung 684
zwischen der Marktfolge beziehungsweise sonstiger marktunabhängiger Funk-

222 Vgl. *BaFin*: Mindestanforderungen an das Risikomanagement (MaRisk) – Neufassung vom 27.10.2017, BTO 1.1 Tz. 1 – Kommentierung der BaFin in den Erläuterungen zu den MaRisk.

tionen und dem Markt bis einschließlich der Ebene der Geschäftsleitung angesichts der geringen Größe des Instituts nicht mehr verhältnismäßig ist, kann auf die Funktionstrennung verzichtet werden, wenn durch die unmittelbare Einschaltung der Geschäftsleitung in die Vergabe risikorelevanter Kredite eine ordnungsgemäße, den bestehenden Risiken angemessene Handhabung des Kreditgeschäfts sichergestellt bleibt. Insoweit müssen die Bearbeitung und die Beschlussfassung von risikorelevanten Krediten von der Geschäftsleitung selbst durchgeführt werden. Abwesende Geschäftsleiter müssen im Nachhinein über Entscheidungen im risikorelevanten Geschäft informiert werden.

685 Diese Entscheidung kann in Anspruch genommen werden, wenn in einer Gesamtbetrachtung folgende Voraussetzungen erfüllt sind:

▪ Das Kreditvolumen beträgt höchstens 100 Mio. Euro
▪ es gibt nur zwei Geschäftsleiter
▪ das Kreditgeschäft ist einfach strukturiert
▪ Kredite an Mitarbeiter[223].

Abbildung 4: Erleichterungen für kleine Institute

686 Bei Krediten an Mitarbeiter und an die Geschäftsleiter können die aufbauorganisatorischen Anforderungen regelmäßig nicht *»eins-zu-eins«* umgesetzt werden, da es vor allem am Bereich Markt fehlt. Grundsätzlich hat bei solchen Kreditentscheidungen eine geeignete Stelle, die nicht in die Kreditbearbeitung einbezogen ist (z. B. die Personalabteilung), mitzuwirken. Die eigentliche Bearbeitung kann bei einem fehlenden Markt-Bereich beispielsweise auch von den für die Mitarbeiter zuständigen Personalreferenten durchgeführt werden. Jedoch sollten diese über ein entsprechendes Kredit-Know-how verfügen.

223 Vgl. *BaFin*: Mindestanforderungen an das Risikomanagement (MaRisk) – Neufassung vom 27.10.2017, BTO 1.1 Tz. 2 – Kommentierung der BaFin in den Erläuterungen zu den MaRisk.

Auszug BTO 1.1 Tz. 2

Abhängig von Art, Umfang, Komplexität und Risikogehalt des Kreditengagements erfordert eine Kreditentscheidung zwei zustimmende Voten der Bereiche Markt und Marktfolge. Weitergehende Beschlussvorschriften (z. B. KWG, Satzung) bleiben hiervon unberührt. Soweit die Entscheidungen von einem Ausschuss getroffen werden, sind die Mehrheitsverhältnisse innerhalb des Ausschusses so festzulegen, dass der Bereich Marktfolge nicht überstimmt werden kann.

Darstellung der Voten und materielle Plausibilitätsprüfung[224]

Die zusammenfassende Darstellung der Voten in einem Dokument ist möglich. 687 Die (positive) marktunabhängige Votierung kommt in diesem Fall durch die Unterschrift des zuständigen Mitarbeiters zum Ausdruck. Dabei darf es sich nicht um eine Gefälligkeitsunterschrift handeln.

Der marktunabhängigen Votierung hat je nach Zuordnung der Kreditprozesse 688 auf den Markt und den marktunabhängigen Bereich zumindest eine materielle Plausibilitätsprüfung zugrunde zu liegen. Im Rahmen der materiellen Plausibilitätsprüfung brauchen die bereits im Markt durchgeführten Tätigkeiten nicht wiederholt zu werden. Vielmehr stehen die Nachvollziehbarkeit und die Vertretbarkeit der Kreditentscheidung im Vordergrund. Hierzu zählt die Überprüfung der Aussagekraft des Markt-Votums, inwieweit die Kreditvergabe der Höhe und der Form nach vertretbar ist. Die Intensität der materiellen Plausibilitätsprüfung hängt ferner von der Komplexität der zu beurteilenden Kreditgeschäfte ab. Der für die marktunabhängige Votierung zuständige Mitarbeiter muss dabei zumindest Zugang zu allen wesentlichen Kreditunterlagen besitzen.[225]

Auszug BTO 1.1 Tz. 3

Bei Handelsgeschäften sind Kontrahenten- und Emittentenlimite durch eine Votierung aus dem Bereich Marktfolge festzulegen.

224 Vgl. *BaFin*: Mindestanforderungen an das Risikomanagement (MaRisk) – Neufassung vom 27.10.2017, BTO 1.1 Tz. 2 – Kommentierung der BaFin in den Erläuterungen zu den MaRisk.

225 Vgl. *BaFin*: Mindestanforderungen an das Risikomanagement (MaRisk) – Neufassung vom 27.10.2017, BTO Tz. 3 – Kommentierung der BaFin in den Erläuterungen zu den MaRisk, BTO 1.1 Tz. 2 – Kommentierung der BaFin in den Erläuterungen zu den MaRisk.

Funktionale Trennung bei Festlegung von Handelslimiten

689 Auch für die Festlegung der Limite im Handelsgeschäft gilt die klare Vorgabe der funktionalen Trennung, d. h. die Votierung aus dem Bereich *Marktfolge*. Die Handelslimite bewegen sich auch regelmäßig im Bereich des *risikorelevanten Kreditgeschäfts*, da die Volumina dieser Limite meist die im Institut definierten Grenzen für das »risikoarme Geschäft« überschreiten.

Auszug BTO 1.1 Tz. 4

Für Kreditentscheidungen bei Geschäften, die unter Risikogesichtspunkten als nicht wesentlich einzustufen sind, kann das Institut bestimmen, dass nur ein Votum erforderlich ist (»nicht risikorelevante Kreditgeschäfte«). Vereinfachungen sind auch dann möglich, wenn Kreditgeschäfte von Dritten initiiert werden. Insoweit ist die aufbauorganisatorische Trennung zwischen Markt und Marktfolge nur für Kreditgeschäfte maßgeblich, bei denen zwei Voten erforderlich sind. Falls ein zweites Votum nicht erforderlich sein sollte, ist eine angemessene Umsetzung der Anforderungen in BTO 1.2 sicherzustellen.

Abgrenzung zwischen risikorelevantem und nicht risikorelevantem Kreditgeschäft[226]

690 Die Abgrenzungen zwischen *risikorelevantem* und *nicht risikorelevantem Kreditgeschäft* sind von jedem Institut eigenverantwortlich und unter Risikogesichtspunkten festzulegen. Zu den nicht risikorelevanten Kreditgeschäften dürfte z. B. regelmäßig das standardisierte Mengengeschäft zu rechnen sein.

Initiierung durch Dritte[227]

691 Vereinfachungen im Hinblick auf die Funktionstrennung sind dann auch möglich, wenn es sich um Kreditgeschäfte handelt, die von Dritten initiiert wurden. So ist es im Fördergeschäft in der Regel nicht erforderlich, zwei institutsinterne Voten einzuholen, da die Kreditgeschäfte häufig von einer Hausbank oder einer Beteiligungsgesellschaft initiiert werden. Vergleichbare Konstellationen ergeben sich z. B. bei Bausparkassen über Handelsvertreter, bei Bürgschaftsbanken über Hausbanken oder, bezogen auf den Konsorten, vom Konsortialführer bei gemeinschaftlich vergebenen Engagements. Bei

226 Vgl. *BaFin*: Mindestanforderungen an das Risikomanagement (MaRisk) – Neufassung vom 27.10.2017, BTO 1.1 Tz. 4 – Kommentierung der BaFin in den Erläuterungen zu den MaRisk.

227 Vgl. *BaFin*: Mindestanforderungen an das Risikomanagement (MaRisk) – Neufassung vom 27.10.2017, BTO 1.1 Tz. 4 – Kommentierung der BaFin in den Erläuterungen zu den MaRisk.

risikorelevanten Kreditentscheidungen sollte das im Institut einzuholende weitere Votum grundsätzlich vertriebsunabhängig, also in der Marktfolge, sofern vorhanden, wahrgenommen werden.

Initiierung durch Dritte, Normierung der Abläufe durch externe Vorgaben[228]

Vom Einholen eines weiteren Votums kann auch dann abgewichen werden, wenn die Entscheidungsabläufe durch Dritte so stark normiert werden (z. B. im Rahmen gesetzlicher Vorgaben wie dem Wohnraumförderungsgesetz), dass es zu einer Standardisierung der Abläufe im Institut und damit zu einer Beschränkung der Ermessensspielräume bei der Kreditvergabe kommt. 692

Bagatellgrenzen[229]

In einem gewissen Umfang sind Bagatellgrenzen im Rahmen der Abgrenzung des risikorelevanten Geschäfts sachgerecht. So sind Vereinfachungen bei einem zusätzlichen Kreditantrag über einen relativ geringen Betrag denkbar, auch wenn das Gesamtobligo des Kunden als risikorelevant eingestuft wird. 693

Auszug BTO 1.1 Tz. 5

Jeder Geschäftsleiter kann im Rahmen seiner Krediteinzelkompetenz eigenständig Kreditentscheidungen treffen und auch Kundenkontakte wahrnehmen. Die aufbauorganisatorische Trennung der Bereiche Markt und Marktfolge bleibt davon unberührt. Zudem sind zwei Voten einzuholen, soweit dies unter Risikogesichtspunkten erforderlich sein sollte. Falls die im Rahmen einer Krediteinzelkompetenz getroffenen Entscheidungen von den Voten abweichen oder wenn sie von einem Geschäftsleiter getroffen werden, der für den Bereich Marktfolge zuständig ist, sind sie im Risikobericht besonders hervorzuheben (BT 3.2 Tz. 3).

Krediteinzelkompetenz und Geschäftsleiter[230]

Die Krediteinzelkompetenz kann nur durch einen Geschäftsleiter ausgeübt werden. Das Recht eines Geschäftsleiters, im Rahmen seiner Krediteinzelkompetenz eigenständig Kreditentscheidungen zu treffen, geht nicht auto- 694

228 Vgl. *BaFin*: Mindestanforderungen an das Risikomanagement (MaRisk) – Neufassung vom 27.10.2017, BTO 1.1 Tz. 4 – Kommentierung der BaFin in den Erläuterungen zu den MaRisk.

229 Vgl. *BaFin*: Mindestanforderungen an das Risikomanagement (MaRisk) – Neufassung vom 27.10.2017, BTO 1.1 Tz. 4 – Kommentierung der BaFin in den Erläuterungen zu den MaRisk.

230 Vgl. *BaFin*: Mindestanforderungen an das Risikomanagement (MaRisk)) – Neufassung vom 27.10.2017, BTO 1.1 Tz. 5 – Kommentierung der BaFin in den Erläuterungen zu den MaRisk.

matisch auf seinen – unterhalb der Ebene der Geschäftsleitung angesiedelten – Vertreter über. Auch bei risikorelevanten Kreditentscheidungen, die von der gesamten Geschäftsleitung oder von mehreren Geschäftsleitern gemeinsam getroffen werden, sind grundsätzlich eine sachgerechte Bearbeitung sowie das Einholen zweier Voten aus den Bereichen erforderlich.

Auszug BTO 1.1 Tz. 6

Das Institut hat eine klare und konsistente Kompetenzordnung für Entscheidungen im Kreditgeschäft festzulegen. Für den Fall voneinander abweichenden Voten sind in der Kompetenzordnung Entscheidungsregeln zu treffen: Der Kredit ist in diesen Fällen abzulehnen oder zur Entscheidung auf eine höhere Kompetenzstufe zu verlagern (Eskalationsverfahren).

Eskalationsverfahren

695 In der Praxis werden »risikorelevante Kreditentscheidungen« im Zwei-Voten-Prinzip, jeweils von Markt und Marktfolge, getroffen. Wird ein Negativvotum erteilt, dient das Eskalationsverfahren dazu, die Kreditentscheidung auf die nächste höhere Kompetenzebene zur Entscheidung zu bringen.

Auszug BTO 1.1 Tz. 7

Die Überprüfung bestimmter, unter Risikogesichtspunkten festzulegender Sicherheiten ist außerhalb des Bereichs Markt durchzuführen. Diese Zuordnung gilt auch für Entscheidungen über die Risikovorsorge bei bedeutenden Engagements. Die Zuordnung aller anderen in BTO 1.2 genannten Prozesse bzw. Teilprozesse liegt, soweit dieses Rundschreiben nichts anderes vorsieht, im Ermessen der Institute (z. B. die Kreditbearbeitung oder Teilprozesse der Kreditbearbeitung).

Erstellung von Wertgutachten[231]

696 Die Erstellung von Wertgutachten für bestimmte Sicherheiten kann auch von fachlich geeigneten Mitarbeitern aus dem Bereich Markt durchgeführt werden, solange eine marktunabhängige Überprüfung der Wertansätze im Sinne einer materiellen Plausibilitätsprüfung gewährleistet ist.

---

231 Vgl. *BaFin*: Mindestanforderungen an das Risikomanagement (MaRisk)) – Neufassung vom 27.10.2017, BTO 1.1 Tz. 7 – Kommentierung der BaFin in den Erläuterungen zu den MaRisk.

Überprüfung des rechtlichen Bestands[232]

Die Überprüfung des rechtlichen Bestands von Sicherheiten kann auch durch eine vom Markt und Handel unabhängige Stelle (z. B. Rechtsabteilung) erfolgen. 697

Checkliste

	Fragestellung »Funktionstrennung und Votierung«	Erfüllt
1.	Wird der Grundsatz der klaren aufbauorganisatorischen Trennung der Bereiche Markt und Marktfolge bis einschließlich der Ebene der Geschäftsleitung sichergestellt?	
2.	Nutzt das Institut in Bezug auf die funktionale Trennung Erleichterungsregelungen (Öffnungsklauseln) z. B. wegen der Betriebsgröße?	
3.	Werden bei Nutzung von Erleichterungsreglungen die Mindestvoraussetzungen der MaRisk eingehalten? ▪ Kreditvolumen höchstens EUR 100 Mio. ▪ Es gibt nur zwei Geschäftsleiter ▪ Das Kreditgeschäft ist einfach strukturiert	
4.	Nutzt das Kreditinstitut organisatorische Erleichterungen in Bezug auf die Personalkredite (beispielsweise die zweite Votierung durch die Personalabteilung oder Kreditabteilung)?	
5.	Hat das Kreditinstitut den Grundsatz des »zwei-Voten-Prinzips« umgesetzt?	
6.	Ist bei einem Votierungsausschuss sichergestellt, dass eventuell bestehende Mehrheitsverhältnisse nicht dazu führen, dass der Bereich Marktfolge überstimmt werden kann?	
7.	Werden tatsächliche Votierungen und keine Gefälligkeitsvotierungen vorgenommen?	
8.	Ist im Falle von Handelsgeschäften sichergestellt, dass Votierungen für Kontrahenten- und Emittentenlimite durch den Bereich Marktfolge vorgenommen werden?	

232 Vgl. *BaFin*: Mindestanforderungen an das Risikomanagement (MaRisk)) – Neufassung vom 27.10.2017, BTO 1.1 Tz. 7 – Kommentierung der BaFin in den Erläuterungen zu den MaRisk.

9.	Hat das Institut intern festgelegt, welche Kreditentscheidungen unter das nicht risikorelevante Geschäft fallen und damit nur einfach votiert werden?	
10.	Werden Vereinfachungen genutzt, soweit Geschäfte durch Dritte initiiert werden (z. B. bei Förderbanken)?	
11.	Hat das Institut eine klare Abgrenzung zwischen risikorelevantem und nicht risikorelevantem Kreditgeschäft vorgenommen?	
12.	Ist sichergestellt, dass die Kreditentscheidungen, die Geschäftsleiter in Einzelkompetenz treffen, unabhängig durch die Marktfolge votiert werden?	
13.	Falls die Voten in diesem Fall von der Entscheidung des Geschäftsleiters abweichen, wird der Sachverhalt im Adressenrisikobericht dargestellt?	

3.2. BTO 1.2 Anforderungen an die Prozesse im Kreditgeschäft

698 Die in BTO 1.2 aufgeführten Ausführungen enthalten in einem Überblick grundlegende Prozessanforderungen für das Kreditgeschäft in Kreditinstituten. Diese gelten in der großen Klammer auch für die nachfolgenden speziellen Ausführungen in Ergänzung.

Auszug BTO 1.2 Tz. 1

Das Institut hat Prozesse für die Kreditbearbeitung (Kreditgewährung und Kreditweiterbearbeitung), die Kreditbearbeitungskontrolle, die Intensivbetreuung, die Problemkreditbearbeitung und die Risikovorsorge einzurichten. Die Verantwortung für deren Entwicklung und Qualität muss außerhalb des Bereichs Markt angesiedelt sein.

Methodenverantwortung[233]

699 Die Entwicklung der Prozesse kann auch im Bereich Markt erfolgen, sofern gewährleistet ist, dass die Qualitätssicherung von einem marktunabhängigen Bereich auf der Basis der materiellen Plausibilitätsprüfung wahrgenommen wird.

233 Vgl. *BaFin*: Mindestanforderungen an das Risikomanagement (MaRisk) – Neufassung vom 27.10.2017, BTO 1.2 Tz. 1 – Kommentierung der BaFin in den Erläuterungen zu den MaRisk.

Auszug BTO 1.2 Tz. 2

Das Institut hat Bearbeitungsgrundsätze für die Prozesse im Kreditgeschäft zu formulieren, die, soweit erforderlich, in geeigneter Weise zu differenzieren sind (z. B. nach Kreditarten). Darüber hinaus sind die vom Institut akzeptierten Sicherheitenarten sowie die Verfahren zur Wertermittlung, Verwaltung und Verwertung dieser Sicherheiten festzulegen. Bei der Festlegung der Verfahren zur Wertermittlung von Sicherheiten ist auf geeignete Wertermittlungsverfahren abzustellen.

Mit dieser Regelung überlässt es die BaFin den einzelnen Kreditinstituten, für ihr jeweilig eingegangenes Kreditgeschäft adäquate Bearbeitungsgrundsätze zu formulieren. Die Grundsätze sind bei Spezialbanken regelmäßig auf das spezielle Kreditgeschäft ausgerichtet, bei Universalbanken dem jeweiligen Geschäft entsprechend formuliert. 700

Differenzierte Bearbeitungsgrundsätze[234]

Differenzierte Bearbeitungsrundsätze sind auch für Geschäfte mit *Hedgefonds* und *Private-Equity-Unternehmen* zu formulieren, z. B. im Hinblick auf die Beschaffung finanzieller und sonstiger Informationen, des Zwecks und der Struktur der zu finanzierenden Transaktion, die Art der Sicherheitenstellung oder die Analyse der Rückzahlungsfähigkeit. 701

Differenzierte Bearbeitungsgrundsätze sind auch für *Fremdwährungsdarlehen* zu formulieren, die den besonderen Risiken dieser Kreditart Rechnung tragen. 702

✓ Praxistipp »Fremdwährungsdarlehen«

Neben den klassischen Risiken, die die Bank im Hinblick auf ihren Kreditnehmer zu tragen hat (wie z. B. Kapitaldienstfähigkeit, Sicherheiten) gewinnen zunehmend die Fremdwährungsrisiken an Bedeutung. Hierfür eignet sich eine separate Überwachung (Monitoring) der Kreditbestände, die risikorelevante Entwicklungen frühzeitig erkennt und dem Institut einen entsprechenden Handlungsspielraum einräumt.

234 Vgl. *BaFin*: Mindestanforderungen an das Risikomanagement (MaRisk) – Neufassung vom 27.10.2017, BTO 1.2.1 Tz. 1 – Kommentierung der BaFin in den Erläuterungen zu den MaRisk.

Auszug BTO 1.2 Tz. 3

Die für das Adressenausfallrisiko eines Kreditengagements bedeutsamen Aspekte sind herauszuarbeiten und zu beurteilen, wobei die Intensität dieser Tätigkeiten vom Risikogehalt des Engagements abhängt. Branchen- und ggf. Länderrisiken sind in angemessener Weise zu berücksichtigen. Kritische Punkte eines Engagements sind hervorzuheben und ggf. unter der Annahme verschiedener Szenarien darzustellen.

Risikoorientierte Kreditbearbeitung

703 Wichtig für die Engagementbearbeitung ist eine *risikoorientierte Bearbeitung*, d. h. dass die Intensität und der Aufwand der Bearbeitung deutlich in Relation zum Risikogehalt des Engagements stehen. Werden im Rahmen des Kreditgewährungsprozesses oder der laufenden Kreditbearbeitung kritische Punkte erkennbar (z. B. Bonitätsrückgang, Sicherheitenwert fällt drastisch), so sind diese Engagements explizit darzustellen. Hierfür eignet sich die sogenannte Szenariotechnik (real case, worst case, best case), welche die Auswirkung auf das Risiko unter der Annahme bestimmter Bedingungen darstellt. Diese Darstellung ist häufig Basis für die künftige Engagementbetreuung.

Auszug BTO 1.2 Tz. 4

Die Verwendung externer Bonitätseinschätzungen enthebt das Institut nicht von seiner Verpflichtung, sich ein Urteil über das Adressenausfallrisiko zu bilden und dabei eigene Erkenntnisse und Informationen in die Kreditentscheidung einfließen zu lassen.

Externe Bonitätseinschätzungen

704 Durch die Finanzkrise wurden verschiedene Versäumnisse wie z. B. beim externen Rating aufgezeigt. Daraus folgend sollen die Banken sich über extern beurteilte Risikopositionen ein unabhängiges Bild verschaffen. Bislang hatten sich viele Institute teils »unvoreingenommen« auf das Rating externer Ratinggesellschaften verlassen, die erst sukzessive mit der Anpassung der Risikoeinschätzungen nachgekommen waren.[235] Als eigene Erkenntnisquelle können eigene Bonitätsurteile herangezogen werden, die aus der hauseigenen Analyseabteilung erstellt werden. Dies bedeutet einen Mehrkostenaufwand, der sich aber durch die verbesserte Risikoeinschätzung lohnen sollte.

235 Vgl. *Becker A.*: Solvabilitätsverordnung – Ansätze für die Prüfung und Verbesserung der neuen Prozessanforderungen im Risikomanagement, Heidelberg 2009, S. 8.

✓ **Praxistipp »Plausibilisierung externer Bonitätseinschätzungen«**

Prozessanforderungen

Die Plausibilisierung *externer Bonitätseinschätzungen* ist intern zu regeln. Zunächst sollte die Informationsgewinnung der externen Bonitätseinschätzung festgelegt werden (Jahresabschlüsse, Zwischenberichte, Internet etc.). Danach ist der einzelne Arbeitsprozess institutsspezifisch zu definieren.

Auszug BTO 1.2 Tz. 5

Bei Objekt-/Projektfinanzierungen ist im Rahmen der Kreditbearbeitung sicherzustellen, dass neben der wirtschaftlichen Betrachtung insbesondere auch die technische Machbarkeit und Entwicklung sowie die mit dem Objekt/Projekt verbundenen rechtlichen Risiken in die Beurteilung mit einbezogen werden. Dabei kann auch auf die Expertise einer vom Kreditnehmer unabhängigen sach- und fachkundigen Organisationseinheit zurückgegriffen werden. Soweit externe Personen für diese Zwecke herangezogen werden, ist vorher deren Eignung zu prüfen. In unter Risikogesichtspunkten festzulegenden Abständen sind während der Entwicklungsphase des Projektes/Objektes Besichtigungen und Bautenstandskontrollen durchzuführen.

Objekt-/Projektfinanzierungen[236]

Unter Objekt-/Projektfinanzierungen werden Finanzierungen solcher Objekte/Projekte verstanden, deren Rückzahlung sich in erster Linie aus den durch die finanzierten Vermögenswerte generierten Einkünften und nicht aus der unabhängigen Kapitaldienstfähigkeit des Kreditnehmers speist. 705

Wirtschaftliche Betrachtung und technische Machbarkeit[237]

Die wirtschaftliche Betrachtung kann folgende Aspekte beinhalten: 706

- Projektanalyse
- Finanzierungsstruktur/Eigenkapitalquote
- Sicherheitenkonzept oder
- Vor- und Nachkalkulation

236 Vgl. *BaFin:* Mindestanforderungen an das Risikomanagement (MaRisk) – Neufassung vom 27.10.2017, BTO 1.2 Tz. 5 – Kommentierung der BaFin in den Erläuterungen zu den MaRisk.

237 Vgl. *BaFin:* Mindestanforderungen an das Risikomanagement (MaRisk) – Neufassung vom 27.10.2017, BTO 1.2 Tz. 5 – Kommentierung der BaFin in den Erläuterungen zu den MaRisk.

707 Die technische Machbarkeit und Entwicklung kann auch im Rahmen der Besichtigungen oder Baustandskontrollen berücksichtigt werden.

Auszug BTO 1.2 Tz. 6

Abhängig vom Risikogehalt der Kreditgeschäfte sind sowohl im Rahmen der Kreditentscheidung als auch bei turnusmäßigen oder anlassbezogenen Beurteilungen die Risiken eines Engagements mit Hilfe eines Risikoklassifizierungsverfahren zu bewerten. Eine Überprüfung der Risikoeinstufung ist jährlich durchzuführen.

Umfang der Beurteilungsintensität[238]

708 Die Pflicht zur jährlichen Beurteilung der Risiken existiert, schon aus handelsrechtlichen Gründen, auch für Engagements, die aufgrund ihres geringen Risikogehalts nicht dem Risikoklassifizierungsverfahren unterliegen. Allerdings kann in diesen Fällen die Beurteilungsintensität geringer ausfallen und sich beispielsweise lediglich auf die Prüfung der Ordnungsmäßigkeit der Tilgung durch den Kreditnehmer erstrecken.

Auszug BTO 1.2 Tz. 7

Zwischen der Einstufung im Risikoklassifizierungsverfahren und der Konditionengestaltung sollte ein sachlich nachvollziehbarer Zusammenhang bestehen.

Konditionengestaltung

709 Die Forderung nach der Konditionengestaltung ergibt sich aus dem Grundsatz der »marktgerechten Preisstellung« für Kredite. Der Kreditpreis sollte sowohl die Kosten der Refinanzierung, die internen Bearbeitungskosten durch das Kreditinstitut als auch eine risikoadäquate Marge (bonitätsbedingter Aufschlag/Abschlag) beinhalten. Nicht zuletzt durch die zunehmenden bankaufsichtlichen Anforderungen wie MaRisk und SolvV rückt die barwertorientierte und marktgerechte Betrachtung sowohl von einzelnen Krediten als auch umfassender Kreditportfolien in die Betrachtung einer adäquaten Konditionengestaltung.[239]

---

238 Vgl. *BaFin*: Mindestanforderungen an das Risikomanagement (MaRisk) – Neufassung vom 27.10.2017, BTO 1.2 Tz. 6 – Kommentierung der BaFin in den Erläuterungen zu den MaRisk.

239 *Becker A./Gruber W.*: Modernes Kreditpricing – Revisionsansätze in: Zeitschrift für Interne Revision (ZIR) 5/2008, Berlin, S. 224.

Auszug BTO 1.2 Tz. 8

Das Institut hat ein der Kompetenzordnung entsprechendes Verfahren einzurichten, in dem festgelegt ist, wie Überschreitungen von Limiten zu behandeln sind. Soweit unter Risikogesichtspunkten vertretbar, ist für Limitüberschreitungen und Prolongationen auf der Grundlage klarer Vorgaben eine vereinfachte Umsetzung der Anforderungen in BTO 1.1 sowie BTO 1.2 möglich.

Limitüberschreitungen, Prolongationen

Für Limitüberschreitungen fordert die Aufsicht ein klares und transparentes 710
Verfahren, das in der Kompetenzordnung des Instituts fest verankert ist. Auch bei der Bearbeitung von Limitüberschreitungen können entsprechende Vereinfachungslösungen wie Bagatellgrenzen etc. genutzt und eingesetzt werden. Die Vorgaben hierfür müssen jedoch eindeutig festgelegt und in ausreichender Weise dokumentiert werden, damit diese für die Interne und externe Revision nachvollziehbar sind.

Auszug BTO 1.2 Tz. 9

Im Hinblick auf die erforderlichen Kreditunterlagen ist ein Verfahren einzurichten, dass deren zeitnahe Einreichung überwacht und eine zeitnahe Auswertung gewährleistet. Für ausstehende Unterlagen ist ein entsprechendes Mahnverfahren einzurichten.

Einreichung und Überwachung der wirtschaftlichen Verhältnisse

Die zeitnahe Einreichung von Unterlagen wird für die Kredite über 711
750 TEUR im Rahmen des im Kreditinstitut implementierten Verfahrens über die laufende Offenlegung der wirtschaftlichen Verhältnisse nach § 18 KWG sichergestellt. Unterhalb der gesetzlichen Offenlegung haben viele Institute interne Offenlegungsgrenzen eingerichtet, um einen fortlaufenden Einblick in die wirtschaftlichen Verhältnisse des Kreditnehmers zu erlangen (z. B. von 250 TEUR bis 750 TEUR). Dabei werden die *internen Offenlegungsgrenzen* individuell und institutsspezifisch festgelegt. Die Aufsicht fordert jedoch nicht nur die Einholung, sondern auch die zeitnahe Auswertung und Analyse der Unterlagen und auch die – falls erforderlich – zeitnahe Anpassung der Risikoeinstufung mittels Ratingnote. Sollten keine Unterlagen eingehen, ist ein entsprechender Mahnprozess in den Instituten vorzuhalten, der die Einholung der Unterlagen nach § 18 KWG sicherstellt.

Auszug BTO 1.2 Tz. 10

Das Institut hat standardisierte Kreditvorlagen zu verwenden, soweit dies in Anbetracht der jeweiligen Geschäftsarten möglich und zweckmäßig ist, wobei die Ausgestaltung der Kreditvorlagen von Art, Umfang, Komplexität und Risikogehalt der Kreditgeschäfte abhängt.

Standardisierte Kreditvorlagen

712 Die Nutzung von standardisierten Kreditvorlagen hat verschiedene Vorteile. Dabei können wesentlichen Informationen über den Kreditnehmer sinnvoll angeordnet und dargestellt werden. Je aufwändiger die Kreditart, der Umfang und die Komplexität des Engagements ausgestaltet sind, je umfangreicher kann die Kreditvorlage ausgestaltet sein, um die Komplexität adäquat abzubilden. Dies kann bei umfangreichen Objekt- und Projektfinanzierungen aufwändiger sein als im einfachen Massengeschäft (Konsumentenkredite).

713 Aus prozesstechnischen Gründen sollte jedoch immer auf die Standardisierung geachtet werden.

Auszug BTO 1.2 Tz. 11

Vertragliche Vereinbarungen im Kreditgeschäft sind auf der Grundlage rechtlich geprüfter Unterlagen abzuschließen.

Rechtliche Prüfung vertraglicher Vereinbarungen

714 Um mögliche Rechtsrisiken von vorne herein zu vermeiden bzw. zu reduzieren, sollten die vertraglichen Vereinbarungen durch Juristen rechtlich geprüft werden. Häufig verwenden Institutsgruppen (Sparkassen, Genossenschaftsbanken und Privatbanken) einheitliche Vereinbarungen innerhalb der jeweiligen Bankengruppe, die rechtlich durch die Verbandsjuristen geprüft wurden. Darüber hinaus verfügen die Institute meist auch über eigene Juristen, die eine Vertragsprüfung bei individuell vereinbarten Kreditverhältnissen vornehmen.

Auszug BTO 1.2 Tz. 12
Für die einzelnen Kreditverträge sind rechtlich geprüfte Standardtexte zu verwenden, die anlassbezogen zu aktualisieren sind. Falls bei einem Engagement (z. B. im Rahmen von Individualvereinbarungen) von den Standardtexten abgewichen werden soll, ist, soweit unter Risikogesichtspunkten erforderlich, vor Abschluss des Vertrages die rechtliche Prüfung durch eine vom Bereich Markt unabhängige Stelle notwendig.

Prüfung durch sachverständige Mitarbeiter des Bereichs Markt[240]

Soweit von der Verwendung rechtlich geprüfter Standardtexte abgewichen wird, kann bei »nicht-risikorelevanten Kreditgeschäften« auch eine Prüfung durch einen sachverständigen Mitarbeiter aus dem Bereich Markt erfolgen. 715

Dieser sollte in der Praxis auch über die entsprechenden Kenntnisse und Fertigkeiten verfügen, um die sachverständige Aufgabe adäquat ausfüllen zu können. 716

3.2.1. Checkliste

	Fragestellung »Anforderungen an die Prozesse im Kreditgeschäft«	Erfüllt
1.	Hat das Institut angemessene Prozesse für die Kreditbearbeitung, die Kreditbearbeitungskontrolle, die Intensivbetreuung, die Problemkreditbearbeitung und die Risikovorsorge eingerichtet?	
2.	Ist sichergestellt, dass die Verantwortung für die Prozessentwicklung und fortlaufende Qualitätssicherung in den genannten Prozessen außerhalb des Bereichs Markt zugeordnet ist?	
3.	Hat das Institut Bearbeitungsgrundsätze für die Prozesse im Kreditgeschäft formuliert?	
4.	Sind diese Bearbeitungsgrundsätze in ausreichender Weise bezüglich der unterschiedlichen Kreditarten differenziert ausgestaltet worden?	

240 Vgl. *BaFin*: Mindestanforderungen an das Risikomanagement (MaRisk) – Neufassung vom 27.10.2017, BTO 1.2 Tz. 12 – Kommentierung der BaFin in den Erläuterungen zu den MaRisk.

5.	Wurden Verfahren zur Überprüfung, Verwaltung und Verwertung von Sicherheiten festgelegt?	
6.	Hat das Institut sichergestellt, dass bei der Festlegung der Verfahren zur Wertermittlung von Sicherheiten auf geeignete Wertermittlungsverfahren abgestellt wird?	
7.	Ist sichergestellt, dass die für das Institut bedeutsamen Aspekte des Engagements herausgearbeitet und beurteilt wurden?	
8.	Steht die Intensität der Beurteilung originär im Zusammenhang mit dem Risikogehalt des Engagements?	
9.	Wurden Branchen- und Länderrisiken in angemessener Weise berücksichtigt?	
10.	Ist sichergestellt, dass kritische Punkte des Engagements klar hervorgehoben wurden?	
11.	Wurden kritische Punkte unter Annahme verschiedener Szenarien (best case, worst case, real case) dargestellt und gewertet?	
12.	Hat sich das Institut unabhängig von der Verwendung externer Bonitätseinschätzungen von der Bonität der Adresse ein Urteil gebildet?	
13.	Wurden dabei eigene Erkenntnisse und Informationen bei der Kreditentscheidung berücksichtigt?	
14.	Ist sichergestellt, dass bei Objekt-/Projektfinanzierungen neben der wirtschaftlichen Betrachtung auch die technische Machbarkeit sowie die mit dem Objekt/Projekt verbundenen Risiken mit berücksichtigt wurden?	
15.	Wurde bei der Beurteilung auf die Expertise einer unabhängigen externen Stelle zurückgegriffen?	
16.	Falls ja, wurde vorher deren Eignung überprüft?	
17.	Gewährleistet das Institut, dass in regelmäßigen Abständen während der Entwicklungsphase des Projektes/Objektes Besichtigungen und Bautenstandskontrollen durchgeführt werden?	

18.	Ist gewährleistet, dass das Engagement bei der turnus- und/oder anlassbezogenen Risikobeurteilung mit Hilfe des Risikoklassifizierungsverfahrens bewertet wurde?	
19.	Wird die Überprüfung der Risikoeinstufung zumindest jährlich durchgeführt?	
20.	Besteht zwischen der Risikoeinstufung und der Konditionengestaltung ein nachvollziehbarer Zusammenhang?	
21.	Hat das Institut ein der Kompetenzordnung entsprechendes Verfahren eingerichtet?	
22.	Ist geregelt, wie mit Überschreitungen von Limiten umgegangen wird?	
23.	Wurden unter Risikogesichtspunkten klare Vorgaben für den Umgang mit Limitüberschreitungen und Prolongationen festgelegt?	
24.	Ist sichergestellt, dass ein Verfahren für die zeitnahe Überwachung und Auswertung von Kreditunterlagen eingerichtet wurde?	
25.	Besteht für ausstehende Unterlagen ein adäquates Mahnverfahren?	
26.	Verwendet das Institut standardisierte Kreditvorlagen?	
27.	Wurden diese nach Art, Umfang und Risikogehalt des Kreditgeschäfts ausgestaltet?	
28.	Nutzt das Institut vertragliche Vereinbarungen nur auf Grundlage rechtlich geprüfter Unterlagen?	
29.	Wurden für die einzelnen Kreditverträge rechtlich geprüfte Standardtexte verwendet?	
30.	Wenn von den Standardtexten abgewichen wurde, hat eine Prüfung durch eine vom Bereich »Markt« unabhängige Stelle statt gefunden?	

3.2.2. BTO 1.2.1 Kreditgewährung

717 Der Prozess der *Kreditgewährung* ist meist der erste Schritt zum Eingehen des Kundenverhältnisses. Dabei wird die Bonität des Kreditnehmers, d. h. die wirtschaftliche Situation, die Kapitaldienstfähigkeit und ggf. verfügbare Sicherheiten, geprüft. Die MaRisk halten für diesen Prozess folgende Mindestanforderungen bereit.

Auszug BTO 1.2.1 Tz. 1

Der Prozess der Kreditgewährung umfasst die bis zur Bereitstellung des Kredites erforderlichen Arbeitsabläufe. Dabei sind die für die Beurteilung des Risikos wichtigen Faktoren unter besonderer Berücksichtigung der Kapitaldienstfähigkeit des Kreditnehmers beziehungsweise des Objektes/Projektes zu analysieren und zu beurteilen, wobei die Intensität der Beurteilung vom Risikogehalt der Engagements abhängt (z. B. Kreditwürdigkeitsprüfung, Risikoeinstufung im Risikoklassifizierungsverfahren oder eine Beurteilung auf der Grundlage eines vereinfachten Verfahrens).

Fremdwährungsdarlehen[241]

718 Fremdwährungsdarlehen sollten nur an Kreditnehmer vergeben werden, deren Kreditwürdigkeit dahingehend geprüft wurde, ob sie auch bei besonders ungünstigen Entwicklungen der Wechselkurse und des Fremdwährungszinsniveaus voraussichtlich in der Lage sind, den Kredit zurückzuzahlen.

Kapitaldienstfähigkeit[242]

719 Die besondere Berücksichtigung der Kapitaldienstfähigkeit erfordert grundsätzlich eine individuelle Berücksichtigung der wirtschaftlichen Verhältnisse des Kreditnehmers, wobei Risiken für die zukünftige Vermögens- und ggf. Liquiditätslage des Kreditnehmers in die Betrachtung einzufließen haben. Die Intensität der Beurteilung hängt vom Risikogehalt ab. Die Beurteilung der *Kapitaldienstfähigkeit* auf der Basis eines vereinfachten Verfahrens bedeutet hingegen nicht einen generellen Verzicht auf diese Tätigkeiten.

241 Vgl. *BaFin*: Mindestanforderungen an das Risikomanagement (MaRisk) – Neufassung vom 27.10.2017, BTO 1.2.1 Tz. 1 – Kommentierung der BaFin in den Erläuterungen zu den MaRisk.

242 Vgl. *BaFin*: Mindestanforderungen an das Risikomanagement (MaRisk) – Neufassung vom 27.10.2017, BTO 1.2.1 Tz. 1 – Kommentierung der BaFin in den Erläuterungen zu den MaRisk.

Die Anwendung vereinfachter Verfahren ist in der Praxis häufig im Rahmen des besonders kleinteiligen Mengenkreditgeschäfts möglich. 720

Aspekte der Kreditgewährung

Der *Prozessablauf* der *Kreditgewährung* umfasst verschiedene Schritte bis zur Bereitstellung des Kredites. Der zentrale Punkt für das Kreditinstitut liegt dabei auf der Beurteilung des Risikos, das sich sowohl auf das reine Adressenausfallrisiko als auch auf die ggf. vorhandenen Sicherheiten bezieht.[243] Die Analyse der Kapitaldienstfähigkeit zeigt dem Institut, ob der Kreditnehmer aus eigener finanzieller Kraft in der Lage ist, den Kapitaldienst, d. h. die Zinsen und die Tilgung des Kredites zu tragen. Die Beurteilung aufgrund eines vereinfachten Verfahrens wird häufig im nicht risikorelevanten Kreditgeschäft durch das »ein Votenverfahren« durchgeführt und ist durch einfache, schnelle Prozessschritte unter Nutzung von Öffnungsklauseln gekennzeichnet. 721

✓ Praxistipp »Nutzung von Prozesserleichterungen« im BTO 1.2.1 Tz. 1

Gezielte Nutzung von Öffnungsklauseln bei der Kreditgewährung

Bereits im Rahmen des Prozesses der Kreditgewährung können durch die Institute verschiedene Prozesserleichterungen wie beispielsweise im »kleinteiligen Kreditgeschäft« genutzt werden. Dies sind in der Praxis einfache, klar strukturierte Prozessschritte, schnelle einfache Votierungen und vereinfachte Formulare sowie ein schlankes Dokumentationswesen (Beispiele: Dispositionskredite, Ratenkredite). Viele einfach und leicht standardisierte Produkte werden aktuell auch im Internet angeboten. Damit erschließen die Kreditinstitute neue Märkte bzw. Vertriebswege für ihre Produkte.

Auszug BTO 1.2.1 Tz. 2

Bei Immobiliar-Verbraucherdarlehen sind auch zukünftige, als wahrscheinlich anzusehende Einkommensschwankungen in die Beurteilung der Kapitaldienstfähigkeit einzubeziehen. Alle für die Kreditgewährung relevanten Informationen sind vollständig zu dokumentieren und über die Laufzeit des Kredites aufzubewahren.

---

243 Vgl. *Hannemann* R./*Schneider* A./*Hanenberg* L.: Mindestanforderungen an das Risikomanagement – Eine einführende Kommentierung, Stuttgart 2006, S. 328.

Berücksichtigung von Einkommensschwankungen

722 Neu ist in den aktuellen MaRisk die Anforderung, künftige Einkomensschwankungen zu berücksichtigen. Dies ist in der Praxis dann einfacher, wenn der Übergang zu neuen Lebensabschnitten wie Rente feststeht und dann mit einem veränderten Einkommensniveau zu rechnen ist. Das Ereignis für die anstehende Einkommensschwankung muss daher in der Praxis kalkulierbar sein. Danach wird sich die Umsetzung der neuen Anforderung in die Bankpraxis orientieren.

Auszug BTO 1.2.1 Tz. 3

Die Werthaltigkeit und der rechtliche Bestand von Sicherheiten sind grundsätzlich vor der Kreditvergabe zu überprüfen. Der Wertansatz muss hinsichtlich wertbeeinflussender Umstände nachvollziehbar und in den Annahmen und Parametern begründet sein. Bei der Überprüfung der Werthaltigkeit kann auf bereits vorhandene Sicherheitenwerte zurückgegriffen werden, sofern keine Anhaltspunkte für Wertveränderungen vorliegen.

Überprüfung der Werthaltigkeit von Sicherheiten

723 Im Rahmen der Kreditgewährung und ggf. auch der Kreditweiterbearbeitung beinhaltet die Überprüfung der Werthaltigkeit einer Sicherheit in Abhängigkeit von der Sicherheitenart ab einer vom Institut unter Risikogesichtspunkten festzulegenden Grenze eine Objektbesichtigung.[244]

Rechtlicher Bestand/Werthaltigkeit von Sicherheiten

724 Ein zentraler Prozessschritt im Rahmen des Kreditgewährungsprozesses ist die Prüfung des rechtlichen Bestands und der Werthaltigkeit der Sicherheiten. Kreditsicherheiten mindern bankaufsichtlich die Risikoposition des Instituts und führen zu einer verminderten Eigenkapitalunterlegung. Daher kommt der Besicherung der Kredite eine besondere Bedeutung zu. Auch sollten die möglichen Arten der Besicherung und die Bewertungsverfahren im Institut klar und eindeutig festgelegt werden. Für bestimmte Sicherheiten wie Immobilien sollten ab einem definierten Volumen eigene Schätzer die Wertansätze überprüfen. Der rechtliche Bestand der Sicherheiten ist gerade im Verwertungs-

244 Vgl. *BaFin*: Mindestanforderungen an das Risikomanagement (MaRisk) – Neufassung vom 27.10.2017, BTO 1.2.2 Tz. 4 – Kommentierung der BaFin in den Erläuterungen zu den MaRisk.

prozess entscheidend, falls die Sicherheiten im Rahmen der Verwertung veräußert werden sollten.

✓ Praxistipp »Werthaltigkeit der Sicherheiten, Datenqualität« im BTO 1.2.1 Tz. 3

Prüfungshinweis für die Interne Revision zur »Datenqualität«

Die Werthaltigkeit der in den Datenbeständen des Instituts eingepflegten Sicherheiten hat gerade vor dem Aspekt der Datenqualität eine große Bedeutung. Nicht ausreichend eingepflegte Sicherheitenwerte führen zu einer überhöhten Eigenkapitalunterlegung. Hierbei kann die Interne Revision im Rahmen von gezielten Systemprüfungen auch die Qualität der Sicherheiten-Datenbestände prüfen und dabei wertvolle Handlungsempfehlungen zu Wirtschaftlichkeitsverbesserungen sowie der Funktionsfähigkeit der für die Datenqualität relevanten internen Kontrollen ableiten.

✓ Praxistipp »Sicherheitenarten« im BTO 1.2.1 Tz. 3

Empfehlenswerte Sicherheitenarten

Die Kreditinstitute haben nach intern definierten Gesichtspunkten, die von ihnen »akzeptierten Sicherheitenarten« selbst festzulegen. Hierbei spielen beispielsweise prozessorientierte, wirtschaftliche sowie geschäftspolitische Entscheidungen eine Rolle, welche Sicherheiten im Einzelnen vom Kunden akzeptiert werden. Auch die quantitativen und qualitativen Anforderungen an die Organisationseinheiten, welche die Sicherheiten regelmäßig bewerten, werden hierbei herangezogen. Vorsicht ist bei exotischen Sicherheitenwerten geboten, für die regelmäßig keine oder keine ausreichenden Kapazitäten zur Wertermittlung verfügbar sind (wie Kunst, Antiquitäten etc.).

Auszug BTO 1.2.1 Tz. 4

Hängt der Sicherheitenwert maßgeblich von den Verhältnissen eines Dritten ab (z. B. Bürgschaft), so ist eine angemessene Überprüfung der Adressenausfallrisiken des Dritten durchzuführen.

Abhängigkeit der Sicherheitenwerte von den Verhältnissen Dritter

Wenn der Sicherheitenwert von den wirtschaftlichen Verhältnissen Dritter 725
abhängt (z. B. Bürgschaft), hat sich das Kreditinstitut von deren wirtschaftlichen Verhältnissen zu überzeugen. Dies geschieht analog der Erfordernisse

zur Offenlegung der wirtschaftlichen Verhältnisse nach § 18 KWG. Danach kann festgestellt werden, ob die zur Verfügung stehenden Sicherheiten auch tatsächlich werthaltig sind.

> **✓ Praxistipp »Überprüfung der Werthaltigkeit« im BTO 1.2.1 Tz. 4**
>
> **Überprüfung der Werthaltigkeit – Beispiel EU-Länder-Bonitäten**
>
> Die Bonitäten einzelner EU-Länder stehen regelmäßig im Blickfeld der Bonitätsbetrachtungen. Zu nennen sind hierbei aktuell Italien und Griechenland. Analog der Entwicklungen »Börsen gehandelter Adressen (Staatsanleihen)« ist auch die Bonität der »klassischen Kreditnehmer (z. B. Kredite an EU-Staaten)« einem intensiven Bewertungsprozess zu unterziehen. Neben der Internen Revision befasst sich damit regulär auch der Jahresabschlussprüfer im Rahmen der jährlich durchzuführenden Jahresabschlussprüfung.

3.2.3. Checkliste

	Fragestellung »Kreditgewährung«	**Erfüllt**
1.	Wurde der Prozess der Kreditgewährung im Institut klar definiert?	
2.	Umfasst der Prozess alle bis zur Bereitstellung des Kredites relevanten Arbeitsabläufe?	
3.	Werden dabei die für das Risiko relevanten Faktoren betrachtet?	
4.	Ist sichergestellt, dass beim Kreditnehmer eine ausreichende Kapitaldienstfähigkeit vorliegt?	
5.	Werden auch besondere Risiken wie Risiken eines Objektes oder Projektes mit berücksichtigt?	
6.	Hängt die Intensität der Risiko-Beurteilung vom Risikogehalt des Engagements ab?	
7.	Wird eine Beurteilung anhand eines vereinfachten Verfahrens vorgenommen?	
8.	Nutzt das Institut beim vereinfachten Verfahren prozessbedingte Erleichterungen?	
9.	Sind diese Erleichterungen angemessen und vertretbar?	

10.	Werden bei Hypothekardarlehen an Verbraucher auch künftige, als wahrscheinlich anzusehende Einkommensschwankungen in der Beurteilung zur Kapitaldienstfähigkeit berücksichtigt?	
11.	Hat das Institut sichergestellt, dass alle für die Kreditgewährung relevanten Informationen vollständig dokumentiert und über die Laufzeit des Kredites aufbewahrt werden?	
12.	Ist sichergestellt, dass die Werthaltigkeit und der rechtliche Bestand der Sicherheiten vor der Kreditvergabe geprüft werden?	
13.	Wird bei der Überprüfung der Sicherheiten auf bereits vorhandene Sicherheitenwerte zurückgegriffen?	
14.	Wird bei Sicherheiten, die von den Verhältnissen Dritter abhängen, eine angemessene Prüfung des Adressenausfallrisikos vorgenommen?	

3.2.4. BTO 1.2.2 Kreditweiterbearbeitung

Der Prozess der *Kreditweiterbearbeitung* umfasst eine Reihe von Kontroll- und Arbeitsschritten, die mit der regulären und fortlaufenden Bearbeitung des Engagements zusammenhängen. In den nachfolgenden Ausführungen werden die einzelnen Erfordernisse dargestellt und beschrieben. 726

Auszug BTO 1.2.2 Tz. 1

Im Rahmen der Kreditweiterbearbeitung ist zu überwachen, ob die vertraglichen Vereinbarungen vom Kreditnehmer eingehalten werden. Bei zweckgebundenen Kreditvergaben ist zu kontrollieren, ob die valutierten Mittel der vereinbarten Verwendung zukommen (Kreditverwendungskontrolle).

Kontrolle vertraglicher Vereinbarungen, Kreditmittelverwendungskontrolle

Eine wichtige Kontrolle im Rahmen des Internen Kontrollsystems des Instituts ist die fortlaufende Kontrolle der Einhaltung der vertraglichen Vereinbarungen sowie die Kreditmittelverwendungskontrolle. Vertragliche Vereinbarungen können sich auf die Einhaltung der Valutierungsvoraussetzungen 727 beziehen. Diese können sich beispielsweise auf die Sicherstellung des Kredits oder die Drittplatzierung von Kreditmitteln (Konsortialbeteiligung) beziehen.

728 Die *Kreditmittelverwendungskontrolle* beispielsweise bei Immobilienengagements bezieht sich auf den Nachweis der verwandten Mittel für jeden Baufortschritt.

729 Mittels Kreditmittelverwendungskontrollen können auch Indikationen für einen möglichen Kreditbetrug offen gelegt werden. Beispiele aus der Praxis sind z. B. Scheinrechnungen, Rechnungen mit fehlendem Steuerausweis oder falscher Steuernummer. Fälle von Kreditbetrug können meist anhand von Kreditmittelverwendungskontrollen aufgezeigt werden.

✓ Praxistipp »Kreditverwendungskontrolle« im BTO 1.2.2 Tz. 1

Kreditverwendungskontrolle

Innerhalb des jeweiligen Instituts ist festzulegen, wann eine Kreditverwendungskontrolle zielführend ist. Maßgeblich für die Entscheidung sind in der Praxis meist die jeweilige Größenordnung des Kredites und/oder die Kreditart. Kreditmittelverwendungskontrollen werden daher oftmals bei größeren Bauträgerkrediten, Investitionskrediten etc. durchgeführt. Die Interne Revision sollte sich idealerweise im Rahmen einer Systemprüfung des Prozesses »Kreditweiterbearbeitung« von Inhalt und Qualität der Kontrollen überzeugen.

Auszug BTO 1.2.2 Tz. 2

Eine Beurteilung der Adressenausfallrisiken ist jährlich durchzuführen, wobei die Intensität der Beurteilungen vom Risikogehalt der Engagements abhängt (z. B. Kreditwürdigkeitsprüfung, Risikoeinstufung im Risikoklassifizierungsverfahren oder eine Beurteilung auf der Grundlage eines vereinfachten Verfahrens).

Jährliche Beurteilung von Adressenausfallrisiken

730 Wichtig für die regelmäßige Bestimmung des Kreditrisikos ist die jährlich durchzuführende Beurteilung des Adressenausfallrisikos. Dies wird in Banken regelmäßig durch eine turnusgemäße Überprüfung des Ratings/Scorings vorgenommen. Die Unterlagen über die wirtschaftlichen Verhältnisse des Kreditnehmers werden nach § 18 KWG im Rahmen der laufenden Offenlegung eingeholt. Für Engagements unter der § 18 KWG-Offenlegungsgrenze von 750 TEUR nutzen die Kreditinstitute interne Offenlegungsgrenzen. Häufig

wird eine vereinfachte Offenlegung praktiziert, d. h. das Anforderungsmaß an die Offenlegung ist nicht so hoch wie bei der gesetzlichen Offenlegung nach § 18 KWG.

Auszug BTO 1.2.2 Tz. 3

Die Werthaltigkeit und der rechtliche Bestand von Sicherheiten sind im Rahmen der Kreditweiterbearbeitung in Abhängigkeit von der Sicherheitenart ab einer vom Institut unter Risikogesichtspunkten festzulegenden Grenze in angemessenen Abständen zu überprüfen.

Prüfung der Werthaltigkeit/rechtliche Bestand von Sicherheiten

Ab einer bankintern definierten Grenze für die Wesentlichkeit wird die fort- 731
laufende Überprüfung der Sicherheiten in regelmäßigen Abständen durchgeführt. Bei Wertpapieren erfolgt häufig ein zeitlich geringer Überwachungsturnus, bei Immobilien wird ein längerer Turnus angewandt. Der Überwachungsturnus richtet sich dabei nach der Wertschwankung der Sicherheiten. Turnus und Inhalt der Überwachung ist nachvollziehbar in den Arbeitsanweisungen zu beschreiben. Dies bildet die Grundlage für die in- oder externe Prüfung.

Einsatz von Marktschwankungskonzepten bei Immobiliensicherheiten

Da *Marktschwankungskonzepte* lediglich eine erste Indikation für allgemeine 732
Geschehnisse im jeweiligen Marktsegment liefern können, ist ihr alleiniger Einsatz zur Überprüfung der Werthaltigkeit von Immobiliensicherheiten nicht geeignet. Vielmehr hat das Institut Immobiliensicherheiten ab einer unter Risikogesichtspunkten festzulegenden Grenze eigenverantwortlich zu beobachten und Risiken für die Werthaltigkeit der Sicherheiten zu identifizieren und zu steuern.[245]

245 Vgl. *BaFin*: Mindestanforderungen an das Risikomanagement (MaRisk) – Neufassung vom 27.10.2017, BTO 1.2.2 Tz. 3 – Kommentierung der BaFin in den Erläuterungen zu den MaRisk.

Auszug BTO 1.2.2 Tz. 4

Außerordentliche Überprüfungen von Engagements einschließlich der Sicherheiten sind zumindest dann unverzüglich durchzuführen, wenn dem Institut aus externen oder internen Quellen Informationen bekannt werden, die auf eine wesentliche negative Änderung der Risikoeinschätzung der Engagements oder der Sicherheiten hindeuten. Derartige Informationen sind unverzüglich an alle einzubindenden Organisationseinheiten weiterzuleiten.

Außerordentliche Überprüfungen von Engagements

733 Bei außerordentlichen Überprüfungen von Engagements muss das Institut *ad-hoc-Kenntnis* über eine negative Änderung der Risikoeinschätzung oder einer negativen Entwicklung der Sicherheiten erlangt haben. Zu einer plötzlichen negativen Änderung der Risikoeinschätzung kann beispielsweise ein negativer Halbjahresbericht des Kreditnehmers zählen, der eine hohe Verlustsituation aufzeigt. Negative Veränderungen der Sicherheitenwerte können durch Naturereignisse wie Hochwasser-, Sturm- und Hagelschäden bei Immobilien, aber auch aus starken Börsenschwankungen bei Wertpapieren, die als Sicherheit dienen, resultieren. Diese Informationen erhält das Institut über die in- oder externen Informationsquellen (Kundeninformationen, Zeitung, sonstige Presse etc.). Auch starke Wertschwankungen von Sicherheiten wie bei Immobilienblasen können zu einer Überprüfung der Sichereitenwerte führen.

3.2.5. Checkliste

	Fragestellung »Kreditweiterbearbeitung«	Erfüllt
1.	Wurde im Rahmen der Kreditweiterbearbeitung überwacht, ob die vertraglichen Vereinbarungen vom Kreditnehmer eingehalten werden?	
2.	Hat eine fortlaufende Kontrolle stattgefunden, ob bei einer zweckgebundenen Kreditvergabe die vereinbarte Verwendung erfüllt wurde (Kreditmittelverwendungskontrolle)?	
3.	Ist sichergestellt, dass die Beurteilung der Adressenausfallrisiken jährlich durchgeführt wird?	
4.	Führt das Institut die Intensität der Beurteilungen in Relation zum Risikogehalt durch?	

5.	Werden die Werthaltigkeit der Sicherheiten und der rechtliche Bestand in angemessenen Abständen geprüft?	
6.	Gibt es hierfür klare organisatorische Vorgaben?	
7.	Werden außerordentliche Überprüfungen von Engagements bei Negativinformationen über das Kreditrisiko als auch bei Sicherheitenverschlechterungen durchgeführt?	
8.	Gibt es einen Prozess über die Aufnahme, Analyse und Weiterleitung von ad-hoc-Informationen?	
9.	Sind die Informationsflüsse hierzu klar geregelt?	
10.	Nutzt das Institut für ad-hoc-Ereignisse Informationen aus in- und externen Quellen?	
11.	Werden derartige Informationen unverzüglich an alle einzubindenden Organisationseinheiten weitergeleitet?	
12.	Gibt es hierzu einen klaren und transparent geregelten Informationsfluss?	

3.2.6. BTO 1.2.3 Kreditbearbeitungskontrolle

Kreditbearbeitungskontrollen werden fortlaufend in allen Kreditprozessen 734 durchgeführt, denn sie sind unverzichtbarer Bestandteil des internen Kontrollsystems. Nachfolgend werden die MaRisk-Anforderungen hierzu aufgezeigt.

Auszug BTO 1.2.3 Tz. 1

Für die Kreditbearbeitung sind prozessabhängige Kontrollen einzurichten, die gewährleisten, dass die Vorgaben der Organisationsrichtlinien eingehalten werden. Die Kontrollen können auch im Rahmen des üblichen Vier-Augen-Prinzips erfolgen.

✓ Praxistipp »prozessabhängige Kontrollen« im BTO 1.2.3 Tz. 1

Prozessabhängige Kontrollen

Innerhalb der Kreditbearbeitung sind teils zahlreiche interne Kontrollen implementiert, die eine ordnungsgemäße Aufbau- und Ablauforganisation (Regelung in den Organisationsrichtlinien) sicherstellen sollen. Verschiedene Institute führen im Bereich der internen Kontrollen sogenannte »Self-Assessments« durch, die die Bewertung der Wesentlichkeit sowie die Funktionsfähigkeit der internen Kontrollen sicherstellen sollen. Auf diese Informationen kann auch die Interne Revision im Vorfeld der Prüfungen zurückgreifen. Weiterhin sollte die Interne Revision im Rahmen ihrer Prozessprüfungen im Kreditgeschäft die wesentlichen Kontrollen in den Prozessabläufen identifizieren und deren Funktionsfähigkeit anhand von Stichproben überprüfen.

Prozessabhängige Kontrollen

735 Innerhalb der Kreditprozesse haben die Kreditinstitute verschiedene prozessabhängige Kontrollen einzurichten. Prozessabhängige Kontrollen sind Kontrollen, die direkt in den Arbeitsprozess implementiert sind wie die 4-Augen-Kontrolle bei der Kreditmittelfreigabe ab einer bestimmten Größenordnung. Wesentlich dabei ist, dass die Kontrollen ausreichend in den Organisationsrichtlinien und Arbeitsanweisungen beschrieben werden.

Auszug BTO 1.2.3 Tz. 2

Insbesondere ist zu kontrollieren, ob die Kreditentscheidung entsprechend der festgelegten Kompetenzordnung erfolgte und ob vor der Valutierung die Voraussetzungen beziehungsweise Auflagen aus dem Kreditvertrag erfüllt sind.

Kontrolle für Valutierungsauflagen, Einhaltung von Kompetenzen

736 Eine der wesentlichen Kontrollen besteht darin, ob die Kreditentscheidung im Rahmen der vorgegebenen Kompetenzen genehmigt wurde. Weiterhin ist zu kontrollieren, ob vor der Valutierung des Kredites alle Voraussetzungen sowie Auflagen aus dem Kreditvertrag eingehalten wurden.

3.2.7. Checkliste

	Fragestellung »Kreditbearbeitungskontrolle«	Erfüllt
1.	Wurden für die Kreditbearbeitung prozessabhängige Kontrollen eingerichtet?	
2.	Gewährleisten diese Kontrollen, dass die Vorgaben in den Organisationsrichtlinien eingehalten werden?	
3.	Werden diese Kontrollen auch im bekannten 4-Augen-Prinzip durchgeführt?	
4.	Ist sichergestellt, dass insbesondere kontrolliert wird, ob die Kreditentscheidung entsprechend der Kompetenzordnung erfolgte?	
5.	Wird auch kontrolliert, ob vor Valutierung die Voraussetzungen bzw. Auflagen für den Kredit erfüllt wurden?	

3.2.8. BTO 1.2.4 Intensivbetreuung

Die Intensivbetreuung ist eine meist noch im Bereich »Markt« durchgeführte Begleitung von Engagements, bei denen verschiedene Risikomerkmale schlagend werden. Die einzelnen Anforderungen werden im Folgenden dargestellt. 737

Auszug BTO 1.2.4 Tz. 1

Das Institut hat Kriterien festzulegen, wann ein Engagement einer gesonderten Beobachtung (Intensivbetreuung) zu unterziehen ist. Die Verantwortung für die Entwicklung und Qualität dieser Kriterien sowie deren regelmäßige Überprüfung muss außerhalb des Bereichs Markt angesiedelt sein.

Kriterien für den Übergang in die Intensivbetreuung

Jedes Kreditinstitut hat einheitliche Kriterien für die Intensivbetreuung festzulegen. Dies können die üblichen Messgrößen wie Ratingnote oder Ergebnis aus einem Frühwarnverfahren sein. Bei Unternehmenskrediten können aber auch bekannte Krisenindikatoren herangezogen werden:[246] 738

246 Vgl. *Kastner A.*: Prüfung von Intensiv- und Problemkrediten in Sparkassen und Finanzdienstleistungsunternehmen, Becker A./Wolf M. (Hrsg.), Stuttgart 2005, S. 193–195.

- Krisenindikatoren auf Unternehmensebene (wie Finanzen, Management)
- Krisenindikatoren aus dem Unternehmensumfeld (wie Ausfall von Lieferanten, Branchenrisiken)
- Krisenindikatoren auf Bankenebene (wie Überziehungen, angespannte Liquiditätskennzahlen, steigender Verschuldungsgrad)
- Sonstige Krisenindikatoren (wie Änderungen der Gesetzeslage, Wirtschaftskrise)

739 Die folgende Abbildung zeigt zusammenfassend die prozessseitigen Voraussetzungen der Intensivbetreuung auf:

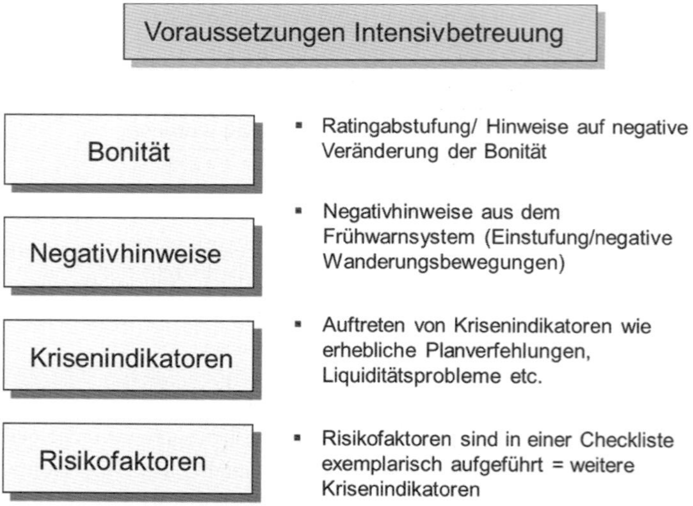

Abbildung 5: Voraussetzungen der Intensivbetreuung[247]

Kriterien für den Übergang in die Intensivbetreuung[248]

740 Ob die Kriterien einen Automatismus statuieren oder ob es sich um Indikatoren handelt, auf deren Grundlage die Überprüfung durchgeführt wird, liegt im Ermessen des Instituts. Ziel ist die zügige Identifikation der problembehafteten Engagements, um möglichst frühzeitig geeignete Maßnahmen einleiten

247 Vgl. *Becker A.*: Die Prüfung des Kreditgeschäfts durch die Interne Revision, Vortrag an der Sparkassenakademie in Schleswig-Holstein am 14. September 2009, Folie S. 59.

248 Vgl. *BaFin*: Mindestanforderungen an das Risikomanagement (MaRisk) – Neufassung vom 27.10.2017, BTO 1.2.4 Tz. 1 – Kommentierung der BaFin in den Erläuterungen zu den MaRisk.

zu können. Entsprechendes gilt für die Kriterien, die maßgeblich für den Übergang in die Problemkreditbearbeitung sind (BTO 1.2.5 Tz. 1).[249]

Kriterien für die funktionale Trennung

741 Die funktionale Trennung ist bei der Entwicklung und Qualitätssicherung der Kriterien für die Überleitung in die Intensivbetreuung zu beachten. Die zuständige Abteilung muss außerhalb des Bereichs Markt zugeordnet werden.

742 Ein exemplarischer *Intensivbetreuungsprozess* ist wie folgt strukturiert:

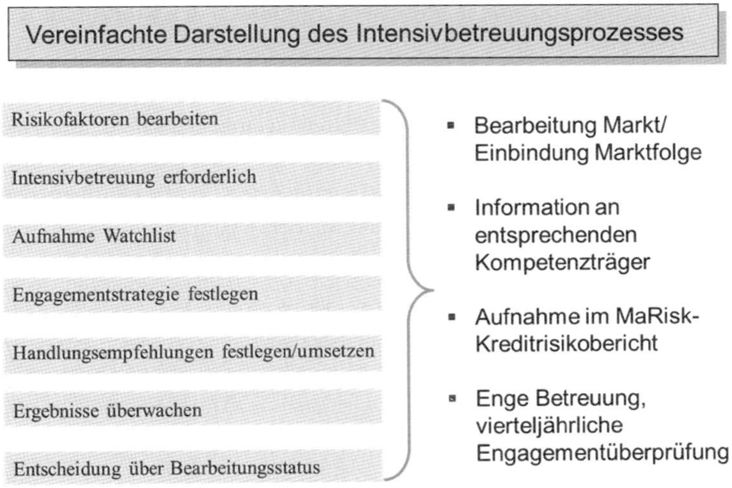

Abbildung 6: Intensivbetreuungsprozess[250]

Ausnahmen von der Intensivbetreuung, Sanierung und Abwicklung

743 Analog zur Anwendung des Verfahrens zur Früherkennung von Risiken kann das Institut unter Risikogesichtspunkten festzulegende Arten von Kreditgeschäften oder Kreditgeschäfte unterhalb bestimmter Größenordnungen von der Intensivbetreuung sowie der Sanierung und Abwicklung ausnehmen.[251]

249 Vgl. *BaFin*: Mindestanforderungen an das Risikomanagement (MaRisk) – Neufassung vom 27.10.2017, BTO 1.2.4 Tz. 1 – Kommentierung der BaFin in den Erläuterungen zu den MaRisk.

250 Vgl. *Becker A.*: Die Prüfung des Kreditgeschäfts durch die Interne Revision, Vortrag an der Sparkassenakademie in Schleswig-Holstein am 14. September 2009, Folie S. 62.

251 Vgl. *BaFin*: Mindestanforderungen an das Risikomanagement (MaRisk) – Neufassung vom 27.10.2017, BTO 1.2.4 Tz. 1 – Kommentierung der BaFin in den Erläuterungen zu den MaRisk.

Ausnahmen beim drittinitiierenden Geschäft

744 Von der Intensivbetreuung beziehungsweise der Problemkreditbearbeitung kann auch abgesehen werden, wenn der Zugriff auf die dafür erforderlichen Daten aufgrund objektiver Gegebenheiten eingeschränkt ist und insofern bereits auf die Einrichtung eines Verfahrens zur Früherkennung von Risiken verzichtet wird (drittinitiiertes Geschäft). Das Institut hat dabei sicherzustellen, dass es über alle wesentlichen Vorkommnisse bei dem Kreditnehmer informiert wird.[252]

Berücksichtigung von Zugeständnissen zugunsten des Kreditnehmers (»Forbearance«)

745 Bei der Festlegung der Kriterien hat das Institut auch die Engagements hinsichtlich eines Übergangs in die Intensivbetreuung angemessen zu berücksichtigen, bei denen Zugeständnisse hinsichtlich der Rückzahlungsmodalitäten zugunsten des Kreditnehmers (Forbearance) gemacht wurden. Entsprechendes gilt für die Kriterien, die maßgeblich für den Übergang in die Sanierung oder Abwicklung sind (BTO 1.2.5 Tz.1).[253]

746 Forbearance-Maßnahmen bestehen bspw. aus vertraglichen Zugeständnissen aufgrund sich abzeichnender finanzieller Schwierigkeiten eines Kreditnehmers. Eine genaue Definition und Abgrenzung von Forbearance kann das Institut institutsindividuell vornehmen, ggf. auch in Anlehnung an Definitionen internationaler Aufsichtsinstitutionen (z. B. EBA).[254]

747 Die Erkenntnisse aus Forbearance-Maßnahmen sind zudem angemessen bei den Verfahren zur Früherkennung von Risiken (BTO 1.3), beim Risikoklassifizierungsverfahren (BTO 1.4) und bei der Bildung der Risikovorsorge (BTO 1.2.6) zu berücksichtigen.[255]

---

252 Vgl. *BaFin*: Mindestanforderungen an das Risikomanagement (MaRisk) – Neufassung vom 27.10.2017, BTO 1.2.4 Tz. 1 – Kommentierung der BaFin in den Erläuterungen zu den MaRisk.

253 Vgl. *BaFin*: Mindestanforderungen an das Risikomanagement (MaRisk) – Neufassung vom 27.10.2017, BTO 1.2.4 Tz. 1 – Kommentierung der BaFin in den Erläuterungen zu den MaRisk.

254 Vgl. *BaFin*: Mindestanforderungen an das Risikomanagement (MaRisk) – Neufassung vom 27.10.2017, BTO 1.2.4 Tz. 1 – Kommentierung der BaFin in den Erläuterungen zu den MaRisk.

255 Vgl. *BaFin*: Mindestanforderungen an das Risikomanagement (MaRisk) – Neufassung vom 27.10.2017, BTO 1.2.4 Tz. 1 – Kommentierung der BaFin in den Erläuterungen zu den MaRisk.

> **Auszug BTO 1.2.4 Tz. 2**
>
> Die einer Intensivbetreuung unterliegenden Engagements sind nach einem festzulegenden Turnus auf ihre weitere Behandlung hin zu überprüfen (weitere Intensivbetreuung, Rückführung in die Normalbetreuung, Abgabe an die Abwicklung oder die Sanierung).

Entscheidung über die weitere Behandlung der Engagements

Im regelmäßigen Turnus – meist vierteljährlich – ist über die weitere Behandlung der Engagements zu entscheiden. Die Entscheidung wird durch die betreuende Organisationseinheit (Markt) regelmäßig mit Einbindung der Marktfolge vorgenommen.[256] Hat sich der Zustand des Kreditnehmers nachhaltig verbessert, kann das Engagement wieder normal betreut werden. Ist der Zustand nach wie vor angespannt, verbleibt es in der Intensivbetreuung. In diesem Fall ist die Strategie des Engagements fortlaufend zu überprüfen bzw. zu aktualisieren. Verschlechtert sich der Zustand erheblich, erfolgt die Abgabe in die Sanierung oder Abwicklung. 748

> **✓ Praxistipp »Prüfung der Intensivbetreuung« im BTO 1.2.4**
>
> **Prüfungsansatz der Internen Revision**
>
> Als Prüfungsansatz der Intensivbetreuung empfiehlt sich die ganzheitliche Systemprüfung, die die Prüfung der Ordnungsmäßigkeit des Verfahrens und die Funktionsfähigkeit der internen Kontrollen beinhaltet. In die Prüfung sollte auch eine Prüfung der Kreditdatenbestände mit berücksichtigt werden. So sind Datenabfragen über Engagements sinnvoll, bei denen bereits Leistungsstörungen eingetreten sind (z. B. bei ausbleibenden Zins- oder Tilgungsleistungen), die aber noch positiv eingestuft sind und in der Normalbetreuung geführt werden (Diskrepanz). Hierbei kann eine Aussage über die Funktionsfähigkeit der Intensivbetreuung getroffen werden.

256 Vgl. *Becker A.*: Die Prüfung von Frühwarnverfahren in: Risikofrüherkennung im Kreditgeschäft – Prüfungs- und Bearbeitungsleitfaden, Becker A./Berndt M./Klein J. (Hrsg.), Heidelberg 2008, S. 247.

3.2.9. Checkliste

	Fragestellung »Intensivbetreuung«	Erfüllt
1.	Hat das Institut klare Kriterien festgelegt, wann ein Engagement einer gesonderten Beobachtung zu unterziehen ist?	
2.	Gibt es hierfür ausreichende Arbeitsanweisungen?	
3.	Sind die Kriterien allen relevanten Stellen bekannt und werden auch Änderungen den relevanten Stellen mitgeteilt?	
4.	Sind die Prozessschnittstellen für den Intensivbetreuungsprozess klar geregelt?	
5.	Nutzt das Institut Hilfsmittel bei der Intensivbetreuung wie die Überwachungsliste (Watchlist)?	
6.	Wurden sowohl das Ergebnis des Ratingsystems als auch die Frühwarnnote in den Prozess der Intensivbetreuung mit eingebunden?	
7.	Ist sichergestellt, dass bei schlagenden Risikokriterien die Ratingnote überprüft und ggf. angepasst wird?	
8.	Werden die intensivbetreuten Engagements nach einem festgelegten Turnus auf die weitere Behandlung hin geprüft?	
9.	Erfolgt eine klare Entscheidung über die Behandlung des Engagements (Normalbetreuung, weitere Intensivbetreuung, Abgabe an die Problemkreditbearbeitung)?	
10.	Sind die Schnittstellen zu den weiteren Kreditprozessen klar und transparent geregelt?	

3.2.10. BTO 1.2.5 Behandlung von Problemkrediten

Definition Problemkredite

749 Problemkredite werden als Sanierungs- und Abwicklungskredite definiert. Ein Sanierungskredit ist ein Problemkredit, bei dem die Chance für eine erfolgreiche Sanierung gesehen wird. Mit der Sanierung wird das Ziel verfolgt, die Leistungsfähigkeit des Kreditnehmers wieder herzustellen. Ein notleidender Kreditnehmer gilt dann als sanierungsfähig, wenn er nach einer Schwachstellenanalyse und Durchführung gebotener Sanierungsmaßnahmen mit hinreichender Wahrscheinlichkeit aus eigener Kraft in der Lage ist, am Markt

nachhaltige Einkommensüberschüsse zu erzielen. Die Sanierungen innerhalb und außerhalb der Insolvenz haben in den Kreditinstituten regelmäßig einen hohen Stellenwert, da deren Erfolg/Misserfolg das Geschäftsergebnis oftmals nicht unwesentlich beeinflusst.[257] Bei einem Abwicklungskredit liegt der Schwerpunkt der Tätigkeit des Kreditinstituts in der reinen Abwicklung des Engagements, d. h. in den Arbeitsschritten von der Kreditkündigung bis hin zur Sicherheitenverwertung und abschließenden Ausbuchung des Kredites.

Auszug BTO 1.2.5 Tz. 1

Das Institut hat Kriterien festzulegen, die die Abgabe eines Engagements an die auf die Sanierung beziehungsweise Abwicklung spezialisierten Mitarbeiter oder Bereiche beziehungsweise deren Einschaltung regeln. Die Verantwortung für die Entwicklung und die Qualität dieser Kriterien sowie deren regelmäßige Überprüfung muss außerhalb des Bereichs Markt angesiedelt sein. Die Federführung für den Sanierungs- beziehungsweise den Abwicklungsprozess oder die Überwachung dieser Prozesse ist außerhalb des Bereichs Markt wahrzunehmen.

Kriterien für den Übergang in die Problemkreditbearbeitung

Hinsichtlich der Kriterien für den Übergang in die Sanierung oder Abwick- 750
lung gelten die Erläuterungen zu den Kriterien der Intensivbetreuung analog (vgl. BTO 1.2.4 Tz. 1).[258]

Prüfung nicht standardisierter Verträge bei Sanierungsfällen

Von der Prüfung nicht standardisierter Verträge durch eine unabhängige Stelle 751
kann bei Sanierungsfällen abgesehen werden, wenn die Sanierung von Spezialisten begleitet wird, die aufgrund ihrer Fachkenntnisse und Erfahrungen in der Lage sind, solche Vertragswerke eigenständig und ohne weitere unabhängige Prüfung zu verfassen.[259]

---

257 Vgl. *Reiner K.*: Sanierungskonzepte aus Sicht der Kreditinstitute in: Die Wirtschaftsprüfung 5/2009, Düsseldorf 2010, S. 321.

258 Vgl. *BaFin*: Mindestanforderungen an das Risikomanagement (MaRisk) – Neufassung vom 27.10.2017, BTO 1.2.5 Tz. 1 – Kommentierung der BaFin in den Erläuterungen zu den MaRisk.

259 Vgl. *BaFin*: Mindestanforderungen an das Risikomanagement (MaRisk) – Neufassung vom 27.10.2017, BTO 1.2.5 Tz. 1 – Kommentierung der BaFin in den Erläuterungen zu den MaRisk.

Votierung bei Sanierungskrediten und Engagements in Abbauportfolien

752 Im Rahmen von Entscheidungen über Sanierungskredite ist eine Votierung aus dem marktunabhängigen Bereich ausreichend. Dies gilt auch für Engagements in so genannten »Abbauportfolien«, wobei die Bestände sowie die jeweils verfolgte Intention vom Institut nachvollziehbar darzustellen sind (z. B. in einem »Abbaukonzept«).[260]

> **Auszug BTO 1.2.5 Tz. 2**
>
> Entscheidet sich das Institut trotz Erfüllung der Kriterien für den Übergang in die Sanierung bzw. Abwicklung und trotz wesentlicher Leistungsstörungen für einen Verbleib in der Intensivbetreuung, ist sicherzustellen, dass das Adressenausfallrisiko des Kredits verringert oder begrenzt werden kann. Das Vorgehen ist mit den auf die Sanierung bzw. Abwicklung spezialisierten Mitarbeitern abzustimmen. Rechtliche Risiken sind dabei zu prüfen.

753 Mit der Anforderung ermöglicht die Aufsicht, dass bestimmte Kredite im Bereich »Markt« zur Intensivbetreuung bleiben können. Das Vorgehen der Intensivbetreuung ist jedoch mit den Spezialisten aus Sanierung bzw. Abwicklung abzustimmen. Dadurch ist die funktionale Trennung im Arbeitsprozess sichergestellt.

> **Auszug BTO 1.2.5 Tz. 3**
>
> Zieht ein Institut die Begleitung einer Sanierung in Betracht, hat es sich ein Sanierungskonzept zur Beurteilung der Sanierungsfähigkeit des Kreditnehmers vorlegen zu lassen und auf dieser Grundlage ein eigenständiges Urteil darüber zu treffen, ob eine Sanierung erreicht werden kann.

Entscheidung für die Sanierung

754 Entscheidet sich das Institut für die Begleitung einer Sanierung, hat vorher eine Entscheidung über die Sanierungsfähigkeit und -würdigkeit des Kreditnehmers statt gefunden. Die Umsetzung sowie die Auswirkungen des Sanierungskonzeptes und die Auswirkungen sind von dem finanzierenden Kredit-

260 Vgl. *BaFin*: Mindestanforderungen an das Risikomanagement (MaRisk) – Neufassung vom 27.10.2017, BTO 1.2.5 Tz. 1 – Kommentierung der BaFin in den Erläuterungen zu den MaRisk.

institut zu überwachen.[261] In der Praxis werden verschiedene Sanierungskonzepte eingesetzt. Ein Sanierungskonzept wird regelmäßig unter Anwendung des betriebswirtschaftlichen Instrumentariums erstellt und ist vor allem schlüssig und nachvollziehbar, wenn es den zeitlichen Ablauf der Unternehmensentwicklung wiedergibt.[262]

Sanierungskonzepte kleinerer Unternehmen

Für kleinere mittelständische Unternehmen genügen kurze, prägnante Ausführungen, die das OLG Celle in einer Entscheidung vom 23.10.2003 in Form von Mindestanforderungen festgehalten hatte.[263] 755

✓ Praxistipp »Mindestanforderungen an das Sanierungskonzept eines kleinen mittelständischen Unternehmens« gem. BTO 1.2.5[264]

Mindestanforderungen Sanierungskonzept

- Beschreibung/Analyse des Unternehmens mit Angabe der jeweiligen Krisenursachen, Lagebeurteilung, Schwachstellenanalyse und Stärken- und Schwächenbestimmung,
- Maßnahmen zur Sanierung des Unternehmens, insbesondere Angaben zur Sanierungsstrategie, Sicherung der Liquidität und vor allem zum Leitbild des sanierten Unternehmens,
- Verbindlichkeiten-Status,
- Vermögensstatus,
- Finanzstatus und darauf aufbauend der Finanzplan sowie
- Gewinn- und Verlustrechnungen, darunter vor allem Planrechnungen samt einer Beurteilung durch den Konzeptersteller.

Sanierungskonzepte größerer Unternehmen

Für größere Unternehmen sind weit mehr detaillierte Auswertungen erforderlich. Eine generelle Orientierung an der Gestaltung von Sanierungskonzepten kann den derzeit noch gültigen Ausführungen des IDW-Standards »Anforde- 756

261 Vgl. *Kastner A.*: Die Prüfung der Intensivbetreuung und Sanierung in: Prüfung des Kreditgeschäfts, A. Becker/A. Kastner (Hrsg.), Stuttgart 2007, S. 356.

262 Vgl. *Krystek U./Klein J.*: Erstellung von Sanierungskonzepten (Teil 2): Leitfaden zur zukünftigen Ausgestaltung von Sanierungskonzepten in: Der Betrieb, Heft Nr. 34 vom 27.08.2010, S. 1837.

263 Vgl. *OLG Celle*, Urteil vom 23.10.2003 – 16 U 199/02, ZIP 2003, S. 2118.

264 Vgl. *Rockel K./Andersch T.*: Erstellung von Sanierungskonzepten als berufstypische Tätigkeit eines Wirtschaftsprüfers in: Die Wirtschaftsprüfung 5/2009, Düsseldorf 2009, S. 247.

rungen an die Erstellung von Sanierungskonzepten« (IDW S 6) entnommen werden, der eine Messlatte für Sanierungskonzepte legt.[265] Dieser Standard ist am 20.08.2012 vom Fachausschuss Sanierung und Insolvenz (FAS) des IDW veröffentlicht worden, der in u. g. Abbildung dargestellt ist.[266]

757 Aktuell wurde der Entwurf einer Neufassung des IDW Standards »Anforderungen an Sanierungskonzepte« (IDW ES 6 n. F.) vom 08.09.2017 vorgestellt. Dieser umfasst keine Änderung der materiellen Anforderungen an Sanierungskonzepte. Vielmehr unterscheidet sich der Entwurf vom bisherigen Standard im Wesentlichen durch kürzere oder gestrichene Ausführungen zu den erläuternden Grundlagen – insbesondere zu Krisenstadien, zu Maßnahmen zur Überwindung der Krisenstadien, zum Leitbild des sanierten Unternehmens etc.[267]

758 Da aktuell noch der IDW-Standard vom 20.08.2012 die gültige und anwendbare Grundlage für die Sanierungskonzepte ist, werden dessen Inhalte nachfolgend dargestellt.

Mindestinhalte IDW-Standard: Anforderungen an die Erstellung von Sanierungskonzepten (IDW S 6) vom 20.08.2012 – Auszüge	
Grundlagen	▪ Kernanforderungen an Sanierungskonzepte wie Kernbestandteile: – Auftragsgegenstand/Umfang – Basisinformationen über die wirtschaftliche und rechtliche Ausgangslage des Unternehmens einschließlich Vermögens-, Finanz- und Ertragslage – Analyse von Krisenstadium und -ursache – Analyse, ob Insolvenzgefährdung vorliegt – Leitbild/Geschäftsmodell des Unternehmens – Maßnahmen zur Bewältigung der Unternehmenskrise/Abwendung der Insolvenzgefahr – Integrierter Unternehmensplan – Zusammengefasste Einschätzung der Sanierungsfähigkeit

265 Vgl. IdW-Standard: Anforderungen an die Erstellung von Sanierungskonzepten (IDW S 6) vom 20.08.2009, Düsseldorf 2009, S. 1 ff.

266 Vgl. *IDW:* IDW-Standard: Anforderungen an die Erstellung von Sanierungskonzepten (IDW ES 6) vom 20.08.2012, S. 1 ff.

267 Vgl. *IDW:* Entwurf einer Neufassung des IDW-Standards: Anforderungen an die Erstellung von Sanierungskonzepten (IDW ES 6) vom 08.09.2017, S. 1 ff.

	– Nur auf Grundlage der Kernbestandteile kann eine Aussage zur Sanierungsfähigkeit abgeleitet werden – Zusammenwirken der Komponenten des Sanierungskonzeptes sind zu berücksichtigen ▪ Sanierungsfähig ist ein erwerbswirtschaftliches Unternehmen nur dann, wenn zunächst die Annahme der Unternehmensfortführung i. S. d. § 252 Abs. 1 Nr. 2 HGB bejahrt werden kann ▪ Bei Illiquiditäts- oder Überschuldungslage müssen unverzüglich Maßnahmen zu deren Beseitigung konkretisiert und umgesetzt werden (dies setzt Beurteilung der finanzwirtschaftlichen Ressourcen und Potenziale voraus) ▪ Erste Stufe = Maßnahmen zur Sicherstellung der Fortführungsfähigkeit (positive Fortführungsprognose) ▪ Nächste Stufe = Im Sanirungskonzept Darlegung, wie die Fortführungsfähigkeit nachhaltig erreicht werden kann; Voraussetzung hierfür ist die Wettbewerbsfähigkeit und die Renditefähigkeit ▪ Die Nachhaltigkeit des Erfolgs über eine zeitliche Komponente hinaus ist Grundlage für einen dauerhaften Sanierungserfolg ▪ Der Eintritt der im Konzept getroffenen Annahmen und Bedingungen muss überwiegend wahrscheinlich sein ▪ Der Erstellung des Sanierungskonzeptes können nur objektive Kriterien zugrunde gelegt werden ▪ Auch darzustellen ist, ob die gesetzlichen Vertreter in der Lage sind, die zur Sanierung erforderlichen und im Sanierungskonzept beschriebenen Maßnahmen umzusetzen

Abhängigkeit des Sanierungskonzeptes vom Krisenstadium	▪ Beschreibung der Arten von Krisen und der Krisenstadien ▪ Das jeweilige Krisenstadium bestimmt die Inhalte und den jeweils gebotenen Detaillierungsgrad des Sanierungskonzeptes ▪ Vollständiges Sanierungskonzept liegt nur dann vor, wenn die Probleme aller bereits durchlaufenen Krisenstadien aufgearbeitet wurden (Fortführungsprognose, Hinzuziehung fachkundiger Berater, Erarbeitung von Maßnahmen)
Festlegung des Auftragsinhalts und der Verantwortlichkeit	▪ Zur Klärung der Haftungsfrage und des Auftragsgegenstands für den Wirtschaftsprüfer (WP) müssen für das beauftragte Unternehmen als auch für die Kapitalgeber und andere Dritte die Aufgaben des Wirtschaftsprüfers erkennbar werden ▪ Dazu gehören die Vereinbarung der Auftragsbedingungen, eine erste Einschätzung der Unternehmenslage und der Zugang zu allen relevanten Geschäftsunterlagen ▪ Der Bericht über die Erstellung des Sanierungskonzeptes enthält eine Zusammenfassung der wesentlichen Ergebnisse
Darstellung der Analyse des Unternehmens	▪ Diese umfasst die wesentlichen Eckpunkte der rechtlichen Verhältnisse, der wirtschaftlichen Ausgangsdaten, der Lagebeurteilung und die Analyse der Besonderheiten des bereits eingetretenen Krisenstadiums nebst Krisenursachen
Anforderungen an die Qualität der Informationen	▪ Die Erfassung aller wesentlichen Informationen sowie die Klarheit und Übersichtlichkeit der Darstellung der Ausgangssituation sind Grundvoraussetzungen für ein nachvollziehbares Sanierungskonzept (Glaubhaftigkeit, Richtigkeit). ▪ Bie der Festlegung von Art und zeitlichem Umfang der zur Informationsgewinnung durchzuführenden Maßnahmen hat der Wirtschaftsprüfer nach pflichtgemäßem Ermessen zu berücksichtigen:

	– Kenntnisse über die Geschäftstätigkeit und das wirtschaftliche und rechtliche Umfeld des Unternehmens – Die Bedeutung von Geschäftsvorfällen und -maßnahmen in ihren Auswirkungen auf Ertrag, Liquidität und Vermögen – Die Möglichkeit falscher Annahmen und Schlussfolgerungen im Sanierungskonzept wegen fehlender Informationen ▪ Vergangenheitsbezogene finanzielle Informationen des Unternehmens bilden eine Grundlage für die Ableitung der Annahmen und der darauf aufzusetztenden Plandaten. ▪ Gewährleistung der Vollständigkeit der wesentlichen Informationen zur Darstellung und Analyse im Sanierungskonzept. ▪ Sicherstellung, dass Schlussfolgerungen für die Planung sachlich und rechnerisch richtig ermittelt wurden.
Basisinformationen über die Ausgangslage des Unternehmens	▪ Ausgangspunkt für die Erstellung eines Sanierungskonzeptes ist eine vollständige Erfassung der für das Unternehmen wesentlichen Daten inkl. deren Informationsquellen ▪ Dazu gehören die wesentlichen Angaben zur bisherigen Unternehmensentwicklung wie: – Rechtliche und organisatorische Verhältnisse – Finanzwirtschaftliche Verhältnisse – Leistungswirtschaftliche Verhältnisse – Personalwirtschaftliche Verhältnisse ▪ Im Falle der Erstellung eines Sanierungskonzeptes für einen Konzern ist nicht nur die wirtschaftliche Struktur des Konzerns, sondern auch die Kapitalisierung und Sicherstellung der Zahlungsfähigkeit der Konzerngesellschaften zu berücksichtigen

Analyse der Unternehmenslage	▪ Die Lagebeurteilung im Sanierungskonzept zeigt Sachverhalte und Zusammenhänge auf, die sich aus den vorliegenden Informationen nicht unmittelbar ergeben ▪ Die Analyse der externen Faktoren ist dabei vor allem darauf ausgerichtet, Chancen und Risiken des Unternehmens im Markt zu identifizieren, während bei der Analyse unternehmensinterner Faktoren die Stärken und Schwächen des Unternehemens selbst im Vordergrund stehen ▪ Es kommen dazu sowohl verschiedene Methoden der Aufbereitung quantitativer als auch Verfahren zur Ermittlung qualitativer Merkmale in Betracht
Analyse des Umfelds	▪ Die Umfeldanalyse implementiert die gesamtwirtschaftliche Lage sowie das rechtlich-politische, gesellschaftliche und wissenschaftlich-technische Umfeld ▪ Es bildet den Rahmen für die Unternehmenstätigkeit ▪ Im Fokus der Analyse steht die voraussichtliche Entwicklung der wirtschaftlichen Rahmenbedingungen
Analyse der Branchenentwicklung	▪ Ziel ist die Identifizierung der Einflussfaktoren, die einen wesentlichen Bezug zur Geschäftstätigkeit des Unternehmens haben und daher für die Neustrukturierung relevant sind ▪ Chancen und Risiken für das Unternehmen ergeben sich aus folgenden Punkten: – Anzahl und Stärke der Wettbewerber – Aktuelle und potenzielle Kunden – Aktuelle und potenzielle Lieferanten – Substitutionsprodukte und neue Technologien – Neue Wettbewerber – Neue Geschäftsmodelle – Veränderungen in Nachbarbranchen – Verhaltensänderungen der Kapitalmärkte gegenüber der Branche

Analyse der internen Unternehmensverhältnisse	▪ Erfassung der Ergebnis-, Finanz- und Vermögenslage des Unternehmens ▪ Entwicklung der Umsätze, Kosten und Deckungsbeiträge der Produktgruppen und Geschäftsbereiche ▪ Berücksichtigung der externen und internen Einflussfaktoren und deren Auswirkung auf die Ergebnis-, Finanz- und Vermögenslage ▪ Kritische Würdigung des Geschäftsmodells ▪ Erfassung der wettbewerbsrelevanten Ressourcen und Fähigkeiten ▪ Beurteilung der bisherigen strategischen Ausrichtung; Einbezug der Mitglieder der Führungsebenen
Feststellung des Krisenstadiums	▪ Identifizierung des konkreten Krisenstadiums wie Stakeholder, Strategie-, Produkt- und Absatzkrise. ▪ Überprüfung der Personalmanagementstrategie wie Identifizierung von Schwächen in der Personalentwicklung/Personalführung
Feststellung der Stakeholderkrise	▪ Identifizierung der Krisenursachen wie Konflikte zwischen Mitgliedern der Unternehmensleitung, Überwachungsorganen etc.
Feststellungen zur Strategiekrise	▪ Diese ergeben sich meist als Folge der Stakeholderkrise ▪ Häufige Kennzeichen sind: – Unklare oder fehlende strategische Ausrichtung im Hinblick auf die angestrebten Wettbewerbspositionen oder Wettbewerbsvorteile – Nachhaltige Fehleinschätzungen der Wettbewerbssituation oder der Marktentwicklung
Feststellungen zur Produkt- und Absatzkrise	▪ Die Nachfrage nach dem Hauptumsatz- und -erfolgsträger geht stark zurück
Feststellungen zur Erfolgskrise	▪ Resultiert aus dem fehlenden Gegensteuern in der Stakeholder- und Strategiekrise

Feststellungen zur Liquiditätskrise	▪ Eingetretene Liquiditätsschwierigkeiten indizieren ein Insolvenzrisiko, falls das Unternehmen keine oder unzureichende Maßnahmen getroffen hat ▪ Häufig wird eine Krisen verschärfende Finanzierungsstruktur offensichtlich, die auf folgende Ursachen zurückzuführen ist: – Fehlende Übereinstimmung zwischen Geschäftsmodell und Eigenkapitalsituation – Komplexe Finanzierungsstruktur aufgrund einer Vielzahl bilateraler Beziehungen zu Finanzgebern mit heterogener Interessenlage – Unausgewogene Zusammensetzung der Finanzierung mit Eigenkapital, Fremdkapital und hybriden Finanzierungsformen – Mangelnde Fristenkongruenz zwischen Kapitalbindung und Kapitalbereitstellung – Klumpenrisiken in der Fälligkeitsstruktur von Finanzierungen – Unzureichendes Working-Capital-Management
Feststellungen zur Insolvenzreife	▪ Die sich zuspitzende Liquiditätskrise kann zu dem Insolvenzgrund der Zahlungsunfähigkeit führen ▪ Wird die Insolvenzreife festgestellt, kann diese nur durch geeignete und schnell realisierbare Maßnahmen überwunden werden ▪ Ergeben sich im Rahmen der Unternehmensanalyse Hinweise auf eine (drohende) Zahlungsunfähigkeit und/oder Überschuldung, muss darauf unverzüglich aufmerksam gemacht werden und der Hinweis dokumentiert werden ▪ Damit wird den gesetzlichen Vertretern Gelegenheit gegeben, die gebotenen rechtlichen Konsequenzen zu ziehen
Analyse der Krisenursachen	▪ Die erste Unternehmensbeurteilung ermöglicht es, Vermutungen über die Ursachen der Unternehmenskrise zu erhalten; in Folge kann eine systematische Ursachenanalyse durchgeführt werden ▪ Dabei sind auch Ursache-Wirkungsketten zu berücksichtigen

Aussagen zur Unternehmensfortführung	
Aussagen zur Zahlungsunfähigkeit nach § 17 InsO	▪ Spätestens in der Liquiditätskrise ist von der Geschäftsführung/dem Vorstand ein Liquiditätsstatus zu erstellen und die Zahlungsfähigkeit des Unternehmens zu untersuchen ▪ Diese ist nicht allein stichtagsbezogen zu erstellen, sondern hat auch Plandaten zu enthalten
Aussagen zur Überschuldung nach § 19 InsO	▪ Liegen Hinweise zur Überschuldung vor, ist eine Überschuldungsprüfung durchzuführen ▪ Die Wertansätze des Überschuldungsstatus hängen von dem Ergebnis der Fortbestehensprognose ab
Aussagen zur Annahme der Fortführung der Unternehmenstätigkeit nach § 252 Abs. 1 Nr. 2 HGB	▪ Diese ermöglichen einen Überblick über die nach handelsrechtlichen Vorgaben zu erstellende Fortführungsprognose ▪ Danach ist zu beurteilen, ob rechtliche und tatsächliche Gegebenheiten der Fortführung der Unternehmenstätigkeit entgegenstehen ▪ Die positive Fortführungsprognose ist nur gegeben, wenn weder die Insolvenzgründe der Zahlungsunfähigkeit oder Überschuldung vorliegen noch andere rechtliche oder tatsächliche Gegebenheiten der Annahme der Unternehmensfortführung im Prognosezeitraum entgegenstehen
Ausrichtung am Leitbild des sanierten Unternehmens	
Bedeutung des Leitbilds des sanierten Unternehmens	▪ Bestandteil des Sanierungskonzeptes ist das Leitbild des sanierten Unternehmens mit dem Ziel, eine nachhaltige, branchenübliche Rendite zu erzielen und über eine angemessene Eigenkapitalausstattung zu verfügen ▪ Das Leitbild schließt ein realisierbares, zukunftsfähiges Geschäftsmodell mit ein mit: – Wesentlichen Geschäftsfeldern – Den erforderlichen Ressourcen und Fähigkeiten

Beschreibung der Unternehmensstrukturen	▪ Das Leitbild gibt das Ziel der Unternehmensentwicklung an und lässt sich anhand von Kennzahlen weiter konkretisieren ▪ Weiterhin legt dies die Strukturen und Potenziale unter Effektivitäts- und Stimmigkeitsaspekten fest
Beschreibung von Wettbewerbsvorteilen und Wettbewerbsstrategien	▪ Das Ziel besteht darin, das Unternehmen über Wettbewerbsvorteile in die Lage zu versetzen, wieder rentabel zu sein
Stadiengerechte Bewältigung der Unternehmenskrise	▪ Das jeweilige Krisenstadium bestimmt Inhalte und Maßnahmen des Sanierungskonzeptes ▪ Die nachhaltige Sanierung verlangt ein Konzept zur Stärkung bzw. Wiedergewinnung der Wettbewerbsfähigkeit
Überwindung der Insolvenz	▪ Die Sanierung des Unternehmens in der Insolvenz kann im Rahmen eines Insolvenzplanverfahrens erfolgen ▪ Dafür gewährt die InsO zahlreiche Erleichterungen zur Entlastung von unwirtschaftlichen Verträgen und Dauerschuldverhältnissen ▪ Die Sanierung des Betriebs ist insbesondere auch durch übertragende Sanierung möglich
Vermeidung der Insolvenz	▪ Mit Feststellung des Insolvenzgrunds besteht bei Kapitalgesellschaften und ihren insoweit gleichgestellten Personenhandelsgesellschaften noch eine Frist von höchstens drei Wochen, um durch geeignete Sanierungsmaßnahmen die Einleitung des Insolvenzverfahrens abzuwenden ▪ Die Sicherung der Zahlungsfähigkeit setzt voraus, dass das Unternehmen im Prognosezeitraum in die Lage versetzt wird, seine jeweils fälligen Verbindlichkeiten fristgerecht zu begleichen ▪ Zur Abwendung der Überschuldung müssen ausreichende Eigenmittel im Wege von Eigenkapitalzuführungen zur Verfügung gestellt werden oder andere Maßnahmen erfolgen

Überwindung der Liquiditätskrise	▪ Hierbei sind intern noch vorhandene Liquiditätsreserven zu mobilisieren und verbleibende Lücken extern durch Zuführung liquider Mittel oder Zahlungsmoratorien zu schließen
Überwindung der Erfolgskrise	▪ Um nach einer Erfolgskrise eine nachhaltige, branchenübliche Rendite zu erreichen, bedarf es eines umfassenden Sanierungskonzeptes ▪ Dies beinhaltet eine Überprüfung des Leistungssortiments, der Fertigungstiefe und der Kostenstrukturen
Überwindung der Produkt- und Absatzkrise	▪ Ist diese von vorübergehender Natur, kommt es darauf an, die Maßnahmen zu identifizieren, um die Schwächephase zu überstehen ▪ Ist diese längerfristig, sind die Kapazitäten im Leistungsbereich strukturell anzupassen ▪ Liegt die Krise auf der Ebene der Leistungserbringung, müssen Maßnahmen definiert werden, mit denen sich in den relevanten Funktionen und Prozessen Verbesserungen durchsetzen lassen
Überwindung der Strategiekrise	▪ Grundlage der strategischen Ausrichtung ist das Leitbild des rendite- und wettbewerbsfähigen Unternehmens ▪ Hierzu gehören die Wettbewerbsfähigkeit und eine nachhaltige strategische Unternehmensplanung wie: – Stärkung des Kerngeschäfts – Ausweitung des Kerngeschäfts – Transfer von angestammten Produkten, Marken, Ressourcen, Fähigkeiten und Kompetenzen – Entwicklung neuer Erfolgspotenziale

Überwindung der Stakeholderkrise	▪ Diese kann nur überwunden werden, wenn es der Unternehmensleitung oder dem Aufsichtsorgan gelingt, mit allen Interessengruppen wieder einen Konsens zur vertrauensvollen Zusammenarbeit und zu einer gemeinsam getragenen und gelebten Unternehmens- und Zielstruktur zu finden
Integrierte Sanierungsplanung	▪ Das Sanierungskonzept enthält in zusammengefasster Form eine zahlenmäßige Planung des Sanierungsablaufs ▪ Ausgehend von der Ist-Lage und den identifizierten Problem- und Verlustbereichen sind Maßnahmeneffekte zu quantifizieren und in einem integrierten Unternehmensplan zusammenzuführen
Darstellung der Problem- und Verlustbereiche	▪ Ein Überblick umfasst die Ergebnisse der kritischen Bereiche z. B. gegliedert nach Geschäftsfeldern, Produktbereichen, Produktionsstandorten, Absatzgebieten etc. ▪ Zudem sind die Restrukturierungserfordernisse unter finanziellen Aspekten anzugeben
Darstellung der Maßnahmeneffekte	▪ Es ist darzulegen, welche Wirkungen die Maßnahmen auf die künftige Ergebnis, Finanz- und Vermögensentwicklung des Unternehmens voraussichtlich haben ▪ Zumindest für das laufende und das folgende Planjahr werden die Maßnahmeneffekte möglichst monatlich beschrieben und quantifiziert, während für die Folgejahre viertel- bzw. halbjährliche Planangaben ausreichend sind
Aufbau des integrierten Sanierungsplans	▪ Der im Sanierungskonzept verankerte Sanierungsplan ist integriert als Ergebnis-, Finanz- und Vermögensplan zu erstellen ▪ Dabei wird eine Plan-Gewinn- und Verlustrechnung und darauf aufbauend ein Finanzplan und eine Plan-Bilanz entwickelt

Kennzahlen	▪ Die integrierte Planung ist insbesondere um solche Kennzahlen zu ergänzen, die die Aussage zur Sanierungsfähigkeit stützen wie – Liquiditätskennzahlen – Ertragskennzahlen – Vermögenskennzahlen
Dokumentation	▪ Die Arbeitspapiere müssen es einem sachkundigen Dritten ermöglichen nachzuvollziehen, auf welche Dokumente, Fakten und Annahmen sich der Wirtschaftsprüfer gestützt hat
Berichterstattung	▪ Die Berichterstattung erfolgt schriftlich in berufsüblicher Form und enthält eine klare Darstellung über Art und Umfang seiner Befassung mit dem Sanierungskonzept
Muster für die Schlussbemerkung zur Zusammenfassung	▪ Dieses enthält Textbausteine für eine abschließende Schlussbemerkung
Muster für ein Konzept über die Fortführungsfähigkeit	▪ Es enthält Textbausteine für Erläuterungen zum Konzept über die Fortführungsfähigkeit

Abbildung 7: Anforderungen an die Erstellung von Sanierungskonzepten (IDW S 6) vom 20.08.2012

Auszug BTO 1.2.5 Tz. 4

Die Umsetzung des Sanierungskonzeptes sowie die Auswirkungen der Maßnahmen sind vom Institut zu überwachen.

Überwachung von Sanierungskonzepten

Die Überwachung der Auswirkungen und Maßnahmen aus dem Sanierungs- 759
konzept wird als Sanierungscontrolling bezeichnet. Da auch das finanzierende Kreditinstitut ein großes wirtschaftliches Interesse an der Gesundung des Kreditnehmers hat, werden die Sanierungsschritte und Auswirkungen regelmäßig eng überwacht. Über die einzelnen erreichten oder nicht erreichten Sanierungsschritte, die aus dem Sanierungscontrolling ersichtlich werden, können aufschlussreiche Erkenntnisse über den erzielten Sanierungsstand – sowie über notwendige Korrekturen – gewonnen werden.

Überwachung der Umsetzung der Sanierung

760 Mittels folgender Aspekte kann die Umsetzung eines Sanierungskonzeptes einfach überwacht werden:[268]

Vier Aspekte zur Prüfung der Umsetzung eines Sanierungskonzeptes	
Politische Aspekte	Ermöglicht und begünstigt die Macht- und Einflusskonstellation der beteiligten und verantwortlichen Stakeholder den Sanierungserfolg? Sind die informellen Netzwerke in ausreichendem Maße in die Umsetzung mit einbezogen?
Personelle Aspekte	Sind die sanierungsspezifischen Aufgaben und Rollen auf dafür geeignete Aufgabenträger übertragen worden? Besteht eine notwendige Akzeptanz des Konzeptes im Kreis der Beteiligten und Betroffenen?
Organisatorische Aspekte	Existiert eine straffe Organisation des Sanierungsprojektes mit einer klaren Aufgaben- und Kompetenzverteilung?
Prozessuale Aspekte	Gibt es eine durchdachte Vorgehensplanung der Umsetzung, anhand der sich die Fortschritte und Ergebnisse der Sanierung überwachen und kontrollieren lassen?

Abbildung 8: Aspekte zur Prüfung der Umsetzung eines Sanierungskonzeptes

Auszug BTO 1.2.5 Tz. 5

Die zuständigen Geschäftsleiter sind bei bedeutenden Engagements regelmäßig über den Stand der Sanierung zu informieren. Erforderlichenfalls kann bei dem Sanierungsprozess auf externe Spezialisten mit entsprechenden Kenntnissen zurückgegriffen werden.

268 Vgl. *Krüger W.*: Umsetzung eines Sanierungskonzeptes in: Die Wirtschaftsprüfung 5/2009, Düsseldorf 2009, S. 12 ff.

Informative Einbindung der Geschäftsleiter

Bei den zuständigen Geschäftsleitern sind alle in der Prozesskette relevanten Vorstände gemeint, die bei bedeutenden Engagements zu informieren sind. Die bedeutenden Engagements leiten sich von dem gesamten Risiko für das Institut ab. Häufig werden in den Kreditinstituten »Wesentlichkeitsschwellen« festgelegt, die am Blankoanteil des Engagements festgemacht werden. 761

Einsatz von externen Spezialisten

Externe Spezialisten, wie im Markt bekannte Sanierer, werden gerade bei größeren Engagements eingesetzt. Entscheidend ist dabei auch die intensive Einbindung des Kreditnehmers, ohne dessen intensives Engagement eine Sanierung wohl kaum möglich ist. 762

> **Auszug BTO 1.2.5 Tz. 6**
>
> Für den Fall der Abwicklung eines Engagements ist ein Abwicklungskonzept zu erstellen. In den Prozess der Verwertung der Sicherheiten sind Mitarbeiter oder gegebenenfalls externe Spezialisten mit entsprechenden Kenntnissen einzubeziehen.

Definition Abwicklungskredite

Bei *Abwicklungskrediten* handelt es sich insbesondere um die Kredite, die aus Sicht des Kreditinstituts nicht mehr sanierungswürdig oder sanierungsfähig sind oder die aus weiteren Gründen direkt an die Abwicklung weitergeleitet werden. Diese Gründe können in der Größenordnung der Kredite (z. B. institutsspezi-fische Wesentlichkeitsgrenzen für Sanierungen) oder in dem fehlenden Erfolg bereits laufender Sanierungsmaßnahmen liegen. Im Zuge der Spezialisierungen im Kreditgeschäft übernehmen immer häufiger externe Dienstleister Teilbereiche oder vollständige Kreditabwicklungen für die auftraggebenden Banken. Dabei ist es erforderlich, dass die Prozessschnittstellen klar und eindeutig definiert sind und auch die Prüfungsaufgaben der Internen Revision im Rahmen der Vertragsmodalitäten klar festgelegt sind.[269] 763

269 Vgl. *Becker, A.*: Die Prüfung von Abwicklungsfällen im Kreditgeschäft in: Prüfung des Kreditgeschäfts durch die Interne Revision, Becker A./Kastner A. (Hrsg.), Stuttgart 2007, S. 379.

Abwicklungskonzept

764 Für Kreditabwicklungen ist ein Abwicklungskonzept zu erstellen. Bei diesem sind die Ziele und die geplante Vorgehensweise (z. B. Verhalten bei Gläubigerversammlungen, Vorgehensweise bei der Sicherheitenverwertung) sowie die vorgesehene Zeitplanung zu dokumentieren.[270] Die MaRisk sehen die Überprüfung der festgelegten Schritte aus dem Abwicklungskonzept nicht explizit vor. Das Ziel des Konzeptes besteht letztlich in der Kurzskizzierung der geplanten Maßnahmen, die mittels Soll-/Ist-Vergleichs fortlaufend aktualisiert sowie an neue Gegebenheiten angepasst werden können. Dadurch wird gewährleistet, dass zu einem späteren Zeitpunkt entsprechende Analysen mit dem Ziel der Überprüfung des ordnungsgemäßen Ablaufs und der Optimierung des Abwicklungsprozesses möglich sind. Das Konzept hat insgesamt den Charakter einer »groben Strategieplanung« für den konkreten Abwicklungsfall, der fortlaufend an aktuelle Entwicklungen angepasst werden soll.[271] Ein Abwicklungskonzept kann wie folgt aufgebaut sein:

270 Vgl. *Kastner, A.*: Neue Anforderungen an die Behandlung von Problemkrediten in: Becker, A./Gruber, W./Wohlert, D. (Hrsg.) Handbuch Bankenaufsichtliche Entwicklungen, Stuttgart 2004, S. 221.

271 Vgl. *Hannemann, R./Schneider, A./Hanenberg, L.*: Mindestanforderungen an das Kreditgeschäft (MaK) – eine einführende Kommentierung, Stuttgart 2003, S. 168.

Inhalt Abwicklungskonzept – ein Beispiel aus der Praxis

Abwicklungskonzept	
Kreditnehmer	▪ Firmen- oder Privatkunde ▪ Anschrift ▪ Branche ▪ Dauer der Kundenverbindung ▪ Geschäftsführung/Vorstand ▪ Angaben zum Unternehmen (Umsatz, Ertrag etc.)
Wertberichtigung	▪ Vorgeschlagene EWB ▪ Bereits gebildete EWB
Obligo der Kreditnehmereinheit	▪ Gesamtobligo Kreditnehmereinheit ▪ Sicherheitenwert ▪ Blankoanteil
Aktueller Sachstand	▪ Wirtschaftliche Verhältnisse/Kapitaldienstfähigkeit ▪ Verschuldungsgrad ▪ Sicherheitenverwertungsposition
Gesprächsstrategie	▪ Wesentliche Eckpunkte für die Teilnahme am Bankenpool ▪ Sicherheitenverwertungsgespräche mit externen Spezialisten ▪ Wesentliche Punkte für bevorstehende Gespräche mit dem Insolvenzverwalter
Weitere Vorgehensweise	▪ Kurze Skizzierung der nächsten Schritte
Interne Vermerke	▪ Angabe des Sachbearbeiters/Kompetenzträgers ▪ Kenntnisnahme des Vorgesetzten ▪ Vordefinierter Informationsfluss ▪ Datumsangabe

Abbildung 9: Aufbau eines Abwicklungskonzeptes[272]

272 Vgl. *Becker A./Helfer M.:* System- und Funktionsprüfungen auf der Basis der MaRisk in: Prüfungsleitfaden für Problemkreditbereiche, Heidelberg 2005, S. 111.

3.2.11. Checkliste

	Fragestellung »Sanierung oder Abwicklung«	**Erfüllt**
	Funktionale Trennung	
1.	Ist sichergestellt, dass eine vom Bereich »Markt« funktional getrennte Organisationseinheit die Verantwortung für die Entwicklung der Qualität des Prozesses der Problemkreditbearbeitung inne hat?	
2.	Hat das Institut festgelegt, dass die Kriterien für die Abgabe der Engagements an die Problemkreditbearbeitung durch eine vom »Markt« getrennte Organisationseinheit festgelegt werden?	
3.	Ist sichergestellt, dass die »Federführung« des Prozesses oder die Überwachung des Prozesses von einer Organisationseinheit außerhalb des Bereichs »Markt« vorgenommen wird?	
4.	Ist gewährleistet, dass die Entscheidung über die Risikovorsorge (auch bei Problemkrediten) durch eine vom Bereich »Markt« unabhängige Organisationseinheit durchgeführt wird?	
5.	Wenn sich das Institut trotz Erfüllung der Kriterien für den Übergang in die Sanierung oder Abwicklung und trotz wesentlicher Leistungsstörungen für einen Verbleib in der Intensivbetreuung entscheidet, ist dann sichergestellt, dass das Adressenausfallrisiko des Kredites begrenzt oder verringert werden kann?	
6.	Wird das Vorgehen dann mit den auf die Sanierung oder Abwicklung spezialisierten Mitarbeitern abgestimmt?	
7.	Werden im vorgenannten Fall auch rechtliche Risiken geprüft?	
	Prozess Sanierung	
1.	Wie wird die Sanierung im Institut definiert?	
2.	Gibt es angemessene aufbau- und ablauforganisatorische Regelungen zu dem Sanierungsprozess?	
3.	Wird die Sanierung durch eine externe Einheit begleitet?	
4.	Ist dabei sichergestellt, dass die Expertise und Reputation des Externen durch die zuständige Fachabteilung geprüft wird?	

5.	Wird eine Prüfung der Sanierungswürdigkeit und -fähigkeit durchgeführt?	
6.	Ist sichergestellt, dass nur auf Basis der sanierungswürdigen und -fähigen Beschlusslage die Sanierung angestoßen wird?	
7.	Verfügt das Institut über ausreichend ausgebildete Mitarbeiter für die Überwachung der Sanierungsmaßnahmen?	
8.	Wird auf Basis der Sanierungsfähigkeitsanalyse ein Sanierungskonzept erstellt?	
9.	Werden die Umsetzung des Konzeptes sowie die Auswirkungen/Maßnahmen vom Institut überwacht?	
10.	Ist sichergestellt, dass die zuständigen Geschäftsleiter bei bedeutenden Engagements regelmäßig über den Stand der Sanierung informiert werden?	
	Prozess Abwicklung	
1.	Wurde für die Abwicklungsengagements ein Abwicklungskonzept erstellt?	
2.	Lassen sich aus dem Abwicklungskonzept die wesentlichen Schritte der Abwicklung ableiten? (Hierbei geht es um die Kreditkündigung und die optimale Sicherheitenverwertung.)	
3.	Wird die Abwicklung entsprechend dem vorliegenden Abwicklungskonzept vorgenommen?	
4.	Wurden Abweichungen vom Abwicklungskonzept oder Anpassungen des Konzepts kompetenzgerecht entschieden?	
5.	Ist in dem Abwicklungskonzept der Kreditnehmer korrekt bezeichnet? (Unternehmen/Privatperson)	
6.	Wurde die Berechnung der Wertberichtigung analog der Arbeitsanweisungen aktuell und korrekt vorgenommen?	
7.	Wurde das Gesamtobligo der Kreditnehmereinheit korrekt ermittelt?	
8.	Hat die betreuende Stelle den aktuellen Stand der Abwicklung authentisch wiedergegeben?	

9.	Ist eine nachvollziehbare Engagementstrategie vorhanden, aus der sich die künftigen Schritte der Abwicklung ergeben?	
10.	Wurde bei bemerkenswerten Schritten/Engagements (Außenwirkung etc.) die Geschäftsleitung mit eingeschaltet?	
11.	Ist anhand der vorliegenden Dokumentation erkennbar, wer für die Abwicklung des Engagements die Verantwortung trägt?	
12.	Werden in den Prozess der Verwertung der Sicherheiten entsprechend qualifizierte Mitarbeiter oder externe Spezialisten mit einbezogen?	
13.	Erfolgt die Sicherheitenverwertung gemäß den in den Arbeitsanweisungen festgelegten Verfahrensweisen?	

3.2.12. BTO 1.2.6 Risikovorsorge

765 Zu dem Prozess der Risikovorsorge bestehen verschiedene Schnittstellen aus den einzelnen Arbeitsschritten der Problemkreditbearbeitung. Die für die Risikovorsorge maßgeblichen MaRisk-Anforderungen werden nachfolgend im Einzelnen dargestellt.

Auszug BTO 1.2.6 Tz. 1

Das Institut hat Kriterien festzulegen, auf deren Grundlage unter Beachtung der angewandten Rechnungslegungsnormen Wertberichtigungen, Abschreibungen und Rückstellungen für das Kreditgeschäft (einschließlich der Länderrisikovorsorge) zu bilden sind (z. B. ein institutsinternes Forderungsbewertungsverfahren).

Organisatorische Anforderungen

766 Nach den MaRisk hat jedes Institut klare und verbindliche Anweisungen für die Bildung von Wertberichtigungen, Abschreibungen und Rückstellungen zu erlassen, um die Risiken adäquat in der Bilanz abzubilden. Üblicherweise reichen hierzu arbeitsanweisliche Regelungen aus, die als Grundlage für die in- und externen Prüfer dienen.

Auszug BTO 1.2.6 Tz. 2
Die erforderliche Risikovorsorge ist zeitnah zu ermitteln und fortzuschreiben. Ein erheblicher Risikovorsorgebedarf ist der Geschäftsleitung unverzüglich mitzuteilen.

Zeitnahe Ermittlung und Fortschreibung der Risikovorsorge

Der Risikovorsorgebedarf muss zeitnah gemeldet und fortgeschrieben werden. Eine reine Ermittlung und interne Umfrage für den Bilanzstichtag ist hierbei nicht ausreichend. Ab der intern definierten Wesentlichkeitsgrenze ist der »erhebliche« Risikovorsorgebedarf unverzüglich der Geschäftsleitung zu melden. Ausreichend ist hierbei die »Ad-Hoc-Meldung« im Kreditgeschäft, die sich explizit aus folgenden Anforderungen der MaRisk ableitet. 767

Ad-Hoc-Meldung im Kreditgeschäft	
MaRisk AT 4.3.2	▪ Weiterleitung wesentlicher Informationen ▪ Ggf. Einleitung von Prüfungshandlungen durch die Interne Revision
MaRisk BTO 1.2.2	▪ Informationen über außerordentliche Überprüfungen von Engagements
MaRisk BTO 1.2.6	▪ Erheblicher Risikovorsorgebedarf ist der Geschäftsleitung unverzüglich mitzuteilen

Abbildung 10: Ad-Hoc-Meldung im Kreditgeschäft

Inhalte einer Ad-Hoc-Meldung im Kreditgeschäft

Das nachfolgende Beispiel zeigt die wesentlichen Kernpunkte einer Ad-Hoc-Meldung auf, die zur Bildung einer Risikovorsorge führt. 768

Ad-Hoc-Meldung	
Bearbeiter (Name)	Datum
Kreditnehmer	Muster GmbH, Stuttgart
Kontonummer	4711
Betreuer/Telefonnummer	Herr Müller/109
Kreditmanagement-Referent/Telefonnummer	Herr Mayer/211
Kreditobligo	TEUR 3.789
Sicherheiten	TEUR 1.255
Blanko	TEUR 2.534
Meldehintergrund	Vorläufiger Verlust der Muster GmbH TEUR 899 gemäß dem am 28.08.2017 vorgelegten Jahresabschluss 2013 führt zur bilanziellen Überschuldung von TEUR 545. Derzeitig angespannte Liquiditätslage aus rückständigen Rechnungen; Marktsituation ist stark angespannt.
Weitere Vorgehensweise:	Aktuelles Kundengespräch hat am 20.07.2017 unter Teilnahme des Bereichs Sanierung stattgefunden. Eine zusätzliche Sicherheitenverstärkung über TEUR 500 (Abtretungen von Lebensversicherungen/Rückkaufswert aktuell TEUR 500) durch den Gesellschafter/Geschäftsführer wurde vereinbart. Über die weitere Vorgehensweise (Sanierung) und die Umsetzung der Engagementstrategie wird kurzfristig berichtet.

Abbildung 11: Risikovorsorge aufgrund Ad-Hoc-Meldung[273]

273 Vgl. *Becker A./Helfer M.*: System- und Funktionsprüfungen auf Basis der MaRisk in: Prüfungsleitfaden für Problemkreditbereiche, Heidelberg 2005, S. 81–82.

✓ Praxistipp »Prüfung der Risikovorsorge«

Prüfungsansätze für die Interne Revision

Für die Prüfung der Risikovorsorge können durch die Interne Revision verschiedene Prüfungsansätze genutzt werden.

Systemprüfung

Der Ansatz der ganzheitlichen Systemprüfung umfasst alle aufbau- und ablauforganisatorischen Prozessschritte der »Risikovorsorge« im Institut unter Berücksichtigung der Funktionsfähigkeit der Internen Kontrollen. Hierbei sollte auch die betriebsinterne Erfassung und Information der Risikovorsorge im Berichtswesen mit berücksichtigt werden.

Funktionsprüfung

Gezielte Funktionsprüfungen – auch im Rahmen der vorbereitenden Prüfungen zum Jahresabschluss – geben der Internen Revision einen Einblick, ob die Risikovorsorgen in ausreichendem Umfang gebildet werden. Hierbei eignen sich auch Stichproben im Bereich der Watchlist sowie der intensiv betreuten Engagements.

Einzelfallprüfungen

Über eine ausreichende und risikoorientierte Auswahl von Einzelfallprüfungen im Kreditgeschäft kann gerade bei verschiedenen Engagementgruppen des Instituts (Großkredite, bedeutende Engagements, Risikobranchen/-länder) auch Wertberichtigungsbedarf durch die Interne Revision aufgezeigt werden.[274] Die Interne Revision erhält bei der Prüfung auch Rückschlüsse und Anhaltspunkte, ob bestehende Risikomessverfahren im Unternehmen richtig funktionieren.

274 Vgl. *Becker A./Maurer A.*: Einzelfallprüfungen im Kreditgeschäft in: BankPraktiker 11/2009, Heidelberg, S. 536 ff.

3.2.13. Checkliste

	Fragestellung »Risikovorsorge«	**Erfüllt**
1.	Hat das Kreditinstitut klare Kriterien festgelegt, auf deren Grundlage Wertberichtigungen, Abschreibungen und Rückstellungen gebildet werden?	
2.	Berücksichtigen diese Grundlagen die gesetzlichen Rechnungslegungsnormen?	
3.	Wird die erforderliche Risikovorsorge zeitnah ermittelt und fortgeschrieben?	
4.	Ist sichergestellt, dass ein erheblicher Wertberichtigungsbedarf der Geschäftsleitung unverzüglich angezeigt wird?	
5.	Hat das Institut hierfür eine Wesentlichkeitsgrenze festgelegt?	
6.	Besteht ein intern definierter Informationskanal für solche Informationen?	

3.3. BTO 1.3 Verfahren zur Früherkennung von Risiken

Gem. BTO 1.3 der MaRisk sind Kreditinstitute gehalten, ein Verfahren zur Früherkennung von Risiken einzurichten. Hierbei kann unter der Risikofrüherkennung zunächst grundsätzlich die frühzeitige Identifikation von (negativen) Veränderungen in der Sphäre des Kreditnehmers oder solchen, die negative Auswirkungen auf den Kreditnehmer entfalten können, gefasst werden. 769

Die möglichst frühzeitige Identifikation von negativen Risikoveränderungen ist für Kreditinstitute neben der aufsichtsrechtlichen Forderung insbesondere auch vor dem Hintergrund der mit fortschreitender Krisendauer abnehmenden Handlungsspielräume von zentraler Bedeutung, da erst hierdurch ein Risikofrüherkennungsverfahren erfolgreiche Impulse für ein aktives Kreditrisikomanagement liefern kann. Damit wird ein Kreditinstitut in die Lage versetzt, rechtzeitig vor dem Eintritt eines Krisenergebnisses (z. B. Materialisierung von Leistungsstörungen, notwendige Forderungsverzichte oder Zinssatzreduzierungen) geeignete Gegenmaßnahmen zur Verhinderung solcher Ereignisse ergreifen zu können. 770

Während eine zu späte Identifikation von negativen Risikoveränderungen dazu führt, dass ein Kreditinstitut zu einem eher reaktiven Kreditrisikomanagement, das auf die Minderung von Vermögensschäden gerichtet ist, gezwungen wird, hilft ein adäquat ausgestaltetes Risikofrüherkennungsverfahren, ein proaktives Kreditrisikomanagement, das auf die Vermeidung von Vermögensschäden respektive Risikokosten/-vorsorge ausgerichtet ist, betreiben zu können. 771

Im Rahmen der Risikofrüherkennung ist zwischen dem Firmenkunden- und dem Privatkundengeschäft zu unterscheiden, wobei die Risikofrüherkennung im Firmenkundengeschäft einen vergleichsweise höheren Komplexitätsgrad aufweist. 772

Mit den nachfolgenden Ausführungen erfolgt daher eine Schwerpunktsetzung auf die Risikofrüherkennung im Firmenkundengeschäft. 773

3.3.1. Risikofrüherkennung im Kontext der MaRisk

Mit BTO 1.3 ist in den MaRisk die Anforderung der Aufsicht verankert, nach der ein Institut Verfahren zur Früherkennung von Risiken einzurichten hat, durch die die Identifizierung von negativen Veränderungen eines Kreditnehmers möglich ist. Hierzu hat das Institut sowohl qualitative als auch quantitative Risikofrühwarnindikatoren zu definieren, durch die eine frühzeitige Iden- 774 tifizierung sichergestellt wird. Darüber hinaus ist in BTO 1.3 eine Öffnungsklausel enthalten, nach der unter bestimmten risikoorientierten Voraussetzungen gewisse Kreditgeschäfte von der Früherkennung ganz ausgenommen werden können. Zudem können Institute für Risikofrüherkennungszwecke auch die intern verwendeten Risikoklassifizierungsverfahren verwenden, sofern diese bestimmte Anforderungen erfüllen.

775 Insgesamt hat ein Institut im Zusammenhang mit einem Risikofrüherkennungsverfahren die Implementierung

- angemessener Methoden,
- angemessener Prozesse,
- eines aussagfähigen und vollständigen Reportings sowie
- einer ausreichenden Verfügbar- und Auswertbarkeit von entsprechenden Daten und Datensystemen

sicherzustellen.

776 Dabei ist die Angemessenheit des Frühwarnverfahrens im Kontext des institutsspezifischen Risikoprofils sicherzustellen und etwaige Besonderheiten, insbesondere im Hinblick auf die

- unterschiedlichen Segmente und Produkte im Kreditgeschäft,
- Branchenzugehörigkeit der Kreditnehmer und hiermit einhergehende Konzentrationstendenzen,
- Strukturmerkmale der relevanten Portfolien,
- Bedeutsamkeit von Fremdwährungsdarlehen,
- aufbau- und ablauforganisatorischen Strukturen,
- strategische/geschäftspolitische Ausrichtung des Institutes
- …

sind adäquat zu berücksichtigen.

777 Neben der angemessenen Ausgestaltung kommt auch der sachgerechten Verzahnung der unterschiedlichen Komponenten eines Frühwarnverfahrens eine entscheidende Bedeutung zu. Erst durch deren adäquates Zusammenspiel kann die Risikofrüherkennung zu einem erfolgreichen Bestandteil des Risikomanagements werden und einen wichtigen Beitrag zu dessen Wirksamkeit liefern.

778 Ist hingegen eine dieser Komponenten, vollständig oder in Teilen, inadäquat ausgestaltet oder sind diese nicht passend aufeinander abgestimmt, wird hier-

durch die Funktionsfähigkeit und Wirksamkeit des Frühwarnverfahrens insgesamt eingeschränkt.

3.3.2. Verfahren zur rechtzeitigen Identifizierung von Risiken

Einleitung

Nach BTO 1.3 Tz 1 hat ein Institut angemessene Verfahren einzurichten, die es ihm ermöglichen, negative Risikoveränderungen bereits frühzeitig zu identifizieren, um so zeitnah reagieren zu können und hierdurch eine möglichst breite Palette an Reaktionsmöglichkeiten zur Verfügung zu haben. 779

Auszug BTO 1.3 Tz. 1

Das Verfahren zur Früherkennung von Risiken dient insbesondere der rechtzeitigen Identifizierung von Kreditnehmern, bei deren Engagements sich erhöhte Risiken abzuzeichnen beginnen. Damit soll das Kreditinstitut in die Lage versetzt werden, in einem möglichst frühen Stadium Gegenmaßnahmen einleiten zu können (z. B. Intensivbetreuung von Engagements).

Bei näherer Betrachtung zeigt sich, dass BTO 1.3 Tz 1 zwei zentrale Anforderungen an die Risikofrüherkennung von Instituten stellt. Dies sind 780

- die Einrichtung eines Verfahrens,
- das die rechtzeitige Identifizierung von Kreditnehmern mit erhöhten Risiken sicherstellt, um so in einem möglichst frühen Krisenstadium geeignete Gegenmaßnahmen einleiten zu können.

3.3.3. Definition von Verfahren

Unter Verfahren im engeren Sinne ist die Gesamtheit der zur Risikofrüherkennung eingesetzten 781

- Methoden,
- Prozesse,
- Daten/Datensysteme und
- Reportings

zu verstehen, die eine weitgehend einheitliche und standardisierte Identifizierung, Überwachung und Berichterstattung risikoauffälliger Kreditengagements ermöglichen. Unter einem Frühwarnverfahren im weiteren Sinne ist neben den vorgenannten Komponenten noch die Anreizstruktur zu fassen. Überdies ist die Qualifikation der mit der Anwendung des Frühwarnverfahrens betrauten Mitarbeiter eine wesentliche Nebenbedingung, was sich schon aus den Anforderungen an die Mitarbeiterqualifikation gem. MaRisk AT 7.1 Tz. 2 ergibt.

782 Nach AT 4.3.2 Tz. 2 der MaRisk hat ein Institut sicherzustellen, dass alle wesentlichen Risiken frühzeitig erkannt und vollständig erfasst werden. Dies bedeutet, dass das Verfahren zur Früherkennung alle bei einem Institut als wesentlich eingestuften Adressausfallrisiken einzubeziehen hat und damit auch solche, die durch nicht konsolidierungspflichtige (nachgeordnete) Gruppenunternehmen existieren (vgl. AT 4.5 Tz. 1 der MaRisk). Zusammenfassend ist damit durch ein Risikofrüherkennungsverfahren zu gewährleisten, dass es zu einer rechtzeitigen, konsistenten, einheitlichen und konzernweiten Identifizierung und Konsolidierung aller wesentlichen Adressausfallrisiken kommt.

3.3.4. Checkliste Frühwarnverfahren

	Frage	Erfüllt
1.	Existiert im Institut ein geschlossenes Verfahren, dem spezifische, für die Risikofrüherkennung geeignete ▪ Methoden, ▪ Prozesse, ▪ Daten/Datensysteme, ▪ Reports und ▪ Anreizsysteme zugeordnet werden können?	
2.	Werden durch die verwendeten Risikofrüherkennungsverfahren alle wesentlichen Risiken erfasst?	
3.	Ist bei der Ausgestaltung der relevanten Frühwarnverfahren die Mitarbeiterqualifikation entsprechend berücksichtigt worden?	
4.	Werden durch die verwendeten Risikofrüherkennungsverfahren auch wesentlichen Risiken in den nicht konsolidierungspflichtigen Gesellschaften erfasst (z. B. aus nicht konsolidierungspflichtigen Tochtergesellschaften)?	
5.	[…]	

3.3.5. Methoden

Eine wesentliche Bedeutung im Zusammenhang mit den Methoden der Risikofrüherkennung kommt der konkreten Ausgestaltung und Gewichtung der Frühwarnindikatoren zu. Diese sind auf die institutsspezifischen Besonderheiten im Hinblick auf das vorhandene Produkt- und Kreditnehmerportfolio zu definieren, sodass hierdurch dem Institut eine frühzeitige und weitgehend einheitliche Identifizierung von negativen Risikoveränderungen ermöglicht wird. Da BTO 1.3 Tz 2 weiterführende Regelungen zu den Frühwarnindikatoren enthält, wird an dieser Stelle nicht näher auf die konkreten Erfordernisse und Anforderungen eingegangen, sondern auf die Ausführungen im nachfolgen Kapitel verwiesen. 783

3.3.6. Prozesse

Während durch die Definition institutsspezifischer Frühwarnindikatoren die einheitliche Identifikation negativer Risikoveränderungen ermöglicht werden soll, ist durch die angemessene Ausgestaltung der Prozesse ein weitgehend konsistenter und zeitnaher Umgang mit den Engagements nach der erfolgreichen Identifizierung dieser sicherzustellen. 784

Hierzu ist im Rahmen der Ausgestaltung der Prozesse und der damit unmittelbar in Zusammenhang stehenden Schriftlich Fixierten Ordnung (SFO) insbesondere darauf zu achten, dass 785

- die Schnittstellen der Früherkennung zu anderen Prozessen (z. B. der Intensiv-/Problemkreditbetreuung) klar und widerspruchsfrei definiert werden,
- klare und einheitliche Reaktions- und Bearbeitungsschritte festgelegt sind,
- eine risikoorientierte Ausgestaltung von Bearbeitungsstandards vorliegt,
- die Einbindung aller relevanten Adressausfallrisiken erfolgt,
- die im Rahmen der Früherkennung erzielten Informationen, konzernweit verfügbar sind, so dass andere Konzerneinheiten, die gegebenenfalls ebenfalls in Geschäftsbeziehung zu der betroffenen Unternehmung stehen, auch einen Zugang zu den entsprechenden Informationen haben,
- die Zuständig- und Verantwortlichkeiten klar und konsistent geregelt sind, so dass für alle Prozessbeteiligten klar ist, wer, was, wann und bis zu welchem Zeitpunkt zu tun hat und

- klare Vorgaben für die Art und den Umfang der Dokumentation kodifiziert sind.

786 Neben den vorgenannten Aspekten empfiehlt es sich eine risikoorientierten Differenzierung der Prozessausgestaltung vorzunehmen.

787 Mit einer risikoorientierten Prozessgestaltung ist gemeint, dass die sich an eine Identifikation anschließenden prozessualen Anforderungen im Hinblick auf die

- Intensität der Prüfungen,
- einzubindenden Kompetenzträger und Expertenteams,
- anzuwendenden Bearbeitungs- und Analysestandards,
- einzuholenden Informationen,
- Dokumentations- und Reportingpflichten,
- Ermessensspielräume bei der Zuordnung zu einem MaRisk Betreuungsstatus,
- max. Bearbeitungs-/Reaktionszeit nach Risikoidentifikation,
- usw.

mit steigendem Risiko ebenfalls steigen sollten und umgekehrt.

788 So könnte z. B. in einem fortgeschrittenen Krisenstadium, das in der Regel durch ein steigendes Risiko und eine erhöhte Trennschärfe der Indikatoren gekennzeichnet ist, eine stärker regelgebundene Prozessausgestaltung vorgenommen werden, die

- eine zwingende Zuordnung des Engagements zu einem erhöhten MaRisk-Statuts (Intensiv- oder Problemkreditbetreuung),
- erhöhte und klar definierte Informationsgrundlagen und -anforderungen,
- verkürzte Überwachungsrhythmen,
- erhöhte Mindestanforderung an den Umfang und die Tiefe der Risikoevaluierung,
- verkürzten Reaktions- und Bearbeitungszeiten,
- verpflichtende Einbindung höherer Kompetenzstufen und Expertenteams,
- erhöhte Anforderungen an den zu erfüllenden Dokumentationsgrad,
- …

vorsieht.

In einem früheren Krisenstadium, in dem die Trennschärfe der verwendeten Frühwarnindikatoren häufig noch nicht so stark ausgeprägt ist und die Risiken für ein Institut regelmäßig geringer ausfallen, könnte hingegen eine eher prinzipienorientierte Prozessausgestaltung sinnvoll sein, in der es nach der Identifikation zunächst zu einer zeitnahen Bestandsaufnahme und intensiven Risikoevaluierung durch hierfür vorgesehene Experten kommt. Im Ergebnis der Risikoevaluierung muss die Entscheidung über den zukünftigen Betreuungsstatus und damit in Zusammenhang stehender Sachverhalte stehen. 789

Voraussetzung für eine risikodifferenzierte Prozessgestaltung ist jedoch, dass es zunächst zu einer Klassifizierung der verwendeten Frühwarnindikatoren nach ihrem wahrscheinlichen Auftreten im Krisenverlauf einer Unternehmung, sowie der dem jeweiligen Indikator zuzuschreibenden Trennschärfe und des zu vermutenden Risikogehaltes im Hinblick auf die Bestandsgefährdung der Unternehmung kommt. 790

Aus einer aufsichtsrechtlichen Perspektive sind beide Prozessausgestaltungen alleine oder eine Kombination aus beiden zulässig, was beispielsweise aus der Zulässigkeit folgt, Kriterien für eine Übergabe an die Intensivbetreuung/Sanierung- u. Abwicklungsabteilung als Automatismen festzulegen oder alternativ als Auslöser für eine Überprüfung (BTO 1.2.4 Tz. 1 u. BTO 1.2.5 Tz. 1). Hauptsache ist, dass das Ziel einer zügigen Identifikation problembehafteter Engagements durch den Prozess erreicht werden kann, um frühzeitig entsprechende Maßnahmen einleiten zu können. 791

✓ Praxistipps risikodifferenzierte Prozessausgestaltung

Der Vorteil einer risikodifferenzierten Prozessausgestaltung liegt häufig in einer erhöhten Akzeptanz der verwendeten Früherkennungsverfahren bei den involvierten Markteinheiten.

Diese verfügen aus der aktiven Kundenbeziehung insbesondere in einem frühen Krisenstadium erfahrungsgemäß häufig über wichtige frühwarnrelevante Informationen (qualitative Indikatoren). Werden hierbei die Markteinheiten durch umfangreiche Prozessanforderungen zum Beispiel im Hinblick auf die Dokumentationspflichten, einzuholende Genehmigungen usw. belastet, besteht die Gefahr einer fehlenden Akzeptanz und damit Bereitschaft zur Weitergabe dieser Informationen.

Überdies können die vorhandenen Ressourcen im Rahmen einer risikoorientierten Prozessausgestaltung effizienter genutzt werden.

792 Grundsätzlich ist bei der Ausgestaltung der Schriftlich Fixierten Ordnung (SFO) im Zusammenhang mit den Prozessen der Früherkennung darauf zu achten, dass die Ermessensspielräume, die es aufgrund der vielfach notwendigen Bewertung und damit subjektiven Einschätzung durch einen Experten immer geben wird,[275] mittels klarer Definitionen und Regelungen so weit, wie es sinnvoll möglich ist, eingeschränkt werden.

793 Hierbei ist bei einer eher regelgebunden Prozessgestaltung ein besonderes Augenmerk auf eine sachgerechte Verknüpfung von Ereignissen respektive Frühwarnindikatoren mit einem bestimmten Betreuungsstatus zu legen. Bei eher prinzipienorientierten Prozessen ist hingegen durch die genaue Definition der

- einzelnen im Rahmen der Risikoevaluierung anzuwendenden Bearbeitungs- und Analysestandards,
- bei der Ergebnisermittlung anzulegenden Bewertungsmaßstäbe sowie den daraus abzuleitenden Folgehandlungen und Betreuungsstatus,
- einzubindenden Kompetenzträger und Experten,
- Definition der maximalen Bearbeitungs-/Reaktionszeit
- …

auf die Schaffung geeigneter Risikoleitplanken zu achten, so das vergleichbare Risiken auch gleich respektive ähnlich behandelt werden.

794 Neben solchen Prozessen, die sich an eine unmittelbare Identifizierung eines Engagements anschließen und bei denen der weitere Umgang mit diesen im Vordergrund steht, hat ein Institut auch Prozesse einzurichten, die eine regelmäßige Qualitätssicherung und Weiterentwicklung der verwendeten Frühwarnverfahren sicherstellen. Erst hierdurch wird eine fortlaufende Überprüfung und Weiterentwicklung der verwendeten Frühwarnverfahren prozessual sichergestellt. Zu diesem Zweck sind unter anderem geeignete Verfahren zu schaffen, die eine Historisierung (und Auswertung) der am Einzelfall auftretenden Frühwarnindikatoren ermöglichen.

795 Schlussendlich ist im Rahmen der Ausgestaltung aller Früherkennungsprozesse darauf zu achten, dass nicht miteinander vereinbare Tätigkeiten voneinander getrennt werden. Zwar wird dies nicht explizit in BTO 1.3 der MaRisk gefordert, jedoch ergibt sich die Notwendig hierzu aus AT 4.3.1, worin die Trennung nicht miteinander vereinbarer Tätigkeiten gefordert wird.

---

275 Vgl. *Fischer, A.:* Qualitative Merkmale in bankinternen Ratingsystemen – Eine empirische Analyse zur Bonitätsbeurteilung von Firmenkunden (2004), S.319.

Diese Anforderung gliedert sich nahtlos in die Notwendigkeit einer angemessenen Risikokultur ein. In AT 3 wird, neben der expliziten Verantwortung der Geschäftsleitung für eine ordnungsgemäße Geschäftsorganisation, ein durch den jeweiligen Geschäftsleiter in seinem Zuständigkeitsbereich zu etablierender angemessener Kontroll- und Überwachungsprozess gefordert. 796

✓ Praxistipps Prozesse allgemein

In der Praxis wird regelmäßig in den Instituten ein Schwerpunkt auf die Entwicklung und Definition geeigneter Frühwarnindikatoren gelegt, während die angemessene Ausgestaltung der Prozesse tendenziell eher weniger intensiv betrieben wird.

Als Folge hieraus sind häufig die Schnittstellen nicht eindeutig und widerspruchsfrei definiert. Zudem fehlt es vielfach an klaren Verantwortlichkeiten, Zeitvorgaben für die ggf. notwendige Bewertung eines Frühwarnindikators/Ereignisses und stringenten Vorgaben für die weiteren Prozessschritte.

Im Ergebnis kommt es zu keiner bzw. einer verspäteten Übergabe an die Intensiv- oder Problemkreditbetreuung sowie inkonsistenten Handhabung im Umgang mit Risikoengagements.

3.3.7. Checkliste Prozesse der Früherkennung

	Frage	Erfüllt
1.	Sind die einzelnen Schnittstellen zwischen der Normal, Intensiv- und Problemkreditbetreuung eindeutig und widerspruchsfrei definiert?	
2.	Ist die Risikofrüherkennung angemessen mit dem Prozess der Intensivbetreuung verzahnt?	
3.	Sind die Zuständigkeiten im Rahmen des Risikofrüherkennungsprozesses eindeutig geregelt (»Wer macht wann was und bis wann?«)?	
4.	Ist über die implementierten Prozesse eine einheitliche und konsistente Handhabung im Rahmen der Risikofrüherkennung gewährleistet, sodass vergleichbare Risiken auch einheitlich behandelt werden?	

5.	Ist durch den implementierten Prozess eine zeitnahe Einleitung von adäquaten Maßnahmen nach der Identifizierung sichergestellt?	
6.	Sind die Prozesse risikodifferenziert ausgestaltet (steigendes Risiko führt zu erhöhten Prozessanforderungen – et vice versa)?	
7.	Führt die risikodifferenzierte Prozessausgestaltung dazu, dass zu einem frühen Krisenzeitpunkt die Weitergabe von früherkennungsrelevanten Informationen nicht durch eine zu starre und regelgebundene Prozessfolge verhindert wird?	
8.	Ist für jeden Geschäftsbereich ein angemessener Kontroll- und Überwachungsprozess etabliert?	
9.	Ist ein Prozess zur regelmäßigen Qualitätssicherung und Weiterentwicklung der verwendeten Frühwarnverfahren implementiert?	
10.	Ist prozessual sichergestellt, dass eine adäquate Historisierung der aufgetretenen Frühwarnindikatoren erfolgt?	
11.	Sind im Rahmen der Risikofrüherkennung nicht miteinander vereinbare Tätigkeiten identifiziert und funktional voneinander getrennt?	
12.	Ist bei einem Wechsel von Mitarbeitern der Handels- und Vertriebsbereiche in Kontrollbereiche eine angemessene Übergangsfrist vorgesehen (»Cooling-Off«)?	
13.	Ist die Ausgestaltung der Schriftlich Fixierten Ordnung so vorgenommen worden, dass die Ermessensspielräume auf ein sinnvolles Maß beschränkt werden?	
14.	Ist die institutionalisierte Einbindung der Markteinheiten in die Prozesse der Risikofrüherkennung angemessen sichergestellt?	
15.	[…]	

3.3.8. Daten/Datensysteme

Neben adäquat modellierten Prozessen sind darüber hinaus bestimmte technische Voraussetzungen zu schaffen sowie angemessene Daten und Datensysteme vorzuhalten. Dies bedeutet zunächst grundsätzlich, dass ein Frühwarnsystem nach Möglichkeit und unter Berücksichtigung von Kosten-/Nutzenabwägungen weitgehend technisch implementiert werden sollte. Zudem sollten die für die Früherkennung benötigten Informationen soweit wie möglich im Datenhaushalt eines Institutes verfüg- und auswertbar sein, wodurch die Voraussetzung geschaffen wird, die verwendeten Frühwarnindikatoren in einem hohen Maße automatisiert überprüfen zu können. 797

Die Vorteile in der Schaffung einer technischen Früherkennungsplattform sind hierbei mannigfaltiger Natur und zeigen sich z. B. (keine abschließende Aufzählung): 798

- in einem stark reduzierten Bearbeitungsaufwand, da nur solche Engagements einer intensiven Analyse, Risikoevaluierung und ggf. Betreuung zu unterziehen sind, die entsprechende Risikoauffälligkeiten aufweisen,
- in einem eingeschränkten Ermessensspielraum, so dass hiermit die Durchsetzbarkeit des Grundsatzes, vergleichbare Risiken einer gleichen oder ähnlichen Handhabung zu unterziehen, gestärkt wird,
- in einer Reduzierung potentieller Fehlerquellen,
- in einem geminderten Prüfungsaufwand für die Interne Revision,
- in einer verbesserten Fähigkeit eines Institutes zur Historisierung und Validierung der im Früherkennungsprozess auftretenden Daten, womit die Voraussetzung zur Entwicklung einer eigenen Krisenursachenanalyse und damit Mustererkennung geschaffen wird,
- …

Auch könnten durch eine technische Plattform bestimmte prozessuale Vorgaben automatisiert werden, was die obig genannten Vorteile einer technischen Lösung weiter verstärken würde. Hierbei ist z. B. an die (keine abschließende Aufzählung) 799

- Überwachung der in der SFO definierten maximalen Reaktions-/ Bearbeitungszeit nach Identifizierung des Frühwarnindikators,
- vorgesehene feste Zuordnung eines Engagements nach der Identifikation bestimmter Frühwarnindikatoren zu einem MaRisk Betreuungsstatus,

- automatische Information und Einbindung von vorgesehenen Kompetenzträgern und Experten in den Risikoevaluierungs- und Entscheidungsprozess,
- systemische Terminierung verkürzter Überwachungsfristen,
- Aufnahme auf die Watchlist als ein zentrales Reportinginstrument,
- …

zu denken.

800 Es empfiehlt sich, schon aus Effizienzgründen, die Datensysteme zur Risikofrüherkennung so auszulegen, dass unterschiedliche aufsichtsrechtliche Zwecke erfüllt werden können. Insbesondere ist hier die Einbindung der Datensysteme und der Daten in das von den MaRisk in AT 4.3.4 für systemrelevante Institute[276] geforderte Datenmanagement und die Aggregation von Risikodaten zu nennen. Somit können, neben der Früherkennung von Risiken auf der Ebene der Kreditnehmer, im Krisenfall schnell und umfassend aggregierte Risikodaten für die Entscheidungen des Managements zur Verfügung gestellt werden.

3.3.9. Checkliste Daten/Datensysteme

	Frage	Erfüllt
1.	Ist unter Kosten-/Nutzenabwägung die Implementierung einer technischen Risikofrüherkennungsplattform vorgenommen worden?	
2.	Ist eine systematische und strukturierte Aufnahme der für die Früherkennung verwendbaren Daten erfolgt?	
3.	Ist sichergestellt, dass die im Rahmen der Früherkennung verwendeten Daten nur qualitätsgesichert in den Früherkennungsprozess einfließen?	
4.	Erfolgt eine Historisierung der technisch ermittelten Frühwarnindikatoren?	
5.	Sind die Daten zu Zwecken der Optimierung in einer auswertbaren Form abgelegt?	

276 Eine aktuelle Liste der für Deutschland als systemrelevant eingestuften Institute kann auf den Internetseiten der Bundesanstalt für Finanzdienstleistungsaufsicht abgerufen werden unter www.bafin.de

6.	Sind die Daten/Datensysteme für den Bereich Früherkennung, Intensiv- und Problemkredite so ausgelegt, dass eine Einbindung in die Risikoaggregation nach MaRisk AT 4.3.4 für systemrelevante Institute ermöglicht wird?	
7.	[…]	

3.3.10. Reporting

Neben den Prozessen, Methoden und Daten/Datensystemen hat ein Institut ein angemessenes Reporting aufzubauen, durch das eine strukturierte und vollständige Aggregation aller auf der Einzelgeschäftsebene identifizierten Engagements sichergestellt wird. Häufig wird von Instituten hierzu eine zentrale Watchlist implementiert, in der alle Engagements mit erhöhten Risiken zusammengeführt werden und die insofern eine zentrale Bedeutung im Rahmen der Früherkennung besitzt. 801

Damit die Watchlist eine angemessene Transparenz über die erhöht risikobehafteten Engagements erfüllen kann, ist eine vollständige Aggregation aller als wesentlich eingestuften Adressausfallrisiken zu gewährleisten. 802

Neben der Implementierung einer zentralen Watchlist sollte durch das Reporting auch eine standardisierte Auswertbarkeit unter für die Risikofrüherkennung wichtigen Gesichtspunkten bereitgestellt werden. Eine standardisierte oder zumindest regelmäßig wiederholbare Auswertbarkeit könnte beispielsweise unter den folgenden Gesichtspunkten zeitraum- oder zeitpunktbezogen implementiert werden (keine abschließende Aufzählung): 803

- Welche Frühwarnindikatoren sind wie häufig in einem bestimmten Zeitraum aufgetreten?
- Bei welchen Frühwarnindikatoren erfolgt regelmäßig eine zeitnahe Überführung in die Intensiv- oder Problemkreditbetreuung?
- Wie sehen die Migrationsbewegungen innerhalb der MaRisk-Betreuungsstatus aus?
- Wie lange dauert bereits durchschnittlich die Betreuungsdauer in der Intensiv-, Sanierungs- und Abwicklungsbetreuung an?
- …

Die hierdurch generierten Informationen können gleichzeitig, neben der rechtzeitigen Identifikation und dem Aufzeigen von Handlungsbedarf bei den 804

Entscheidungsträgern, ein wichtiger Baustein für die Durchführung regelmäßiger Stresstests nach MaRisk AT 4.3.3 sein. Die Erfahrungen aus der Risikofrüherkennung können so gleichzeitig beispielsweise eine Grundlage für die Entwicklung von Abschwungszenarien bilden.

✓ Praxistipps Reporting

In der praktischen Ausgestaltung eines Reportings zeigen sich vielfach insbesondere Schwächen im Bereich einer konzernweiten Aggregation der erhöht risikoauffälligen Engagements. So existiert zwar in vielen Instituten jeweils eine Watchlist in den unterschiedlichen Konzernteilen/Geschäftsfeldern, jedoch werden diese nicht in einer »Konzern-Watchlist« bzw. geschäftsfeldübergreifenden Watchlist zusammengeführt. Auch der Ausweis eines »Konzernobligos«, in welchem alle im Konzern vergebenen Kredite der Kreditnehmerin respektive der Kreditnehmer-/Risikoeinheit zusammengefasst sind, existiert vielfach nicht oder muss erst mit Auftreten der Risiken manuell und damit sehr arbeitsintensiv und fehleranfällig hergestellt werden.

Überdies zeigt sich vielfach, dass die Watchlist für einen sachverständigen Dritten eine lediglich eingeschränkte Aussagekraft hat, da wesentliche Informationen (z. B. wesentliche Risikotreiber des Engagements, eingeleitete Maßnahmen) nicht vorhanden sind.

3.3.11. Checkliste Reporting

	Frage	Erfüllt
1.	Enthält die Watchlist alle im Rahmen der Früherkennung als erhöht risikobehaftet identifizierten Engagements?	
2.	Ist eine konzernweite Watchlist implementiert, die auch solche Engagements enthält, die bei nicht konsolidierten, aber als wesentlich eingestuften Gesellschaften bestehen? Hinweis: Dabei ist zu beachten, dass auch als unwesentlich eingestufte Gesellschaften Berücksichtigung finden müssen, sofern die Risiken bei zusammengefasster Betrachtung aller nachgeordneten Unternehmen mit jeweils unwesentlichem Risiko insgesamt als wesentlich einzustufen sind.	

3.	Erfolgt im Rahmen der Watch List auch die Bezugnahme auf die Kreditnehmereinheit?	
4.	Besitzt die Watchlist für einen sachverständigen Dritten eine hinreichende Aussagekraft die es diesem ermöglicht, sich einen ersten Überblick über das Engagement zu verschaffen?	
5.	Ist über die Watchlist hinaus ein auf das Management zugeschnittenes Reporting im Rahmen der Früherkennung vorhanden?	
6.	Werden die Erfahrungen aus der Risikofrüherkennung auch für die Entwicklung und Durchführung von Stresstests nach MaRisk AT 4.3.3 berücksichtigt?	
7.	[...]	

3.3.12. Rechtzeitige Identifizierung

Damit ein Risikofrüherkennungsverfahren seine zugedachte Funktion erfüllen kann, müssen Risiken rechtzeitig, bevor diese für ein Institut schlagend werden, von diesem identifiziert werden. 805

Eine Legaldefinition über das, was unter einer »rechtzeitigen Identifizierung« zu verstehen ist, enthalten die MaRisk jedoch nicht. 806

Zwar gibt es weder in der Theorie noch in der Praxis einen einheitlich akzeptierten Verlauf für eine Unternehmenskrise, jedoch könnten die unterschiedlichen hierzu existierenden Modelle einen Ansatzpunkt bieten, um eine Definition für die rechtzeitige Identifizierung zu treffen und damit eine Beurteilungshilfe zu bieten über die Fähigkeit eines Frühwarnverfahrens zur rechtzeitigen Krisenidentifikation.[277] 807

Der typische Krisenverlauf lässt sich aus einer finanz- und erfolgswirtschaftlichen Perspektive wie folgt untergliedern:[278] 808

277 Vgl. *Adelmeyer/Littkemann*, Risikofrüherkennung im Kreditgeschäft (2008), S. 167.

278 Vgl. *Leidig/Jordans*, Unternehmensrisiken und Insolvenzgefahren rechtzeitig erkennen (2004), S. 324 ff. sowie *Hauschildt*, Von der Krisenerkennung zum präventiven Krisenmanagement (2005), S. 2.

3.3.12.1. Strategische Krise

809 Befindet sich ein Unternehmen in der **strategischen Krise**, so sind dessen nachhaltige Erfolgspotenziale (rentable und verkäufliche Produkte, Wettbewerbsposition, Markenname, durch den Produktionsstandort bedingte Kostenvorteile usw.) ernsthaft gefährdet oder aufgebraucht. Veränderungen des Marktes und Konsumentenverhaltens werden nicht angemessen in der strategischen Ausrichtung der Unternehmung berücksichtigt. Als Folge hieraus treten bereits erste (negative) erfolgswirtschaftliche Veränderungen auf (z. B. geminderte Rohertrags-, EBITDA-Margen, steigende Debitorenlaufzeiten und Lagerdauer usw.).

3.3.12.2. Operative-/Erfolgskrise

810 Eine **operative- oder Erfolgskrise** liegt vor, wenn erhebliche Gefahren für die Erreichung der Erfolgsziele, wie z. B. Gewinnziele, Rentabilitätsziele der Unternehmung bestehen oder bereits Verluste erwirtschaftet werden. Aufgrund der nachhaltigen Verlustsituation wird das Eigenkapital aufgezehrt und der Liquiditätsbedarf steigt. Es droht die Gefahr der Überschuldung und/oder Zahlungsunfähigkeit.

3.3.12.3. Liquiditätskrise

811 Die **Liquiditätskrise** ist erreicht, wenn das Unternehmen nur noch unzureichend oder gar nicht mehr in der Lage ist, seinen Zahlungsverpflichtungen nachzukommen. In dieser Phase kommt es zu ersten Leistungsstörungen. Im weiteren Verlauf kommt es häufig zu Kreditkündigungen seitens der Gläubiger (Banken, Kreditversicherer, Leasinggesellschaften usw.). Lieferanten beliefern die betroffene Unternehmung vielfach nur noch gegen Vorkasse bzw. Barzahlung. Insgesamt droht damit die Verwirklichung der Insolvenztatbestände der drohenden Zahlungsunfähigkeit oder Zahlungsunfähigkeit.

812 Im Anschluss an die Liquiditätskrise tritt häufig in einer schnellen Zeitfolge die **Insolvenz** ein.

813 Hierbei zeigt eine Untersuchung von Engel, dass vom Beginn der Liquiditätskrise bis zur Insolvenz 53 Tage (Median) vergehen, während der Krisenverlauf insgesamt immerhin rd. **zwei Jahre** (617 Tage) andauert, bevor es zu einem endgültigen Zusammenbruch einer Unternehmung kommt.[279]

279 Vgl. *Engel*, Die zeitliche Entwicklung von Unternehmenskrisen (2003), S. 90.

Vor diesem Hintergrund ergeben sich in Abhängigkeit vom Krisenstadium damit für die Institute unterschiedlich stark ausgeprägte Handlungsspielräume. In Anlehnung an *Hauschildt/Gruppe/Schindler* kann der Verlauf einer Unternehmenskrise sowie der Entwicklung der Handlungsalternativen für die Krisenunternehmung selbst, aber auch für die Institute graphisch wie folgt dargestellt werden:[280] 814

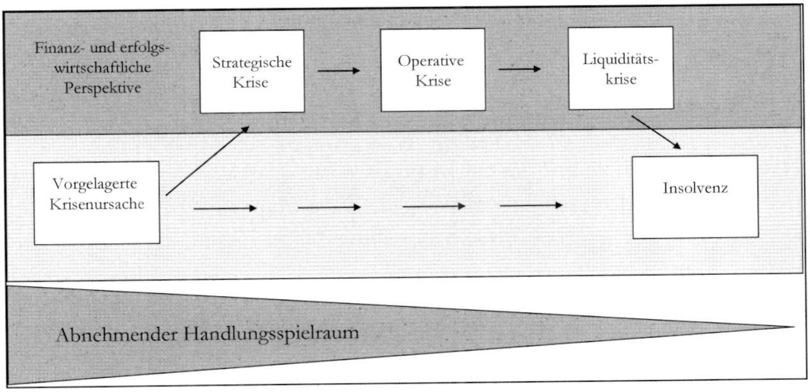

Abbildung 1: Der Verlauf von Unternehmenskrisen im Spiegelbild der Handlungsspielräume

Der mit fortschreitender Krise geringer werdende Handlungsspielraum bedeutet hierbei, dass die Ressourcen und Reserven, die einer Krisenunternehmung zur Verfügung stehen, stetig geringer werden. Gleichzeitig nimmt aufgrund der Beschleunigung des Krisenverlaufs die maximale Reaktionszeit für die Institute und jeweils betroffene Unternehmung ab. 815

Aus der Sicht eines Kreditinstituts vermindert sich mit fortschreitender Krise einerseits die Wahrscheinlichkeit einer erfolgreichen Restrukturierung der betroffenen Unternehmung und erhöht sich andererseits die Wahrscheinlichkeit, dass Institute im Rahmen der Restrukturierung aufgefordert sind, steigende Sanierungsbeiträge in Form von Stundungsmaßnahmen, der Freigabe von Sicherheiten, Rangrücktritten, Kapitalverzichten, Fresh Money und ähnlichem zu leisten. Zugleich nimmt auch für die Institute die Reaktionszeit, die zur Abwendung des Zusammenbruchs der betroffenen Unternehmung zur Verfügung steht, ab und reduziert sich in vielen Fällen auf nur noch wenige Tage und eine häufig nur teilweise gegebene Transparenz über die wirtschaftliche Situation der Unternehmung und Entscheidungsgrundlage. 816

280 Vgl. *Hauschildt/Graphe/Schindler*, Typologien von Unternehmenskrisen im Wandel (2006), S.8.

817 Zusammenfassend zeigt sich damit, dass vor dem Hintergrund der mit zunehmender Krise abnehmenden Handlungsspielräume und eines mit Eintritt in die Liquiditätskrise häufig nur noch kurzen Zeitraums bis zur Insolvenz, ein Frühwarnverfahren über die Fähigkeit verfügen muss, regelmäßig eine negative Risikoveränderung/Unternehmenskrise in Krisenstadien, die der Liquiditätskrise vorgelagert sind, zu identifizieren, um eine rechtzeitige Früherkennung betreiben zu können. Hieraus leitet sich für die Institute die Notwendigkeit ab, eine Unternehmenskrise möglichst bereits in der strategischen oder Erfolgskrise zu identifizieren.[281]

3.3.13. Frühwarnindikatoren

818 Nach den BTO 1.3 Tz. 2 hat ein Institut sowohl qualitative als auch quantitative Frühwarnindikatoren zu entwickeln. Diese müssen dazu geeignet sein, sich (negativ) verändernde Risiken respektive bei der Kreditnehmerin auftretende Krisen rechtzeitig zu identifizieren.

Auszug BTO 1.3 Tz. 2

Für diese Zwecke hat das Kreditinstitut auf der Basis quantitativer und qualitativer Risikomerkmale Indikatoren für eine frühzeitige Risikoidentifizierung zu entwickeln.

3.3.13.1. Qualitative und Quantitative Frühwarnindikatoren

819 Während man unter **qualitativen Frühwarnindikatoren** im Allgemeinen Informationen versteht, die im Rahmen der Kundenbeziehung gewonnen werden und dabei häufig einen Interpretationsspielraum aufweisen, sind **quantitative Frühwarnindikatoren** in der Regel numerische Informationen (z. B. Kennzahlen aus der Jahresabschlussanalyse oder Informationen aus den Kontodaten), die über keinen Ermessens-/Interpretationsspielraum verfügen.

820 **Quantitative Frühwarnindikatoren** sind in der Regel gut bestimmbar und weisen im Vergleich zu den qualitativen Indikatoren keine Interpretations-/Ermessensspielräume sowie eine gute Überprüfbarkeit aus. Jedoch kommen auch quantitative Frühwarnindikatoren nicht in jedem Fall ohne Bewertung aus, da beispielsweise die Verschlechterung bestimmter Bilanzkennzahlen auch nachvollziehbare, nicht in einer Unternehmenskrise liegende Gründe haben kann (z. B. durch eine Änderung der Kostenstruktur oder eine geänder-

281 Vgl. *Hauschildt*, Von der Krisenerkennung zum präventiven Krisenmanagement (2005), S 3.

te Gesetzgebung). Eine ausgewogene Mischung aus automatisierter Ermittlung und Interpretation der quantitativen Indikatoren ist daher anzuraten, ohne dabei die Vergleichbarkeit zu gefährden. Dieser Aspekt wird im Folgenden unter der Überschrift Trennschärfe weiter ausgeführt.

Für die **qualitativen Frühwarnindikatoren** ist insbesondere kennzeichnend, 821
dass diese häufig nicht eindeutig bestimmbar sind und damit über vergleichsweise hohe Interpretationsspielräume und eine damit einhergehende schlechte Überprüfbarkeit verfügen. Dafür treten diese regelmäßig früh im Krisenverlauf auf und erlauben so (potentiell) eine bereits frühe Identifizierung problembehafteter Engagements.

Es empfiehlt sich daher, dass die Ermittlung und Bewertung der qualitativen 822
Frühwarnindikatoren sowie die damit im Zusammenhang stehenden Organisationsrichtlinien regelmäßig durch eine marktunabhängige Stelle (z. B. Interne Revision) überprüft werden.[282]

Als mögliche Quelle, aus denen Frühwarnindikatoren generiert werden kön- 823
nen, kommen die nachfolgenden Informationsquellen in Frage (keine abschließende Aufzählung):[283]

- Kundenbeziehung
- Jahresabschlussanalyse
- Qualitative Ratinginformationen
- Branchenentwicklungen
- Kontoführung
- Externe Informationsanbieter
- Zahlungsverhalten
- Informationsverhalten des Kunden
- Einhaltung von Terminen für vereinbarte Reportingpflichten
- Marktpreise/-daten
- …

282 Vgl. *Englisch/Panzer*, Risikofrüherkennung im Kreditgeschäft (2008), S. 10.
283 Vgl. hierzu ähnlich *Englisch/Panzer*, Risikofrüherkennung im Kreditgeschäft (2008), S. 17.

3.3.13.2. Checkliste Frühwarnindikatoren

	Frage	Erfüllt
1.	Sind sowohl quantitative als auch qualitative Frühwarnindikatoren implementiert?	
2.	Sind die verwendeten Frühwarnindikatoren angemessen quantifiziert?	
3.	Sind bei der Definition der Frühwarnindikatoren alle in Frage kommenden Informationsquellen systematisch auf ihre Eignung für die Risikofrüherkennung hin erfasst und analysiert worden?	
4.	Ist sichergestellt, dass alle qualitativen Frühwarnindikatoren in den Prozess der Risikofrüherkennung Eingang finden?	
5.	Sind die Ermessensspielräume bei der Auslegung von Frühwarnindikatoren auf ein sinnvolles Maß begrenzt?	
6.	Ist die Überprüfung der Verwendung der qualitativen Frühwarnindikatoren sowie die Einhaltung der damit im Zusammenhang stehenden Organisationsrichtlinien durch eine marktunabhängige Stelle sichergestellt?	
7.	[…]	

3.3.13.3. Eignung von Frühwarnindikatoren

824 Bei der Auswahl der Frühwarnindikatoren ist darauf zu achten, dass diese im Sinne einer funktionsfähigen Früherkennung geeignet sind.

825 Einen möglichen Ansatz zur Beurteilung der verwendeten Frühwarnindikatoren können die nachfolgenden Kriterien liefern:[284]

Eindeutigkeit

826 Verfügt der verwendete Frühwarnindikator über eine angemessene Trennschärfe bei der Identifikation erhöhter Risikoauffälligkeiten?

284 Vgl. hierzu ähnlich *Hahn/Krystek*, Betriebliche und überbetriebliche Frühwarnsysteme für die Industrie (1979), S. 81 f. sowie *Panzer/Englisch*, Risikofrüherkennung im Kreditgeschäft (2008), S.11.

Frühzeitigkeit

Ist der Frühwarnindikator dazu geeignet, eine negative Risikoveränderung bei einem Engagement rechtzeitig zu identifizieren? Der Frage, was unter »rechtzeitig« zu verstehen ist, wird weiter unten in diesem Kapitel nachgegangen. 827

Verfügbarkeit

Sind die zur Ermittlung des Indikators benötigten Informationen in einem quantitativ und auch qualitativ ausreichendem Maße sowie einer hinreichenden Aktualität vorhanden? 828

Ermittelbarkeit

Mit welchem Aufwand können die Informationen generiert werden und welchen zu erwartenden Mehrwert liefern diese für den Früherkennungsprozess? 829

Automatisierbarkeit

Ist der verwendete Frühwarnindikator aktuell oder zukünftig mit einem angemessenen Aufwand durch die verwendete technische Früherkennungsplattform automatisch ermittelbar? 830

Zwar sollte das Kriterium der Automatisierbarkeit nicht dazu führen, dass ansonsten valide Indikatoren im Falle der Nichtautomatisierbarkeit grundsätzlich verworfen werden, jedoch kann das Kriterium dann wertvolle Unterstützung leisten, wenn es zum Beispiel um die Bewertung zweier ansonsten gleich guter Indikatoren geht, von denen der eine mit einem angemessenen Aufwand automatisiert werden kann, der andere hingegen nicht. 831

Zusammenfassung

Bei den vorgenannten Beurteilungskriterien kann es sich jedoch keinesfalls um eine vollständige Aufzählung respektive Beurteilungsgrundlage handeln. Vielmehr hat jedes Institut diese für sich und auf der Grundlage der institutsspezifischen Besonderheiten und des Risikoprofils zu definieren. 832

Neben der Beurteilung der einzelnen Frühwarnindikatoren sollte ein Institut die Wirkungsweise der verwendeten Frühwarnindikatoren insgesamt bewerten. Hierbei steht die Frage im Vordergrund, ob die insgesamt definierten Frühwarnindikatoren ausreichend sind, um die unterschiedlichen Geschäftsfelder und Produkte sowie hiermit ggf. im Zusammenhang stehende Tochtergesellschaften angemessen in die Früherkennung einzubeziehen. Hierzu ist zu beurteilen, ob die typischen Risikotreiber eines jeden für die Früherkennung 833 relevanten Geschäftsfeldes und Produktes durch die verwendeten Frühwarnindikatoren angemessen erfasst werden. Daher empfiehlt es sich, neben allgemeinen, geschäftsfeldübergreifenden Indikatoren auch solche zu definieren, die geschäftsfeld-/produktspezifische Risikotreiber adäquat abbilden können.

834 Des Weiteren ist darauf zu achten, dass etwaige Spezifika der wesentlichen Kreditnehmerbranchen angemessen in der Ausgestaltung der Indikatoren berücksichtigt werden. So bedarf z. B. die Risikofrüherkennung im Bereich der Banken anderer Frühwarnindikatoren, als Kreditnehmer aus dem Bereich der Automobil- oder Baubranche.

835 Wie bereits weiter oben aufgezeigt, muss auf der Basis der verwendeten Frühwarnindikatoren eine frühzeitige Risikoidentifikation sichergestellt sein. Erst hierdurch werden die Anforderungen, die die MaRisk an die qualitativen und quantitativen Frühwarnindikatoren stellen, erfüllt.

836 Eine weiterführende Definition, welche Anforderungen an die Indikatoren zu stellen sind, damit diese das Kriterium der Frühzeitigkeit erfüllen, enthalten die MaRisk dabei jedoch, wie bereits oben gezeigt, nicht.

837 Eine mögliche Strukturierungshilfe im Bereich der Unternehmensfinanzierung (in Abgrenzung zum Privatkundengeschäft) und damit in dem wahrscheinlich wichtigsten Segment der Risikofrüherkennung, könnte hierzu der weiter oben dargestellte »typische« Verlauf einer Unternehmenskrise bieten.

838 Grundsätzlich gilt zwar zunächst, dass ein Institut für jede Phase über geeignete Indikatoren verfügen sollte, jedoch ist aufgrund der dargestellten abnehmenden Handlungsspielräume im Verlauf einer Unternehmenskrise dabei ein besonderes Augenmerk auf solche Frühwarnindikatoren zu legen, die eine negative Risikoveränderung vor der Materialisierung einer Leistungsstörung zuverlässig anzeigen können. Frühwarnindikatoren, die primär auf eine Identifikation von negativen Risikoveränderungen durch den Eintritt von Leistungsstörungen abzielen, verfügen zwar in der Regel über eine hohe Trennschärfe, jedoch zeigen diese eine Krise erst spät im Krisenverlauf an und können damit nicht die maßgeblichen Frühwarnindikatoren im Rahmen der Früherkennung darstellen. Daher bedeutet eine Identifikation von materialisierten Leistungsstörungen in der Regel eine »Krisenspäterkennung«, aber keine Krisenfrüherkennung im engeren Sinne.

839 Damit sind Frühwarnindikatoren zu definieren, die eine Unternehmenskrise bereits vor der Liquiditätskrise und damit in der Strategie- oder Erfolgskrise identifizieren können.

✓ Praxistipps Frühwarnindikatoren

Verschiedene praktische Erfahrung bei der Analyse und Bewertung von Frühwarnindikatoren zeigen, dass Institute einen Schwerpunkt auf solche Indikatoren legen, die regelmäßig erst in der Liquiditätskrise aktiv eine negative Risikoveränderung anzeigen. Zu dieser Kategorie gehören alle Indikatoren, die auf länger andauernde Überziehungen, Rückstände oder ähnliches referenzieren.

Zwar sind diese grundsätzlich im Sinne einer »Auffangposition« für den Fall, dass alle anderen Indikatoren versagt haben, geeignet, jedoch bedürfen sie der unbedingten Ergänzung durch weitere Indikatoren, deren Wirkungsrichtung zu einem früheren Zeitpunkt ansetzt.

Ein häufiges Problem hierbei ist jedoch, mit einer zufrieden stellenden Erfolgsquote negative Veränderungen bereits im Stadium der strategischen Krise zu identifizieren. Eine mögliche Ursache hierfür könnte die Ambivalenz zwischen dem Zeitpunkt der Erkennbarkeit und der Eindeutigkeit der Signale respektive der Trennschärfe der üblicherweise zu diesem Zeitpunkt auftretenden Frühwarnsignale sein, was die nachfolgende Abbildung veranschaulicht: 840

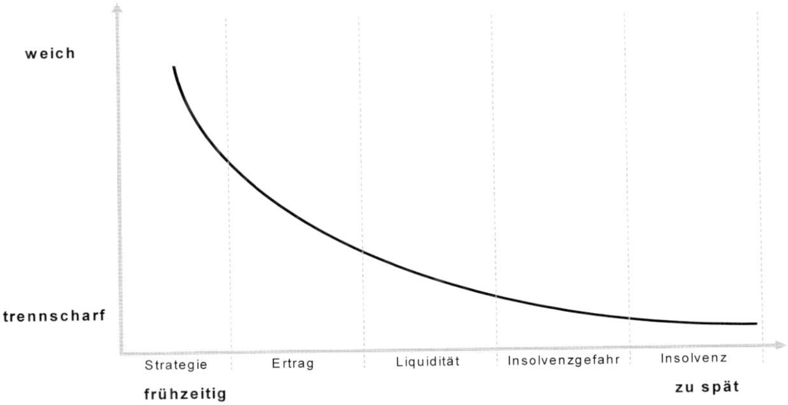

Abbildung 2: Trennschärfe der Frühwarnsignale
Quelle: Projektarbeit Ernst & Young

Es zeigt sich also, dass solche Frühwarnindikatoren, die eine Krise eindeutig und damit trennscharf anzeigen, häufig erst spät im Krisenverlauf auftreten, wohingegen Signale, die die Krise zu einem bereits frühen Stadium anzeigen, 841 eher »weich« und damit schwer identifizierbar und teilweise auch weniger trennscharf sind.

842 Bei den weichen Faktoren, die zu einem frühen bis mittleren Zeitpunkt einer Unternehmenskrise auftreten, handelt es sich häufig um qualitative und damit sich aus der aktiv geführten Kundenbeziehung heraus ergebende Faktoren. Gleichzeitig zeigen sich jedoch auch in diesem Krisenstadium neben weichen Faktoren bereits erste quantitative Frühwarnindikatoren. So zeigen sich vielfach bereits in der strategischen und operativen Krise erste negative Veränderungen in dem Jahresabschluss der Krisenunternehmung (z. B. eine steigende Lagerdauer, längere Kreditoren- und Debitorenlaufzeiten, sinkende Rohertragsmargen und sonstige Rendite). Auch und zugleich insbesondere Marktindikatoren und -informationen können häufig zu einem frühen Zeitpunkt wertvolle Hinweise auf potentiell negative Risikoveränderungen liefern.

843 Eine eindeutige Bestimmbarkeit der negativen Risikoveränderung ergibt sich jedoch in der Regel zu einem frühen Zeitpunkt in nur wenigen Fällen. Auch ist es selten ein einzelner Indikator, der isoliert betrachtet einen belastbaren Hinweis hierauf bereitstellen kann. Vielmehr ist es regelmäßig eine Kombination aus Einzelfaktoren/-indikatoren, die entsprechende Anhaltspunkte auf die gestiegenen Risiken liefern können. Daher bedarf es im Rahmen der Früherkennung in fast allen Fällen einer expertenbasierten Bewertung und intensiven Risikoevaluierung. Diesem Umstand kann z. B. durch eine entsprechende Risikodifferenzierung der Prozesse (vgl. hierzu den vorhergehenden Abschnitt) Rechnung getragen werden.

3.3.13.4. Checkliste Frühwarnindikatoren

	Frage	**Erfüllt**
1.	Ist die Verantwortung für die methodische Entwicklung und Qualität sowie die regelmäßige Validierung außerhalb des Marktbereichs angesiedelt?	
2.	Sind die verwendeten Frühwarnindikatoren methodisch dazu geeignet, erhöht risikobehaftete Engagements vor der Materialisierung der Leistungsstörung zu identifizieren?	
3.	Sind neben geschäftsfeldübergreifenden auch geschäftsfeldspezifische Frühwarnindikatoren definiert?	

4.	Können die verwendeten Frühwarnindikatoren die wesentlichen Risikotreiber der relevanten Branchen und Produkte adäquat erfassen und abdecken?	
5.	Sind die verwendeten Frühwarnindikatoren unter Anwendung der Kriterien ▪ Frühzeitigkeit ▪ Eindeutigkeit ▪ Verfügbarkeit ▪ Ermittelbarkeit ▪ Automatisierbarkeit als sinnvoll und angemessen zu bezeichnen?	
6.	Ist sichergestellt, dass die von der kundenbetreuenden Organisationseinheit gewonnen risikofrüherkennungsrelevanten Informationen in Form von (qualitativen) Frühwarnindikatoren in den Früherkennungsprozess einfließen?	
7.	Werden durch die verwendeten Frühwarnindikatoren die relevanten Marktinformationen abgedeckt?	
8.	Sind Frühwarnindikatoren implementiert, die solche Veränderungen, die eine negative Auswirkung auf Fremdwährungsdarlehen haben, rechtzeitig identifizieren?	
9.	Ist eine Systematik implementiert, die die Übertragung von identifizierten Frühwarnindikatoren im Rahmen von Risikoeinheiten auch auf weitere Kreditnehmer der Risikoeinheit sicherstellt?	
10.	[…]	

3.3.14. Frühwarn- und Ratingverfahren

3.3.14.1. Einleitung

BTO 1.3 Tz 3 definiert prinzipienorientiert mögliche Voraussetzungen, unter 844 denen die Nichteinbeziehung bestimmter Kreditgeschäfte in die Risikofrüherkennung eines Institutes unter Risikogesichtspunkten gerechtfertigt erscheint.

845 Neben der Nichteinbeziehung bestimmter Kreditgeschäfte räumen die MaRisk in BTO 1.3 Tz. 3 den Instituten die Möglichkeit ein, das verwendete Risikoklassifizierungsverfahren auch für die Zwecke der Risikofrüherkennung einzusetzen, sofern dies hierfür geeignet ist.

Auszug BTO 1.3 Tz. 3

Das Kreditinstitut kann bestimmte, unter Risikogesichtspunkten festzulegende Arten von Kreditgeschäften oder Kreditgeschäfte unterhalb bestimmter Größenordnungen von der Anwendung des Verfahrens zur Früherkennung von Risiken ausnehmen.

Die Funktion der Früherkennung von Risiken kann auch von einem Risikoklassifizierungsverfahren wahrgenommen werden, soweit es eine Früherkennung von Risiken ermöglicht.

3.3.14.2. Nichteinbeziehung in die Risikofrüherkennung

846 Auf Basis dieser Formulierung wird den Instituten durch eine Öffnungsklausel die Möglichkeit eingeräumt, bestimmte Kreditgeschäfte von der Früherkennung auszunehmen.

847 Hierzu hat das Institut die von der Früherkennung auszunehmenden Geschäfte auf den anzunehmenden Risikogehalt hin zu analysieren. Dabei können solche Kreditgeschäfte, die auf Basis des institutsspezifischen Risikoprofils vergleichsweise risikoarm sind, von der Früherkennung ausgenommen werden. Die Festlegung hat entweder nach der Art des Kreditgeschäftes und/ oder der Größenklasse zu erfolgen.

848 Insgesamt soll hierdurch dem Effizienzgrundgedanken der MaRisk Rechnung getragen[285] und den Instituten die Chance gegeben werden, unter einer Kosten- und Nutzenabwägung und auf Basis der Institutsspezifika zu bestimmen, bei welchen Kreditgeschäften die zu erwartende Risikoreduzierung im Rahmen der Früherkennung in keinem angemessenen Verhältnis zu dem voraussichtlich hieraus entstehenden Mehraufwand steht.[286]

849 Vielfach werden diese Erleichterung von den Instituten im Bereich des stark standardisierten Mengenkreditgeschäftes, bei dem das Effizienzkriterium eine bedeutsame Rolle spielt, genutzt.

---

285 Vgl. *Helfer/Müller*, Aufbau- und Ablauforganisation Kredit in MaRisk Öffnungsklauseln: Prüfungsvorbereitende Dokumentation (2008), S. 170.

286 Vgl. *Englisch/Panzer*, Risikofrüherkennung im Kreditgeschäft (2008), S. 11.

Neben der Nichteinbeziehung bestimmter Kreditgeschäfte unter Risiko- 850
gesichtspunkten, sehen die Erläuterungen zu BTO 1.3 Tz. 3 eine weitere Möglichkeit zur Nichtberücksichtigung für den Fall vor, dass die notwendigen Informationen objektiv nicht in einem ausreichenden Maße vorhanden sind. Dies ist insbesondere bei Kreditgeschäften, die von anderen Instituten initiiert werden, der Fall. Bei solchen Krediten sollte jedoch vertraglich gegenüber den Drittinstituten festlegt werden, bei welchen Ereignissen welche Informationen dem Kreditinstitut zur Verfügung zu stellen sind.[287]

Auszug BTO 1.3 Tz. 3 – Erläuterungen zu den Ausnahmen

Von der Einrichtung eines Verfahrens zur Früherkennung von Risiken kann abgesehen werden, wenn ein Zugriff auf die für eine Risikofrüherkennung erforderlichen Daten aufgrund objektiver Gegebenheiten eingeschränkt ist. Solche Konstellationen liegen dann vor, wenn die Kreditgeschäfte über ein drittes Institut initiiert und im Weiteren von diesem betreut werden (z. B. Hausbank im Kreditgeschäft der Förderbanken oder auch im Kreditgeschäft der Bürgschaftsbanken). Das kreditierende Institut hat dabei sicherzustellen, dass es über wesentliche Vorkommnisse bei dem Kreditnehmer informiert wird.

287 Vgl. *Helfer/Müller*, Aufbau- und Ablauforganisation Kredit in MaRisk Öffnungsklauseln: Prüfungsvorbereitende Dokumentation (2008), S. 171.

3.3.14.3. Checkliste Nichteinbeziehung in die Risikofrüherkennung

	Frage	Erfüllt
1.	Sind die von der Risikofrüherkennung ausgenommenen Geschäfte auf der Basis des zu vermutenden Risikogehaltes analysiert und bewertet worden?	
2.	Ist die Entscheidung über die Nichtberücksichtigung bestimmter Geschäfte durch die Geschäftsleitung getroffen worden und angemessen sowie für einen sachverständigen Dritten nachvollziehbar dokumentiert?	
3.	Ist bei der Nichtberücksichtigung von solchen Geschäften, die von anderen Instituten initiiert/betreut werden, vertraglich festgelegt, bei welchen Ereignissen welche Informationen zur Verfügung zu stellen sind und wird dies adäquat überwacht?	
4.	[…]	

3.3.14.4. Verwendung von Risikoklassifizierungsverfahren zum Zwecke der Früherkennung

851 Ein Risikoklassifizierungsverfahren hat unter Berücksichtigung betriebswirtschaftlicher Aspekte insbesondere folgende Komponenten zu enthalten, um gleichzeitig als Verfahren zur Früherkennung von Risiken dienen zu können:[288]

Indikatorenbezogene Komponente

852 Die dem Verfahren zu Grunde liegenden Indikatoren (z. B. Kontoumsätze, Scheckrückgaben) sollten dazu geeignet sein, dass sich abzeichnende Risiken möglichst frühzeitig erkannt werden können.

Zeitraumbezogene Komponente

853 Auf der Grundlage der Indikatoren sollte eine laufende Identifizierung von sich abzeichnenden Risiken möglich sein.

288 Vgl. Erläuterungen zu BTO 1.3 Tz. 3.

Prozessbezogene Komponente

Signale des Verfahrens zur Früherkennung von Risiken sollten ferner zeitnah zu geeigneten Maßnahmen des Kreditinstituts führen (z. B. Intensivierung des Kundenkontaktes, Hereinnahme neuer Sicherheiten, Tilgungsaussetzungen), so dass sich Risiken möglichst nicht in Form von Verlusten materialisieren. 854

Zusammenfassung

Aus den vorgenannten Voraussetzungen zeigt sich, dass die gleichzeitige Verwendung eines internen Risikoklassifizierungsverfahrens für die Zwecke der Risikofrüherkennung in vielen Fällen schwierig sein dürfte. Während ein Risikoklassifizierungsverfahren in der Regel für die jährliche Beurteilung der Bonität des Kreditnehmers verwendet wird und hierbei regelmäßig auf die im Rahmen der Jahresabschlussanalyse gewonnenen Informationen als eine wichtige Beurteilungskomponente zurückgegriffen wird, ist ein Verfahren zur Risikofrüherkennung auf die fortlaufende Identifizierung negativer Risikoveränderungen ausgerichtet.[289] 855

In der Regel berücksichtigen zwar von der Aufsicht zugelassene interne Ratingverfahren wesentliche Risikofaktoren und besitzen damit die Fähigkeit zur Ausfallprognose, jedoch kann hieraus im Umkehrschluss nicht die unmittelbare Eignung zur Risikofrüherkennung im Sinne der MaRisk abgeleitet werden. Einer Eignung als wesentliches Risikofrüherkennungsinstrument steht insbesondere der einjährige Überprüfungsturnus entgegen. Selbst im Falle einer unterjährigen Anpassung und Überprüfung der Risikoklasse, erfolgt dies regelmäßig anlassbezogen und ist damit das Ergebnis einer materialisierten Risikoveränderung. Mithin dürfte die Früherkennung mittels eines Ratingverfahrens häufig tendenziell eher zu spät erfolgen.[290] 856

Hiervon ist allerdings unbenommen, dass einzelne Komponenten eines Risikoklassifizierungsverfahrens häufig in das Frühwarnverfahren sinnvoll integriert werden können. So verfügen beispielsweise viele Risikoklassifizierungsverfahren über einen umfangreichen qualitativen Teil, in welchem Informationen über die gewählte Strategie, die Marktpositionierung, die Qualität des Managements, die Funktionsfähigkeit wichtiger Unternehmensbestandteile (z. B. das Controlling, Rechnungswesen, Forschung und Entwicklung usw.) 857

289 Vgl. ähnlich in der Argumentation *Englisch/Panzer*, Risikofrüherkennung im Kreditgeschäft (2008), S. 12 und S. 45.

290 Vgl. ähnlich in der Argumentation *Englisch/Panzer*, Risikofrüherkennung im Kreditgeschäft (2008), S. 12.

der relevanten Unternehmung und damit wertvolle Informationen für die Risikofrüherkennung enthalten sind.

3.3.14.5. Checkliste Risikofrüherkennung mittels eines Risikoklassifizierungsverfahrens

	Frage	Erfüllt
1.	Sofern Risikoklassifizierungsverfahren für die Zwecke der Risikofrüherkennung eingesetzt werden, sind die von der MaRisk geforderten Komponenten erfüllt?	
2.	Werden für den Fall, dass das Risikoklassifizierungsverfahren nicht für die Zwecke der Risikofrüherkennung eingesetzt wird, die Informationen des qualitativen Teils in das Verfahren der Früherkennung einbezogen?	
3.	[...]	

3.4. BTO 1.4 Risikoklassifizierungsverfahren

Risikoklassifizierungsverfahren für die Beurteilung von Adressausfallrisiken

3.4.1. Einleitung

858 Nach BTO 1.4 Tz. 1 sind alle Kreditinstitute gehalten, über aussagekräftige Risikoklassifizierungsverfahren zu verfügen, die sowohl die erstmalige, anlassbezogene als auch turnusmäßige Beurteilung von Adressausfallrisiken ermöglichen. Sofern auch Objekt-/Projektrisiken für ein Institut von Bedeutung sind, ist auch für deren Beurteilung vom Institut ein Risikoklassifizierungsverfahren zu verwenden. Hierbei sind Kriterien zur Beurteilung von Risiken festzulegen, die einem sachverständigen Dritten die Zuweisung zu einer Risikoklasse nachvollziehbar machen.

Auszug BTO 1.4 Tz. 1

In jedem Institut sind aussagekräftige Risikoklassifizierungsverfahren für die erstmalige beziehungsweise die turnusmäßige oder anlassbezogene Beurteilung der Adressenausfallrisiken sowie ggf. der Objekt-/Projektrisiken einzurichten. Es sind Kriterien festzulegen, die im Rahmen der Beurteilung der Risiken eine nachvollziehbare Zuweisung in eine Risikoklasse gewährleisten.

Zentrale Forderung ist damit, dass ein Institut 859

- ein aussagefähiges Risikoklassifizierungsverfahren verwendet,
- das auf Basis nachvollziehbarer Kriterien eine Zuweisung zu einer Risikoklasse vornimmt

und damit die Risiken für ein Institut quantifizierbar macht.

Eine Notwendigkeit, die Zuweisung zu einer Risikoklasse mittels mathematisch-statistischer Verfahren vorzunehmen, besteht damit nicht. 860

3.4.2. Aussagefähige Risikoklassifizierungsverfahren im Sinne der MaRisk

Grundsätzlich hat ein Institut seine Adressausfallrisiken und, sofern relevant, 861 die Objekt- und Projektrisiken mittels eines aussagefähigen Risikoklassifizierungsverfahren zu bewerten. Hierdurch sollen die für die Risikobeurteilung relevanten Risikotreiber nachvollziehbar und strukturiert zu einem Gesamturteil verdichtet werden sowie etwaige Ermessensspielräume auf ein aus Sicht des jeweiligen Instituts sinnvolles Maß reduziert und ggf. notwendige expertenbasierte Abweichungen transparent gemacht werden.

Dabei ist die Einschätzung der Risiken mittels eines Risikoklassifizierungsver- 862 fahrens bei der erstmaligen, turnusmäßigen und anlassbezogenen Beurteilung zu verwenden, wobei nicht jedes Kreditgeschäft zwingend mit einem Risikoklassifizierungsverfahren zu bewerten ist.[291] Sofern bestimmte Geschäfte von der Bewertung mittels eines Risikoklassifizierungsverfahrens ausgenommen werden, sollte dies schriftlich und auf Basis des Risikogehaltes nachvollziehbar dokumentiert werden.

Die Aussagekraft eines Risikoklassifizierungsverfahrens ist in einem erhebli- 863 chen Maß von den verwendeten Beurteilungskriterien abhängig. Daher sollten diese die wichtigen und wesentlichen Risikotreiber des jeweiligen Geschäftes/ Kundensegmentes angemessen abbilden. Hierauf ist bereits bei der Entwicklung der Risikoklassifizierungsverfahren zu achten. Darüber hinaus ist die Aussagekraft im weiteren Verlauf durch die regelmäßige Überprüfung der gewählten Kriterien und eine ggf. notwendige Anpassung sicherzustellen.

Da die MaRisk nur recht allgemein von Risikoklassifizierungsverfahren spre- 864 chen, ist es sinnvoll, den Begriff im Sinne der MaRisk einer näheren Definition zu unterziehen.

291 Vgl. hierzu BTO 1.2 Tz. 6, BTO 1.2.1 Tz. 1 und BTO 1.2.2 Tz. 2.

865 Unter einem Risikoklassifizierungsverfahren im Sinne der MaRisk können alle Verfahren, Methoden und Systeme gefasst werden, die es einem Institut ermöglichen, die engagementinhärenten Risiken (Adressausfall- und Objekt-/Projektrisiken) einzuschätzen und einer internen Risikoklasse zuzuordnen. Hierdurch soll eine objektive und damit nachvollziehbare Beurteilung der Risiken ermöglicht werden. In diesem Zusammenhang kann das, was im Sinne der MaRisk unter ein Risikoklassifizierungsverfahren zu fassen ist, von einfachen expertenbasierten Scoringverfahren bis zu mathematisch – statistischen Verfahren reichen. Entscheidend ist lediglich, dass es klare und damit für einen sachverständigen Dritten nachvollziehbare Kriterien für die Zuordnung zu einer Risikoklasse gibt.

✓ Praxistipps expertenbasierte Risikoklassifizierungsverfahren

Greift ein Institut bei der Bewertung von Adressausfall- und/oder Projektrisiken auf ein expertenbasiertes Risikoklassifizierungsverfahren zurück, so sind durch das Institut Klassifizierungsvorgaben vorzunehmen, auf deren Basis die Anwender grundsätzlich die einzelnen Sachverhalte des Risikoklassifizierungsverfahrens benoten/beantworten müssen.

866 Der Vorteil eines Risikoklassifizierungsverfahrens liegt darin, dass ein Institut die wesentlichen Risikotreiber eines Engagements systematisch zu einem Gesamturteil verdichtet und hieraus entsprechende Steuerungsimpulse erzeugen kann.[292]

867 Bei der Bewertung eines Risikoklassifizierungsverfahrens sind neben den MaRisk auch weitere einschlägige aufsichtsrechtliche Anforderungen zu berücksichtigen. Zu unterscheiden von einem Risikoklassifizierungsverfahren nach MaRisk sind die im Zusammenhang mit der VO (EU) Nr. 575/2013 (üblicherweise und im Folgenden als »Capital Requirements Regulation« oder kurz »CRR« bezeichnet) eingesetzten internen Ratingsysteme. Der Art. 170 Tz. 4 CRR fordert die zwingende Berücksichtigung bestimmter Risikofaktoren, namentlich der Risikomerkmale des Schuldners, des Geschäftes, des Produktes, der Sicherheiten und eines ggf. vorhandenen Verzugsstatus.

292 Vgl. *Helfer/Müller*, MaRisk Öffnungsklauseln: Prüfungsvorbereitende Dokumentation (2008), S. 172.

Aus diesen beiden Herangehensweisen zeigt sich, dass sowohl bei den Risikoklassifizierungsverfahren nach den MaRisk als auch den Ratingsystemen nach der CRR die Zuweisung zu einer Ratingklasse und damit die bessere Abschätzung des Adressausfallrisikos im Vordergrund steht. Dies steht auch vor dem Hintergrund der Nutzung der CRR Ratingsysteme für die Eigenkapitalunterlegung bei IRBA Instituten. Während jedoch die MaRisk nur wenige und in der Regel allgemein gehaltene Vorgaben für die konkrete Ausgestaltung eines Risikoklassifizierungsverfahren treffen, sind die Vorgaben der CRR hier deutlich konkreter. Daher gilt, dass jedes Ratingsystem im Sinne der SolvV gleichzeitig auch ein Risikoklassifizierungsverfahren im Sinne der MaRisk ist, wohingegen nicht jedes Risikoklassifizierungsverfahren im Sinne der MaRisk auch gleichzeitig ein Ratingsystem im Sinne der CRR ist. 868

3.4.3. Checkliste aussagefähige Risikoklassifizierungsverfahren

	Frage	Erfüllt
1.	Erstrecken sich die eingesetzten Risikoklassifizierungsverfahren auf alle als wesentlich eingestuften Adressausfallrisiken, die sich aus Kreditgeschäften im Sinne des § 19 Abs. 1 KWG ergeben können?	
2.	Ermöglichen die verwendeten Risikoklassifizierungsverfahren eine für einen sachverständigen Dritten nachvollziehbare Zuordnung zu unterschiedlichen Risikoklassen?	
3.	Sofern Objekt-/Projektrisiken im Institut relevant sind: ▪ Decken die verwendeten Risikoklassifizierungsverfahren die Objekt-/Projektrisiken adäquat ab? ▪ Sind die technische Machbarkeit und Rechtsrisiken im relevanten Risikoklassifizierungsverfahren berücksichtigt?	
4.	Erfolgt eine regelmäßige Überprüfung der verwendeten Risikoklassifizierungsverfahren über die Fähigkeit zur Messung des Adressausfallrisikos?	
5.	Sind die Gründe, die dazu geführt haben, bestimmter Geschäfte von der Risikobewertung mittels eines Risikoklassifizierungsverfahren auszunehmen, auf der Basis des Risikos bewertet und für einen sachverständigen Dritten nachvollziehbar dokumentiert?	

6.	Sind Klassifizierungsvorgaben definiert, auf deren Grundlage die Beurteilung/Benotung der einzelnen Sachverhalte des Expertenverfahrens erfolgen muss?	
7.	[…]	

3.4.4. Nachvollziehbare Zuweisung in eine Risikoklasse

869 Die Zuweisung zu einer Risikoklasse ist auf der Basis nachvollziehbarer Kriterien vorzunehmen. Es ist sicherzustellen, dass Kreditnehmer mit einem vergleichbaren Risiko in die gleiche vom Institut definierte Risikoklasse eingeordnet werden. Die qualitativen und quantitativen Kriterien sowie deren Gewichtung sind von jedem Institut eigenständig festzulegen. Die Basis hierfür sollten die typischen Risikotreiber der mit dem Risikoklassifizierungsverfahren bewerteten Kreditnehmer/Kundensegmente und Produkte bilden. Voraussetzung für die Verwendung der Kriterien muss allerdings deren grundsätzlich qualitativ und quantitativ angemessene Verfügbarkeit sein. Sofern die Informationen nicht oder nicht einem angemessenen Umfang zur Verfügung stehen, sollte auf deren Einbeziehung in ein Risikoklassifizierungsverfahren besser verzichtet werden.

870 Neben der Festlegung von quantitativen und qualitativen Kriterien sind durch ein Institut ebenfalls die Risikoklassen zu definieren. Die MaRisk sehen nicht vor, wie viele Risikoklassen für ein Risikoklassifizierungsverfahren zu definieren sind. Ein Institut sollte bei der Festlegung der Anzahl auf eine angemessene Abstufung achten. Dies bedeutet, dass die Bandbreite der Risiken, die innerhalb einer Klasse abgebildet werden, nicht zu groß sein darf, da sonst die Verwertbarkeit der aus dem Risikoklassifizierungsverfahren gewonnenen Informationen für Zwecke der Risikosteuerung, Bepreisung usw. eingeschränkt werden könnte.

3.4.5. Checkliste nachvollziehbare Zuweisung zu einer Risikoklasse

	Frage	Erfüllt
1.	Sind qualitative und quantitative Kriterien verwendet, die auf der Basis der als typisch anzusehenden Risikotreiber der Kreditnehmerin/des Kundensegments eine nachvollziehbare Zuweisung zu einer Risikoklasse ermöglichen?	
2.	Werden vergleichbare Risiken regelmäßig der gleichen Risikoklasse zugeordnet?	
3.	Sind die verwendeten Kriterien für die Zuordnung zu einer Risikoklasse in einem quantitativ wie qualitativ angemessenen Umfang vorhanden?	
4.	Sind die benötigten Informationen für die verwendeten Kriterien im Sinne eine Kosten-/Nutzenabwägung mit einem vertretbaren Aufwand zu ermitteln?	
5.	Ist die Anzahl der verwendeten Risikoklassen dazu geeignet, die Risiken angemessen abzustufen?	
6.	[…]	

3.4.6. Verantwortlichkeiten für die Entwicklung, Qualität und Überwachung von Risikoklassifizierungsverfahren

Nach BTO 1.4 Tz. 2 hat ein Institut sicherzustellen, dass die Funktion und Verantwortungen im Zusammenhang mit der Entwicklung und Betreuung der eingesetzten Risikoklassifizierungsverfahren außerhalb des Bereichs Markt anzusiedeln sind. 871

Auszug BTO 1.4 Tz. 2

Die Verantwortung für Entwicklung, Qualität und Überwachung der Anwendung der Risikoklassifizierungsverfahren muss außerhalb des Bereichs Markt angesiedelt sein.

Durch diese Regelung soll potentiellen Interessenskonflikten konkret vorgebeugt werden. Die Vorgabe, die Verantwortung für die Entwicklung, Qualität und Überwachung außerhalb des Marktes ansiedeln zu müssen, bedeutet hier- 872 bei allerdings nicht, dass diese zwingend in der Marktfolge liegen müssen. Vielmehr kann die Verantwortung für die genannten Funktionen auch in anderen Bereichen, außerhalb der Marktfolge, eines Institutes liegen. Entscheidend ist lediglich, dass mit der Aufgabe eine organisatorische Einheit betraut ist, die außerhalb des Einflussbereiches der Marktbereiche angesiedelt ist.

873 Neben dieser Vorgabe ist die Funktion der Internen Revision von Bedeutung. Durch diese ist eine regelmäßige Überprüfung der vom Institut verwendeten Risikoklassifizierungsverfahren durchzuführen. Durch die Interne Revision gilt es insbesondere zu überprüfen, ob die verwendeten Risikoklassifizierungsverfahren angemessen ausgestaltet sind. Hierzu zählt im Wesentlichen, ob die verwendeten Risikoklassifizierungsverfahren

- die Risiken in den (Teil-) Portfolien des Institutes angemessen abbilden können,
- regelmäßig qualitätsgesichert und validiert werden und
- angemessen sowie nach den Vorgaben der MaRisk in die Prozesse des Instituts eingebunden sind.

874 Des Weiteren sollte durch die Interne Revision auch die Ordnungsmäßigkeit der Ist-Prozesse überprüft werden, wodurch insbesondere sicherzustellen ist, dass vergleichbare Risiken auch im Rahmen der tatsächlichen Anwendung der Risikoklassifizierungsverfahren gleich behandelt werden. Dies gilt im Besonderen dann, wenn die prozessuale Ausgestaltung die Anwendung der Risikoklassifizierungsverfahren maßgeblich in den Marktbereichen vorsieht.

✓ Praxistipps Überwachung der Ordnungsmäßigkeit

Im Prüfungskontext der Internen Revision kann die Auswertung und Analyse der Overruling – Quoten erste wichtige Hinweise liefern. Fällt diese sehr hoch aus, so kann dies entweder auf Mängel in der Ausgestaltung des Risikoklassifizierungsverfahrens oder aber eine fehlerhafte Nutzung durch die Anwender hindeuten.

3.4.7. Checkliste Verantwortlichkeiten Risikoklassifizierungsverfahren

	Frage	Erfüllt
1.	Ist die Verantwortung für die Entwicklung, Qualität und Überwachung für die Risikoklassifizierungsverfahren außerhalb des Marktbereichs angesiedelt?	
2.	Werden die Ergebnisse der Entwicklung und Qualitätssicherungs-/Überwachungsmaßnahmen angemessen und für einen sachverständigen Dritten nachvollziehbar dokumentiert?	
3.	Werden die verwendeten Risikoklassifizierungsverfahren regelmäßig durch die Interne Revision überprüft?	
4.	Sind Overruling Quoten auswertbar und werden diese regelmäßig ausgewertet?	
5.	Ist der Prozess einschließlich der dazugehörigen Verantwortlichkeiten für die Entwicklung, Qualität und Überwachung der Risikoklassifizierungsverfahren klar und eindeutig geregelt?	
6.	[...]	

3.4.8. Ausgestaltung von Risikoklassifizierungsverfahren

3.4.8.1. Einleitung

BTO 1.4 Tz. 3 enthält allgemeine Vorgaben für die Ausgestaltung eines Risikoklassifizierungsverfahrens. Hiernach hat ein Institut neben quantitativen auch qualitative Kriterien zu definieren, die die Bestimmung des Adressausfallrisikos ermöglichen. Während die Verwendung quantitativer Indikatoren obligatorisch ist, sind qualitative Kriterien nur dann zu verwenden, wenn dies sinnvoll möglich ist. Darüber hinaus hat ein Risikoklassifizierungsverfahren die künftige Kapitaldienstfähigkeit zu berücksichtigen. 875

> **Auszug BTO 1.4 Tz. 3**
>
> Maßgebliche Indikatoren für die Bestimmung der Adressenausfallrisiken im Risikoklassifizierungsverfahren müssen neben quantitativen auch, soweit möglich, qualitative Kriterien sein. Es ist insbesondere zu berücksichtigen, inwieweit der Kreditnehmer in der Lage ist, künftig Erträge zu erwirtschaften, um den ausgereichten Kredit zurückzuführen.

3.4.8.2. Qualitative und Quantitative Kriterien

876 Unter den nach BTO 1.4 Tz. 3 geforderten quantitativen Kriterien sind numerische Informationen zu verstehen, auf deren Grundlage die Bestimmung des Adressausfallrisikos möglich ist. Hierunter fallen üblicherweise Informationen und Kennzahlen aus dem Jahresabschluss (z. B. Eigenkapitalquote, Verschuldungsgrad, absolute Höhe des EBITDA, EBITDA – Margen, Rohertragsmargen usw.) im Unternehmensfinanzierungsbereich sowie Einkommens- und Vermögensinformationen im Konsumentenkredit-/privaten Baufinanzierungsgeschäft.

877 Qualitative Faktoren sind subjektiv geprägte Einschätzungen des Kundenbetreuers über die Kreditnehmerin. Hierzu gehören im Bereich der Unternehmensfinanzierung z. B. Beurteilungen über das Management und Controlling, die Eignung der organisatorischen Strukturen, der Wettbewerbsfähigkeit der Unternehmung, die Produktqualität, die Zukunftsfähigkeit und Robustheit des Geschäftsmodells. Im Bereich des Konsumentenkredit-/privaten Baufinanzierungsgeschäfts stehen häufig das bisherig zu beobachtende Zahlungsverhalten, die Kontoführung, Nachhaltigkeit der Einkommenssituation sowie die persönliche Lebenssituation im Vordergrund der qualitativen Bewertung.

878 Wie bereits in der Einleitung dargelegt, sehen die MaRisk die Definition der qualitativen Kriterien grundsätzlich nur für den Fall vor, dass dies sinnvoll möglich ist, womit ein Institut auf die Ausgestaltung qualitativer Kriterien im begründeten Fall auch ganz verzichten kann. In diesem Zusammenhang verweist Martin zu Recht darauf, dass die Nutzung dieser Möglichkeit von einem Institut wohl zu überlegen sei, da qualitative Faktoren einen wichtigen Beitrag zur Verbesserung eines Risikoklassifizierungsverfahrens bei der Bestimmung des Adressausfallrisikos leisten.[293] Die Definition qualitativer Kriterien ist hierbei umso wichtiger, je weniger gut das Adressausfallrisiko durch quantita-

293 Vgl. *Martin*, Rating – Systeme und –Prozesse: Praxis- und Projekterfahrung aus Implementierung und Prüfung (2007), S. 47.

tive Faktoren beschrieben werden kann (z. B. im Bereich der Existenzgründung).[294]

Mithin sollte ein Institut, unabhängig von dem aufsichtsrechtlich möglichen Verzicht, aus einem ökonomischen Eigeninteresse auf die Definition qualitativer Kriterien nicht bzw. nur in begründeten Ausnahmefällen verzichten. Sollte ein Verzicht dennoch in Betracht gezogen werden, ist darauf zu achten, dass die verwendeten quantitativen Faktoren dafür geeignet sind das Adressausfallrisiko angemessen zu bestimmen. 879

3.4.8.3. Checkliste quantitative und qualitative Kriterien

	Frage	Erfüllt
1.	Sind neben quantitativen auch qualitative Kriterien definiert?	
2.	Für den Fall, dass auf die Definition qualitativer Kriterien verzichtet wird, sind die verwendeten quantitativen Kriterien in einem ausreichenden Maße dazu geeignet, das Adressausfallrisiko angemessen zu bestimmen?	
3.	Sind die Gründe für einen Verzicht auf qualitative Kriterien nachvollziehbar dokumentiert?	
4.	Sind die verwendeten qualitativen Kriterien auf wesentliche, für die Bestimmung der Adressausfallrisiken relevante, Kriterien beschränkt?	
5.	Findet die künftige Kapitaldienstfähigkeit der Kreditnehmerin besondere Berücksichtigung in den verwendeten Risikoklassifizierungsverfahren?	
6.	[…]	

3.4.9. Prozessuale Einbindung von Risikoklassifizierungsverfahren

3.4.9.1. Einleitung

Nach BTO 1.4 Tz. 4 sind die MaRisk sowohl angemessen in die Prozesse als auch die Kompetenzordnung eines Instituts einzubeziehen. 880

294 Vgl. *Martin*, Rating – Systeme und –Prozesse: Praxis- und Projekterfahrung aus Implementierung und Prüfung (2007), S. 47.

> **Auszug BTO 1.4 Tz. 4**
>
> Die Klassifizierungsverfahren sind in angemessener Weise in die Prozesse des Kreditgeschäfts und ggf. die Kompetenzordnung einzubinden.

881 Grundsätzlich enthalten die MaRisk damit in BTO 1.4 Tz. 4 eine Öffnungsklausel, indem von den Instituten lediglich eine aus Sicht des Instituts »angemessene« Einbindung der verwendeten Risikoklassifizierungsverfahren in die Prozesse gefordert wird. Diese Öffnungsklausel wird jedoch dadurch beschränkt, dass die MaRisk viele andere, außerhalb von BTO 1.4, genannte Regelungssachverhalte kennen, die eine Einbindung der Risikoklassifizierungsverfahren in bestimmte dort genannte Prozesse vorsehen.

3.4.9.2. Prozessuale Einbindung von Risikoklassifizierungsverfahren

882 Betrachtet man die Prozesse, in die die Risikoklassifizierungsverfahren nach den MaRisk einzubinden sind, respektive sinnvoll eingebunden werden können, lassen sich diese grob wie folgt kategorisieren:

- Prozesse der Kreditgewährung,
- Prozesse der Kreditweiterbearbeitung,
- Prozesse des Risikomanagements und
- Prozesse der Konditionengestaltung

883 Die wichtigsten Prozesse, in die die Risikoklassifizierungsverfahren im Einzelnen nach den MaRisk einzubinden sind, respektive von den Instituten eingebunden werden können, lassen sich wie folgt zusammenfassen:

Kreditentscheidung (BTO 1.2.1 Tz. 1)

> **Auszug BTO 1.2.1 Tz. 1**
>
> Der Prozess der Kreditgewährung umfasst die bis zur Bereitstellung des Kredites erforderlichen Arbeitsabläufe. Dabei sind die für die Beurteilung des Risikos wichtigen Faktoren unter besonderer Berücksichtigung der Kapitaldienstfähigkeit des Kreditnehmers beziehungsweise des Objektes/Projektes zu analysieren und zu beurteilen, wobei die Intensität der Beurteilung vom Risikogehalt der Engagements abhängt (z. B. Kreditwürdigkeitsprüfung, Risikoeinstufung im Risikoklassifizierungsverfahren oder eine Beurteilung auf der Grundlage eines vereinfachten Verfahrens).

Das Institut hat vor der Kreditgewährung die Risiken der Finanzierung zu analysieren und zu bewerten und damit eine Kreditwürdigkeitsprüfung vorzunehmen. Abhängig vom Risikogehalt kann ein Risikoklassifizierungsverfahren ein Bestandteil der Risikobeurteilung sein. Ein Risikoklassifizierungsverfahren sollte im Rahmen der Kreditgewährung zur Einschätzung des Risikogehaltes mindestens bei allen als risikorelevant eingestuften Geschäften verwendet werden. Hierdurch kann ein Institut einerseits die wesentlichen Risikotreiber eines Engagements systematisch und einheitlich und damit besser vergleichbar zu einem Gesamturteil verdichten und andererseits wichtige Impulse für die Neu- und Bestandsgeschäftssteuerung erzeugen. 884

Konditionengestaltung (BTO 1.2 Tz. 7)

Auszug BTO 1.2 Tz. 7

Zwischen der Einstufung im Risikoklassifizierungsverfahren und der Konditionengestaltung sollte ein sachlich nachvollziehbarer Zusammenhang bestehen.

Nach BTO 1.2 Tz. 7 sind die Institute aufgefordert, einen nachvollziehbaren Zusammenhang zwischen der Einstufung in die Risikoklasse eines Risikoklassifizierungsverfahrens und der Konditionengestaltung und damit eine risikoadjustierte Bepreisung vorzunehmen. Dies bedeutet, dass ein Institut sicherzustellen hat, dass die Konditionenfindung im Kreditgeschäft in einer ökonomisch und damit für einen sachverständigen Dritten nachvollziehbaren Art zu erfolgen hat. Mithin ist mit schlechter werdender Einstufungen im Risikoklassifizierungsverfahren eine steigende Risikoprämie und damit höherer Zins vom Kunden zu verlangen. 885

Nimmt ein Kreditinstitut eine risikoadjustierte Bepreisung mittels eines Risikoklassifizierungsverfahren vor, entstehen hieraus unmittelbar erhöhte Anforderungen an die Aktualität und Qualität der hierfür verwendeten Risikoklassifizierungsverfahren.[295] 886

295 Vgl. *Martin*, Rating – Systeme und –Prozesse: Praxis- und Projekterfahrung aus Implementierung und Prüfung (2007), S. 79.

Kompetenzordnung (BTO 1.1 Tz. 6)

> **Auszug BTO 1.1 Tz. 6**
>
> Das Institut hat eine klare und konsistente Kompetenzordnung für Entscheidungen im Kreditgeschäft festzulegen. Für den Fall voneinander abweichender Voten sind in der Kompetenzordnung Entscheidungsregeln zu treffen: Der Kredit ist in diesen Fällen abzulehnen oder zur Entscheidung auf eine höhere Kompetenzstufe zu verlagern (Eskalationsverfahren).

887 Eine zwingende Einbindung des Risikoklassifizierungsverfahrens in die interne Kompetenzordnung ist nach den MaRisk nicht vorgesehen.

888 In der Praxis ist jedoch häufig eine Einbindung der Risikoklassifizierungsverfahren in die Kompetenzordnung dergestalt vorzufinden, dass mit schlechter werdender Risikoklasse eine -c.p.- höhere Kompetenzstufe und damit in der Regel ein erfahrenerer Mitarbeiter für die Genehmigung vorgesehen ist.

Turnusmäßige Kreditbeurteilung (1.2.2 Tz. 2)

> **Auszug BTO 1.2.2 Tz. 2**
>
> Eine Beurteilung der Adressenausfallrisiken ist jährlich durchzuführen, wobei die Intensität der laufenden Beurteilungen vom Risikogehalt der Engagements abhängt (z. B. Kreditwürdigkeitsprüfung, Risikoeinstufung im Risikoklassifizierungsverfahren oder eine Beurteilung auf der Grundlage eines vereinfachten Verfahrens).

889 Neben der Beurteilung der Risiken im Rahmen der Kreditgewährung sind nach BTO 1.2.2 Tz. 2 die Risiken fortlaufend zu überwachen und mindestens in einem jährlichen Turnus zu überprüfen. Die Intensität der Überprüfung kann in Abhängigkeit des Risikogehaltes unterschiedlich ausgestaltet werden. Hierbei sollte die Risikoeinstufung mittels eines Risikoklassifizierungsverfahrens ein Bestandteil der turnusmäßigen Kreditbeurteilung bei allen als risikorelevant eingestuften Geschäften sein.

Anlassbezogene Kreditbeurteilung (BTO 1.2.2 Tz. 4)

Auszug BTO 1.2.2 Tz. 4

Außerordentliche Überprüfungen von Engagements einschließlich der Sicherheiten sind zumindest dann unverzüglich durchzuführen, wenn dem Institut aus externen oder internen Quellen Informationen bekannt werden, die auf eine wesentliche negative Änderung der Risikoeinschätzung der Engagements oder der Sicherheiten hindeuten. Derartige Informationen sind unverzüglich an alle einzubindenden Organisationseinheiten weiterzuleiten.

BTO 1.2.2 Tz. 4 bestimmt, dass für den Fall, dass sich einem Institut Hinweise ergeben, die auf eine wesentlich negative Veränderung der Risikoeinschätzung hindeuten, eine unverzügliche anlassbezogene Überprüfung des Engagements vorzunehmen ist. 890

Dies bedeutet, dass auch die mittels eines Risikoklassifizierungsverfahrens vorgenommene Risikoeinschätzung zeitnah überprüft und ggf. angepasst werden muss. 891

Der Zeitraum, der zwischen dem Bekannt werden der relevanten Information und der Anpassung der Risikoeinschätzung vergehen darf, sollte möglichst kurz gehalten werden, um hierdurch die notwendige Aktualität des Engagementrisikos sowie der Ratingnote als Steuerungsparamter gewährleisten zu können. 892

Daher sollte die Schriftlich Fixierte Ordnung hierzu klare und risikodifferenzierte Vorgaben, durch die eine verkürzte Reaktionszeit mit steigendem Risiko gewährleistet wird, enthalten. 893

Risikofrüherkennungsverfahren (BTO 1.3 Tz. 3)

Auszug BTO 1.3 Tz. 3

Das Institut kann bestimmte, unter Risikogesichtspunkten festzulegende Arten von Kreditgeschäften oder Kreditgeschäfte unterhalb bestimmter Größenordnungen von der Anwendung des Verfahrens zur Früherkennung von Risiken ausnehmen.

Die Funktion der Früherkennung von Risiken kann auch von einem Risikoklassifizierungsverfahren wahrgenommen werden, soweit es eine Früherkennung von Risiken ermöglicht.

894 Vgl. hierzu die bereits im Kapitel Risikofrüherkennung gemachten Ausführungen.

Intensivbetreuung (BTO 1.2.4) und Problemkreditbearbeitung (BTO 1.2.5)

Auszug BTO 1.2.4

(1) Das Institut hat Kriterien festzulegen, wann ein Engagement einer gesonderten Beobachtung (Intensivbetreuung) zu unterziehen ist. Die Verantwortung für die Entwicklung und Qualität dieser Kriterien sowie deren regelmäßige Überprüfung muss außerhalb des Bereichs Markt angesiedelt sein.

(2) Die einer Intensivbetreuung unterliegenden Engagements sind nach einem festzulegenden Turnus auf ihre weitere Behandlung hin zu überprüfen (weitere Intensivbetreuung, Rückführung in die Normalbetreuung, Abgabe an die Abwicklung oder die Sanierung).

Auszug BTO 1.2.5

(1) Das Institut hat Kriterien festzulegen, die die Abgabe eines Engagements an die auf die Sanierung beziehungsweise Abwicklung spezialisierten Mitarbeiter oder Bereiche beziehungsweise deren Einschaltung regeln. Die Verantwortung für die Entwicklung und die Qualität dieser Kriterien sowie deren regelmäßige Überprüfung muss außerhalb des Bereichs Markt angesiedelt sein. Die Federführung für den Sanierungs- beziehungsweise den Abwicklungsprozess oder die Überwachung dieser Prozesse ist außerhalb des Bereichs Markt wahrzunehmen.

(2) Entscheidet sich das Institut trotz Erfüllung der Kriterien für den Übergang in die Sanierung bzw. Abwicklung und trotz wesentlicher Leistungsstörungen für einen Verbleib in der Intensivbetreuung, ist sicherzustellen, dass das Adressenausfallrisiko des Kredits verringert oder begrenzt werden kann. Das Vorgehen ist mit den auf die Sanierung bzw. Abwicklung spezialisierten Mitarbeitern abzustimmen. Rechtliche Risiken sind dabei zu prüfen.

(3) Zieht ein Institut die Begleitung einer Sanierung in Betracht, hat es sich ein Sanierungskonzept zur Beurteilung der Sanierungsfähigkeit des Kreditnehmers vorlegen zu lassen und auf dieser Grundlage ein eigenständiges Urteil darüber seine Entscheidung zu treffen, ob eine Sanierung erreicht werden kann.

> (4) Die Umsetzung des Sanierungskonzeptes sowie die Auswirkungen der Maßnahmen sind vom Institut zu überwachen.
>
> (5) Die zuständigen Geschäftsleiter sind bei bedeutenden Engagements regelmäßig über den Stand der Sanierung zu informieren. Erforderlichenfalls kann bei dem Sanierungsprozess auf externe Spezialisten mit entsprechenden Kenntnissen zurückgegriffen werden.

Zwar sehen weder BTO 1.2.4 noch BTO 1.2.5 eine zwingende Verknüpfung zwischen den verwendeten Risikoklassifizierungsverfahren und einer Engagement-überführung in die Intensiv- oder Problemkreditbetreuung vor, jedoch zeigt die praktische Erfahrung, dass viele Institute das Überschreiten einer bestimmten Risikoklasse und/oder die negative Migration um eine bestimmte Anzahl von Risikoklassen und die dadurch zum Ausdruck kommende sinkende Bonität und das steigende Ausfallrisiko, als Kriterium oder zumindest Indikator für eine Überführung in die Intensiv- oder Problemkreditbetreuung verwenden. 895

Dies bedingt jedoch, dass sowohl die Qualität der Risikoklassifizierungsverfahren als auch eine angemessene und zeitnahe Überprüfung der Risikoeinstufung durch die Anwender gewährleistet sein muss. 896

Risikovorsorge (BTO 1.2.6 Tz. 1)

> **Auszug BTO 1.2.6 Tz.1**
>
> Das Institut hat Kriterien festzulegen, auf deren Grundlage unter Beachtung der angewandten Rechnungslegungsnormen Wertberichtigungen, Abschreibungen und Rückstellungen für das Kreditgeschäft (einschließlich der Länderrisikovorsorge) zu bilden sind (z. B. ein institutsinternes Forderungsbewertungsverfahren).

Nach BTO 1.2.6 Tz. 1 hat ein Institut Kriterien festzulegen, nach denen Einzelwertberichtigungen, Rückstellungen und Abschreibungen zu ermitteln sind. 897

Für ein Institut besteht grundsätzlich die Möglichkeit, die notwendige Risikovorsorge auf der Basis des erwarteten Verlustes, der sich entweder direkt oder indirekt aus dem Ergebnis des Risikoklassifizierungsverfahrens ableiten lässt, zu ermitteln. Voraussetzung hierfür ist allerdings, dass das Risikoklassifizie- 898 rungsverfahren beim Vorliegen neuer Informationen entweder anlassbezogen oder turnusmäßig zeitnah aktualisiert wird.[296]

Risikosteuerung/Risikokonzentrationen (BTR 1 Tz. 6)

Auszug BTR 1. Tz. 6

Risikokonzentrationen sind zu identifizieren. Ggf. vorhandene Abhängigkeiten sind dabei zu berücksichtigen. Bei der Beurteilung der Risikokonzentrationen ist auf qualitative und, soweit möglich, auf quantitative Verfahren abzustellen. Risikokonzentrationen sind mit Hilfe geeigneter Verfahren zu steuern und zu überwachen (z. B. Limite, Ampelsysteme oder auf Basis anderer Vorkehrungen).

899 BTR 1 Tz. 6 bestimmt, dass Institute geeignete Maßnahmen festzulegen haben, die die aktive Identifizierung und Bewertung von Risikokonzentrationen (Branchenrisiken, Länderrisiken sowie die Engagementverteilung auf Größen- und Risikoklassen) ermöglichen. Hierbei sollte, soweit möglich, auch auf quantitative Verfahren zurückgegriffen werden.

Berichterstattung (BT 3.2 Tz. 3)

Auszug BT 3.2 Tz. 3

In regelmäßigen Abständen, mindestens aber vierteljährlich, ist ein Risikobericht über die Adressenausfallrisiken, in dem die wesentlichen strukturellen Merkmale des Kreditgeschäfts enthalten sind, zu erstellen und der Geschäftsleitung zur Verfügung zu stellen. Der Risikobericht hat die folgenden Informationen zu umfassen:

a) Die Entwicklung des Kreditportfolios, z. B. nach Branchen, Ländern, Risikoklassen und Größenklassen oder Sicherheitenkategorien, unter besonderer Berücksichtigung von Risikokonzentrationen,

b) den Umfang der vergebenen Limite und externen Linien; ferner sind Großkredite und sonstige bemerkenswerte Engagements (z. B. Sanierungs- und Abwicklungskredite von wesentlicher Bedeutung, Kredite in der Intensivbetreuung von wesentlicher Bedeutung) aufzuführen und ggf. zu kommentieren,

296 Vgl. zu dem gesamten Abschnitt *Martin*, Rating – Systeme und –Prozesse: Praxis- und Projekterfahrung aus Implementierung und Prüfung (2007), S. 83 f.

> c) ggf. eine gesonderte Darstellung der Länderrisiken,
>
> d) bedeutende Limitüberschreitungen (einschließlich einer Begründung),
>
> e) den Umfang und die Entwicklung des Neugeschäfts,
>
> f) die Entwicklung der Risikovorsorge des Instituts,
>
> g) getroffene Kreditentscheidungen von wesentlicher Bedeutung, die von den Strategien abweichen, und
>
> h) Kreditentscheidungen im risikorelevanten Kreditgeschäft, die Geschäftsleiter im Rahmen ihrer Krediteinzelkompetenz beschlossen haben, soweit diese von den Voten abweichen, oder wenn sie von einem Geschäftsleiter getroffen werden, der für den Bereich Marktfolge zuständig ist.

Ein Institut hat regelmäßig, mindestens jedoch vierteljährlich, einen Risikobe- 900
richt zu erstellen, welcher alle wesentlichen Strukturmerkmale/Informationen des Kreditgeschäftes enthält. Dieser ist der Geschäftsleitung zur Verfügung zu stellen.

Zu diesen Informationen gehört auch die Entwicklung des Kreditportfolios in 901
Bezug auf die Verteilung der Risikoklassen, so dass die Ergebnisse aus den auf der Einzelebene verwendeten Risikoklassifizierungsverfahren im Risikobericht aggregiert werden.

Aufgrund der zahlreichen Möglichkeiten und aufsichtsrechtlichen Vorgaben 902
zur Einbindung der Risikoklassifizierungsverfahren in die Prozesse und Methoden eines Institutes sowie der sich hieraus ergebenden Interdependenzen, sollte durch eine regelmäßige prozessorientierte Validierung die angemessene Ausgestaltung der

- Einbindung in die Prozesse,
- Schnittstellen zwischen einzelnen Prozessen und Methoden sowie
- Verantwortlichkeiten für die Prozesse, Schnittstellen und Methoden

sichergestellt werden.

3.4.9.3. Checkliste prozessuale Einbindung von Risikoklassifizierungsverfahren

	Frage	Erfüllt
1.	Sind die verwendeten Risikoklassifizierungsverfahren angemessen und konsistent in die Prozesse ▪ der Kreditgewährung, ▪ der Kreditweiterbearbeitung, ▪ des Risikomanagements und ▪ der Konditionengestaltung eingebunden?	
2.	Ist sichergestellt, dass Änderungen bei den Risikoklassifizierungsverfahren entsprechenden Eingang in die Prozesse finden?	
3.	Wird eine regelmäßige Prozessvalidierung durchgeführt?	
4.	[…]	

Literaturverzeichnis

Adelmeyer, Uwe/Littkemann, Jörn (2008): Risikofrüherkennung im Kreditgeschäft: Erwartungshandlung der Bankenaufsicht/Trennscharfe Verfahren/ Prozesseinbindung & Prüfung, S. 167–203.

Engel, Markus (2003): Die zeitliche Entwicklung von Unternehmenskrisen.

Englisch, Rainer/Panzer, Christof (2008): Risikofrüherkennung im Kreditgeschäft: Erwartungshandlung der Bankenaufsicht/Trennscharfe Verfahren/ Prozesseinbindung & Prüfung, S. 7–53.

Fischer, Arne (2004): Qualitative Merkmale in bankinternen Ratingsystemen – Eine empirische Analyse zur Bonitätsbeurteilung von Firmenkunden.

Hahn, Dietger/Krystek, Ulrich (1979): Betriebliche und überbetriebliche Frühwarnsysteme für die Industrie, in: Zeitschrift für Betriebswirtschaft, Heft 2, Jg. 31, S. 76–88.

Hauschildt, Jürgen (2005): Von der Krisenerkennung zum präventiven Krisenmanagement, in: KSI 01/05, S 1–7.

Hauschildt, Jürgen/Graphe, Christian/Schindler, Marc (2006): Typologien von Unternehmenskrisen im Wandel, in: Die Betriebswirtschaft, Heft 1, Jg. 66, S. 7–25.

Helfer, Michael/Müller, Sven (2008): Aufbau- und Ablauforganisation Kredit in MaRisk Öffnungsklauseln: Prüfungsvorbereitenden Dokumentation, S. 125–174.

Leidig, Guido/Jordans, André (2004): Unternehmenskrisen und Insolvenzgefahren rechtzeitig erkennen, in: Controller Magazin, Heft 4, Jg. 29, S. 323–333.

Martin, Marcus (2007): Rating – Systeme und -Prozesse: Praxis- und Projekterfahrung aus Implementierung und Prüfung, S. 5–132.

4. BTO 2 Handelsgeschäft

4.1. BTO 2.1 Funktionstrennung

4.1.1. Wesentlicher Inhalt

903 Die neue Fassung der MaRisk vom 27.10.2017 bestätigt die bisherigen Anforderungen an die Prozesse im Handelsgeschäft. In den Erläuterungen zu den Erleichterungen wurde die Definition der Handelsbuchinstitute der Capital Requirement Regulation (CRR) übernommen.

904 Die MaRisk fordern die klare aufbau- und ablauforganisatorische Trennung des Handels vom Risikocontrolling sowie der Abwicklung und Kontrolle. Die Funktionstrennung ist das zentrale Organisationsprinzip der MaRisk.

BTO 2.1 Tz. 1

Maßgeblicher Grundsatz für die Ausgestaltung der Prozesse im Handelsgeschäft ist die klare aufbauorganisatorische Trennung des Bereichs Handel von den Funktionen des Risikocontrollings sowie der Abwicklung und Kontrolle bis einschließlich der Ebene der Geschäftsleitung.

BTO 2.1 Tz. 2

Von der Trennung bis einschließlich der Ebene der Geschäftsleitung kann abgesehen werden, wenn sich die Handelsaktivitäten in ihrer Gesamtheit auf Handelsgeschäfte konzentrieren, die unter Risikogesichtspunkten als nicht wesentlich einzustufen sind (»nicht-risikorelevante Handelsaktivitäten«).

BTO 2.1 Tz. 1, Erläuterungen

Kundenberater

Es ist mit dem Rundschreiben vereinbar, wenn Kundenberater innerhalb eines bestimmten Limitrahmens für die Preisgestaltung Kundenaufträge an die Handelsabteilung weitergeben. Sie sollten keine unabhängige Kursstellung vornehmen und keine eigenen Positionen aufbauen.

BTO 2.1 Tz. 2, Erläuterungen

Nicht-risikorelevante Handelsaktivitäten

Diese Erleichterung kann in Anspruch genommen werden, wenn in einer Gesamtbetrachtung folgende Voraussetzungen erfüllt werden:

- Das Institut nimmt die Erleichterungen des Artikel 94 Absatz 1 CRR in Anspruch oder kann sie in Anspruch nehmen (kein Handelsbuchinstitut),
- der Schwerpunkt der Handelsaktivitäten liegt beim Anlagevermögen beziehungsweise der Liquiditätsreserve,
- das Volumen der Handelsaktivitäten ist gemessen am Geschäftsvolumen gering,
- die Struktur der Handelsaktivitäten ist einfach, die Komplexität, die Volatilität und der Risikogehalt der Positionen gering.

Die genannten Voraussetzungen müssen nicht kumulativ erfüllt werden. Maßgeblich ist vielmehr die Gesamtbetrachtung, d. h. die Einschätzung hat unter Berücksichtigung der genannten Anhaltspunkte und unter deren angemessener Gewichtung im Einzelfall zu erfolgen.

Soweit ein Institut diese Erleichterung in Anspruch nimmt, ist im Hinblick auf handelsunabhängige Funktionen eine organisatorische Trennung, z. B. Ansiedlung in unterschiedlichen Stellen, ebenfalls nicht erforderlich. Nicht miteinander vereinbare Tätigkeiten sind allerdings von unterschiedlichen Mitarbeitern durchzuführen (AT 4.3.1 Tz. 1). Mit dem Handel betraute Mitarbeiter dürfen insoweit grundsätzlich nicht für handelsunabhängige Funktionen zuständig sein.

Erleichterungen bei kleinen Instituten beziehungsweise bei sehr geringen Handelsaktivitäten

Ist eine Funktionstrennung im Bereich der Handelsgeschäfte aus Gründen der Betriebsgröße nicht möglich, so muss die ordnungsgemäße Abwicklung der Handelsgeschäfte durch die unmittelbare Einschaltung der Geschäftsleitung gewährleistet sein. Betreibt ein Institut nur in sehr geringem Umfang Handels-aktivitäten, so dass ein einzelner Mitarbeiter nicht ausgelastet wäre, kann der Trennung der Funktionen durch eine vorübergehende Zuordnung anderer Mitarbeiter, die ansonsten nicht mit Handelsgeschäften betraut sind, Rechnung getragen werden.

905 Die in den Erläuterungen aufgeführten Öffnungsklauseln für kleinere Institute beziehungsweise Institute mit sehr geringen Handelsaktivitäten können unter der Voraussetzung in Anspruch genommen werden, dass:

- das Institut nicht als Handelsinstitut eingestuft ist bzw. der Umfang ihrer bilanz- und außerbilanzmäßigen Handelsbuchtätigkeit die beiden folgenden Bedingungen gemäß der Capital Requirement Regulation (Eigenmittelverordnung; Artikel 94 Absatz 1) erfüllt:
  1. Der Umfang liegt in der Regel unter 5 % der Gesamtaktiva und unter 15 Mio. EUR,
  2. Der Umfang übersteigt nie 6 % der Gesamtaktiva und 20 Mio. EUR.
- das Institut nur in geringem Umfang Geschäfte im Handelsbuch betreibt,
- der gesamte Umfang der Handelsaktivitäten gering ist,
- die Handelsaktivitäten von geringer Komplexität sind und einen geringen Risikogehalt haben.

906 Alle vier Kriterien sollten vom Institut erfüllt werden, da sie die Risikorelevanz der Handelsaktivitäten des Instituts aus verschiedenen Perspektiven (Gesamtbetrachtung) beurteilen[297].

4.1.2. Checkliste

	Fragen	Erfüllt
	Funktionstrennung	
1.	Handelt es sich bei dem Institut um ein Nicht-Handelsbuchinstitut?	
2.	Liegt der Schwerpunkt der Handelsaktivitäten im Anlagevermögen beziehungsweise in der Liquiditätsreserve?	
3.	Ist das Volumen der Handelsaktivitäten gemessen am Geschäftsvolumen gering?	
4.	Ist die Struktur der Handelsaktivitäten einfach, die Komplexität, die Volatilität und der Risikogehalt der Positionen gering?	

297 *Geiersbach, K./Prasser, S.,* MaRisk-Öffnungsklauseln: Prüfungsvorbereitende Dokumentation, S. 177 ff.

5.	Stellen Sie fest, inwieweit die Fragen 1 bis 4 zutreffen und somit von den Erleichterungen an die Funktionstrennung Gebrauch gemacht werden kann.	
6.	Ist sichergestellt, dass auch bei Inanspruchnahme der Öffnungsklausel miteinander nicht vereinbare Tätigkeiten von unterschiedlichen Mitarbeitern durchgeführt werden? Mit dem Handel betraute Mitarbeiter dürfen insoweit grundsätzlich nicht für handelsunabhängige Funktionen zuständig sein **(personenbezogene Ebene)**.	
7.	Ist gewährleistet, dass die Geschäftsleitung unmittelbar in die ordnungsgemäße Abwicklung der Handelsgeschäfte eingeschaltet ist, sofern eine Funktionstrennung im Bereich der Handelsgeschäfte aus Gründen der Betriebsgröße nicht möglich ist?	
8.	Sofern die Voraussetzungen für die Inanspruchnahme der Erleichterungen zur Funktionstrennung nicht vorliegen: Stellen Sie fest, ob gemäß der Aufbauorganisation (z. B. Organigramm, Geschäftsverteilungsplan der Geschäftsleitung) die **aufbauorganisatorische Trennung** des Bereichs des Handels von der Funktion des Risikocontrollings sowie der Abwicklung und Kontrolle bis einschließlich der Ebene der Geschäftsleitung gewährleistet ist.	
9.	Stellen Sie auf der Grundlage der aktuellen **Vertretungsregelung** fest, ob auch im Vertretungsfall die Zuständigkeit für den Bereich Handel von der Zuständigkeit für die Funktionen des Risikocontrollings sowie der Abwicklung und Kontrolle bis einschließlich der Ebene der Geschäftsleitung getrennt ist und damit auch die Vertretungsregelung eine aufbauorganisatorische Trennung gewährleistet.	
10.	Stellen Sie durch Interviews und Prozess- und Ablaufbeschreibungen fest, inwieweit miteinander nicht vereinbare Tätigkeiten durch unterschiedliche Mitarbeiter durchgeführt werden und damit die **ablauforganisatorische Funktionstrennung** gewährleistet ist.	

4.1.3. Praxistipp

✓ Praxistipp »Funktionstrennung«

»DV-technische« Funktionstrennung

Bei der Prüfung der aufgabenorganisatorischen Funktionstrennung ist darauf zu achten, dass neben den sich aus den Ablauf- und Prozessbeschreibungen ergebenden Arbeitsprozessen die Funktionstrennung auch bei den daten-verarbeitungstechnischen (DV) Zugriffsberechtigungskonzepten und tatsächlich eingerichteten Benutzerberechtigungen auf Betriebssystem- und Systemebene sichergestellt ist. Bei der Vergabe von Berechtigungen für Handels-, Abwicklungs- und Risikocontrollingsysteme ist zudem das Prinzip der »minimalen Berechtigungsvergabe« zu berücksichtigen.

»Personenbezogene« Funktionstrennung

Der Grundsatz der funktionalen Trennung ist bis auf Mitarbeiterebene umzusetzen, so dass fortlaufend, auch unter Berücksichtigung von Urlaubs- und Vertretungsregelungen, miteinander unvereinbare Tätigkeiten durch verschiedene Mitarbeiter ausgeführt werden. Diesem Grundsatz ist entsprechend auch bei der Festlegung der Kompetenzen und Vollmachten (z. B. Unterschriftsvollmachten) Rechnung zu tragen. Die Funktionsbereiche sind inhaltlich so auszugestalten, dass Interessenkonflikte vermieden werden. Eine Selbst-kontrolle der Disposition muss ausgeschlossen sein.

4.2. BTO 2.2 Anforderungen an die Prozesse im Handelsgeschäft – Handel

4.2.1. Wesentlicher Inhalt

BTO 2.2.1 Tz. 1

Bei Abschluss von Handelsgeschäften müssen die Konditionen einschließlich der Nebenabreden vollständig vereinbart werden. Das Institut hat standar-disierte Vertragstexte zu verwenden, soweit dies in Anbetracht der jeweiligen Geschäftsarten möglich und zweckmäßig ist. Interne Handelsgeschäfte dürfen nur auf der Basis klarer Regelungen abgeschlossen werden.

BTO 2.2.1 Tz. 2

Handelsgeschäfte zu nicht marktgerechten Bedingungen sind grundsätzlich unzulässig. Ausnahmen hiervon sind im Einzelfall möglich, wenn

a) sie auf Kundenwunsch erfolgen, sachlich begründet sind und die Abweichung von den marktgerechten Bedingungen aus den Geschäftsunterlagen deutlich ersichtlich ist,

b) sie aufgrund von internen Vorgaben erfolgen, die die Geschäftsarten, den Kundenkreis, den Umfang und die Ausgestaltung dieser Handelsgeschäfte festlegen,

c) die Abweichung von den marktgerechten Bedingungen gegenüber dem Kunden in der Geschäftsbestätigung offengelegt wird und

d) sie bei entsprechender Bedeutung an die Geschäftsleitung berichtet werden.

BTO 2.2.1 Tz. 3

Geschäftsabschlüsse außerhalb der Geschäftsräume sind nur im Rahmen interner Vorgaben zulässig. Dabei sind insbesondere die Berechtigten, der Zweck, der Umfang und die Erfassung festzulegen. Für solche Handelsgeschäfte ist vom Kontrahenten eine unverzügliche fernschriftliche Bestätigung zu verlangen.

Diese Handelsgeschäfte sind vom Händler unverzüglich in geeigneter Form dem eigenen Institut anzuzeigen, besonders zu kennzeichnen und dem zuständigen Geschäftsleiter beziehungsweise einer von ihm autorisierten Organisationseinheit zur Kenntnis zu bringen.

BTO 2.2.1 Tz. 4

Die Geschäftsgespräche der Händler sollten grundsätzlich auf Tonträger aufgezeichnet werden und sind mindestens drei Monate aufzubewahren.

BTO 2.2.1 Tz. 5

Handelsgeschäfte sind unverzüglich nach Geschäftsabschluss mit allen maßgeblichen Abschlussdaten zu erfassen, bei der Ermittlung der jeweiligen Position zu berücksichtigen (Fortschreibung der Bestände) und mit allen Unterlagen an die Abwicklung weiterzuleiten. Die Weiterleitung der Abschlussdaten kann auch automatisiert über ein Abwicklungssystem erfolgen.

BTO 2.2.1 Tz. 6

Bei Direkterfassung in den IT-Systemen muss sichergestellt sein, dass ein Händler nur unter seiner eigenen Händleridentifikation Handelsgeschäfte eingeben kann. Erfassungstag und -uhrzeit sowie fortlaufende Geschäftsnummern müssen automatisch vorgegeben werden und dürfen vom Händler nicht veränderbar sein.

BTO 2.2.1 Tz. 7

Handelsgeschäfte, die nach Erfassungsschluss der Abwicklung abgeschlossen werden (Spätgeschäfte), sind als solche zu kennzeichnen und bei den Posi-tionen des Abschlusstages (einschließlich der Nacherfassung) zu berücksich-tigen, wenn sie zu wesentlichen Veränderungen führen. Abschlussdaten und Unterlagen über Spätgeschäfte sind unverzüglich an einen Bereich außerhalb des Handels weiterzuleiten.

BTO 2.2.1 Tz. 8

Vor Abschluss von Verträgen im Zusammenhang mit Handelsgeschäften, insbesondere bei Rahmenvereinbarungen, Nettingabreden und Sicherheitenbestellungen, ist durch eine vom Handel unabhängige Stelle zu prüfen, ob und inwieweit sie rechtlich durchsetzbar sind.

BTO 2.2.1 Tz. 9

Organisatorisch dem Handelsbereich zugeordnete Mitarbeiter dürfen nur gemeinsam mit Mitarbeitern eines handelsunabhängigen Bereichs über Zeichnungsberechtigungen für Zahlungsverkehrskonten verfügen.

BTO 2.2.1 Tz. 1, Erläuterungen

Interne Handelsgeschäfte

Interne Handelsgeschäfte im Sinne dieses Rundschreibens sind Geschäfte innerhalb einer Rechtseinheit, die dazu dienen, Risiken zwischen einzelnen Organisationseinheiten bzw. Teilportfolien zu transferieren (z. B. Handelsgeschäfte zwischen eigenen Niederlassungen, Organisationseinheiten, Portfolios etc.). Für interne Handelsgeschäfte ist eine sinngemäße Einhaltung der Anforderungen an externe Handelsgeschäfte sicherzustellen.

BTO 2.2.1 Tz. 10

Das Institut hat durch geeignete Maßnahmen sicherzustellen, dass die Positionsverantwortung von Händlern jährlich für einen ununterbrochenen Zeitraum von mindestens 10 Handelstagen an einen anderen Mitarbeiter über-tragen wird. In diesem Zeitraum hat das Institut dafür Sorge zu tragen, dass kein Zugriff eines abwesenden Händlers auf die von ihm verantworteten Positionen erfolgt.

BTO 2.2.1 Tz. 5, Erläuterungen

Abschlussdaten

Maßgebliche Abschlussdaten sind unter anderem Geschäftsart, Volumen, Konditionen, Fälligkeit, Kontrahent, Datum, Uhrzeit, Händler, fortlaufende Nummer, Nebenabreden.

BTO 2.2.1 Tz. 7, Erläuterungen

Kennzeichnungspflicht für Spätgeschäfte

Auf eine separate Kennzeichnung als Spätgeschäft kann verzichtet werden, wenn für den Erfassungsschluss der Abwicklung ein fester Zeitrahmen vorgegeben ist und sich der Charakter eines Spätgeschäftes insofern eindeutig aus der Uhrzeit oder gegebenenfalls der Zeitzone des Geschäftsabschlusses ergibt.

4.2.2. Checkliste

	Fragen	Erfüllt
	Geschäftsabschluss, Disposition	
1.	Prüfen Sie, ob bei Abschluss von Handelsgeschäften die Konditionen einschließlich der Nebenabreden vollständig vereinbart wurden.	
2.	Prüfen Sie, ob jedes Geschäft der Stichprobe sofort nach Geschäftsabschluss mit allen maßgeblichen Abschlussdaten (u. a. Geschäftsart, Volumen, Konditionen, Fälligkeit, Kontrahent, Datum, Uhrzeit, Händler, fortlaufende Nummer und Nebenabreden) erfasst wurde und bei der Ermittlung der jeweiligen Position berücksichtigt wurde (Fortschreibung der Position).	

3.	Stellen Sie fest, ob durch den Handelsbereich standardisierte Vertragstexte verwendet werden, soweit dies in Anbetracht der jeweiligen Geschäftsarten möglich und zweckmäßig ist.	
	»Interne Handelsgeschäfte«	
4.	Stellen Sie fest, inwieweit für das Institut klare und verbindliche Regelungen zum Abschluss von »Internen Handelsgeschäften« bestehen. Ermitteln Sie in diesem Zusammenhang insbesondere, ob »Interne Handelsgeschäfte« klar definiert und die Voraussetzungen zum Abschluss von »Internen Handelsgeschäften« eindeutig geregelt sind.	
5.	Prüfen Sie, inwieweit in den institutsinternen Grundsätzen zur Behandlung von »Internen Handelsgeschäften« die Erfassung, Kennzeichnung, Überwachung und Abbildung der »Internen Handelsgeschäfte« klar definiert ist.	
6.	Prüfen Sie, ob sichergestellt ist, dass für »Interne Handelsgeschäfte« die gleichen Anforderungen (u. a. Zustimmungserfordernisse, Dokumentation, Erfassung in den Handels-/Abwicklungs-/Risikocontrolling- und Rechnungswesensystemen, Überwachungs- und Offenlegungspflichten) wie für »Externe Geschäfte« gelten.	
7.	Prüfen Sie, ob die »Internen Handelsgeschäfte« zum Zeitpunkt des Geschäftsabschlusses zu marktgerechten Konditionen abgeschlossen wurden (Hintergrund: Vermeidung von Manipulationen und Ergebnisverschiebungen innerhalb des Hauses). Prüfen Sie in diesem Zusammenhang insbesondere, inwieweit die Geschäfte analog der »externen Handelsgeschäfte« in die Marktgerechtigkeitsprüfung einer neutralen Stelle (z. B. Abwicklung/Handelsüberwachung/Risikocontrolling) einbezogen wurden.	

8.	Ermitteln Sie, ob neben »Internen Handelsgeschäften« auch »Interne Kontrahenten/technische Kontrahenten« oder »Interne Portfolien/Schattenportfolien« verwendet werden. Definition »Interne Kontrahenten/technische Kontrahenten«: Kontrahenten, die zur Unterstützung der Geschäftseingabe angelegt werden (sofern die Abbildung über ein Portfolio nicht sinnvoll oder nicht möglich ist (z. B. Erfassung von Geschäftsabschlüssen durch Nicht-Handelsbereiche/Sales-Einheiten)). Definition »Interne Portfolien/Schattenportfolien«: Portfolien, die zur Verbuchung von Spitzenausgleichspositionen oder zur »Spiegelung« von Geschäften bzw. Abbildung von Handelspositionen im Risikocontrolling verwendet werden.	
9.	Stellen Sie fest, ob im Falle der Verwendung von »Internen Kontrahenten/technischen Kontrahenten« und/oder »Internen Portfolien/Schattenportfolien« zumindest folgende Bedingungen erfüllt sind: ▪ Berücksichtigung bei der Ergebnisermittlung ▪ Risikoermittlung ▪ Eröffnung nur mit Genehmigung durch das Risikocontrolling auf der Grundlage klarer Regelungen ▪ Berücksichtigung der Geschäfte im Bestätigungswesen ▪ Einbeziehung in den Abstimmungsprozess ▪ Keine offenen overnight-Positionen	
10.	Stellen Sie fest, ob »Interne Handelsgeschäfte« in das interne Abstimmungsverfahren (Geschäftsabstimmung) einbezogen sind.	
	Marktgerechtigkeit (siehe Kapitel Abwicklung und Kontrolle)	
	Geschäftsabschlüsse außerhalb der Geschäftsräume	
11.	Stellen Sie fest, ob verbindliche interne Regelungen zu »Geschäftsabschlüssen außerhalb der Geschäftsräume« bestehen.	

12.	Ist die Anforderung der MaRisk an die internen Regelungen hinsichtlich der Festlegung der Berechtigten, des Zwecks, des Umfangs und der Erfassung von »Geschäften außerhalb der Handelsräume« ordnungsgemäß erfüllt?	
13.	Ermitteln Sie, durch welche Händler und in welchem Umfang »Handelsgeschäfte außerhalb der Handelsräume« getätigt werden.	
14.	Prüfen Sie, ob beim Abschluss der Geschäfte außerhalb der Handelsräume die internen Regelungen und Vorgaben für »Geschäftsabschlüsse außerhalb der Handelsräume« eingehalten wurden.	
15.	Wurde für alle außerhalb der Geschäftsräume abgeschlossenen Handelsgeschäfte eine sofortige fernschriftliche Bestätigung seitens des Händlers verlangt oder liegt diese vor?	
16.	Wurden die Geschäfte vom Händler dem Institut unmittelbar nach Geschäftsabschluss angezeigt?	
17.	Sind die Geschäfte in gesonderter Form gekennzeichnet worden (Bsp.: Kennzeichnung des manuellen/automatisierten Tickets, Kommentarfeld im Handelssystem) und damit eindeutig von anderen Handelsgeschäften zu unterscheiden bzw. zu identifizieren?	
18.	Wurden die jeweiligen Geschäfte dem zuständigen Geschäftsleiter beziehungsweise einer von ihm autorisierten Organisationseinheit zur Kenntnis gebracht (bspw. per Mail, Telefax, Anrufbeantworter)?	
19.	Wurden die Geschäfte unmittelbar nach Geschäftsabschluss mit allen maßgeblichen Abschlussdaten und Nebenabreden vom Händler erfasst und dokumentiert und der für die Nacherfassung in den Handelssystemen zuständigen Stelle (Erfassung durch andere Händler spätestens zu Beginn des Folgetages) und der für die Abwicklung/Kontrolle und Überwachung zuständigen dispositionsunabhängigen Stelle (Abwicklung/Risikocontrolling) zugeleitet?	

20.	Prüfen Sie, ob die im Rahmen der Stichprobe identifizierten »Geschäfte außerhalb der Handelsräume« zeitnah spätestens zu Beginn des Folgetages ordnungsgemäß in den Handelssystemen der Bank nacherfasst wurden.	
21.	Prüfen Sie, ob die im Rahmen der Stichprobe identifizierten »Geschäfte außerhalb der Handelsräume« in den Abwicklungs- und Risikocontrollingsystemen ordnungsgemäß und zeitnah erfasst wurden.	
22.	Prüfen Sie, inwieweit nur für die in den internen Richtlinien geregelten Zwecke und den dort festgelegten Berechtigtenkreis und Kontrahentenkreis (falls definiert) »Geschäfte außerhalb der Handelsräume« durchgeführt werden.	
	Aufzeichnungspflicht	
23.	Ist sichergestellt, dass Geschäftsgespräche der Händler grundsätzlich auf Tonträger aufgezeichnet werden?	
24.	Stellen Sie fest, ob die Aufzeichnungen von Handelsgeschäften mindestens für drei Monate aufbewahrt werden.	
25.	Stellen Sie fest, inwieweit Mobilfunkgeräte im Handelsraum verwendet werden?	
26.	Beurteilen Sie, welche Richtlinien im Institut für die Nutzung von Mobilfunkgeräten im Handelsraum bestehen und inwieweit dadurch das Risiko der Umgehung der Aufzeichnungspflicht für Handelsgeschäftsabschlüsse begrenzt wird.	
27.	Beurteilen Sie, inwieweit die Aufzeichnungen von Handelsgeschäftsabschlüssen zugriffssicher aufbewahrt werden.	
28.	Stellen Sie fest, ob sichergestellt ist, dass Aufzeichnungen über Handelsgeschäftsabschlüsse nicht innerhalb der Aufbewahrungsfrist gelöscht werden können und Bandab-hörungen nur im 4-Augen-Prinzip unter Teilnahme eines handelsunabhängigen Bereichs stattfinden.	

	Weiterleitung der Geschäfte an die Abwicklung	
29.	Stellen Sie fest, ob die Handelsgeschäfte unverzüglich nach Geschäftsabschluss mit allen Unterlagen an die Abwicklung weitergeleitet wurden (manuell oder automatisiert). Vergleichen Sie dazu die Abschlusszeit des Geschäftes mit der Erfassungszeit des Handelsgeschäftes im Handelssystem und der Zeit der Freigabe bzw. Weiterleitungszeit des Tickets im Handelssystem (Hinweis: bei Verwendung von manuellen Händlertickets auf Zeitstempel achten).	
30.	Prüfen Sie, inwieweit durch das verwendete Handelssystem sichergestellt ist, dass der Erfassungstag, die Erfassungsuhrzeit sowie die fortlaufende Geschäftsnummer automatisch vom System vorgegeben sind und nicht vom Händler veränderbar sind.	
	Hinweis: Erfassungszeit und Erfassungsuhrzeit sind nicht gleichzusetzen mit der Handelszeit, die von der Erfassungszeit abweichen kann (Bsp.: nachträglich erfasste Geschäfte, Spätgeschäfte). Die Handelszeit muss daher durch den Händler überschreibbar/veränderbar sein, um die korrekte Abbildung der Handelszeit für die nachgelagerte Marktgerechtigkeitskontrolle zu ermöglichen. Diese setzt auf den Marktpreisen am jeweiligen Abschlusszeitpunkt des Geschäftes auf.	
	Anforderungen an die Nutzung von Händler-Identifikationen (ID) bei der Geschäftserfassung in den Handelssystemen	
31.	Prüfen Sie anhand einer Stichprobe, inwieweit sichergestellt ist, dass bei einer Direkterfassung in den Handelssystemen Händler nur unter ihrer eigenen Händleridentifikation Handelsgeschäfte erfassen können.	
32.	Ist für jeden handelsberechtigten Händler eine eigene handelssystemseitige, passwortgeschützte Händler-Identifikationsnummer (Händler-ID) vorhanden?	

33.	Prüfen Sie anhand einer Stichprobe die ordnungsgemäße Erfassung der Geschäftsdaten und beurteilen Sie dabei, inwieweit der abschließende Händler die Geschäftserfassung selbst vornimmt bzw. auf welcher Grundlage er die Geschäftsdaten erfasst (Telefongespräch, manuelles Händlerticket).	
34.	Prüfen Sie, inwieweit der jeweils das Geschäft abschließende Händler auch die zeitnahe Erfassung des Geschäftes im Handelssystem vornimmt und ob sichergestellt ist, dass bei Eingabe der Geschäftsabschlussdaten durch einen Dritten (Händler oder Middle-Office) die zeitnahe Erfassung und Weiterleitung der Geschäftsdaten an die Abwicklung erfolgt. Prüfen Sie in diesem Zusammenhang auch, dass der geschäftserfassende Händler die Geschäfte unter seiner eigenen Händler-ID erfasst (kein Austausch von Händler-ID zulässig).	
35.	Prüfen Sie, ob das bestandsführende Handelssystem über die systemtechnischen Voraussetzungen verfügt (z. B. »audit-trail«), um eindeutig den geschäftserfassenden Händler und den Zeitpunkt der Dateneingabe/Weiterleitung/Freigabe des Geschäftsdatensatzes nachzuvollziehen.	
36.	Prüfen Sie stichprobenweise, ob die durch den Händler im Handelssystem erfassten Geschäfte zeitnah durch den Händler erfasst und freigegeben wurden bzw. an die Abwicklung weitergeleitet wurden. Prüfen Sie in diesem Zusammenhang auch, inwieweit die vom Händler freigegebenen Geschäfte nach erfolgter Freigabe und erfolgter Weiterleitung an die Abwicklung vom Händler noch veränderbar sind. Hinweis: Die durch den Händler freigegebenen Geschäftsdatensätze sollten nach Weiterleitung an die Abwicklung aus Dokumentations- und Nachvollziehbarkeitsgründen nicht mehr systemseitig durch den Händler veränderbar und manipulierbar sein. Nachträgliche Änderungen sollten nur durch die vollständige Stornierung und Neuerfassung des Geschäftes möglich sein.	

37.	Prüfen Sie stichprobenweise für ausgewählte Händler, ob an Handelstagen, an denen der betreffende Händler nicht im Handelsraum anwesend war (Urlaub, Krankheit), Handelsgeschäfte unter der Händler-ID des Händlers erfasst wurden. Stellen Sie fest, ob Anhaltspunkte bestehen, dass an diesen Tagen Handelsgeschäfte unter Nutzung einer fremden Händler-ID erfasst wurden (Stichwort: Austausch von Händler-ID oder Passwörtern). Hinweis: Beachten Sie an dieser Stelle die Regelungen des Bundesdatenschutzgesetzes (insb. § 32 BDSG) zur Verwendung personenbezogener Mitarbeiterdaten. In diesem Zusammenhang sind auch die Anforderungen der ab 25.05.2018 geltenden Regelungen der EU-Datenschutz-Grundverordnung zu beachten, welche vorsehen, dass personenbezogene Daten nicht unbegrenzt aufbewahrt werden dürfen und nach Wegfall der Zweckbestimmung zu löschen sind. Dies gilt auch für die entsprechenden Prüfungsunterlagen, in denen personenbezogene Daten verarbeitet werden.	
	Spätgeschäfte	
38.	Stellen Sie fest, ob im Institut Regelungen existieren zur Erfassung von Geschäften, die nach Erfassungsschluss der Abwicklung abgeschlossen wurden (Spätgeschäfte).	
39.	Beurteilen Sie, ob in den Regelungen zum Abschluss von Spätgeschäften der Erfassungsschluss der Abwicklung definiert ist.	
40.	Prüfen Sie anhand einer Stichprobe (Bsp. zum Tagesende erfasste Geschäfte/nachträglich erfasste Geschäfte zu Beginn des Handelstages), ob Spätgeschäfte als solche gekennzeichnet wurden und eindeutig identifizierbar sind.	
41.	Prüfen Sie, ob die in der Nacherfassung erfassten Spätgeschäfte ordnungsgemäß bei den Positionen des jeweiligen Abschlusstages berücksichtigt wurden (sofern sie zu wesentlichen Veränderungen führen). Ausnahme: Gemäß dem Erläuterungstext zu BTO 2.2.1 Tz. 7 kann auf eine separate Kennzeichnung als Spätgeschäft verzichtet werden, wenn für den Erfassungsschluss der Abwicklung	

	(Tagesendverarbeitung) ein fester Zeitrahmen vorgegeben ist und sich der Charakter eines Spätgeschäftes insofern eindeutig aus der Uhrzeit oder gegebenenfalls der Zeitzone des Geschäftsabschlusses ergibt.	
42.	Stellen die internen Regelungen für den Geschäftsprozess für Spätgeschäfte sicher, dass Abschlussdaten und Unter-lagen über Spätgeschäfte unverzüglich an einen Bereich außerhalb des Handels (Bsp.: Abwicklung und Kontrolle) weitergeleitet werden? Prüfen Sie in diesem Zusammenhang auch, ob die Geschäfte in den zur Geschäftserfassung verwendeten Handelssystemen zeitnah nach Abschluss und Erfassung vom jeweiligen Händler freigegeben wurden und in den Zugriffs-bereich der Abwicklung und Kontrolle gelangt sind und nicht im Zugriffsbereich des Händlers verblieben sind (Bsp.: Überleitung in den Back-Office Status des Handelssystems).	
43.	Prüfen Sie, ob sichergestellt ist, dass Geschäftsdaten von Geschäften, die nach dem Buchungsschnitt der Abwicklung, aber vor dem Systemschluss des Handelssystems bzw. Erfassungssystems für die Geschäfte erfasst wurden, durch den Händler nicht einseitig veränderbar/manipulierbar sind. Nachträgliche Änderungen sollten durch den Handel nur durch Stornierung und anschließende Neueingabe des Geschäftes möglich sein.	
44.	Stellen Sie durch Interviews mit Händlern fest, inwieweit den Händlern bekannt ist, ab welchem festen Zeitpunkt ein Geschäft als Spätgeschäft behandelt werden muss bzw. inwieweit sichergestellt ist, dass der Handel von der Abwicklung zeitnah täglich über den Erfassungsschluss der Abwicklung informiert wird.	
45.	Prüfen Sie anhand der Geschäftsabschlussunterlagen (Bsp.: Reuters-Ticket, Bloomberg Ticket, manuelles Händlerticket/Zeitstempel), ob alle nach Erfassungsschluss der Abwicklung abgeschlossenen Geschäfte (Spätgeschäfte) ordnungsgemäß als Spätgeschäfte gekennzeichnet und zeitnah erfasst bzw. an die Abwicklung und/oder Controlling weitergeleitet wurden.	

	Abschluss von Verträgen	
46.	Stellen Sie fest, ob im Institut verbindliche Regelungen bestehen zum Abschluss von im Zusammenhang mit Handelsgeschäften abgeschlossen Rahmenvereinbarungen, Nettingabreden und Sicherheitenbestellungen.	
47.	Prüfen Sie, ob die rechtliche Durchsetzbarkeit von Ver-trägen zu Rahmenvereinbarungen, Nettingabreden und Sicherheitenbestellungen durch eine handelsunabhängige Stelle (Bsp.: Rechtsabteilung, Abwicklung und Kontrolle) geprüft wird.	
	Zeichnungsberechtigung	
48.	Prüfen Sie, ob sichergestellt ist, dass dem Handelsbereich zugeordnete Mitarbeiter nur mit Mitarbeitern eines handelsunabhängigen Bereichs über Zeichnungsberechtigungen für Zahlungsverkehrskonten verfügen.	
	Wechsel der Positionsverantwortung – Abwesenheitsvertretung	
49.	Prüfen Sie, inwieweit die Positionsverantwortung der Händler jährlich für einen Zeitraum von mindestens zehn ununterbrochenen Handelstagen an einen anderen Mitarbeiter übertragen wurde.	
50.	Prüfen Sie, inwieweit sichergestellt ist, dass ein positionsverantwortlicher Händler während seiner Abwesenheitsvertretung (Mindestzeitraum zehn ununterbrochene Handelstage) keinen Zugriff auf die von ihm verantworteten Positionen hat (siehe Praxistipp).	

907 Als »Interne Geschäfte« werden Geschäfte innerhalb einer Rechtseinheit verstanden, die dazu dienen, Risiken zwischen einzelnen Organisationseinheiten bzw. Teilportfolien zu transferieren. »Interne Geschäfte« werden als Mittel zur Steuerung und Übertragung von Risiken zwischen Handelsbereichen, aber auch Nichthandelsbereichen, verwendet. Dies erfolgt häufig im Zusammenhang mit der internen Vergabe von Produktmandaten an einzelne Handelseinheiten. Grundsätzlich gilt, dass für »Interne Geschäfte« das Interne Kontrollsystem (IKS) sinngemäß entsprechend dem IKS für »Externe Geschäfte« auszugestalten ist und regelmäßig zu überprüfen ist.

Die Erfassung von Handelgeschäften in Handelssystemen erfolgt in der Regel durch eine Anmeldung des Händlers am entsprechenden Handelssystem über eine personenbezogene Benutzererkennung und ein individuelles Passwort (siehe Berechtigungskonzept). Hierdurch soll gewährleistet werden, dass der Händler nur unter seiner eigenen Händleridentifikation Geschäfte eingeben kann. Informationen zum Erfassungstag, Uhrzeit und laufende Geschäftsnummer werden automatisch im System hinterlegt. 908

4.2.3. Praxistipps

✓ Praxistipp »Geschäfte außerhalb der Handelsräume«

In der Praxis werden Geschäfte außerhalb der Handelsräume häufig abgeschlossen, um dem Handel zu ermöglichen, auf bestimmte Marktveränderungen in verschiedenen Märkten unverzüglich reagieren zu können (Bsp.: Glattstellung einer Position overnight). Es empfiehlt sich aber, den Kreis der Berechtigten aus Risikogesichtspunkten begrenzt zu halten. Es sollte durch klar definierte Ablaufbeschreibungen unbedingt sichergestellt sein, dass außer-halb der Geschäftsräume abgeschlossene Handelsgeschäfte nach erfolgtem Abschluss aus dem Zugriffsbereich des abschließenden Händlers entfernt werden und einer handelsunabhängigen Stelle zu Abwicklungs- und Kontrollzwecken zugeleitet werden. Dies kann beispielsweise durch Telefax-Über-mittlung des manuellen Händlertickets oder E-Mail-Übermittlung an eine definierte Abwicklungs- und Kontrollstelle erfolgen. Vorstellbar ist auch eine Übermittlung des Geschäftsabschlusses auf einen für diese Zwecke eingerichteten Anrufbeantworter. In letzterem Fall sind die betreffenden Aufzeichnungs- und Archivierungsvorschriften zu beachten.

Zusätzlich ist innerhalb des Handelsbereiches sicherzustellen, dass von einem Händler außerhalb der Geschäftsräume der Bank abgeschlossene Geschäfte dem Handelsbereich (Händlerkollege und/oder Vorgesetzter) zur Nacherfassung in den Handelssystemen zur Kenntnis gebracht werden, um die Vollständigkeit der Geschäftsabschlüsse und deren Berücksichtigung in der Positions- und Ergebnisermittlung zu gewährleisten. Es empfiehlt sich auch, eine systematische Analyse der zu Beginn eines Handelstages erfassten Handels-geschäfte vorzunehmen, um nachträglich erfasste Handelsgeschäfte des Vortages zu identifizieren. Dabei empfiehlt es sich ferner, die erfassten Daten hinsichtlich ordnungsgemäßer Abbildung der Geschäftsdaten zu überprüfen.

Es ist darauf zu achten, dass die vom Händler anzufordernden Gegenbestätigungen des Kontrahenten nicht im Handelsbereich, sondern in der Abwicklung/Kontrolle eingehen und verwahrt werden.

Besondere Beachtung bedarf es im Falle des Remote-Zugriffs von Händlern auf Positions- und Bestandsführende Handelssysteme der Bank.

✓ **Praxistipp »Spätgeschäfte«**

Die Kennzeichnung und unverzügliche Weiterleitung von Spätgeschäften dient vor allem folgenden Zwecken:

- Sicherstellung, dass die Geschäfte bei den Positionen des Abschlusstages berücksichtigt werden (»Spätgeschäfte w/Positionsermittlung«).
- Sicherstellung, dass nach Erfassungsschluss der Abwicklung abgeschlossene Geschäfte unverzüglich aus dem Verfügungsbereich des Handels gelangen, um einseitige nachträgliche Änderungen/Manipulationsmöglichkeiten durch den Handel zu minimieren (»Spätgeschäfte zu Kontrollzwecken«). Dies dürfte auch dann gegeben sein, wenn die Geschäftsabschlussdaten in einer Bearbeitungsschnittstelle (oder Datenpuffer) außerhalb des Zugriffs durch den Handel »zwischengelagert« werden, bevor am nächsten Arbeitstag eine Weiterleitung an die Back Office Systeme zur weiteren Bearbeitung erfolgt. Ein möglicherweise zeitlich vor dem Erfassungsschluss liegender Bearbeitungsschluss der Abwicklung ist unerheblich für die Frage, ob ein Spätgeschäft vorliegt. Der Bearbeitungsschluss wäre nur dann relevant, wenn die Voraussetzung für eine Berücksichtigung der Geschäfte bei den Positionen des Abschlusstages eine vorherige Bearbeitung der Abwicklung wäre.

Spätgeschäfte sind demnach alle Handelsgeschäfte, deren Geschäftsabschlussdaten nicht im Rahmen von automatisierten Prozessen bei den vom Controlling zu ermittelten Positionen (Risiko und Performance) des jeweiligen Abschlusstages erfasst werden können und/oder nicht taggleich aus dem Verfügungsbereich des Handels gelangen.

Besonderes Augenmerk ist dabei auch auf die ordnungsgemäße Kennzeichnung des Geschäftes als »Geschäft außerhalb der Handelsräume«, die differenzierte Dokumentation des abschließenden und des erfassenden Händlers (Stichwort: Nutzung von Händleridentifikationen), die Erfassung der tatsächlichen Abschlusszeit des Geschäftes zur Ermöglichung einer ordnungsgemäßen Marktgerechtigkeitskontrolle und die ordnungsgemäße Erfassung des Geschäftes bei den Positionen des Abschlusstages zu legen.

Liegt ein »Spätgeschäft w/Positionsermittlung« vor, sollte der Handel den Abschluss manuell im Sinne der MaRisk (Händlerzettel oder Auftragsbeleg) erfassen, als Spätgeschäft kennzeichnen und unverzüglich (bspw. per Telefax oder E-Mail mit pdf-Datei w/Händlerunterschrift) an das Controlling senden.

Bei »Spätgeschäften zu Kontrollzwecken« hat analog eine Weiterleitung an die Abwicklung zu erfolgen. Ebenso vorstellbar ist die Deponierung der Händlerzettel in einem Briefkasten, der ausschließlich von Mitarbeitern aus dem Abwicklungs- und Kontrollbereich geleert werden darf.

In den Fällen, in denen beide Ausprägungen von Spätgeschäften erfüllt sind, hat eine Weiterleitung sowohl an das Controlling als auch an die Abwicklung zu erfolgen.

Sofern durch den Einsatz leistungsfähiger Handelssysteme gewährleistet ist, dass alle Geschäfte eines Handelstages (bis 24 Uhr) im Rahmen der Nachtverarbeitung unabhängig von der Bearbeitung durch die Abwicklung taggleich in den Risikopositionen des Abschlusstages berücksichtigt werden und gleichzeitig die Geschäfte, die nach Bearbeitungsschluss der Abwicklung und vor Systemschluss des Handelssystems erfasst bzw. in die Bearbeitungsschnitt-stelle (Verfügungsbereich außerhalb des Handels (Abwicklungsbereich)) eingehen, können keine Spätgeschäfte entstehen.

✓ Praxistipp »Abwesenheitsvertretung von Händlern«

Die Prüfung der Einhaltung der Anforderungen der MaRisk an die Abwesenheitsvertretung von positionsverantwortlichen Händlern (Wechsel der Posi-tionsverantwortung für einen ununterbrochenen Zeitraum von mindestens zehn Handelstagen an einen anderen Mitarbeiter) erfordert in der Regel die Einsichtnahme in das Zeitwirtschaftssystem des Personalbereichs. Anhand der im Zeitwirtschaftssystem gebuchten Abwesenheitstage (Krankheit, Urlaub, Seminare etc.) kann anhand des »Audit Trail-Protokolls« (Aufzeichnung aller Veränderungen und Zugriffe für ein System/Portfolio mit Benutzerkennung) ermittelt werden, inwieweit ein »abwesender« Händler beispielsweise über Remote-Berechtigung Zugriff auf seine Positionen hatte.

Zumindest für den in den MaRisk in BTO 2.2.1 Tz. 10 geforderten jährlichen Zeitraum von mindestens zehn ununterbrochenen Handelstagen darf keine Zugriffsmöglichkeit durch den positionsverantwortlichen Händler bestehen, um sicherzustellen, dass die Abwesenheitsvertretung in uneingeschränktem Umfang ohne Einwirken des Händlers wahrgenommen werden kann. Diese als »best practice« bereits in anderen markt- und risikorelevanten Bereichen übliche Anforderung zur Reduzierung des operationellen Risikos wurde bereits mit der MaRisk-Novelle 2012 für den Handelsbereich in die MaRisk aufgenommen.

Vorsicht bei der Auswertung personenbezogener Daten!

Bei der DV-seitigen Auswertung von Abwesenheitszeiten zu Prüfungszwecken sind die Anforderungen des Bundesdatenschutzgesetzes (BDSG) unbedingt zu beachten. Gemäß § 3 Abs. 1 BDSG dürfen personenbezogene Daten, dass heißt Einzelangaben über persönliche oder sachliche Verhältnisse einer natür-lichen Person (z. B. Name, Geburtsdatum, Adresse etc.), nur unter bestimmten, eingeschränkten Voraussetzungen erhoben und verarbeitet werden.

Ferner sind gemäß § 4d BDSG sämtliche Verfahren, in denen personenbezogene Daten verarbeitet werden (u. a. auch Excel- oder Word-Auswertungen), in einem durch den Datenschutzbeauftragten des Instituts verantworteten Verfahrensverzeichnis zu führen.

Es empfiehlt sich daher dringend, vor Beginn der Auswertung von personenbezogenen Daten den Datenschutzbeauftragten des jeweiligen Instituts einzubinden und vorgesehene Verfahren abzustimmen.

4.3. BTO 2.2.2 Anforderungen an die Prozesse im Handelsgeschäft – Abwicklung und Kontrolle

4.3.1. Wesentlicher Inhalt

BTO 2.2.2 Tz. 1

Bei der Abwicklung sind auf Basis der vom Handel erhaltenen Abschlussdaten die Geschäftsbestätigungen beziehungsweise die Abrechnungen auszufertigen sowie daran anschließende Abwicklungsaufgaben durchzuführen.

BTO 2.2.2 Tz. 2

Grundsätzlich sind Handelsgeschäfte unverzüglich schriftlich oder in gleichwertiger Form zu bestätigen. Die Bestätigung muss die erforderlichen Abschlussdaten enthalten. Bei Handelsgeschäften über Makler muss der Makler benannt werden. Der unverzügliche Eingang der Gegenbestätigungen ist zu überwachen, wobei sichergestellt sein muss, dass die eingehenden Gegen-bestätigungen zuerst und direkt in die Abwicklung gelangen und nicht an den Handel adressiert sind. Fehlende beziehungsweise unvollständige Gegen-bestätigungen sind unverzüglich zu reklamieren, es sei denn, es handelt sich um ein Handelsgeschäft, das in allen Teilen ordnungsgemäß erfüllt ist.

BTO 2.2.2 Tz. 3

Bei Handelsgeschäften, die über ein Abwicklungssystem abgerechnet werden, das einen automatischen Abgleich der maßgeblichen Abschlussdaten gewährleistet (so genanntes Matching) und Handelsgeschäfte nur bei Übereinstimmung der Daten durchgeführt, kann auf das Bestätigungsverfahren verzichtet werden. Sofern kein automatischer Abgleich der maßgeblichen Abschluss-daten erfolgt, kann auf das Bestätigungsverfahren verzichtet werden, wenn das Abwicklungssystem beiden Kontrahenten den jederzeitigen Abruf der Abschlussdaten ermöglicht und eine Kontrolle dieser Daten vorgenommen wird.

BTO 2.2.2 Tz. 4

Die Handelsgeschäfte sind einer laufenden Kontrolle zu unterziehen. Dabei ist insbesondere zu kontrollieren, ob

a.) die Geschäftsunterlagen vollständig und zeitnah vorliegen,

b.) die Angaben der Händler richtig und vollständig sind und, soweit vorhanden, mit den Angaben auf Maklerbestätigungen, Ausdrucken aus Handelssystemen oder Ähnlichem übereinstimmen,

c.) die Abschlüsse sich hinsichtlich Art und Umfang im Rahmen der festgesetzten Limite bewegen,

d.) marktgerechte Bedingungen vereinbart sind und

e.) Abweichungen von vorgegebenen Standards (z. B. Stammdaten, Anschaffungswege, Zahlungswege) vereinbart sind.

Änderungen und Stornierungen der Abschlussdaten oder Buchungen sind außerhalb des Bereichs Handel zu kontrollieren.

BTO 2.2.2 Tz. 5

Für die Kontrolle der Marktgerechtigkeit von Geschäftsabschlüssen sind geeignete Verfahren, gegebenenfalls differenziert nach Handelsgeschäftsarten, einzurichten. Der für die Marktgerechtigkeitskontrolle zuständige Geschäftsleiter ist unverzüglich zu unterrichten, wenn abweichend von BTO 2.2.1 Tz. 2 Handelsgeschäfte zu nicht marktgerechten Bedingungen abgeschlossen werden.

BTO 2.2.2 Tz. 6

Unstimmigkeiten und Auffälligkeiten, die im Rahmen der Abwicklung und Kontrolle festgestellt wurden, sind unter der Federführung eines vom Handel unabhängigen Bereichs unverzüglich zu klären. Für Unstimmigkeiten und Auffälligkeiten, die nicht plausibel geklärt werden können, hat das Institut angemessene Eskalationsverfahren einzurichten.

BTO 2.2.2 Tz. 7

Die im Handel ermittelten Positionen sind regelmäßig mit den in den nach gelagerten Prozessen und Funktionen (z. B. Abwicklung, Rechnungswesen) geführten Positionen abzustimmen.

In die Abstimmungsaktivitäten sind auch inaktive Portfolien (»dormant portfolios«) und fiktive Kontrahenten (»dummy counterparty«) einzubeziehen. Besonderes Augenmerk ist auf die Abstimmung von Zwischen- und Auffangkonten zu richten. Auffälligkeiten im Zusammenhang mit diesen Konten sind unverzüglich zu klären.

Erläuterungen BTO 2.2.2 Tz. 1

Abwicklungssysteme

In Abhängigkeit von Art, Umfang, Komplexität und Risikogehalt sind Handelsgeschäfte grundsätzlich elektronisch abzuwickeln; vorhandene Abwicklungssysteme, sind soweit möglich, zu nutzen.

Erläuterungen BTO 2.2.2 Tz. 2

Gegenbestätigungen bei Auslandsgeschäften

Wenn Gegenbestätigungen nicht eingeholt werden können, hat das Institut auf andere geeignete Weise die Existenz und den Inhalt der Geschäfte zu verifizieren.

Bestätigungsverfahren bei komplexen Produkten

Ist bei komplexen Produkten in den Rahmenverträgen festgelegt, dass nur einer der beiden Partner den Vertrag erstellt, genügt eine beiderseitige Ad-hoc-Bestätigung (Kurzform) und die einseitige Vertragserstellung (Langform) nach Klärung aller Details. Die Ad-hoc-Bestätigung sollte die wesentlichen Angaben zum vereinbarten Handelsgeschäft enthalten.

Stornierungen und Korrekturen

Bei den Bestätigungs- und Abstimmungsverfahren ist ein besonderes Augenmerk auf die Häufung von Stornierungen und Korrekturen bei einzelnen Mitarbeitern oder bestimmten Geschäften zu richten.

Erläuterungen BTO 2.2.2 Tz. 4

Automatische Weiterleitung an die Abwicklung

Auf Kontrollen gemäß Buchstabe a) und b) kann verzichtet werden, sofern die von den Händlern eingegebenen Abschlussdaten automatisch und ohne weitere Eingriffsmöglichkeiten der Händler an die Abwicklung weitergeleitet werden.

Erläuterungen BTO 2.2.2 Tz. 5

Hinweise zur Kontrolle der Marktgerechtigkeit

Für marktliquide Kassa- und Termininstrumente können die Kontrollen in Stichproben erfolgen, soweit dies unter Risikogesichtspunkten vertretbar ist.

Bei Handelsgeschäften, die direkt oder über Dritte (z. B. über eine Korrespondenzbank)

- an einer inländischen Börse oder
- an einem anderen geregelten Markt, ungeachtet seines Sitzstaates, abgewickelt werden, kann auf die Kontrolle der Marktgerechtigkeit verzichtet werden. Zur Identifizierung der Märkte, die als geregelte Märkte im Sinne dieser Anforderung angesehen werden können, kann auf folgende Aufstel-lungen zurückgegriffen werden:
- Übersicht der »European Securities and Markets Authority« (ESMA) zu geregelten Märkten in den Mitgliedstaaten der EU sowie in den anderen Vertragsstaaten des Abkommens über den Europäischen Wirtschaftsraum (abrufbar unter: www.esma.europa.eu/Registries and Databases/Regulated Markets database),
- »Liste der zugelassenen Börsen und der anderen organisierten Märkte« gemäß § 193 Abs. 1 Nr. 2 und 4 KAGB für geregelte Märkte in Ländern außerhalb der Mitgliedstaaten der EU sowie außerhalb der anderen Vertragsstaaten des Abkommens über den Europäischen Wirtschaftsraum (Schreiben der BaFin vom 16.02.2011; zuletzt geändert am 19.08.2013).

Beim Ersterwerb aus einer Emission sind abhängig von der Art und der Struktur des Geschäftes Erleichterungen bei der Marktgerechtigkeitskontrolle möglich. So reduziert sich die Marktgerechtigkeitskontrolle z. B. bei einer Emission im Wege der öffentlichen Versteigerung/Bietung auf die Kontrolle der richtigen Abrechnung des Emissionskurses.

In die Kontrolle der Marktgerechtigkeit sind auch interne Handelsgeschäfte einzubeziehen. Ausnahmen sind, unter analoger Anwendung der in BTO 2.2.1 Tz. 2 aufgeführten Voraussetzungen, möglich.

Audit Trail

Zur Sicherstellung angemessener Abstimmungsprozesse kann es notwendig sein, dass das Institut Prozesse und Verfahren etabliert, die eine jederzeitige Verifizierung der Entstehungshistorie von Positionen und Cashflows gewährleisten (»Audit Trail«).

Die BaFin hat bereits im Rahmen der Novellierung der MaRisk 2009 die bis dahin geltende Öffnungsklausel für Gegenbestätigungen bei Auslandsgeschäften aufgehoben. Zuvor waren Gegenbestätigungen bei Auslandsgeschäften nur insoweit einzuholen, wie es nach internationalen Usancen üblich ist. Dies führte in der Praxis häufig dazu, dass für Handelsgeschäfte mit bestimmten ausländischen Kontrahenten nach mehrfachem erfolglosen Mahnprozess auf die Einholung einer Gegenbestätigung verzichtet wurde. Eine Notwendigkeit zur Überprüfung der Verität des Geschäftes mittels alternativer Verfahren bestand nicht. Seit der MaRisk Novelle 2010 ist in den Fällen, bei denen die Gegenbestätigung nicht eingeholt werden kann, »auf andere geeignete Weise die Existenz und der Inhalt der Geschäfte zu verifizieren«. 909

Ausgehend von den Erkenntnissen, die die BaFin unter anderem aus dem Manipulationsfall bei der Société Générale (SG) gewonnen hat, wurde die Notwendigkeit einer besonderen Kontrolle von Stornierungen und Häufungen von Korrekturen bei einzelnen Mitarbeitern und bestimmten Geschäften hervorgehoben. Bekanntlich hat gemäß dem Untersuchungsbericht zur SG-Affäre die Nichterkennung von Auffälligkeiten hinsichtlich der Stornierung von Handelsgeschäften (Stornierung von Geschäften vor Erreichen des Valuta-Datums, Häufung von Stornierungen von Futures-Kontrakten mit Maklern im Status »Pending«) maßgeblich zu der erst verspäteten Aufdeckung der Verschleierungs- bzw. Betrugstechniken beigetragen[298]. Die MaRisk fordern zudem für Unstimmigkeiten und Auffälligkeiten, die nicht plausibel durch die Abwicklung und Kontrolle geklärt werden können, die Einrichtung eines Eskalationsverfahrens vom Institut. Zusätzlich wird in diesem Zusammenhang auch klargestellt, dass in die Abstimmungsaktivitäten der Abwicklung bzw. des Rechnungswesens auch inaktive Portfolien (»dormant portfolios«) und fiktive Kontrahenten (»dummy counterparty«) einzubeziehen sind. Dabei ist besonderes Augenmerk auf die Abstimmung von Zwischen- und Auffangkonten zu richten. Etwaige Auffälligkeiten im Zusammenhang mit diesen 910

298 Vgl. *Société Générale:* »Progress report of the special committee of the Board of Directors of Société Générale«, 20.02.2008, S. 8 ff.

Konten sind demnach unverzüglich zu klären. Zur Sicherstellung angemessener Abstimmungsprozesse kann es darüber hinaus notwendig sein, Prozesse und Verfahren zu etablieren, die eine jederzeitige Verifizierung der Entstehungshistorie von Positionen und Cashflows gewährleisten (»Audit Trail«).

911 Bei Handelsgeschäften, die über ein Abwicklungssystem abgerechnet werden, das einen automatischen Abgleich der maßgeblichen Abschlussdaten gewährleistet (»Matching«) und Handelsgeschäfte nur bei Übereinstimmung der Daten durchführt, kann auf das Bestätigungsverfahren verzichtet werden. Auf das Bestätigungsverfahren kann auch in den Fällen verzichtet werden, wenn kein automatischer Abgleich der maßgeblichen Abschlussdaten erfolgt, sofern sichergestellt ist, dass das Abwicklungssystem beiden Kontrahenten den jederzeitigen Abruf der Abschlussdaten ermöglicht und eine Kontrolle dieser Daten vorgenommen wird. Als Beispiel für ein solches Abwicklungssystem kann das bei OTC-Derivaten verwendete Abwicklungssystem »MarkitWire« (frühere Bezeichnung SwapWire) genannt werden. Bei diesem Abwicklungssystem kommt ein Geschäft dann zustande, wenn beide Kontrahenten die in »MarkitWire« eingegebenen Geschäftsdaten akzeptiert haben. Es findet zwar kein automatischer Abgleich der maßgeblichen Abschlussdaten statt (kein »Matching«), aber es wird beiden Kontrahenten der jederzeitige Abruf der Abschlussdaten ermöglicht und eine Kontrolle dieser Daten vorgenommen.

912 Die Gefahr von Geschäften zu nicht marktgerechten Bedingungen besteht darin, dass mit ihrer Hilfe unter anderem willkürlich Verluste oder Gewinne in andere Rechnungsperioden oder zwischen den Geschäftspartnern verlagert oder Geschäfte in betrügerischer Weise verfälscht werden können. Die Fixierung des Abschlusszeitpunktes (Uhrzeit) und die unverzügliche Weiterleitung der Geschäftsunterlagen an die Abwicklung durch den Disponenten, wie dies in Abschnitt BTO 2.2.1 gefordert wird, ist eine entscheidende Voraussetzung für die sachgerechte Kontrolle der marktgerechten Bedingungen. Die Kontrolle ist zeitnah vorzunehmen, d. h. es muss eine fortlaufende Kontrolle erfolgen.

913 Bandbreitenüberschreitungen sind durch die für die Marktgerechtigkeitskontrolle zuständige Abteilung zu bewerten. Wird gegebenenfalls nach Einholen einer Stellungnahme von Seiten des Handels festgestellt, dass die Geschäftsabschlüsse trotz Bandbreitenüberschreitung den üblichen Marktbedingungen entsprechen, ist die Dokumentation ausreichend. Dagegen müssen die zu den Abweichungen von marktgerechten Bedingungen in den MaRisk aufgeführten Tatbestände kumulativ erfüllt sein, wobei es im Wesentlichen

darauf ankommt, dass sie sachlich begründet sind, aufgrund interner schriftlicher Vorgaben erfolgen und gegenüber dem Kunden offen gelegt werden. Sofern es sich um Abweichungen wesentlicher Art und Bedeutung handelt, ist die Geschäftsleitung hiervon zu unterrichten.

4.3.2. Checkliste

	Fragen	Erfüllt
	Abwicklung und Kontrolle	
1.	Prüfen Sie anhand einer Stichprobe von Geschäften, ob alle Geschäfte der Stichprobe durch die Abwicklung richtig, vollständig und zeitnah gegenüber dem Kontrahenten bestätigt und abgerechnet wurden.	
	Bestätigungswesen	
2.	Stellen Sie fest, inwieweit bei der Abwicklung von Geschäften die zur Verfügung stehenden elektronischen Bestätigungs- und Abwicklungssysteme genutzt wurden.	
3.	Ist der Eingang der Gegenbestätigungen des Kontrahenten zeitnah durch die Abwicklung überwacht worden?	
4.	Wurden die eingehenden Gegenbestätigungen durch die Abwicklung inhaltlich mit den von der Abwicklung versandten Bestätigungen abgeglichen und auf Abweichungen untersucht sowie mit den Eingaben im juristischen System (Handels-/Abwicklungssystem) der Bank abgeglichen?	
5.	Ist anhand der Dokumentation (Bearbeitungsvermerke des Abwicklers/Handzeichen) in den Geschäfts- und Kontrollunterlagen in der Abwicklung nachvollziehbar, dass die Abwicklung ihrer Kontrollfunktion nachgekommen ist, sowie evtl. Abweichungen zeitnah nachgegangen und geklärt wurden?	

6.	Ist durch einen funktionsfähigen Mahnprozess für das Bestätigungswesen gewährleistet, dass fehlende und unvollständige Gegenbestätigungen unverzüglich bei der Gegenpartei reklamiert werden? Ausnahme: Sofern das Handelsgeschäft bereits in allen Teilen ordnungsgemäß erfüllt ist, kann auf die Reklamation der ausstehenden Gegenbestätigung verzichtet werden.	
7.	Stellt der Bestätigungsprozess sicher, dass alle eingehenden Gegenbestätigungen zuerst und direkt in der Abwicklung eingehen und nicht an den Handel adressiert sind bzw. dort eingehen?	
8.	Ist ein mehrstufiges Mahnverfahren für ausbleibende Gegenbestätigungen vorgesehen?	
9.	Sind Eskalationsverfahren für die Fälle vorgesehen, bei denen auch nach mehrmaliger Mahnung beim Geschäftspartner (z. B. nach Abschluss eines zweistufigen Mahnverfahrens) keine Gegenbestätigung vorliegt?	
	Sonderregelung für Gegenbestätigungen bei Auslandsgeschäften	
10.	Werden bei ausbleibenden Gegenbestätigungen für Auslandsgeschäfte die Existenz und der Inhalt der Geschäfte überprüft oder auf andere geeignete Weise verifiziert? Hinweis: Die bisherige Regelung der MaRisk ist entfallen, nach der Gegenbestätigungen bei Auslandsgeschäften nur insoweit einzuholen sind, wie es nach internationalen Usancen üblich ist.	

	Sonderregelung für Bestätigungsverfahren bei komplexen Produkten (Ad-hoc-Bestätigung)	
11.	Prüfen Sie, ob bei der Verwendung von beiderseitigen Ad-hoc-Bestätigungen (»Kurzbestätigungen«) alle der folgenden Voraussetzungen zum Einsatz der Ad-hoc-Bestätigungen erfüllt sind: ▪ Es handelt sich um ein komplexes Produkt. ▪ Einseitige Vertragserstellung (Lang-Form) nach Klärung aller Details (sofern in den Rahmenverträgen festgelegt ist, dass nur einer der beiden Vertragspartner den Vertrag erstellt). ▪ Die Ad-hoc-Bestätigung enthält alle wesentlichen Angaben zum vereinbarten Handelsgeschäft. Hinweis: Bei komplexen Handelsprodukten ist es übliche Geschäftspraxis, dass sich Händler der jeweiligen Institute vor Geschäftsabschluss mittels sogenannter Term-Sheets (Kurzform der Einzelheiten/Ausstattungsmerkmale und Abschlussdaten) über den Inhalt des geplanten Geschäftsabschlusses (auch ohne vorherige inhaltliche Abstimmung mit der Abwicklung) austauschen. Die anschließende Geschäftserfassung erfolgt dann häufig auf der Grundlage der zwischen den Handels-parteien abgestimmten Term-Sheets. Diese ersetzen allerdings nicht die nach Geschäftsabschluss erforderlichen gegenseitigen Geschäftsbestätigungen und Kontrollhandlungen seitens der zu involvierenden Abwicklungsbereiche.	
	Stornierungen und Korrekturen	
12.	Stellen Sie fest, ob im Bestätigungs- und Abstimmungsprozess (Kontrollhandlungen der Abwicklung) geeignete Verfahren zur regelmäßigen Auswertungen und Erkennung von Auffälligkeiten für von einzelnen Mitarbeitern durchgeführte Stornierungen und Korrekturen von Handelsgeschäften bestehen.	
13.	Ermitteln Sie, inwieweit Auffälligkeiten bei Stornierungen und Korrekturen bei bestimmten Mitarbeitern und/oder Geschäften bestehen.	

	Verzicht auf das Bestätigungsverfahren	
14.	Stellen Sie fest, ob bei Handelsgeschäften, die über ein Abwicklungssystem abgerechnet werden, die Voraussetzungen zum Verzicht auf das übliche Bestätigungsverfahren für Handelsgeschäfte vorliegen. Voraussetzungen: ▪ Verwendung eines automatischen Abgleichsystems (»Matching«) ▪ Durchführung der Handelsgeschäfte nur bei erfolgreichem »Matching« der maßgeblichen Abschlussdaten (Übereinstimmung der Daten) oder ▪ Das Abwicklungssystem gewährleistet, dass beide Kontrahenten jederzeit die Abschlussdaten abrufen und kontrollieren können.	
	Laufende Kontrolle	
15.	Beurteilen Sie, ob die Abwicklung die Aufgabe der laufenden Kontrolle der Handelsgeschäfte ordnungsgemäß durchführt. Prüfen Sie in diesem Zusammenhang: ▪ Vollständiges und zeitnahes Vorliegen der Geschäftsunterlagen, ▪ Vollständigkeit und Richtigkeit der Angaben der Händler, ▪ Übereinstimmung mit den Angaben auf den Maklerbestätigungen, Ausdrucken aus Handelssystemen und weiteren Geschäftsunterlagen, ▪ Prüfung der Geschäfte hinsichtlich Art, Umfang und Einhaltung der Limite, ▪ Vereinbarung marktgerechter Bedingungen, ▪ Abweichungen der getroffenen Vereinbarungen von vorgegebenen Standards (z. B. Stammdaten, Anschaffungswege, Zahlungswege), Kontrolle von Änderungen und Stornierungen der Abschlussdaten oder Buchungen durch eine handelsunabhängige Stelle.	

	Ausnahme: Die Notwendigkeit der Kontrolle der Abwicklung auf vollständiges und zeitnahes Vorliegen der Geschäftsunterlagen und Überprüfung der Ordnungsmäßigkeit der Angaben der Händler anhand von Maklerbestätigungen und Ausdrucken aus Handelssystemen entfällt gemäß MaRisk, sofern die Abschlussdaten automatisch und ohne weitere Eingriffsmöglichkeiten der Händler an die Abwicklung weitergeleitet werden.	
16.	Stellen Sie anhand der Auswertung einer Stichprobe fest, ob Unstimmigkeiten, die im Rahmen der Abwicklung und Kontrolle festgestellt wurden, unter Federführung eines vom Handel unabhängigen Bereichs unverzüglich geklärt werden. Stellen Sie in diesem Zusammenhang auch fest, ob für Unstimmigkeiten und Auffälligkeiten, die nicht plausibel geklärt werden können, durch das Institut angemessene Eskalationsverfahren eingerichtet sind.	
	Handelsgeschäfte über Makler	
17.	Prüfen Sie bei Handelsgeschäften über Makler, ob auf den Geschäftsbestätigungen der Abwicklung der jeweilige Makler genannt ist.	
	Marktgerechtigkeit	
18.	Werden Handelsgeschäfte einer laufenden und zeitnahen Kontrolle auf die Vereinbarung von marktgerechten Bedingungen unterzogen?	
19.	Prüfen Sie, ob für die Durchführung der Marktgerechtigkeitskontrolle ausreichende Prozess- und Ablaufbeschreibungen vorliegen.	
20.	Wird die Kontrolle der Marktgerechtigkeit von einer handelsunabhängigen Stelle durchgeführt?	
21.	Wird der für die Marktgerechtigkeitskontrolle zuständige Geschäftsleiter unverzüglich unterrichtet, sofern abweichend von BTO 2.2.1 Tz. 2 Handelsgeschäfte zu nicht marktgerechten Bedingungen abgeschlossen werden?	

22.	Prüfen Sie, ob bei Geschäften zu nicht marktgerechten Bedingungen die notwendigen Voraussetzungen (Kundenwunsch, sachliche Begründung, Dokumentation, Durchführung aufgrund festgelegter interner Vorgaben, Offenlegung gegenüber dem Kunden in der Geschäftsbestätigung, Berichterstattung an die Geschäftsleitung bei entsprechender Bedeutung) erfüllt werden.	
23.	Werden auch interne Handelsgeschäfte in die Kontrolle der Marktgerechtigkeit einbezogen?	
24.	Prüfen Sie, ob in den Fällen kontrollpflichtiger Geschäfte, die zu nicht marktgerechten Bedingungen abgeschlossen wurden, der Eskalationsprozess eingehalten wurde bzw. eine Rückabwicklung der Geschäfte oder eine Ausgleichzahlung erfolgte.	
25.	Prüfen Sie, ob die Bandbreiten und Toleranzgrenzen für die Marktgerechtigkeitskontrolle ordnungsgemäß festgelegt wurden (u. a. Herleitung der Referenzpreise anhand aktueller Börsen-Marktpreise oder mit Hilfe von Preisfindungsmodellen ermittelte rechnerische Werte, fortlaufende Analysen der Marktparameter zur Entscheidung über die evtl. Anpassung der Bandbreiten und Toleranzgrenzen). Prüfen Sie in diesem Zusammenhang auch, ob die Herleitung und Angemessenheitsprüfung der Bandbreiten und Toleranzgrenzen vollständig und richtig bzw. nachvollziehbar dokumentiert wurde (u. a. Datenquellen und Häufigkeit der Datenspeicherung (Speicherungsfrequenz)).	
26.	Prüfen Sie anhand einer Stichprobe von Geschäften und Handelsprodukten, ob die Handelsgeschäfte zu marktgerechten Bedingungen abgeschlossen wurden und auf marktgerechte Bedingungen kontrolliert wurden.	
27.	Prüfen Sie anhand einer Stichprobe von Geschäften, ob der Geschäftserfassungs- und Verarbeitungsprozess der Handelsgeschäfte (u. a. zeitnahe Erfassung und Weiterleitung der Geschäfte nach Handelsabschluss, richtige Abbildung der Handelszeit im Handelssystem, Nicht-Veränderbarkeit der Handelsdaten nach Geschäftserfassung durch den Handel, Dokumentation Handels-/Abschluss- und Erfassungszeit,	

	Dokumentation von Stornierungen und nachträgliche Änderungen von Abschlussdaten) die Voraussetzungen für eine ordnungsgemäße und funktionsfähige Marktgerechtigkeitskontrolle erfüllt.	
28.	Beurteilen Sie abschließend, ob die Kontrolle der Marktgerechtigkeit ordnungsgemäß gemäß den Vorgaben der MaRisk erfolgt.	
	Positionsabstimmung	
29.	Stellen Sie fest, ob eine regelmäßige Abstimmung der im Handel ermittelten Positionen mit den in den nachgelagerten Prozessen und Funktionen (z. B. Abwicklung, Rechnungswesen) geführten Positionen erfolgt. Stellen Sie in diesem Zusammenhang auch fest, ob in die Abstimmungsaktivitäten auch inaktive Portfolien (»dormant portfolios«) und fiktive Kontrahenten (»dummy counterparts«) einbezogen werden. Stellen Sie in diesem Zusammenhang auch fest, ob ein besonderes Augenmerk auf die Abstimmung von Zwischen- und Auffangkonten gerichtet wurde und Auffälligkeiten in diesem Zusammenhang mit diesen Konten unverzüglich geklärt werden. Hinweis: Prüfen Sie in diesem Zusammenhang auch die Positions- und Ergebnisabstimmung des Handels mit dem Risikocontrolling. Daneben sind die i. d. R. durch die Abwicklung im Rahmen ihrer Kontrollhandlungen durchgeführten Positions- und Geschäftsabstimmungen zwischen Handels-/Abwicklungs- und juristischen Systemen des Instituts relevant. Letztere sind insbesondere bei fehlendem Einsatz integrierter Front- und Back Office Systeme von besonderer Bedeutung für die Sicherstellung einer ordnungsgemäßen Geschäftsdatenweiterleitung bzw. Geschäftsdatenverarbeitung. Die jederzeitige Verifizierung der Entstehungshistorie von Positionen und Cashflows sollte mittels »Audit trails« möglich sein.	

4.3.3. Praxistipps

✓ Praxistipp »Bestätigungswesen«

Prüfen Sie in diesem Zusammenhang auch, ob durch die Geschäftsorganisation und die räumliche Trennung des Handels von der Abwicklung sichergestellt ist, dass Händler keinen freien, unkontrollierten Zugang zu den in der Abwicklung eingehenden Geschäftsbestätigungen haben. Händler sollten grundsätzlich keinen freien Zutritt zu den für Bestätigungszwecke in der Abwicklung verwendeten Datenendgeräten (Bsp.: Telefax und/oder Reuters-Drucker für eingehende Geschäftsbestätigungen) haben. Der Handelsbereich sollte räumlich und organisatorisch vom Abwicklungsbereich getrennt sein. Dies sollte auch durch technische Zutrittsbeschränkungen für Handelsmit-arbeiter zu den Räumen der Abwicklung gewährleistet werden (vgl. Funk-tionstrennung). Das räumliche Zutrittskonzept sollte gewährleisten, dass die betreffenden Datenendgeräte auch nach dem Bearbeitungsschluss der Abwicklung nicht für Handelsmitarbeiter zugänglich sind. Hingegen stellen in Handelsräumen evtl. zusätzlich installierte »Zweitdrucker« (Bsp.: »Reuters-Drucker«) kein Problem dar, sofern diese nur zur Erstellung von Duplikaten von Originalen der Gegenbestätigungen verwendet werden.

✓ Praxistipp »Einholung von Gegenbestätigungen«

Es empfiehlt sich in Fällen, bei denen die Gegenpartei dauerhaft die mit ihr abgeschlossenen Geschäfte nicht bestätigt (fehlende Gegenbestätigung), zur Vermeidung von evtl. Kontrahenten- und Abwicklungsrisiken durch geeignete Eskalationsverfahren die zuständigen Führungsebenen der kundenverant-wortlichen Handels-/Geschäftsbereiche und der Abwicklung einzuschalten. Das Eskalationsverfahren kann bis zur Einstellung der Geschäftsbeziehung zu den betreffenden Kunden führen. Die ordnungsgemäße Anwendung des Eskalationsverfahrens sollte stichprobenweise überprüft werden.

✓ **Praxistipp »Geschäfte über Makler«**

Es empfiehlt sich in diesem Zusammenhang auch zu prüfen, inwieweit der Handel nur mit durch das Institut autorisierten Maklern Geschäfte durchführt hat und die durch die Abwicklung abgerechneten und angewiesenen Makler-gebühren ordnungsgemäß sind. Auffälligkeiten hinsichtlich der Höhe und des Umfangs der über Makler abgerechneten Geschäfte sollten besondere Berücksichtigung im Rahmen von Prüfungen finden.

✓ **Praxistipp »Auswertung von Stornierungen und Korrekturen«**

Zur Erfüllung der aufsichtsrechtlichen Anforderungen an eine besondere Analyse/Auswertung der Häufung von Stornierungen und Korrekturen bei einzelnen Mitarbeitern oder bestimmten Geschäften ist auch die Verwendung von zusätzlichen Risikoindikatoren vorstellbar. Eine Analyse der »Häufung von Stornierungen und Korrekturen« auf Mitarbeiterebene kann allerdings an datenschutzrechtliche Grenzen stoßen. In diesem Zusammenhang ist es auch möglich, für Stornierungen Schwellenwerte festzulegen, bei deren Überschreiten eine Einzelanalyse angestoßen wird. Es empfiehlt sich, die definierten Risikoindikatoren auch bei der Ermittlung des operationellen Risikos zu berücksichtigen und diese regelmäßig an das Management zu berichten.

4.4. BTO 2.2.3 Anforderungen an die Prozesse im Handelsgeschäft – Abbildung im Risikocontrolling

4.4.1. Wesentlicher Inhalt

BTO 2.2.3 Tz. 1

Handelsgeschäfte einschließlich solcher Nebenabreden, die zu Positionen führen, sind unverzüglich im Risikocontrolling abzubilden.

Erläuterungen BTO 2.2.3 Tz. 1

Die Möglichkeit, für die Zwecke des Risikocontrollings auf Daten des Rechnungswesens zuzugreifen, bleibt hierdurch bestehen.

4.4.2. Checkliste

	Fragen	**Erfüllt**
	Geschäftsabschluss/Disposition	
1.	Prüfen Sie anhand einer Stichprobe, ob alle Handelsgeschäfte, die zu einer Position führen, einschließlich der vereinbarten Nebenabreden unverzüglich im Risikocontrolling abgebildet werden.	
2.	Prüfen Sie in diesem Zusammenhang auch, inwieweit die Abstimmungen zwischen den Handelssystemen und Systemen und Anwendungen im Risikocontrolling ordnungsgemäß erfolgen und eventuelle Differenzen zeitnah geklärt werden.	

5. BTR Anforderungen an die Risikosteuerungs- und -controllingprozesse

BTR 1 Adressenausfallrisiken

5.1. Einleitung

Das vorliegende Kapitel beschäftigt sich mit den Änderungen für den Bereich der Adressenausfallrisiken (BTR 1). In diesem Modul der MaRisk wird im Wesentlichen auf die besonderen Anforderungen an die Ausgestaltung der Risikosteuerungs- und -controllingprozesse für die Adressenausfallrisiken eingegangen. Dieses Modul der MaRisk ist in Verbindung mit den allgemeinen Anforderungen des AT 4.3.2 zu sehen. 914

Im Rahmen der Überarbeitung der MaRisk, die am 14. August 2009 von der Bundesanstalt für Finanzdienstleistung (BaFin) veröffentlicht worden sind, wurde die Gliederung der »BTR Anforderungen an die Risikosteuerungs- und -controllingprozesse« geändert. Hierbei sind die einzelnen Risikokategorien 915

- Adressenausfallrisiken (BTR 1),
- Marktpreisrisiken (BTR 2),
- Liquiditätsrisiken (BTR 3) und
- operationelle Risiken (BTR 4)

insofern aufgewertet worden, dass diese einen Gliederungspunkt höher gestuft worden sind. Dies spiegelt unter anderem die Bedeutung dieser Risiken wider. Diese Gliederung der Risiken ist auch nach den Novellierung der MaRisk vom 15. Dezember 2010 und 27. Oktober 2017 beibehalten worden.

Als weiterer übergreifender Punkt zu den Anforderungen an die Risikosteuerungs- und -controllingprozesse wurde bei der Novellierung vom 15. Dezember 2010 der MaRisk die Textziffer 2 mit aufgenommen. 916

BTR Tz. 2

Die zur Risikomessung eingesetzten Methoden und Verfahren sind regelmäßig auf ihre Angemessenheit, die mit ihnen ermittelten Risikowerte regelmäßig auf ihre Plausibilität zu überprüfen.

Mit dieser Anforderung stellt die Aufsicht klar, dass die eingesetzten Risikomethoden und -verfahren regelmäßig zu validieren sind. Hierzu sind die Insti- 917 tut schon aufgrund § 147 SolvV verpflichtet Es sind dabei alle wesentlichen Risiken, Methoden sowie Verfahren zu berücksichtigen und die Ergebnisse der Validierung in den Risikomethoden und -verfahren zu integrieren. Eine konkrete aufsichtsrechtliche Vorgabe zur Validierung und Plausibilisierung der Angemessenheit gibt es jedoch nicht. Vielmehr gilt das Prinzip der Proportionalität, d. h. Umfang des Risikomanagements solle nach »Art, Umfang, Komplexität und Risikogehalt der Geschäftsaktivitäten proportional sein«.

918 Rahmen der MaRisk-Novellierung vom 15. Dezember 2010 wird vor allen Dingen das Thema der **Risikokonzentrationen** nochmals konkretisiert, die als die wesentlichste Änderung in diesem Modul im Vergleich zu den alten MaRisk zu nennen ist.

919 Mit der neuen Novellierung der MaRisk vom 27. Oktober 2017 ist in diesem Abschnitt als einziges die Textziffer 7 geändert worden.

BTR Tz. 7

Das Institut hat eine angemessene Erfassung der Erlöse aus der Abwicklung von Kreditengagements sowie der zugehörigen historischen Werte der Kreditsicherheiten in einer Erlösquotensammlung zu gewährleisten.

Die Erkenntnisse aus der Erlösquotensammlung sind bei der Steuerung der Adressenausfallrisiken angemessen zu berücksichtigen.

920 Hingegen ist die alte Textziffer 7 in den Abschnitt BT 3.2 Berichte der Risikocontrolling-Funktion verschoben worden.

921 Der Leser erhält in diesem Abschnitt einen Überblick zu den verschiedenen Themen und Ausgestaltung der Adressenausfallrisiken. Sowohl von der Aufsicht als auch von den Instituten selbst sind eine Vielzahl von Methoden zur Messung und Steuerung von Adressenausfallrisiken entwickelt worden. Die MaRisk liefern hierzu lediglich den groben Rahmen, ohne den Instituten die Methode zur Messung der Adressenausfallrisiken vorzuschreiben. Die einzelnen Institute haben dann selbständig zu entscheiden, welche Methodik für sie am sinnvollsten ist. Dies hängt selbstverständlich von vielen verschiedenen Faktoren ab. Beispielhaft seien hier die Größe, die strategische Ausrichtung und die Risikoneigung der Institute genannt. Für die Entscheidungsfindung, welche Methode das Institut umsetzt, liefert dieses Kapitel eine Hilfestellung. Ergänzt wird dies durch Checklisten für die Umsetzung und Prüfung der

neuen MaRisk, sowie durch Praxistipps. Hierzu werden die einzelnen Textziffern von BTR 1 beleuchtet.

Die Beherrschung der Adressausfallrisiken ist eines der zentralen Themen für die meisten Institute. Denn diese Risikoart birgt grundsätzlich eine der größten Gefahren für Verluste bei den Instituten. Aus diesem Grund ist dieser Themenkomplex ein wichtiger Bestandteil in den MaRisk und sollte auch in den Risikosteuerungs- und –controllingprozessen der Institute entsprechend berücksichtigt werden. Die Verantwortung in den Instituten obliegt den Vorstand, dies geht unter anderem aus dem § 25 a (1) KWG hervor. 922

Auch die neuen MaRisk liefern keine **Definition der Adressenausfallrisiken**. Dafür hat die Aufsicht diese jedoch in der Solvabilitätsverordnung § 4 als »das Risiko, dass eine natürliche oder juristische Person oder eine Personenhandelsgesellschaft, gegenüber der das Institut einen bedingten oder unbedingten Anspruch hat, nicht oder nicht fristgerecht leistet oder das Institut gegenüber eine Person oder Personenhandelsgesellschaft aufgrund der Nichtleistung eines Dritten zu leisten verpflichtet ist, sowie das finanzielle Risiko des Instituts in Bezug auf Beteiligungen« definiert. Anhand dieser Definition sollten die Institute sich bei der Abgrenzung der Adressenausfallrisiken orientieren. 923

5.2. Berücksichtigung von Adressausfallrisiken in der Risikotragfähigkeit

5.2.1. Erläuterungen

BTR 1 Tz. 1

Das Institut hat durch geeignete Maßnahmen sicherzustellen, dass Adressenausfallrisiken und damit verbundene Risikokonzentrationen unter Berücksichtigung der Risikotragfähigkeit begrenzt werden können.

Die Adressenausfallrisiken sind nach den neuen MaRisk BTR 1 Tz. 1 mit den entsprechenden Konzentrationsrisiken in der Form zu berücksichtigen, dass diese im Einklang mit der Risikotragfähigkeit des Instituts stehen. Dadurch soll sichergestellt werden, dass dem Institut immer genügend Eigenkapital für die Adressenausfallrisiken zur Verfügung steht. Die entsprechende Allokation des Eigenkapitals auf die unterschiedlichen Risikoarten und hier insbesondere auf das Adressenausfallrisiko wird in diesem Abschnitt dargelegt. Eine vom marktunabhängige Stelle z. B. das Risikocontrolling hat im Rahmen der Risi- 924 koträgerschaft die Allokation des Eigenkapitals vorzunehmen und die damit verbundenen Limite zu überwachen. Dies entspricht der Forderung von BTR 1 Tz. 1.

925 **Im Gegensatz zu den alten Anforderungen der MaRisk sind nun die Risikokonzentrationen insbesondere zu beachten.** Für die eingefassten MaRisk war in dem Entwurf der MaRisk für die Risikokonzentrationen eine eigene Risikokategorie geplant. Hiervon wurde durch die intensiven Interventionen der Institute im Rahmen der Konsultation wieder Abstand genommen und die Risikokonzentrationen sind daraufhin in den einzelnen Risikokategorien berücksichtigt worden. Daher sollten die Institute dieser Thematik ein besonderes Augenmerk widmen.

926 Worum es sich bei den Risikokonzentrationen handelt, geht aus den Erläuterungen zu BTR 1 Tz. 1 in Verbindung mit BTR 1 Tz. 6 hervor. Es handelt sich hierbei um Adressen- und Sektorkonzentrationen, regionale Konzentrationen und sonstige Konzentrationen im Kreditgeschäft, die relativ gesehen zum Risikodeckungspotential zu erheblichen Verlusten führen können (z. B. Konzentrationen nach Kreditnehmern, Produkten oder Underlyings strukturierter Produkte, nach Branchen, Verteilungen von Engagements auf Größen- und Risikoklassen, Sicherheiten, gegebenenfalls Länder und sonstige hoch korrelierte Risiken).[299]

5.2.2. Herleitung der Risikotragfähigkeitsrechnung

927 Das Institut hat Vorkehrung zu treffen, wie die Adressenausfallrisiken inklusive der Risikokonzentrationen begrenzt werden können. Zur Begrenzung der Risiken in einem Institut ist als ein wesentliches und von den MaRisk gefordertes Instrument die **Risikotragfähigkeitsrechnung** zu nennen.

928 Die Institute haben für die Erstellung der Risikotragfähigkeitsrechnung und mit der damit verbunden Allokation des Eigenkapitals zunächst ein paar Vorarbeiten zu leisten. Zum einen hat das Institut seine **wesentlichen Risiken** zu identifizieren und zu beurteilen, damit eine Steuerung dieser Risiken möglich ist. Eine Definition zu dem Begriff wesentliche Risiken sind auch in den neuen MaRisk nicht vorhanden, dies ist vielmehr von jedem Institut individuell festzulegen. Hierfür hat das Institut im Rahmen einer regelmäßigen Analyse (z. B. jährlich) alle Risikoarten zu überprüfen, um dann eine Einteilung in wesentliche und nicht-wesentliche Risiken vorzunehmen. Für die wesentli-

299 Vgl. MaRisk, BTR 1 Tz. 1 Erläuterungen zu den Risikokonzentrationen bei Adressenausfallrisiken.

chen Risikoarten gelten nach den MaRisk spezielle Risikosteuerungs- und –controllingprozesse sowie die Berücksichtigung in die institutsindividuelle Risikotragfähigkeitsrechnung.

Zum anderen sollte sich das Institut strategisch überlegen, in welchen Geschäftsbereichen in den nächsten Jahren das Geschäftswachstum stattfinden soll. Danach ist es sinnvoll eine Kosten-Nutzen-Analyse unter Berücksichtigung der wesentlichen Risiken vorzunehmen. Denn neben den Risiken hat das Institut ebenfalls die Kosten für die Bereitstellung des Eigenkapitals zu beachten. Hierbei sollte sich das Institut unter anderem die Frage beantworten, ob es sich lohnt in den jeweiligen Geschäftsbereichen die ermittelten Risiken einzugehen. Wenn das Institut diese Frage im Hinblick auf die Ertrags- und Risikoaspekten beantworten kann, sollte entsprechend das Eigenkapital auf die verschiedenen Geschäftsbereiche verteilt werden. 929

Es ist empfehlenswert, dass nicht das gesamte Eigenkapital auf die Geschäftsbereiche aufgeteilt wird, sondern dass ein gewisser Anteil des Eigenkapitals als Puffer eingeplant wird. Hierzu können mit Gesamtbanklimitsystemen die Risiken der Geschäftsfelder in Abhängigkeit vom verfügbaren Risikodeckungspotential begrenzt werden, so dass das Risikodeckungspotential das Gesamtbankrisikolimit übersteigt. Damit hat die Geschäftsleitung einen Handlungsspielraum bei Veränderungen der Risikolage beziehungsweise der strategischen Geschäftsausrichtung. Des Weiteren hat beispielsweise das Risikocontrolling darauf aufbauend, ein System von Limiten zur Begrenzung von aufgelaufenen Verlusten und potenziell eintretenden unerwarteten Verlusten (Risiken) zu implementieren. Nur innerhalb des vorgegebenen Limitrahmens, der im Rahmen der Risikotragfähigkeitsrechnung festgelegt wird, ist die Übernahme von Risiken zulässig. Die Einhaltung der Limite ist dann täglich zu überwachen und der Geschäftsleitung zu berichten. 930

5.2.3. Verschiedene Betrachtungsweisen der Risikotragfähigkeitsrechnung

Mit der Risikotragfähigkeitsrechnung soll das Institut primär die folgenden Ziele verfolgen: 931

- den Going-Concern-Fall sicherzustellen (GuV-Steuerungskreis),
- für den potentiellen Liquidationsfall die Bedienung der Gläubiger abdecken zu können (ökonomischer Steuerungskreis) und
- über Rahmenbedingungen die aufsichtsrechtlichen Anforderungen mit zu berücksichtigen.

932 D. h. nicht tragbare GuV-Verluste und existenzgefährdende Vermögenswertverluste sollen mit hinreichender Wahrscheinlichkeit vermieden werden.

933 Im GuV Steuerungskreis kann das Institut beispielsweise ein Konfidenzniveau von 95 % und die Haltedauer des Restjahres (maximal 1 Jahr) eingestellt werden. Dies impliziert, dass mit dieser Wahrscheinlichkeit ein Mindestgewinn erreicht, bzw. ein Jahresverlust nicht überschritten wird. Letztendlich wird sichergestellt, dass auch bei ungünstigen Ereignissen der Fortbestand des Instituts nicht gefährdet ist.

934 Im ökonomischen Steuerungskreis steht die strategische Risikosteuerung im Fokus. Darin wird die Risikoneigung der Geschäftsleitung über das eingesetzte Risikokapital und aus Investorensicht die geforderte Eigenkapitalrentabilität gesteuert. Die Institute haben dabei unter anderem festzulegen, in welchem Umfang Adressenausfallrisiken eingegangen werden können. Der ökonomische Steuerungskreis erfasst zur Berechnung der Risiken alle verbarwerteten Zahlungsströme der Zukunft und stellt auch die Grundlage zur Bewertung der Gesamtbank dar. Die Berechnung des ökonomischen Kapitals kann mit den Methoden des neuen Solvabilitätsgrundsatzes bzw. damit konsistenten Value-at-Risk- oder sensitivitätsbasierten Risikoberechnungsmethoden durchgeführt werden.

935 Die Institute haben sich somit im Rahmen ihrer Risikotragfähigkeitsrechnung zu überlegen, wie das zur Verfügung stehende Eigenkapital verteilt werden soll. Dabei sind bei der Aufteilung des Eigenkapitals für die Adressenrisiken die Risikokonzentrationen und die unterschiedlichen Betrachtungsweisen der Risikotragfähigkeitsrechnungen zu berücksichtigen. Die Verfahren zur Messung der Konzentrationsrisiken werden im Abschnitt zur Textziffer 6 dargelegt.

5.2.4. Checkliste

	Fragestellung zur »Begrenzung von Adressenausfallrisiken«	**Erfüllt**
	Wurde geprüft, ob die Maßnahmen für die Begrenzung der Adressenausfallrisiken und damit verbundene Risikokonzentrationen ausreichend sind?	
1.	Sind die Adressenausfallrisiken klar von den anderen Risikokategorien abgrenzt?	

2.	Hat das Institut die Risikokonzentrationen für Ihr Haus definiert und dokumentiert?	
3.	Sind Maßnahmen zur Begrenzung der Adressenausfallrisiken und damit verbundene Risikokonzentrationen getroffen worden?	
4.	Berücksichtigen die getroffenen Maßnahmen die Risikotragfähigkeit entsprechend?	
5.	Sind die wesentlichen Risiken des Instituts definiert und bewertet?	
6.	Hat das Institut unter Berücksichtigung einer Kosten-Nutzen-Analyse die Risiken limitiert und mit Eigenkapital unterlegt?	
7.	Ist den Geschäftsbereichen kommuniziert worden, in welcher Höhe Risiken eingegangen werden dürfen?	
8.	Hat das Institut einen ausreichenden Puffer des Eigenkapitals für eventuelle Risiko- bzw. geschäftspolitische Änderungen im Rahmen der Risikotragfähigkeitsrechnung eingeplant?	
9.	Ist die Risikotragfähigkeit für das Institut ausreichend beschrieben und definiert?	

✓ Praxistipp »Begrenzung von Adressenausfallrisiken«

- Das Institut kann mit geeigneten Maßnahmen wie Kreditpooling, Konsortialgeschäft und Limitierung unter anderem die Adressenausfallrisiken einschränken und somit die Wirtschaftlichkeit des Instituts verbessern.
- Dokumentation aller Risikoarten! Es ist sinnvoll, wenn das Institut alle Risikoarten dokumentiert, auch wenn dies nicht ausdrücklich von den MaRisk gefordert ist. Damit kann für interne und externe Prüfer nachgewiesen werden, dass das Institut sich ganzheitlich um seine Risiken kümmert.
- Zumindest sind alle wesentlichen Risiken in die institutsindividuelle Risikotragfähigkeitsrechnung mit einzubinden, damit die Geschäftsleitung entsprechend steuern kann.

5.3. Kreditnehmerbezogenes Limit

5.3.1. Ziel des kreditnehmerbezogenen Limits

BTR 1 Tz. 2

Ohne kreditnehmerbezogenes Limit (Kreditnehmerlimit, Kreditnehmereinheitenlimit), also einen Kreditbeschluss darf kein Kreditgeschäft abgeschlossen werden.

936 Institute sind nach den MaRisk BTR 1 Tz. 2 verpflichtet bei jedem Kreditgeschäft immer ein kreditnehmerbezogenes Limit einzuräumen, d. h. einen **Kreditbeschluss herbeizuführen**. Die neuen MaRisk unterscheiden sich hier nicht zu den vorherigen Regelungen, die ebenfalls eine enge Verknüpfung zwischen der Votierung (BTO 1.1), der Kreditgewährung (BTO 1.2.1) und dem Kreditbeschluss vorsahen.

937 Mit der Vorgabe, dass ein kreditnehmerbezogenes Limit vorzuliegen hat, verfolgt die Aufsicht primär das Ziel, **Klumpenrisiken einzuschränken**. Dieses Risiko wird zwar ebenfalls mit der Messung der Risikokonzentrationen überwacht, soll aber auch schon bei der Kreditgewährung von den jeweiligen Kompetenzträgern beachtet werden. Es soll damit erreicht werden, dass eine angemessene Streuung in der Kreditvergabe der Institute gewährleistet wird. Diese Regelungen gelten sowohl für den Einzelkreditnehmer als auch für Kreditnehmereinheiten nach § 19.2 KWG.

5.3.2. Einführung von Blankolimiten

938 Damit der Kompetenzträger schon beim Abschluss des Geschäftes eine Orientierung hat, welche Auswirkungen der zur Genehmigung vorliegende Kredit auf das Risiko hat, sollte das Institut so genannte Blankolimite einführen. Auf diese Weise hat das Institut zur **Vermeidung von Einzelkonzentrationen** die Möglichkeit, Blankolimite in Abhängigkeit vom Rating aus der eigenen Kreditportfoliostruktur abzuleiten. Ausgangsbasis für die Ermittlung eines solchen Limits ist der marginale Beitrag eines Neugeschäftes zum unerwarteten Risiko (Risikobeitrag). Neben der Höhe des Kreditobligos spielt auch die Ratingeinstufung des Kreditnehmers bzw. der Kreditnehmereinheit nach § 19.2 KWG eine Rolle. Je schlechter das Rating ist, desto höher ist der Risikobeitrag.

Dieser Beitrag kann mit so genannten Kreditrisikomodellen ermittelt werden, dies ist aber nicht zwingend von den MaRisk gefordert. Anhand der abgeleiteten Blankolimite kann der Kompetenzträger relativ einfach abschätzen, ob das Geschäft eine signifikante Auswirkung auf das Klumpenrisiko des Instituts hat. Die Blankolimite können für unterschiedliche Forderungsklassen der Solvabilitätsverordnung variieren, da diese einen anderen Risikobeitrag liefern. 939

Daneben besteht die Möglichkeit aus Daten der Vergangenheit ein Verhältnis zwischen Kreditvolumen und den Ausfällen zu bilden und eine Abschätzung für das aktuelle Portfolio vorzunehmen. Diese einfache Vorgehensweise ist aber recht ungenau und gibt nur eine grobe Abschätzung wider. 940

Prozessual ist von den Instituten darauf zu achten, dass das Kompetenzsystem mit den abgeleiteten Limiten und Ratings der Kreditnehmer verknüpft ist, so dass der bestehende Zusammenhang zwischen Limitierung, Kreditgewährung und Votierung, wie von den MaRisk gefordert, beachtet wird. Geschäfte, bei denen die Blankolimite überschritten werden, sollten von der Geschäftsleitung genehmigt werden und die Institute sollte sich eine Abbaustrategie für das jeweilige Engagement überlegen. 941

5.3.3. Checkliste

	Fragestellung zu dem »kreditnehmerbezogen Limit«	**Erfüllt**
	Liegen für jeden Kunden ein Kreditbeschluss und damit ein kreditnehmerbezogenes Limit vor?	
1.	Sind in den Prozessen des Instituts geregelt, wie ein Kreditbeschluss zu erstellen ist?	
2.	Ist prozessual sichergestellt, dass für jeden Kreditnehmer bzw. Kreditnehmereinheit nach § 19.2 KWG ein Kreditbeschluss vorliegt?	
3.	Sind die Kreditbeschlüsse des Instituts ordnungsgemäß laut dem gültigen Kompetenzsystem genehmigt worden?	
4.	Hat das Institut Maßnahmen zur Vermeidung von Klumpenrisiken schon bei Abschluss des Kreditvertrages getroffen (z. B. Einführung von Blankolimiten)?	

✓ Praxistipp zu dem »kreditnehmerbezogenen Limit«

- Prozessual ist vom Institut zu regeln, dass immer vor Auszahlung des Kredites ein aktueller Kreditbeschluss für den Kreditnehmer bzw. die Kreditnehmereinheit nach § 19.2 KWG bei Neugeschäft vorliegt. Denn damit können die Institute im Rahmen von Prüfungen das Zustandekommen und die Gültigkeit des Kreditvertrages nachweisen.
- Aus wirtschaftlichem Interesse ist es für die Institute sinnvoll, eine Methode zur Ermittlung und Vermeidung von Klumpenrisiken umzusetzen, z. B. mit Hilfe von Blankolimiten. Denn falls ein Klumpenrisiko schlagend wird, kann dies die Existenz des Instituts gefährden.

5.4. Kontrahentenlimite

5.4.1. Vorliegen eines Kontrahentenlimits

BTR 1 Tz. 3

Handelsgeschäfte dürfen grundsätzlich nur mit Vertragspartnern getätigt werden, für die Kontrahentenlimite eingeräumt wurden. Auf das einzelne Limit sind alle Handelsgeschäfte mit einer bestimmten Gegenpartei anzurechnen. Bei der Ermittlung der Auslastung der Kontrahentenlimite sind Wiedereindeckungsrisiken und Erfüllungsrisiken zu berücksichtigen. Die Positionsverantwortlichen sind über die für sie relevanten Limite und ihre aktuelle Ausnutzung zeitnah zu informieren.

942 Das Institut ist genauso wie beim Kreditgeschäft auch bei Handelsgeschäften grundsätzlich verpflichtet sämtliche Geschäfte mit einem Kontrahenten zusammenzufassen und hierfür ein Limit (Kontrahentenlimit) bereitzustellen. Hat das Institut kein Kontrahentenlimit eingeräumt, darf grundsätzlich auch kein Geschäft mit diesem Kontrahent getätigt werden. Darüber hinaus hat das Institut bei Geschäftsabschluss sicherzustellen, dass bei einem eingeräumten Limit dieses auch eingehalten ist. Dies ist in den MaRisk BTR 1 Tz. 3 geregelt.

943 Mit diesem Limit soll das Kontrahentenrisiko, welches durch die nicht vertragskonforme Erfüllung des Kontrahenten entstehen kann, eingeschränkt werden. Würde ein Kontrahent seinen Vertragsverpflichtungen nicht nachkommen, wäre dies vergleichbar mit einem Kreditausfall. Aus diesem Grund ist von der Marktfolge vor Abschluss des Handelsgeschäfts ein Kontrahentenlimit pro Kontrahent im Rahmen der Votierung einzuräumen.

Die kompetenzgerecht bewilligten Kontrahentenlimite sind durch eine marktunabhängige Stelle in dem entsprechenden Limitsystem des Instituts zu erfassen und zu pflegen. Eine marktunabhängige Stelle sollte auch für die tägliche Überwachung der Kontrahentenlimite verantwortlich sein. Hierbei sind insbesondere das Wiedereindeckungsrisiko und die Erfüllungsrisiken zu berücksichtigen. 944

Das Wiedereindeckungsrisiko besteht darin, dass während der Laufzeit eines derivativen Geschäfts der Kontrahent ausfällt und das Geschäft im Zeitpunkt des Ausfalls einen positiven Marktwert ausweist. Der übrig gebliebene Kontrahent muss das Ersatzgeschäft (Wiedereindeckung) dann am Kapitalmarkt zu ungünstigeren Konditionen abschließen. 945

Das Erfüllungsrisiko(Settlementrisiko) besteht bei Geschäften, bei denen das Institut in Vorleistung gegangen ist, und sich aus späteren Erfüllungen durch den Kontrahenten ein Verlust ergeben kann. Das Erfüllungsrisiko entsteht häufig, wenn der Zeitpunkt des Verpflichtungsgeschäft und des Erfüllungsgeschäfts zeitlich auseinander fallen. 946

5.4.2. Information an den Prozessverantwortlichen

Jedes einzelne abgeschlossene Geschäft mit dem Kontrahenten ist unverzüglich auf dessen gesamtes Handelslimit anzurechnen. Dies entspricht der Vorgehensweise wie bei dem kreditnehmerbezogenen Limiten. Anderenfalls würde der Sinn der Limiteinräumung und der damit eingehenden Überwachung von Limitüberschreitung verfehlt. Das Institut hat somit Prozesse festzulegen, die sicherstellen, dass der Positionsverantwortlich zeitnah über die aktuelle Ausnutzung seines Limits informiert ist. Dies wird im Rahmen der Prozessbeschreibungen für das Handelsgeschäft an anderer Stelle in den MaRisk geregelt.[300] 947

Bei Überziehungen des Limits ist dann der Positionsverantwortliche taggleich zu informieren und dieser hat dann einen Eskalationsprozess anzustoßen. In diesen Fällen sollte eine risikoorientierte Sichtweise beachtet werden. Das bedeutet, dass je höher das Risiko für das Institut ist, desto höher sollte die Kompetenzstufe zur Bewilligung der Überziehung sein. Die wesentlichen Einflussfaktoren auf den Risikogehalt für das Institut sind zum einen die Bonität des Kontrahenten und zum anderen die Höhe des Überziehungsbetrags. Da diese Einflussfaktoren unterschiedlich von den Instituten bewertet wer- 948

300 Vgl. MaRisk, BTO 2.2 Anforderungen an die Prozesse im Handelsgeschäft.

den, ist der Eskalationsprozess institutsindividuell festzulegen, der aber beide Komponenten enthalten sollte.

5.4.3. Ausnahmen bei Einräumung der Kontrahentenlimite

949 Die Aufsicht lässt bei der Einräumung von Kontrahentenlimten Ausnahmen zu, die in den Erläuterungen zu BTR 1 Tz. 3 festgehalten sind. Hiervon ausgenommen sind Börsengeschäfte sowie Kassageschäfte, bei denen der Gegenwert angeschafft wurde beziehungsweise Zug um Zug anzuschaffen ist oder bei denen entsprechende Deckung besteht.[301]

950 Die Gründe für den Verzicht auf die Kontrahentenlimiten können zum einen durch entsprechende Deckung erfolgen, welche das Kursänderungsrisiko abdeckt und eine nachträgliche Erfüllung z. B. in Form von Wiedereindeckung ermöglicht. Zum anderen werden bei Geschäften über eine Börse von dieser Sicherheitsleistungen von den Handelsteilnehmern verlangt. Durch diese Maßnahmen ist im Grunde sichergestellt, dass der Kontrahent nicht ausfallen kann und deshalb wird in diesen Fällen auf die Einräumung eines Kontrahentenlimits verzichtet.

	Fragestellung zu den »Kontrahentenlimiten«	**Erfüllt**
	Liegt bei Abschluss eines Handelsgeschäftes für alle Kontrahenten ein Kontrahentenlimit vor?	
1.	Ist prozessual sichergestellt, dass nur Geschäfte getätigt werden können, wenn ein Kontrahentenlimit vorhanden ist?	
2.	Wird die Einhaltung der Kontrahentenlimite von einer marktunabhängigen Stelle überwacht?	
3.	Werden die Positionsverantwortlichen zeitnah über die Ausnutzung für sie relevanten Limite informiert?	
4.	Gibt es einen risiko-orientierten Prozess, der die Eskalation bei Limitüberschreitungen beschreibt?	

301 Vgl. MaRisk, BTR 1 Tz. 3 Erläuterungen zu den Kontrahentenlimiten.

5.	Werden in dem System zur Überwachung der Limite die Wiedereindeckungsrisiken und die Erfüllungsrisiken berücksichtigt?	
6.	Falls das Institut die nach den MaRisk zulässigen Ausnahmen in Anspruch nimmt, sind diese dann in den internen Anweisungen ausreichend beschrieben?	

✓ **Praxistipp zu den »Kontrahentenlimiten«**

- Durch die unverzügliche Information der Prozessverantwortlichen bei Überschreitung der Kontrahentenlimite kann zeitnah der Eskalationsprozess angestoßen werden. Je schneller das Institut einen Eskalationsprozess einleite, desto schneller kann das Engagement wieder geordnet werden. Aufgrund des schnellen Eingreifens verringert das Institut das Risiko einen möglichen wirtschaftlichen Schaden zu erleiden.

5.5. Emittentenlimite

5.5.1. Einrichten von Emittentenlimiten

BTR 1 Tz. 4

Darüber hinaus sind bei Handelsgeschäften grundsätzlich auch Emittentenlimite einzurichten.

Soweit im Bereich Handel für Emittenten noch keine Limitierungen vorliegen, können auf der Grundlage klarer Vorgaben Emittentenlimite kurzfristig zu Zwecken des Handels eingeräumt werden, ohne dass vorab der jeweils unter Risikogesichtspunkten festgelegte Bearbeitungsprozess vollständig durchlaufen werden muss.

Der jeweils festgelegte Bearbeitungsprozess ist spätestens nach drei Monaten durchzuführen. Die maßgeblichen Vorgaben müssen Risikogesichtspunkten Rechnung tragen. Sie müssen mit den in den Strategien niedergelegten Zielen im Einklang stehen.

Nachdem in den beiden vorigen Abschnitten die Regelungen zu den Kredit- 951
nehmer- und Kontrahentenlimiten dargestellt wurden, wird nachfolgend auf das Emittentenlimit eingegangen. Der Emittent von Wertpapieren ist entweder eine juristische Person des Privat- oder des öffentlichen Rechts, die durch die Ausgabe von Wertpapieren Liquidität generiert. Falls die Institute derartige

Handelsgeschäfte tätigen möchten, sind verpflichtet, sehr kurzfristig Entscheidungen treffen zu können. Dies ist durch einen **vereinfachten Bearbeitungsprozess** möglich (z. B. durch Einrichtung eines Vorlaufkontigents). Die Bonität des Emittenten ist unabhängig davon entsprechend zu berücksichtigen.[302]

952 **Das Emittentenrisiko** bezeichnet das Risiko, das aus dem Ausfall bzw. durch eine Verschlechterung der Bonität des Schuldners ein Verlust aus einem Finanzgeschäft entsteht.

953 Ein Emittentenlimit hat das Institut grundsätzlich bei Handelsgeschäften einzurichten. Dies geht aus den MaRisk BTR 1 Tz. 4 Satz 1 hervor.

954 Das Institut hat in angemessener Weise einen Prozess zu definieren, der in Abhängigkeit von dem Risikogehalt der Handelsgeschäfte abhängen kann. Das bedeutet, dass die Institute für nicht-risikorelevantes Geschäft schlankere Kreditprozesse implementieren können als für risikorelevantes Geschäft. Folgende Handelsgeschäfte mit sehr guter Bonität könnten beispielsweise unter nicht-risikorelevantes Geschäft fallen:

- Staatsanleihen
- Geldmarktinstrumente

955 Geschäfte, die als risikorelevant einzustufen sind, sollten umfangreicheren Kreditprozessen unterliegen. **Folglich steigt mit dem Risikogehalt der Geschäfte der Anspruch an die Komplexität der Kreditprozesse.** Die Institute können neben dem Risikogehalt der Geschäfte ebenfalls das Volumen der Geschäfte berücksichtigen. Bei geringen Volumina kann ein schlankerer Kreditprozess umgesetzt werden. Die Ausgestaltung der Kreditprozesse hängt somit von der Größe des Instituts, dem Risikogehalt des eingegangenen Geschäfts und dem Umfang des Geschäfts ab. Die Institute haben institutsindividuell klare Regelungen zu erstellen und diese für einen unabhängigen Dritten nachvollziehbar zu dokumentieren.

5.5.2. Vereinfachter Bearbeitungsprozess

956 Damit die Institute schnell reagieren können, ist es möglich von dem festgelegten Bearbeitungsprozess abzuweichen. Innerhalb von drei Monaten ist aber grundsätzlich der »reguläre« Bearbeitungsprozess durchzuführen. Für die Abweichung von dem festgelegten Bearbeitungsprozess hat die Geschäftslei-

302 Vgl. *Hannemann, R., Schneider, A., Hanenberg, L.,* Mindestanforderungen an das Risikomanagement (MaRisk), Eine einführende Kommentierung, 2. Auflage; S 540.

tung Kriterien festzulegen, die eine kurzfristige Einräumung von Emittentenlimiten regelt, wie z. B.:

- Einhaltung eines Rating Cut-Offs bei internen oder externen Ratingeinstufungen
- Festlegung auf bestimmte Assetklassen
- Festsetzung eines maximalen Nominalvolumens
- Einführung von Blankolimiten in Abhängigkeit vom Kundenrating
- Einschränkung auf bestimmte Länder bzw. Emittenten.

Die dargestellten Kriterien sollen dem Leser eine Orientierung liefern und es 957
bedeutet nicht, dass alle Kriterien gleichzeitig erfüllt sein müssen. Ebenfalls handelt es sich hierbei nicht um eine abschließende Aufzählung. Vielmehr können die Institute weitere Kriterien festlegen. Zu beachten ist, dass die Kriterien in den internen Anweisungen ordnungsgemäß festgehalten werden und somit für jeden nachvollziehbar sind.

5.5.3. Liquide Kreditprodukte

Für **Geschäfte mit liquiden Kreditprodukten auf einem Sekundärmarkt** 958
sind ebenfalls Kontrahenten- und Emittentenlimite einzuräumen, dies geht aus den Erläuterungen zu den liquiden Kreditprodukten hervor. Dabei können die genannten Vereinfachungen bezüglich des Standardkreditprozesses auch angewendet werden.[303] Folglich ist es für den Handelsbereich möglich innerhalb der drei Monate eigenständig tätig zu sein. Die internen Anweisungen für den Handelsbereich sind selbstverständlich einzuhalten.

Die Erläuterungen zu den liquiden Kreditprodukten sind aufgrund von Dis- 959
kussionen im MaK-Fachgremiums[304] schon seit dem Jahr 2003 mit aufgenommen worden. Zum damaligen Zeitpunkt unterlagen die liquiden Kreditprodukte sowohl den MaH also auch den MaK-Anwendungsbereich. Bei Umsetzung der MaRisk hat die Aufsicht diese Erläuterungen beibehalten, damit die Institute weiterhin für derartige Produkte die Vereinfachungen nutzen können und der Handelsbereich zeitnah Transaktionen durchführen kann.

303 Vgl. MaRisk, BTR 1 Tz. 4 Erläuterungen zu den liquide Kreditprodukte (z. B. »Loan Trading«).

304 Vgl. Protokoll der ersten Sitzung des MaK-Fachgremiums, 14. Mai 2003.

5.5.4. Verzicht auf Emittentenlimite

960 Die Kursrisiken werden in der Regel bei den Instituten im Rahmen der Limitierung der Marktpreisrisiken berücksichtigt. In diesem Fall können die Institute auf eine zusätzliche Limitierung der Adressenausfallrisiken des Emittenten verzichtet werden, soweit den spezifischem Risiko des Emittenten im Rahmen der Limitierung der Marktpreisrisiken auf der Basis geeigneter Verfahren angemessen Rechnung getragen wird. Risikokonzentrationen sind dabei angemessen zu berücksichtigen.[305]

961 Diese Erläuterung gilt insbesondere für Aktien und Aktienfonds, für die in der Regel keine Emittentenlimite einzurichten sind. Diese Positionen werden im Rahmen des Marktpreiscontrollings – siehe hierzu BTR 2 Marktpreisrisiken – überwacht. Aus diesem Grund wird deshalb hier nicht weiter darauf eingegangen.

	Fragestellung zu den »Emittentenlimiten«	**Erfüllt**
	Hat das Institut klare Regelungen für die Einrichtung von Emittentenlimiten in ihrem internen Anweisungswesen veröffentlicht?	
1.	Ist der Standardprozess für die Einräumung von Emittentenlimiten in den Prozessbeschreibungen des Instituts festgehalten?	
2.	Gibt es eine klare Abgrenzung zwischen risikorelevanten und nicht-risikorelevanten Geschäften?	
3.	Hat die Geschäftsleitung die Kriterien für den vereinfachten Kreditprozess genehmigt?	

305 Vgl. MaRisk, BTR 1 Tz. 4 Erläuterungen zu der Berücksichtigung der besonderen Kursrisiken eines Emittenten.

✓ **Praxistipp zu den »Emittentenlimiten«**

- Die Institute sollten aus prozessualer und wirtschaftlicher Sicht die Vereinfachungsregelungen im Bezug auf die Emittentenlimite z. B. vereinfachter Bearbeitungsprozess in den Prozessen entsprechend umsetzen und dokumentieren.
- Dabei sollte auch eine Abgrenzung zwischen risikorelevantem und nicht-risikorelevantem Geschäft erfolgen. Denn je höher der Risikogehalt der Geschäfte ist, desto umfangreicher sollten die Kreditprozesse sein. Eine Umsetzung macht nicht nur aus aufsichtlicher Sichtweise Sinn, sondern die Institute können Ihre Risiken viel bessern dadurch steuern.

5.6. Limitüberwachung

5.6.1. Anrechnung von Kreditgeschäften auf Limite

BTR 1 Tz. 5

Die Geschäfte sind unverzüglich auf die kreditnehmerbezogenen Limite anzurechnen.

Die Einhaltung der Limite ist zu überwachen. Limitüberschreitungen und die deswegen gegebenenfalls getroffenen Maßnahmen sind festzuhalten.

Ab einer unter Risikogesichtspunkten festgelegten Höhe sind Überschreitungen von Kontrahenten- und Emittentenlimiten den zuständigen Geschäftsleitern täglich anzuzeigen.

Dass Geschäfte nicht ohne eine kreditnehmerbezogenes Limite abgeschlossen 962
werden dürfen, ist in BTR 1 Tz. 2 geregelt. In BTR 1 Tz. 5 ist nun mehr festgelegt, dass diese Geschäfte unverzüglich auf die Limite anzurechnen sind. Dabei lassen die MaRisk bewusst offen, was unter unverzüglich gemeint ist. Jedes Institut hat hier einen gewissen Spielraum. Es kann aber davon ausgegangen werden, dass für die Reichweite und Intensität einer bankenaufsichtlichen unverzüglichen Anrechnung der Limite die Art und der Umfang der Geschäftstätigkeit eines Instituts maßgeblich ist. Die Institute sollten deshalb klar definieren und in den Prozessen festhalten, was sie unter dem Begriff unverzüglich verstehen, damit dieser einer Prüfung standhält. Damit ein Institut überhaupt ein Limit überwachen kann, muss das gültige Limit in den Systemen eingepflegt sein. In der Literatur wird aus diesem Grund unter unver-

züglich verstanden, wenn das Institut das Limit »ohne schuldhaftes Zögern« in das bankinterne Limitsystem einpflegt wird.[306]

5.6.2. Überwachung der Limite

963 Sobald der Kredit ausgezahlt ist, hat das Institut eine Überwachung des Limits mit der tatsächlichen Inanspruchnahme des Kredits vorzunehmen. Eine tägliche Überwachung schreiben die MaRisk nicht explizit vor. Dennoch muss sich jedes Institut die Frage beantworten: Wie kann sichergestellt werden, dass die kreditnehmerbezogenen Limite regelmäßig überwacht werden und dass bei Limitüberschreitungen unmittelbar ein Eskalationsprozess in die Wege geleitet wird?

964 Oft werden von den Instituten täglich Überziehungslisten bearbeitet, anhand derer die Limiteinhaltung überwacht werden kann. Darüber hinaus werden die meisten Institute noch andere Limite haben, die ebenfalls regelmäßig zu überwachen sind. Dies könnte beispielsweise ein Blankolimit im Zusammenhang mit der Ratingeinstufung sein.

965 Nach den MaRisk BTR 1 Nr. 5 besteht eine Informationspflicht für Überschreitungen von Kontrahenten- und Emittentenlimite an den zuständigen Geschäftsleiter. Hierfür hat das Institut Überschreitungen eines Gesamtlimits ab einem – von dem Institut festzulegenden – bestimmten Betrag zu melden. Diese Überziehungen sind dann intern meldepflichtig und sollten sowohl dem zuständigen Geschäftsleiter als auch der limitverantwortlichen Stelle taggleich gemeldet werden.

966 Darüber kann ein Institut weitere Parameter festlegen, wann die Geschäftsleitung und gegebenenfalls die limitverantwortliche Stelle informiert werden sollen. Beispielsweise bei Überschreitungen von Limiten:

- ab einem bestimmten Tag (z. B. 60 oder 90 Tage) – unabhängig vom Prozentsatz der Limitüberschreitung.
- ab einem bestimmten Prozentsatz (z. B. 10 % oder 20 %), aber mindestens in Höhe von einem bestimmten Betrag (institutsindividuell festzulegen), die nicht innerhalb von einer bestimmten Zeit (z. B. 5 oder 10 Arbeitstagen) durch die limitverantwortlichen Stelle beseitigt wurde.

306 Vgl. *Hannemann, R., Schneider, A., Hanenberg, L.,* Mindestanforderungen an das Risikomanagement (MaRisk), Eine einführende Kommentierung, 2. Auflage; S 543.

5.6.3. Ausnahmen bei der Limitüberschreitung

Ein Institut kann unter bestimmten Voraussetzungen von einer Aufnahme in die MaRisk-Berichtserstattung an die Geschäftsleitung absehen. Dies ist z. B. der Fall: 967

- wenn eine schriftliche Dokumentation, die für einen sachkundigen Dritten in einem angemessenen Zeitraum zweifelsfrei nachvollziehbar ist, existiert, aus der der Sachverhalt, der zur Nichtberücksichtigung der Überziehung führt, eindeutig hervorgeht (z. B. Buchungsfehler, Valuta),[307]
- bei Börsengeschäften und Kassageschäften,
  - bei denen der Gegenwert angeschafft wurde,
  - bei denen entsprechende (Bar-)Deckung besteht oder
  - die Zug um Zug abgewickelt werden.

	Fragestellung zur »Überwachung von Limiten«	Erfüllt
	Ist sichergestellt, dass alle Limite in das Limitsystem des Instituts eingepflegt werden und damit von einer marktunabhängigen Stelle überwacht werden können?	
1.	Werden alle Limite regelmäßig von einer marktunabhängigen Stelle überwacht?	
2.	Hat das Institut den Begriff unverzüglich definiert?	
3.	Gibt es bei Überschreitungen des Limits einen Eskalationsprozess?	
4.	Werden von dem Institut neben dem kreditnehmerbezogenen Limit noch andere Limite überwacht?	
5.	Gibt es einen Prozess, der ab einer bestimmten Größenordnung und unter Berücksichtigung von den Risiken die zuständigen Geschäftsleiter über Limitüberziehungen informiert?	

307 Nachweis z. B. mit eindeutigen Buchungsbelegen, aus denen die Transaktion, deren Risikogehalt, deren Risikoträger und der »Sachverhalt, der zur Nichtberücksichtigung führt« eindeutig hervorgehen.

6.	Hat das Institut noch weitere Parameter für die interne Informationspflicht festgelegt, die über die eigentliche Limitüberschreitung hinausgehen?	
7.	Lässt das Institut Ausnahme bei der Limitüberwachung zu, die in den internen Anweisungen ordnungsgemäß dokumentiert sind?	

✓ Praxistipp bei der »Überwachung von Limiten«

- Zur Limitüberwachung sollte eine marktunabhängige Stelle nicht ausschließlich Überziehungslisten bereitstellen und die Limitüberschreitungen kontrollieren. Vielmehr ist es sinnvoll den Positionsverantwortlichen auch Listen bereitzustellen bevor es zur Überschreitung kommen kann wie z. B. zur Limitauslastung oder vor Ablauf eines Limits. Dadurch hat der Positionsverantwortlich die Möglichkeit präventiv vorzugehen und Limitüberschreitungen schon im Vorwege zu umgehen.

5.7. Risikokonzentrationen

5.7.1. Identifizierung von Risikokonzentrationen

BTR 1 Tz. 6

Risikokonzentrationen sind zu identifizieren. Gegebenenfalls vorhandene Abhängigkeiten sind dabei zu berücksichtigen. Bei der Beurteilung der Risikokonzentrationen ist auf qualitative und, soweit möglich, auf quantitative Verfahren abzustellen. Risikokonzentrationen sind mit Hilfe geeigneter Verfahren zu steuern und zu überwachen (z. B. Limite, Ampelsysteme oder auf Basis anderer Vorkehrungen).

968 Im Rahmen der Novellierung der MaRisk im Jahre 2009 wurde die Thematik zu den Risikokonzentrationen unter systematischen Gesichtspunkten in die Anforderungen des Moduls BTR 5 und in den allgemeinen Teil überführt. Bei der Novellierung im Jahre 2010 wurden die Anforderungen an die Risikokonzentrationen in dem allgemeinen Teil der MaRisk konkretisiert. Für die in diesem Kapitel betrachteten BTR 1 Adressenausfallrisiken sind keine Änderungen in den Textziffern vorgenommen worden. Die Bundesbank hat sich mit diesem Thema schon in ihrem Monatsbericht vom Juni 2006[308] beschäf-

308 Vgl. *Deutsche Bundesbank*, Monatsbericht, Juni 2006, S. 35 ff.

tigt. Die Textziffer 6 ist in den MaRisk des Jahres 2009 überarbeitet worden und das Thema der Risikokonzentration ist damit stärker in den Vordergrund gerückt.

Bei Risikokonzentration »handelt es sich um Adressen- und Sektorkonzentrationen, regionale Konzentrationen und sonstige Konzentrationen, die relativ gesehen zum Risikodeckungspotential zu erheblichen Verlusten führen können…«[309] Der BaFin geht es besonders darum, dass sich die Institute mit den Risikokonzentrationen beschäftigen und sich intensiv mit ihren »Klumpen« auseinandersetzen.[310] Die Institute werden somit aufgefordert sich Gedanken zu machen, wie sie mit den Risikokonzentrationen umgehen und wie diese gemessen werden können. Zur Überwachung und Steuerung der Risikokonzentration können unterschiedliche Verfahren zum Einsatz kommen. 969

5.7.2. Arten von Risikokonzentrationen

Es gibt zu den Methoden und zu der Definition von Risikokonzentrationen von Seiten der Aufsicht keine konkreten Aussagen. Vielmehr hat jedes Institut für sich selbst zu entscheiden, welche Arten von Risikokonzentrationen es zu überwachen. Abhängig von der Abgrenzung des Portfolios können unter anderem folgende Risikokonzentrationen vorkommen: 970

- Branchen- bzw. firmenspezifische Konzentrationen
- Geographische Konzentrationen z. B. in Ländern oder Regionen
- Kreditnehmer mit gleicher Laufzeitstruktur oder Besicherung
- Großer regionaler Arbeitergeber

Die Bildung von regionalen Konzentrationen kann über interne Regelung entgegengewirkt werden, in dem Kreditgeschäft außerhalb bestimmter Regionen nur sehr selektiv zulässig ist. Für Institute die gemäß Ihrer Geschäftspolitik unter ein Regionalprinzip fallen (z. B. Volksbanken und Sparkassen) oder ein spezialisiertes Institut sind, handelt es sich deshalb per se nicht um eine wesentliche einzustufende Risikokonzentration. Denn deren Risikokonzentrationen sind bewusst eingegangen worden und somit unterliegen diese Institute keiner »Zwangsdiversifizierung«. 971

309 Vgl. Konsultation 3/2009: 2. Entwurf der MaRisk in der Fassung vom 24.06.2009, S. 44.

310 Vgl. Brief zur Konsultation 3/2009: 2. Entwurf der MaRisk in der Fassung vom 24.06.2009, S. 2.

972 Darüber hinaus sollten auch auf vorhandene Abhängigkeiten geachtet werden die z. B. in Form von wirtschaftlichen Verflechtungen bzw. juristische Abhängigkeiten zwischen Unternehmen vorliegen.[311]

5.7.3. Methoden zur Beurteilung von Risikokonzentrationen

973 Zur Beurteilung und Identifikation der Risikokonzentrationen haben die Institute qualitative und falls möglich quantitative Methoden zu verwenden. Es kann mit Sicherheit davon ausgegangen werden, dass für die Messung der Risikokonzentrationen, Art und Umfang der Geschäftstätigkeit eines Instituts und damit die Komplexität der verwendeten Methoden und – natürlich – die Größe eines Instituts maßgeblich ist. Dies entbindet andererseits dennoch kein einziges Institut von der Pflicht, die Methodik und die tatsächliche Anwendung der Verfahren zur Berechnung der Risikokonzentrationen laufend zu überwachen. Es werden hier beispielhaft drei Methoden zur Messung von Konzentrationsrisiken dargestellt:

Kreditportfoliomodell

974 Mit Hilfe eines Kreditportfoliomodells ist die Messung von Konzentrationsrisiken möglich.

975 Im Rahmen von Monte-Carlo-Simulationen werden Ausfallereignisse erzeugt und das Kreditportfolio entsprechend bewertet. Die resultierende Verlustverteilung zeigt dabei die für Kreditausfälle (im Gegensatz zur Normalverteilung) typische Schiefe mit den Fat tails an. Genau in diesen Fat tails zeigen sich die seltenen, aber für das Portfolio bedeutenden Ausfälle großer Adressen wider. Das Verhältnis des unerwarteten Risikos zum erwarteten Risiko ist ein Gradmesser für Größenkonzentrationen (Portfoliokennzahl q). In einem optimal diversifizierten Portfolio, in dem Größenkonzentrationen keine Rolle spielen ergeben sich demnach q-Werte von nahe 1. Je stärker der Ausfall einzelner Adressen die gesamte Verlustverteilung beeinflusse, desto höher sind das unerwartete Risiko im Vergleich zum erwarteten Risiko und damit der q-Wert.

Granularitätsanpassung

976 Das Kreditrisikomodell, das dem Internen Ratingbasierten (IRB) Ansatz von Basel II unterliegt, berücksichtigt die Adressenkonzentration nicht. Es wird vielmehr sogar angenommen, dass das Portfolio einer Bank perfekt granular ist, in dem Sinne, dass jeder einzelne Kredit nur einen sehr kleinen Anteil am

311 Vgl. MaRisk, BTR 1 Tz. 6 Erläuterungen zu den Abhängigkeiten.

Gesamtportfolio beiträgt. Reale Kreditportfolios der Banken sind selbstverständlich nicht perfekt granular.

Im ersten Entwurf von Basel II wurde dem Umstand der Granularität von Kreditportfolien im Rahmen der Säule 1 durch eine Granularitätsanpassung Rechnung getragen.[312] Aufgrund der hohen technischen Umsetzungsaufwände findet sich dieser Ansatz jedoch nicht mehr im finalen Basel II-Dokument wieder. Dennoch kann das Konzept – in weiterentwickelter Form genutzt werden, um den zusätzlichen EK-Bedarf, der sich auf Grund von Granularität ergibt, zu berechnen. 977

Eine detaillierte Beschreibung des Ansatzes findet sich in Gordy/Lütkebohmert.[313] In diesem Ansatz wird auch die Möglichkeit geboten, den EK-Mehrbedarf abzuschätzen, indem auf Basis der größten Einzelkreditnehmer eine konservative Obergrenze ermittelt wird. Dies ist für Banken sinnvoll, die nicht auf Einzelkundenebene alle relevanten Informationen in auswertbarer Form vorliegen haben. 978

Konzentrationsmaße

Ein dritter Ansatz zur Beurteilung der Konzentrationsrisiken sind Konzentrationsmaße. Diese sind eine einfache Möglichkeit schnell Adressenrisikokonzentrationen zu messen, da die Konzentration in einer Zahl dargestellt wird. Je höher der Konzentrationsindex (Zahl) des Portfolios ausfällt, desto größer ist die Adressenrisikokonzentration. 979

Nachfolgend wird beispielhaft der Herfindahl-Hirschman-Index als ein Konzentrationsmaß zur Beurteilung von Konzentrationsrisiken vorgestellt. Dabei handelt es sich beim Herfindahl-Hirschman-Index um einen einfachen »modellfreien« Ansatz zur Quantifizierung des nicht diversifizierten firmenspezifischen Risikos. Dieser Index ist definiert als die Summe der Quadrate der relativen Portfolioanteile a_i über alle Sektoren N: 980

$$H := \frac{\sum_{i=1}^{N} a_i^2}{\left(\sum_{i=1}^{N} a_i\right)^2} = \sum_{i=1}^{N} \left(\frac{a_i}{N \cdot \overline{a}}\right)^2$$

Gut diversifizierte Portfolios mit sehr vielen, sehr kleinen Sektoren weisen einen Herfindahl-Hirschman-Index nahe null auf, während stark konzentrierte 981

312 Vgl. *Basel Committee on Banking Supervision*, »The New Basel Capital Accord«, 2001, S. 84–86.

313 Vgl. *Gordy/Lütkebohmert*, Granularity adjustment for Basel II, Discussion Paper, Series 2 No. 01/2007, Deutsche Bundesbank.

Portfolios deutlich höhere Herfindahl-Hirschman-Index-Werte erreichen können. Im Extremfall mit einem einzigen Sektor nimmt der Herfindahl-Hirschman-Index den Wert eins an. Bei einem Wert kleiner 10 % geht man von einer geringen und bei größer 18 % bereits von einer hohen Konzentration aus.

982 Die dargestellten Methoden sind Möglichkeiten, um Konzentrationsrisiken zu messen. Die Ergebnisse aus der Messung der Risikokonzentrationen sollten der Geschäftsleitung regelmäßig (z. B. vierteljährlich) zur Information vorgelegt werden. Soweit sich aus den Ergebnissen Handlungsbedarf abzeichnet, sind diese zeitnah umzusetzen.

	Fragestellung zu den »Risikokonzentrationen«	**Erfüllt**
	Werden die Risikokonzentrationen von dem Institut identifiziert und beurteilt?	
1.	Hat das Institut festgelegt, welche Arten von Risikokonzentrationen es überwacht und ist dies ausreichend begründet?	
2.	Hat das Institut qualitative und falls möglich quantitative Methoden zur Messung von Risikokonzentration im Hinblick auf die Adressenausfallrisiken implementiert?	
3.	Ist die Geschäftsleitung regelmäßig über die Risikokonzentrationen informiert?	
4.	Gibt es einen Prozess, der regelt, wie mit Konzentrationsrisiken umzugehen ist?	

✓ Praxistipp zu den »Risikokonzentrationen«

- Die Aufsicht hat die Institute verpflichtet, die Risikokonzentrationen für alle Risikoarten und risikoartenübergreifend zu überwachen und zu messen. Denn im Rahmen der Finanzkrise wurde deutlich, dass Risikokonzentrationen für die Institute existenzgefährden sein können. Aus diesem Grund sind Methoden in Abhängigkeit von der Geschäftspolitik und -strategie des Instituts umzusetzen.

5.8. Erlösquotensammlung

In den aktuellen MaRisk vom 27. Oktober 2017 ist die Textziffer 7 zu dem Thema Erlösquotensammlung neu aufgenommen worden. 983

BTR Tz. 7

Das Institut hat eine angemessene Erfassung der Erlöse aus der Abwicklung von Kreditengagements sowie der zugehörigen historischen Werte der Kreditsicherheiten in einer Erlösquotensammlung zu gewährleisten.

Die Erkenntnisse aus der Erlösquotensammlung sind bei der Steuerung der Adressenausfallrisiken angemessen zu berücksichtigen.

Die Institute haben einen Prozess zur Erfassung der Erlöse aus der Abwick- 984
lung von Kreditengagements zu implementieren. Dabei ermitteln Institute, die im Rahmen des IRBA bereits die LGD berechnen, die Erlöse aus der Abwicklung von Kreditengagements schon. Die übrigen Institute sind angehalten, einen entsprechenden Prozess zur Sammlung der Erlöse umzusetzen. Insbesondere für kleinere Institute stellt die Sammlung der Daten eine organisatorische und datentechnische Herausforderung dar. Auch die Erkenntnisse aus der Erlösquotensammlung und den historischen Werten der Kreditsicherheiten für die Steuerung der Adressenausfallrisiken zu verwenden, sind bei kleinen Instituten mit wenigen Datenpunkten fraglich. Vor diesem Hintergrund ist es wichtig, dass das Proportionalitätsprinzip von den Instituten entsprechend zu berücksichtigen ist.

Eine weitere Herausforderung für die Institute wird der Aufbau der histori- 985
schen Werte der Kreditsicherheiten sein, sofern dies nicht schon heute von den Instituten erhoben wird. Hierbei ist zu berücksichtigen, dass hauseigene Erlösquoten und keine externen (z. B. Pooldaten) verwendet werden dürfen. Die MaRisk treffen in diesem Fall keine Aussage, wie weit zurück in die Vergangenheit die Institute für die historischen Werte der Kreditsicherheit zu gehen haben.

	Fragestellung zur »Erlösquotensammlung«	Erfüllt
	Ist ein Prozess zur vollständigen Erfassung der Erlöse aus der Abwicklung implementiert?	
1.	Hat die Bank eine Methodik zur Ermittlung der Erlösquoten umgesetzt?	
2.	Ist sichergestellt, dass alle Daten einheitlich erhoben werden?	
3.	Gibt es ein Verfahren zur Ermittlung der historischen Werte der Kreditsicherheiten?	
4.	Werden die Erkenntnisse der Erlösquoten in die Steuerung der Adressenausfallrisiken angemessen berücksichtigt?	

✓ Praxistipp zum »Erlösquotensammlung«

- IRBA-Institute sollten sich bei der Ermittlung der Erlösquoten an den Prozess der LGD-Ermittlung orientieren.
- Für die Einbindung der Erlösquoten in die Steuerung der Adressenausfallrisiken sollten die Banken darauf achten, dass die statistische Grundgesamtheit der Erlösquoten ausreichend ist.

5.9. Fazit

986 In dem dargestellten Modul BTR 1 Adressenausfallrisiken der überarbeiteten MaRisk vom 27. Oktober 2017 sind die Änderungen im Vergleich zu den vorherigen Regelungen nicht so umfangreich. Lediglich die Textziffer 7 zu den Erlösquoten wurde neu aufgenommen und die alte Textziffer 7 zu dem Thema Risikobericht in den Abschnitt BT 3.2 verschoben.

987 Die Prozesse zur Erfassung der Erlöse aus der Abwicklung von Kreditengagements und den zugehörigen historischen Werten der Kreditsicherheiten sind von den Instituten unter Wahrung des Proportionalitätsprinzips umzusetzen. Des Weiteren ist die Einbindung der Erlösquoten in die Steuerung der Adressenausfallrisiken methodisch zu implementieren. Dies stellt insbesondere kleinere Institute vor organisatorische und datentechnische Herausforderungen.

6. BTR 2 Marktpreisrisiken

6.1. Einleitung

Nicht zuletzt die Geschehnisse und Beobachtungen im Verlaufe der Finanzmarktkrise führten dazu, dass die Regulatoren die Anforderungen auch für das Risikomanagement bei Marktpreisrisiken modifizierten und weiter erhöhten. Gerade die Verknüpfung der Risikomessung und Bewertung mit der Verfügbarkeit und Qualität der hierfür benötigten Marktdaten wurde als ein wesentlicher Baustein eines angemessenen Marktpreisrisikocontrollings bzw. -managements identifiziert. Diese Erfahrungen reflektieren die Anforderungen der MaRisk an Marktpreisrisiken bis in die vorliegende Novelle. 988

In den vorangegangenen Novellen wurden insbesondere auch Empfehlungen des CEBS betücksichtigt (CP 31, CP 32, CP 35 und CP 36) sowie insgesamt die Bedeutung von Stresstests deutlicher betont. Die vierte Novellierung 2012 hat zu keinen wesentlichen Änderungen im Abschnitt BTR 2 geführt. 989

Die fünfte MaRisk-Novelle 2017 führt zu einer Einbeziehung der Anforderungen aus BCBS 239, was mit Blick auf die Anforderungen an Marktpreisrisiken im Wesentlichen zu textuellen Verschiebungen führt. Darüber hinaus werden bzgl. der Marktpreisrisiken zwei Präzisierungen artikuliert, welche zum einen die Steuerungsperspektiven im Anlagebuch und zum anderen weitergehende Zinsänderungsrisiken betreffen. 990

Unabhängig von der Finanzmarktkrise behalten die bereits seit der Einführung der MaH (Mindestanforderungen an das Betreiben von Handelsgeschäften) etablierten und in der MaRisk fortgeführten Anforderungen an das Management von Marktpreisrisiken weitgehende Gültigkeit und Aktualität. Diesen widmet sich das vorliegende Kapitel. 991

6.2. Aufbau und Gegenstand der Anforderungen des Abschnittes BTR 2

Die besonderen Anforderungen an das Risikocontrolling und die Risikosteuerung von Marktpreisrisiken sind im Abschnitt BTR 2 der MaRisk formuliert. 992

6.2.1. Marktpreisrisiken – Definition und Sichtweise der MaRisk

Zu den Marktpreisrisiken zählen gemäß Erläuterungen zu den MaRisk Kursrisiken, Zinsänderungsrisiken, Währungsrisiken sowie Marktpreisrisiken aus 993

Warengeschäften (einschl. Stromderivaten und CO_2-Emissionszertifikaten). Hingegen sind Marktpreisrisiken aus dem traditionellen Warengeschäft von gemischtwirtschaftlichen Kreditgenossenschaften nicht zu berücksichtigen.

994 Die MaRisk nehmen also eine universelle Sichtweise auf sämtliche Marktpreisrisiken ein, da insbesondere auch die sonst aufsichtsrechtlich übliche (z. T. künstliche) Trennung von »besonderen« bzw. »spezifischen« und »allgemeinen« Marktrisiken nicht vorgenommen wird. Im Gegenteil sind auch marktbezogene Risiken, die aus der Veränderung der Bonität einer Adresse resultieren (z. B. spezifische Kursrisiken bzw. Bonitätsspreads) oder auf die Marktliquidität zurückzuführen sind im Rahmen der Risikosteuerungs- und -controllingprozesse in angemessener Weise zu berücksichtigen: Dies bedeutet zum Beispiel, dass bei Vorliegen wesentlicher Risikopositionen in Kreditderivaten oder bestimmten Aktienoptionsstrategien stets vom Institut sichergestellt werden muss, dass die daraus resultierenden Marktpreisrisiken – hier beispielsweise Korrelations- oder Dividendenrisiken – sowohl in der Ergebnisermittlung als auch in der Risikomessung zu berücksichtigen sind.

6.2.2. Unterscheidung von Handels- und Anlagebuchpositionen und Aufbau dieses Beitrags

995 Die allgemeinen Anforderungen an die Messung und Steuerung von Marktpreisrisiken sind, unabhängig von der Zuordnung der diese generierenden Positionen zum Handels- oder Anlagebuch, in Abschnitt BTR 2.1 der MaRisk aufgestellt, womit insbesondere auch Zinsänderungsrisiken des Anlagebuches diesen Regelungen unterliegen. Wir werden, dem Aufbau der MaRisk folgend, diese allgemeinen Anforderungen nachfolgend näher erörtern. Die MaRisk orientieren weitere spezielle Anforderungen dann anhand der Zuordnung zum Handels- bzw. Anlagebuch.

996 Der Abschnitt BTR 2.2 ergänzt und spezifiziert den Abschnitt BTR 2.1 um diejenigen spezielleren Regelungen bzw. höheren Anforderungen, die an Marktrisiken des Handelsbuches zu stellen sind.

997 Schließlich werden im Abschnitt BTR 2.3 erleichterte Regelungen für die Marktpreisrisiken des Anlagebuches aufgestellt.

6.2.3. Weiterentwicklungen der regulatorischen Anforderungen im Rahmen der zweiten MaRisk-Novelle

Die zweite MaRisk-Novelle, wie sie 2009 verabschiedet wurde, trägt verschiedenen Beobachtungen und damit verbundenen Bedenken der Aufsicht Rechnung. So haben seitdem Stresstests auf Bankebene risikoartenübergreifend an Bedeutung gewonnen. Hierauf wird in diesem Abschnitt nicht vertieft eingegangen, ein Verständnis dafür ist jedoch gleichwohl wichtig, um auch die Anforderungen in BTR 2.2 einordnen zu können. So sollen Stresstests auch auf Grundlage der strategischen Ausrichtung des Unternehmens entwickelt und durchgeführt werden. Wie für andere Risikomessverfahren sind auch hier Angemessenheitsprüfungen insbesondere in Bezug auf die Szenarioausgestaltung ein- und regelmäßig durchzuführen. 998

Unter dem Eindruck der Ereignisse der Finanzkrise und dem Austrocknen ganzer Marktsegmente äußert der Regulator die Anforderung, solchen Ereignissen geeignet entgegen treten zu können. Die Änderungen im BTR 2.2 in der zweiten MaRisk-Novelle beziehen sich folglich vornehmlich auf die Bewertung von Positionen unter schwerwiegenden Marktstörungen (BTR 2.1 Tz. 3) sowie die Behandlung interner Geschäfte inkl. Abstimmung der Ergebnisse mit dem Handelsbereich (BTR 2.1 Tz. 5). Die dritte Änderung bezieht sich darauf, dass explizit Eigenkapitalbestandteile nicht in die barwertige Ermittlung der Zinsänderungsrisiken einbezogen werden dürfen (BTR 2.3 Tz. 7). 999

6.2.4. Weiterentwicklungen der regulatorischen Anforderungen im Rahmen der dritten MaRisk-Novelle

Die dritte MaRisk-Novelle lässt die Anforderungen an die Marktpreisrisiken nahezu unverändert im Vergleich zur zweiten MaRisk-Novelle. Gleichwohl gibt es grundsätzliche Änderungen in der dritten MaRisk-Novelle, welche auch zu Anpassungen in BTR 2 führen. 1000

Dies betrifft zum einen den Themenkomplex der Risikokonzentrationen, welche in AT 2.2 gesondert diskutiert werden und letztlich aus den CEBS-Empfehlungen in CP 31 resultieren. Zum anderen wird die Bedeutung von Stresstests nochmals gestärkt, was sich im Teil AT 4.3.3 ausdrückt. Neu hinzugekommen sind nach Einarbeitung der Anforderungen aus CP 32 des CEBS insbesondere Anforderungen an inverse Stresstests (vgl. hierzu auch *Gruber, Martin & Wehn* (2010)). 1001

6.2.5. Weiterentwicklungen der regulatorischen Anforderungen im Rahmen der vierten MaRisk-Novelle

1002 Die vierte MaRisk-Novelle führt zu keinen wesentlichen Verschärfungen der Anforderungen an die Marktpreisrisiken im Vergleich zur dritten MaRisk-Novelle.

6.2.6. Weiterentwicklungen der regulatorischen Anforderungen im Rahmen der fünften MaRisk-Novelle

1003 In der nunmehr vorliegenden fünften MaRisk-Novelle werden für den Teil BTR 2 im Wesentlichen redaktionelle Änderungen durchgeführt, die die inhaltlichen Anforderungen kaum berühren. So verschieben sich die Anforderungen an die Berichterstattung sowohl für Risiken als auch die damit verbundene Ergebnisermittlung in den neuen Teil BT 3.2, um hier eine Einheitlichkeit vor dem Hintergrund der Anforderungen aus BCBS 239 zu erzielen.

1004 Eine inhaltliche Erweiterung ergibt sich mit Blick auf die Steuerung der Marktpreisrisiken des Anlagebuchs: Zum einen wird hier nunmehr erwartet, dass (ganz in Analogie zu den Anforderungen an die unterschiedlichen Ansätze der Risikotragfähigkeitsrechnung) beide mögliche Perspektiven (d. h. hier konkret handelsrechtliches Ergebnis oder Markt- bzw. Barwertige Perspektive) insofern Eingang finden, als dass neben dem jeweils führenden Ansatz das komplementäre Verfahren betrachtet werden soll. Zum anderen erfahren »weitergehende Zinsänderungsrisiken« eine Betonung, sofern diese in bedeutendem Umfang vorliegen.

6.3. BTR 2.1 Allgemeine Anforderungen

1005 In diesem Abschnitt besprechen wir die allgemeinen Anforderungen zur Steuerung und Messung der Marktpreisrisiken, wie sie dem Abschnitt BTR 2.1 der MaRisk zu entnehmen sind.

1006 Diese allgemeinen Anforderungen sind damit Teil der Einrichtung von Risikosteuerungs- und -controllingprozessen zur Identifizierung, Beurteilung, Steuerung und Überwachung sowie Kommunikation der wesentlichen Risiken aus marktpreisrisikobehafteten Positionen, wie sie im Allgemeinen Teil der MaRisk (Abschnitt AT 4.3) spezifiziert werden.

6.3.1. Permanente Abdeckung der Marktpreisrisiken durch Limitierung

Der zentrale Gedanke jedes angemessenen Risikomanagements auf oberster Ebene ist die permanente Sicherstellung einer Abdeckung aller materiellen Risiken und damit insbesondere auch der Marktpreisrisiken eines Instituts. Eine solche wird prozessual üblicherweise mit Hilfe eines Limitsystems gewährleistet, wie es in Tz. 1 des BTR 2.1 gefordert wird und welches aus der Risikotragfähigkeit des Instituts, d. h. im Zusammenhang mit potenziellen Risikodeckungsmassen, die für eventuell aus schlagend gewordenen Risiken eintretenden Verluste zur Verfügung stehen, abgeleitet sein soll: 1007

Auszug BTR 2.1 Tz. 1

Auf der Grundlage der Risikotragfähigkeit ist ein System von Limiten zur Begrenzung der Marktpreisrisiken unter Berücksichtigung von Risikokon-zen-trationen einzurichten.

Dieses Ziel der Risikoabdeckung aller Geschäfte kann nur gewährleistet werden, wenn die Limitierungen auch so gesetzt sind, dass durch Neugeschäfte ein ggf. austariertes System zwischen Risiko und Ertrag nicht konterkariert wird. Die MaRisk schreiben kein spezielles Risikomaß vor, welches die Grundlage des Limitsystems bilden soll. Daher kann ein Limitsystem auch aus mehreren Risikomaßen bestehen, welche komplementär bestimmt werden (bspw. Value-at-Risk und Sensitivitäten sowie Szenarien). Die Anforderung, auch Risikokonzentrationen zu berücksichtigen, ergibt sich aus AT 4.3.2, wonach bei den Risikosteuerungs- und Risikocontrollingprozessen Risikokonzentrationen auch mit Blick auf Limitsysteme bzw. auf den Risikoappetit zu berücksichtigen sind. 1008

In diesem Zusammenhang ist auch auf AT 4.3.3 zu verweisen, wonach Ergebnisse von Stresstests in der Beurteilung der Risikotragfähigkeit berücksichtigt werden müssen (obgleich nicht notwendigerweise limitiert), was somit auch für Marktpreisrisiken gilt. 1009

Auszug BTR 2.1 Tz. 2

Ohne Marktpreisrisikolimit darf kein mit Marktpreisrisiken behaftetes Geschäft abgeschlossen werden.

1010 Bei dieser geschäftsspezifischen Anrechnung des Risikos auf ein entsprechendes Limit ist auch zu gewährleisten, dass die Limitierung tatsächlich alle das Ergebnis bestimmenden Risiken umfasst. In diesem Zusammenhang ist die Einführung neuer Produkte bzw. die Erschließung neuer Märkte von Bedeutung, da dies je nach Ausgestaltung des Produkts bzw. des neuen Marktes für ein Institut die Notwendigkeit mit sich bringen kann, das Limitsystem zu ergänzen.

6.3.2. Checkliste

	Fragestellung »Limitierung von Marktpreisrisiken«	**Erfüllt**
	Liegt ein konsistentes Limitsystem für Marktpreisrisiken vor?	
1.1	Ist das Limitsystem konsistent zur Ermittlung der Risikotragfähigkeit ausgestaltet?	
1.2	Deckt die Messung der Marktpreisrisiken alle institutsrelevanten Marktpreisrisiken ab? Bspw. Kursrisiken, Zinsänderungsrisiken, Währungsrisiken, Marktpreisrisiken aus Warengeschäften sowie aus marktpreisrelevanten Veränderungen der Bonität einer Adresse?	
1.3	Wird durch das Limitsystem eine permanente Abdeckung sämtlicher relevanter Marktpreisrisiken durch das Risikodeckungspotenzial gewährleistet?	
1.4	Sind alle wesentlichen, das Ergebnis bestimmenden Marktpreisrisiken limitiert?	
1.5	Werden sämtliche relevanten Marktpreisrisikopositionen im Limitsystem erfasst?	
1.6	Trägt das Limitsystem den Eigenschaften des zugrunde liegenden Risikomaßes Rechnung (bspw. Diversifikationseffekte)? Werden Risikokonzentrationen angemessen berücksichtigt?	
1.7	Sind Limite so gestaltet, dass aus der Auslastung der Limite entsprechende Steuerungsimpulse generiert werden können?	
1.8	Ist ein Verfahren zur Behandlung von Limit-Überschreitungen eingerichtet?	

	Wie wird sichergestellt, dass ohne entsprechendes Limit kein marktpreisrisikobehaftetes Geschäft abgeschlossen werden kann?	
2.1	Wie wird bei manuellen Erfassungen der Grundsatz »kein Geschäft ohne Limit« prozessual garantiert?	
2.2	Ist bei automatisierter Geschäftserfassung garantiert, dass ein Geschäft nur bei Vorliegen eines (hinreichend freien) Limits zustande kommt?	
2.3	Wird im Rahmen des Neuproduktprozesses bei neuen Produkten bzw. Geschäften in neuen Märkten sichergestellt, dass die Anrechnung auf ein entsprechendes Limit erfolgt bzw. ein neues Limit eingeführt wird?	

6.3.3. Überprüfung der Verfahren zur Beurteilung von Marktpreisrisiken

Die vom Institut eingesetzten Verfahren zur Beurteilung von Marktpreis- 1011
risiken sind regelmäßig auf ihre Funktionsfähigkeit und die Angemessenheit ihrer Ergebnisse hin zu überprüfen. Dies schließt damit sowohl die Verfahren zur Bewertung der einzelnen Positionen (die sog. Instrument- bzw. Bewertungsmodelle) wie auch ggf. eingesetzter selbst entwickelter oder von Drittanbietern erworbener Risikomodelle (wie beispielsweise zur Bestimmung des Value-at-Risk oder vergleichbarer Risikomaße ein):

> **Auszug BTR 2.1 Tz. 3 (Satz 1)**
>
> Die Verfahren zur Beurteilung der Marktpreisrisiken sind regelmäßig zu überprüfen.

Die hier geforderte Überprüfung oder auch Validierung der eingesetzten Ver- 1012
fahren und Methoden wird im Abschnitt BTR 2.2 für Handelsbuchpositionen noch wesentlich erweitert. Dem Grundsatz der Funktionstrennung folgend, bedeutet dies im Umkehrschluss aber auch, dass die zur Risikobeurteilung verwendeten Verfahren handels- und marktunabhängig zu überprüfen und mit entsprechenden Auflagen für deren Anwendungsbereich zu versehen sind. So ist beispielhaft durchaus vorstellbar, dass gewisse Zinsstrukturmodelle, die zur Bewertung und Risikomessung von zinsabhängigen Finanz-instrumenten in einem normalen Marktumfeld gute Ergebnisse liefern, in einem Niedrig-

zinsumfeld nicht mehr zu adäquaten Ergebnissen führen, so dass sie dort nicht oder nur in Verbindung mit Auflagen eingesetzt werden dürften.

1013 Den Erfahrungen aus der Finanzkrise trägt insbesondere auch der zweite Satz der Tz. 3 Rechnung:

Auszug BTR 2.1 Tz. 3 (Satz 2)

Es ist zu überprüfen, ob die Verfahren auch bei schwerwiegenden Marktstörungen zu verwertbaren Ergebnissen führen.

1014 Dies bedeutet insbesondere, dass die Grenzen der Anwendbarkeit eines Risiko- oder Bewertungsmodells im Rahmen der Einführung bzw. einer regelmäßigen Überprüfung festzulegen sind. Dies hat so zu geschehen, dass die für die Risiko- bzw. Ergebnisermittlung zuständige Organisationseinheit auch diese Grenzen im Rahmen der Anwendung der Verfahren tatsächlich überprüfen kann. So könnten beispielsweise durch eine fehlende Marktliquidität wiederholt die zur Verwendung der Verfahren benötigten Marktdaten nicht oder in nicht angemessener Qualität zur Verfügung stehen.

1015 Es ist nun Aufgabe des Instituts, risikoorientiert (d. h. für Risikopositionen mit für das Institut materiellem Volumen bzw. Risikogehalt) bei schwerwiegenden Marktstörungen von einer gewissen Mindestdauer alternative Bewertungsmethoden zu entwickeln. Dies bedeutet jedoch andererseits nicht, dass für alle denkbaren Parameterkonstellationen ex ante alternative Bewertungsmodelle festgelegt werden müssen. Der Regulator hat dies insofern klargestellt, dass nicht gemeint ist, im Rahmen des Neuproduktprozesses alternative Bewertungsmethoden festzulegen; ebenso wenig ist geplant, ein Backtesting für alternative Bewertungsmethoden einzuführen. Gleichwohl sieht der Regulator das Institut in der Pflicht, sich nicht erst nach Eintritt einer schwerwiegenden Marktstörung Gedanken über alternative Bewertungsmodelle zu machen.

1016 Diese Anforderung greift Satz 3 des BTR 2.1 Tz. 3 auf:

Auszug BTR 2.1 Tz. 3 (Satz 3)

Für länger anhaltende Fälle fehlender, veralterter oder verzerrter Marktpreise sind für wesentliche Positionen alternative Bewertungsmethoden festzulegen.

Hierbei könnte es sich beispielsweise (in Anlehnung an das Rundschreiben 13/2011 der BaFin zu Bewertung von Positionen des Handelsbuchs) auch um Discounted Cash Flow-Verfahren (DCF) handeln, sofern sicher gestellt ist, dass diese zu einer angemessenen oder wenigstens hinreichend konservativen Bewertung und Risikoermittlung führen. 1017

Darüber hinaus sind die sich aus der EBA-Leitlinie (EBA-GL 08/2015) sowie aus dem finalen Baseler Papier »Interest Rate Risk in the Banking Book« des Baseler Ausschusses aus dem April 2016 ergebenden Mindestanforderungen angemessen zu berücksichtigen. 1018

Ferner sind die von der BaFin beaufsichtigten und in Bezug auf das systemische Risiko »weniger bedeutsamen Finanzinstitute« (LSI, less significant institutions) im Rahmen des aufsichtlichen Überwachungsprozesses (LSI-SREP) bzw. durch die Verabschiedung der Allgemeinverfügung zur Anordnung von Eigenmittelanforderungen für Zinsänderungsrisiken im Anlagebuch für das Zinsänderungsrisiko seit Dezember 2016 gehalten, die darin formulierten Mindestanforderungen an Risikomessung und -steuerung einzuhalten. 1019

Mit Blick auf die Anforderungen des AT 4.3.2 und des AT 4.3.3 ist eine korrekte Anwendung der angemessenen Bewertungsverfahren im Rahmen der durchzuführenden Sensitivitäts- bzw. Szenarioanalysen sicherzustellen: Hierbei sind im Einzelfall Aspekte abzuwägen, die einerseits die Genauigkeit der Bewertung (bspw. mittels vollständiger Neubewertung) andererseits aber die Anzahl von Szenariorechnungen bzw. deren zeitnahe Berichterstattung betreffen. 1020

6.3.4. Checkliste

	Fragestellung »Überprüfung der Verfahren zur Beurteilung der Marktpreisrisiken«	Erfüllt
	Werden alle Verfahren zur Beurteilung der Marktpreisrisiken regelmäßig überprüft?	
1.1	Werden sämtliche Verfahren zur Beurteilung von Marktpreisrisiken einem nachvollziehbaren (und somit dokumentierten) Prozess der Überprüfung unterworfen?	
1.2	Wird sichergestellt, dass zur Risikoermittlung ausschließlich handelsunabhängig überprüfte Verfahren zum Einsatz kommen?	
1.3	Wird die Geschäftsleitung regelmäßig über die Ergebnisse und Konsequenzen der Überprüfungen/Validierungen informiert?	
1.4	Existiert eine Richtlinie für den Umgang mit schwer oder nicht beobachtbaren bewertungsrelevanten Parametern? Werden hierfür ggfs. Reserven gebildet?	
1.5	Wird bei der Festlegung der Validierungsfrequenz der einzelnen Verfahren die Komplexität der Produkte, der Handelsstrategien und der Beurteilungsverfahren berücksichtigt?	
1.6	Wird bei der Festlegung der Validierungsfrequenz der einzelnen Verfahren auch auf die Ergebnisrelevanz der jeweiligen Produkte bzw. Handelsstrategien abgestellt?	
1.7	Wird sichergestellt, dass die Beurteilungsverfahren stets ausschließlich unter den gemäß regelmäßiger Überprüfung festgelegten Rahmenbedingungen (wie bspw. Verfügbarkeit von angemessenen Marktdaten, Liquidität der jeweiligen Märkte, Anwendbarkeit nur für bestimmte Länder/ Regionen, etc.) angewendet werden?	

	Liefern die Verfahren auch in einem schwerwiegend gestörten Marktumfeld angemessene Ergebnisse?	
2.1	Wird sichergestellt und dokumentiert, dass die Verfahren auch bei schwerwiegenden Marktstörungen zu verwertbaren Ergebnissen führen?	
2.2	Werden die bei den Überprüfungen getroffenen Stressannahmen (wie z. B. gestresste Korrelationen, wegbrechende Dividenden etc.) und die Plausibilisierung der Angemessenheit der erhaltenen Bewertungen bei der Validierung der Verfahren dokumentiert?	
	Können bei schwerwiegenden Marktstörungen alternative Bewertungsmethoden angewandt werden?	
3.1	Ist ein nachvollziehbarer Prozess implementiert, der sicherstellt, dass im Falle fehlender, veralteter oder verzerrter Marktdaten alternative Bewertungsmethoden angewendet werden können?	
3.2	Unterliegen alternative Bewertungsmethoden ebenfalls dem Gesamtprozess der Überprüfung?	

6.3.5. Plausibilisierung der Bewertungsergebnisse

Neben den Verfahren sind auch deren Ergebnisse sowie die im Rechnungswesen ermittelten Ergebnisse regelmäßig zu plausibilisieren: 1021

Auszug BTR 2.1 Tz. 4

Die im Rechnungswesen und Risikocontrolling ermittelten Ergebnisse sind regelmäßig zu plausibilisieren.

Hierzu ist nur anzumerken, dass der Regulator an dieser Stelle explizit keine »exakte Abstimmung«, sondern »nur« eine regelmäßige Plausibilisierung einfordert. Diese Plausibilisierungen sind angemessen zu dokumentieren. Dabei ist eventuellen Hinweisen auf systematische Diskrepanzen risikoorientiert nachzugehen, wie dies auch im Rahmen der Risikoberichterstattung gefordert ist (vgl. hierzu die Ausführungen zu BT 3.2). 1022

6.3.6. Checkliste

	Fragestellung »Plausibilisierung der Ergebnisse«	**Erfüllt**
	Werden die im Rechnungswesen und Risikocontrolling ermittelten Ergebnisse regelmäßig plausibilisiert?	
1.1	Ist die Frequenz zur Plausibilisierung der Ergebnisse angemessen?	
1.2	Ist die Granularität (bis zu welcher Portfolioebene), in der die Plausibilisierung durchgeführt wird, angemessen?	
1.3	Wird die Plausibilisierung nachvollziehbar dokumentiert und berichtet?	
	Gibt es einen Prozess zur Analyse systematisch auftretender Diskrepanzen?	
2.1	Werden systematisch auftretende Diskrepanzen risikoorientiert nachverfolgt?	
2.2	Ist der Prozess zur Nachverfolgung relevanter systematischer Diskrepanzen dokumentiert?	

6.4. BTR 2.2 Marktpreisrisiken des Handelsbuches

1023 Während die Anforderungen des Abschnittes BTR 2.1 der MaRisk noch hinreichend allgemein gehalten waren, gibt der Regulator für marktrisikobehaftete Handelsbuchpositionen in Abschnitt BTR 2.2 wesentlich konkretere und stringentere Spezifikationen der Risikomessungs- und -steuerungs- sowie Berichterstattungsprozesse vor.

1024 So sind die Marktpreisrisiken im Handelsbuch unverzüglich auf die entsprechenden Limite anzurechnen. Zudem ist eine tägliche Bewertung bzw. Risiko- und Ergebnisermittlung erforderlich, um dem Handelsbuchcharakter der Geschäfte Rechnung zu tragen.

6.4.1. Limitierung von Handelsbuchrisiken

1025 Die Anforderungen der Tz. 2 des Abschnittes BTR 2.1 werden für marktpreisrisikobehaftete Handelsbuchpositionen noch dahingehend präzisiert, dass eine unverzügliche Anrechnung aller Geschäfte auf die einschlägigen Limite durchzuführen ist:

Auszug BTR 2.2 Tz. 1 (Satz 1)

Es ist sicherzustellen, dass die mit Marktpreisrisiken behafteten Geschäfte des Handelsbuches unverzüglich auf die einschlägigen Limite angerechnet werden und der Positionsverantwortliche über die für ihn relevanten Limite und ihre aktuelle Ausnutzung zeitnah informiert ist.

Dabei ist insbesondere nach Tz. 1 der BTR 2.1 sicher zu stellen, dass alle relevanten Risiken limitiert sind. Beispielsweise sind nach Art und Umfang der Geschäftstätigkeit auch die aus Bonitätsänderungen resultierenden besonderen Kursrisiken bei Wertpapieren oder Preisrisiken bei Kreditderivaten zu limitieren. 1026

Es ist gleichfalls zu gewährleisten, dass der Positionsverantwortliche sowohl über das Risiko als auch über die Ausnutzung des relevanten Limits zeitnah informiert wird. Dies bedeutet für die Risiken des Handelsbuches in der Regel eine Risikomessung und -berichterstattung baldmöglichst am auf den Handelstag folgenden Handelstag (vgl. auch Tz. 3). 1027

In diesem Zusammenhang wäre ggf. auch eine Erleichterungsregelung nach Tz. 4 des Abschnittes BTR 1 zu überprüfen, sofern diese in Anspruch genommen wird: Danach kann auf eine gesonderte Limitierung der Adressenausfallrisiken von Emittenten verzichtet werden, soweit dem spezifischen Risiko des Emittenten im Rahmen der Limitierung der Marktpreisrisiken auf der Basis geeigneter Verfahren angemessen Rechnung getragen wird. 1028

Auszug BTR 2.2 Tz. 1 (Sätze 2 und 3)

Bei Limitüberschreitungen sind geeignete Maßnahmen zu treffen. Gegebenenfalls ist ein Eskalationsverfahren einzuleiten.

Da das Limitsystem so gestaltet sein soll, dass stets eine angemessene Abdeckung der eingegangenen Risiken gewährleistet ist, muss insbesondere bei Limitüberschreitungen ein Prozess vom Institut gelebt werden, der eine zeitnahe oder sogar unverzügliche Rückführung der eingegangenen Risiken gewährleistet. Von daher ist insbesondere ein Eskalationsverfahren zwischen dem Handel und den diesem nachgelagerten handelsunabhängigen Risikocontrollings- und Risiko-steuerungseinheiten aufzusetzen. Hierbei sind die einzelnen Eskalationsschritte ggf. bis in der Ebene der Geschäftsleitung hinein klar 1029 und aussagekräftig zu dokumentieren, um eine unverzügliche Entscheidungsfindung zu gewährleisten.

6.4.2. Checkliste

	Fragestellung »Limitierung von Handelsbuchrisiken«	**Erfüllt**
	Wird sichergestellt, dass sämtliche Marktpreisrisikopositionen des Handelsbuches unverzüglich auf die einschlägigen Limite angerechnet werden?	
1.1	Wird für alle regelgerecht verarbeiteten Geschäfte die Einbeziehung in die Risikomessung und Anrechnung auf die einschlägigen Limite gewährleistet?	
1.2	Besteht eine Richtlinie zur Berücksichtigung von Spätgeschäften in der Marktrisikomessung und Limitanrechnung?	
1.3	Bestehen Prozesse, die die Vollständigkeit der Marktrisikoposition sowie die Korrektheit gewährleisten?	
	Wird die positionsverantwortliche Einheit zeitnah über die für sie relevanten Limite und ihre aktuelle Ausnutzung informiert?	
2.1	Erfolgt die Risikomessung und Anrechnung auf die relevanten Limite in zeitlicher Nähe zum Handelsabschluss?	
2.2	Ist der Prozess zur Berichterstattung so gestaltet, dass die positionsverantwortliche Einheit die für sie relevante Information erhält?	
	Sind für den Fall von Limitüberschreitungen geeignete Maßnahmen vorgesehen?	
3.1	Existiert ein Prozess der Kommunikation bei Limitüberschreitungen?	
3.2	Sind Maßnahmen definiert, die das Vorgehen bei Limitüberschreitungen regeln?	
3.3	Ist die Eskalationsstufe für eine eventuelle (zeitweilige) Tolerierung einer Limitüberschreitung angemessen gewählt?	

6.4.3. Tägliche Bewertung, Ergebnis- und Risikoermittlung

Die strikte Funktionstrennung gemäß Tz. 1 des Abschnittes AT 4.3.1 der MaRisk ist bei der Bewertung der Marktrisikopositionen des Handelsbuches, welche täglich zu erfolgen hat, uneingeschränkt zu gewährleisten. Dies bedeutet insbesondere, dass für die tägliche Bewertung ausschließlich auf handelsunabhängige Bewertungsparameter und Marktdaten zurückgegriffen wird und damit auch die Ergebnisverantwortung vollständig bei der handelsunabhängigen Organisationseinheit liegt: 1030

Auszug BTR 2.2 Tz. 2

Die mit Marktpreisrisiken behafteten Positionen des Handelsbuches sind täglich zu bewerten.

Darüber hinaus ist handelstäglich eine Gesamtsicht auf alle Marktpreisrisikopositionen des Handelsbuchs zu erstellen: 1031

Auszug BTR 2.2 Tz. 3

Es ist täglich ein Ergebnis für das Handelsbuch zu ermitteln. Die bestehenden Risikopositionen sind mindestens einmal täglich zum Geschäftsschluss zu Gesamtrisikopositionen zusammenzufassen.

	Fragestellung »Tägliche Bewertung, Ergebnis- und Risikoermittlung«	**Erfüllt**
	Werden die Handelsbuchpositionen täglich handelsunabhängig bewertet?	
1.1	Wird sichergestellt, dass sämtliche Handelsbuchpositionen täglich bewertet werden?	
1.2	Ist eine handelsunabhängige Organisationseinheit für die tägliche Bewertung aller Handelsbuchpositionen zuständig?	
1.3	Sind sämtliche Bewertungs- und Modellparameter vor Änderungen durch den Handel geschützt und ausschließlich handelsunabhängig festgelegt?	
1.4	Werden sämtliche zur täglichen Bewertung benötigten Marktdaten ausschließlich handelsunabhängig bezogen?	

	Wird mindestens einmal täglich handelsunabhängig ein Handelsergebnis ermittelt? Wird die Risikoposition mindestens einmal täglich zur Gesamtrisikoposition zusammengefasst?	
2.1	Erfolgt eine gesamthafte Rechnung der Gewinne und Verluste für alle Handelsbuchpositionen?	
2.2	Wird die Ermittlung des Handelsergebnisses mindestens einmal täglich durchgeführt?	
2.3	Wird das Handelsergebnis handelsunabhängig ermittelt?	
2.4	Ist sichergestellt, dass das Handelsergebnis und die Risikoposition alle relevanten Positionen umfasst?	

6.4.4. Backtesting

1032 Insbesondere für die Handelsgeschäfte ist eine zeitnahe Reaktion auf erste Anzeichen abnehmender Prognosegüte der Marktpreisrisikomodelle essentiell. Hierzu ist es aber für die Risikocontrollingeinheit erforderlich, fortlaufend einen Überblick über die Güte der Risikomessung zu haben, was durch das sog. Backtesting, also einen handelstäglichen Rückvergleich der prognostizierten potenziellen Verluste mit den tatsächlich realisierten Verlusten, gewährleistet wird:

Auszug BTR 2.2 Tz. 4

Die modellmäßig ermittelten Risikowerte sind fortlaufend mit der tatsächlichen Entwicklung zu vergleichen.

1033 Dies bedeutet die Durchführung eines regelmäßigen Vergleichs zwischen Risiko und Ergebnis für relevante Portfolioebenen. Den Ursachen für eventuelle Ausreißer ist nachzugehen. Die hieraus gewonnenen Erkenntnisse sind dann entsprechend in der Modellentwicklung bzw. -parametrisierung zu berücksichtigen.

6.4.5. Checkliste

	Fragestellung »Backtesting«	Erfüllt
	Wird ein fortlaufendes Backtesting durchgeführt?	
1.1	Existiert ein Prozess zum Vergleich von Risiko und Ergebnis?	
1.2	Werden eventuelle Ausreißer adäquat untersucht?	
1.3	Sind alle relevanten Portfolioebenen in den Validierungsprozess eingebunden?	
1.4	Ist der Validierungsprozess angemessen und nachvollziehbar dokumentiert?	
	Ist ein Prozess implementiert, der eine Überarbeitung und Anpassung der eingesetzten Risikomodelle im Falle von Problemen mit der Prognosegüte sicherstellt?	
2.1	Ist sichergestellt, dass die Erkenntnisse aus der Validierung in die Modellentwicklung bzw. -parametrisierung eingehen?	
2.2	Sind die Validierungsergebnisse angemessen und für sachverständige Dritte nachvollziehbar dokumentiert?	
2.3	Werden die Ergebnisse der Validierung zusammenfassend dargestellt, angemessen kommentiert und ggf. notwendige Modellanpassungen im Rahmen eines Berichtes an die Geschäftsleitung oder ein von ihr eingesetztes zuständiges Gremium zeitnah berichtet?	

6.5. BTR 2.3 Marktpreisrisiken des Anlagebuches (einschließlich Zinsänderungsrisiken)

Für die mit Marktpreisrisiken behafteten Positionen des Anlagebuches sind Erleichterungen gegenüber den Marktpreisrisiken aus Handelsbuchgeschäften vorgesehen, die wir in diesem Abschnitt besprechen. 1034

6.5.1. Frequenzen der Risikocontrolling und -managementprozesse

Im Gegensatz zu den Positionen des Handelsbuches sind die Anforderungen an die Bewertung der entsprechenden Positionen des Anlagebuchs etwas niedriger. So genügt hier eine vierteljährliche Frequenz zur Bewertung der entsprechenden Positionen. Dies trägt den Anlagebuch-spezifischen Strate- 1035 gien, die in der Regel langfristig sind, und den damit verbundenen anderen Produkten, deren Bewertung und Risikomessung unter Umständen deutlich aufwändiger sein kann, Rechnung:

> **Auszug BTR 2.3 Tz. 1**
>
> Die mit Marktpreisrisiken behafteten Positionen des Anlagebuches sind mindestens vierteljährlich zu bewerten.

1036 Hier gilt prinzipiell die gleiche qualitative Anforderung wie im Handelsbuch bzw. in BTR 2.2, so dass für die Bewertung der Positionen des Anlagebuchs ebenfalls ausschließlich auf handelsunabhängige Bewertungsparameter und Marktdaten zurückgegriffen wird und damit auch die Ergebnisverantwortung vollständig bei der handelsunabhängigen Organisationseinheit liegt. Die Frequenz der Ergebnisermittlung ist ebenfalls mindestens vierteljährlich:

> **Auszug BTR 2.3 Tz. 2**
>
> Ebenfalls mindestens vierteljährlich ist ein Ergebnis für das Anlagebuch zu ermitteln.

1037 Um nun auch zwischen den eventuell nur vierteljährlich ermittelten Ergebnissen eine potenzielle Limitüberschreitung zu vermeiden, hat das Institut geeignete Maßnahmen aufzusetzen. Dies ist vor dem Hintergrund der allgemeinen Anforderungen gemäß BTR 2.1 zu sehen, nach der auch die Positionen des Anlagebuchs im aus der Risikotragfähigkeit abgeleiteten Limitsystem berücksichtigt werden müssen. Die Einhaltung der Risikotragfähigkeit ist dabei das maßgebliche Kalkül. Gleichwohl lässt der Regulator dem Institut weitgehend freie Hand bei der Gestaltung solcher Maßnahmen:

> **Auszug BTR 2.3 Tz. 3**
>
> Durch geeignete Maßnahmen ist sicherzustellen, dass Limitüberschreitungen aufgrund zwischenzeitlicher Veränderungen der Risikopositionen vermieden werden können.

1038 Das Vorliegen verschiedener Aspekte wie bspw. einer komplexeren Geschäftstätigkeit im Anlagebuch, einem entsprechenden Risikogehalt, einer hohen Änderungsfrequenz einer Risikoposition o. ä. kann es erfordern, die

Frequenz der Risikocontrolling- und Ergebnisermittlungsprozesse zu erhöhen:

> **Auszug BTR 2.3 Tz. 4**
>
> Abhängig von Art, Umfang, Komplexität und Risikogehalt der Positionen im Anlagebuch kann auch eine tägliche, wöchentliche oder monatliche Bewertung, Ergebnisermittlung und Kommunikation der Risiken erforderlich sein.

6.5.2. Checkliste

	Fragestellung »Frequenzen der Risikocontrolling- und Risikomanagementprozesse«	**Erfüllt**
	Werden die Marktrisikopositionen des Anlagebuchs mindestens vierteljährlich handelsunabhängig bewertet?	
1.1	Wird sichergestellt, dass sämtliche Marktrisikopositionen des Anlagebuchs mindestens vierteljährlich bewertet werden?	
1.2	Ist eine handelsunabhängige Organisationseinheit für die mindestens vierteljährliche Bewertung der Marktrisikopositionen des Anlagebuchs zuständig?	
1.3	Sind sämtliche Bewertungs- und Modellparameter vor Änderungen durch den geschäftsführenden Bereich geschützt und ausschließlich handelsunabhängig festgelegt?	
1.4	Werden sämtliche zur mindestens vierteljährlichen Bewertung der Marktrisikopositionen des Anlagebuchs benötigten Marktdaten ausschließlich handelsunabhängig bezogen?	
	Wird mindestens vierteljährlich handelsunabhängig ein Ergebnis für die Marktrisikopositionen des Anlagebuchs ermittelt?	
2.1	Erfolgt eine gesamthafte Berechnung der Gewinne und Verluste für alle Marktrisikopositionen des Anlagebuchs?	
2.2	Wird die Ermittlung des Ergebnisses mindestens vierteljährlich durchgeführt?	

	Sind geeignete Maßnahmen implementiert, die gewährleisten, dass auch zwischenzeitlich keine Limitüberschreitungen eintreten können?	
3.1	Gibt es beispielsweise Sensitivitäts- oder Volumenlimite, die einer täglichen oder wöchentlichen Überwachung unterworfen sind und damit gewährleisten, dass keine Limitüberschreitungen zwischenzeitlich auftreten?	
3.2	Wird einer nicht-täglichen Überwachung bspw. durch Einführung von Risikopuffern Rechnung getragen?	
	Erfordern die Art, der Umfang und die Komplexität sowie der Risikogehalt der Positionen eine höhere Frequenz der Bewertung, Ergebnisermittlung und Kommunikation der Risiken?	
4.1	Ist klar und abhängig von Art, Umfang, Komplexität und Risikogehalt der einzelnen Positionen im Anlagebuch festgelegt, ob eine tägliche, wöchentliche oder monatliche Bewertung, Ergebnisermittlung und Kommunikation der Risiken erforderlich ist?	
4.2	Wie häufig wird überprüft, ob die gewählte Bewertungs- und Kommunikationsfrequenz für die einzelnen Produktgruppen noch angemessen ist?	

6.5.3. Zinsänderungsrisiko des Anlagebuches

Auszug BTR 2.3 Tz. 5

Die Verfahren zur Beurteilung der Zinsänderungsrisiken des Anlagebuchs müssen die wesentlichen Ausprägungen der Zinsänderungsrisiken erfassen.

1039 Das Institut hat bei der Beurteilung der Zinsänderungsrisiken des Anlagebuchs grundsätzlich die Wahl, inwiefern eine getrennte Betrachtung nach Handels- und Anlagebuch oder auch eine integrierte Behandlung auf Ebene des Gesamtinstituts adäquat ist. Bei einer integrierten Behandlung ist jedoch zu berücksichtigen, dass für die Handelsbuchposition eine tägliche Bewertung zwingend ist; eine solche ist für das Anlagebuch nicht zwingend. Die Verfahren zur Beurteilung der Zinsänderungsrisiken des Anlagebuchs müssen dabei der Komplexität und Struktur der Risikoposition entsprechen, so dass alle wesentlichen Charakteristika erfasst sind. Die Erläuterungen stellen klar, dass sowohl bilanzielle als auch außerbilanzielle Positionen des Anlagebuchs, welche Zinsänderungsrisiken unterliegen, zu berücksichtigen sind.

Auszug BTR 2.3 Tz. 6

Bei der Bestimmung der Zinsänderungsrisiken kann auf die Auswirkungen von Zinsänderungen auf das handelsrechtliche Ergebnis des Instituts oder die Markt- beziehungsweise Barwerte der betroffenen Positionen als primär steuerungsrelevantes Verfahren abgestellt werden. Die Auswirkungen aus der jeweils anderen Steuerungsperspektive sind angemessen zu berücksichtigen. Sofern sich hieraus weitergehende Zinsänderungsrisiken im bedeutenden Umfang ergeben, ist diesen im Rahmen der Risikosteuerungs- und -controllingprozesse sowie bei der Beurteilung der Risikotragfähigkeit Rechnung zu tragen. Bei einer Bestimmung über die Auswirkungen auf das handelsrechtliche Ergebnis ist eine angemessene Betrachtung über den Bilanzstichtag hinaus erforderlich.

In der Praxis haben sich hier insbesondere zwei Verfahren herauskristallisiert: 1040
Zum einen die Betrachtung hinsichtlich der Auswirkungen auf das handelsrechtliche Ergebnis und zum anderen eine barwertige Betrachtung. BTR 2.3 Tz. 6 fordert, dass die Auswirkungen von Zinsänderungsrisiken in beiden Steuerungsperspektiven berücksichtigt werden.

Daneben wird in den Erläuterungen auf die Betrachtung über den Bilanzstich- 1041
tag hinaus dahingehend eingegangen, dass sich Zinsänderungsrisiken regelmäßig erst mit zeitlicher Verzögerung auf das handelsrechtliche Ergebnis auswirken. Als Anhaltspunkt kann bspw. die durchschnittliche Zinsbindungsdauer dienen.

Auszug BTR 2.3 Tz. 7

Hinsichtlich der Positionen mit unbestimmter Kapital- oder Zinsbindung sind geeignete Annahmen zu treffen.

Unter Positionen mit unbestimmter Kapital- oder Zinsbindung verstehen die 1042
MaRisk Positionen, bei denen die faktische Zinsbindung von der rechtlichen Zinsbindung abweicht (vor allem Sicht- und Spareinlagen), unverzinsliche Aktiva und Passiva (z. B. Eigenkapital, Beteiligungen) oder optionale Bestandteile (z. B. Kündigungsrechte des Kunden, Sondertilgungsoptionen, Rückzahlungsoptionen).

1043 Die Erläuterungen der MaRisk treffen zur Regelung von Eigenkapitalbestandteilen die Aussage, dass Eigenkapitalbestandteile, die dem Institut zeitlich unbegrenzt zur Verfügung stehen, nicht in die barwertige Ermittlung der Zinsänderungsrisiken einbezogen werden dürfen.

Auszug BTR 2.3 Tz. 8

Institute, die wesentliche Zinsänderungsrisiken in verschiedenen Währungen eingegangen sind, müssen die Zinsänderungsrisiken in jeder dieser Währungen ermitteln.

6.5.4. Checkliste

	Fragestellung »Zinsänderungsrisiken im Anlagebuch«	Erfüllt
	Erfassen die Verfahren zur Beurteilung der Zinsänderungsrisiken des Anlagebuchs die wesentlichen Ausprägungen?	
1.1	Werden sämtliche bilanziellen und außerbilanziellen Positionen in die Betrachtung einbezogen, die Zinsänderungsrisiken unterliegen?	
1.2	Entsprechen die Verfahren zur Beurteilung der Zinsänderungsrisiken des Anlagebuchs der Komplexität und Struktur der Risikoposition, so dass alle wesentlichen Charakteristika erfasst sind? Werden bspw. folgende wesentlichen Risiken angemessen erfasst, gemessen und überwacht, wie sie auch schon in den »Principles for the Management and Supervision of Interest Rates Risks« des Basel Committee on Banking Supervision 2001 sowie in den Anforderungen des Baseler Komitees zum »Interest Rate Risk in the Banking Book« (IRRBB) aus dem April 2016 aufgeführt wurden: ▪ Risiken aus der Inkongruenz der Fälligkeit (Zinsbindung) und Anpassung als hauptsächlicher Risikotreiber (Gap-Risiken im Sinne des IRRBB)? ▪ Risiken aus der nichtlinearen Veränderung der Zinsstrukturkurven (Teil der Options-Risiken im Sinne des IIRBB)? ▪ Risiken aus Differenzen von Zinssätzen oder Zinsstrukturkurven (Basis-Risiken im Sinne des IRRBB)?	

	▪ Risiken aus Optionsrechten wie bspw. Kündigungsrechten (Teil der Options-Risiken im Sinne des IIRBB)? ▪ Werden die sich aus Credit Spread Änderungen ergebenden Risiken, die sog. Credit Spread Risks in the Banking Book (CSRBB) angemessen gemessen und überwacht? ▪ Wird für die Messung der Zinsänderungsrisiken auf Änderungen des Economic Value (EV) und der Erträge abgestellt und auch der Risikoappetit der Bank in Bezug auf diese definiert? ▪ Sind umfangreiche angemessene Stress-Szenarien definiert, die in Bezug auf die Auswirkungen bzgl. Economic Value (EV) und Erträgen gemessen und untersucht werden? ▪ Sind alle wesentlichen Annahmen zur Modellierung des Verhaltens von NMD (non-maturing deposits), zur Bewertung und Messung der Risiken nachvollziehbar dokumentiert, gut verstanden und konsistent? Halten diese einem regelmäßigen Praxistest stand?	
1.3	Werden im Rahmen von Neue-Produkte-Prozessen sämtliche wesentlichen zinsrisikosensitiven Aspekte erfasst und in die Ermittlung des Zinsänderungsrisikos einbezogen?	
1.4	Wird bei einer integrierten Betrachtung der Zinsänderungsrisiken im Handels- und Anlagebuch die zwingend handelstäglich erfolgende Risiko- und Ergebnisermittlung im Handelsbuch berücksichtigt?	
	Wird zur Beurteilung der Zinsänderungsrisiken auf handelsrechtliche Ergebnisse bzw. auf Markt- oder Barwerte abgestellt?	
2.1	Wird bei der Bestimmung des Zinsänderungsrisikos allein über die Auswirkungen auf das handelsrechtliche Ergebnis eine angemessene Betrachtung über den Bilanzstichtag hinaus durchgeführt?	
2.2	Werden bei einer markt- bzw. barwertigen Ermittlung des Zinsänderungsrisikos vereinfachende Modellannahmen getroffen, die Art, Umfang und Komplexität des Geschäfts angemessen sind?	
2.3	Wird der Berücksichtigung der jeweils anderen Steuerungsperspektive angemessen Rechnung getragen?	

	Sind Positionen mit unbestimmter Kapital- oder Zinsbindung geeignet integriert?	
3.1	Wie werden Positionen abgebildet, bei denen die faktische Zinsbindung von der rechtlichen Zinsbindung abweicht wie bspw. bei Sicht- und Spareinlagen? Erfolgt bspw. eine implizite Modellierung der Zins- und Kapitalbindung bspw. über gleitende Durchschnitte oder eine explizite Modellierung bspw. über dynamische stochastische Modelle?	
3.2	Werden unverzinsliche Aktiva oder Passiva (wie bspw. Beteiligungen) angemessen abgebildet?	
3.3	Werden optionale Bestandteile wie bspw. Kündigungsrechte der Kunden, Sondertilgungs- oder Rückzahlungsoptionen angemessen abgebildet?	
	Ist eine Ermittlung von Zinsänderungsrisiken in verschiedenen Währungen notwendig und wird diese adäquat durchgeführt?	
4.1	Sind alle wesentlichen Zinsänderungsrisiken in Fremdwährung erfasst und identifiziert?	
4.2	Wird die Ermittlung von Zinsänderungsrisiken in Fremdwährung adäquat und konsistent zu den Zinsänderungsrisiken in Heimatwährung durchgeführt?	
	Agiert das interne Zinsrisikomanagement angemessen trotz eines Ausreißers bei einem »Zinsschock« gemäß Rundschreiben 7/2007 der BaFin?	
5.1	Ist ein interner Eskalationsprozess zur Beurteilung der Angemessenheit des Risikomanagements bei Auftreten eines Ausreißers aufgesetzt?	
5.2	Gibt es einen internen Eskalationsprozess zum Nachweis der Angemessenheit der Risikotragfähigkeit bei Auftreten eines Ausreißers?	
5.3	Gewährleisten die aufgesetzten Prozesse eine zeitnahe Unterrichtung der BaFin und Bundesbank sowie der Geschäftsleitung?	

7. BTR 3 Liquiditätsrisiken

7.1. Einleitung und regulatorischer Rahmen

Die Sicherstellung der jederzeitigen Zahlungsfähigkeit stellt für jedes Institut eine strategische Notwendigkeit dar. Die Definition von Liquiditätsrisiken geht jedoch noch über das klassische Zahlungsunfähigkeitsrisiko hinaus und umfasst im Wesentlichen auch das Refinanzierungsrisiko und das Marktliquiditätsrisiko. 1044

> ✓ **Definitionen:**
>
> Klassisches Zahlungsunfähigkeitsrisiko: Risiko, Zahlungsverpflichtungen zum Zeitpunkt der Fälligkeit nicht nachkommen zu können (zum Beispiel durch Kreditausfälle).
>
> Refinanzierungsrisiko: Risiko, bei Bedarf nicht ausreichend Liquidität zu den erwarteten Konditionen beschaffen zu können (zum Beispiel durch Bonitätsverschlechterung).
>
> Marktliquiditätsrisiko: Risiko, aufgrund von Marktstörungen Geschäfte nicht oder nur mit Abschlägen auflösen bzw. glattstellen zu können.

Abbildung 1: Definitionen des Liquiditätsrisikos[314]

Bemerkenswert ist das Zusammenspiel des Liquiditätsrisikos mit anderen Risiken, die für die Entstehung des Liquiditätsrisikos ursächlich sein könnten. Insbesondere sind bei der Analyse des Liquiditätsrisikos die damit einhergehenden Risikokonzentrationen zu berücksichtigen und zwar sowohl Inter-Risikokonzentrationen (d. h. risikoartenübergreifende Risikokonzentrationen), als auch Intra-Risikokonzentrationen (Risikokonzentrationen innerhalb des Liquiditätsrisikos). Die für das Liquiditätsrisiko wesentlichen Risikokonzentrationen sind z. B.: Konzentrationen von Adressen oder Kontrahenten (Erhöhung des klassischen Zahlungsunfähigkeitsrisikos), Konzentrationen auf wenige Refinanzierungspartner (Erhöhung des Refinanzierungsrisikos), Konzentrationen von Vermögensgegenständen bei unzureichender Markttiefe (Erhöhung des Marktliquiditätsrisikos) oder Veränderung der Bonität eines Instituts (Änderung der Refinanzierungskonditionen). 1045

314 Vgl. *Deutsche Bundesbank und Bundesanstalt für Finanzdienstleistungsaufsicht (BaFin)*: Praxis des Liquiditätsrisikomanagements in ausgewählten deutschen Kreditinstituten, Januar 2008.

1046 Die Bedeutung eines effizienten Liquiditätsrisikomanagements ist in den letzten Jahren noch stärker in den Fokus der Aufsicht sowie der Geschäftsleitung gerückt. Vor der Finanzkrise war Liquidität reichlich vorhanden, so dass mangelhaftes Liquiditätsmanagement nicht zu Konsequenzen führte. Erst durch die Krise wurde deutlich, dass ein schlagend werdendes Liquiditätsrisiko ein Institut schnell in der Überlebensfähigkeit bedrohen kann. Die folgende Grafik zeigt eine Übersicht der Auslöser der Finanzkrise und der daraus folgenden Liquiditätskrise bei vielen Instituten.

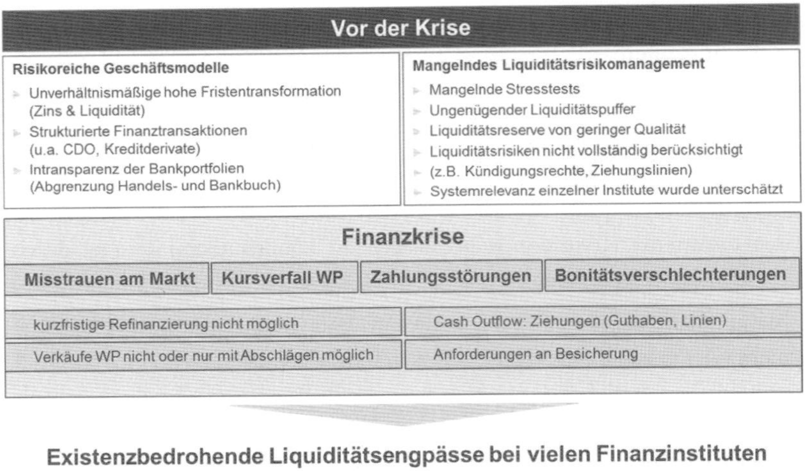

Abbildung 2: Ursachen und Auswirkungen der Finanzkrise

1047 In den folgenden Jahren änderte sich der regulatorische Rahmen für die Steuerung und Überwachung von Liquiditätsrisiken erheblich. Erfolgte bisher die Regulierung von Liquiditätsrisiken auf internationaler Ebene fast ausschließlich unter der Säule 2, so wurden nun ausgehend vom Baseler Ausschuss für Bankenaufsicht (BCBS) auch unter der Säule 1 einheitlich aufsichtsrechtliche Vorgaben für die Begrenzung von Liquiditätsrisiken erarbeitet. Hierzu zählen die Liquidity Coverage Ratio[315] (LCR), die Net Stable Funding Ratio[316] (NSFR) und weitere Überwachungsinstrumente der Liquidität[317]. Diese wur-

315 *Basel Committee on Banking Supervision (BCBS),* Basel III: The Liquidity Coverage Ratio and liquidity risk monitoring tools, Januar 2013.

316 *Basel Committee on Banking Supervision (BCBS),* Basel III: the net stable funding ratio, Oktober 2014.

317 *Basel Committee on Banking Supervision (BCBS),* Basel III: The Liquidity Coverage Ratio and liquidity risk monitoring tools, Januar 2013.

den ebenfalls durch die CRR[318] und nachfolgende Regelungen in europäisches Recht übernommen und damit bindend für deutsche Institute. Die Liquiditätsverordnung (LiqV[319]) ist seit 2018 nur noch für diejenigen Unternehmen anzuwenden, für die keine Meldepflicht der LCR gilt. Des Weiteren gelten umfangreiche Offenlegungsvorschriften für diese Kennzahlen. Somit wurden in den letzten Jahren die Säule 1 und Säule 3-Anforderungen wesentlich ausgebaut. Aber auch hinsichtlich des internen Risikomanagements von Liquiditätsrisiken unter der Säule 2 hat sich einiges bewegt. Mittelbar, insbesondere seit den letzten Novellierungen der MaRisk[320] seit 2010, finden sich in der nationalen Umsetzung des regulatorischen Rahmens für Liquiditätsrisikomanagement zahlreiche Einflüsse internationaler Gremien wie zum Beispiel des Baseler Ausschusses für Bankenaufsicht (BCBS) sowie der europäischen Bankenaufsichtsbehörde (EBA). Eine europäische Harmonisierung der Vorgaben und der europäischen Prüfungspraxis wurde durch die EBA Leitlinien zu gemeinsamen Verfahren und Methoden für den aufsichtlichen Überprüfungs- und Bewertungsprozess (SREP) beabsichtigt. In diesen Leitlinien werden die aufsichtlichen Erwartungen hinsichtlich des Internal Liquidity Adequacy Assessment Process (ILAAP) definiert. Der ILAAP ist als Pendant zum Internal Capital Adequacy Assessment Process (ICAAP) zu sehen, d. h. dem Prozess zur Sicherstellung der Risikotragfähigkeit für Kapitalrisiken. Die europäische Aufsicht sieht den ILAAP auf der gleichen Ebene wie den ICAAP. Dies zeigt die deutlich gestiegene Bedeutung der Überwachung der Liquiditätsrisiken. Die folgende Grafik zeigt eine Übersicht über die regulatorischen Vorgaben im Bereich Liquiditätsrisiko in Deutschland.

318 Verordnung (EU) Nr. 575/2013 des europäischen Parlaments und des Rates vom 26. Juni 2013 über Aufsichtsanforderungen an Kreditinstitute und Wertpapierfirmen und zur Änderung der Verordnung (EU) Nr. 646/2012.

319 *Bundesministerium der Finanzen (BMF):* Verordnung über die Liquidität der Institute (Liquiditätsverordnung – LiqV) vom 14. Dezember 2006 (BGBl. I S. 3117), die zuletzt durch Artikel 1 der Verordnung vom 22. Dezember 2017 (BGBl. I S. 4033) geändert worden ist.

320 *Bundesanstalt für Finanzdienstleistungsaufsicht (BaFin):* Mindestanforderungen an das Risikomanagement (MaRisk) – Rundschreiben 9/2017 (BA) vom 27.10.2017.

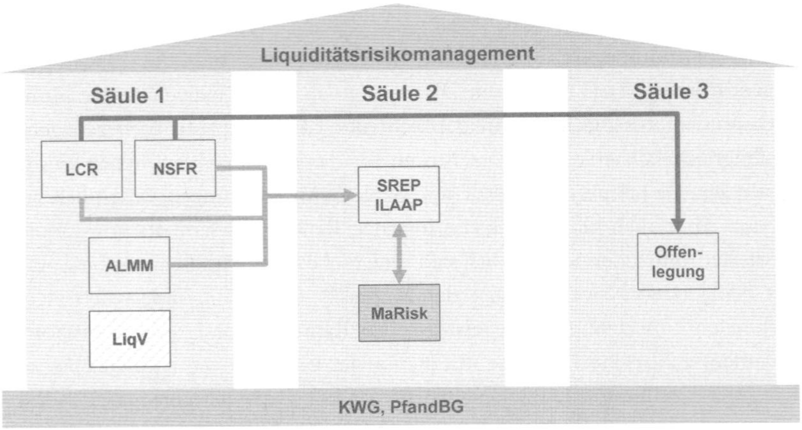

Abbildung 3: Regulatorischer Rahmen des Liquiditätsrisikomanagements in Deutschland

7.2. Aufbauorganisation und strategischer Rahmen

1048 Für eine effiziente Funktionsweise des Liquiditätsrisikomanagements ist eine sinnvolle Eingliederung dieses Bereichs in die Aufbau- und Ablauforganisation des Instituts unerlässlich. Hierbei ist der organisatorische Aufbau von den Geschäftsaktivitäten und dem strategischen Umgang mit Risiken abhängig. Wichtig ist unter anderem, dass das Liquiditätsrisiko in der Risikostrategie des Instituts berücksichtigt wird (vgl. AT 4.2 Strategien), da es gemäß AT 2.2 grundsätzlich als wesentliche Risikoart eingestuft wird. Die Prüfung der Wesentlichkeit des Liquiditätsrisikos sollte durch eine regelmäßige – in der Praxis *jährliche* – Risikoinventur erfolgen (siehe AT 2.2 Risiken). In Abhängigkeit von Art, Umfang und Risikogehalt kann in der Strategiedokumentation auch auf eine Liquiditätsrisikoteilstrategie abgestellt werden, welche die Ziele der Risikosteuerung der wesentlichen Geschäftsaktivitäten umfasst. Inhalte der Liquiditätsrisikostrategie sollten unter anderem Verantwortlichkeiten, Definition des Risikobegriffs, Ziele, Kommunikation und der Risikoappetit bzgl. der Liquiditätsrisiken darstellen. Insbesondere die Konsistenz zur Geschäfts- und weiteren Teilstrategien sowie zur sonstigen Risikomanagementdokumentation wie zum Beispiel Risikohandbuch ist zu gewährleisten.

1049 Die Zuständigkeiten der in den MaRisk dargestellten Elemente des Liquiditätsrisikomanagements liegen angelehnt an den Risikomanagementkreislauf (Steuerung, Überwachung, Kontrolle und Kommunikation) in verschiedenen Organisationseinheiten zum Beispiel Risikomanagement, Risikocontrolling, Finanzen und Treasury. Den strategischen Rahmen bilden die Vorgaben der

Geschäftsstrategie, der Risikostrategie und gegebenenfalls einer Liquidity Policy auf Gruppen- bzw. Einzelinstitutsebene, welche die Grundsätze der Geschäftspolitik des Instituts in Bezug auf die Verantwortlichkeiten, Ziele und Methodik des Liquiditätsrisikomanagements darstellt. In der Praxis können die Inhalte einer typischen Liquidity Policy in das Risikomanagementhandbuch integriert werden.

Die Anforderungen der MaRisk gelten für alle Institute i. S. v. § 1 Abs. 1b 1050
KWG[321] bzw. i. S. v. § 53 Abs. 1 KWG[322]. Sie sind für alle Kreditinstitute und Finanzdienstleistungsinstitute in der Bundesrepublik Deutschland sowie auf deren Auslandsniederlassungen anzuwenden. Für die Sicherstellung der operativen Liquidität sind in der Regel die Auslandsniederlassungen eigenständig verantwortlich, wohingegen die strukturelle Liquidität oftmals auf Gruppenebene gesteuert wird. Bei der Prüfung des Liquiditätsrisikomanagements von Konzernen sind besondere Anforderungen des Moduls AT 4.5 Risikomanagement auf Gruppenebene in die Prüfung einzubeziehen. Im Falle von *kapitalmarktorientierten Instituten*[323] sind die höheren Anforderungen an Liquiditätspuffer sowie (Liquiditätsrisiko-)Stresstests (vgl. BTR 3.2 Zusätzliche Anforderungen an kapitalmarktorientierte Institute) zu beachten. Bei der Prüfung sollen sowohl Methoden als auch Prozesse betrachtet werden.

Analog zu der bisherigen Praxis und angelehnt an die prinzipienbasierte Aus- 1051
richtung der Baseler »Principles for Sound Liquidity Risk Management and Supervision«[324], stellt auch die Neufassung der MaRisk prinzipienbasierte Anforderungen an das Risikomanagement. Nach wie vor werden keine festen Vorgaben hinsichtlich der Quantifizierungsmethoden definiert. In diesem Sinne wurden zum Beispiel seit 2010 zusätzlich höhere Anforderungen zur Ausstattung der Liquiditätspuffer an kapitalmarktorientierte Institute gestellt, die sich aus den Konvergenzarbeiten zu den CEBS-/EBA-Vorgaben[325] ableiten lassen. In der MaRisk-Novelle 2012 wurden wiederum besondere Anfor-

---

321 *»Institute im Sinne dieses Gesetzes sind Kreditinstitute und Finanzdienstleistungsinstitute«.*

322 *»Unterhält ein Unternehmen mit Sitz im Ausland eine Zweigstelle im Inland, die Bankgeschäfte betreibt oder Finanzdienstleistungen erbringt, gilt die Zweigstelle als Kreditinstitut oder Finanzdienstleistungsinstitut. Unterhält das Unternehmen mehrere Zweigstellen im Inland, gelten sie als ein Institut.«.*

323 Als Kriterium zur Abgrenzung der *kapitalmarktorientierten Institute* findet die Legaldefinition gemäß § 264d HGB Anwendung. Vgl. Deutsches Handelsgesetzbuch (HGB): Handelsgesetzbuch in der im Bundesgesetzblatt Teil III, Gliederungsnummer 4100-1, veröffentlichten bereinigten Fassung, das durch Artikel 2 des Gesetzes vom 22. Dezember 2011 (BGBl. I S. 3044) geändert worden ist.

324 *Basel Committee on Banking Supervision (BCBS):* Principles for Sound Liquidity Risk Management and Supervision, September 2008.

325 Vgl. *Committee of European Banking Supervisors (CEBS),* aktuell *European Banking Authority (EBA):* Guidelines on Liquidity Buffers & Survival Periods, Dezember 2009.

derungen an Liquiditätstransferpreissystem für große Institute mit komplexen Geschäftsaktivitäten in Anlehnung an »CEBS Guidelines on Liquidity Cost Benefit Allocation«[326] sowie höhere Anforderungen zur Liquiditätsübersicht in Fremdwährungen (inkl. gesonderte Liquiditätsübersicht, Stresstests und Notfallplanung) gestellt. In der MaRisk-Novelle 2017 wiederum sind die Vorgaben zur Etablierung eines Überlebenshorizonts (Survival Horizon) und zur Erstellung eines Refinanzierungsplans aufgenommen, die sich aus den EBA Leitlinien zu gemeinsamen Verfahren und Methoden für den aufsichtlichen Überprüfungs- und Bewertungsprozess[327] (SREP) ableiten lassen.

	Fragestellung »Aufbauorganisation«	**Erfüllt**
	Ist das Liquiditätsrisikomanagement in den Risikomanagementkreislauf des Instituts bzw. der Institutsgruppe angemessen integriert?	
1.	Werden Liquiditätsrisiken in der Risikostrategie berücksichtigt und hinreichend gewürdigt? (Bei Gruppen sind Risikostrategien auf Gruppenebene zu betrachten)	
2.	Sind Geschäfts- und Risikostrategie, das Risikohandbuch und gegebenenfalls Liquiditätsrahmenwerke (Liquidity Policy) konsistent zueinander? Werden Liquiditätsrisiken ausreichend gewürdigt?	
3.	Gibt es eine gruppenweit konsistente Betrachtung des Liquiditätsrisikos hinsichtlich der Definition, Messung und Steuerung? (Nur bei Gruppen)	
4.	Sind die aufbauorganisatorischen Verantwortlichkeiten klar definiert (Messung, Überwachung, Reporting, Eskalation, Notfall)? (Bei Gruppen ist zum Beispiel die Definition der Durchgriffsrechte/Anweisungsrechte im Notfall zu beachten)	
5.	Ist die Funktionstrennung im Hinblick auf das Liquiditätsrisikomanagement sichergestellt?	

326 *Committee of European Banking Supervisors (CEBS), aktuell European Banking Authority (EBA)*: Guidelines on Liquidity Cost Benefit Allocation, Oktober 2010.

327 *EBA* (EBA/GL/2014/13), Leitlinien zu gemeinsamen Verfahren und Methoden für den aufsichtlichen Überprüfungs- und Bewertungsprozess (SREP), Dezember 2014.

7.3. Risikoappetit

> **Auszug AT 4.2 Tz. 2 (relevanter Ausschnitt)**
>
> (...) Insbesondere ist, unter Berücksichtigung von Risikokonzentrationen, für alle wesentlichen Risiken der Risikoappetit des Instituts festzulegen. (...)

> **Auszug AT 2.2 Tz. 1 (relevanter Ausschnitt)**
>
> (...)
>
> Grundsätzlich sind zumindest die folgenden Risiken als wesentlich einzustufen:
>
> a) Adressenausfallrisiken (einschließlich Länderrisiken),
>
> b) Marktpreisrisiken,
>
> c) Liquiditätsrisiken und
>
> d) operationelle Risiken.
>
> (...)

Analog zur Bestimmung eines Gesamtrisikoappetits, ist nach AT 4.2 Tz. 2 1052 i. V. m. AT 2.2 Tz. 1 ein Risikoappetit für Liquiditätsrisiken zu bestimmen. Der Risikoappetit bestimmt die Bereitschaft, Liquiditätsrisiken in Abhängigkeit der Ertragskraft sowie der Risikoneigung[328] einzugehen. Eine allgemeine aufsichtliche Definition des Risikoappetits findet sich in der Erläuterung zu AT 4.2 Tz. 2.

> **Auszug Erläuterung zu AT 4.2 Tz. 2 – Risikoappetit**
>
> Mit der Festlegung des Risikoappetits trifft die Geschäftsleitung eine bewusste Entscheidung darüber, in welchem Umfang sie bereit ist, Risiken einzugehen. Der Risikoappetit kann in vielfacher Weise zum Ausdruck gebracht werden. Neben rein quantitativen Vorgaben (z. B. Strenge der Risikomessung, Globallimite, Festlegung von Puffern für bestimmte Stressszenarien) kann der Risikoappetit auch in der Festlegung von qualitativen Vorgaben zur Geltung kommen (z. B. Anforderung an die Besicherung von Krediten, Vermeidung bestimmter Geschäfte).

328 Vgl. *Institute of International Finance (IIF):* Reform in the Financial Services Industry: Strengthening Practices for a More Stable System, Dezember 2009.

1053 Die Definition des Risikoappetits für die Liquiditätsrisiken wird in der Praxis oftmals in der Risikostrategie oder in der Liquidity Policy durch die Institute intern definiert. Hierbei werden in der Bankenbranche unterschiedliche Ansätze verwendet. Kurzfristig kann der operative Risikoappetit beispielsweise so definiert sein, dass die Differenz der Aktiva und Passiva am Ende des Tages immer durch die Spitzenrefinanzierungsfazilitäten der Bundesbank gedeckt werden muss oder allgemein durch ausreichende Liquiditätspuffer (insbes. hochliquide, unbelastete Vermögensgegenstände) immer gedeckt werden muss. Langfristig kann der Risikoappetit zum Beispiel im Rahmen einer Überlebensanalyse (»Survival Horizon Analysis«[329]) festgelegt werden, demnach eine Überlebensperiode von zum Beispiel einem halben Jahr in einem definierten Szenario gewünscht wird. Darüber hinaus kann bei der Festlegung des Risikoappetits die Limitierung der strategischen Geschäftsfelder oder intern definierter Kennzahlen herangezogen werden. Des Weiteren sollten auch die regulatorischen Liquiditätskennziffern der CRR (d. h. LCR und perspektivisch NSFR) in die Definition des Risikoappetits einbezogen werden. Die Einhaltung des Risikoappetits für Liquiditätsrisiken ist durch geeignete Maßnahmen sicherzustellen. Für den Fall einer Überschreitung des festgelegten Risikoappetits sollten Frühwarnsignale sowie Eskalationsmechanismen implementiert sein, die Handlungsmaßnahmen hervorrufen. Der Risikoappetit sollte ebenfalls auf Gruppenebene bestimmt und durch geeignete Maßnahmen sichergestellt werden.

	Fragestellung »Risikoappetit?«	**Erfüllt**
	Ist für das Institut ein Risikoappetit festgelegt?	
1.	Wurde der Risikoappetits für Liquiditätsrisiken definiert?	
2.	Existiert eine regelmäßige Überwachung der Erfüllung des Risikoappetits?	
3.	Ist der Risikoappetit mit dem Gesamtrisikoprofil vereinbar?	
4.	Ist der Risikoappetits in der Gruppe konsistent definiert? (Nur für Gruppen)	

329 Vgl. *Committee of European Banking Supervisors (CEBS),* aktuell *European Banking Authority (EBA):* Guidelines on Liquidity Buffers & Survival Periods, Dezember 2009.

7.4. Sicherstellung der Zahlungsfähigkeit, Diversifikation, innertägige Liquidität

Auszug BTR 3.1 Tz. 1

Das Institut hat sicherzustellen, dass es seine Zahlungsverpflichtungen jederzeit erfüllen kann. Das Institut hat dabei, soweit erforderlich, auch Maßnahmen zur Steuerung des untertägigen Liquiditätsrisikos zu ergreifen. Es ist eine ausreichende Diversifikation der Refinanzierungsquellen und der Liquiditätspuffer zu gewährleisten. Konzentrationen sind wirksam zu überwachen und zu begrenzen.

Der erste Satz in BTR 3.1 Tz. 1 formuliert die Anforderung an das Institut die 1054 Zahlungsfähigkeit jederzeit sicherstellen zu können. Der Wirkungsbereich dieser Anforderung ist sehr weit gefasst und spiegelt sich sowohl im Allgemeinen Teil der MaRisk, zum Beispiel Risikosteuerungs- und -controllingprozesse, als auch den weiteren Textziffern des BTR 3 wieder (unter anderem Liquiditätsablaufbilanz, Liquiditätspuffer, Handlungsimplikationen aus Stresstests).

Die jederzeitige Sicherstellung der Zahlungsverpflichtungen ist eng mit der 1055 Zusammensetzung der Refinanzierungsquellen und der Liquiditätspuffer verbunden. Eine zu starke Konzentration im Liquiditätspuffer kann im Stressfall dessen Funktion zur Liquiditätsgenerierung gefährden. Analog dazu könnte eine übermäßige Konzentration bei den Refinanzierungsquellen zu Refinanzierungsrisiken oder Marktliquiditätsrisiken führen. Demzufolge ist auf eine ausreichende Diversifikation zu achten. Insbesondere sollte hierbei die Refinanzierungsstrategie im Hinblick auf eine ausreichende Diversifikation untersucht werden. Wünschenswert wären eine Gegenüberstellung aller möglichen Refinanzierungspotenziale sowie deren Inanspruchnahme gegebenenfalls unterteilt in den Normal- und Krisenfall. Hierbei ist auf eine regelmäßige Überprüfung des dauerhaften Zugangs zu den relevanten Refinanzierungsquellen zu achten (vgl. BTR 3.1 Tz. 4 und Tz. 12). Auf Basis der Erläuterungen zu BTR 3.1 Tz. 1 können mögliche Kriterien zur Beurteilung der Diversifikation Geschäftspartner bzw. Emittenten, Produkte, Laufzeiten und Regionen sein.

Spezialthema bei der Diversifikation stellen Verbund- oder Konzernunter- 1056 nehmen wie zum Beispiel Tochtergesellschaften, Niederlassungen sowie Spezialfinanzierer dar. So ist der Diversifikationsgrad der Refinanzierungsquellen und der Liquiditätspuffer stark von dem jeweiligen Geschäftsmodell abhängig und kann erheblich zwischen den Instituten variieren. Darüber hinaus spielt der Zentralisierungsgrad des Liquiditätsrisikomanagements eine wichtige Rolle (zum Beispiel Cash Pooling oder konzerninterne Refinanzierungsstrukturen). Die Prüfung der Anforderungen an eine ausreichende Diversifikation sollte also unter Berücksichtigung dieser Besonderheiten erfolgen.

	Fragestellung »ausreichende Diversifikation«	Erfüllt
	Sind die Refinanzierungsquellen und Liquiditätspuffer des Instituts unter Beachtung der Geschäfts- sowie Risikostrategieaspekte hinreichend diversifiziert?	
1.	Existiert eine Aufstellung mit allen Refinanzierungsquellen sowie gegebenenfalls deren Potenzialen und Ausnutzungsgrad?	
2.	Ist der Grad der Diversifikation nachvollziehbar begründet und für das jeweilige Institut plausibel? Besonderheit: Bei der Prüfung von Tochtergesellschaften, die durch Konzerne refinanziert werden, ist auf die Diversifikation der Muttergesellschaften zu achten.	

1057 In Bezug auf die zeitliche Dimension kann zwischen kurz-, mittel- und langfristiger Liquidität unterschieden werden, die hauptsächlich durch den Bodensatz der Sicht- und Spareinlagen, Geldmarkt- bzw. Kapitalmarktgeschäfte sichergestellt wird. Abhängig von der Refinanzierungsstruktur der Institute werden die Refinanzierungsquellen in unterschiedlichem Maße beansprucht. Die MaRisk verlangen explizit eine adäquate Steuerung der kurzfristigen, innertägigen Liquidität. In der Praxis obliegt die Verantwortung für die kurzfristige Liquiditätssicherung häufig den Geldmarkt-Verantwortlichkeiten innerhalb des Treasury, wohingegen die Steuerung der mittel- und langfristigen Liquidität dem Kapitalmarkt-Bereich (gegebenenfalls außerhalb von Treasury) überlassen wird.

1058 Die Prinzipien der Steuerung der innertägigen Liquidität sind in dem BCBS-Papier »Kennzahlen zur Überwachung des untertägigen Liquiditätsmanagements«[330] sowie in der Empfehlung 8 des Papiers »Principles for Sound Liqui-

330 *Basel Committee on Banking Supervision (BCBS):* Monitoring tools for intraday liquidity management, April 2013.

dity Risk Management«[331] des Basler Ausschusses verankert und schließen die Lücke zu Basel III Anforderungen, deren Kennzahlen die untertägige Liquidität nicht explizit berücksichtigen. Beispiele für innertägige Liquiditätsquellen, -bedarf und dazugehörige Überwachungsindikatoren sind der Abbildung 4 zu entnehmen.

Innertägige Liquiditäsquellen

- Zentralbankreserven
- Zulässige Sicherheiten hinterlegt bei Zentralbank
- Unbelastete liquide Aktiva, die in Zentralbankgeld umgewandelt werden können
- Innertägig verfügbare besicherte und unbesicherte, zugesagte und ungebundene Kreditlinien
- Sonstige innertägig verfügbare Linien bei Banken

Innertägiger Liquiditätsbedarf

- Innertägige/Overnight Zahlungsverpflichtungen
- Zahlungen an „Zusatzsysteme" (z.B. Fazilitäten mit einem automatischen Sicherheitenausgleich)
- Notfallzahlungen z.B. als Notfallliquiditätsversorger
- Innertägige Zahlungsverpflichtungen an Kunden
- Zahlungen aus Korrespondenzbank-Verpflichtungen

Innertägige Überwachungsindikatoren

- Täglicher maximaler Liquiditätsbedarf (Netto)
- Verfügbare innertägige Liquidität
- Summe der Zahlungen
- Zeitspezifische und andere kritische Verpflichtungen
- Kundenzahlungen der FI-Kunden
- Innertägige Kreditlinien der FI-Kunden
- Settlement-Timing bei innertägigen Zahlungen
- Innertägiger Liquiditätsdurchlauf

Abbildung 4: Beispiele für innertägige Liquiditätsquellen, -bedarf und -indikatoren

Während der Prüfung der in BTR 3.1 Tz. 1 genannten Anforderungen sollte 1059
auch auf Zusammenhänge zu anderen Teilen der MaRisk geachtet werden. Hierzu sind beispielsweise folgende Zusammenhänge relevant: Liquiditätspuffer in BTR 3.1 Tz. 4, Kontrahenten- und Emittentenlimite in BTO 1, Risikoappetit in AT 4.2 Tz. 2 und Diversifikation in BTR 3.2 Tz. 4[332].

331 *Basel Committee on Banking Supervision (BCBS):* Principles for Sound Liquidity Risk Management and Supervision, September 2008.

332 Es ist anzumerken, dass BTR 3.2 nur für kapitalmarktorientierte Institute gilt.

	Fragestellung »Sicherstellung der Liquidität im Tagesverlauf«	**Erfüllt**
	Wird die Liquidität im Tagesverlauf überwacht und gesteuert?	
1.	Verfügt der verantwortliche Bereich über erforderliche Liquiditätsquellen zur Schließung der innertägigen Liquiditätsengpässe?	
2.	Wird die innertägige Liquiditätsposition adäquat abgebildet, kurzfristig überwacht und »glattgestellt«? Besonderheit: Es ist auf die IT-technische Abbildung zu achten.	
3.	Sind die Anforderungen bzgl. der innertägigen Liquidität auch auf Gruppenebene erfüllt? (Nur für Gruppen)	
4.	Werden Beobachtungskennzahlen ermittelt und im Zeitablauf beobachtet? (Optional)	

7.5. Frühwarnsystem, Zusammenhänge zwischen Liquiditäts- und anderen Risiken

Auszug BTR 3.1 Tz. 2

Das Institut hat zu gewährleisten, dass ein sich abzeichnender Liquiditätsengpass frühzeitig erkannt wird. Hierfür sind Verfahren einzurichten, deren Angemessenheit regelmäßig, mindestens aber jährlich, zu überprüfen ist. Auswirkungen anderer Risiken auf die Liquidität des Instituts (zum Beispiel Reputationsrisiken) sind bei den Verfahren zu berücksichtigen.

1060 Die Steuerung von Liquiditätsrisiken ist durch ein Frühwarnsystem zu ergänzen, welches ermöglicht sich abzeichnenden Liquiditätsengpass frühzeitig zu erkennen. Exemplarisch ist die Nutzung von folgenden Beobachtungskennzahlen möglich:

Bankinterne Indikatoren	Bankexterne Indikatoren
▶ Negativer Trend oder erhöhtes Risiko in den Geschäftsfeldern und Produktlinien ▶ Rasches Wachstum der Aktivseite, welches mit volatilen Einlagen finanziert wird ▶ Konzentration auf der Aktiv- und/oder Passivseite sowie in Handelsgeschäften und bei Verpflichtungen aus derivativen Geschäften ▶ Abnehmende Ertragskraft der Bank oder abnehmende Bonität der Aktiva ▶ Kundenunzufriedenheit mit Einlagen- und Kreditprodukten sowie anderen Produkten der Bank / Bankengruppe ▶ Beobachtung des eigenen Credit Spreds / Liquiditätsspreads (bzw. der Muttergesellschaft; nur bei Gruppen) ▶ Beobachtung der Einflussfaktoren des eigenen Ratings im Hinblick auf die möglichen Ratingherabstufungsgefahren	▶ Bank wird in Gesprächen am Markt als mit Problemen behaftet gesehen ▶ Kontrahenten fordern Sicherheiten für bislang unbesicherte Geschäfte ▶ Ertragsrückgänge in Kerngeschäftsfeldern, u. U. hohe Erträgen aus volatilen Geschäftsfeldern; Mittelaufnahme zu relativ ungünstigen Konditionen ▶ Aufhebung von Geldmarktlinien, Kündigung / Wegfall Refinanzierungslinien; Negative Outlook / Downrating des Instituts ▶ Kundenabwanderung, Bilanzsummenverkürzung durch Abbau von Kundeneinlagen ▶ Beobachtung der Credit Spreads / Liquiditätsspreads der Marktteilnehmer (bzw. der Muttergesellschaft; nur bei Gruppen) ▶ Beobachtung der Ratingbewegungen der Marktteilehmer und insbes. der eigenen Kunden

Tabelle 1: Beispielhafte Zusammenstellung von internen und externen Frühwarnindikatoren[333]

Die in der Praxis angewandten Frühwarnsysteme verfügen häufig über sogenannte Stufenverfahren bzw. Ampelsysteme, die laufend Informationen über Limitauslastung liefern. Die Überschreitung der Limite sollte einen Eskalationsprozess in Gang setzen und gegebenenfalls ab einer bestimmten Grenze zur Auslösung eines Notfalls. Während der Prüfung der Frühwarnsysteme sollte auf den Umfang der Indikatoren, die Ableitung der einzelnen Frühwarnstufen, die Verzahnung mit dem Notfallkonzept sowie den dazugehörigen liquiditätssichernden Maßnahmen sowie Definition der Eskalationsstufen geachtet werden. 1061

333 Vgl. *Basel Committee on Banking Supervision (BCBS):* Principles for Sound Liquidity Risk Management and Supervision, September 2008; Nr. 54 (insbesondere Prinzip 5).

	Fragestellung »Frühwarnsystem«	Erfüllt
	Sind Indikatoren definiert, welche als Frühwarnsystem fungieren?	
1.	Verfügt das Institut über ein Frühwarnsystem des Liquiditätsrisikos?	
2.	Werden die angewandten Verfahren zur Früherkennung der Liquiditätsengpässe regelmäßig validiert?	
3.	Ist die Schnittstelle zur Notfallplanung definiert? (Optional)	
4.	Ist eine regelmäßige, mindestens jährliche, Überprüfung des Frühwarnsystems vorgesehen?	

1062 Liquiditätsrisiken können nicht isoliert von anderen Risikoarten betrachtet werden. In der Finanzkrise hat sich gezeigt, dass die Auswirkungen von beispielsweise Reputationsrisiken weit reichend sein können. So kann ein Vertrauensverlust bei anderen Instituten zu einer Austrocknung der Refinanzierungsquellen und somit zu Liquiditätsengpässen führen. Analog kann ein Vertrauensverlust bei Kunden zu abrupten Entnahmen der Einlagen oder sogar zum Bank-Run führen. Zu noch stärkeren Auswirkungen auf die Liquiditätslage könnten hohe Verluste oder Abschreibungen führen, welche eine Bonitätsverschlechterung induzieren und einen Reputationsverlust bedeuten könnten. Aus diesem Grunde ist bei der Prüfung des Liquiditätsrisikomanagements auf Interdependenzen zwischen Liquiditäts- sowie anderen Risiken zu achten, insbes. Reputationsrisiken.

1063 Andere materielle Zusammenhänge sind ebenfalls relevant. Diese könnten zum Beispiel Adressenausfall-, Markt- sowie operationelle Risiken sein. Adressenausfallsrisiken können für die Liquiditätssteuerung relevant werden, sobald Kontrahenten oder Gruppen von Kontrahenten Zahlungsverpflichtungen verzögern, nur teilweise oder gar nicht nachkommen können. Marktrisiken können im Rahmen der Liquiditätsrisiken zum Beispiel bei der Bewertung der Wertpapierbestände (Liquiditätspuffer, Collateral Management) eine wichtige Rolle spielen. Die Wechselwirkung des Liquiditätsrisikos mit operationellen Risiken kann sich zum Beispiel durch Verluste infolge Unangemessenheit oder des Versagens von internen Verfahren, Menschen und Systemen oder aufgrund vom Eintreten externer Ereignisse manifestieren. Hierbei ist der Zusammenhang mit dem internen Kontrollsystem ebenfalls nicht zu unterschätzen.

	Fragestellung »Zusammenhänge zwischen Liquiditäts- und anderen Risiken«	Erfüllt
	Sind Interdependenzen zwischen der Liquiditäts- sowie anderen Risiken abgebildet?	
1.	Sind die Interdependenzen zum Reputationsrisiko berücksichtigt?	
2.	Sind die Interdependenzen zum operationellen Risiko berücksichtigt? Ist das Interne Kontrollsystem in diesem Zusammenhang angemessen ausgestaltet?	
3.	Sind die Interdependenzen zum Kreditrisiko berücksichtigt?	
4.	Sind die Interdependenzen zum Marktrisiko berücksichtigt?	
5.	Sind die Interdependenzen zu weiteren wesentlichen Risiken berücksichtigt?	

7.6. Cash Flow-Modellierung, Liquiditätsablaufbilanz

Auszug BTR 3.1 Tz. 3

Das Institut hat für einen geeigneten Zeitraum eine oder mehrere aussagekräftige Liquiditätsübersichten zu erstellen, in denen die voraussichtlichen Mittelzuflüsse den voraussichtlichen Mittelabflüssen gegenübergestellt werden. Die Liquiditätsübersichten müssen geeignet sein, um die Liquiditätslage im kurz-, mittel- und langfristigen Bereich darzustellen. Dies hat sich in den getroffenen Annahmen, die den Mittelzu- und -abflüssen zugrunde liegen, und in der Untergliederung in Zeitbändern angemessen widerzuspiegeln. Den auch in normalen Marktphasen üblichen Schwankungen der Zahlungsflüsse ist in den Liquiditätsübersichten angemessen Rechnung zu tragen.

BTR 3.1 Tz. 3 stellt die Anforderung an das Risikomess- und Steuerungssystem der Institute, die Liquiditätsgaps, d. h. die Differenz der erwarteten Mittelzu- und -abflüsse, im Rahmen einer oder mehrerer Liquiditätsablaufbilanz(en), dar. In der Liquiditätsablaufbilanz werden die künftigen Zahlungsflüsse (Cash Flows) und die damit einhergehenden Liquiditätspositionen verschiedenen Laufzeitbändern zugeordnet (Tag, Monat, Jahr). Je nach Volatilität ist vor allem in den kurzen Laufzeitbändern auf eine ausreichende Granularität zu achten (d. h. Darstellung der Cash Flows auf Tagesbasis). Ausgangsbasis für die Cash Flow-Modellierung stellt die Darstellung der vertraglichen 1064

Cash Flows dar, in der die Mittelzu- und -abflüsse entsprechend der jeweiligen vertraglichen (Rest-)Laufzeiten (sogenannte »Contractual Maturities«) abgebildet werden. Damit ein zu erwartender bzw. voraussichtlicher Cash Flow-Verlauf im Normalfall abgebildet werden kann, müssen noch einige Korrekturen berücksichtigt werden. In der Praxis werden tatsächlich zusätzlich zu den vertraglichen Abläufen oftmals auch die sogenannten ökonomischen Laufzeiten modelliert (sogenannte »Economic Maturities«)[334]. Eine solche Cash Flow-Modellierung basiert auf festzulegenden Modellierungsannahmen. Der Modellierungsansatz kann sich erfahrungsgemäß unter anderem auf historische Analysen, Ergebnisse stochastischer Methoden oder Expertenschätzungen beziehen. Feste Bestandteile sind hierbei oftmals zum Beispiel: Bodensatz der Sicht- und Spareinlagen, Sondertilgungen, (Kredit-)Ausfälle, Annahmen bei revolvierenden Krediten, Ziehung von noch nicht in Anspruch genommenen gewährten Kredit- oder Liquiditätslinien, Nachschussverpflichtungen bei besichertem Derivategeschäft etc. Hierbei ist zu beachten, dass die angenommenen Modellierungsparameter zur Erstellung der Liquiditätsablaufbilanz nachvollziehbar dokumentiert werden müssen und regelmäßig zu validieren sind.

	Fragestellung »Cash Flow-Modellierung«, »Liquiditätsablaufbilanz«	**Erfüllt**
	Verfügt das Institut über eine geeignete Cash Flow-Modellierung?	
1.	Verfügt das Institut über eine oder mehrere aussagekräftige Liquiditätsübersichten, die die voraussichtlichen Mittelzuflüsse den voraussichtlichen Mittelabflüssen gegenüberstellen?	
2.	Werden die vertraglichen Cash Flows modelliert? (Optional bzw. Basis für Cash Flow-Modell im Normalfall)	
3.	Werden die stochastischen Cash Flows angemessen modelliert (Optional bzw. Basis für Cash Flow-Modellierung im Normalfall)?	
4.	Werden die üblichen Schwankungen der Zahlungsflüsse auch in den normalen Marktphasen angemessen berücksichtigt?	

334 Vgl. *Deutsche Bundesbank und Bundesanstalt für Finanzdienstleistungsaufsicht (BaFin):* Praxis des Liquiditätsrisikomanagements in ausgewählten deutschen Kreditinstituten, Januar 2008.

5.	Werden Inanspruchnahmen aus Liquiditäts- und Kreditlinien, die Dritten gewährt wurden, angemessen modelliert?	
6.	Sind alle Cash Flow-Modellierungsannahmen dokumentiert und für sachverständige Dritte nachvollziehbar?	
7.	Ist die Untergliederung in Zeitbänder geeignet, auch die Entwicklung der kurzfristigen Liquiditätslage angemessen abzubilden?	
8.	Wird die Prognosegüte des Modellierungsansatzes überprüft?	

✓ **Exkurs:**

Da die liquiditätsmessenden, überwachenden, steuernden Funktionen des Liquiditätsmanagements grundsätzlich in unterschiedlichen Abteilungen liegen (bspw. Risikocontrolling, Treasury, Kapitalmarkt) besteht das Risiko, dass Annahmen nicht konsistent zueinander weiterentwickelt werden. Es sollte sichergestellt sein, dass beispielsweise die Annahmen der Geschäftsfeldplanung (zur mittel- und langfristigen Steuerung) konsistent zu den Annahmen der Liquiditätsablaufbilanz sind und die eingesetzten Liquiditätsrisikosteuerungs- und -controllingmethoden grundsätzlich in der ganzen Organisation stimmig sind.

7.7. Liquiditätspuffer, Refinanzierungsquellen

Auszug BTR 3.1 Tz. 4

Es ist laufend zu überprüfen, inwieweit das Institut, auch bei angespanntem Marktumfeld, in der Lage ist, einen auftretenden Liquiditätsbedarf zu decken. Dabei ist insbesondere auch auf den Liquiditätsgrad der Vermögenswerte abzustellen. Der dauerhafte Zugang zu den für das Institut relevanten Refinanzierungsquellen ist regelmäßig zu überprüfen. Für kurzfristig eintretende Verschlechterungen der Liquiditätssituation hat das Institut ausreichend bemessene, nachhaltige Liquiditätspuffer (zum Beispiel hochliquide, unbelastete Vermögensgegenstände) vorzuhalten.

Neben der jederzeitigen Sicherstellung der Zahlungsfähigkeit unter anderem 1065
durch die Diversifikation der Vermögens- und Kapitalstruktur nach BTR 3.1 Tz. 1 wird nach BTR 3.1 Tz. 4 die Bedeutung der Aktivseite bei angespannten Marktsituationen durch die Betrachtung des Liquiditätsgrades der Vermö-

genswerte noch deutlicher zum Ausdruck gebracht. Hierbei handelt es sich insbesondere um Wertpapierbestände, die im Falle eines Liquiditätsbedarfs kurzfristig (auch unter Einbeziehung gewisser Abschläge auf den Verkaufspreis) in liquide Geldeinheiten umgewandelt werden könnten. Dies ist zwangsläufig mit dem Aufbau und dem Vorhalten von Liquiditätspuffern zur zusätzlichen Absicherung des Zahlungsunfähigkeitsrisikos verbunden. Die Höhe der Liquiditätspuffer kann von dem Risikoappetit (AT 4.2 Tz. 2 i. V. m. AT 2.2 Tz. 1) abgeleitet werden, falls in diesem Zusammenhang ein Mindestzeithorizont zum Überleben (»Survival Horizon«) definiert wurde. In diesem Falle sollte die mögliche Liquiditätsunterdeckung in dem vorgegebenen Zeitraum jederzeit durch ausreichende Liquiditätspuffer (hochliquide, unbelastete Vermögensgegenstände) abgedeckt werden können. Hierbei müssen auch die Ergebnisse der Stresstests (BTR 3 Tz. 8) berücksichtigt werden[335]. Die Zusammensetzung und Höhe der Liquiditätspuffer kann von verschiedenen Parametern, wie zum Beispiel Geschäftsmodell, Marktstruktur, Zentralisierungsgrad, regulatorischen Anforderungen und Einlagesicherungssystemen abhängig sein.

1066 Im Rahmen der Prüfung der Liquiditätspuffer ist darauf zu achten, inwieweit diese zur Überbrückung von angespannten Marktverhältnissen ausreichend ist. Bei der Prüfung der Wertpapierbestände im Zusammenhang mit den Liquiditätspuffern ist auf die Definition der Liquiditätspuffer zu achten, insbesondere ob sie widerspruchsfrei zu anderen Dokumenten ist. Beispielsweise sollte eine festgelegte Durchhaltestrategie der Held-to-Maturity-Bestände (HtM-Bestände) in Strategiedokumenten und gleichzeitige Zwangsveräußerung mit Abschlägen im Notfallkonzept im Hinblick auf die Konsistenz in Frage gestellt werden.

1067 Die nach den MaRisk geforderten Liquiditätspuffer sind eindeutig abzugrenzen von der Mindestreserve, die von der Bundesbank vorgegeben verpflichtend ist. Die Europäische Zentralbank (EZB) verlangt von Kreditinstituten, auf Girokonten bei den nationalen Zentralbanken (NZBen) Pflichteinlagen in Abhängigkeit kurz- und mittelfristiger Einlagen (Giro-, Termin- und Spareinlagen) zu unterhalten. Diese werden als »Mindestreserven« bezeichnet. Die Mindestreserve gilt als geldpolitisches Instrument zur Steuerung der Nachfrage von Geschäftsbanken nach Zentralbankgeld und steht im Gegensatz zu den Liquiditätspuffern nicht zur freien Verfügbarkeit der Bank zur Steuerung der Liquidität.

---

335 Vgl. *Committee of European Banking Supervisors (CEBS),* aktuell *European Banking Authority (EBA):* Guidelines on Liquidity Buffers & Survival Periods, Dezember 2009.

Der dauerhafte Marktzugang für die relevanten Refinanzierungsquellen ist regelmäßig zu überprüfen. Zur Sicherstellung des Marktzuganges ist unter anderem eine Marktpflege erforderlich. Dies bedeutet, dass das Institut aktiv am Markt agieren muss, um den Marktzugang sicherzustellen. Ein Institut kann beispielsweise nicht erwarten, erfolgreich Repos am Markt zu platzieren, wenn es in den vergangenen Jahren auf dem Repo-Markt nicht aktiv tätig war. 1068

Eine weitere Möglichkeit zur Sicherstellung der Liquidität ist das Vorhalten eines ausreichenden Bestandes an EZB-fähigen Wertpapieren, die unverzüglich im Rahmen von Offenmarktgeschäften als Sicherheiten bei der EZB hinterlegt werden können. Alternativ könnten die noch nicht als Sicherheit belasteten Wertpapiere bereits bei der EZB hinterlegt sein, damit der Liquiditätszugang noch schneller wird. Die vom Institut bereitgestellten Sicherheiten müssen allerdings bestimmte Zulassungskriterien erfüllen. Diese sind in der Tabelle 2 zusammengestellt. 1069

Anforderung	Erläuterung
Art der Sicherheit:	▪ in Euro denominierte erstrangige Schuldtitel
Art des Emittenten/ Garanten:	▪ Zentralbanken, öffentliche Hand, privater Sektor, internationale bzw. supranationale Institutionen
Sitz des Emittenten (Garanten):	▪ EWR oder in einem von der EZB zugelassenen G10-Land außerhalb des EWR (EWR)
Emissionsort:	▪ EWR
Zugelassene Märkte:	▪ Handelszulassung an einem geregelten Markt oder Handel an einem von der EZB akzeptierten nicht geregelten Markt
Abwicklungsverfahren:	▪ Abwicklung im Euro-Währungsgebiet; zentrale, girosammelverwahrfähige Hinterlegung der Sicherheit bei einer Organisation, die EZB-Mindeststandards erfüllt
Bonitätsanforderungen	▪ an die Sicherheit bzw. den Emittenten/Garanten

Tabelle 2: Zusammenstellung ausgewählter Zulassungskriterien als EZB-fähiges Wertpapier[336]

336 Vgl. http://www.bundesbank.de/Navigation/DE/Aufgaben/Geldpolitik/Notenbankfaehige_Sicherheiten/Zulassungskriterien/zulassungskriterien.html

1070 Zusätzlich ist die Belastung von Vermögensgegenständen zu berücksichtigen. Eine Belastung von Vermögensgegenständen kann sich beispielsweise ergeben, wenn diese als Sicherheit für derivative Transaktionen gestellt wurden, im Deckungsstock für eigene Pfandbriefemissionen liegen oder als Sicherheit für Repo-Geschäfte verwendet werden. Das Institut muss angemessene Verfahren implementieren, um diese Belastungstatbestände zeitnah zu identifizieren. Belastete Vermögensgegenstände dürfen nicht Bestandteil des Liquiditätspuffers sein, da diese nicht zur Liquiditätsgenerierung herangezogen werden können. Ebenso muss eine Berichterstattung an die Geschäftsleitung erfolgen. Hier können sich Synergien zu den Anforderungen aus der CRR bzw. der Durchführungsverordnung (EU) 2015/79 der Kommission vom 18. Dezember 2014 (Meldung von belasteten Vermögensgegenständen) ergeben.

	Fragestellungen »Liquiditätspuffer« und »Refinanzierungsquellen«	**Erfüllt**
	Kann der Liquiditätsbedarf auch im angespannten Umfeld gedeckt werden?	
1.	Verfügt das Institut über Liquiditätspuffer?	
2.	Sind die Liquiditätspuffer ausreichend zur Deckung von kurzfristig eintretenden Verschlechterungen der Liquiditätssituation?	
3.	Sind die Liquiditätspuffer ausreichend zur Überbrückung von krisenhaften Situationen?	
4.	Ist die Definition der Liquiditätspuffer widerspruchsfrei zu anderen Dokumenten? (Zum Beispiel: Durchhaltestrategie bei HtM-Beständen und gleichzeitige Zwangsveräußerung mit Abschlägen im Notfall)	
5.	Wird der dauerhafte Zugang zu den relevanten Refinanzierungsquellen regelmäßig überprüft?	
6.	Werden belastete Vermögensgegenstände identifiziert und berichtet?	

✓ **Exkurs:**

Zu Beginn der Finanzmarktkrise 2007/2008 bewerteten die meisten Institute ihre Liquiditätssituation als angemessen. Die Art, Tiefe und Dauer der einhergehenden Liquiditätskrise waren weit schwerwiegender als erwartet und zeigten auf, dass die Liquiditätspuffer umfassender auszugestalten ist.

Infolge der Krisensituation wurden die Anforderungen an den Bestand und die Ausgestaltung der unbelasteten, erstklassigen, hochliquiden Aktiva (Liquiditätspuffer) bei Banken im Rahmen der G20 Diskussionen und den daraus resultierenden internationalen Basel III Standards für Liquiditätsrisikomanagement – insbes. durch das Liquidity Coverage Ratio (LCR) – verschärft.

7.8. Liquiditätskosten und Liquiditätstransferpreissystem

Auszug BTR 3.1 Tz. 5

Das Institut hat ein geeignetes Verrechnungssystem zur verursachungsgerechten internen Verrechnung der jeweiligen Liquiditätskosten, -nutzen und -risiken einzurichten. Die Ausgestaltung des Verrechnungssystems ist abhängig von Art, Umfang, Komplexität und Risikogehalt der Geschäftsaktivitäten sowie der Refinanzierungsstruktur des Instituts. Das Verrechnungssystem ist von der Geschäftsleitung zu genehmigen.

Auszug BTR 3.1 Tz. 6

Große Institute mit komplexen Geschäftsaktivitäten haben ein Liquiditätstransferpreissystem zur verursachungsgerechten internen Verrechnung der jeweiligen Liquiditätskosten, -nutzen und -risiken zu etablieren. Die ermittelten Transferpreise sind im Rahmen der Ertrags- und Risikosteuerung zu berücksichtigen, indem die Verrechnung möglichst auf Transaktionsebene erfolgt. Dies gilt für bilanzwirksame und außerbilanzielle Geschäftsaktivitäten. Die Aspekte Haltedauer und Marktliquidität der Vermögensgegenstände sind bei der Ermittlung der jeweiligen Transferpreise zu berücksichtigen. Für unsichere Zahlungsströme sind geeignete Annahmen zu treffen. Das Liquiditätstransferpreissystem hat auch die Kosten für vorzuhaltende Liquiditätspuffer zu verrechnen.

Auszug BTR 3.1 Tz. 7

Die Verantwortung für die Entwicklung und Qualität sowie die regelmäßige Überprüfung des Liquiditätstransferpreissystems ist in einem vom Markt und Handel unabhängigen Bereich wahrzunehmen. Die jeweils gültigen Liquiditäts-transferpreise sind den betroffenen Mitarbeitern transparent zu machen. Die Konsistenz der eingesetzten Liquiditätstransferpreissysteme innerhalb der Gruppe müssen gewährleistet sein.

1071 Mit der Novellierung der MaRisk im Jahr 2012 hat die deutsche Finanzmarktaufsicht das Themenfeld Liquiditätskosten umfassend erweitert und konkretisiert. Der Kerngedanke dieser Erweiterung ist insbesondere aus den »Principles for Sound Liquidity Risk Management and Supervision«[337] sowie den »Guidelines on Liquidity Cost Benefit Allocation«[338] abgeleitet.

1072 Während in BTR 3.1 Tz. 5 eine allgemeine Anforderung zur Einrichtung eines Verrechnungssystems für Liquiditätskosten, -nutzen und -risiken unter Berücksichtigung des Proportionalitätsprinzips gestellt wird, folgen in Tz. 6–7 detaillierte Anforderungen an ein Liquiditätstransferpreissystem, die sich insbesondere auf große Institute mit komplexen Geschäftsaktivitäten beziehen.

1073 Vereinfacht ausgedrückt kann die allgemeine Anforderung an ein Liquiditätskostenverrechnungssystem oder Liquiditätstransferpreissystem als »kenne deine Produkte«-Prinzip dargelegt werden. Jedes Produkt muss refinanziert werden, was mit gewissen Kosten einhergeht. Im Rahmen der Liquiditätskostenverrechnung oder des Transferpreissystems gilt es, unter den einzelnen Kostenbestandteilen die Liquiditätskosten zu identifizieren und bei der Steuerung der Geschäftsaktivitäten adäquat zu berücksichtigen. Die typischen Kostenbestandteile eines Produkts sind in der Abbildung 5 schematisch dargestellt.

337 *Basel Committee on Banking Supervision (BCBS):* Principles for Sound Liquidity Risk Management and Supervision, September 2008 (insbesondere Principle 4).

338 *Committee of European Banking Supervisors (CEBS),* aktuell *European Banking Authority (EBA):* Guidelines on Liquidity Cost Benefit Allocation, Oktober 2010.

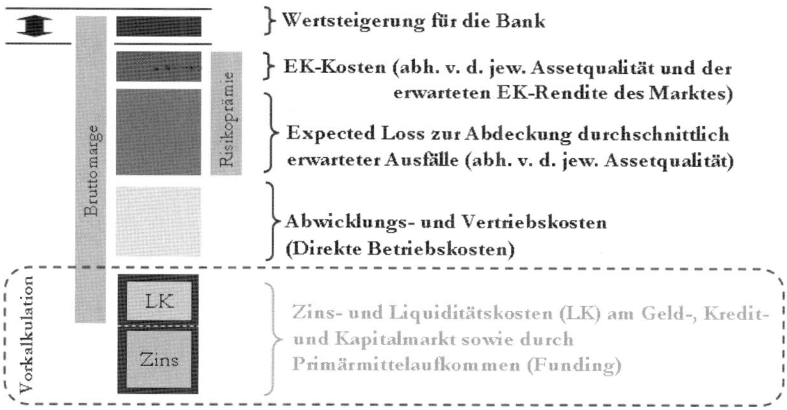

Abbildung 5: Schematische Darstellung der typischen Kostenbestandteile eines Produkts

Liquiditätskosten (LK) sind einer der Kostenbestandteile eines zu refinanzie- 1074
renden Produkts. Sie ergeben sich unmittelbar aus den Konditionen am Geld-, Kredit-, Kapitalmarkt sowie durch Primärmittelaufkommen (Funding). Die Liquiditätskosten steigen normalerweise bei steigender Illiquidität und gleich bleibender Bonität. Deswegen werden sie oftmals als Liquiditätsspreads (analog zu Credit Spreads) wahrgenommen.

Die Schwierigkeit der verursachungsgerechten Allokation der Liquiditätskos- 1075
ten besteht darin, dass die Produkte bzw. Transaktionen grundsätzlich nicht »gesondert« (sondern generell in einer aggregierten Form), nicht durch »einen Geschäftsbereich« (sondern möglicherweise durch mehrere) und möglicherweise nicht mit einem »einzelnen« Refinanzierungsmittel (sondern oftmals mit mehreren) refinanziert werden. Daher ist eine verursachungsgerechte Allokation der aggregierten Liquiditätskosten im Rahmen eines Verrechnungssystems oder eines Transferpreissystems erforderlich. Abhängig von der Komplexität der angewandten Methode kann das Liquiditätskostenverrechnungssystem die Anforderungen des BTR 3.1 Tz. 5 erfüllen oder in der Form eines ganzheitlichen Liquiditätstransferpreissystems den Anforderungen des BTR 3.2 Tz. 6–7 gerecht werden. Die evolutionäre Darstellung der Entwicklungsstadien der Liquiditätskostenverrechnungs- bzw. Liquiditätstransferpreissysteme kann der nachfolgenden Abbildung entnommen werden.

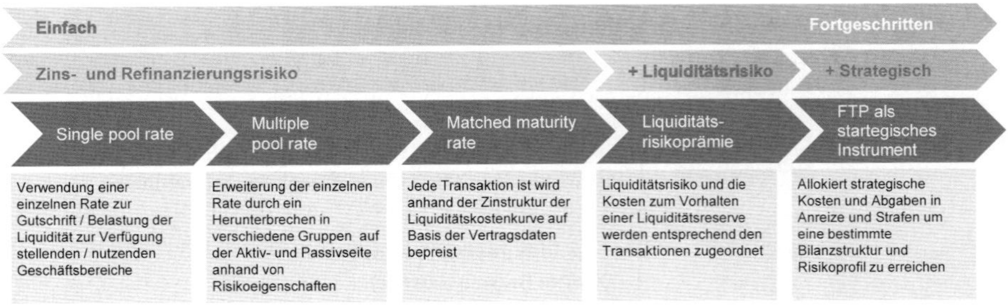

Abbildung 6: Entwicklungsstadien der Liquiditätskostenverrechnungs- bzw. Liquiditätstransferpreissysteme

1076 Die Aufsicht stellt durch die Anforderungen des BTR 3.1 Tz. 6–7 konkrete Anforderung an ein geeignetes Liquiditätstransferpreissystem. Das primäre Ziel eines Liquiditätstransferpreissystems ist die verursachungsgerechte interne Verrechnung der Liquiditätskosten.

1077 Mit Liquiditätskosten sind in der Praxis folgende Kostenkomponenten zu verstehen: *Refinanzierungskosten* (*direkte Liquiditätskosten*) sowie Liquiditätskosten, die sich aus zusätzlicher *Liquiditätsbeschaffung im Falle eines Liquiditätsengpasses* ergeben (*indirekte Liquiditätskosten*)[339]. Im Rahmen der Kalkulation der Liquiditätskosten sollten grundsätzlich beide Kostenarten berücksichtigt werden.

1078 Im Rahmen der Bestimmung der Liquiditätskosten ist grundsätzlich auf die Refinanzierungsstruktur einzugehen, da eine mangelnde Marktliquidität sowie vordefinierte Haltedauern maßgeblich die Liquiditätskosten der einzelnen Refinanzierungsinstrumente beeinflussen können. Wie auch bei der Erstellung der Liquiditätsablaufbilanz umfasst die risikosensitive Ermittlung von Transferpreisen das Modellieren des Verhaltens der bilanziellen und außerbilanziellen Zahlungsflüsse. Im Falle der unsicheren Zahlungsströme sind adäquate Annahmen zu treffen. Pauschale Prolongationsannahmen der kurzfristigen Refinanzierung von lang laufenden Geschäften sollten grundsätzlich hinterfragt werden. Die Liquiditätskosten der Liquiditätspuffer sind beim Transferpreissystem ebenfalls zu berücksichtigen.

1079 Im Rahmen der Liquiditätskostenallokation sollen die ermittelten Liquiditätskosten verursachungsgerecht dem Geschäftsbereich zugeordnet werden, in dem die Liquiditätsrisikoposition eingegangen wird. Vorzugsweise sollen die angefallenen Liquiditätskosten eindeutig zu der betreffenden Geschäftsaktivi-

339 Vgl. *Committee of Banking Supervisors (CEBS)*, aktuell *European Banking Authority (EBA)*: Guidelines on Liquidity Cost Benefit Allocation, Oktober 2010.

tät bzw. zum einzelnen Produkt zugeordnet werden, so dass richtige Anreize für die Geschäftsbereiche konsistent mit dem tatsächlichen (Liquiditäts-)Risikoprofil geschaffen werden und korrekte Performance-Berechnungen (unter anderem Value Creation, Carry Effekte) möglich werden. Je nach Möglichkeit sollen die entstandenen Liquiditätskosten bis auf die Transaktionsebene heruntergebrochen werden. Durch eine möglichst genaue Zuordnung der Liquiditätskosten soll eine risikoadäquate Abbildung der Ertrags-Risikostruktur erfolgen und somit die Anreize bei Geschäftsabschluss mit der Risikostrategie und Risikoappetit harmonisiert werden. Durch die verursachungsgerechte Allokation der Liquiditätskosten ist jeweils eine genauere Kontrolle der marktinduzierten Liquiditäts(spread)risiken, genauere Preisbestimmung bzw. -anpassung bei Produkten insbes. bei Liquiditätskostenänderungen, adäquates Performance Management und strategisches Bilanzmanagement unter Berücksichtigung der Liquiditätsrisikosteuerungsimpulse möglich. Die möglichen Ziele des Transferpreissystems (Funds Transfer Pricing, FTP) sind in der Abbildung 7 zusammengefasst.

FTP Ziele	Beschreibung
Instrument zur Selbstkontrolle von Risiken	▸ Das Liquiditätstransferpreissystem sollte sensibel auf Marktänderungen reagieren um nicht nachhaltiges Wachstum des Risikoprofils einer Geschäftseinheit zu vermeiden.
Preisbestimmung von Produkten	▸ Das Liquiditätstransferpreissystem sollte risikosensitiv sein und alle Produkteigenschaften adressieren, die zu zusätzlichen Kosten führen können (z.B. Vorauszahlung, offene Kreditlinien etc.)
Performance Management und Transparenz	▸ Das Liquiditätstransferpreissystem sollte dem Institut ermöglichen Erträge einer Geschäftseinheit entsprechend den generierten/gemanagten Risiken zu messen ▸ Dies wird am besten durch eine symmetrische Betrachtung erreicht, d.h. die Kosten sind den Erträgen über Geschäftseinheiten hinweg zuzuordnen.
Strategisches Bilanzmanagement	▸ Transferpreise können genutzt werden um die Aktivitäten einer Geschäftseinheit zu regulieren und mit der Strategie des Instituts / der Gruppe in Einklang zu bringen

Abbildung 7: Ziele des Funds Transfer Pricings (FTP)

BTR 3.1 Tz. 5 und Tz. 7 MaRisk stellen direkte Anforderungen an die Gover- 1080
nance der Liquiditätskostenverrechnungs- und Liquiditätstransferpreissysteme. Für alle Institute gilt, dass die Verantwortung für Liquiditätskostenverrechnungs- und Transferpreissysteme bei der Geschäftsleitung angesiedelt sein soll und durch diese zu genehmigen ist. Bei großen Instituten werden zusätzlich die Funktionstrennung der Entwicklung und Überprüfung der Liquiditätstransferpreissysteme durch einen vom Markt und Handel unabhän-

gigen Bereich sowie Transparenz der jeweils gültigen Transferpreise bei betroffenem Personal und Konsistenz der eingesetzten Systeme innerhalb der Gruppe gefordert. In der Praxis sind die Transferpreise regelmäßig, mindestens jährlich, zu aktualisieren und an die betroffenen Mitarbeiter zu kommunizieren. Änderungen der Transferpreise sind vorab – im Einklang mit BTR 3.1 Tz. 5 – von der Geschäftsleitung zu genehmigen.

1081 Die separate Aufnahme der Governance-Aspekte bzgl. der Liquiditätskostenverrechnungs- sowie Liquiditätstransferpreissysteme in die MaRisk unterstreicht die Bedeutung der Liquiditätskosten, -nutzen und -risiken im Liquiditätsrisikomanagement.

✓ **Erfahrungen aus der Praxis:**

Grundsätze der Liquiditätstransferpreise

- Anwendung erfolgt bei allen Aktiva und Passiva um eine wirksame Regulierung der Aktivitäten in den Geschäftseinheiten und den Einklang mit der Risikostrategie zu unterstützen
- Sind risikosensitiv und umfassen alle Risikotreiber, die das Risikoprofil des Instituts beeinflussen
- Sind vorausschauend, d. h. basieren auf aktuellen Marktpreisen/Grenzkosten und nicht auf historischen Refinanzierungskosten
- Berücksichtigen eingebettete optionale Bestandteile, da diese die erwarteten Zahlungsflüsse, den Refinanzierungsbedarf und somit die Risikoprämie beeinflussen
- Umfassen auch die Kosten im Stressfall und allokieren die Kosten der Liquiditätspuffer auf die verursachenden Geschäftsaktivitäten
- Allokieren Liquiditätskosten, -nutzen und -risiken zu den entsprechenden Geschäftseinheiten

	Fragestellung »Liquiditätskosten/-risiken und Liquiditätstransferpreissystem«	**Erfüllt**
	Verfügt das Institut über ein adäquates Liquiditätskostenverrechnungs- bzw. Liquiditätstransferpreissystem, welches unter Berücksichtigung der Liquiditätskosten und -risiken zur Steuerung der Geschäftsaktivitäten herangezogen wird?	
1.	Werden Liquiditätskosten im Institut adäquat gemessen?	
2.	Existiert eine oder mehrere (gruppenweite) Liquiditätskostenkurve(n)?	
3.	Wird zwischen gedeckter und ungedeckter Refinanzierung unterschieden?	
4.	Werden Liquiditätskosten im Institut gesteuert?	
5.	Ist eine Abnahme des Liquiditätskostenverrechnungs- bzw. des Liquiditätstransferpreissystems durch die Geschäftsleitung erfolgt?	
6.	Ist das Liquiditätstransferpreissystem konsistent zum Risikoappetit und der Liquiditätsrisikostrategie? (Große Institute)	
7.	Werden die aktuellen Transferpreise an die betroffenen Mitarbeiter kommuniziert? (Große Institute)	
8.	Werden die Liquiditätstransferpreise regelmäßig, mindestens jährlich, aktualisiert? Werden Änderungen von der Geschäftsleitung abgenommen und an die betroffenen Mitarbeiter kommuniziert? (Große Institute)	
9.	Wird das Liquiditätstransferpreissystem von einer unabhängigen Stelle überwacht? (Große Institute)	
10	Sind die ermittelten Liquiditätskosten in die Steuerung, den Neue Produkte Prozess, Performance Messung und die Bepreisung eingebunden? (Große Institute)	
11.	Ist das Liquiditätstransferpreissystem in der Gruppe konsistent, transparent und vergleichbar? (Große Institute und Institutsgruppen)	
12.	Erfolgt eine Marktgerechtigkeitsprüfung der Liquiditätskosten? (Optional, große Institute)	

✓ **Exkurs:**

Die Finanzmarktkrise 2007/2008 hat verdeutlicht, dass Treasurer, die in besonders engem Austausch mit den Geschäftsbereichen sind, relativ gut auf Liquiditätsengpässe vorbereitet waren. Aufgrund des regelmäßigen Kontaktes waren sie in Lage, mögliche Risiken aus neuen Produkten und bestehenden Geschäftsaktivitäten frühzeitig zu erkennen und den Liquiditätsbedarf der Geschäftsbereiche rechtzeitig aufzunehmen. Auffällig ist darüber hinaus, dass insbesondere die Institute ihren Zahlungsverpflichtungen nicht nachkommen konnten, die vor der Krise keine Liquiditätskostenanalyse durchgeführt haben, welche das Risikoprofil auf Einzelproduktebene darstellt. Eine wesentliche Schwäche in der Krise hat ein wenig differenziertes Transferpreissystem dargestellt, das zum Beispiel Refinanzierung der durch die Krise stark betroffenen Super Senior Tranchen mit kurzfristigen Refinanzierungsmitteln zu günstigen Konditionen erlaubt hat, was ex-ante grundsätzlich falsche Anreize in Handelsbereichen hinsichtlich der Risiko-Ertrags-Struktur dieser Geschäfte gesetzt hat.

Infolge der Krisensituation wurden die Transferpreissysteme bei Banken im Gleichlauf mit der Verschärfung der dazugehörigen Regulierung auf den Prüfstand gestellt und weiter entwickelt. Aufgrund der Sensitivität der Transferpreise wurde dieses Thema direkt der Geschäftsleitung unterstellt und kann grundsätzlich nur mit dem Beschluss eines Executive Committees geändert werden (direkter ALCO-Beschluss abhängig von der Zusammensetzung oftmals nicht ausreichend).

7.9. Stresstest

Auszug BTR 3.1 Tz. 8

Für Liquiditätsrisiken sind regelmäßig angemessene Stresstests durchzuführen. Dabei sind sowohl institutseigene als auch marktweite Ursachen für Liquiditätsrisiken in die Betrachtung einzubeziehen. Darüber hinaus sind beide Aspekte kombiniert zu betrachten. Das Institut hat die Stresstests individuell zu definieren. Dabei sind den Stresstests unterschiedlich lange Zeithorizonte zugrunde zu legen. Das Institut hat in den Stressszenarien seinen voraussichtlichen Überlebenshorizont zu ermitteln.

Stresstests im Bereich des Liquiditätsrisikomanagements können als eine natürliche Erweiterung der vertraglichen oder ökonomischen Cash Flow-Modellierung angesehen werden. Eine schematische Darstellung findet sich in der Abbildung 8. 1082

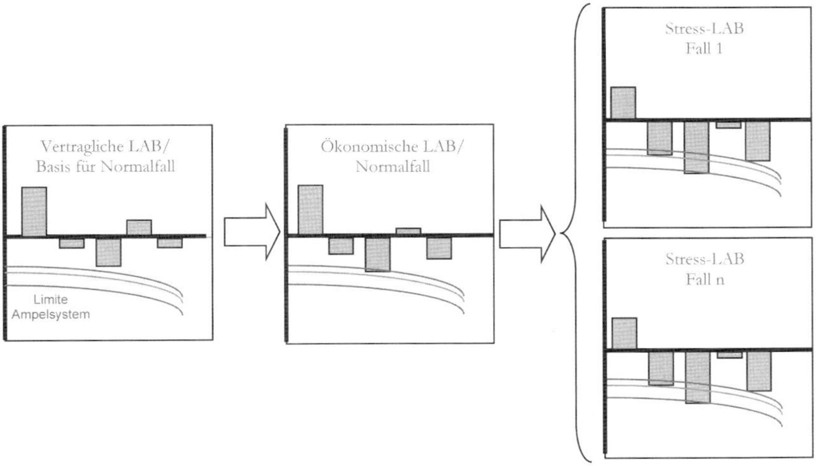

Abbildung 8: Darstellung eines beispielhaften Systems der Liquiditätsablaufbilanzen (LAB) von der vertraglichen LAB als Basis für die Modellierung im Normalfall (links), durch die ökonomische LAB im Normalfall (mittig) bis zu diversen Stressszenarien (rechts)

Nach AT 4.3.3 Stresstests sind regelmäßig angemessene Stresstests für die wesentlichen Risikoarten durchzuführen. Der BTR 3.1 Tz. 8 konkretisiert diese Anforderung separat für Liquiditätsrisiken und unterstreicht dadurch die Bedeutung der Stresstests für diese Risikoklasse. Auf Basis der unter dem Normalszenario dargestellten Liquiditätsgaps in der Liquiditätsablaufbilanz wird in BTR 3.1 Tz. 8 die Prognose der Liquiditätsgaps unter bestimmten Stressszenarien gefordert. 1083

> ✓ **Definition:**
>
> **Stressszenario:** ist ein Satz von Annahmen darüber, wie sich verschiedene Zahlungsflüsse aufgrund der Szenarioursachen verändern. Ein Stressszenario kann sowohl Aktiv- als auch Passivseite betreffen.

Neben institutseigenen sind auch marktweite Ursachen in die Betrachtung miteinzubeziehen. Eine marktübergreifende Liquiditätskrise und marktweite Liquiditätsstörungen sind nur als zwei Beispiele für marktweite Ursachen zu 1084 nennen. Eine Herabstufung der Bonität beruht hingegen üblicherweise auf institutsspezifischen Ursachen. Zusätzlich müssen beide Aspekte, d. h. institutseigene und marktweite Ursachen auch kombiniert betrachtet werden.

1085 Bei Stresstestanalysen ist es wichtig neben der kurzfristigen Sicht (tägliche Liquiditätsgaps bzw. monatliche Gaps) auch den mittel- bzw. langjährigen Zeithorizont (über ein Jahr) zu berücksichtigen. Die jährliche Betrachtung der Auswirkungen des Liquiditäts-Szenarios lediglich im Hinblick auf das erste Laufzeitband (ein Monat) gemäß Liquiditätsverordnung (analog zur Liquiditätskennzahl) bzw. zur LCR wäre aus ökonomischer Sicht nicht ausreichend.

1086 Generell erfolgt die Modellierung von Stressszenarien institutsspezifisch unter Berücksichtigung des jeweiligen Geschäftsmodells. Mögliche Szenarien zum Simulieren von Zahlungsströmen entstehen beispielsweise durch die Modellierung der Einlagen, eingebetteter Optionen, Prolongationen und des Neugeschäfts. Die Entwicklung von Szenarien sollte wandelnde Marktgegebenheiten berücksichtigen und so ausgestaltet sein, dass die Realität möglichst genau abgebildet ist. Entscheidend ist, dass die jeweiligen Stressszenarien alle wesentlichen liquiditätsrisikorelevanten Risikofaktoren berücksichtigen. Hierzu ist eine detaillierte Identifikation dieser Risikofaktoren notwendig. Dies kann im Rahmen der üblichen Risikoinventur (MaRisk AT 2.2, Tz. 1) oder in einer speziell für das Liquiditätsrisiko durchgeführten detaillierteren Risikoinventur erfolgen.

1087 Die Hauptaufgaben von Stresstests sind zum einen die Frühwarnfunktion, die Limitsetzungsfunktion (Bestimmung verbindlicher Limits für das Einzelinstitut bzw. die Gruppe auf Basis von Stresstests) sowie die Einschätzung der Liquiditätssituation im Normalszenario als auch bei extremen Ereignissen.

1088 Im Rahmen der Stressszenarien muss das Institut auch den sog. Überlebenshorizont ermitteln. Der Überlebenshorizont gibt an, wie lange die liquiden Mittel des Instituts in dem jeweiligen Stressszenario ausreichen, um die Zahlungsmittelabflüsse zu decken. Grundsätzlich ist zu erwarten, dass die Institute den Überlebenshorizont als neue Kennzahl auch limitieren, d. h. auch im Stressfall einen Mindest-Überlebenshorizont sicherstellen.

1089 Es ist zu beachten, dass neben den Szenarien, die sich schwerpunktmäßig auf das Liquiditätsrisiko beziehen, auch integrierte Stresstest über alle Risikoarten hinweg implementiert werden sollten.

1090 Gemäß AT 4.3.3. Tz. 3 ist es erforderlich »inverse« Stresstests durchzuführen. Diese Anforderung bezieht sich auch auf Liquiditätsrisiken. Beim »inversen«

Stresstest für Liquiditätsrisiken soll untersucht werden, in welchen Fällen die Überlebensfähigkeit des Instituts durch Liquiditätsrisiko gefährdet werden könnte. Dies kann qualitativ oder quantitativ erfolgen.

Ein wichtiger Aspekt der Nutzung der Stresstests ist die Verknüpfung mit der strategischen Planung. Die Stresstestergebnisse können als Frühwarnindikatoren für die anstehenden Liquiditätsengpässe genutzt werden und im Rahmen der strategischen Planung zum Entscheidungsprozess bzgl. der geplanten Refinanzierungsmaßnahmen herangezogen werden. Da eine sofortige Beschaffung der liquiden Mittel in größerem Umfang auf der Refinanzierungsseite nicht immer möglich ist, sollten die Impulse aus den Stresstestergebnisse in der Planung berücksichtigt werden, damit die benötigten Refinanzierungstransaktionen frühzeitig angestoßen werden können. Eine solche Steuerung hilft proaktiv mögliche Liquiditätsengpässe oder sogar Notfälle zu vermeiden. 1091

	Fragestellung »Stresstests«	**Erfüllt**
	Verfügt das Institut über adäquate Stresstests, die auf institutseigene, marktweite und kombinierte Ursachen zurückzuführen sind?	
1.	Existieren angemessene Stresstests für Liquiditätsrisiko?	
2.	Sind die Stresstestannahmen dokumentiert und nachvollziehbar?	
3.	Werden sowohl institutseigene und marktweite Ursachen abgebildet? Werden beide Aspekte auch kombiniert betrachtet?	
4.	Sind Liquiditätsrisiken aus Streichungen, Kürzungen oder Erweiterungen von Kreditlinien berücksichtigt?	
5.	Existieren Stresstests bzgl. des eingeschränkten Interbankenmarktes (Interbankenkrise)?	
6.	Werden Abschläge auf Wertpapiere im Falle eines Notverkaufs regelmäßig validiert und gegebenenfalls angepasst?	
7.	Werden Stresstests für Liquiditätsfazilitäten, außerbilanzielle Abflüsse, SIVs (wenn zutreffend) durchgeführt?	
8.	Werden Stresstests für Liquiditätsrisiko regelmäßig durchgeführt?	

9.	Werden beim Stresstesting des Liquiditätsrisikos unterschiedlich lange Zeithorizonte zugrunde gelegt?	
10.	Wird in den verschiedenen Stressszenarien ein Überlebenshorizont bestimmt?	
11.	Werden inverse Stresstests unter Berücksichtigung der Liquiditätsrisiken durchgeführt?	

✓ **Exkurs:**

Die Liquiditätskrise 2007/2008 hat gezeigt, dass viele Finanzinstitute auf die Steuerung der Liquidität in einem turbulenten Marktumfeld nicht vorbereitet waren. Einige Institute hatten keine Stresstests für Liquiditätssteuerung eingeführt bzw. die implementierten Verfahren waren nicht konservativ genug und haben das Ziel der Liquiditätsprognose während eines marktinduzierten Schocks verfehlt. Einige Institute haben zwar Stressverfahren implementiert, konnten aber dennoch keine Handlungsimplikationen ableiten bzw. sind an der Durchsetzungskraft des Risikomanagements gescheitert.

7.10. Notfallplan

Auszug BTR 3.1 Tz. 9

Das Institut hat festzulegen, welche Maßnahmen im Fall eines Liquiditätsengpasses ergriffen werden sollen (Notfallplan für Liquiditätsengpässe). Dazu gehört auch die Darstellung der in diesen Fällen zur Verfügung stehenden Liquiditätsquellen unter Berücksichtigung etwaiger Mindererlöse. Die im Fall eines Liquiditätsengpasses zu verwendenden Kommunikationswege sind festzulegen. Die geplanten Maßnahmen sind regelmäßig auf ihre Durchführbarkeit zu überprüfen und ggf. anzupassen. Die Ergebnisse der Stresstests sind dabei zu berücksichtigen.

1092 Das Institut hat einen Notfallplan für Liquiditätsengpässe festzulegen. Die Notfallplanung ergänzt die in der Risikostrategie bzw. Liquidity Policy definierten liquiditätsrisikobegrenzenden und -steuernden Maßnahmen. Ziel ist es, die Zahlungsfähigkeit in Extremsituationen sicherzustellen, welche durch die Liquiditätssteuerung im Normalfall nicht abgedeckt sind. Die Verantwortlichkeiten, Kompetenzen, Kommunikationswege sowie die den Notfallplan auslösenden Determinanten sind festzulegen und im Frühwarnsystem zu verankern (BTR 3.1 Tz. 2). Darüber hinaus sind die Maßnahmen zur Liquiditätssicherung festzulegen. Beispiele für Maßnahmen sind die Liquiditätsbeschaffung durch die kurzfristige Liquidierung von Aktiva oder Refinanzierung über Notenbanken. Vor diesem Hintergrund sind neben Kreditlinien bei Notenbanken des Herkunftslandes auch die Notenbanken in den Standorten von Auslandsniederlassungen zu berücksichtigen. Die Kreditgewährung über die Notenbanken erfolgt über die Hinterlegung von Sicherheiten. Es ist eine Prozess zu definieren, welche notenbankfähigen Wertpapiere aus dem Handels- und Anlagebuch in die Pfanddepots zu übertragen sind. Bei der Definition der potentiellen Maßnahmen ist ebenfalls zu definieren, in welchen Zeitraum die einzelnen Maßnahmen durchgeführt werden können und welcher Betrag an Liquidität generiert werden kann.

1093 Die geplanten Maßnahmen sind regelmäßig auf ihre Durchführbarkeit zu überprüfen. Ein angemessener Zeitraum ist zu definieren, zum Beispiel jährlich. In wie fern Aktiva kurzfristig liquidierbar sind und welches Volumen an notenbankfähigen Wertpapieren vorgehalten werden sollte, ist im Rahmen von Stresstests zu plausibilisieren. Die Ergebnisse von Stresstests sind zu berücksichtigen.

	Fragestellung »Notfallplan«	**Erfüllt**
	Liegt ein Notfallplan für Liquiditätsengpässe vor?	
1.	Existiert ein Maßnahmenkatalog im Rahmen des Notfallplans?	
2.	Erfolgt eine Darstellung der zur Verfügung stehenden Liquiditätsquellen im Notfall sowie der Mindererlöse (inkl. Abschläge)?	
3.	Ist für die einzelnen Maßnahmen definiert, in welchen Zeitraum diese durchgeführt werden können und welcher Betrag dadurch generiert werden kann?	
4.	Berücksichtigt der Notfallplan auch die Auslandsniederlassungen und Tochtergesellschaften (Maßnahmen, gegebenenfalls Durchgriffsrechte etc.)? (Nur für Gruppen)	
5.	Sind die Kommunikationswege im Notfall festgelegt?	
6.	Wird der Notfallplan regelmäßig überprüft und gegebenenfalls angepasst?	
7.	Findet ein Notfalltest statt?	
8.	Werden die Ergebnisse von Stresstests berücksichtigt?	

7.11. Gruppeninterne Liquiditätstransfers

Auszug BTR 3.1 Tz. 10

Es ist zu überprüfen, inwieweit der Übertragung liquider Mittel und unbelasteter Vermögensgegenstände innerhalb der Gruppe gesellschaftsrechtliche, regulatorische und operationelle Restriktionen entgegenstehen.

1094 In der Praxis werden Aspekte des Liquiditätsrisikomangements auf Gruppenebene häufig durch eine zentrale Organisationseinheit wahrgenommen. Diese Einheit legt beispielsweise die Durchführung von Liquiditätstransfers zwischen Tochtergesellschaften und Auslandsniederlassungen fest. Über diese intern festgelegten Standards hinaus sind auch gesellschaftsrechtliche, regulatorische und operationelle Restriktionen zu berücksichtigen, die es nach BTR 3.1 Tz. 10 zu überprüfen gilt.

1095 Regulatorische Restriktionen können sich beispielsweise in der Gruppe mit Tochtergesellschaften im Ausland ergeben. Sollten ausländische Regulatoren Gesetze verabschieden, die einen Liquiditätsfluss an die Muttergesellschaft verhindern (z. B. in Krisenzeiten), so ist die Restriktion frühzeitig in der Planung zu berücksichtigen. Operationelle Restriktionen können hingegen bei einem Ausfall von IT-Systemen auftreten und sollten demzufolge in der Notfallplanung berücksichtigt werden. Zudem ist bei Tochtergesellschaften oder Auslandsniederlassungen in unterschiedlichen Zeitzonen ebenfalls zu berücksichtigen, dass diese auch zu Zeiten außerhalb der Geschäftszeiten der Muttergesellschaft handlungsfähig sind.

	Fragestellung »Restriktionen im Liquiditätsfluss«	**Erfüllt**
	Findet eine Überprüfung diverser Restriktionen hinsichtlich des freien Liquiditätsflusses statt?	
1.	Existieren gesellschaftsrechtliche Restriktionen, die den Liquiditätsfluss verhindern könnten?	
2.	Existieren regulatorische Restriktionen, die den Liquiditätsfluss verhindern könnten?	
3.	Existieren operationelle Restriktionen, die den Liquiditätsfluss verhindern könnten?	

4.	Gibt es darüber hinaus gehende Restriktionen, die den Liquiditätsfluss verhindern könnten?	
5.	Ist eine Inventarisierung und Dokumentation aller möglichen Restriktionen erfolgt? Sind die Verantwortlichkeiten für eine Überprüfung definiert?	

7.12. Liquiditätsrisiko in Fremdwährungen

Auszug BTR 3.1 Tz. 11

Ein Institut, das wesentliche Liquiditätsrisiken in Fremdwährungen aufweist, hat zur Sicherstellung seiner Zahlungsverpflichtungen angemessene Verfahren zur Steuerung der Fremdwährungsliquidität in den wesentlichen Währungen zu implementieren. Hierzu gehören für die jeweiligen Währungen zumindest eine gesonderte Liquiditätsübersicht, gesonderte Fremdwährungsstresstests sowie eine explizite Berücksichtigung im Notfallplan für Liquiditätsengpässe.

Auszug Erläuterung zu BTR 3.1 Tz. 11

Wesentliche Liquiditätsrisiken aus verschiedenen Fremdwährungen liegen insbesondere dann vor, wenn ein bedeutender Teil der Vermögensgegenstände oder Verbindlichkeiten auf eine fremde Währung lautet und gleichzeitig bedeutende Währungsinkongruenzen oder Laufzeitinkongruenzen zwischen den jeweiligen Fremdwährungsaktiva und -passiva bestehen.

Alle Institute, die wesentliche Liquiditätspositionen in Fremdwährungen haben, müssen über angemessene Verfahren zur Steuerung der Fremdwährungsliquidität in diesen Währungen verfügen. In diesem Zusammenhang sollten die Kriterien der Wesentlichkeit festgelegt werden. Ein pragmatisches Verfahren zur Überwachung der Liquiditätspositionen in Fremdwährungen stellt eine erweiterte Cash Flow-Analyse und gegebenenfalls Limitierung nach Hauptwährungen dar. Darüber hinaus verlangen die MaRisk explizit Fremdwährungsstresstests sowie die Berücksichtigung im Notfallplan. 1096

	Fragestellung »Steuerung der Liquidität in verschiedenen Währungen«	**Erfüllt**
	Sind angemessene Verfahren zur Steuerung der Fremdwährungsliquidität implementiert?	
1.	Sind die Kriterien für »wesentliche Währungen« bestimmt?	
2.	Werden Liquiditätspositionen je *wesentliche* Währung angemessen überwacht und gesteuert?	
3.	Wird eine Liquiditätsübersicht für wesentliche Fremdwährungen erstellt?	
4.	Werden Fremdwährungen in den Stressszenarien berücksichtigt?	
5.	Sind Liquiditätsrisiken aus Fremdwährungen in die Notfallplanung eingebunden?	

7.13. Interner Refinanzierungsplan

Auszug BTR 3.1 Tz. 12

Das Institut hat einen internen Refinanzierungsplan aufzustellen, der die Strategien, den Risikoappetit und das Geschäftsmodell angemessen widerspiegelt. Der Planungshorizont hat einen angemessen langen, in der Regel mehrjährigen Zeitraum zu umfassen. Dabei ist zu berücksichtigen, wie sich Veränderungen der eigenen Geschäftstätigkeit oder der strategischen Ziele sowie Veränderungen des wirtschaftlichen Umfelds auf den Refinanzierungsbedarf auswirken. Möglichen adversen Entwicklungen, die von den Erwartungen abweichen, ist bei der Planung angemessen Rechnung zu tragen.

Auszug BTR 3.1 Tz. 12, Erläuterungen:

Der interne Refinanzierungsplan dient ausschließlich internen Steuerungszwecken und kann, abhängig von Art und Umfang der Liquiditätsrisiken, institutsindividuell ausgestaltet werden. Davon zu unterscheiden sind Refinanzierungspläne, wie sie gemäß der EBA Leitlinien für Refinanzierungspläne von Kreditinstituten (EBA/GL/2014/04) gefordert und von bestimmten Instituten bei der EBA eingereicht werden. Diese sind nicht Gegenstand der Anforderung, gleichwohl kann die Anforderung mit einem für die EBA erstellten Refinanzierungsplan erfüllt werden.

Als neue Anforderung in die MaRisk ist der interne Refinanzierungsplan aufgenommen worden. Ein interner Refinanzierungsplan basiert auf der internen Geschäftsplanung des Instituts und schreibt die Entwicklung der Aktiva und Passiva fort und identifiziert so zukünftigen Refinanzierungsbedarf und wie dieser Bedarf geschlossen werden soll. Üblicherweise ist ein Refinanzierungsplan über mehrere Jahre aufzustellen, ein Zeitraum von drei bis fünf Jahren erscheint üblich. Neben einer erwarteten Entwicklung müssen auch adverse Entwicklungen berücksichtigt werden. 1097

Daraus ergibt sich die Notwendigkeit, dass der Refinanzierungsplan konsistent mit der allgemeinen Geschäftsstrategie und dem Geschäftsmodell sein muss und dem in der Risikostrategie definierten Risikoappetit für Liquiditätsrisiken entspricht. 1098

Der Refinanzierungsplan muss angemessen dokumentiert werden und den relevanten Mitarbeitern (mindestens Treasury und Risikomanagement) kommuniziert werden. Der Refinanzierungsplan muss ebenso in das operative Management eingebunden sein, insbesondere natürlich in den Entscheidungsprozess zu Refinanzierungsfragen. Hierzu gehören auch die Überwachung des Refinanzierungsplans im Zeitverlauf und der Vergleich mit der Entwicklung der tatsächlichen Refinanzierung. Auf Abweichungen sollte das Institut zeitnah reagieren, bspw. durch eine entsprechende Berichterstattung an die Geschäftsleitung, Nutzung von definierten Alternativmaßnahmen oder der Aktualisierung des Refinanzierungsplans. 1099

Die Erläuterungen zu Tz. 12 stellen klar, dass die Ausgestaltung der Refinanzierungspläne in der Verantwortung der Institute liegt und sich nicht nach den Vorgaben der EBA Leitlinien für Refinanzierungspläne von Kreditinstituten (EBA/GL/2014/04) richten muss. Stattdessen richtet sich die Ausgestaltung der Refinanzierungspläne nach Art, Umfang und Komplexität der Geschäftstätigkeiten und Liquiditätsrisiken der Institute. Nichtsdestotrotz wird ebenso klargestellt, dass diejenigen Institute, die nach der EBA Leitlinie verpflichtet sind, einen Refinanzierungsplan aufzustellen, damit die Anforderungen der MaRisk ebenfalls erfüllen und somit keinen zweiten Refinanzierungsplan aufstellen müssen. 1100

	Fragestellung »interne Refinanzierungsplan«	Erfüllt
	Hat das Institut einen angemessenen Refinanzierungsplan implementiert?	
1.	Umfasst der Refinanzierungsplan einen mehrjährigen Zeitraum?	
2.	Ist der Refinanzierungsplan konsistent mit dem Geschäftsmodell, der Geschäftsstrategie, der Geschäftsplanung und dem Liquiditätsrisikoappetit?	
3.	Wird der Refinanzierungsplan an die relevanten Mitarbeiter kommuniziert?	
4.	Wird der Refinanzierungsplan bei den Refinanzierungsentscheidungen berücksichtigt?	
5.	Erfolgt eine Überwachung der Durchführung des Refinanzierungsplans und werden Abweichungen identifiziert? Wird angemessen auf diese Abweichungen reagiert?	

7.14. BTR 3.2 Zusätzliche Anforderungen an kapitalmarktorientierte Institute

1101 Im Rahmen der Überarbeitung der MaRisk in der Fassung vom 15.12.2010 wurden die grundsätzlichen Anforderungen an kapitalmarktorientierte Institute in BTR 3.2 formuliert. Diese Anforderungen betreffen insbesondere die Ausgestaltung der Liquiditätspuffer sowie höhere Anforderungen an Stresstesting. Durch die Einschränkung vom Geltungsbereich auf die kapitalmarktorientierten Institute wird klar, dass die höheren Anforderungen lediglich für die systemisch wichtigen Finanzdienstleister gelten; im Gegensatz zu den Anforderungen aus BTR 3.1, die für alle Institute i. S. v. § 1 Abs. 1b KWG bzw. i. S. v. § 53 Abs. 1 KWG Anwendung finden. Bei der Auslegung des Begriffs *Kapitalmarktorientierung* ist die Legaldefinition gemäß § 264d HGB[340] anzuwen-

340 Deutsches Handelsgesetzbuch (HGB): Handelsgesetzbuch in der im Bundesgesetzblatt Teil III, Gliederungsnummer 4100-1, veröffentlichten bereinigten Fassung, das durch Artikel 11 Absatz 28 des Gesetzes vom 18. Juli 2017 (BGBl. I S. 2745) geändert worden ist. § 264d HGB: *»Eine Kapitalgesellschaft ist kapitalmarktorientiert, wenn sie einen organisierten Markt im Sinn des § 2 Abs. 5 des Wertpapierhandelsgesetzes durch von ihr ausgegebene Wertpapiere im Sinn des § 2 Abs. 1 Satz 1 des Wertpapierhandelsgesetzes in Anspruch nimmt oder die Zulassung solcher Wertpapiere zum Handel an einem organisierten Markt beantragt hat«.*

den, die alle Institute einschließt, die an einem organisierten Markt börsennotierte Wertpapiere emittiert haben.

✓ **Definition:**

Kapitalmarktorientierte Kapitalgesellschaft (§ 264d HGB): Eine Kapitalgesellschaft ist kapitalmarktorientiert, wenn sie einen organisierten Markt im Sinn des § 2 Abs. 5 des Wertpapierhandelsgesetzes durch von ihr ausgegebene Wertpapiere im Sinn des § 2 Abs. 1 Satz 1 des Wertpapierhandelsgesetzes in Anspruch nimmt oder die Zulassung solcher Wertpapiere zum Handel an einem organisierten Markt beantragt hat.

7.15. Zusätzliche Anforderungen an Liquiditätspuffer bei kapitalmarktorientierten Instituten

Die Anforderungen zur Stärkung der Liquiditätspuffer kommen in den ersten 1102
zwei Textziffern von BTR 3.2 zum Ausdruck.

Auszug BTR 3.2 Tz. 1

Das Institut muss in der Lage sein, den erforderlichen Liquiditätsbedarf, der sich aus den institutsindividuellen Stressszenarien über den Zeithorizont von mindestens einem Monat ergibt, mit den nach BTR 3.1 Tz. 4 vorzuhaltenden Liquiditätspuffer zu überbrücken, die in BTR 3.2 Tz. 2 näher spezifiziert sind.

In BTR 3.2 Tz. 1 wird eine Anforderung gestellt, eine mögliche Liquiditätsun- 1103
terdeckung für mindestens einen Monat im Stressfall mit bestehenden Liquiditätspuffern zu überbrücken. Im Rahmen der Cash Flow-Modellierung kann man diese Anforderung durch die Einführung eines kritischen Limits auf den Überlebenszeithorizont (»Survival Horizon«) i. H. v. mindestens einem Monat im Stressfall operationalisieren, was man im weiteren Sinne mit dem Risikoappetit für das Liquiditätsrisiko direkt in Verbindung bringen kann. Praktisch lässt sich aus BTR 3.2 Tz. 1 die Höhe der notwendigen Liquiditätspuffer ableiten.

Auszug BTR 3.2 Tz. 2

Zur Überbrückung des kurzfristigen Liquiditätsbedarfs von mindestens einer Woche hat das Institut neben Zentralbankgeld hochliquide Vermögensgegenstände vorzuhalten, die jederzeit ohne signifikante Wertverluste in privaten Märkten liquidiert werden können und zentralbankfähig sind. Für den weiteren Liquiditätsbedarf bis zum Ende des Zeithorizonts von mindestens einem Monat können andere Vermögensgegenstände als weitere Bestandteile der Liquiditätspuffer herangezogen werden, wenn diese ohne signifikante Wertverluste innerhalb des Zeithorizonts liquidiert werden können.

1104 In BTR 3.2 Tz. 2 wird die in BTR 3.2 Tz. 1 definierte Anforderung weiter verschärft, indem der Zeithorizont von einem Monat auf den Betrachtungszeitraum von einer Woche verkürzt wird. Zur Überbrückung dieses Zeitraums werden neben Zentralbankgeld hochliquide Vermögensgegenstände verlangt, die jederzeit ohne signifikante Abschläge in privaten Märkten liquidiert werden können und zentralbankfähig sind. Hierbei sind *private Märkte* als Abgrenzung zu Transaktionen mit Zentralnotenbanken (zum Beispiel Offenmarktgeschäfte oder Spitzenrefinanzierungsfazilitäten) zu verstehen[341]. Im Falle der weiteren Vermögensgegenstände aus Liquiditätspuffern wird für den Zeitraum zwischen einer Woche und einem Monat ebenso verlangt, dass sie ohne signifikante Wertverluste innerhalb dieses Zeithorizonts liquidiert werden können.

Auszug BTR 3.2 Tz. 2, Erläuterungen:

Liquidierbarkeit ohne signifikante Wertverluste

Das Kriterium der Liquidierbarkeit kann auch durch die mögliche Nutzung von Rückkaufvereinbarungen (Repos) oder andere Formen der besicherten Refinanzierung erfüllt werden, sofern hierbei für die als Liquiditätspuffer zu verwendenden Vermögensgegenstände keine signifikanten Wertverluste auftreten.

Die hier berücksichtigungsfähigen Vermögensgegenstände müssen von hoher Bonität, leicht zu bewerten und an auch in Stressphasen ausreichend tiefen und breiten Märkten liquidierbar sein. Die Höhe der in Stressphasen zu erzielenden Liquiditätswirkung spiegelt sich dabei in den vom Institut zu berücksichtigenden Wertabschlägen (»Haircuts«) wider.

341 Vgl. Erläuterung zu BTR 3.2 Tz. 2 MaRisk.

Es können nur Vermögensgegenstände als Bestandteil der Liquiditätspuffer angesetzt werden, die nachvollziehbar die Voraussetzungen für den vorgesehenen Liquidierungsweg erfüllen. Eine lediglich voraussichtliche künftige Erfüllung der Voraussetzungen ist nicht ausreichend.

Die MaRisk stellen hohe Ansprüche an die Berücksichtigung von Vermögeensgegenständen als »hochliquide« im Sinne dieser Textziffern. Durch die Erläuterung wird klargestellt, dass nicht nur ein direkter Verkauf, sondern auch die Liquiditätsgenerierung durch Repos zulässig ist. Dies setzt natürlich voraus, dass dieses Instrument zu den üblichen und zulässigen Geschäften des Instituts gehört. Zudem muss nachgewiesen werden, dass die anrechenbaren Vermögensgegenstände ohne signifikante Wertverluste liquidierbar sind. Hierzu müssen die Vermögensgegenstände eine hohe Bonität aufweisen, leicht zu bewerten sein (d. h. »plain vanilla«-Instrumente) und auf Märkten liquidierbar sein, die auch in Stressphasen ausreichend tiefe und breite Handelstätigkeiten aufweisen. Am Markt angewendete Abschläge (z. B. von Zentralbanken oder bei Repo-Transaktionen) müssen bei der Bewertung der Vermögensgegenstände berücksichtigt werden. Von den Instituten wird eine angemessene Dokumentation verlangt, die nachweist, dass diese Voraussetzungen für die hochliquiden Vermögensgegenstände erfüllt sind. 1105

Bei der Prüfung der Liquiditätspuffer sind gegebenenfalls Besonderheiten von Spezialinstituten zu beachten. Beispielsweise sollten bei Pfandbriefbanken die Vorschriften von § 4 Abs. 1a PfandBG herangezogen werden, wonach die Höhe der Liquidität in der Deckungsmasse sich aus den in den nächsten 180 Tagen fällig werdenden Pfandbriefen bestimmt. 1106

	Fragestellung »Zusätzliche Anforderungen an Liquiditätspuffer bei kapitalmarktorientierten Instituten«	**Erfüllt**
	*Werden zusätzliche Anforderungen an Liquiditäts*puffer *bei kapitalmarktorientierten Instituten erfüllt?*	
1.	Kann das Institut einen institutsindividuellen Stressfall mindestens einen Monat lang mit den vorhandenen Liquiditätspuffer überbrücken?	
2.	Verfügt das Institut zur Überbrückung eines Refinanzierungsbedarfs von mindestens einer Woche über ausreichend viele hochliquide Vermögensgegenstände (neben Geldmitteln), die jederzeit ohne signifikante Wertverluste in privaten Märkten liquidiert werden können?	
3.	Können alle Bestandteile der Liquiditätspuffer innerhalb des definierten Zeitraums ohne signifikante Wertverluste innerhalb dieses Zeithorizonts liquidiert werden (insbes. Zeitraum zwischen einer Woche und einem Monat)?	

7.16. Zusätzliche Anforderungen an Stresstesting bei kapitalmarktorientierten Instituten

Auszug BTR 3.2 Tz. 3

Das Institut hat Stressszenarien zu betrachten, nach denen auch die Liquiditätspuffer gemäß Tz. 1 zu bemessen sind. Im Rahmen der Stresstests sind zum einen Stressszenarien zu betrachten, die auf institutseigenen Ursachen beruhen. Zum anderen sind getrennt davon Stressszenarien zu betrachten, die auf marktweite Ursachen zurückzuführen sind. Darüber hinaus sind beide Aspekte kombiniert zu betrachten. Ein Szenario, das auf institutseigenen Ursachen beruht, hat auch eine signifikante Ratingverschlechterung abzubilden, bei der mindestens folgende Annahmen zu berücksichtigen sind:

- Keine Verlängerung von unbesicherter Refinanzierung durch institutionelle Anleger mindestens innerhalb der ersten Woche des Stressszenarios;
- Abzug eines Teils von Privatkundeneinlagen.

Ferner sind für ein Szenario, das auf marktweiten Ursachen beruht, folgende Annahmen zu berücksichtigen: ▪ Allgemeiner Kursverfall von marktgängigen Vermögensgegenständen, ▪ insbesondere Wertpapieren; ▪ Allgemeine Verschlechterung der Refinanzierungsbedingungen.

In BTR 3.2 Tz. 3 werden zusätzliche Anforderungen an Stresstesting bei kapitalmarktorientierten Instituten erhoben. Beim Aufbau der Stresstests müssen sowohl idiosynkratische als auch marktweite und kombinierte Szenarien berücksichtigt werden, die mit Liquiditätspuffern in Verbindung stehen. Im Falle der idiosynkratischen und marktweiten Szenarien wurde durch den Gesetzgeber ein Mindestkatalog an den zu berücksichtigenden Annahmen vorgegeben, der direkt aus BTR 3.2 Tz. 3 entnommen werden kann. 1107

	Fragestellung »Zusätzliche Anforderungen an Stresstesting bei kapitalmarktorientierten Instituten«	**Erfüllt**
	Werden zusätzliche Anforderungen an Stresstesting bei kapitalmarktorientierten Instituten erfüllt?	
1.	Werden im Rahmen der Stresstests sowohl institutseigene als auch marktweite Ursachen betrachtet? Werden beide Aspekte kombiniert betrachtet?	
2.	Beinhalten institutseigene Ursachen mindestens die folgenden Annahmen? (i) signifikante Ratingverschlechterung, (ii) keine Verlängerung der unbesicherten Refinanzierung durch institutionelle Anleger mindestens eine Woche (iii) Abzug eines Teils von Privatkundeneinlagen	
3.	Beinhalten marktweite Ursachen mindestens die folgenden Annahmen? (i) allgemeiner Kursverfall von marktgängigen Vermögensgegenständen (insbes. Wertpapiere), (ii) allgemeine Verschlechterung der Refinanzierungsbedingungen (zum Beispiel fehlende Verlängerung der besicherten institutionellen Refinanzierung, Verkürzung der Fälligkeit der Refinanzierungsmittel, allgemeine Ausweitung der Refinanzierungsspreads etc.)	

7.17. Zusätzliche Anforderungen an Liquiditätstransfer bei kapitalmarktorientierten Instituten

Auszug BTR 3.2 Tz. 4

Das Institut hat sicherzustellen, dass der Nutzung der Liquiditätspuffer keine rechtlichen, regulatorischen oder operationellen Restriktionen entgegenstehen. Die Diversifikation und die Aufteilung der Liquiditätspuffer auf verschiedene Jurisdiktionen müssen der Struktur und den Geschäftsaktivitäten des Instituts und der Gruppe entsprechen.

1108 In BTR 3.2. Tz. 4 wird die Wichtigkeit eines freien Flusses der Liquiditätspuffer hervorgehoben. Die Anforderung zur Freiheit von rechtlichen, regulatorischen oder operationellen Restriktionen steht in Analogie zur BTR 3.1 Tz. 10-Anforderung, die bereits durch alle Institute zu erfüllen ist. Diese Anforderung wird allerdings durch die Angemessenheit der Aufteilung der Liquiditätspuffer auf verschiedene Jurisdiktionen ergänzt.

	Fragestellung »Zusätzliche Anforderungen an Liquiditätstransfer bei kapitalmarktorientierten Instituten«	**Erfüllt**
	Werden zusätzliche Anforderungen an Liquiditätstransfer bei kapitalmarktorientierten Instituten erfüllt?	
1.	Sind die Liquiditätspuffer frei verfügbar im Sinne keiner rechtlichen, regulatorischen oder operationellen Restriktionen?	
2.	Entspricht die Aufteilung der Liquiditätspuffer auf verschiedene Jurisdiktionen der Struktur und den Geschäftsaktivitäten des Instituts und der Gruppe?	

7.18. Internes Reporting

> **Auszug BT 3.2 Tz. 5**
>
> Es ist regelmäßig, mindestens aber vierteljährlich, ein Risikobericht über die Liquiditätsrisiken und die Liquiditätssituation zu erstellen und der Geschäftsleitung zur Verfügung zu stellen. Im Risikobericht sind auch die Ergebnisse der Stresstests und wesentliche Änderungen des Notfallplans für Liquiditätsengpässe darzustellen. Auf besondere Liquiditätsrisiken aus außerbilanziellen Gesellschaftskonstruktionen und aus verschiedenen Fremdwährungen sowie auf etwaige untertägige Liquiditätsrisiken ist gesondert einzugehen. Systemrelevante Institute sowie kapitalmarktorientierte Institute haben den Risikobericht über die Liquiditätsrisiken und die Liquiditätssituation mindestens monatlich zu erstellen. Dabei ist zusätzlich über die Höhe, die Qualität und die Zusammensetzung der Liquiditätspuffer zu berichten.

Ein effizientes Liquiditätsrisikomanagement stellt einen kritischen Erfolgsfaktor für das Institut bzw. die Gruppe dar. Demzufolge ist die Geschäftsleitung eng einzubinden und über die Liquiditätssituation zu informieren. 1109

Neben dem regulären Reporting zum Beispiel monatlich ist in der Praxis auch ein sogenanntes Ad-hoc-Reporting üblich. Die Arbeitsroutine des Ad-hoc-Reportings ist häufig im Notfallkonzept verankert. 1110

In Abhängigkeit von Art, Umfang und Risikogehalt der einzelnen Liquiditätsrisikoarten ist der Turnus der internen Berichterstattung individuell zu definieren. Der Turnus kann von täglich bis zu monatlich oder quartalsweise erfolgen. Im Gegensatz dazu ist das externe Reporting im Sinne der CRR bzw. LiqV an die Aufsichtsbehörde fest definiert und erfolgt monatlich. 1111

In der Praxis wird dem Gesamtvorstand in der Regel mindestens einmal monatlich über die Liquiditätssituation des Instituts Bericht erstattet. In Ausnahmefällen, zum Beispiel im Fall von Liquiditätsengpässen hat eine Ad-hoc-Berichterstattung in kürzeren Abständen zu erfolgen, zum Beispiel wöchentlich oder täglich. Gegebenenfalls kann ein ausgewählter Adressatenkreis bestimmt werden. Neben dem Gesamtvorstand ist auch in der Aufsichts- bzw. Verwaltungsrat in einer geringeren Intensität über die Liquiditätssituation zu informieren. Typische Inhalte der Berichterstattung sind zum Beispiel die LCR-Kennzahl, Liquiditätsablaufbilanz im Normalfall (vertraglich vs. stochastisch) sowie unter den verschiedenen Szenarien, Refinanzierungsquellen, 1112

Marktsituation, Höhe und Zusammensetzung der Liquiditätspuffer sowie Interpretation und Kommentierung.

1113 Eine detaillierte Berichterstattung findet meistens quartalsweise (monatlich bei kapitalmarktorientierten oder systemrelevanten Instituten) statt und wird in den banküblichen Gremien diskutiert. In der Praxis sind unter anderem die folgenden Inhalte zu finden: qualitative Einschätzung der Marktlage, Frühwarnindikatoren (zum Beispiel Spreadüberwachung), Liquiditätsablaufbilanz sowohl im Normalfall (mit vertraglichen und/oder ökonomischen Laufzeiten) als auch im Stressfall (diverse Szenarien, zum Beispiel: Unternehmenskrise, Bankenkrise, Weltwirtschaftskrise), Darstellung der Cash Flows in ausgewählten Währungen, Darstellung des Liquiditätsrisikos bzw. des Liquiditätsrisikokapitals, Liquiditätsflüsse im Zusammenhang mit den Zweckgesellschaften (Normalfall und Stressfall), Höhe und Zusammensetzung der Liquiditätspuffer, Aussagen bzgl. des Notfalls (falls erforderlich) etc. Die Weitergabe an den Vorstand und Aufsichtsrat erfolgt im Rahmen der üblichen Reporting-Prozesse.

	Fragestellung »Berichterstattung«	**Erfüllt**
	Wird der Geschäftsleitung regelmäßig über die Liquiditätssituation Bericht erstattet?	
1.	Gibt es regelmäßige Berichterstattung über Liquiditätsrisiken bis an die Geschäftsleitung?	
2.	Sind die Berichtslinien klar definiert?	
3.	Werden signifikante Fremdwährungspositionen erfasst?	
4.	Bildet die Berichterstattung neben quantitativen auch qualitative Inhalte ab?	
5.	Wird auf signifikante Änderungen im Notfallplan eingegangen?	
6.	Wird auf Liquiditätsrisiken aus außerbilanziellen Gesellschaftskonstruktionen eingegangen?	

7.19. Fazit

Die Auswirkungen der Finanzmarktkrise 2007/2008 haben verdeutlicht, dass 1114
in der Vergangenheit die Methodik und Prozesse zur Identifikation, Messung, Steuerung und Überwachung von Liquiditätsrisiken in Teilen häufig unzureichend ausgestaltet waren. Insbesondere die Annahmen auf denen das Liquiditätsrisikomanagement beruhte, haben sich teilweise als eindimensional bzw. verbesserungsbedürftig erwiesen. Simulationen von Liquiditätsengpässen basierten häufig allein auf der Variation eines Parameters und waren nicht hinreichend konservativ. In der Finanzmarktkrise wurde deutlich, dass eine gleichzeitige Störung mehrerer Marktmechanismen durchaus zu gravierenden Effekten mit Auswirkungen auf die gesamte Bankwirtschaft führen kann. So sind im Rahmen der Finanzmarktkrise nennenswerte Störungen auf dem Interbankenmarkt eingetreten, der nahezu zum Erliegen kam. Der Handel in strukturierten Finanzprodukten wurde aufgrund der Komplexität dieser Produkte und der abschließenden Bewertung der tatsächlichen Risikolage erheblich erschwert. Das Syndizierungsgeschäft wurde aufgrund einer nicht mehr vorhandenen Aufnahmefähigkeit der hohen Geschäftsvolumina bei Banken in Verbindung mit dem Vertrauensverlust deutlich reduziert und führte auf Seiten der Arranger unter anderem zu erhöhten Refinanzierungsanforderungen. Vermehrte Herabstufungen von Ratings der Super Senior Tranchen, die vor der Finanzmarktkrise sehr gute Bonität (Ratings im Investment Grade Bereich) hatten, führten für die Halter dieser Positionen zu unerwarteten Risiken. Auch Versicherungen solcher Geschäfte durch Monoliner hatten wegen einer inhärenten Korrelation der Absicherungsinstrumente mit den Underlyings (so genanntes Wrong-Way Risk[342]) oftmals nicht die gewünschte Wirkung gezeigt, da diese auch durch die Krise betroffen waren. Daneben waren die Verbriefungsmärkte eingebrochen, so dass der angestrebte Risikotransfer nicht weiter durchführbar war (so genanntes Originate-to-Distribute-Modell). Die Märkte haben sich inzwischen zum Teil erholt, aber ein Ende der Krisensituation ist u. a. aufgrund der andauernden Staatsschuldenkrise noch nicht in Sicht. Das Vertrauen in den Markt hat sich zwar deutlich verbessert, aber die Marktteilnehmer bevorzugen vergleichsweise einfachere Geschäftsstrukturen und bessere Bonitätsklassen (unter anderem aufgrund der Verschärfung der regulatorischen Anforderungen). Die Bankenlandschaft kehrt sich vermehrt dem Kerngeschäft zu und vermeidet zu hohe Risiken.

342 Vgl. *Basel Committee on Banking Supervision (BCBS):* International Convergence of Capital Measurement and Capital Standards (A Revised Framework, Comprehensive Version), Juni 2006.

1115 Die regulatorische Antwort auf die Finanzmarktkrise stellt sich in der Einführung neuer Gesetze und Richtlinien dar. Im internationalen Kontext spielen insbesondere die CEBS-/EBA-Publikationen sowie die Basel III-Kapital- und Liquiditätsreform eine wichtige Rolle. In Deutschland wurden die Anforderungen an das Liquiditätsrisikomanagement in den MaRisk mehrfach überarbeitet und ergänzt. Im Rahmen der MaRisk-Novelle aus 2009 wurden die Anforderungen an das Liquiditätsrisikomanagement im BTR 3 konkretisiert. Hierbei wurde das Liquiditätsrisiko noch enger mit dem Gesamtbankrisikomanagement verzahnt, womit der zunehmenden Bedeutung der Liquiditätsrisikosteuerung im Risikomanagement Rechnung getragen wurde. Anlässlich der MaRisk-Novellierung aus 2010 wurden unter anderem zusätzliche Anforderungen an die kapitalmarktorientierten Institute neu eingeführt, die sich insbesondere aus den Konvergenzarbeiten zu den CEBS-/EBA-Vorgaben ergeben und auf die Stärkung der Liquiditätspuffer bei systemisch besonders wichtigen Instituten abzielen. Mit der MaRisk-Novelle in 2012 wurden insbesondere die Anforderungen an das Verrechnungssystem für Liquiditätskosten-, -nutzen und -risiken sowie ein umfassendes Liquiditätstransferpreissystem für große Institute mit komplexen Geschäftsaktivitäten unter Berücksichtigung des Proportionalitätsprinzips ausgeweitet und konkretisiert, wodurch sowohl die ökonomische als auch die regulatorische Bedeutung von Transferpreissystemen in der Liquiditätsrisikosteuerung besonders herausgestellt wurde. Schlussendlich wurden mit der MaRisk-Novelle 2017 viele kleinere Anpassungen vorgenommen, wie bspw. die verpflichtende Einführung eines Überlebenshorizonts und die Vorgaben für einen internen Refinanzierungsplan.

Literaturverzeichnis:

Basel Committee on Banking Supervision (BCBS): International Convergence of Capital Measurement and Capital Standards (A Revised Framework, Comprehensive Version), Juni 2006.

Basel Committee on Banking Supervision (BCBS): Principles for Sound Liquidity Risk Management and Supervision, September 2008.

Basel Committee on Banking Supervision (BCBS), Basel III: The Liquidity Coverage Ratio and liquidity risk monitoring tools, Januar 2013.

Basel Committee on Banking Supervision (BCBS): Monitoring tools for intraday liquidity management, April 2013.

Basel Committee on Banking Supervision (BCBS), Basel III: the net stable funding ratio, Oktober 2014.

Bundesanstalt für Finanzdienstleistungsaufsicht (BaFin): Mindestanforderungen an das Risikomanagement (MaRisk) – Rundschreiben 15/2009 (BA) vom 14.08.2009.

Bundesanstalt für Finanzdienstleistungsaufsicht (BaFin): Mindestanforderungen an das Risikomanagement (MaRisk) – Rundschreiben 11/2010 (BA) vom 15.12.2010.

Bundesanstalt für Finanzdienstleistungsaufsicht (BaFin): Mindestanforderungen an das Risikomanagement (MaRisk) – Rundschreiben 10/2012 (BA) vom 14.12.2012.

Bundesanstalt für Finanzdienstleistungsaufsicht (BaFin): Mindestanforderungen an das Risikomanagement (MaRisk) – Rundschreiben 9/2017 (BA) vom 27.10.2017.

Bundesministerium der Finanzen (BMF): Verordnung über die Liquidität der Institute (Liquiditätsverordnung – LiqV) vom 14. Dezember 2006 (BGBl. I S. 3117), die zuletzt durch Artikel 1 der Verordnung vom 22. Dezember 2017 (BGBl. I S. 4033) geändert worden ist.

***C**ommittee of European Banking Supervisors (CEBS), aktuell European Banking Authority (EBA)*: First part of CEBS technical advice to the European Commission on liquidity risk management, August 2007.

Committee of European Banking Supervisors (CEBS), aktuell European Banking Authority (EBA): Second part of CEBS's technical advice to the European Commission on liquidity risk management, September 2008.

Committee of European Banking Supervisors (CEBS), aktuell European Banking Authority (EBA): Guidelines on Liquidity Buffers & Survival Periods, Dezember 2009.

Committee of European Banking Supervisors (CEBS), aktuell European Banking Authority (EBA): Guidelines on Liquidity Cost Benefit Allocation, Oktober 2010.

***D**eutsche Bundesbank und Bundesanstalt für Finanzdienstleistungsaufsicht (BaFin):* Praxis des Liquiditätsrisikomanagements in ausgewählten deutschen Kreditinstituten, Januar 2008.

Deutsches Handelsgesetzbuch (HGB): Handelsgesetzbuch in der im Bundesgesetzblatt Teil III, Gliederungsnummer 4100-1, veröffentlichten bereinigten Fassung, das durch Artikel 2 des Gesetzes vom 22. Dezember 2011 (BGBl. I S. 3044) geändert worden ist.

***E**uropean Banking Authority* (EBA/GL/2014/13), Leitlinien zu gemeinsamen Verfahren und Methoden für den aufsichtlichen Überprüfungs- und Bewertungsprozess (SREP), Dezember 2014.

***I**nstitute of International Finance (IIF):* Final Report of the IIF Committee on Market Best Practices: Principles of Conduct and Best Practice Recommendations, Juli 2008.

Institute of International Finance (IIF): Reform in the Financial Services Industry: Strengthening Practices for a More Stable System, Dezember 2009.

Institute of International Finance (IIF): Specific impacts of regulatory change on end-users, Oktober 2012.

Kreditwesengesetz in der Fassung der Bekanntmachung vom 9. September 1998 (BGBl. I S. 2776), das zuletzt durch Artikel 14 Absatz 2 des Gesetzes vom 17. Juli 2017 (BGBl. I S. 2446) geändert worden ist.

Pfandbriefgesetz vom 22. Mai 2005 (BGBl. I S. 1373), das zuletzt durch Artikel 24 Absatz 38 des Gesetzes vom 23. Juni 2017 (BGBl. I S. 1693) geändert worden ist.

S*enior Supervisors Group:* Observations on Risk Management Practices during the Recent Market Turbulence, März 2008.

Verordnung (EU) Nr. 575/2013 des europäischen Parlaments und des Rates vom 26. Juni 2013 über Aufsichtsanforderungen an Kreditinstitute und Wertpapierfirmen und zur Änderung der Verordnung (EU) Nr. 646/2012.

8. BTR 4 Operationelle Risiken

8.1. Ausgangssituation und rechtliche Anforderungen

Mit einer unternehmerischen Tätigkeit sind seit jeher operationelle Risiken verbunden. Im Rahmen von Basel II wurde der aufsichtsrechtliche Kanon der Risikoarten ausdrücklich um die operationellen Risiken erweitert.[343] In Deutschland sind die Baseler bzw. EU-Vorgaben für diese Risikoart in den Mindestanforderungen an das Risikomanagement (MaRisk)[344] festgeschrieben sowie zunächst in die Solvabilitätsverordnung (SolvV)[345] eingegangen und nunmehr in der seit dem 01.01.2014 auch für deutsche Institute geltende Capital Requirements Regulation (CRR)[346] niedergelegt. Die hinsichtlich der operationellen Risiken spezifischen Anforderungen der CRR und der MaRisk haben seither grundsätzlich unverändert Bestand. 1116

Die nachfolgenden Ausführungen bilden die Grundlage für eine strukturierte Überprüfung des Risikomanagements für operationelle Risiken auf Basis der qualitativen Anforderungen der MaRisk BTR 4. Sie richten sich hauptsächlich an Institute, die auf Basis der derzeit geltenden aufsichtsrechtlichen Vorgaben einen Basisindikatoransatz (BIA) oder Standardansatz (STA) gewählt haben.[347] 1117

Die Vorgaben der CRR für den Basisindikatoransatz beschränken sich auf die Ermittlung des Anrechnungsbetrags für die operationellen Risiken (Säule 1): Spezifische qualitative Anforderungen an das Risikomanagement für operationelle Risiken werden nicht gestellt. Insofern haben Institute, die den BIA gewählt haben, zumindest die Vorgaben der MaRisk BTR 4 zu beachten. Für STA-Institute formuliert Artikel 320 der CRR qualitative Anforderungen, die jedoch auch in vergleichbarer Form von den MaRisk gestellt werden. Die für 1118

343 Siehe *Baseler Ausschuss für Bankenaufsicht:* Internationale Konvergenz der Eigenkapitalmessung und der Eigenkapitalanforderungen: Überarbeitete Rahmenvereinbarung, Juni 2004, Teil 2, Kapitel V.

344 *Bundesanstalt für Finanzdienstleistungsaufsicht (BaFin):* Mindestanforderungen an das Risikomanagement (MaRisk) – Rundschreiben 09/2017 (BA) vom 27.10.2017.

345 Verordnung über die angemessene Eigenmittelausstattung von Instituten, Institutsgruppen und Finanzholding-Gruppen (Solvabilitätsverordnung – SolvV) vom 06.12.2013, zuletzt geändert am 12.09.2016. In Abschnitt 5 (»Ergänzende Regelungen zu operationellen Risiken«) der SolvV finden sich derzeit lediglich Vorgaben zur AMA-Eignungsprüfung.

346 Vergleiche Artikel 312 bis 324 der Verordnung (EU) Nr. 575/2013 des Europäischen Parlaments und des Rates vom 26. Juni 2013 über Aufsichtsanforderungen an Kreditinstitute und Wertpapierfirmen und zur Änderung der Verordnung (EU) Nr. 646/2012.

347 Dem Jahresbericht 2016 der BaFin kann entnommen werden, dass zum Jahresende 2016 knapp 1.600 Institute und Institutsgruppen den Basisindikatoransatz und 54 Institute oder Institutsgruppen den Standardansatz nutzten. Siehe *Bundesanstalt für Finanzdienstleistungsaufsicht:* Jahresbericht der Bundesanstalt für Finanzdienstleistungsaufsicht 2016, Mai 2017, S. 222.

AMA-Institute in Artikel 321 bis 324 der CRR niedergelegten qualitativen Anforderungen sind im Kontext der aufsichtlichen Zulassungspflicht und -prüfung für eine Verwendung eines fortgeschrittenen Messansatzes (Advanced Measurement Approach – AMA) zu betrachten. Sie führen daher in der Praxis zu einer Konzeption und Umsetzung, die in ihrer Detaillierung über die eines BIA- und STA-Instituts hinausgehen.[348]

1119 Bis zur Veröffentlichung des Konsultationspapiers des Baseler Ausschusses für Bankenaufsicht im Oktober 2014[349] wurde von großen Kreditinstituten eine Weiterentwicklung eines Standardansatzes zu einem Advanced Measurement Approach erwünscht. Dem entgegen steht das Fazit der Regulatoren, dass sich bislang unter den AMA-Banken keine einheitliche Methodik etablieren konnte, was zu einer zu großen Streubreite bei den berechneten Eigenmittelanforderungen führt. Daher ist vorgesehen, dass fortgeschrittene Messansätze künftig für Zwecke der Säule 1 nicht mehr zulässig sein werden.[350] Da ferner der Bruttoertrag in einer Finanzkrise von aufsichtlicher Seite als kein geeigneter Indikator für operationelle Risiken identifiziert wurde, werden der Basisindikatoransatz (BIA) und der derzeitige Standardansatz (STA) perspektivisch durch einen neuen Standardansatz ersetzt, der zum 01.01.2022 angewendet werden soll.[351]

1120 Weitere Anhaltspunkte für die institutsindividuelle Ausgestaltung des Risikomanagements operationeller Risiken bieten die »Principles of the Sound Management of Operational Risk« des Baseler Ausschusses für Bankenaufsicht.[352] Ferner sollten die Empfehlungen des »Fachgremiums operationelle Risiken«

---

348 Einen AMA verwendeten insgesamt 14 Institute und Institutsgruppen, die größtenteils zur Gruppe der Kreditbanken, zwei Institute zum Sparkassensektor und jeweils ein Institut zum Genossenschaftssektor bzw. zur Gruppe der sonstigen Institute gehören. Siehe *Bundesanstalt für Finanzdienstleistungsaufsicht:* Jahresbericht der Bundesanstalt für Finanzdienstleistungsaufsicht 2016, Mai 2017, S. 222.

349 *Baseler Ausschuss für Bankenaufsicht:* Operational risk – Revisions to the simpler approaches: Consultative Document, Oktober 2014.

350 Siehe *Deutsche Bundesbank:* Die Fertigstellung von Basel III, in: Monatsbericht, Januar 2018, S. 88.

351 Zu einer ausführlichen Darstellung des neuen Standardansatzes für operationelle Risiken siehe *Baseler Ausschuss für Bankenaufsicht:* Basel III: Finalising post-crisis reforms, Dezember 2017, S. 2 und S. 128 bis 136.

352 Siehe *Baseler Ausschuss für Bankenaufsicht:* Principles for the Sound Management of Operational Risk, Juni 2011. Diese überarbeitete Fassung basiert auf der ursprünglichen Version aus dem Jahre 2003, siehe *Baseler Ausschuss für Bankenaufsicht:* Management operationeller Risiken – Praxisempfehlungen für Banken und Bankenaufsicht, Februar 2003. Zu den Ergebnissen einer Analyse der von 60 systemrelevanten Banken eingeholten Selbsteinschätzungen zur Einhaltung der »Principles« sowie zu einer Darstellung von Best Practices siehe *Baseler Ausschuss für Bankenaufsicht:* Review of the Principles for the Sound Management of Operational Risk, 06.10.2014.

(FG OpRisk) herangezogen werden.[353] Weitere Orientierung bietet eine Richtlinie des Committee of European Banking Supervisors (nunmehr European Banking Authority – EBA), die Empfehlungen zum Management operationeller Risiken aus Aktivitäten mit Marktbezug (beispielsweise Handelsaktivitäten) formuliert.[354]

8.2. Begriff des operationellen Risikos

BTR 4 Tz. 1 Satz 2

Für diese Zwecke ist eine institutsintern einheitliche Festlegung und Abgrenzung der operationellen Risiken vorzunehmen und an die Mitarbeiter zu kommunizieren.

Erläuterungen zu BTR 4 Tz. 1 *(Auszug)*

Definition von operationellen Risiken – Die Festlegung sollte auch eine möglichst klare Abgrenzung zu anderen vom Institut betrachteten Risiken enthalten.

Grundlage für ein funktionierendes Risikomanagement der operationellen Risiken ist ein einheitliches Verständnis, was unter dieser Risikoart zu verstehen ist. Im Zuge der 5. MaRisk-Novelle wurde BTR 4 Tz. 1 um einen zweiten Satz erweitert, demzufolge »(…) eine institutsintern einheitliche Festlegung und Abgrenzung der operationellen Risiken vorzunehmen und an die Mitarbeiter zu kommunizieren [ist].« Für eine Begriffsbestimmung des operationellen Risikos sollte auf Artikel 4 Abs. 52 der CRR abgestellt werden. Demnach ist »(…) ‚operationelles Risiko' das Risiko von Verlusten, die durch die Unangemessenheit oder das Versagen von internen Verfahren, Menschen und Systemen oder durch externe Ereignisse verursacht werden, einschließlich Rechtsrisiken.«[355] Rechtsrisiken im Sinne der Gefahr von Verlusten aufgrund 1121

353 Zudem sei auf folgende Studie der *BaFin* hingewiesen: Studie zum Management operationeller Risiken in Instituten, die einen Basisindikatoransatz verwenden, aktualisierte Version vom 04.05.2009. Ferner ist Studie der Deutschen Bundesbank vom September 2012 aufschlussreich über Institute, die den fortgeschrittenen Messansatz verwenden.

354 Siehe *Committee of European Banking Supervisors*: Guidelines on the Management of Operational Risks in Market-Related Activities, 12. Oktober 2010.

355 Hingegen stellen solche Schäden kein operationelles Risiko dar, die innerhalb eines Dienstleistungsanbieters auftreten, mit dem ein Vertrag über die Auslagerung von Tätigkeiten abgeschlossen wurde, sofern sich die Schäden nicht auf das Institut selbst auswirken. Operationelle Risiken sind in diesem Zusammenhang jedoch Schäden, die durch eine mangelnde oder nicht erfolgte Leistung des Dienstleistungsanbieters dem Institut entstehen. Hierbei ist auch das Rechtsrisiko des Auslagerungsvertrags selbst zu berücksichtigen. Siehe *Fachgremium OpRisk:* Empfehlung des Fachgremiums OpRisk zur OpRisk-Definition vom 05.03.2008.

der Verletzung geltender rechtlicher Bestimmungen sind Teil des operationellen Risikos. Hierzu zählt das Risiko aufgrund einer geänderten Rechtsprechung für in der Vergangenheit abgeschlossene Geschäfte Verluste zu erleiden. Das Risiko, die zukünftige Geschäftstätigkeit wegen einer geänderten Gesetzeslage umstellen zu müssen, ist nicht als operationelles Risiko zu verstehen.[356] In den Erläuterungen zu BTR 4 Tz. 1 wurde mit der 5. MaRisk-Novelle die Vorgabe aufgenommen, dass hinsichtlich der Definition von operationellen Risiken die »(...) Festlegung (...) auch eine möglichst klare Abgrenzung zu anderen vom Institut betrachteten Risiken enthalten [sollte].«

1122 Das Reputationsrisiko ist nicht Teil des operationellen Risikos.[357] Jedoch kann ein eingetretenes operationelles Risiko einen Reputationsschaden zur Folge haben. Dieser sollte nach Möglichkeit bei der Identifizierung, Beurteilung und Steuerung der wesentlichen operationellen Risiken berücksichtigt werden. Ferner werden weder das strategische Risiko noch das Geschäftsrisiko von der Legaldefinition des operationellen Risikos erfasst. Als strategisches Risiko kann die Gefahr angesehen werden, dass sich Entscheidungen der Geschäftsleitung mit erheblicher Bedeutung für das Unternehmen als falsch herausstellen. Das Geschäftsrisiko besteht in nachteiligen Volumens- und Margenentwicklungen, ausgelöst durch veränderte wirtschaftliche Rahmenbedingungen in Verbindung mit der Wettbewerbssituation, technischem Fortschritt oder dem Wandel von Kundenpräferenzen.

356 Siehe *Fachgremium OpRisk:* Empfehlung des Fachgremiums OpRisk zur OpRisk-Definition vom 05.03.2008.

357 Siehe *Baseler Ausschuss für Bankenaufsicht:* Internationale Konvergenz der Eigenkapitalmessung und der Eigenkapitalanforderungen: Überarbeitete Rahmenvereinbarung, Juni 2004, Tz. 644.

	Fragestellung »Begriff des operationellen Risikos«	Erfüllt
	Wie ist der Begriff des operationellen Risikos definiert?	
1.	Hat das Institut schriftlich niedergelegt, wie es den Begriff des »operationellen Risikos« definiert? Gilt diese Definition einheitlich – gegebenenfalls gruppenweit – für alle Organisationeinheiten?	
2.	Entspricht die institutseigene Definition des operationellen Risikos der Definition nach Artikel 4 Abs. 52 der CRR?	
3.	Sofern von Artikel 4 Abs. 52 der CRR abgewichen wird, finden alle Komponenten der gesetzlichen Definition anderweitig im Risikomanagement des Instituts eine angemessene Berücksichtigung?	
4.	Erfolgt eine nachvollziehbare Abgrenzung gegenüber anderen Risikoarten (einschließlich Kreditrisiken und Marktrisiken)?	
5.	Erfolgt für Risiken, die zu mindestens einer anderen Risikoart als den operationellen Risiken zugerechnet werden könnten, eine eindeutige Risikoarten-Zuordnung?	
6.	Ist die institutsinterne Definition des operationellen Risikos (einschließlich einer möglichst klaren Abgrenzung zu anderen Risiken) an die Mitarbeiter kommuniziert und fortlaufend zugänglich (z. B. im Rahmen des Risikohandbuchs, das im Intranet abgerufen werden kann)?	

8.3. Aufbau- und ablauforganisatorischer Rahmen

Die MaRisk BTR 4 fordern vor dem Hintergrund des § 25a Abs. 1 KWG von den Instituten, ihre operationellen Risiken durch einen angemessenen aufbau- und ablauforganisatorischen Rahmen Rechnung zu tragen. 1123

BTR 4 Tz. 1 Satz 1
Das Institut hat den operationellen Risiken durch angemessene Maßnahmen Rechnung zu tragen.

1124 Spezifische Vorgaben zur Ausgestaltung des organisatorischen Rahmens des Risikomanagements operationeller Risiken beinhalten die MaRisk BTR 4 nicht. In die Aufbauorganisation des Risikomanagements operationeller Risiken sind in der Praxis typischerweise Mitarbeiter des Risikocontrollings, nachfolgend als zentrales OpRisk-Controlling bezeichnet, sowie Mitarbeiter der Fachabteilungen – die so genannten dezentralen OpRisk-Manager – involviert. Die Geschäftsleitung trägt nach § 25a Abs. 1 KWG i. V. m. den MaRisk die Gesamtverantwortung für das institutseigene Risikomanagement. Daneben ist ein Grundverständnis aller Mitarbeiter des Instituts für operationelle Risiken notwendig. Die Basis für das Management der Risikoart »operationelle Risiken« bilden die Geschäftsstrategie und die Risikostrategie des Instituts.

1125 Die Ablauforganisation lässt sich regelmäßig in vier Teilschritte untergliedern, die einen Risikokreislauf bilden. In einem ersten Schritt sind die wesentlichen operationellen Risiken des Instituts zu identifizieren und zu beurteilen. Auf den Ergebnissen der Risikoinventur aufbauend, werden gegebenenfalls die Risikosteuerungsstrategien für die jeweiligen Risikoszenarien festgelegt. Sie bilden gemeinsam mit der Analyse der dokumentierten Schadensfälle die Grundlage für die Erarbeitung und Umsetzung von Maßnahmen zur Risikosteuerung im zweiten Schritt. Daneben trägt das interne Berichtswesen dazu bei, dass entscheidungsorientierte Informationen zu den wesentlichen operationellen Risiken des Instituts zusammengestellt und den zuständigen Verantwortlichen zugeleitet werden. Beschlossene Maßnahmen sind in einem dritten Schritt durchzuführen. Deren Umsetzung ist zu überwachen. Im vierten Schritt werden der Bedarf zur Weiterentwicklung des Risikomanagementsystems für operationelle Risiken ermittelt und eventuelle Anpassungen vorgenommen, bevor der Risikokreislauf erneut beginnt. Das Management operationeller Risiken bildet somit einen kontinuierlichen Prozess.

	Fragestellung »Aufbau- und ablauforganisatorischer Rahmen«	Erfüllt
	Ist eine angemessene Aufbau- und Ablauforganisation zum Risikomanagement operationeller Risiken etabliert?	
1.	Ist sichergestellt, dass die Aufbau- und Ablauforganisation zum Risikomanagement operationeller Risiken der Art, dem Umfang, der Komplexität und dem Risikogehalt der Geschäftsaktivitäten entspricht?	
2.	Ist hinsichtlich der operationellen Risiken eine Ablauforganisation etabliert, die den nahtlosen Übergang folgender Hauptelemente eines Regelkreislaufes gewährleistet: ▪ Identifizierung, ▪ Beurteilung, ▪ Steuerung, ▪ Überwachung und ▪ Berichterstattung?	
3.	Sind die Teilprozesse der Ablauforganisation sowie damit verbundene Aufgaben, Kompetenzen, Verantwortlichkeiten, Kontrollen und Berichtspflichten jeweils klar definiert?	
4.	Sind die Aufgaben und Funktionen folgender beteiligter Parteien im Rahmen des Risikomanagements operationeller Risiken eindeutig festgelegt: ▪ zentrales OpRisk-Controlling, ▪ dezentrale OpRisk-Manager, ▪ Geschäftsleitung, ▪ sonstige Mitarbeiter?	
5.	Trägt die Geschäftsleitung gemäß § 25a Abs. 1 Satz 2 KWG die Gesamtverantwortung für das Risikomanagement operationeller Risiken?	

6.	Fällt in die Zuständigkeiten des zentralen OpRisk-Controllings insbesondere: ▪ die Festlegung des organisatorischen Rahmens des Risikomanagementsystems für operationelle Risiken und dessen Weiterentwicklung, ▪ die Hoheit über die angewandten Methoden, ▪ die Gesamtkoordination der Risikoinventuren, ▪ die Überwachung des Risikomanagementsystems für operationelle Risiken?	
7.	Ist im Rahmen des Risikomanagementsystems für operationelle Risiken ein Grad der Zentralisierung von Aufgaben und Funktionen beim OpRisk-Controlling bzw. der Dezentralisierung solcher bei den OpRisk-Managern gewählt worden, der ein wirksames Management der operationellen Risiken gewährleistet?	
8.	Ist bei einer organisatorischen Ausgestaltung des Risikomanagements operationeller Risiken mit einem hohen Grad der Zentralisierung sichergestellt, dass das zentrale OpRisk-Controlling alle relevanten Informationen erhält und die Umsetzung von Maßnahmen tatsächlich durchsetzen kann?	
9.	Ist bei einer Aufbau- und Ablauforganisation mit einem hohen Grad der Dezentralisierung sichergestellt, dass die dezentralen OpRisk-Manager das Management der operationellen Risiken auf einer vergleichbaren Basis vornehmen und das zentrale OpRisk-Controlling ausreichend involvieren?	
10.	Ist das Risikomanagement operationeller Risiken hinreichend in das Gesamtrisikomanagement des Instituts integriert?	
11.	Sind die aufbau- und ablauforganisatorischen Vorgaben für das Risikomanagementsystem für operationelle Risiken hinreichend schriftlich fixiert (z. B. im Rahmen des Risikohandbuchs)?	

12.	Sind die Dokumentationen zu den aufbau- und ablauforganisatorischen Vorgaben (einschließlich festzulegender Schwellenwerte) für das Risikomanagementsystem für operationelle Risiken von der Geschäftsleitung abgenommen und für verbindlich erklärt worden?	
13.	Erfolgt eine regelmäßige Durchsicht relevanter Dokumentationen der Organisation des Risikomanagementsystems für operationelle Risiken seitens des zentralen OpRisk-Controllings?	
14.	Werden entsprechende Dokumentationen bei relevanten aufbau- und ablauforganisatorischen Änderungen zeitnah angepasst?	
15.	Werden Informationen über das Risikomanagementsystem für operationelle Risiken den betroffenen Mitarbeitern in geeigneter Weise bekannt gegeben?	
16.	Sind für das zentrale OpRisk-Controlling wie auch die dezentralen OpRisk-Manager wirksame Vertretungsregelungen etabliert?	

8.4. Identifizierung und Beurteilung wesentlicher operationeller Risiken

Voraussetzung für ein wirksames Management der operationellen Risiken ist deren Identifizierung und Beurteilung. Operationelle Risiken sind in den vielfältigsten Arten und Ausprägungen vorstellbar. Eine Identifizierung und Beurteilung aller denkbaren operationellen Risiken ist jedoch weder ökonomisch sinnvoll noch von aufsichtsrechtlicher Seite verlangt. 1126

BTR 4 Tz. 2

Es muss gewährleistet sein, dass wesentliche operationelle Risiken zumindest jährlich identifiziert und beurteilt werden.

8.4.1. Begriff der Wesentlichkeit

Als Konsequenz der Vielfalt der operationellen Risiken fordern die MaRisk BTR 4 Tz. 2 lediglich die Identifizierung der »wesentlichen« operationellen Risiken. Eine Definition des Begriffs der Wesentlichkeit wird jedoch nicht 1127 vorgenommen. Welche operationellen Risiken als »wesentlich« erachtet werden, ist institutsindividuell festzulegen. Die Abgrenzung zwischen wesentlichen und unwesentlichen operationellen Risiken kann anhand einer qualitativen Erläuterung oder eines Indikators mit einem festzulegenden Schwellenwert – beispielsweise in Form eines bestimmten Prozentsatzes der bereitgestellten Risikodeckungsmasse im Rahmen der Risikotragfähigkeit – erfolgen. Die letztgenannte Möglichkeit erweist sich als Herausforderung hinsichtlich der fortlaufenden Schwankung der Höhe der Risikodeckungsmasse wie auch der Berücksichtigung von Serienschäden mit einer geringen potenziellen Schadenshöhe je Schadensfall, jedoch einer kritischen Eintrittshäufigkeit.

	Fragestellung »Definition der Wesentlichkeit«	**Erfüllt**
	Ist der Begriff der »Wesentlichkeit« eines operationellen Risikos definiert?	
1.	Ist der Begriff der »Wesentlichkeit« einheitlich für ein Institut sowie nachvollziehbar definiert?	
2.	Sofern ein Indikator für die Wesentlichkeit bestimmt worden ist, ist dieser risikoorientiert und nachvollziehbar gewählt?	
3.	Sofern ein Schwellenwert für die Wesentlichkeit festgelegt worden ist, ist dieser hinsichtlich der Größe des Instituts angemessen und wird regelmäßig überprüft?	

8.4.2. Risikoinventur operationeller Risiken

1128 Die Identifizierung und Beurteilung der wesentlichen operationellen Risiken erfolgt typischerweise als Risikoinventur, die gemäß MaRisk BTR 4 zumindest jährlich stattzufinden hat. Spezifische Vorgaben zur Ausgestaltung dieser Risikoinventur beinhalten die MaRisk jedoch nicht. Die Risikoinventur zur Identifizierung und Beurteilung der wesentlichen operationellen Risiken erfolgt in der Praxis hauptsächlich in der Gestalt von Self Assessments oder Risikoworkshops. Das zentrale OpRisk-Controlling legt in der Regel im Vorfeld die Form und den Ablauf einer Risikoinventur fest.[358]

358 Zur Ausgestaltung von Risikoinventuren siehe *Hofmann, M.*: Effektives OpRisk-Management unter Berücksichtigung von MaRisk und SolvV – Qualitatives Management operationeller Risiken, in: Risiko Manager, 15/2006, S. 1 und 6–11.

✓ **Praxistipp »Risikoinventur operationeller Risiken«**

Risikoinventur mittels Self Assessments

Eine Risikoinventur mittels Self Assessments erfolgt typischerweise in Form einer Durchsicht einer individuellen Liste von operationellen Risiken durch den jeweiligen dezentralen OpRisk-Manager – zum Teil hat dieser ergänzend einen Fragebogen auszufüllen. Die Listen sowie eventuell die Fragebögen werden in der Regel seitens des zentralen OpRisk-Controllings vorbereitet. Die Auflistung umfasst ausgewählte bekannte operationelle Risiken – gegebenenfalls ergänzt um modifizierte oder neue Risiken. Der jeweilige dezentrale OpRisk-Manager hat eine Überprüfung der vorgelegten Liste insbesondere hinsichtlich deren Wesentlichkeit, Aktualität, Korrektheit der Beschreibungen sowie Risikobeurteilung vorzunehmen. Dezentrale OpRisk-Manager haben nicht genannte, aus ihrer Sicht jedoch wesentliche operationelle Risiken zu ergänzen und zu beurteilen. Nach Erhalt der Rückmeldungen seitens der dezentralen OpRisk-Manager hat das zentrale OpRisk-Controlling eine kritische Analyse durchzuführen. Gegebenenfalls führt das zentrale OpRisk-Controlling ergänzend Gespräche mit ausgewählten dezentralen OpRisk-Managern oder sonstigen Mitarbeitern mit für die Risikoidentifizierung bzw. -beurteilung relevanten Fachkenntnissen.

Self Assessments ermöglichen auf der Basis von vorgelegten Risikolisten und gegebenenfalls Fragebögen mit einem vergleichsweise geringen Ressourcenaufwand eine Inventur der operationellen Risiken in den Abteilungen bzw. Bereichen. Es besteht jedoch die Gefahr, dass der jeweilige dezentrale OpRisk-Manager ausschließlich die eigenen Risiken betrachtet – auch als »Silodenken« bezeichnet – und eine systematische Erfassung von bereichsübergreifenden oder unternehmensweiten operationellen Risiken unterbleibt. 1129

Mittels Risikoworkshops kann einem möglichen Silodenken begegnet werden, 1130 indem operationelle Risiken durch eine Gruppe von dezentralen OpRisk-Managern und weiteren Experten aus verschiedenen Organisationseinheiten diskutiert werden. Informationen und Einschätzungen können organisationsübergreifend ausgetauscht und auf diese Weise ein umfassendes Bild der Gesamtrisikosituation des Instituts erstellt werden. Die Moderation sollte durch das zentrale OpRisk-Controlling erfolgen – eventuell unterstützt durch einen unabhängigen und erfahrenen Moderator.

8.4.2.1. Identifizierung der wesentlichen operationellen Risiken

1131 Gemäß MaRisk BTR 4 Tz. 2 haben Institute ihre wesentlichen operationellen Risiken zumindest jährlich zu identifizieren.[359]

✓ Praxistipp »Identifizierung operationeller Risiken«

Kategorisierung operationeller Risiken

Jedes wesentliche operationelle Risiko wird einer der definierten Kategorien der unterschiedlichen Ebenen zugeordnet:

1. Ebene: »Risikokategorien«,
2. Ebene: »Unterkategorien«,
3. Ebene: »Risikoszenarien« sowie »Konkrete Beispiele & weitere Angaben«

Die »Risikokategorien« und »Unterkategorien« bilden die beiden obersten Ebenen der institutsindividuellen Kategorisierung. Diese sollen eine Überleitung der verwendeten Risikokategorien zu der in der Baseler Rahmenvereinbarung gegebenen Kategorisierung (Ebene 1 und Ebene 2) ermöglichen. An dieser orientieren sich üblicherweise Schadensfalldatenbanken externer Datenanbieter.

Die »Risikoszenarien« bilden die dritte Ebene und repräsentieren die wesentlichen operationellen Risiken. Die wesentlichen Risiken sind um jeweils mindestens ein Beispiel zu konkretisieren sowie durch weitere Angaben (z. B. Verweise auf einschlägige Arbeitsrichtlinien) zu ergänzen. Die dritte Ebene bildet die Basis für die Risikobeurteilung sowie -steuerung.

1132 Wie vorangehend erwähnt, ist aufgrund der großen Vielfalt der operationellen Risiken eine abschließende Auflistung aller operationellen Risiken nicht möglich. Pflicht ist folglich die Erfassung aller wesentlichen operationellen Risi-

359 Daneben sind einschlägige Vorgaben für die Identifizierung und Beurteilung von spezifischen Risiken zu beachten, die von der Definition des operationellen Risikos erfasst werden, z. B. des Risikos eines Missbrauchs zur Geldwäsche oder Terrorismusfinanzierung sowie zu sonstigen strafbaren Handlungen im Rahmen einer Risikoanalyse. Vergleiche Rundschreiben 8/2005 »Institutsinterne Implementierung angemessener Risikomanagementsysteme zur Verhinderung der Geldwäsche, Terrorismusfinanzierung und Betrug zu Lasten der Institute gemäß §§ 25 a Abs. 1 Satz 3 Nr. 6, Abs. 1a KWG, 14 Abs. 2 Nr. 2 GwG – Anfertigung der institutsinternen Gefährdungsanalyse« der BaFin vom 23.03.2005.

ken, die in der Praxis üblicherweise unter Verwendung einer Kategorisierung operationeller Risiken erfolgt.[360]

	Fragestellung »Identifizierung der wesentlichen operationellen Risiken«	Erfüllt
	Sind alle wesentlichen operationellen Risiken identifiziert?	
1.	Werden die wesentlichen operationellen Risiken regelmäßig, mindestens aber jährlich, im Rahmen einer Risikoinventur systematisch identifiziert?	
2.	Ist sichergestellt, dass das zentrale OpRisk-Controlling auch zwischen den regulären Risikoinventuren über erstmalig identifizierte, wesentliche operationelle Risiken unterrichtet wird, sofern festzulegende Grenzen überschritten werden?	
3.	Erfolgt seitens des zentralen OpRisk-Controllings die Koordination der Risikoinventuren?	
4.	Ist der gewählte Ablauf der Risikoinventur geeignet, um die wesentlichen operationellen Risiken des Instituts zu erfassen?	
5.	Um das Aufkommen eines Gefühls einer demotivierenden Routine zu vermeiden: Werden zeitweise alternative Formen der Auseinandersetzung mit operationellen Risiken, z. B. durch die Vorstellung und Diskussion von Fallbeispielen/Case studies, angewandt?	
6.	Decken die an der Identifizierung der wesentlichen operationellen Risiken beteiligten Mitarbeiter insgesamt alle Organisationseinheiten des Instituts ab?	

360 Der Anhang 7 von Basel II kann als Grundlage für die Aufstellung einer institutsindividuellen Kategorisierung der identifizierten operationellen Risiken dienen. Siehe Baseler Ausschuss für Bankenaufsicht: Internationale Konvergenz der Eigenkapitalmessung und der Eigenkapitalanforderungen: Überarbeitete Rahmenvereinbarung, Juni 2004, Anhang 7. Siehe zudem Artikel 324, Tabelle 3 der CRR.

7.	Sofern die Risikoinventuren ausschließlich in Form von Self Assessments durchgeführt werden, ist sichergestellt, dass abteilungs- bzw. bereichsübergreifende wie auch unternehmensweite operationelle Risiken erfasst werden?	
8.	Benennen die dezentralen OpRisk-Manager die aus ihrer Sicht wesentlichen operationellen Risiken – gegebenenfalls ergänzt um Risiken seitens des zentralen OpRisk-Controllings und sonstiger Fachexperten?	
9.	Analysiert das OpRisk-Controlling die Liste der wesentlichen operationellen Risiken kritisch insbesondere hinsichtlich deren Vollständigkeit und Nachvollziehbarkeit?	
10.	Stellt das zentrale OpRisk-Controlling – gegebenenfalls in Zusammenarbeit mit den dezentralen OpRisk-Managern – die Konsistenz der Ergebnisse der Risikoinventur mit denen ähnlicher Analysen anderer Organisationseinheiten (z. B. der Risikoanalyse des Geldwäschebeauftragten/der »zentralen Stelle« i. S. d. § 25h KWG) sicher?	
11.	Erfolgt eine eindeutige Kategorisierung eines jeden operationellen Risikos auf der jeweiligen Ebene?	
12.	Sofern eine Zuordnung zu mindestens einer alternativen Kategorie einer Ebene denkbar wäre, wird eine konsistente Zuordnung für ähnliche Risiken vorgenommen?	
13.	Entscheidet in Zweifelsfällen das zentrale OpRisk-Controlling über die zu wählende Kategorie der jeweiligen Ebene?	
14.	Erfolgt durch das OpRisk-Controlling eine regelmäßige Überprüfung der Kategorisierung sowie deren eventuelle Anpassung – gegebenenfalls in Rücksprache mit den OpRisk-Managern?	
15.	Wird jedes wesentliche operationelle Risiko eindeutig jeweils einem dezentralen OpRisk-Manager zugeordnet?	
16.	Sind genannte operationelle Risiken durch mindestens ein konkretisierendes Beispiel hinreichend präzise schriftlich erläutert?	

17.	Werden die im Rahmen der Risikoinventur geäußerten relevanten Informationen seitens des zentralen OpRisk-Controllings – gegebenenfalls unter Einbindung der dezentralen OpRisk-Manager – angemessen dokumentiert?	
18.	Erfolgt im Rahmen einer Risikoinventur eine kritische Durchsicht und eventuelle Aktualisierung der dokumentierten Beschreibungen bereits erfasster operationeller Risiken seitens der dezentralen OpRisk-Manager?	

Ausgewählte identifizierte operationelle Risiken sollten zudem bei der Erstel- 1133
lung von Stresstestszenarien Eingang finden. Laut einer Umfrage der Deutschen Bundesbank im Zeitraum 2009/2010 berücksichtigten lediglich rund 35 % der betrachteten Institute operationelle Risiken in ihren Stresstests.[361] Dieser Anteil dürfte sich jedoch – nicht zuletzt aufgrund der anhaltenden Presseberichterstattung über die Verhängung hoher Bußgelder gegen Institute beispielsweise wegen Verstößen gegen Finanzsanktionsbestimmungen – zwischenzeitlich erhöht haben.

8.4.2.2. Beurteilung der wesentlichen operationellen Risiken

Neben der Identifizierung der wesentlichen operationellen Risiken haben 1134
Institute nach MaRisk BTR 4 Tz. 2 eine Beurteilung derselben zumindest jährlich vorzunehmen. Gesonderte Vorgaben zur Beurteilung der wesentlichen operationellen Risiken beinhalten die MaRisk jedoch nicht. In der Praxis wird je Risiko eine potenzielle Schadenhöhe und Eintrittswahrscheinlichkeit bzw. Eintrittshäufigkeit geschätzt. Voraussetzung für die Beurteilung eines Risikos ist dessen hinreichende Konkretisierung. Diese erfolgt auf der dritten Ebene der Kategorisierung. Hierbei ist je Risiko abzuwägen, ob ein hoher Grad der Spezifizierung oder eine allgemeine Beschreibung, die mehrere Risikoausprägungen umfasst, vorzunehmen ist. Ergänzend ist zu bestimmen, ob das Risiko vor dem Hintergrund eines durchschnittlichen Szenarios bzw. Normalszenarios im Rahmen des laufenden gewöhnlichen Betriebs oder als ein Extremszenario (z. B. während stark fallender Aktienmärkte) zu beurteilen ist.

361 Siehe *Deutsche Bundesbank*: »Range of Practice« zur Sicherstellung der Risikotragfähigkeit bei deutschen Kreditinstituten, 11. November 2010, S. 29.

1135 Im Zuge der Beurteilung muss stets zwischen einer Brutto- und einer Nettobetrachtung unterschieden werden. Um nach einer Risikoinventur über Risikosteuerungsmaßnahmen entscheiden zu können, ist eine Nettobetrachtung, d. h. eine Risikobeurteilung unter Beachtung bereits etablierter Kontrollen und Verfahren, erforderlich. Hierbei sollten:

- Erfahrungswerte der Beurteilenden,
- gegebenenfalls vorliegende interne und externe Schadensfalldaten sowie Informationen zu Beinaheschadensfällen bzw. Beinaheverlusten, »boundary events« und zusammenhängenden Ereignissen,
- bestehende Rahmenbedingungen (z. B. Volumenlimitierungen oder Versicherungsleistungen) wie auch
- Projektionen für den kommenden Zeitraum von ca. einem Jahr bis drei Jahren Eingang in die Beurteilung finden.

1136 In der Praxis sind Versicherungspolicen in der Regel nur von nachrangiger Bedeutung, da üblicherweise Gebäude- und Feuerversicherungen sowie zum Teil Elementarversicherungen, jedoch seltener Betriebsunterbrechungsversicherungen abgeschlossen werden.

1137 Ergänzend kann eine Bruttobetrachtung vorgenommen werden, bei der eine Risikobeurteilung ohne Berücksichtigung bestehender Kontrollen und Verfahren vorgenommen wird.

1138 Obwohl in der Definition des operationellen Risikos das Reputationsrisiko nicht enthalten ist, sollte im Rahmen der Beurteilung der potenziellen Schadenshöhe eine Einschätzung eines eventuellen Reputationsschadens – gegebenenfalls als ein qualitatives Urteil (z. B. »erheblich«) – vorgenommen und möglichst getrennt ausgewiesen werden. Eine denkbare Kategorisierung ist:

- »Nicht erkennbar«: Praktisch kein externer Effekt, da Schadensfall nur unternehmensintern wahrgenommen worden ist,
- »Begrenzt«: Zwar keine Presseberichterstattung, jedoch erhöhte Zahl von Kundenbeschwerden in Zusammenhang mit dem Risiko,
- »Merklich«: Presseberichterstattung, nennenswerte Zahl von Kundenanfragen und -beschwerden, Nachfragen der Aufsicht,
- »Erheblich«: Wiederholte Presseberichterstattung über einen längeren Zeitraum, Institut als Negativbeispiel in der Wahrnehmung der Öffentlichkeit, Verlust wichtiger Kunden, anlassbezogene Sonderprüfung der Aufsicht.

Neben der potenziellen Schadenshöhe ist eine Schätzung der Eintrittshäufigkeit vorzunehmen. Die Eintrittshäufigkeit gibt an, in welchen durchschnittlichen Zeitintervallen der Eintritt des betrachteten Risikos erwartet wird. Alternativ kann eine Schätzung der Eintrittswahrscheinlichkeit erfolgen. 1139

Nach der Beurteilung eines Risikos wird üblicherweise in einem zweidimensionalen Schaubild auf der einen Achse die geschätzte potenzielle Schadenshöhe und auf der anderen Achse die erwartete Eintrittshäufigkeit bzw. Eintrittswahrscheinlichkeit des Risikos abgetragen. Werden die anderen beurteilten operationellen Risiken ergänzt, entsteht eine Risikomatrix. Diese setzt die einzelnen operationellen Risiken der berücksichtigten Organisationseinheiten in Beziehung und bildet eine wichtige Grundlage für die Risikosteuerung. 1140

✓ Praxistipp »Beurteilung operationeller Risiken«

Potenzielle Schadenshöhe

Die potenzielle Schadenshöhe erfolgt typischerweise anhand einer Schätzung eines exakten monetären Schadensbetrags, der für den Fall des Eintretens des Risikos erwartet wird. Alternativ kann eine Zuordnung zu einem Skalenabschnitt einer mehrteiligen Skala vorgenommen werden. Dies erleichtert in der Regel dem Beurteilenden die Festlegung der potenziellen Schadenshöhe.

Sofern die letztgenannte Alternative gewählt wird, sollte eine ausreichende Zahl von Skalenabschnitten – erfahrungsgemäß zwischen sechs und zehn Teilabschnitten – festgelegt werden. Zudem sollte je Skalenabschnitt ein monetärer Anfangs- und Endwert definiert werden. Die Länge der Skalenabschnitte nimmt im Vergleich zum Abschnitt mit dem niedrigsten Anfangswert aufgrund des Charakters dieser Risikoart zu. Eine ausschließlich qualitative Beurteilung der potenziellen Schadenshöhe, z. B. durch die Bezeichnungen »niedrig«, »mittel« und »hoch«, erschwert die Vergleichbarkeit mit Einschätzungen für andere operationelle Risiken und ist für die anschließende Risikosteuerung eine oftmals nicht hinreichend präzise Grundlage.

	Fragestellung »Beurteilung der wesentlichen operationellen Risiken«	**Erfüllt**
	Sind alle wesentlichen operationellen Risiken beurteilt?	
1.	Werden alle wesentlichen operationellen Risiken mindestens jährlich systematisch beurteilt?	
2.	Schließt sich die Beurteilung der wesentlichen operationellen Risiken unmittelbar an deren Identifizierung im Rahmen der Risikoinventur an?	
3.	Ist das angewendete Verfahren zur Beurteilung der wesentlichen operationellen Risiken als geeignet zu betrachten?	
4.	Sofern kein exakter monetärer Schadensbetrag geschätzt wird, ist die gewählte Zahl der Skalenabschnitte ausreichend und sind deren Anfangs- und Endwerte angemessen?	
5.	Wird das jeweilige operationelle Risiko zumindest auf der 3. Ebene (Risikoszenarien) – konkretisiert um mindestens ein Beispiel – beurteilt?	
6.	Wird gegebenenfalls eine differenzierte Beurteilung des betrachteten operationellen Risikos vorgenommen (z. B. für das Normal- und das Extremszenario)?	
7.	Wird je wesentlichem Risiko eine Beurteilung hinsichtlich der geschätzten potenziellen Schadenshöhe und der Eintrittshäufigkeit bzw. Eintrittswahrscheinlichkeit vorgenommen?	
8.	Kommen bei der Risikobeurteilung sowohl Erfahrungswerte wie auch Projektionen für den kommenden Zeitraum von ca. einem Jahr bis drei Jahren zum Tragen?	
9.	Werden alle relevanten Auswirkungen, die bei der Ermittlung der potenziellen Schadenshöhe berücksichtigt wurden, aufgelistet und protokolliert?	
10.	Wird ein mit einem operationellen Risiko verbundener Reputationsschaden berücksichtigt?	
11.	Erfolgt zumindest eine Beurteilung des jeweiligen Risikos unter Beachtung der bereits etablierten Kontrollen und Verfahren (Nettobetrachtung)?	

12.	Sind die für die Nettobetrachtung eines Risikos relevanten internen Kontrollen und Verfahren nachvollziehbar aufgelistet und protokolliert?	
13.	Sofern ebenfalls eine Bruttobetrachtung vorgenommen wird, kann aus dieser je Risiko das Ergebnis der Nettobetrachtung hinreichend plausibel hergeleitet werden?	
14.	Sofern für ein betrachtetes Risiko mehrere Beurteilungen z. B. unterschiedlicher Organisationseinheiten zusammengefasst werden, liefert die verwendete Methodik zur Aggregation aussagekräftige Ergebnisse?	
15.	Sofern die Beurteilungen für mehrere Risikoszenarien der 3. Ebene zusammengefasst werden, liefert die verwendete Methodik zur Aggregation aussagekräftige Ergebnisse?	
16.	Werden die von den OpRisk-Managern benannten operationellen Risiken und deren jeweilige Einschätzung der potenziellen Schadenshöhe und Eintrittshäufigkeit bzw. Eintrittswahrscheinlichkeit vom OpRisk-Controlling plausibilisiert?	
17.	Werden die beurteilten Risiken mittels einer Risikomatrix zueinander in Beziehung gesetzt?	

8.5. Schadensfälle

BTR 4 Tz. 3

Das Institut hat eine angemessene Erfassung von Schadensfällen sicherzustellen. Bedeutende Schadensfälle sind unverzüglich hinsichtlich ihrer Ursachen zu analysieren.

Erläuterungen zu BTR 4 Tz. 3

Erfassung von Schadensfällen – Größere Institute haben hierfür eine Ereignisdatenbank für Schadensfälle einzurichten, bei welcher die vollständige Erfassung aller Schadensereignisse oberhalb angemessener Schwellenwerte sichergestellt ist.

1141 Die MaRisk erwähnen in BTR 4 Tz. 3 den Begriff des Schadensfalls – ohne eine Definition desselben vorzunehmen. Ein Schadensfall kann als das Eintreten eines operationellen Risikos mit einem Schaden für das betrachtete Institut verstanden werden. Während der Risikobegriff auf eine vorausschauende (oder »ex ante«) Betrachtungsrichtung operationeller Risiken (potenzielle Schadensfälle) abstellt, spiegelt der Begriff des Schadensfalls eine zurückblickende (oder »ex post«) Perspektive wider.

1142 Im Zuge der 5. MaRisk-Novelle wurde in den Erläuterungen zu BTR 4 Tz. 1 die Vorgabe aufgenommen, dass die Prozesse zum Management operationeller Risiken den Umgang mit »Beinaheverlusten« (auch als »Beinaheschadensfälle« bezeichnet) umfassen sollten. Demnach können aus Sicht der BaFin als Beinaheverluste »(…) durch Fehler oder Mängel ausgelöste Ereignisse bezeichnet werden, die zu keinem Verlust geführt haben (z. B. fehlerhafte Zahlung an falschen Kontrahenten; Rückzahlung durch den Kontrahenten).« Diese aufsichtliche Definition könnte um solche Fehler oder Mängel erweitert werden, bei denen ein Ereignis abgewendet werden konnte – beispielsweise eine fehlerhafte Großorder, die vor ihrer Ausführung noch gestoppt werden konnte.

Erläuterungen zu BTR 4 Tz. 1 *(Auszug)*

Umgang mit nicht eindeutig zuordenbaren Schadensfällen oder Beinaheverlusten

Die Prozesse zum Management operationeller Risiken sollten auch den Umgang mit nicht eindeutig zuordenbaren Schadensfällen (»boundary events«), Beinaheverlusten und zusammenhängenden Ereignissen umfassen.

Als sog. »boundary events« können Verluste eingestuft werden, die zwar einem anderen Risiko zugerechnet werden oder bereits wurden (z. B. Kreditverluste), die aber ihren Ursprung in Ereignissen wie z. B. mangelhaften Prozessen und Kontrollen haben oder hatten.

Als »Beinaheverluste« können durch Fehler oder Mängel ausgelöste Ereignisse bezeichnet werden, die zu keinem Verlust geführt haben (z. B. fehlerhafte Zahlung an falschen Kontrahenten; Rückzahlung durch den Kontrahenten).

8.5.1. Identifizierung von Schadensfällen

Die MaRisk verlangen von Instituten, dass sie ihre bedeutenden Schadensfälle unverzüglich hinsichtlich ihrer Ursachen analysieren. Dies setzt eine Identifizierung bedeutender Schadensfälle voraus.[362] Eine zeitnahe, vollständige Identifizierung und nachvollziehbare Erfassung von Schadensfällen[363] ist eine entscheidende Basis für die Ergreifung von wirksamen Gegenmaßnahmen. Sie bildet eine wesentliche Grundlage für die Risikoberichterstattung und bietet die Möglichkeit zum Abgleich mit der institutseigenen Auflistung der wesentlichen operationellen Risiken. 1143

Operationelle Risiken wie auch hieraus resultierende Schadensfälle sind in den vielfältigsten Arten und Ausprägungen denkbar. Folglich ist die Einbindung eines Personenkreises in die Identifizierung bedeutender Schadensfälle erforderlich, der über das zentrale OpRisk-Controlling hinausgeht, um institutsweit relevante Information aufnehmen zu können. Die MaRisk enthalten jedoch diesbezüglich keine spezifischen Vorgaben. Erfahrungsgemäß sollten je nach Unternehmensgröße neben den dezentralen OpRisk-Managern weitere Mitarbeiter für das Erkennen von Schadensfällen entsprechend sensibilisiert werden. Als Grundlage für die Erfüllung des BTR 4 Tz. 3 muss das betrachtete Institut einen organisatorischen Rahmen etabliert haben, der das Erkennen der bedeutenden Schadensfälle ermöglicht und das weitere Vorgehen regelt. 1144

362 Für eine weitergehende Diskussion des Begriffs des bedeutenden Schadensfalls siehe *Hannemann, R./Schneider, A./Weigl, T.:* Mindestanforderungen an das Risikomanagement (MaRisk): Kommentar unter Berücksichtigung der Instituts-Vergütungsverordnung (InstitutsVergV), 4. Auflage, Stuttgart, 2013, S. 1051.

363 Um der Vorgabe zu Beinaheschadensfällen bzw. Beinaheverlusten im Sinne der Erläuterungen zu BTR 4 Tz. 1 nachzukommen, ist festzulegen, wie diese zu identifizieren und welche Schwellenwerte hierbei zu beachten sind.

✓ Praxistipp »Identifizierung von Schadensfällen«

Empfehlungen zur Identifizierung von Schadensfällen

- Auflistung aller institutsintern geführten Statistiken zu Geschehnissen, die als Schadensfälle interpretiert werden können (z. B. Liste der Kundenbeschwerden oder Ausfallzeiten von IT-Anwendungen) und anschließende Bestimmung, in welcher Weise die vorliegenden Daten in die Schadensfalldatensammlung übernommen werden können und welche zusätzlichen Informationen nachzuerfassen sind. Gegebenenfalls können Informationen zu einem Schadensfall auch automatisiert in eine existierende Schadensfalldatenbank-Anwendung eingespielt werden (z. B. Handelsfehler).
- Einholen von schriftlichen Bestätigungen beispielsweise des entsprechenden Bereichsleiters oder dezentralen OpRisk-Managers, dass alle identifizierten bedeutenden Schadensfälle im jeweiligen Zuständigkeitsbereich für das abgelaufene Geschäftsjahr ordnungsgemäß gemeldet und nachvollziehbar dokumentiert worden sind.

	Fragestellung »Identifizierung von Schadensfällen«	**Erfüllt**
	Werden die bedeutenden Schadensfälle identifiziert?	
1.	Liegt eine eindeutige Definition des Begriffs des Schadensfalls vor?	
2.	Ist festgelegt, welche Schadensfälle als »bedeutend« gelten?	
3.	Ist die gewählte Schwelle, ab denen Schadensfälle als »bedeutend« gelten, mit Blick auf die Größe des Instituts angemessen?	
4.	Ist festgelegt, wer institutsseitig für die Identifizierung von bedeutenden Schadensfällen zuständig ist?	
5.	Ist sichergestellt, dass alle bedeutenden Schadensfälle identifiziert werden?	

8.5.2. Analyse von Schadensfällen

Nach der Identifizierung eines bedeutenden Schadensfalls ist dieser gemäß BTR 4 Tz. 3 Satz 2 unverzüglich hinsichtlich seiner Ursachen zu analysieren. Für diese Zwecke muss festgelegt sein, wer eine solche Analyse vorzunehmen hat. Erfahrungsgemäß erfolgt diese durch den zuständigen dezentralen OpRisk-Manager. Die Ergebnisse leitet dieser an das zentrale OpRisk-Controlling weiter, welches in der Regel eine Plausibilisierung vornimmt. 1145

Im Zuge der 5. MaRisk-Novelle wurde in den Erläuterungen zu BTR 4 Tz. 1 die Vorgabe aufgenommen, dass die Prozesse zum Management operationeller Risiken den Umgang mit »nicht eindeutig zuordenbaren Schadensfällen« (so genannte »boundary events«) umfassen sollten. Demnach können aus Sicht der BaFin als boundary events »(…) Verluste eingestuft werden, die zwar einem anderen Risiko zugerechnet werden oder bereits wurden (z. B. Kreditverluste), die aber ihren Ursprung in Ereignissen wie z. B. mangelhaften Prozessen und Kontrollen haben oder hatten.« Zur Orientierung kann Artikel 322 Abs. 3 Buchst. b der CRR dienen, wonach (AMA-Institute) solche Verluste bzw. Schadensfälle aufgrund eines eingetretenen operationellen Risikos, die im Zusammenhang mit Kreditrisiken stehen, in der Datenbank für das operationelle Risiko zu erfassen und separat zu benennen sind.[364] OpRisk-Schadensfälle, die einen Zusammenhang zu Marktrisiken aufweisen, werden in der Praxis ebenfalls in der Schadensfalldatensammlung gesondert gekennzeichnet. 1146

Üblicherweise schließt die Analyse eines Schadensfalls – auch mit Blick auf eine spätere Berichterstattung nach BT 3.2 Tz. 6 – die Ermittlung des Ausmaßes des Schadens für das betrachtete Institut ein. Der Begriff des Schadens ist nicht spezifiziert in den MaRisk. In der Praxis wird zumeist eine Unterscheidung zwischen so genannten »direkten« und »indirekten« Schäden vorgenommen: 1147

- Dem »direkten Schaden« sind sämtliche Aufwendungen und Erträge zuzurechnen, die in Verbindung mit dem betrachteten eingetretenen operationellen Risiko in der Gewinn- und Verlustrechnung gebucht wurden oder voraussichtlich zu buchen sind.

364 Im Sinne des Artikels 322 Abs. 3 Buchst. b der CRR, der sich an AMA-Institute richtet, sollten Schäden eines eingetretenen operationellen Risikos in Verbindung mit dem Kreditrisiko zwar erkannt und erfasst, jedoch in der Schadensfalldatensammlung gesondert gekennzeichnet werden, damit diese zur Verhinderung von Doppelzählungen im Rahmen einer Quantifizierung unberücksichtigt bleiben können.

- Unter den Begriff des »indirekten Schadens« fallen alle solche Kosten- bzw. Nutzenkomponenten, die im Zusammenhang mit dem betrachteten eingetretenen operationellen Risiko nicht bereits als Aufwendungen bzw. Erträge in der Kategorie »direkter Schaden« aufgeführt sind und zu Lasten bzw. zu Gunsten des betrachteten Instituts wirken.

1148 Unter dem »Bruttoschaden« wird regelmäßig die Summe der Aufwendungen und weiteren Kosten in Verbindung mit dem jeweiligen Schadensfall verstanden. Der »Nettoschaden« resultiert aus dem Abzug aller Ertrags- und Nutzenkomponenten vom Bruttoschaden.

1149 Im Rahmen der 5. MaRisk-Novelle wurde in den Erläuterungen zu BTR 4 Tz. 1 die Vorgabe aufgenommen, dass die Prozesse zum Management operationeller Risiken den Umgang mit »zusammenhängenden Ereignissen« umfassen sollten. In der Praxis zählen zu diesen typischerweise:

- Schadensfälle mit gemeinsamer Ursache, die sich aber in unterschiedlichen Ereignissen (ggf. zu unterschiedlichen Zeitpunkten) ausdrücken, die in einem Zusammenhang zu bringen sind,
- Schadensfall, der wiederum Ursache für ein weiteres Ereignis ist (Folgeschaden),
- Schadensfälle mit vergleichbarer Ursache (Serienschäden).

1150 Um der Vorgabe zu Beinaheschadensfällen bzw. Beinaheverlusten im Sinne der Erläuterungen zu BTR 4 Tz. 1 nachzukommen, sollten diese zumindest während der Risikoinventuren besprochen und bei der Beurteilung von Risiken berücksichtigt werden.

8.5.3. Dokumentation von Schadensfällen

1151 Mit der 5. MaRisk-Novelle wurde in BTR 4 Tz. 3 Satz 1 der Grundsatz ergänzt, dass ein Institut »(...) eine angemessene Erfassung von Schadensfällen sicherzustellen [hat].« Folglich sind zumindest die identifizierten bedeutenden Schadensfälle unter Beachtung datenschutzrechtlicher Vorgaben in einer nachvollziehbaren Weise zu dokumentieren (und – sofern zutreffend für den jeweiligen Schadensfall – um Informationen zu »boundary events« sowie zu zusammenhängenden Ereignissen zu ergänzen).[365] Eine solche Dokumentation erfolgt in der Regel in der institutseigenen Schadensfalldatensammlung.

365 Eine Erfassung aller Beinaheschadensfälle bzw. Beinaheverluste im Sinne der Erläuterungen zu BTR 4 Tz. 1 ist jedoch weiterhin nicht zwingend vorgeschrieben.

✓ **Praxistipp »Vorteile einer Schadensfalldatensammlung«**

Vorteile einer Sammlung von Schadensfällen

- Sie bildet eine wesentliche Grundlage für die Risikoberichterstattung und bietet die Möglichkeit zum kritischen Abgleich mit der institutseigenen Auflistung der wesentlichen operationellen Risiken.
- Institutsinterne Schadensfalldaten stellen einen integralen Bestandteil eines internen Modells zur Quantifizierung des operationellen Risikos zur Ermittlung der Risikotragfähigkeit wie auch eines fortgeschrittenen Messansatzes (Advanced Measurement Approach) zur Ermittlung des Anrechnungsbetrags für operationelle Risiken gemäß CRR dar.

Eine zeitnahe, vollständige und nachvollziehbare Erfassung zumindest aller 1152 bedeutenden Schadensfälle hat auf der Grundlage von hinreichend detaillierten, schriftlich fixierten Organisationsrichtlinien zu erfolgen, um die Sicherstellung einer angemessenen Dokumentation darlegen zu können. (Welche nicht bedeutenden Schadensfälle zu erfassen sind, sollte mit Blick auf BTR 4 Tz. 3 Satz 1 ebenfalls institutsindividuell nachvollziehbar festgelegt werden.) Bei deren Ausgestaltung ist zu beachten, dass die strukturierte Sammlung von Schadensfällen mit Kosten – insbesondere Arbeitszeit – verbunden ist, welche einige meldende Mitarbeiter von einer entsprechenden Erfassung abhalten können. Daher sollte der Prozess zur Sammlung von Schadensfalldaten möglichst effizient aufgesetzt sein, um eine vollständige, zeitnahe und nachvollziehbare Erfassung in der Praxis sicherzustellen.

Das zentrale OpRisk-Controlling ist üblicherweise nicht verpflichtet bei den 1153 dezentralen OpRisk-Managern nachzufragen, ob alle Schadensfälle eingemeldet worden sind (keine Holschuld). In der Praxis sind in einigen Instituten die Bereichsleiter oder dezentralen OpRisk-Managers dazu verpflichtet schriftlich zu bestätigen, dass sie ihrer Identifizierungs-, Analyse- und Meldepflicht im jeweiligen Zuständigkeitsbereich und Zeitraum vollumfänglich und ordnungsgemäß nachgekommen sind. Um eine vollständige Erfassung von Schadensfällen – auch im Sinne der in den Erläuterungen zu BTR 4 Tz. 3 aufgenommen Anforderungen – zu erreichen, sollte das zentrale OpRisk-Controlling gleichwohl seinerseits regelmäßig – möglichst vierteljährlich im Anschluss an das Quartalsende – einen Abgleich der Quellen, in denen entsprechende Sachverhalte, die über der Meldeschwelle liegen, typischerweise festgehalten werden, mit den Einträgen in der Schadensfalldatensammlung vornehmen.

✓ Praxistipp »Dokumentation von Schadensfällen«

Empfehlungen zur nachvollziehbaren Erfassung von Schadensfällen

- Festlegung, auf welche Konten Aufwendungen und Erträge im Zusammenhang mit einem Schadensfall zu buchen und welche Information im Buchungstext aufzuführen sind.
- Auf der Basis erfasster Schadensfälle gegebenenfalls Erarbeitung und Kommunikation von gesonderten Vorgaben für die Dokumentation von Schadensfällen in Ergänzung zu den bestehenden Organisationsrichtlinien (z. B. Festlegung von anzusetzenden Tagessätzen zur Ermittlung der Schadenshöhe bei Mehrarbeit zur Beseitigung der Folgen eines Schadensfalls).
- Dokumentation von Änderungen der Vorgaben zur Erfassung von Schadensfällen (z. B. bei Anhebung der Schwelle, über der Schadensfälle als »bedeutend« gelten).
- Im Rahmen von Mitarbeiterschulungen Behandlung von praktischen Fragestellungen zur Erfassung von Schadensfällen, um ein hinreichendes Verständnis und Qualitätsniveau zu erreichen (z. B. durch das Ausfüllen des Meldeformulars für beispielhafte Schadensfälle).

1154 Für die Schadensfalldatensammlung wurde im Rahmen der 5. MaRisk-Novelle in den Erläuterungen zu BTR 4 Tz. 3 folgende Vorgabe aufgenommen: »Größere Institute haben (…) eine Ereignisdatenbank für Schadensfälle einzurichten, bei welcher die vollständige Erfassung aller Schadensereignisse oberhalb angemessener Schwellenwerte sichergestellt ist.« Der Begriff des »größeren Instituts« wird in den MaRisk nicht spezifiziert. Jedoch dürfte der Kreis nicht nur AMA-Institute umfassen, sondern auch solche STA-Institute, die perspektivisch vom neuen Standardansatz und der angedachten Berücksichtigung interner Schadensfälle bei der Berechnung der Eigenmittelanforderungen merklich betroffen sein werden,[366] sowie solche Institute, die im Rahmen der Ermittlung der Risikotragfähigkeit anspruchsvolle Vorgehensweisen verfolgen. Eine Ereignisdatenbank zur Zusammenführung aller Schadensfälle ist in der Praxis üblicherweise eine revisionssichere IT-Anwendung, die – ergänzt u. a. um einschlägige Informationen und Ergebnisse aus Analysen zu Beinaheverlusten, »boundary events« und zusammenhängenden Ereignissen –

366 Zum neuen Standardansatz siehe Kapitel »Ausgangssituation und rechtliche Anforderungen«.

umgehend und unkompliziert entsprechende Auswertungen zu diversen Kriterien und Zeiträumen erlaubt.

Zusammenfassend haben Institute nach den MaRisk BTR 4 ihre operationellen Risiken sowohl vorausschauend in der Form potenzieller Schadensfälle wie auch rückwirkend als eingetretene operationelle Risiken zu identifizieren, zu beurteilen und zu dokumentieren. 1155

	Fragestellung »Analyse von Schadensfällen«	**Erfüllt**
	Werden alle identifizierten bedeutenden Schadensfälle analysiert und dokumentiert?	
1.	Ist sichergestellt, dass bedeutende Schadensfälle nach ihrer Identifizierung unverzüglich analysiert werden?	
2.	Ist sichergestellt, dass – sofern die Zuständigkeit für das Analysieren eines Schadensfalls zunächst unklar ist – trotzdem eine unverzügliche Analyse erfolgt?	
3.	Werden Serienschäden erfasst, die innerhalb eines bestimmten Zeitintervalls vorgefallen sind und bei isolierter Betrachtung als unbedeutende Schadensfälle nicht beachtet worden wären?	
4.	Erfolgt eine Identifizierung und Analyse von zusammenhängenden Ereignissen? Werden einschlägige Informationen und Analyseergebnisse dokumentiert und den jeweiligen Schadensfällen zugeordnet?	
5.	Erfolgt ein nachvollziehbarer und konsistenter Umgang mit »nicht eindeutig zuordenbaren Schadensfällen«/»boundary events«? Werden die jeweiligen Schadensfälle entsprechend gekennzeichnet?	
6.	Erfolgt eine Identifizierung und Analyse von Beinaheschadensfällen bzw. Beinaheverlusten? (Ist definiert, inwiefern Beinaheschadensfälle bzw. Beinaheverluste zu erfassen sind?)	

7.	Ist eine Schadensfalldatensammlung eingerichtet? (Bei einem größeren Institut: Ist eine vollständige Erfassung aller Schadensereignisse oberhalb angemessener Schwellenwerte in der Datenbank sichergestellt?)	
8.	Ist das zentrale OpRisk-Controlling für die konzeptionelle Weiterentwicklung der Schadensfalldatensammlung zuständig?	
9.	Sofern eine Datenbank eingesetzt wird, sind Lese- und Schreibrechte eindeutig festgelegt?	
10.	Werden in der Schadensfalldatensammlung die identifizierten bedeutenden Schadensfälle zeitnah erfasst?	
11.	Werden die Gründe einer verzögerten Erfassung in der Schadensfalldatensammlung dokumentiert?	
12.	Werden Mehrfacherfassungen desselben Schadensfalls verhindert bzw. korrigiert?	
13.	Werden Nachmeldungen bzw. Korrekturmeldungen nachvollziehbar in der Schadensfalldatensammlung berücksichtigt?	
14.	Wird jeder nicht abgeschlossene bedeutende Schadensfall regelmäßig auf seinen aktuellen Status überprüft?	
15.	Werden je bedeutendem Schadensfall alle relevanten Daten in der Schadensfalldatensammlung dokumentiert?	
16.	Sind die in der Schadensfalldatensammlung enthaltenen Informationen nachvollziehbar?	
17.	Wird für jeden bedeutenden Schadensfall eine eindeutige Zuordnung anhand der Kategorisierung für operationelle Risiken vorgenommen?	
18.	Sofern eine Zuordnung zu mindestens einer alternativen Kategorie einer Ebene denkbar wäre, wird eine konsistente Zuordnung für ähnliche Schadensfälle vorgenommen?	

19.	Werden alle relevanten Schadenskomponenten eines erfassten Schadensfalls hinreichend aufgegliedert erfasst?	
20.	Werden für »indirekte Schäden« gegebenenfalls hinreichend präzise und nachvollziehbare Schätzungen vorgenommen?	

8.6. Berichterstattung

Damit der vorangehend erläuterte Risikokreislauf mit seinen Hauptelementen der Risikoidentifizierung, -beurteilung, -steuerung und -überwachung einen fortlaufenden Prozess bilden kann, müssen entscheidungsorientierte Informationen zu den wesentlichen operationellen Risiken des betrachteten Instituts zusammengestellt und der Geschäftsleitung sowie weiteren zuständigen Mitarbeitern rechtzeitig zur Verfügung gestellt werden. 1156

Im Zuge der 5. MaRisk-Novelle sind die Vorgaben für eine zumindest jährliche Berichterstattung über die wesentlichen operationellen Risiken wie auch die bedeutenden Schadensfälle von BTR 4 unverändert in den neu eingefügten BT 3.2 »Berichte der Risikocontrolling-Funktion« überführt worden.[367] Erfahrungsgemäß werden die Berichtsinhalte durch das zentrale OpRisk-Controlling zusammengestellt und der Geschäftsleitung quartalsweise im Rahmen des Risikoberichts vorgelegt. Zudem hat die Berichterstattung die Art des Schadens beziehungsweise Risikos, die Ursachen, das Ausmaß des Schadens beziehungsweise Risikos und gegebenenfalls bereits getroffene Gegenmaßnahmen zu umfassen. 1157

Die Berichterstattung hat eine unternehmensweite Perspektive (z. B. einschließlich ausländischer Tochtergesellschaften) einzunehmen und auf einer einheitlichen Datengrundlage zu erfolgen, die Vergleiche und aggregierte Darstellungen erlaubt. Typischerweise liegen insbesondere die folgenden Daten und Informationen zum jeweiligen Stichtag der Berichterstattung an die Geschäftsleitung zugrunde: 1158

367 Daher lautet BT 3.2 Tz. 6 entsprechend: »Die Geschäftsleitung ist mindestens jährlich über bedeutende Schadensfälle und wesentliche operationelle Risiken zu unterrichten. Die Berichterstattung hat die Art des Schadens beziehungsweise Risikos, die Ursachen, das Ausmaß des Schadens beziehungsweise Risikos und gegebenenfalls bereits getroffene Gegenmaßnahmen zu umfassen.«

- Zur Darstellung des Risikoprofils des Instituts: Ergebnisse der Risikoinventuren, darunter neue wesentliche Risiken, relevante Änderungen in der Beurteilung einzelner Risiken, identifizierte Risikokonzentrationen u. Ä.,
- zum Aufzeigen der Entwicklung der Schadensfälle: Einträge in der Schadensfalldatensammlung im Berichtszeitraum, um aggregierte Übersichten sowie gesonderte, detailliertere Darstellungen für ausgewählte Schadensfälle (Schadensverläufe, getroffene Gegenmaßnahmen, ggf. Informationen zu Beinaheschadensfällen bzw. Beinaheverlusten, »boundary events«, zusammenhängenden Ereignissen usw.) erstellen zu können,
- bezüglich der Risikosteuerung: Umsetzungsstatus beschlossener Maßnahmen, Übersicht geplanter Maßnahmen (gegebenenfalls mit Entscheidungsvorlagen), Ergebnisse erhobener Risikoindikatoren und eventuell eingeleiteter Gegenmaßnahmen bei negativen Abweichungen, Ergebnisse der Plausibilisierung der Wirksamkeit bestehender Maßnahmen usw.,
- zur Quantifizierung des operationellen Risikos: Gegebenenfalls berechnete Value-at-Risk-Werte, Auslastung von Risikolimiten, Ergebnisse von Modellvalidierungen, Übersicht erforderlicher Modelländerungen usw.,
- weitere Aktivitäten zur Förderung der Risikokultur, z. B. Schulungsserie mit dem Schwerpunkt Identifizierung und Erfassung von Schadensfällen, Ergebnisse der Sitzungen von Arbeitsgruppen, ausgewählte Ereignisse aus der Peer Group (z. B. Verurteilung eines Konkurrenten wegen Fehlberatung) mit Rückschlüssen für das eigene Institut.

✓ Praxistipp »Berichterstattung«

Ad-hoc-Berichterstattung über bestimmte wesentliche operationelle Risiken bzw. bedeutende Schadensfälle

- Die Schwelle, ab der eine unverzügliche Unterrichtung der Geschäftsleitung zu erfolgen hat, sollte vom zentralen OpRisk-Controlling risikoorientiert festgelegt werden unter Berücksichtigung von beispielsweise im Rahmen des Risikotragfähigkeitskonzepts definierten Limiten. Niedrigere gesonderte Schwellenwerte beispielsweise für Betrugsfälle können zielführend sein. Über wesentliche operationelle Risiken erfolgt üblicherweise eine unverzügliche Berichterstattung, sobald – ausserhalb einer Risikoinventur oder unmittelbar anstehenden regulären Berichterstattung an die Geschäftsleitung – ein neues operationelles Risiko mit einem besonders hohen Gefährdungspotential identifiziert wird oder sich die Beurteilung eines bereits identifizierten Risikos erheblich verschlechtert.
- Die unverzügliche Information der Geschäftsleitung erfolgt üblicherweise durch das zentrale OpRisk-Controlling. In diesen Situationen muss das zentrale OpRisk-Controlling durch den Identifizierenden unverzüglich informiert werden. Der Zumeldung sollten nach Möglichkeit Vorschläge für Gegenmaßnahmen beigefügt werden. Das OpRisk-Controlling plausibilisiert die vorgebrachten Informationen und leitet diese unverzüglich an die Geschäftsleitung sowie in der Regel an die Interne Revision weiter.

Zu definierende Situationen können eine unverzügliche Information der Geschäftsleitung über bestimmte wesentliche operationelle Risiken bzw. bedeutende Schadensfälle – auch als »Ad-hoc-Berichterstattung« bezeichnet – erforderlich machen. 1159

	Fragestellung »Berichterstattung über operationelle Risiken«	**Erfüllt**
	Wird über die operationellen Risikos hinreichend berichtet?	
1.	Ist ein angemessenes Berichtswesen vorhanden, in dem Berichtslinien für die regelmäßige wie auch die Ad-hoc-Berichterstattung festgelegt sind?	
2.	Sind geeignete Berichtsformate für die regelmäßige Berichterstattung wie auch die Ad-hoc-Berichterstattung vorgegeben?	
3.	Erfolgt eine regelmäßige Information des zentralen OpRisk-Controllings durch die dezentralen OpRisk-Manager über die zugeordneten wesentlichen operationellen Risiken sowie bedeutenden Schadensfälle?	
4.	Werden die seitens der dezentralen OpRisk-Manager erhaltenen Informationen vom zentralen OpRisk-Controlling plausibilisiert und in der Berichterstattung an die Geschäftsleitung angemessen berücksichtigt?	
5.	Erfolgt die regelmäßige Berichterstattung an die Geschäftsleitung durch das zentrale OpRisk-Controlling zeitnah nach der Zumeldung von Informationen seitens der dezentralen OpRisk-Manager?	
6.	Ist das Intervall der regelmäßigen Berichterstattung an die Geschäftsleitung mit Blick auf die Größe des Instituts und die Art und den Umfang der operationellen Risiken angemessen gewählt?	
7.	Umfasst die regelmäßige Berichterstattung an die Geschäftsleitung die Unterrichtung über die wesentlichen operationellen Risiken und bedeutenden Schadensfälle des Instituts hinsichtlich deren Art, Ursachen, Ausmaß und gegebenenfalls bereits getroffener Gegenmaßnahmen?	

8.	Umfasst die regelmäßige Berichterstattung relevante Ergebnisse der regelmäßigen Risikoinventuren der wesentlichen operationellen Risiken? (Gegebenenfalls ist eine gegenüber der regulär anstehenden Risikoinventur vorgezogene Beurteilung von operationellen Risiken vorzunehmen und über deren Ergebnisse ebenfalls zu berichten.)	
9.	Beinhaltet die regelmäßige Berichterstattung den aktuellen Umsetzungsstand beschlossener Maßnahmen?	
10.	Sind die im Rahmen der Berichterstattung gegebenen Informationen in nachvollziehbarer und aussagefähiger Art und Weise verfasst?	
11.	Werden passende Vorjahres- bzw. Vorperiodenvergleiche vorgenommen?	
12.	Erfolgt durch die Geschäftsleitung eine kritische Analyse der Berichtsinhalte?	
13.	Unterrichtet die Geschäftsleitung das Aufsichtsorgan in geeigneter Weise?	
14.	Werden dem zentralen OpRisk-Controlling zeitnah Reaktionen der Geschäftsleitung bzw. des Aufsichtsorgans auf die vorgelegten Berichte mitgeteilt?	
15.	Leitet das zentrale OpRisk-Controlling die Reaktionen der Geschäftsleitung bzw. des Aufsichtsorgans zeitnah an die relevanten dezentralen OpRisk-Manager weiter?	
16.	Sind die Situationen hinreichend definiert, die als außerordentlich zu betrachten sind und eine Ad-hoc-Berichterstattung auslösen?	
17.	Ist ein geeignetes Verfahren für die Ad-hoc-Berichterstattung festgelegt?	
18.	Werden relevante Informationen im Zuge der Ad-hoc-Berichterstattung unverzüglich an die Geschäftsleitung, die jeweils zuständigen Mitarbeiter und gegebenenfalls die Interne Revision weitergeleitet, so dass Prüfungshandlungen bzw. geeignete Maßnahmen eingeleitet werden können?	

8.7. Steuerung und Überwachung

1160 Das Element der Risikosteuerung des eingangs dargestellten Risikokreislaufes ist eine herausragende gestaltende Komponente des Risikomanagements für operationelle Risiken. Ergänzend ist eine Risikoüberwachung erforderlich.

BTR 4 Tz. 4

Auf Basis der Risikoberichterstattung gemäß BT 3.2 Tz. 6 ist zu entscheiden, ob und welche Maßnahmen zur Beseitigung der Ursachen zu treffen oder welche Risikosteuerungsmaßnahmen (z. B. Versicherungen, Ersatzverfahren, Neuausrichtung von Geschäftsaktivitäten, Katastrophenschutzmaßnahmen) zu ergreifen sind. Die Umsetzung der zu treffenden Maßnahmen ist zu überwachen.

1161 Die Entscheidung über Maßnahmen hat auf der Grundlage der Berichterstattung gemäß BT 3.2 Tz. 6 zu erfolgen. Diese schließt – wie vorangehend erwähnt – die Information über relevante Ergebnisse der regelmäßigen Risikoinventuren und bedeutende Schadensfälle ein. In diesem Zusammenhang sollte zwischen dem Ergreifen von Maßnahmen vor einem potenziellen Schadensfall und dem Steuerungsverhalten unmittelbar nach dem Eintreten eines Schadensfalls unterschieden werden.

✓ Praxistipp »Steuerung und Überwachung«

Risikosteuerungstabelle

Die Ergebnisse der Risikoinventur zur Identifizierung und Beurteilung der wesentlichen operationellen Risiken und weitere risikorelevante Informationen (z. B. Schadensfalldaten) können in aggregierter Form in der so genannten »Risikosteuerungstabelle« dokumentiert werden. Sie bildet eine wichtige Grundlage für das Ergreifen von Steuerungsmaßnahmen.

1162 Maßnahmenvorschläge sind in der Regel in Rücksprache mit dem zentralen OpRisk-Controlling der Geschäftsleitung zur Entscheidung vorzulegen. In der Praxis bleiben bereits beschlossene Maßnahmenpläne – z. B. im Rahmen der institutseigenen Konzeption zur Notfallplanung – zumeist unberührt. Der zuständige dezentrale OpRisk-Manager wie auch das zentrale OpRisk-Controlling sollten über eingeleitete Maßnahmen unterrichtet werden. Ferner können häufig die dezentralen OpRisk-Manager im Rahmen gewährter Kompetenzen selbstständig über Maßnahmen entscheiden, ohne einen Beschluss der Geschäftsleitung einholen zu müssen.

✓ Praxistipp »Steuerung und Überwachung«

Risikosteuerungsstrategien

Die Festlegung von Maßnahmen für das jeweilige wesentliche operationelle Risiko sollte auf der Basis von so genannten »Risikosteuerungsstrategien« erfolgen. Für jedes »Risikoszenario« der 3. Ebene der vorangehend erwähnten Kategorisierung ist eine der folgenden vier Grundausprägungen einer Risikosteuerungsstrategie zu wählen: Vermeiden, Reduzieren, Transferieren oder Akzeptieren. Hierbei ist auf die Konsistenz zwischen der jeweils festgelegten Risikosteuerungsstrategie und der institutseigenen MaRisk-Risikostrategie für die operationellen Risiken zu achten.

Erforderlich ist nach den MaRisk BTR 4 Tz. 4 eine hinreichende Überwa- 1163
chung des Umsetzungsstands der beschlossenen Maßnahmen, die in der Regel durch das zentrale OpRisk-Controlling vorgenommen wird.

✓ Praxistipp »Steuerung und Überwachung«

Risikoindikatoren

Ein weiteres Element im Rahmen der laufenden Überwachung operationeller Risiken stellen Risikoindikatoren dar. Sie sind als ein ergänzendes Instrument zu den vorangehend dargestellten, etablierten Methoden zu betrachten, die zu einer verfeinerten Risikoidentifizierung und -überwachung sowie Risikosteuerung beitragen. Risikoindikatoren sind Kennziffern, die institutsinterne wie auch externe Entwicklungen widerspiegeln. Für ausgewählte operationelle Risiken sollten möglichst quantifizierbare Risikoindikatoren entwickelt werden. Ziel sollte es sein, durch eine strukturierte Erhebung der betrachteten Kennziffern eine Datenhistorie aufzubauen, die als wesentliche Grundlage für die Risikoüberwachung und Risikosteuerung dienen kann.

	Fragestellung »Steuerung und Überwachung operationeller Risiken«	**Erfüllt**
	Werden die wesentlichen operationellen Risiken angemessen gesteuert und überwacht?	
1.	Wird auf vorgebrachte Informationen über die operationellen Risiken (einschließlich bedeutender Schadensfälle) des Instituts innerhalb eines angemessenen Zeitraums und in geeigneter Weise reagiert?	
2.	Sind geeignete Verfahren etabliert, um auf Basis relevanter Informationen (einschließlich der Ergebnisse der Risikoinventur) gegebenenfalls Steuerungsmaßnahmen zu ergreifen und Ursachen für das betrachtete operationelle Risiko bzw. den Schadensfall zu beseitigen?	
3.	Wird bei der Risikosteuerung zwischen dem Ergreifen von Maßnahmen vor einem potenziellen Schadensfall und dem Steuerungsverhalten unmittelbar nach dem Eintreten eines bedeutenden Schadensfalls unterschieden?	
4.	Besteht ein nachvollziehbarer Zusammenhang zwischen der auf Grundlage der Risikoinventur erstellten Risikomatrix, gegebenenfalls definierter Risikosteuerungsstrategien und beschlossener Steuerungsmaßnahmen?	
5.	Gelten für den Umgang mit den nicht als »wesentlich« erachteten operationellen Risiken die üblichen Sorgfaltspflichten und relevanten etablierten Kontrollen und Prozesse?	
6.	Sind die Entscheidungskompetenzen über die Umsetzung von Maßnahmen zur Steuerung operationeller Risiken (einschließlich bedeutender Schadensfälle) angemessen geregelt?	
7.	Erfolgt die Steuerung der wesentlichen operationellen Risiken und bedeutenden Schadensfälle in Konsistenz mit der institutseigenen Geschäftsstrategie, der Risikostrategie, dem Risikotragfähigkeitskonzept und den gegebenenfalls festgelegten Risikosteuerungsstrategien?	

8.	Sofern Risikosteuerungsstrategien festgelegt sind, beschließt die Geschäftsleitung über diese?	
9.	Sofern Risikosteuerungsstrategien definiert sind, wird für jedes Risikoszenario jeweils eine Risikosteuerungsstrategie festgelegt?	
10.	Sofern Risikosteuerungsstrategien festgelegt sind, erfolgt eine regelmäßige Überprüfung über die Aktualität der jeweils zu verfolgenden Risikosteuerungsstrategie durch den zuständigen OpRisk-Manager des jeweiligen »Risikoszenarios« (3. Ebene der Kategorisierung operationeller Risiken)?	
11.	Sofern ein dezentraler OpRisk-Manager für die Realisierung einer Maßnahme bezüglich eines bestimmten operationellen Risikos bzw. Schadensfalls zuständig ist, verfügt dieser über ausreichende Kompetenzen zur wirksamen, gegebenenfalls organisationsübergreifenden Umsetzung der Maßnahme?	
12.	Werden erwogene wie auch durchgeführte Steuerungsmaßnahmen ausreichend – z. B. im Rahmen einer Risikosteuerungstabelle mit eventuellen Verweisen auf weitere Unterlagen – dokumentiert?	
13.	Erfolgt durch das zentrale OpRisk-Controlling eine regelmäßige Überwachung des Umsetzungsstands beschlossener Maßnahmen?	
14.	Stehen den mit Überwachungsaufgaben betrauten Mitarbeitern ausreichende Informationen rechtzeitig zur Verfügung und verfügen diese über hinreichende institutsinterne Auskunftsrechte bezüglich der operationellen Risiken (einschließlich bedeutender Schadensfälle)?	
15.	Sofern Risikoindikatoren erhoben werden, sind diese ein aussagekräftiger Indikator für das jeweilige zugeordnete Risiko?	
16.	Sind die für einen Risikoindikator festgelegten Schwellenwerte nachvollziehbar und eine solide Grundlage für eine laufende Risikoüberwachung und eventuelle Risikosteuerung?	

Literaturverzeichnis

Baseler Ausschuss für Bankenaufsicht: Management operationeller Risiken – Praxisempfehlungen für Banken und Bankenaufsicht, Februar 2003.

Baseler Ausschuss für Bankenaufsicht: Internationale Konvergenz der Eigenkapitalmessung und der Eigenkapitalanforderungen: Überarbeitete Rahmenvereinbarung, Juni 2004.

Baseler Ausschuss für Bankenaufsicht: Principles for the Sound Management of Operational Risk, Juni 2011.

Baseler Ausschuss für Bankenaufsicht: Review of the Principles for the Sound Management of Operational Risk, 06.10.2014.

Baseler Ausschuss für Bankenaufsicht: Operational risk – Revisions to the simpler approaches: Consultative Document, Oktober 2014.

Baseler Ausschuss für Bankenaufsicht: Basel III: Finalising post-crisis reforms, Dezember 2017.

Bundesanstalt für Finanzdienstleistungsaufsicht: Institutsinterne Implementierung angemessener Risikomanagementsysteme zur Verhinderung der Geldwäsche, Terrorismusfinanzierung und Betrug zu Lasten der Institute gemäß §§ 25 a Abs. 1 Satz 3 Nr. 6, Abs. 1a KWG, 14 Abs. 2 Nr. 2 GwG – Anfertigung der institutsinternen Gefährdungsanalyse – Rundschreiben 8/2005 vom 23.03.2005.

Bundesanstalt für Finanzdienstleistungsaufsicht: Studie zum Management operationeller Risiken in Instituten, die einen Basisindikatoransatz verwenden – aktualisierte Version vom 04.05.2009.

Bundesanstalt für Finanzdienstleistungsaufsicht: Jahresbericht der Bundesanstalt für Finanzdienstleistungsaufsicht 2016, Mai 2017.

Bundesanstalt für Finanzdienstleistungsaufsicht: Mindestanforderungen an das Risikomanagement (MaRisk) – Rundschreiben 09/2017 (BA) vom 27.10.2017.

Bundesministerium der Finanzen: Verordnung über die angemessene Eigenmittelausstattung von Instituten, Institutsgruppen, Finanzholding-Gruppen und gemischten Finanzholding-Gruppen (Solvabilitätsverordnung – SolvV) vom 06.12.2013, zuletzt geändert am 12.09.2016.

Committee of European Banking Supervisors: Guidelines on the Management of Operational Risks in Market-Related Activities, 12. Oktober 2010, abrufbar unter https://www.eba.europa.eu

Deutsche Bundesbank: »Range of Practice« zur Sicherstellung der Risikotragfähigkeit bei deutschen Kreditinstituten, 11. November 2010.

Deutsche Bundesbank: Die Fertigstellung von Basel III, in: Monatsbericht, Januar 2018, S. 77–94.

Fachgremium OpRisk: Empfehlung des Fachgremiums OpRisk zur OpRisk-Definition vom 05.03.2008.

Hannemann, Ralf/Schneider, Andreas/Weigl, Thomas: Mindestanforderungen an das Risikomanagement (MaRisk): Kommentar unter Berücksichtigung der Instituts-Vergütungsverordnung (InstitutsVergV), 4. Auflage, Stuttgart, 2013.

Hofmann, Marc: Effektives OpRisk-Management unter Berücksichtigung von MaRisk und SolvV – Qualitatives Management operationeller Risiken, in: Risiko Manager 15/2006, S. 1 und 6–11.

9. BT 2 Besondere Anforderungen an die Ausgestaltung der Internen Revision

1164 Im BT 2 werden ergänzend zum AT 4.4 (Interne Revision) besondere Anforderungen an die Interne Revision formuliert, die ergänzend zu den Ausführungen im Allgemeinen Teil zu beachten sind.[368]

9.1. BT 2.1 Aufgaben der Internen Revision

1165 Die Aufgaben der Internen Revision enthalten wesentliche Mindestanforderungen, die von den Internen Revisionen in Kreditinstituten und Finanzdienstleistungsunternehmen umzusetzen sind. Dabei empfiehlt es sich in der Praxis, die Revisionshandbücher, Rahmenbedingungen der Revision und weitere arbeitsanweisliche Regelungen laufend an die Erfordernisse der MaRisk anzupassen.

Auszug BT 2.1 Tz. 1

Die Prüfungstätigkeit der Internen Revision hat sich auf der Grundlage eines risikoorientierten Prüfungsansatzes grundsätzlich auf alle Aktivitäten und Prozesse des Instituts zu erstrecken.

Risikoorientierter Prüfungsansatz

1166 Die risikoorientierte Prüfungsausrichtung der Internen Revision ist eine der wesentlichen Anforderungen im Besonderen Teil BT 2. Diese wird in der Theorie und der Praxis unterschiedlich beschrieben und definiert. Die BaFin überlässt es jedoch den Internen Revisionen selbst, institutsspezifische Risikodefinitionen und -ansätze zu definieren und umzusetzen. Nachfolgend werden drei mögliche Definitionen des risikoorientierten Ansatzes dargestellt.

368 Vgl. *BaFin:* Mindestanforderungen an das Risikomanagement (MaRisk) – Veröffentlichung der Neufassung vom 27.10.2017, BT 2.

Ansatz/ Risikodefinition	Inhalt
Handbuch der Internen Revision	Die *risikoorientierte Planung* nimmt eine Verknüpfung des Prüfungsrisikos mit dem inhärenten Risiko vor. Das inhärente Risiko drückt die Fehlerhäufigkeit des Prüffelds unter der Annahme aus, dass keine Maßnahmen zur Verhinderung von Risiken ergriffen wurden.[369]
DSGV-Projekt Zukunft der Internen Revision	Die in dem Projekt ermittelte Definition umfasst die inhärenten Risiken, die wirtschaftliche und strategische Bedeutung sowie die Kontrollrisiken. Auf diesen Risikokriterien basiert die abgeleitete Risikomatrix.[370]
MaRisk AT 2.2	Verschiedene Revisionen orientieren sich an den wesentlichen Risikobegriffen der MaRisk, d. h. den Adressenausfallrisiken, den Marktpreisrisiken, den Liquiditätsrisiken und den operationellen Risiken.

Abbildung 1: Definitionen des risikoorientierten Ansatzes

Letztlich obliegt es jeder Internen Revision, die eigene auf das Unternehmen ausgerichtete Risikodefinition festzulegen und die jeweilige Prüffeldlandkarte (das Prüfungsuniversum) daran auszurichten. In der Praxis werden regelmäßig Scoring-Modelle aufgrund ihrer einfachen Handhabbarkeit und Nachvollziehbarkeit eingesetzt.[371] 1167

Erfolgsfaktoren der Internen Revision

Eine modern ausgerichtete Interne Revision in Kreditinstituten sollte über folgende wesentliche Erfolgsfaktoren verfügen: 1168

369 Vgl. *Amling T./Bantleon U.*: Handbuch der Internen Revision – Grundlagen, Standards, Berufsstand, Berlin 2007, S. 60 ff.

370 Vgl. DSGV – Umsetzungshandbuch »Zukunft der Internen Revision« Berlin 2008, S. 19 ff.

371 Vgl. *Zaeh P.-H./Heidmann F.*: Risikoorientierte Jahresprüfungsprogrammplanung der Internen Revision – Konzeption und Implementierung eines IT-gestützten Scoring-Modells – Teil II in: ZIR 2/2012, S. 60.

✓ Praxistipp »wesentliche Erfolgsfaktoren der Internen Revision[372]«

Die nachfolgend aufgezählten Erfolgsfaktoren können bei einer modernen und zukunftsfähigen Ausgestaltung der Internen Revision sinnvoll eingesetzt werden.

1. Fokussierte Ausrichtung auf die Unternehmensstrategie
2. Zeitnahe Reaktion auf aktuelle Marktentwicklungen
3. Vernetzung mit Risikomanagement- und Compliance-Funktion
4. Professionelles Relationshipmanagement und adressatengerechte Kommunikation
5. Belastbare Informationsversorgung der Geschäftsleitung
6. Proaktive Rolle durch Projektbegleitung
7. Effizienter Qualitätssicherungsprozess
8. Nachhaltiger Follow-Up-Prozess
9. Gezielte Personalentwicklung und Weiterbildung
10. Optimale IT-Unterstützung
11. Impulsgeber für Wirtschaftlicheit (Prozesse, Ressourcen, Optimierungen)

Auszug BT 2.1 Tz. 2

Die Interne Revision hat unter Wahrung ihrer Unabhängigkeit und unter Vermeidung von Interessenkonflikten bei wesentlichen Projekten begleitend tätig zu sein.

Projektbegleitung der Internen Revision

1169 Die Projektbegleitung durch die Interne Revision wurde in jüngster Vergangenheit deutlich aufgewertet. Danach hat die Interne Revision unter Beachtung des Grundsatzes der Unabhängigkeit und unter Vermeidung von Interessenskonflikten bei *wesentlichen Projekten* begleitend tätig zu sein. Die Aufsicht hat damit der aktuellen Entwicklung und großen Bedeutung verschiedener Projekte für die Kreditinstitute Rechnung getragen und fordert eine projekt-

372 Vgl. *KPMG*: Die moderne Interne Revision im Finanzsektor – Übersicht des Bereichs Audit – Tax – Advisory von 2009.

seitige Einbindung der Internen Revision bei den wesentlichen Themenstellungen des Instituts.

DIIR-Standard zur Prüfung von Projekten[373]

Das Deutsche Institut für Interne Revision e. V. (DIIR) hat mit dem im Juli 1170
2013 veröffentlichen und zuletzt im September 2015 geänderten Prüfungsstandard »Standard zur Prüfung von Projekten – Definitionen und Grundsätze« eine wirkungsvolle Hilfestellung für die Praxis geschaffen.

In diesem Standard werden die Begrifflichkeiten der Projektrevision einheit- 1171
lich definiert und erläutert.[374] Ergänzt wird der Standard durch den im September 2010 veröffentlichten Leitfaden zur Prüfung von Projekten, der ebenfalls als Erläuterung und Empfehlung zum DIIR Standard Nr. 4 in der DIIR-Schriftenreihe veröffentlicht wurde.[375] Der Standard ist wie folgt gegliedert[376]:

373 Vgl. *Deutsches Institut für Interne Revision e. V.*: DIIR-Prüfungsstandard Nr. 4 »Standard zur Prüfung von Projekten – Definitionen und Grundsätze«.

374 Vgl. *Becker A./Schmitt M./Winkler O.*: Prüfung der Internen Revision im Blickfeld der Risikotragfähigkeitskonzepte in: Bearbeitungs- und Prüfungsleitfaden – Risikotragfähigkeit im Fokus der Bankenaufsicht, Heidelberg 2010, S. 223.

375 Vgl. *Düsterwald R./Fries-Palm S./Peis M./Schwarz U./Trinkaus K.*: Leitfaden zur Prüfung von Projekten – Erläuterungen und Empfehlungen zum DIIR Standard Nr. 4 – Band 45 der DIIR-Schriftenreihe, Berlin 2010, S. 1 ff.

376 Vgl. *Deutsches Institut für Interne Revision e. V.*: DIIR-Prüfungsstandard Nr. 4 »Standard zur Prüfung von Projekten – Definitionen und Grundsätze« veröffentlicht im Juli 2013 und geändert im September 2015 (Version 2.1).

Einleitung	▪ Bedeutung von Projekten für Unternehmen ▪ Inhalte des vorliegenden Dokuments ▪ Adressaten ▪ Verbindlichkeit des Standards
Definitionen des DIIR	▪ Definition von Projekten ▪ Definition des Projektmanagements
Prüfgebiete und Prüfgegenstände	▪ Allgemeine Prüfgebiete in Projekten – Projektrevision – Project Audit – Projekt Management Revision – Business Case Revision – Revision der fachlichen Anforderungen
Project Audit Universe	▪ Darstellung einer exemplarischen Matrix der Prüfgebiete und Prüffelder der Projektrevision
Prüfansatz und Vorgehensweise	▪ Allgemeiner Ansatz ▪ Priorität der Internen Revision ▪ Unabhängigkeit der Projektrevision ▪ Beurteilungsmaßstäbe ▪ Präventiver Ansatz ▪ Projektbegleitender Ansatz

Abbildung 2: DIIR-Standard Nr. 4 zur Prüfung von Projekten – Definitionen und Grundsätze

Auszug BT 2.1 Tz. 3

Im Fall wesentlicher Auslagerungen auf ein anderes Unternehmen kann die Interne Revision des Instituts auf eigene Prüfungshandlungen verzichten, sofern die anderweitig durchgeführte Revisionstätigkeit den Anforderungen in AT 4.4 und BT 2 genügt. Die Interne Revision des auslagernden Instituts hat sich von der Einhaltung dieser Voraussetzungen regelmäßig zu überzeugen. Die für das Institut relevanten Prüfungsergebnisse sind an die Interne Revision des auslagernden Instituts weiterzuleiten.

Öffnungsklausel

1172 In Falle von wesentlichen Auslagerungen kann die Interne Revision eine Erleichterung nutzen, indem sie auf eigene Prüfungshandlungen verzichtet. Voraussetzung ist jedoch, dass eine anderweitige qualitative Revisionstätigkeit – beispielsweise durch die Revision des Auslagerungsunternehmens – durchgeführt wird. Diese Revisionstätigkeit muss den Anforderungen des KWG bzw. der MaRisk (AT, BT) entsprechen. Die Interne Revision des auslagernden Instituts hat sich aber regelmäßig von der Einhaltung der Voraussetzungen zu überzeugen. Weiterhin sind Informationskanäle einzurichten und die relevanten Prüfungsergebnisse (wie Jahresbericht, Berichte mit wesentlichen Feststellungen etc.) an die Interne Revision des auslagernden Kreditinstituts weiterzuleiten.

Anderweitige Durchführung der Revisionstätigkeit[377]

Die Revisionstätigkeit kann übernommen werden durch: 1173

- die Interne Revision des Auslagerungsunternehmens,
- die Interne Revision eines oder mehrerer der auslagernden Institute im Auftrag der auslagernden Institute,
- einem vom Auslagerungsunternehmen beauftragten Dritten oder
- einen von den auslagernden Instituten beauftragten Dritten.

Auswirkungen auf die Prüfungsaufgaben der Internen Revision[378]

Mit den Mindestanforderungen reagiert die Bankenaufsicht auf die Finanz- 1174
krise und konkretisiert verschiedene Prüfungsaufgaben. Die Geschäftsführungen der Kreditinstitute haben danach eine nachhaltige Geschäftsstrategie festzulegen, in der die Ziele und die Maßnahmen zur Zielerreichung festgelegt werden müssen. Diese Eckwerte müssen so formuliert werden, dass sie in die operative Unternehmensplanung überführt werden können. Die Aufsicht fordert zudem, dass die in der Geschäftsstrategie festgelegten Risiko- und Ertragskonzentrationen berücksichtigt werden. Der Prozess der Unternehmenssteuerung rückt daher auch stärker in den Fokus der Aufsicht und damit auch der Internen Revision.

9.2. BT 2.2 Grundsätze für die Interne Revision

Bei der Wahrnehmung ihrer Aufgaben hat die Interne Revision verschiedene 1175
Grundsätze einzuhalten, die in den folgenden Ausführungen erläutert werden.

377 Vgl. *BaFin*: Mindestanforderungen an das Risikomanagement (MaRisk) – Neufassung vom 27.10.2017, BT 2.1 Tz. 3 – Kommentierung der BaFin in den Erläuterungen zu den MaRisk.

378 Vgl. *FinancialTimesDeutschland*: BaFin verschärft Bankenaufsicht – neue Mindestanforderungen unter: www.ftd.de/unternehmen/finanzdienstleister/:neue-mindestanforderungen-ba-fin vom 16.12.2010.

Auszug BT 2.2 Tz. 1

Die Interne Revision hat ihre Aufgaben selbständig und unabhängig wahrzunehmen. Insbesondere ist zu gewährleisten, dass sie bei der Berichterstattung und der Wertung der Prüfungsergebnisse keinen Weisungen unterworfen ist. Das Direktionsrecht der Geschäftsleitung zur Anordnung zusätzlicher Prüfungen steht der Selbständigkeit und Unabhängigkeit der Internen Revision nicht entgegen.

Grundsatz der Selbständigkeit und Unabhängigkeit

1176 Der Grundsatz der Unabhängigkeit besagt, dass die Interne Revision ihre Revisionstätigkeit selbständig und unabhängig von Weisungen Dritter wahrzunehmen hat. Dies wird auch im IIA Standard 1100 gefordert, in dem die Interne Revision bei der Durchführung ihrer Aufgaben objektiv vorgehen muss.[379] Auch die Prüfungsberichte sowie die Wertung der Berichte erfolgt weisungsunabhängig. Wenn ein Vorstand der Internen Revision einen zusätzlichen Prüfungsauftrag erteilt, bedeutet dies nicht, dass er den Grundsatz der »Selbständigkeit« unterwandert. Denn die Interne Revision ist letztlich für den Inhalt und die Wertung der Prüfungsergebnisse verantwortlich.

Auszug BT 2.2 Tz. 2

Die in der Internen Revision beschäftigten Mitarbeiter dürfen grundsätzlich nicht mit revisionsfremden Aufgaben betraut werden. Sie dürfen insbesondere keine Aufgaben wahrnehmen, die mit der Prüfungstätigkeit nicht im Einklang stehen. Soweit die Unabhängigkeit der Internen Revision gewährleistet ist, kann sie im Rahmen ihrer Aufgaben für die Geschäftsleitung oder andere Organisationseinheiten des Instituts beratend tätig sein.

Verbot von revisionsfremden Aufgaben

1177 Die Interne Revision hat die Aufgabe der prozessunabhängigen Überwachungsstelle im Unternehmen und darf deshalb nicht mit revisionsfremden Aufgaben wie fachbezogenen Tätigkeiten und Aufgaben der Fachabteilungen beauftragt werden. Diese Aufgaben stehen nicht im Einklang mit der unabhängigen Funktion der Internen Revision.

1178 Um die Unabhängigkeit der Internen Revision sicherzustellen, dürfen die in der Internen Revision beschäftigten Mitarbeiter nicht mit revisionsfremden

379 Vgl. *d'Arcy A./Hoos F.*: Welche Faktoren beeinflussen Unabhängigkeit und Objektivität der Internen Revision – Ergebnisse einer Umfrage in: ZIR 3/2012, S. 125.

Aufgaben betraut werden.[380] Von dem Grundsatz der Unabhängigkeit sollte in der Praxis nicht abgewichen werden, damit der Revisor in keinerlei Zielkonflikte kommt. Wenn dies in Einzelfällen doch der Fall ist, hat dies der Jahresabschlussprüfer als Verletzung des Unabhängigkeitsgrundsatzes darzustellen.

Beratungsfunktion der Internen Revision

Durch die Tätigkeit der risikoorientierten Prüfung erlangt die Interne Revision 1179
eine umfassende Kenntnis über das Kreditinstitut und deren wesentliche Risikopositionen. Die Beratung bzw. Beratungsfunktion – gerade im Zusammenhang mit der Beseitigung von Mängeln oder bei projektbegleitenden Tätigkeiten – wird von den Fachabteilungen und der Geschäftsleitung zunehmend in Anspruch genommen. Diese Beratungen stehen nicht im Widerspruch zur Unabhängigkeit der Internen Revision.

Auszug BT 2.2 Tz. 3

Mitarbeiter, die in anderen Organisationseinheiten des Instituts beschäftigt sind, dürfen grundsätzlich nicht mit Aufgaben der Internen Revision betraut werden. Das schließt jedoch nicht aus, dass in begründeten Einzelfällen andere Mitarbeiter aufgrund ihres Spezialwissens zeitweise für die Interne Revision tätig werden. Beim Wechsel von Mitarbeitern anderer Organisationseinheiten zur Internen Revision sind angemessene Übergangsfristen von in der Regel mindestens einem Jahr vorzusehen, innerhalb derer diese Mitarbeiter keine Tätigkeiten prüfen dürfen, die gegen das Verbot der Selbstprüfung und -überprüfung verstoßen. Erleichterungen hinsichtlich der Übergangsfristen sind für Institute in Abhängigkeit von der Art, dem Umfang, der Komplexität und dem Risikogehalt der betriebenen Geschäftsaktivitäten möglich.

Revisionsseitige Nutzung von bankinternen Spezialisten

Verfügen Mitarbeiter in den Fachabteilungen des Kreditinstituts über ent- 1180
sprechendes Spezialwissen (z. B. mathematisch-statistische Kenntnisse), so kann dieser Mitarbeiter in Einzelfällen vorübergehend für die Revision tätig sein. Dabei sollte darauf geachtet werden, dass die Revisionsprüfung nicht in

380 Vgl. *Hannemann R./Schneider A./Hanenberg L.*: Mindestanforderungen an das Risikomanagement – Eine einführende Kommentierung, Stuttgart 2006, S. 556.

dem gleichen Bereich statt findet, aus dem der Fachkollege akquiriert wurde.[381]

Cooling-Off-Periode

1181 Neu ist die Anforderung an die Interne Revision, die in dem Fall eintritt, wenn Revisionsmitarbeiter aus den unterschiedlichen Fachbereichen im Kreditinstitut in die Interne Revision wechseln. Bei diesem Wechsel sind angemessene Übergangsfristen von in der Regel mindestens einem Jahr vorzusehen, innerhalb derer diese Mitarbeiter keine Tätigkeiten prüfen dürfen, die gegen das Verbot der Selbstprüfung und -überprüfung verstoßen. Die Anforderung ist sinnvoll und sollte zügig in die Praxis umgesetzt werden. Weiterhin sollten das Revisionhandbuch und ggf. weitere Regelungen zur schriftlich fixierten Ordnung in der Revision bezüglich dieser Anforderung angepasst bzw. ergänzt werden.

> **✓ Praxistipp »Cooling-Off-Periode«**
>
> Die Anforderungen zur Cooling-Off-Periode sollten zeitnah im Revisionshandbuch und ggf. in den weiteren Regelungen zur schriftlich fixierten Ordnung der Internen Revision eingefügt bzw. ergänzt werden.

9.3. Checkliste

	Fragestellung »Aufgaben und Grundsätze der Internen Revision«	Erfüllt
Aufgaben der Internen Revision		
1.	Erstreckt sich der risikoorientierte Prüfungsansatz der Internen Revision auf alle Aktivitäten und Prozesse des Kreditinstituts?	
2.	Findet eine regelmäßige Inventur aller Prüfungsgebiete statt?	
3.	Erhält die Interne Revision eine Übersicht über alle relevanten Prozessveränderungen im Kreditinstitut?	

381 Vgl. *Becker A.*: Neue MaRisk – 2. Auflage, Becker A./Berndt M./Klein J. (Hrsg.), Heidelberg 2011, S. 483.

4.	Stellt die Interne Revision durchgängig sicher, dass sie unter Wahrung ihrer Unabhängigkeit und Vermeidung von Interessenkonflikten bei wesentlichen Projekten begleitend tätig wird?	
5.	Verzichtet die Interne Revision bei Auslagerungen auf ein anderes Unternehmen auf Prüfungshandlungen?	
6.	Ist sichergestellt, dass die anderweitig durchgeführte Prüfungstätigkeit die Anforderungen an die Interne Revision aus den MaRisk erfüllt?	
7.	Überzeugt sich die Interne Revision des auslagernden Unternehmens regelmäßig von der Einhaltung der MaRisk-Anforderungen?	
8.	Ist hierfür sichergestellt, dass die relevanten Prüfungsergebnisse an die Revision des auslagernden Instituts weitergeleitet werden?	
9.	Verfügt die Interne Revision des auslagernden Instituts über entsprechende Arbeitsanweisungen/Regelungen, die den Revisions- und Informationsprozess regeln?	
Grundsätze der Internen Revision		
1.	Wurden die Grundsätze der Internen Revision in einer Geschäftsanweisung/dem Revisionshandbuch oder einer vergleichbaren internen Arbeitsanweisung beschrieben und im Institut publiziert?	
2.	Ist sichergestellt, dass die Interne Revision ihre Aufgaben selbständig und unabhängig wahrnehmen kann?	
3.	Ist gewährleistet, dass die Interne Revision bei der Berichterstattung und der Wertung der Prüfungsergebnisse keinen Weisungen von Fachabteilungen oder Dritten unterlegen ist?	
4.	Wird das Prinzip der funktionalen Trennung auch für die Interne Revision angewandt?	
5.	Verfügt die Interne Revision über die Funktion der prozessunabhängigen Überwachungsstelle im Unternehmen?	

6.	Ist gewährleistet, dass die Mitarbeiter der Internen Revision keine revisionsfremden Aufgaben übernehmen?	
7.	Ist den Mitarbeitern der Internen Revision untersagt, Tätigkeiten wahrzunehmen, die nichts mit der originären Prüfungstätigkeit zu tun haben?	
8.	Werden Ausnahmen vom Grundsatz der Unabhängigkeit im Jahresbericht der Internen Revision dargestellt?	
9.	Ist gewährleistet, dass Mitarbeiter anderer Organisationseinheiten im Kreditinstitut grundsätzlich nicht mit den Aufgaben der Internen Revision betraut werden?	
10.	Kann die Interne Revision zeitweise Mitarbeiter aufgrund ihres Spezialwissens für Aufgaben der Internen Revision betrauen?	
11.	Ist in diesem Fall sichergestellt, dass der akquirierte Mitarbeiter nicht aus dem zu prüfenden Bereich stammt?	
12.	Ist sichergestellt, dass bei einem Wechsel von Mitarbeitern anderer Organisationseinheiten in die Interne Revision die »Cooling-Off-Erfordernisse« eingehalten werden?	
13.	Stellt das Institut dabei sicher, dass eine Übergangsfrist von mindestens einem Jahr vorgesehen ist, innerhalb derer diese Mitarbeiter keine Tätigkeiten prüfen dürfen, die sie zuvor selbst fachlich verantwortet haben?	

9.4. BT 2.3 Prüfungsplanung und -durchführung

Auszug BT 2.3 Tz. 1

Die Tätigkeit der Internen Revision muss auf einem umfassenden und jährlich fortzuschreibenden Prüfungsplan basieren. Die Prüfungsplanung hat risikoorientiert zu erfolgen. Die Aktivitäten und Prozesse des Instituts sind, auch wenn diese ausgelagert sind, in angemessenen Abständen, grundsätzlich innerhalb von drei Jahren, zu prüfen. Wenn besondere Risiken bestehen, ist jährlich zu prüfen. Bei unter Risikogesichtspunkten nicht wesentlichen Aktivitäten und Prozessen kann vom dreijährigen Turnus abgewichen werden. Die Risikoeinstufung der Aktivitäten und Prozesse ist regelmäßig zu überprüfen.

Prüfungsplanung

Der Begriff der Prüfungsplanung beinhaltet sowohl die Planung der in einem Zeitraum durchzuführenden Prüfungen als auch die Planung der in einer einzelnen Prüfung durchzuführenden Verfahrensschritte.[382] Die in einem Zeitraum durchzuführenden Prüfungen sind risikoorientiert zu planen, d. h. die Interne Revision benötigt ein eigenes Bewertungssystem zur Beurteilung des Risikos (z. B. Punkte-/Kennziffernsystem). Ausgenommen hiervon sind gesetzliche Pflichtprüfungen, die automatisch nach dem gesetzlich vorgeschriebenen Modus vorzunehmen sind (z. B. im Bereich WpHG, GwG etc.). 1182

Prüfungsturnus/Prüffeldlandkarte

Von der Internen Revision sind alle Aktivitäten und Prozesse des Instituts – auch wenn diese ausgelagert sind – im Grundsatz innerhalb von drei Jahren zu prüfen. Dies setzt voraus, dass die Interne Revision alle Prüfungsgebiete im Rahmen einer Inventur festlegt (Prüffeldlandkarte, Audit Universe) und eine kontinuierliche Anpassung/Aktualisierung vornimmt, denn die Prozesse und Aktivitäten im Kreditinstitut verändern sich fortlaufend. Die Aufsicht fordert nun auch in den neuen MaRisk, dass die Risikoeinstufung der Aktivitäten und Prozesse regelmäßig zu überprüfen ist.[383] Daher ist in der Praxis verstärkt auf die Einhaltung der Revisionsprozesse und damit auch der Risikoanpassung der einzelnen Prüfungsgebiete zu achten. 1183

Die Prüfungslandkarte kann wie folgt aussehen: 1184

Risikokriterien	
Ausprägung	**Gewichtung**
Risikokennzahlen der Kriterien	
Risikokennzahl des Prüffelds	

Abbildung 3: Risikobewertung von Prüffeldern[384]

382 Vgl. *Amling T./Bantleon U.*: Handbuch der Internen Revision, Berlin 2007, S 206.

383 Vgl. *BaFin*: Mindestanforderungen an das Risikomanagement (MaRisk) – BT 2.3 Prüfungsplanung und -durchführung, Tz. 1.

384 Vgl. *Bünis M./Gossens T.*: Ein praktischer Ansatz zur risikoorientierten Revisionsplanung – Der Nachweis der risikoorientierten Planung kann trotz Beschränkungen in der Prüferkapazität gelingen in: ZIR 6/2011, S. 312.

1185 Die Prüfungsplanung umfasst zusammengefasst folgende Schritte:[385]

- Konsequente Identifizierung aller Aktivitäten und Prozesse
- Identifizierung der Risiken und deren Gewichtung für das Institut
- Auch adäquate Berücksichtigung von Ad-hoc Risiken
- Ableitung eines risikoorientierten Prüfungsplans und dessen Genehmigung durch den Vorstand des Instituts

Prüfungsturnus bei besonderen Risiken

1186 Bei besonderen Risiken oder dem Verdacht auf besondere Risiken ist jährlich zu prüfen, damit eine revisionsseitige Beurteilung vorgenommen und fachseitig gezielte Aktivitäten zur Eindämmung/Reduzierung der Risiken eingeleitet werden können.

Systematisierung der Jahresplanung

1187 Die Jahresplanung bildet das Kernstück der Planung und lässt sich wie folgt systematisieren:[386]

Art der Prüfung	Kurzbeschreibung
Risikoorientierte Auswahlprüfungen	Diese werden durch die Interne Revision in einem möglichst bewussten Prozess in die Jahresplanung aufgenommen und stellen somit das Kernstück und den Großteil der Jahresplanung dar.
Pflichtprüfungen	Diese muss die Interne Revision aufgrund verschiedener externer Vorschriften durchführen. Die Prüfungstätigkeiten der Internen Revision in den verschiedenen »Pflichtprüfungsgebieten« werden vom Jahresabschlussprüfer, Sonderprüfer und/oder Depot-/WpHG-/GwG-Prüfer beurteilt.

385 Vgl. *Deutscher Sparkassen- und Giroverband (DSGV)* – Umsetzungshandbuch »Zukunft der Internen Revision« Berlin 2008, S. 14.

386 Vgl. *Amling T./Bantleon U.*: Handbuch der Internen Revision, Berlin 2007, S 208–209.

Überhangprüfungen	Diese entstehen, wenn der Prüfungsplan im vorangegangenen Prüfungszeitraum nicht vollständig abgearbeitet werden konnte und daher die Prüfungsaktivitäten in das Folgejahr übertragen wurden.
Management Concern Prüfungen	Solche Prüfungen werden vom Vorstand vorgegeben und erhalten regelmäßig eine hohe Priorität. Die Prüfungen würden bei rein risikoorientierter Vorgehensweise oder aufgrund gesetzlicher Vorschriften nicht zwingend stattfinden. Darüber hinaus können auch vom Aufsichtsrat und – falls vorhanden – vom Prüfungsausschuss hoch priorisierte Prüfungen über den Vorstand in die Planung mit eingebracht werden.
Sonderprüfungen	Diese resultieren aus nicht vorhersehbaren und deshalb nicht planbaren Ereignissen wie z. B. Betrug (»Fraud«) oder weiteren besonderen Risiken, die unterjährig auftreten. In der Jahresplanung sollte deshalb eine angemessene Reserve an Prüfungskapazitäten bereitgehalten werden. Häufig orientiert sich dieser Wert an den Erfahrungen der vorangegangenen Jahre.
Projektbegleitende Prüfungen/Beratungen	Eine projektbegleitende Prüfung umfasst die von der Internen Revision vorzunehmenden Prüfungshandlungen mit dem Fokus auf das Projektmanagement, Produkte/Dienstleistungen/Prozesse sowie die Umsetzung spezieller Anforderungen.[387]

Abbildung 4: Kernelemente der Planung

Unter Risikogesichtspunkten nicht wesentliche Aktivitäten und Prozesse

Ein Abweichen vom dreijährigen Prüfungsturnus für unter Risikogesichts- 1188
punkten nicht wesentliche Aktivitäten und Prozesse ist nicht gleichbedeutend mit einem weitgehenden Verzicht von Prüfungshandlungen in diesen Berei-

387 Vgl. *Becker A.*: Frühe Projekteinbindung der Internen Revision sichert oft Erfolg in: Betriebswirtschaftliche Blätter 01/2009, Berlin, S. 16.

chen. Auch diese sind in die Prüfungsplanung zu integrieren und in angemessenen Abständen zu prüfen.[388]

1189 Es gibt in jedem Unternehmen auch unter Risikogesichtspunkten nicht wesentliche Aktivitäten und Prozesse. Hierbei sehen die MaRisk ein Abweichen von dem dreijährigen Prüfungsturnus vor. Dies ist nicht gleichbedeutend mit einem weitgehenden Verzicht von Prüfungshandlungen in diesen Bereichen. Auch diese sind in die Prüfungsplanung zu integrieren und in angemessenen Abständen zu prüfen. Die Erleichterung ist dahingehend von Bedeutung, dass bei diesen »unwesentlichen Prüfungsgebieten« vom dreijährigen Turnus abgewichen werden kann. Werden diese Erleichterungen in der Revisionspraxis genutzt, empfiehlt sich jedoch eine ausreichende Begründung und Dokumentation, die von dem Jahresabschluss-/Sonderprüfer bei Bedarf eingesehen und beurteilt werden kann.

Auszug BT 2.3 Tz. 2

Die Risikobewertungsverfahren der Internen Revision haben eine Analyse des Risikopotenzials der Aktivitäten und Prozesse unter Berücksichtigung absehbarer Veränderungen zu beinhalten. Dabei sind die verschiedenen Risikoquellen und die Manipulationsfähigkeit der Prozesse durch Mitarbeiter angemessen zu berücksichtigen.

Risikobewertungsverfahren

1190 Die Anforderungen gehen zunächst auf die Risikoquellen ein. Hierbei hat die Interne Revision regelmäßig zu prüfen, ob die vorhandenen Informationskanäle ausreichend und adäquat sind. In der Praxis hat sich gezeigt, dass ein regelmäßiger Jour Fixe mit dem Compliance-Bereich auch zusätzliche Hinweise geben kann, um mögliche Risiken zu identifizieren. Daher ist der Bereich eine wichtige Informationsquelle für die Interne Revision. Auch die Berichte und Informationen aus dem Bereich des Risikomanagements oder der Bereich der Reklamationsbearbeitung sind für die Interne Revision regelmäßig von Bedeutung. Die Manipulationsfähigkeit der Prozesse zielt auf die Effektivität und Funktionsfähigkeit der internen Kontrollen und deren Bewertung bezüglich der Manipulationsanfälligkeit.

388 Vgl. *BaFin:* Mindestanforderungen an das Risikomanagement (MaRisk) – Veröffentlichung der Neufassung vom 27.10.2017, BT 2.3 Kommentierung zu Tz. 1.

Auszug BT 2.3 Tz. 3

Die Prüfungsplanung, -methoden und -qualität sind regelmäßig und anlassbezogen zu überprüfen und weiterzuentwickeln.

Weiterentwicklung der Prüfungsplanung, -methoden und -qualität

Damit die Prüfungsplanung die Risikolage im Institut adäquat abbilden kann, 1191
sind diese sowie die Methoden und die Qualität fortlaufend zu überprüfen und weiterzuentwickeln. Auch anlassbezogene Veränderungen sind mit zu berücksichtigen. Die Gründe können beispielsweise in Ad-Hoc auftretenden Veränderungen der Risikoeinschätzung der einzelnen Prüffelder liegen. Denn mit einer sich Ad-Hoc ändernden Risikolage bietet sich der Internen Revision die Möglichkeit, sich stärker auf risikorelevante Bereiche zu konzentrieren.[389] Diese Veränderung wird sowohl von internen (wie intern aufgetretenen Risiken) als auch externen Einflussfaktoren (wie gesetzliches Umfeld) bestimmt.[390]

Auszug BT 2.3 Tz. 4

Es muss sichergestellt sein, dass kurzfristig notwendige Sonderprüfungen, z. B. anlässlich deutlich gewordener Mängel oder bestimmter Informationsbedürfnisse, jederzeit durchgeführt werden können.

Budget für Sonderprüfungen

Die Aufsicht verlangt von den Internen Revisionen in Kreditinstituten ein 1192
ausreichendes zeitliches Budget für kurzfristig notwendige Sonderprüfungen. Der Anlass für solche Prüfungen kann in deutlichen Mängeln, Risiken oder aufgrund bestimmter Informationsbedürfnisse begründet sein.[391] Beispiele aus der Praxis sind Kreditengagements mit ad-hoc steigenden Risiken, Fraud-Fälle, Mängel im IKS, schlagend werdende externe IT-Risiken und weitere Fälle/Vorgänge.

Auszug BT 2.3 Tz. 4

Die Prüfungsplanung sowie wesentliche Änderungen sind durch die Geschäftsleitung zu genehmigen.

---

389 Vgl. *Roth C./Vollrath N.*: Continuous Auditing in einer Privatkundenbank – Mehrwert für die Interne Revision oder rein Muster ohne Wert? In ZIR 1/2011, S. 24.

390 Vgl. *Becker A.*: Neue MaRisk – 2. Auflage, Becker A./Berndt M./Klein J. (Hrsg.), Heidelberg 2011, S. 489.

391 Vgl. *Becker A.*: Neue MaRisk – 2. Auflage, Becker A./Berndt M./Klein J. (Hrsg.), Heidelberg 2011, S. 489.

Genehmigungsprozess der Prüfungsplanung

1193 Die jährliche Prüfungsplanung ist durch die gesamte Geschäftsleitung zu genehmigen. Bei wesentlichen Plananpassungen – wie kapazitätsbedingte Verschiebungen von Prüfungen in das neue Jahr – ist auch eine Genehmigung der gesamten Geschäftsleitung erforderlich.[392]

9.5. Checkliste

	Fragestellung »Prüfungsplanung und -durchführung«	Erfüllt
1.	Basiert die Tätigkeit der Internen Revision auf einem umfassenden Prüfungsplan?	
2.	Wird dieser Prüfungsplan jährlich fortgeschrieben und an die aktuellen Entwicklungen im Institut angepasst?	
3.	Liegt eine hinreichend vollständige Inventur der Prüffeldlandkarte/Prüffeldkarte (engl. Audit Universe) vor?	
4.	Enthält der Plan alle Aktivitäten und Prozesse des Instituts?	
5.	Werden auch ausgelagerte Prozesse und Aktivitäten geprüft?	
6.	Werden alle Prüfungsgebiete grundsätzlich innerhalb von drei Jahren geprüft?	
7.	Ist sichergestellt, dass bei besonderen Risiken jährlich geprüft wird?	
8.	Weicht die Interne Revision von dem dreijährigen Turnus ab?	
9.	Sind die Abweichungen ausreichend begründet und dokumentiert?	
10.	Wird die Risikoeinstufung der Aktivitäten und Prozesse regelmäßig überprüft?	
11.	Ist ein ausreichendes zeitliches Budget für Sonderprüfungen vorhanden?	
12.	Orientiert sich der Wert für Sonderprüfungen an den Vorjahreserfahrungen?	
13.	Wird die Risikoeinstufung der Aktivitäten und Prozesse regelmäßig überprüft?	

392 Vgl. Ebenda, S. 490.

14.	Beinhalten die Risikobewertungsverfahren der Internen Revision eine Analyse des Risikopotenzials der Aktivitäten und Prozesse?	
15.	Werden hierbei die verschiedenen Risikoquellen und die Manipulationsanfälligkeit der Prozesse durch Mitarbeiter angemessen berücksichtigt?	
16.	Werden die Prüfungsplanung, -methoden und -qualität regelmäßig und anlassbezogen überprüft und weiterentwickelt?	
17.	Ist sichergestellt, dass kurzfristig notwendig gewordene Sonderprüfungen jederzeit durchgeführt werden können?	
18.	Werden die Prüfungsplanung sowie wesentliche Anpassungen von der Geschäftsleitung genehmigt?	

9.6. BT 2.4 Berichtspflicht

Die MaRisk-Anforderungen an die Berichtspflicht im BT 2.4 regeln wesentliche Grundlagen für die Erstellung von Berichten und das Anlegen von Arbeitsunterlagen, d. h. die Prüfungsdokumentation.[393] 1194

Auszug BT 2.4 Tz. 1

Über jede Prüfung muss von der Internen Revision zeitnah ein schriftlicher Bericht angefertigt und grundsätzlich den fachlich zuständigen Mitgliedern der Geschäftsleitung vorgelegt werden. Der Bericht muss insbesondere eine Darstellung des Prüfungsgegenstandes und der Prüfungsfeststellungen, gegebenenfalls einschließlich der vorgesehenen Maßnahmen, enthalten. Wesentliche Mängel sind besonders herauszustellen. Dabei sind die Prüfungsergebnisse zu beurteilen. Bei schwerwiegenden Mängeln muss der Bericht unverzüglich der Geschäftsleitung vorgelegt werden.

Zeitnahe Berichtserstellung

Die Zeitnähe ist in den MaRisk nicht näher definiert. In der Revisionspraxis 1195
werden die Berichte regelmäßig bei oder kurz nach Beendigung der Prüfungshandlungen erstellt. Auch hierbei sollte der Wesentlichkeitsgrundsatz beachtet werden. Liegen MaRisk-relevante wesentliche, schwerwiegende oder beson-

393 Vgl. *BaFin*: Mindestanforderungen an das Risikomanagement (MaRisk) – Veröffentlichung der Neufassung vom 27.10.2017, BT 2.4.

ders schwerwiegende Mängel vor, ist die Geschäftsleitung unverzüglich in Kenntnis zu setzen. Die unverzügliche Kenntnisnahme ist mit der Ad-Hoc-Meldung über wesentliche Risiken vergleichbar (vgl. AT 4.3.2 Tz. 8).

Abstufung der Mängel[394]

1196 Das Rundschreiben unterscheidet in BT 2 zwischen »wesentlichen«, »schwerwiegenden« und »besonders schwerwiegenden« Mängeln. Damit wird eine Abstufung hinsichtlich der (potenziellen) Bedeutung der unter Risikogesichtspunkten relevanten festgestellten Mängel erreicht. Die genaue Abgrenzung der einzelnen Stufen bleibt dem jeweiligen Institut überlassen. Es liegt weiterhin im Ermessen des Instituts, für unter Risikogesichtspunkten weniger relevante festgestellte Mängel eigene Festlegungen zu treffen.

Auszug BT 2.4 Tz. 2

Die Prüfungen sind durch Arbeitsunterlagen zu dokumentieren. Aus ihnen müssen die durchgeführten Arbeiten sowie die festgestellten Mängel und Schlussfolgerungen für sachkundige Dritte nachvollziehbar hervorgehen.

Dokumentation – Bestandteil des Qualitätsmanagements

1197 Nach dem Standard des Berufsstandes, wie dem DIIR-Revisionsstandard Nr. 3 »Prüfung von Revisionssystemen (Quality Assessments)«, ist jede Prüfung sachgerecht zu dokumentieren. Diese Dokumentation dient als Nachweis für die ordnungsgemäße Durchführung der Prüfung und ist Grundlage für die Berichterstattung.[395] Die konsequente Dokumentation der Prüfungsunterlagen und Unterlagen für die Projektbegleitung/Projektrevision ist weiterhin Bestandteil eines nachhaltigen Qualitätsmanagements und ermöglicht sachkundigen Dritten einen Einblick in die getätigte Arbeit der Internen Revision.

---

394 Vgl. *BaFin*: Mindestanforderungen an das Risikomanagement (MaRisk) – Neufassung vom 14.12.2012, BT 2.4 Tz. 1 – Kommentierung der BaFin in den Erläuterungen der BaFin.

395 Vgl. DIIR-Revisionsstandard Nr. 3: Prüfung von Internen Revisionssystemen (Quality Assessments), Frankfurt/M. veröffentlicht im April 2017.

Auszug BT 2.4 Tz. 3

Besteht hinsichtlich der zur Erledigung der Feststellungen zu ergreifenden Maßnahmen keine Einigkeit zwischen geprüfter Organisationseinheit und Interner Revision, so ist von der geprüften Organisationseinheit eine Stellungsnahme hierzu abzugeben.

Abweichende Stellungnahme

1198 In seltenen Fällen wird in der Revisionspraxis keine Einigkeit über den Inhalt der Feststellungen oder die zu ergreifenden Maßnahmen zwischen Revision und geprüften Fachbereich hergestellt. Die MaRisk sehen für diese Eskalationsfälle vor, dass von der geprüften Organisationseinheit eine abweichende Stellungnahme angefordert wird. Darin kann der Fachbereich die Abweichung in der Einschätzung begründen. Häufig wird diese Stellungnahme dann den Prüfungsberichten beigefügt.

Auszug BT 2.4 Tz. 4

Die Interne Revision hat zeitnah einen Quartalsbericht über die von ihr seit dem Stichtag des letzten Quartalsberichts durchgeführten Prüfungen zu verfassen und zeitnah der Geschäftsleitung und dem Aufsichtsorgan vorzulegen. Der Quartalsbericht muss über die wesentlichen oder höher eingestuften Mängel, die beschlossenen Maßnahmen sowie den Status dieser Maßnahmen informieren. Es ist ferner darzulegen, ob und inwieweit die Vorgaben des Prüfungsplanes eingehalten wurden. Die Interne Revision hat außerdem über die im Jahresverlauf festgestellten schwerwiegenden sowie über die noch nicht behobenen wesentlichen Mängel in inhaltlich prägnanter Form an die Geschäftsleitung und das Aufsichtsorgan zu berichten (Jahresbericht). Die aufgedeckten schwerwiegenden Mängel, die beschlossenen Maßnahmen sowie der Status dieser Maßnahmen sind dabei besonders hervorzuheben. Über besonders schwerwiegende Mängel hat die Interne Revision unverzüglich zu berichten.

Darstellung von Feststellungen im Quartalsbericht

1199 Die Darstellung kann dabei akzentuiert vorgenommen werden. Gleichartige Einzelfeststellungen sowie der Stand der beschlossenen Umsetzungsmaßnahmen können inhaltlich zusammengefasst werden.[396]

396 Vgl. *BaFin*: Mindestanforderungen an das Risikomanagement (MaRisk) – Neufassung vom 27.10.017, BT 2.4, Kommentierung zu Tz. 4.

Berichterstattung an das Aufsichtsorgan

1200 Die Berichterstattung an das Aufsichtsorgan kann auch über die Geschäftsleitung erfolgen, sofern dadurch keine nenneswerte Verzögerung der Information des Aufsichtsorgans verbunden und der Inhalt der Berichterstattung an die Geschäftsleitung und das Aufsichtsorgan deckungsgleich ist.[397]

Zusammenfassung des vierten Quartalsberichts und des Jahresberichts

1201 Der vierte Quartalsbericht und der Jahresbericht können auch als jeweils gesonderte Abschnitte in einem Bericht zusammengefasst werden.[398]

Auszug BT 2.4 Tz. 5

Ergeben sich im Rahmen der Prüfungen schwerwiegende Feststellungen gegen Geschäftsleiter, so ist der Geschäftsführung unverzüglich Bericht zu erstatten. Diese hat unverzüglich den Vorsitzenden des Aufsichtsorgans sowie die Aufsichtsinstitutionen (Bundesanstalt für Finanzdienstleistungsaufsicht, Deutsche Bundesbank) zu informieren. Kommt die Geschäftsleitung ihrer Berichtspflicht nicht nach oder beschließt sie keine sachgerechten Maßnahmen, so hat die Interne Revision den Vorsitzenden des Aufsichtsorgans zu unterrichten.

Unverzügliche Berichterstattung

1202 Eine unverzügliche Berichtspflicht für die Interne Revision ergibt sich, wenn im Rahmen der Prüfungen schwerwiegende Feststellungen gegen Geschäftsleiter festgestellt werden. In diesem Fall ist der gesamten Geschäftsleitung Bericht zu erstatten. Diese muss anschließend den Vorsitzenden des Aufsichtsorgans sowie die zuständige Aufsicht (BaFin, Bundesbank) informieren. Wenn die Geschäftsleitung ihrer Berichtspflicht in einem solchen Fall nicht nachkommt, hat die Interne Revision selbständig den Vorsitzenden des Aufsichtsorgans zu unterrichten.

Auszug BT 2.4 Tz. 6

Revisionsberichte und Arbeitsunterlagen sind sechs Jahre aufzubewahren.

397 Vgl. *BaFin*: Mindestanforderungen an das Risikomanagement (MaRisk) – Neufassung vom 27.10.017, BT 2.4, Kommentierung zu Tz. 4.

398 Vgl. *BaFin*: Mindestanforderungen an das Risikomanagement (MaRisk) – Neufassung vom 27.10.017, BT 2.4, Kommentierung zu Tz. 4.

Aufbewahrungsfristen für Revisionsberichte und Arbeitsunterlagen

Für Revisionsberichte sowie Arbeitsunterlagen gelten die gesetzlichen Aufbewahrungsfristen, d. h. sechs Jahre. Damit stellt die Aufsicht sicher, dass die Unterlagen im Rahmen der Prüfungen eingesehen werden können. Denn sowohl Berichte als auch Arbeitsunterlegen werden fallweise von den externen Prüfern eingesehen und auch beurteilt. 1203

9.7. Checkliste

	Fragestellung »Berichtspflicht«	**Erfüllt**
1.	Ist gewährleistet, dass über jede Prüfung von der Internen Revision ein schriftlicher Bericht angefertigt wird?	
2.	Wird dieser Bericht zeitnah angefertigt und grundsätzlich den fachlich zuständigen Mitgliedern der Geschäftsleitung vorgelegt?	
3.	Enthält der Bericht eine Darstellung des Prüfungsgegenstands und der Prüfungsfeststellungen?	
4.	Sind in dem Bericht auch die festgestellten Maßnahmen zur Behebung der Mängel enthalten?	
5.	Werden wesentliche Mängel – falls vorhanden schwerwiegende und besonders schwerwiegende – explizit herausgestellt?	
6.	Enthält der Bericht eine Beurteilung der Prüfungsergebnisse?	
7.	Wird der Bericht im Falle von schwerwiegenden Mängeln unverzüglich der Geschäftsleitung vorgelegt?	
8.	Ist gewährleistet, dass die Prüfungen durch Arbeitsunterlagen dokumentiert sind?	
9.	Gehen aus den Dokumentationen die durchgeführten Arbeiten sowie die festgestellten Mängel sowie die Schlussfolgerungen hervor?	
10.	Wird von der betroffenen Fachabteilung eine Stellungnahme abgegeben, wenn hinsichtlich der getroffenen Feststellungen und der zu ergreifenden Maßnahmen zwischen Fachabteilung und Interner Revision keine Einigkeit besteht?	

11.	Erstellt die Interne Revision einen vierteljährlichen Bericht über die seit dem letzten Stichtag durchgeführten Prüfungen?	
12.	Wird der Bericht zeitnah an die Geschäftsleitung und ggf. das Aufsichtsorgan weitergeleitet?	
13.	Enthält der Quartalsbericht die wesentlichen oder höher eingestuften Mängel, die beschlossenen Maßnahmen sowie den Status der Maßnahmen?	
14.	Wird in dem Bericht auch dargelegt, ob und inwieweit die Vorgaben des Prüfungsplanes eingehalten wurden?	
15.	Informiert die Interne Revision über die im Jahresverlauf festgestellten schwerwiegenden sowie über die nocht nicht behobenen wesentlichen Mängel in inhaltlich prägnanter Form die Geschäftsleitung und das Aufsichtsorgan (Jahresbericht)?	
16.	Werden dabei die aufgedeckten schwerwiegenden Mängel, die beschlossenen Maßnahmen sowie der Status dieser Maßnahmen gesondert hervorgehoben?	
17.	Berichtet die Interne Revision über besonders schwerwiegende Mängel unverzüglich?	
18.	Ist gewährleistet, dass die Revisionsberichte und die dazugehörigen Arbeitsunterlagen mindestens sechs Jahre aufbewahrt werden?	

9.8. BT 2.5 Reaktion auf festgestellte Mängel

1204 Ein wichtiges Element der Anforderungen an die Interne Revision besteht in der Mängelüberwachung (Follow-Up). Denn aufgedeckte Schwächen (wie z. B. in den Internen Kontrollen) sollten zeitnah beseitigt und aufgezeigte Risiken beseitigt/reduziert werden. Hierfür sehen die MaRisk die folgenden Mindestanforderungen im BT 2.5 vor.

Auszug BT 2.5 Tz. 1

Die Interne Revision hat die fristgerechte Beseitigung der bei der Prüfung festgestellten Mängel in geeigneter Form zu überwachen. Gegebenenfalls ist hierzu eine Nachschauprüfung anzusetzen.

Mängelüberwachung (Follow-Up)

Eine der Hauptaufgaben neben der reinen Berichterstellung ist die im Revisionsprozess nachfolgend aufgesetzte Mängelüberwachung (Follow-Up). 1205
Diese gehört zum Prüfungsprozess, mit dessen Hilfe die Interne Revision die Angemessenheit, Effizienz und im Idealfall auch die rechtzeitige Abarbeitung der Prüfungsfeststellungen und Managementempfehlungen beurteilt.[399] Die schlussbesprochenen Feststellungen werden mit einer adäquaten Frist zur Abarbeitung/Erledigung durch die zuständigen Fachbereiche versehen. Die Interne Revision überwacht fortlaufend die Abarbeitung und sorgt damit für eine fristgerechte Beseitigung der Mängel. Sollte eine Überwachungsfrist nicht eingehalten werden, sehen einige Revisionsabteilungen ein teils mehrstufiges Eskalationsverfahren vor. Abhängig von der Schwere der Einstufung und der Wesentlichkeit der Feststellung kann eine »Fristverlängerung« im Revisionsprozess fallweise vorgenommen werden. Sollten die Mängel nicht zeitnah abgearbeitet werden, kann auch eine Nachschauprüfung angesetzt werden, um sich ein genaues Bild von dem Abarbeitungsstand zu verschaffen. Häufig wird das Instrument der Nachschauprüfung genutzt, wenn die Mängel eine MaRisk-Relevanz aufweisen und das Prüfungsgebiet eine größere Bedeutung für das Institut hat.

Auszug BT 2.5 Tz. 2

Werden die wesentlichen Mängel nicht in einer angemessenen Zeit beseitigt, so hat der Leiter der Internen Revision darüber zunächst den fachlich zuständigen Geschäftsleiter schriftlich zu informieren. Erfolgt die Mängelbeseitigung nicht, so ist die Geschäftsleitung spätestens im Rahmen des nächsten Gesamtberichts schriftlich über die noch nicht beseitigten Mängel zu unterrichten.

Eskalationsverfahren bei nicht fristgerecht beseitigten Mängeln

Hat der betreffende Fachbereich wesentliche Mängel nicht fristgerecht beseitigt, sehen die MaRisk hierfür ein Eskalationsverfahren vor. Zunächst ist über den Abarbeitungsstand der fachlich zuständige Geschäftsleiter zu informieren. Bleibt die Mängelbeseitigung trotzdem aus, hat die Interne Revision die gesamte Geschäftsleitung spätestens im Rahmen des nächsten Gesamtberichtes über die noch offenen Feststellungen zu informieren. Über diese Unterrich- 1206

399 Vgl. *Füss R.*: Die Interne Revision – Bestandsaufnahme und Entwicklungsperspektiven, Deutsches Institut für Interne Revision (Hrsg.), Berlin 2005, S. 189–190.

tung und die von der Aufsicht erwarteten Managemententscheidungen soll die Abarbeitung der Mängel forciert werden.

9.9. Checkliste

	Fragestellung »Reaktion auf festgestellte Mängel«	**Erfüllt**
1.	Überwacht die Interne Revision die fristgerechte Beseitigung der Mängel?	
2.	Erfolgt die Überwachung manuell oder mittels DV-gestütztem Überwachungsprozess?	
3.	Wird bei beiden Verfahren auf die Einhaltung der Frist für die Erledigung sowie die Vollständigkeit der Abarbeitung der Mängel geachtet?	
4.	Erfolgt bei fehlender Abarbeitung und Wesentlichkeit des Prüfungsgebietes eine Nachschauprüfung?	
5.	Ist der Prozess der Nachschauprüfung innerhalb der Internen Revision geregelt?	
6.	Gibt es für nicht abgearbeitete/überfällige wesentliche Mängel ein Eskalationsverfahren?	
7.	Wie werden die wesentlichen Mängel definiert?	
8.	Wird im Rahmen des Eskalationsverfahrens zunächst der fachlich zuständige Geschäftsleiter schriftlich informiert?	
9.	Erhält die gesamte Geschäftsleitung eine Information über die mangelnde Abarbeitung, falls keine Mängelbeseitigung erfolgt?	
10.	Ist sichergestellt, dass diese Meldung im Rahmen des nächsten Gesamtberichtes erfolgt?	
11.	Wird bei dieser Meldung die Schriftform gewählt?	

10. BT 3 Anforderungen an die Risikoberichterstattung[400]

Im Hinblick auf die Risikoberichterstattung wurden die bislang an unterschiedlichen Stellen der MaRisk formulierten Anforderungen an das Reporting durch die aktuelle MaRisk-Novelle in einem neuen Abschnitt zusammengefasst (BT 3) und erweitert (u. a. die Forderung nach Risikoberichten pro Quartal, die z. B. Angaben zu Stresstests, Risikokonzentrationen sowie zur Angemessenheit der Kapitalausstattung umfassen müssen). 1207

10.1. BT 3.1 Allgemeine Anforderungen an die Risikoberichte

Im BT 3.1 der MaRisk werden die allgemeinen Anforderungen an die Risikoberichte adressiert. Hierzu gehören u. a. Turnus, Umfang und Adressaten der Risikoberichterstattung. 1208

Nach den Ausführungen in Tz. 1 hat sich die Geschäftsleitung regelmäßig über die Risikosituation berichten zu lassen, wobei die Risikoberichterstattung in nachvollziehbarer und aussagefähiger Art und Weise zu verfassen ist. Die Aufsicht versteht hierunter ein inhaltlich angemessenes Verhältnis zwischen quantitativen Informationen (bspw. hinsichtlich Positionsgröße, Risiken) und qualitativer Bewertung. Neben der Darstellung hat auch eine Beurteilung der Risikosituation im Bericht zu erfolgen. 1209

Die Berichte müssen auf vollständigen, genauen und aktuellen Daten beruhen. Obwohl die Aufsicht im Anschreiben ausdrücklich betont, dass hiermit nicht die BCBS 239-Anforderungen für LSIs durch die »Hintertür« eingeführt werden sollen, handelt es sich auch ohne den konkreten Bezug zum AT 4.3.4 um einen neuen und verschärften Bestandteil der fünften MaRisk-Novelle. 1210

In den Risikoberichten ist eine zukunftsorientierte Risikoeinschätzung abzugeben; eine ausschließliche Darstellung und Betrachtung aktueller und historischer Daten wird von der Aufsicht als nicht mehr ausreichend erachtet. In die Risikoberichterstattung sind bei Bedarf auch Handlungsvorschläge, z. B. zur Risikoreduzierung, aufzunehmen. Der hohe Stellenwert der Kommentierung wird durch die z. T. erweiterten und geschärften Anforderungen sowie die explizite Betonung im Anschreiben zu den MaRisk sicherlich noch verstärkt. 1211

Die Ergebnisse der Stresstests und deren potenzielle Auswirkungen auf die Risikosituation und das Risikodeckungspotenzial sind, ebenso wie die den 1212

400 Die Ausführungen geben ausschließlich die persönliche Auffassung des Autors wider.

Stresstests zugrundeliegenden Annahmen, darzustellen. Auch auf Risikokonzentrationen und deren potenzielle Auswirkungen ist gesondert einzugehen.

1213 Neben der turnusmäßigen Erstellung von Risikoberichten (in Form eines Gesamtrisikoberichts bzw. Berichten über einzelne Risikoarten) müssen die Institute künftig in der Lage sein, ad hoc Risikoinformationen zu generieren. Potentielle Auslöser für die Erstellung eines ad-hoc-Reports sieht die Aufsicht zum einen in der aktuellen Risikosituation des Instituts, zum anderen in der aktuellen Situation der Märkte, auf denen das Institut tätig ist. Klassisches Beispiel in diesem Zusammenhang ist die schnelle Zusammenstellung von Gesamtexposure-Informationen eines Kontrahenten bzw. Geschäftspartners.

1214 Die Risikoberichterstattung muss somit ausreichend flexibel ausgestaltet sein, um auf die aktuellen Situationen zeitnah reagieren zu können. Aus diesen Gründen ist fraglich, wie Institute diese Anforderung ohne eine wirklich gut funktionierende Risikodatenaggregationsfähigkeit erfüllen können. Dies beinhaltet eine angemessene IT-Infrastruktur mit granularer Datenhaltung sowie eine hohe Datenqualität.

1215 Die Risikoberichte sind in einem zeitlich angemessenen Rahmen zu erstellen, der eine aktive und zeitnahe Steuerung der Risiken auf Basis der Berichte ermöglicht, wobei die Produktionszeit auch von der Art und Volatilität der Risiken abhängt. Die Anforderung kann grundsätzlich nur im Zusammenhang mit Optimierungen von Institutsprozessen und dem zugrundeliegenden Datenhaushalt voll erfüllt werden. Ein möglicherweise bereits bestehendes automatisiertes Reporting kann dabei die Erstellung unterstützen und beschleunigen.

1216 Die Geschäftsleitung hat das Aufsichtsorgan mindestens vierteljährlich über die Risikosituation in angemessener Weise schriftlich zu informieren. Dabei ist die Berichterstattung in nachvollziehbarer, aussagefähiger Art und Weise zu erfassen und hat neben der Darstellung auch eine Beurteilung der Risikosituation zu enthalten. Auf besondere Risiken für die Geschäftsentwicklung und dafür geplante Maßnahmen der Geschäftsleitung ist gesondert einzugehen. In den Erläuterungen gibt die Aufsicht weitere Hinweise zum Adressatenkreis des Aufsichtsorgans. So sollte grundsätzlich jedes Mitglied des Aufsichtsgremiums Adressat der Risikoberichterstattung sein. Allerdings kann die Weiterleitung der Informationen unter bestimmten Voraussetzungen auch auf einen Ausschuss beschränkt werden. Hierzu gehören u. a. entsprechende Beschlüsse sowie die regelmäßige Information des gesamten Gremiums durch den Ausschussvorsitzenden.

Darüber hinaus erwartet die Aufsicht auch weiterhin bei für das Aufsichtsor- 1217
gan unter Risikogesichtspunkten wesentlichen Informationen eine unverzügliche Weiterleitung. Für das ad-hoc-Reporting an den Verwaltungsrat sind von der Geschäftsleitung gemeinsam mit dem Aufsichtsorgan geeignete Verfahren festzulegen.

<table>
<tr><th>Prüfungsfragen</th><th>Anmerkungen</th></tr>
<tr><td>Ist die Risikoberichterstattung nachvollziehbar und aussagekräftig? Wie ist das Verhältnis zwischen quantitativen Informationen und qualitativen Beurteilungen?</td><td>Keine reinen Tabellen-/Zahlenangaben. Kommentierung inkl. Ausblick/Einschätzung der zukünftigen Entwicklung. Das Verhältnis sollte insgesamt ausgewogen sein. Nicht zu jedem Sachverhalt müssen zwingend qualitative und quantitative Aussagen getroffen werden.</td></tr>
<tr><td>Beruhen die Berichte auf vollständigen, genauen und aktuellen Daten?</td><td rowspan="3">Abhängig von den konkret im Institut verwendeten Daten und deren Aggregation(-smöglichkeiten). Besteht bereits ein integrierter Datenhaushalt, sollten sich manuelle Berichtskorrekturen auf ein Minimum beschränken.</td></tr>
<tr><td>Ist die Verwendung von maschinell erstellten Tabellen und Reports sachgerecht?</td></tr>
<tr><td>Wurden manuelle Korrekturen vorgenommen und ausreichend dokumentiert?</td></tr>
<tr><td>Enthält der Bericht eine zukunftsorientierte Risikoeinschätzung?</td><td>Bezug zu BT 3.2 Tz. 2 (Prognosen zur Entwicklung der Kapital- und Liquiditätskennzahlen und der Refinanzierungspositionen). In diesem Zusammenhang können bspw. Ergänzungen durch wirtschaftliche Prognosen für das Geschäftsgebiet und Erkenntnisse aus den Szenarien der Kapitalplanung erfolgen.</td></tr>
</table>

Sind die Vorgaben für die ad-hoc-Berichterstattung angemessen?	Besteht eine funktionierende Risikodatenaggregationsfähigkeit inkl. angemessener IT-Infrastruktur mit granularer Datenhaltung sowie eine hohe Datenqualität? Wurden die Auslöser für eine ad-hoc-Berichterstattung an das Aufsichtsorgan mit diesem erörtert bzw. von diesem beschlossen?
Ist die Erstellungszeitraum für den Gesamtrisikobericht bzw. die einzelnen Risikoberichte angemessen?	Abhängigkeit von Produktionszeit zu Art und Volatilität der Risiken. Die Aufsicht wird nach eigenen Angaben keine konkreten Zeitvorgaben kommunizieren. Eine Erstellungszeit von mehr als sechs Wochen für einen vierteljährlichen Gesamtrisikobericht wird zunehmend kritisch beurteilt. Die Erwartungshaltung der Aufsicht geht tendenziell in Richtung kürzerer Fristen.
Ist die Berichterstattung in Stressphasen angemessen?	Je nach Art des Stresses ist individuell zu prüfen, welche Daten und Informationen ad hoc oder in einem häufigeren Berichtsturnus benötigt werden. Dabei muss nicht zwingend der vollständige Gesamtrisikobericht aktualisiert werden.
Bestehen arbeitsordnende Regelungen zu den in der Risikoberichterstattung anzuführenden Angaben, der jeweiligen Datenherkunft und den Kontrollen?	Zu empfehlen ist in diesem Zusammenhang die schriftliche Fixierung der Zuständigkeiten, Schnittstellen und Aufgaben sowie der Vorgabe von Fristen im Rahmen der arbeitsordnenden Regelungen.

Sind die Organisationsrichtlinien insgesamt aktuell, unter Risikogesichtspunkten ausreichend sowie sachgerecht, lesbar und leicht verständlich?	
Ist die Thematik organisatorisch sinnvoll eingegliedert?	Wer erstellt den Bericht? Wer ist für die Kommentierung der einzelnen Berichtssteile bzw. die Gesamtkommentierung verantwortlich? Der Leiter der Risikocontrolling-Funktion ist angemessen einzubinden.

Abbildung 1: Beispielhafte Prüfungsfragen zu den Allgemeinen Anforderungen

10.2. BT 3.2 Berichte der Risikocontrolling-Funktion

Vorbemerkungen

BT 3.2. konkretisiert die allgemeinen Vorgaben zur Risikoberichterstattung bspw. in Form konkreter Mindestberichtsinhalte sowie Mindest-Rhythmen zur Erstellung. 1218

(Gesamt-)Risikoberichterstattung – Rahmenbedingungen/Weitere Inhalte

Die Risikocontrolling-Funktion hat regelmäßig, mindestens aber vierteljährlich einen Gesamtrisikobericht über die als wesentlich eingestuften Risikoarten zu erstellen und der Geschäftsleitung vorzulegen. Dem Proportionalitätsgedanken folgend weist die Aufsicht darauf hin, dass in Abhängigkeit von der Risikoart, der Art, dem Umfang, der Komplexität, dem Risikogehalt und der Volatilität der jeweiligen Position sowie der Marktentwicklung auch eine monatliche, wöchentliche oder gar tägliche Berichterstattung über einzelne Risikoarten erforderlich sein kann. In Stressphasen wird erwartet, dass die Institute – sofern dies für die aktive und zeitnahe Steuerung erforderlich ist – den Berichtsturnus erhöhen. 1219

Der Gesamtrisikobericht hat neben den bereits genannten Informationen auch Angaben zur Angemessenheit der Kapitalausstattung, zum aufsichtsrechtlichen und ökonomischen Kapital, zu den aktuellen Kapital- und Liquiditätskennzahlen sowie zu Refinanzierungspositionen zu enthalten. Ferner sind auch Prognosen zur Entwicklung der Kapital- und Liquiditätskennzahlen und 1220 der Refinanzierungspositionen aufzunehmen. Mit diesen Anforderungen knüpft die Aufsicht bereits heute an die derzeit noch in Diskussion befindlichen neuen Ausprägungen der Risikotragfähigkeitssicht (»normative Sicht« und »ökonomische Sicht«) sowie den künftigen ILAAP-Prozess an. Ergänzend hierzu wird in den Erläuterungen der Hinweis gegeben, dass Risikoaspekte nicht isoliert von Ertrags- und Kostenaspekten diskutiert werden können.

1221 Die Aufsicht weist des Weiteren darauf hin, dass die Risikoberichterstattung – soweit dies aus Sicht des Instituts für sinnvoll erachtet wird – durch prägnante Darstellung (bspw. Management Summary) ergänzt werden kann. Bei Sachverhalten, bei denen sich im Vergleich zur vorangegangenen Berichterstattung keine Veränderungen ergeben haben, kann auf diese Informationen verwiesen werden. Dies betrifft insbesondere die Darstellung von Stresstestergebnissen, aber auch die Angaben zum operationellen Risiko, für die weiterhin ein jährlicher Turnus der Ermittlung vorgesehen ist.

1222 In der Praxis kann durch die konsequente Anwendung dieser Öffnungsklausel die Berichterstellung, aber auch die Darstellung deutlich verschlankt werden. Grundsätzlich gilt es regelmäßig, die Art und den Umfang der Darstellung von risikorelevanten Informationen zu überprüfen. Insbesondere das oftmals von den Berichterstellern vertretene Prinzip »Je mehr, desto besser« ist kritisch zu hinterfragen. Die Berichtsempfänger sollen sich auf Basis der Risikoberichterstattung einen Überblick über die Risikolage verschaffen. Hierzu können weniger, dafür aber zielgerichtete Informationen einen entscheidenden Beitrag liefern. Grundsätzlich sollten die Berichtsempfänger auch in den Auswahlprozess, welche Informationen in welchem Umfang darzustellen sind, einbezogen werden.

Prüfungsfragen	**Anmerkungen**
Wird bereits ein Gesamtrisikobericht erstellt? Ist der Erstellungszeitraum für diesen Gesamtbericht angemessen?	Bislang waren die Berichte zu den einzelnen Risikoarten in BTR 1–4 geregelt. Der Gesamtrisikobericht umfasst auch die in Tz. 2 genannten Informationen und Daten. Dies soll einen vollständigen Überblick über die Risikosituation ermöglichen.

Werden weiterhin Einzelberichte erstellt? Wie erfolgt die Abgrenzung zum Gesamtrisikobericht?	Die im Zwischenentwurf noch enthaltene Erläuterung, wonach eine gesonderte Erstellung der einzelnen Berichte zu den wesentlichen Risikoarten und eine gemeinsame Vorlage bei der Geschäftsleitung möglich sein sollten, wurde gestrichen. Einzelberichte können zwar weiterhin erstellt werden, allerdings sind übergreifende bzw. wesentliche Aussagen in den Gesamtrisikobericht zu integrieren.
Sind die in Tz. 2 neu genannten Aspekte des Gesamtrisikoberichts angemessen berücksichtigt?	Umfassen die Angaben einen angemessenen Prognosehorizont (i. d. R. drei Jahre, für LCR sollte ein Jahr ausreichen)? Beispiele für darzustellende Kennzahlen: Kapitalkennzahlen: Ist-Quoten, Soll-Quoten, wesentliche Informationen aus der Kapitalplanung Liquiditätskennzahlen: LCR, NSFR, Survival period, wesentliche Informationen aus der Refinanzierungsplanung Ökonomisches Kapital: RDP der ökonomischen Perspektive des neuen RTF-Leitfadens
Ist der festgelegte Berichtsturnus adäquat im Hinblick auf Art, Umfang, Komplexität, Risikogehalt und Volatilität der zugrundeliegenden Berichtsposition?	Bspw. sollte über ein ungesichertes Aktienportfolio, das zu Handelszwecken gehalten wird, in einem kürzeren Turnus berichtet werden, als über ein HQLA-Portfolio von Renten mit Dauerhalteabsicht.

Enthält der Gesamtrisikobericht alle wesentlichen Risiken des Instituts?	Mind. AT 2.2 Tz. 1 MaRisk bzw. gemäß der institutsindividuellen Risikoinventur. Werden bestimmte Sachverhalte (bspw. signifikante Portfolioveränderungen) aus dem Berichtszeitraum konsistent in allen Risikoarten dargestellt?
Ist der Leiter der Risikocontrolling-Funktion angemessen in die Erstellung bzw. Kommentierung des Risikoberichts eingebunden?	Bspw. durch die Erstellung einer zusammenfassenden Kommentierung der Gesamtrisikolage des Instituts

Abbildung 2: Beispielhafte Prüfungsfragen zur (Gesamt-)Risikoberichterstattung

Berichterstattung zu Adressenausfallrisiken

1223 In regelmäßigen Abständen, mindestens aber vierteljährlich, ist ein Risikobericht über die Adressenausfallrisiken, in dem die wesentlichen strukturellen Merkmale des Kreditgeschäfts enthalten sind, zu erstellen und der Geschäftsleitung zur Verfügung zu stellen. Die Aufsicht hat die Mindestberichtsinhalte in der fünften MaRisk-Novelle gegenüber den vorherigen Fassungen nicht verändert, d. h. es ist weiterhin über folgende Informationen zu berichten:

- Die Entwicklung des Kreditportfolios (bspw. nach Branchen, Ländern, Risiko- und Größenklassen, Sicherheitenkategorien) – unter Berücksichtigung von Risikokonzentrationen,
- den Umfang der vergebenen Limite und externen Linien; ferner sind auch Großkredite und sonstige bemerkenswerte Engagements (hierzu zählen u. a. Intensivbetreuungs-, Sanierungs- und Abwicklungskredite von wesentlicher Bedeutung) aufzuführen und ggf. zu kommentieren,
- ggf. eine gesonderte Darstellung der Länderrisiken,
- bedeutende Limitüberschreitungen (einschließlich einer Begründung),
- den Umfang und die Entwicklung des Neugeschäfts,
- die Entwicklung der Risikovorsorge des Instituts,
- getroffene Kreditentscheidungen von wesentlicher Bedeutung, die von den Strategien abweichen,

- Kreditentscheidungen im risikorelevanten Kreditgeschäft, die Geschäftsleiter im Rahmen ihrer Krediteinzelkompetenz beschlossen haben, sofern diese von den Voten abweichen, oder wenn sie von einem Geschäftsleiter getroffen werden, der für den Bereich Marktfolge zuständig ist.

Prüfungsfragen	**Anmerkungen**
Sind die in den MaRisk aufgeführten Mindest-Berichtsinhalte des Adressenrisikos Bestandteil der Risikoberichterstattung des Instituts?	
Ist der gewählte Berichtsturnus sachgerecht?	In der Regel wird eine vierteljährliche Berichterstattung ausreichend sein.
Ist die Definition der bemerkenswerten Engagements angemessen?	Orientierung an Kriterien der Abschlussprüfung oder internen Kriterien (bspw. Obligohöhe, Risiko, etc.). Neu aufgenommen wurde die Darstellung von wesentlichen Krediten in der Intensivbetreuung unter »bemerkenswerte Engagements«.
Werden Öffnungsklauseln genutzt? Ist die Nutzung sachgerecht und nachvollziehbar dokumentiert?	Bspw. Darstellung der Länderrisiken
Ist die Berichterstattung vollständig?	Sind bspw. alle relevanten Limitüberschreitungen/Kreditentscheidungen dargestellt?
Erfolgt eine angemessene Kommentierung der zugrundeliegenden Sachverhalte und der aktuellen/zukünftigen Risikolage?	

Abbildung 3: Beispielhafte Prüfungsfragen zur Berichterstattung Adressenausfallrisiken

Berichterstattung zu Marktpreisrisiken

1224 In regelmäßigen Abständen, mindestens aber vierteljährlich, ist ein Risikobericht über die vom Institut eingegangenen Marktpreisrisiken einschließlich der Zinsänderungsrisiken zu erstellen. Im Rahmen der Berichterstattung über Marktpreisrisiken erwartet die Aufsicht folgende Mindest-Berichtsinhalte:

- Einen Überblick über die Risiko- und Ergebnisentwicklung der mit Marktpreisrisiken behafteten Positionen,
- bedeutende Limitüberschreitungen,
- Änderungen der wesentlichen Annahmen und Parameter, die den Verfahren zur Beurteilung der Marktpreisrisiken zugrunde liegen,
- Auffälligkeiten bei der Abstimmung der Handelspositionen (bspw. hinsichtlich Handelsvolumina, GuV-Auswirkungen, Stornoquoten).

1225 Sofern nach BTR 2.2. Tz. 3 eine tägliche Berichterstattung erforderlich ist, sind die zu ermittelnden Gesamtrisikopositionen und Ergebnisse und die Limitauslastungen zeitnah am nächsten Geschäftstag dem für das Risikocontrolling zuständigen Geschäftsleiter zu berichten. Bei Nicht-Handelsbuchinstituten, die die Erleichterungen des Art. 94 Abs. 1 CRR in Anspruch nehmen oder nehmen können, kann auf die tägliche Berichterstattung verzichtet werden.

Prüfungsfragen	Anmerkungen
Sind die in den MaRisk aufgeführten Mindest-Berichtsinhalte des Marktpreisrisikos Bestandteil der Risikoberichterstattung des Instituts?	
Ist der gewählte Berichtsturnus sachgerecht?	
Ist eine tägliche Berichterstattung erforderlich?	Über Handelspositionen gemäß BTR 2.2. Tz. 3, sofern nicht Art. 94 Abs. 1 CRR
Ist die Berichterstattung vollständig?	Sind bspw. alle relevanten Limitüberschreitungen/Auffälligkeiten bei der Abstimmung der Handelspositionen (sofern vorhanden) dargestellt?
Erfolgt eine angemessene Kommentierung der zugrundeliegenden Sachverhalte und der aktuellen/zukünftigen Risikolage?	

Abbildung 4: Beispielhafte Prüfungsfragen zur Berichterstattung Marktpreisrisiken

Berichterstattung zu Liquiditätsrisiken und der Liquiditätssituation

Zu den Liquiditätsrisiken und der Liquiditätssituation ist regelmäßig, mindestens aber vierteljährlich, ein Risikobericht zu erstellen und der Geschäftsleitung zur Verfügung zu stellen. Dabei sind auch die Ergebnisse der Stresstests und wesentliche Veränderungen des Notfallplans für Liquiditätsengpässe darzustellen. 1226

Auf besondere Liquiditätsrisiken aus außerbilanziellen Gesellschaftskonstruktionen und aus verschiedenen Fremdwährungen sowie auf etwaige untertägige Liquiditätsrisiken ist gesondert einzugehen. Die Anforderungen sollten für Regionalinstitute i. d. R. nicht relevant sein. Die Relevanz von Fremdwährungen kann bspw. anhand der Meldepflicht festgemacht werden. 1227

Systemrelevante Institute sowie kapitalmarktorientierte Institute haben den Risikobericht mindestens monatlich zu erstellen. Dabei ist zusätzlich über die 1228

Höhe, die Qualität und die Zusammensetzung der Liquiditätspuffer zu berichten.

1229 Die in Tz. 5 enthaltenen Anforderungen, insbesondere zur Liquiditätssituation, stellen gegenüber den bisherigen Anforderungen eine Erweiterung dar.

Prüfungsfragen	**Anmerkungen**
Sind die in den MaRisk aufgeführten Mindest-Berichtsinhalte des Liquiditätsrisikos bzw. der Liquiditätssituation Bestandteil der Risikoberichterstattung des Instituts?	
Ist der gewählte Berichtsturnus sachgerecht?	Höherer Berichtsturnus für systemrelevante bzw. kapitalmarktorientierte Institute.
Ist die Berichterstattung vollständig?	Sind bspw. Liquiditätsrisiken aus ggf. bestehenden außerbilanziellen Gesellschaftskonstruktionen dargestellt?
Erfolgt eine angemessene Kommentierung der zugrundeliegenden Sachverhalte und der aktuellen/zukünftigen Risikolage?	

Abbildung 5: Beispielhafte Prüfungsfragen zur Berichterstattung Liquiditätsrisiken

Berichterstattung zu Operationellen Risiken

1230 Die Geschäftsleitung ist mindestens jährlich über bedeutenden Schadensfälle und wesentliche operationelle Risiken zu unterrichten. Die Berichterstattung hat die Art des Schadens beziehungsweise Risikos, die Ursachen, das Ausmaß des Schadens beziehungsweise Risikos und ggf. bereits getroffene Gegenmaßnahmen zu umfassen.

Prüfungsfragen	Anmerkungen
Sind die in den MaRisk aufgeführten Mindest-Berichtsinhalte des Operationellen Risikos Bestandteil der Risikoberichterstattung des Instituts?	
Ist der gewählte Berichtsturnus sachgerecht?	Vor dem Hintergrund des vergleichsweise geringen Standardberichtsturnus von einem Jahr sollte ein angemessener Schwellenwert für die ad-hoc-Berichterstattung über wesentliche eingetretene Schäden festgelegt werden.
Ist die Berichterstattung vollständig?	Sind bspw. alle Schadensfälle (ggf. oberhalb einer angemessenen Bagatellgrenze) dargestellt? Wird die Gesamtsumme der Schäden unterhalb der Bagatellgrenze ebenfalls dargestellt und kommentiert?
Erfolgt eine angemessene Kommentierung der zugrundeliegenden Sachverhalte und der aktuellen/zukünftigen Risikolage?	Die Darstellung der wesentlichen Informationen ist grundsätzlich nur jährlich zu aktualisieren, wobei auf den Stichtag des letzten OpRisk-Berichts bzw. der letzten Ermittlung hinzuweisen ist. Ggf. kann es sinnvoll sein, einen Hinweis aufzunehmen, dass keine wesentlichen neuen Erkenntnisse bzw. Schadensfälle vorliegen.

Abbildung 6: Beispielhafte Prüfungsfragen zur Berichterstattung Operationelle Risiken

Berichterstattung zu sonstigen wesentlichen Risiken

1231 Die Geschäftsleitung ist mindestens vierteljährlich über die sonstigen vom Institut als wesentlich identifizierten Risiken zu unterrichten. Die Berichterstattung hat dabei das jeweilige Risiko, die Ursachen, die möglichen Implikationen sowie ggf. bereits getroffene Gegenmaßnahmen zu umfassen. Aus den Berichten muss hervorgehen, wie sich die aktuelle Risikosituation darstellt und ggf. mit welchen Maßnahmen diesen Risiken begegnet wurde bzw. begegnet werden kann.

Prüfungsfragen	Anmerkungen
Sind die in den MaRisk aufgeführten Mindest-Berichtsinhalte zu den sonstigen wesentlichen Risiken Bestandteil der Risikoberichterstattung des Instituts?	Keine abschließende Aufzählung konkreter Berichtsinhalte, aber wesentliche Inhalte sind genannt.
Ist der gewählte Berichtsturnus sachgerecht?	
Ist die Berichterstattung vollständig?	Sind alle sonstigen wesentlichen Risiken enthalten? Abgleich mit der institutsindividuellen Risikoinventur nach AT 2.2 erforderlich.
Erfolgt eine angemessene Kommentierung der zugrundeliegenden Sachverhalte und der aktuellen/zukünftigen Risikolage?	

Abbildung 7: Beispielhafte Prüfungsfragen zur Berichterstattung sonstige wesentliche Risiken

Fazit

1232 Das neue Modul BT 3 der fünften MaRisk-Novelle gilt für alle Institute, die den MaRisk unterliegen. Die konkrete Ausgestaltung der Anforderungen unterliegt auch weiterhin dem Proportionalitätsprinzip. Zusammenfassend betrachtet haben viele der Anforderungen bereits bestanden. Änderungen und Ergänzungen wurden somit eher punktuell vorgenommen.

Eine starke Betonung erfährt allerdings die Datenqualität im Berichtswesen. 1233
Die Aufsichtsbehörden treffen vermehrt Feststellungen zur Datenqualität, Datenkonsistenz, Risikodatenaggregationsfähigkeit sowie Risikoberichterstattung.

Es ist davon auszugehen, dass, obwohl eine strenge 1:1-Umsetzung der 1234
BCBS 239-Anforderungen für LSIs nicht gefordert ist, künftig in Aufsichtsprüfungen die Qualität der Risikoberichterstattung u. a. anhand von Datenqualität, Aktualität oder Konsistenz eingehend geprüft werden wird.

In diesem Zusammenhang sollte die Interne Revision die Umsetzungsmaß- 1235
nahmen des Instituts zum Aufbau einer zukunftsfähigen IT-Infrastruktur, flexiblen Datenaggregation, hohen Datenqualität und angemessenen Reportinglösung eng begleiten.

Eine Überarbeitung der Risikoberichte bietet durchaus auch Chancen zur 1236
Verschlankung (im Sinne der Fokussierung auf die wesentlichen Anforderungen »Vollständigkeit«, »Aktualität« und »Genauigkeit«) sowie die Möglichkeit, »alte Zöpfe« abzuschneiden. Die Bedeutung der Risikoberichterstattung als »Visitenkarte« des Risikomanagements kann dabei nicht oft genug betont werden.

Anlage

Anlage

BaFin

Rundschreiben 09/2017 (BA) vom 27.10.2017

An alle Kreditinstitute
und Finanzdienstleistungsinstitute
in der Bundesrepublik Deutschland

Mindestanforderungen an das Risikomanagement - MaRisk

BaFin

Rundschreiben 09/2017 (BA) vom 27.10.2017

**An alle Kreditinstitute
und Finanzdienstleistungsinstitute
in der Bundesrepublik Deutschland**

Mindestanforderungen an das Risikomanagement - MaRisk

BaFin

BaFin

AT 1 Vorbemerkung

1 Dieses Rundschreiben gibt auf der Grundlage des § 25a Abs. 1 des Kreditwesengesetzes (KWG) einen flexiblen und praxisnahen Rahmen für die Ausgestaltung des Risikomanagements der Institute vor. Es präzisiert ferner die Anforderungen des § 25a Abs. 3 KWG (Risikomanagement auf Gruppenebene) sowie des § 25b KWG (Auslagerung). Ein angemessenes und wirksames Risikomanagement umfasst unter Berücksichtigung der Risikotragfähigkeit insbesondere die Festlegung von Strategien sowie die Einrichtung interner Kontrollverfahren. Die internen Kontrollverfahren bestehen aus dem internen Kontrollsystem und der Internen Revision. Das interne Kontrollsystem umfasst insbesondere

- Regelungen zur Aufbau- und Ablauforganisation,
- Prozesse zur Identifizierung, Beurteilung, Steuerung, Überwachung sowie Kommunikation der Risiken (Risikosteuerungs- und -controllingprozesse) und
- eine Risikocontrolling-Funktion und eine Compliance-Funktion.

Das Risikomanagement schafft eine Grundlage für die sachgerechte Wahrnehmung der Überwachungsfunktionen des Aufsichtsorgans und beinhaltet deshalb auch dessen angemessene Einbindung.

2 Das Rundschreiben gibt zudem einen qualitativen Rahmen für die Umsetzung maßgeblicher Artikel der Richtlinie 2013/36/EU (Bankenrichtlinie – „CRD IV") zur Organisation und zum Risikomanagement der Institute vor. Danach sind von den Instituten insbesondere angemessene Leitungs-, Steuerungs- und Kontrollprozesse („Robust Governance Arrangements"), wirksame Verfahren zur Ermittlung, Steuerung, Überwachung und Kommunikation tatsächlicher oder potenzieller Risiken sowie angemessene interne Kontrollmechanismen einzurichten. Ferner müssen sie über wirksame und umfassende Verfahren und Methoden verfügen, die gewährleisten, dass genügend internes Kapital zur Abdeckung aller wesentlichen Risiken vorhanden ist (Interner Prozess zur Sicherstellung der Risikotragfähigkeit - „Internal Capital Adequacy Assessment Process"). Die Angemessenheit und Wirksamkeit dieser Verfahren, Methoden und Prozesse sind von der Aufsicht gemäß Art. 97 der Bankenrichtlinie im Rahmen des bankaufsichtlichen Überwachungsprozesses regelmäßig zu beurteilen („Supervisory Review and Evaluation Process"). Das Rundschreiben ist daher unter Berücksichtigung des Prinzips der doppelten Proportionalität der Regelungsrahmen für die qualitative Aufsicht in Deutschland. Im Hinblick auf die Methoden zur Berechnung der aufsichtsrechtlich erforderlichen Eigenmittel der Bankenrichtlinie sind die Anforderungen des Rundschreibens insofern neutral konzipiert, als sie unabhängig von der gewählten Methode eingehalten werden können.

3 Der sachgerechte Umgang mit dem Proportionalitätsprinzip seitens der Institute beinhaltet in dem prinzipienorientierten Aufbau der MaRisk auch, dass Institute im Einzelfall über bestimmte, in den MaRisk explizit formulierte Anforderungen hinaus weitergehende Vorkehrungen treffen, soweit dies zur Sicherstellung der Angemessenheit und Wirksamkeit des Risikomanagements erforderlich sein sollte. Insofern haben Institute, die besonders groß sind oder deren Geschäftsaktivitäten durch besondere Komplexität, Internationalität oder eine besondere Risikoexponierung gekennzeichnet sind, weitergehende Vorkehrungen im Bereich des Risikomanagements zu treffen als weniger große Institute mit weniger komplex strukturierten Geschäftsaktivitäten, die keine außergewöhnliche Risikoexponierung aufweisen. Erstgenannte Institute haben dabei auch die Inhalte einschlägiger Veröffentlichungen zum Risikomanagement des Baseler Ausschusses für Bankenaufsicht und des Financial Stability Board in eigenverantwortlicher Weise in ihre Überlegungen zur angemessenen Ausgestaltung des Risikomanagements einzubeziehen.

Rundschreiben 09/2017 (BA) vom 27.10.2017 - Seite 4 von 41

4 Durch das Rundschreiben wird zudem über § 33 Abs. 1 des Gesetzes über den Wertpapierhandel (WpHG) in Verbindung mit § 25a Abs. 1 KWG Art. 13 der Richtlinie 2004/39/EG (Finanzmarktrichtlinie) umgesetzt, soweit diese auf Kreditinstitute und Finanzdienstleistungsinstitute gleichermaßen Anwendung findet. Dies betrifft die allgemeinen organisatorischen Anforderungen gemäß Art. 5, die Anforderungen an das Risikomanagement und die Interne Revision gemäß Art. 7 und 8, die Anforderungen zur Geschäftsleiterverantwortung gemäß Art. 9 sowie an Auslagerungen gemäß Art. 13 und 14 der Richtlinie 2006/73/EG (Durchführungsrichtlinie zur Finanzmarktrichtlinie). Diese Anforderungen dienen der Verwirklichung des Ziels der Finanzmarktrichtlinie, die Finanzmärkte in der Europäischen Union im Interesse des grenzüberschreitenden Finanzdienstleistungsverkehrs und einheitlicher Grundlagen für den Anlegerschutz zu harmonisieren.

5 Das Rundschreiben trägt der heterogenen Institutsstruktur und der Vielfalt der Geschäftsaktivitäten Rechnung. Es enthält zahlreiche Öffnungsklauseln, die abhängig von der Größe der Institute, den Geschäftsschwerpunkten und der Risikosituation eine vereinfachte Umsetzung ermöglichen. Insoweit kann es vor allem auch von kleineren Instituten flexibel umgesetzt werden. Das Rundschreiben ist gegenüber der laufenden Fortentwicklung der Prozesse und Verfahren im Risikomanagement offen, soweit diese im Einklang mit den Zielen des Rundschreibens stehen. Für diese Zwecke wird die Bundesanstalt für Finanzdienstleistungsaufsicht einen fortlaufenden Dialog mit der Praxis führen.

6 Soweit in den MaRisk auf systemrelevante Institute referenziert wird, handelt es sich dabei um global systemrelevante Institute nach § 10f KWG und um anderweitig systemrelevante Institute nach § 10g KWG.

7 Die Bundesanstalt für Finanzdienstleistungsaufsicht erwartet, dass der flexiblen Grundausrichtung des Rundschreibens im Rahmen von Prüfungshandlungen Rechnung getragen wird. Prüfungen sind daher auf der Basis eines risikoorientierten Prüfungsansatzes durchzuführen.

8 Das Rundschreiben ist modular strukturiert, so dass notwendige Anpassungen in bestimmten Regelungsfeldern auf die zeitnahe Überarbeitung einzelner Module beschränkt werden können. In einem allgemeinen Teil (Modul AT) befinden sich grundsätzliche Prinzipien für die Ausgestaltung des Risikomanagements. Spezifische Anforderungen an die Organisation des Kredit- und Handelsgeschäfts sind in einem besonderen Teil niedergelegt (Modul BT). Unter Berücksichtigung von Risikokonzentrationen werden in diesem Modul auch Anforderungen an die Identifizierung, Beurteilung, Steuerung sowie die Überwachung und Kommunikation von Adressenausfallrisiken, Marktpreisrisiken, Liquiditätsrisiken sowie operationellen Risiken gestellt. Darüber hinaus wird in Modul BT ein Rahmen für die Ausgestaltung der Internen Revision in den Instituten sowie für die Ausgestaltung der Risikoberichterstattung vorgegeben.

AT 2 Anwendungsbereich

1 Die Beachtung der Anforderungen des Rundschreibens durch die Institute soll dazu beitragen, Missständen im Kredit- und Finanzdienstleistungswesen entgegenzuwirken, welche die Sicherheit der den Instituten anvertrauten Vermögenswerte gefährden, die ordnungsgemäße Durchführung der Bankgeschäfte oder Finanzdienstleistungen beeinträchtigen oder erhebliche Nachteile für die Gesamtwirtschaft herbeiführen können.

Bei der Erbringung von Wertpapierdienstleistungen und Wertpapiernebendienstleistungen müssen die Institute die Anforderungen darüber hinaus mit der Maßgabe einhalten, die Interessen der Wertpapierdienstleistungskunden zu schützen.

AT 2.1 Anwenderkreis

1 Die Anforderungen des Rundschreibens sind von allen Instituten im Sinne von § 1 Abs. 1b KWG beziehungsweise im Sinne von § 53 Abs. 1 KWG zu beachten. Sie gelten auch für die Zweigniederlassungen deutscher Institute im Ausland. Auf Zweigniederlassungen von Unternehmen mit Sitz in einem anderen Staat des Europäischen Wirtschaftsraums nach § 53b KWG finden sie keine Anwendung. Die Anforderungen in Modul AT 4.5 des Rundschreibens sind von übergeordneten Unternehmen beziehungsweise übergeordneten Finanzkonglomeratsunternehmen einer Institutsgruppe, einer Finanzholdinggruppe oder eines Finanzkonglomerats auf Gruppenebene zu beachten.

2 Finanzdienstleistungsinstitute und Wertpapierhandelsbanken haben die Anforderungen des Rundschreibens insoweit zu beachten, wie dies vor dem Hintergrund der Institutsgröße sowie von Art, Umfang, Komplexität und Risikogehalt der Geschäftsaktivitäten zur Einhaltung der gesetzlichen Pflichten aus §§ 25a und 25b KWG geboten erscheint. Dies gilt insbesondere für die Module AT 3, AT 5, AT 7 und AT 9.

AT 2.2 Risiken

1 Die Anforderungen des Rundschreibens beziehen sich auf das Management der für das Institut wesentlichen Risiken. Zur Beurteilung der Wesentlichkeit hat sich die Geschäftsleitung regelmäßig und anlassbezogen im Rahmen einer Risikoinventur einen Überblick über die Risiken des Instituts zu verschaffen (Gesamtrisikoprofil). Die Risiken sind auf der Ebene des gesamten Instituts zu erfassen, unabhängig davon, in welcher Organisationseinheit die Risiken verursacht wurden.

Grundsätzlich sind zumindest die folgenden Risiken als wesentlich einzustufen:

a) Adressenausfallrisiken (einschließlich Länderrisiken),
b) Marktpreisrisiken,
c) Liquiditätsrisiken und
d) operationelle Risiken.

Mit wesentlichen Risiken verbundene Risikokonzentrationen sind zu berücksichtigen. Für Risiken, die als nicht wesentlich eingestuft werden, sind angemessene Vorkehrungen zu treffen.

2 Das Institut hat im Rahmen der Risikoinventur zu prüfen, welche Risiken die Vermögenslage (inklusive Kapitalausstattung), die Ertragslage oder die Liquiditätslage wesentlich beeinträchtigen können. Die Risikoinventur darf sich dabei nicht ausschließlich an den Auswirkungen in der Rechnungslegung sowie an formalrechtlichen Ausgestaltungen orientieren.

BaFin

AT 2.3 Geschäfte

1 Kreditgeschäfte im Sinne dieses Rundschreibens sind grundsätzlich Geschäfte nach Maßgabe des § 19 Abs. 1 KWG (Bilanzaktiva und außerbilanzielle Geschäfte mit Adressenausfallrisiken).

2 Im Sinne dieses Rundschreibens gilt als Kreditentscheidung jede Entscheidung über Neukredite, Krediterhöhungen, Beteiligungen, Limitüberschreitungen, die Festlegung von kreditnehmerbezogenen Limiten sowie von Kontrahenten- und Emittentenlimiten, Prolongationen und Änderungen risikorelevanter Sachverhalte, die dem Kreditbeschluss zugrunde lagen (z. B. Sicherheiten, Verwendungszweck). Dabei ist es unerheblich, ob diese Entscheidung ausschließlich vom Institut selbst oder gemeinsam mit anderen Instituten getroffen wird (so genanntes Konsortialgeschäft).

3 Handelsgeschäfte sind grundsätzlich alle Abschlüsse, die ein

a) Geldmarktgeschäft,
b) Wertpapiergeschäft,
c) Devisengeschäft,
d) Geschäft in handelbaren Forderungen (z. B. Handel in Schuldscheinen),
e) Geschäft in Waren oder
f) Geschäft in Derivaten

zur Grundlage haben und die im eigenen Namen und für eigene Rechnung abgeschlossen werden. Als Wertpapiergeschäfte gelten auch Geschäfte mit Namensschuldverschreibungen sowie die Wertpapierleihe, nicht aber die Erstausgabe von Wertpapieren. Handelsgeschäfte sind auch, ungeachtet des Geschäftsgegenstandes, Vereinbarungen von Rückgabe- oder Rücknahmeverpflichtungen sowie Pensionsgeschäfte.

4 Zu den Geschäften in Derivaten gehören Termingeschäfte, deren Preis sich von einem zugrunde liegenden Aktivum, von einem Referenzpreis, Referenzzins, Referenzindex oder einem im Voraus definierten Ereignis ableitet.

AT 3 Gesamtverantwortung der Geschäftsleitung

1 Alle Geschäftsleiter (§ 1 Abs. 2 KWG) sind, unabhängig von der internen Zuständigkeitsregelung, für die ordnungsgemäße Geschäftsorganisation und deren Weiterentwicklung verantwortlich. Diese Verantwortung bezieht sich unter Berücksichtigung ausgelagerter Aktivitäten und Prozesse auf alle wesentlichen Elemente des Risikomanagements. Die Geschäftsleiter werden dieser Verantwortung nur gerecht, wenn sie die Risiken beurteilen können und die erforderlichen Maßnahmen zu ihrer Begrenzung treffen. Hierzu zählt auch die Entwicklung, Förderung und Integration einer angemessenen Risikokultur innerhalb des Instituts und der Gruppe. Die Geschäftsleiter eines übergeordneten Unternehmens einer Institutsgruppe oder Finanzholding-Gruppe beziehungsweise eines übergeordneten Finanzkonglomeratsunternehmens sind zudem für die ordnungsgemäße Geschäftsorganisation in der Gruppe und somit auch für ein angemessenes und wirksames Risikomanagement auf Gruppenebene verantwortlich (§ 25a Abs. 3 KWG).

2 Ungeachtet der Gesamtverantwortung der Geschäftsleitung für die ordnungsgemäße Geschäftsorganisation und insbesondere für ein angemessenes und wirksames Risikomanagement ist jeder Geschäftsleiter für die Einrichtung angemessener Kontroll- und Überwachungsprozesse in seinem jeweiligen Zuständigkeitsbereich verantwortlich.

BaFin

AT 4 Allgemeine Anforderungen an das Risikomanagement

AT 4.1 Risikotragfähigkeit

1 Auf der Grundlage des Gesamtrisikoprofils ist sicherzustellen, dass die wesentlichen Risiken des Instituts durch das Risikodeckungspotenzial, unter Berücksichtigung von Risikokonzentrationen, laufend abgedeckt sind und damit die Risikotragfähigkeit gegeben ist.

2 Das Institut hat einen internen Prozess zur Sicherstellung der Risikotragfähigkeit einzurichten. Die hierzu eingesetzten Verfahren haben sowohl das Ziel der Fortführung des Instituts als auch den Schutz der Gläubiger vor Verlusten aus ökonomischer Sicht angemessen zu berücksichtigen. Die Risikotragfähigkeit ist bei der Festlegung der Strategien (AT 4.2) sowie bei deren Anpassung zu berücksichtigen. Zur Umsetzung der Strategien beziehungsweise zur Gewährleistung der Risikotragfähigkeit sind ferner geeignete Risikosteuerungs- und -controllingprozesse (AT 4.3.2) einzurichten.

3 Knüpft das Risikotragfähigkeitskonzept an Jahresabschluss-Größen an, so ist eine angemessene Betrachtung über den Bilanzstichtag hinaus erforderlich.

4 Wesentliche Risiken, die nicht in das Risikotragfähigkeitskonzept einbezogen werden, sind festzulegen. Ihre Nichtberücksichtigung ist nachvollziehbar zu begründen und nur dann möglich, wenn das jeweilige Risiko aufgrund seiner Eigenart nicht sinnvoll durch Risikodeckungspotenzial begrenzt werden kann (z. B. das Zahlungsunfähigkeitsrisiko). Es ist sicherzustellen, dass solche Risiken angemessen in den Risikosteuerungs- und -controllingprozessen berücksichtigt werden.

5 Verfügt ein Institut über keine geeigneten Verfahren zur Quantifizierung einzelner Risiken, die in das Risikotragfähigkeitskonzept einbezogen werden sollen, so ist für diese auf der Basis einer Plausibilisierung ein Risikobetrag festzulegen. Die Plausibilisierung kann auf der Basis einer qualifizierten Expertenschätzung durchgeführt werden.

6 Soweit ein Institut innerhalb oder zwischen Risikoarten risikomindernde Diversifikationseffekte im Risikotragfähigkeitskonzept berücksichtigt, müssen die zugrunde liegenden Annahmen anhand einer Analyse der institutsindividuellen Verhältnisse getroffen werden und auf Daten basieren, die auf die individuelle Risikosituation des Instituts als übertragbar angesehen werden können. Die zugrunde liegenden Datenhistorien müssen ausreichend lang sein, um Veränderungen von Diversifikationseffekten in konjunkturellen Auf- und Abschwungphasen widerzuspiegeln. Diversifikationseffekte müssen so konservativ geschätzt werden, dass sie auch in konjunkturellen Abschwungphasen sowie bei im Hinblick auf die Geschäfts- und Risikostruktur des Instituts ungünstigen Marktverhältnissen als ausreichend stabil angenommen werden können.

7 Die Verlässlichkeit und die Stabilität der Diversifikationsannahmen sind regelmäßig und ggf. anlassbezogen zu überprüfen.

8 Die Wahl der Methoden und Verfahren zur Beurteilung der Risikotragfähigkeit liegt in der Verantwortung des Instituts. Die den Methoden und Verfahren zugrunde liegenden Annahmen sind nachvollziehbar zu begründen. Die Festlegung wesentlicher Elemente der Risikotragfähigkeitssteuerung sowie wesentlicher zugrunde liegender Annahmen ist von der Geschäftsleitung zu genehmigen.

Rundschreiben 09/2017 (BA) vom 27.10.2017 - Seite 8 von 41

BaFin

9 Die Angemessenheit der Methoden und Verfahren ist zumindest jährlich durch die fachlich zuständigen Mitarbeiter zu überprüfen. Im Rahmen der Überprüfung ist den Grenzen und Beschränkungen, die sich aus den eingesetzten Methoden und Verfahren, den ihnen zugrunde liegenden Annahmen und den in die Risikoquantifizierung einfließenden Daten ergeben, hinreichend Rechnung zu tragen. Die Stabilität und Konsistenz der Methoden und Verfahren sowie die Aussagekraft der damit ermittelten Risiken sind insofern kritisch zu analysieren.

10 Ist aufgrund der vergleichsweisen Komplexität der Verfahren und Methoden, der zugrunde liegenden Annahmen oder der einfließenden Daten eine umfassende Validierung dieser Komponenten gemäß Tz. 9 durchzuführen, ist hierbei eine angemessene Unabhängigkeit zwischen Methodenentwicklung und Validierung zu gewährleisten. Die wesentlichen Ergebnisse der Validierung und ggf. Vorschläge für Maßnahmen zum Umgang mit bekannten Grenzen und Beschränkungen der Methoden und Verfahren sind der Geschäftsleitung vorzulegen.

11 Jedes Institut muss über einen Prozess zur Planung des zukünftigen Kapitalbedarfs verfügen. Der Planungshorizont muss einen angemessen langen, mehrjährigen Zeitraum umfassen. Dabei ist zu berücksichtigen, wie sich über den Risikobetrachtungshorizont des Risikotragfähigkeitskonzepts hinaus Veränderungen der eigenen Geschäftstätigkeit oder der strategischen Ziele sowie Veränderungen des wirtschaftlichen Umfelds auf den Kapitalbedarf auswirken. Möglichen adversen Entwicklungen, die von den Erwartungen abweichen, ist bei der Planung angemessen Rechnung zu tragen.

AT 4.2 Strategien

1 Die Geschäftsleitung hat eine nachhaltige Geschäftsstrategie festzulegen, in der die Ziele des Instituts für jede wesentliche Geschäftsaktivität sowie die Maßnahmen zur Erreichung dieser Ziele dargestellt werden. Bei der Festlegung und Anpassung der Geschäftsstrategie sind sowohl externe Einflussfaktoren (z. B. Marktentwicklung, Wettbewerbssituation, regulatorisches Umfeld) als auch interne Einflussfaktoren (z. B. Risikotragfähigkeit, Liquidität, Ertragslage, personelle und technisch-organisatorische Ressourcen) zu berücksichtigen. Im Hinblick auf die zukünftige Entwicklung der relevanten Einflussfaktoren sind Annahmen zu treffen. Die Annahmen sind einer regelmäßigen und anlassbezogenen Überprüfung zu unterziehen; erforderlichenfalls ist die Geschäftsstrategie anzupassen.

2 Die Geschäftsleitung hat eine mit der Geschäftsstrategie und den daraus resultierenden Risiken konsistente Risikostrategie festzulegen. Die Risikostrategie hat, ggf. unterteilt in Teilstrategien für die wesentlichen Risiken, die Ziele der Risikosteuerung der wesentlichen Geschäftsaktivitäten sowie die Maßnahmen zur Erreichung dieser Ziele zu umfassen. Insbesondere ist, unter Berücksichtigung von Risikokonzentrationen, für alle wesentlichen Risiken der Risikoappetit des Instituts festzulegen. Risikokonzentrationen sind dabei auch mit Blick auf die Ertragssituation des Instituts (Ertragskonzentrationen) zu berücksichtigen. Dies setzt voraus, dass das Institut seine Erfolgsquellen voneinander abgrenzen und diese quantifizieren kann (z. B. im Hinblick auf den Konditionen- und den Strukturbeitrag im Zinsbuch).

3 Die Geschäftsleitung ist verantwortlich für die Festlegung und Anpassung der Strategien; diese Verantwortung ist nicht delegierbar. Die Geschäftsleitung muss für die Umsetzung der Strategien Sorge tragen. Der Detaillierungsgrad der Strategien ist abhängig vom Umfang und Komplexität sowie dem Risikogehalt der geplanten Geschäftsaktivitäten. Es bleibt dem Institut überlassen, die Risikostrategie in die Geschäftsstrategie zu integrieren.

Rundschreiben 09/2017 (BA) vom 27.10.2017 - Seite 9 von 41

BaFin

4 Die Geschäftsleitung hat einen Strategieprozess einzurichten, der sich insbesondere auf die Prozessschritte Planung, Umsetzung, Beurteilung und Anpassung der Strategien erstreckt. Für die Zwecke der Beurteilung sind die in den Strategien niedergelegten Ziele so zu formulieren, dass eine sinnvolle Überprüfung der Zielerreichung möglich ist. Die Ursachen für etwaige Abweichungen sind zu analysieren.

5 Die Strategien sowie ggf. erforderliche Anpassungen der Strategien sind dem Aufsichtsorgan des Instituts zur Kenntnis zu geben und mit diesem zu erörtern. Die Erörterung erstreckt sich auch auf die Ursachenanalyse nach AT 4.2 Tz. 4 im Falle von Zielabweichungen.

6 Die Inhalte sowie Änderungen der Strategien sind innerhalb des Instituts in geeigneter Weise zu kommunizieren.

AT 4.3 Internes Kontrollsystem

1 In jedem Institut sind entsprechend Art, Umfang, Komplexität und Risikogehalt der Geschäftsaktivitäten

a) Regelungen zur Aufbau- und Ablauforganisation zu treffen,
b) Risikosteuerungs- und -controllingprozesse einzurichten und
c) eine Risikocontrolling-Funktion und eine Compliance-Funktion zu implementieren.

AT 4.3.1 Aufbau- und Ablauforganisation

1 Bei der Ausgestaltung der Aufbau- und Ablauforganisation ist sicherzustellen, dass miteinander unvereinbare Tätigkeiten durch unterschiedliche Mitarbeiter durchgeführt und auch bei Arbeitsplatzwechseln Interessenkonflikte vermieden werden. Beim Wechsel von Mitarbeitern der Handels- und Marktbereiche in nachgelagerte Bereiche und Kontrollbereiche sind für Tätigkeiten, die gegen das Verbot der Selbstprüfung und -überprüfung verstoßen, angemessene Übergangsfristen vorzusehen.

2 Prozesse sowie die damit verbundenen Aufgaben, Kompetenzen, Verantwortlichkeiten, Kontrollen sowie Kommunikationswege sind klar zu definieren und aufeinander abzustimmen. Berechtigungen und Kompetenzen sind nach dem Sparsamkeitsgrundsatz (Need-to-know-Prinzip) zu vergeben und bei Bedarf zeitnah anzupassen. Dies beinhaltet auch die regelmäßige und anlassbezogene Überprüfung von IT-Berechtigungen, Zeichnungsberechtigungen und sonstigen eingeräumten Kompetenzen innerhalb angemessener Fristen. Die Fristen orientieren sich dabei an der Bedeutung der Prozesse und, bei IT-Berechtigungen, dem Schutzbedarf verarbeiteter Informationen. Das gilt auch bezüglich der Schnittstellen zu wesentlichen Auslagerungen.

AT 4.3.2 Risikosteuerungs- und -controllingprozesse

1 Das Institut hat angemessene Risikosteuerungs- und -controllingprozesse einzurichten, die eine

a) Identifizierung,
b) Beurteilung,
c) Steuerung sowie
d) Überwachung und Kommunikation

der wesentlichen Risiken und damit verbundener Risikokonzentrationen gewährleisten. Diese Prozesse sind in eine gemeinsame Ertrags- und Risikosteuerung („Gesamtbanksteuerung") einzubinden. Durch geeignete Maßnahmen ist zu gewährleisten, dass die Risiken und die damit verbundenen Risikokonzentrationen unter Berücksichtigung der Risikotragfähigkeit und des Risikoappetits wirksam begrenzt und überwacht werden.

2 Die Risikosteuerungs- und -controllingprozesse müssen gewährleisten, dass die wesentlichen Risiken – auch aus ausgelagerten Aktivitäten und Prozessen – frühzeitig erkannt, vollständig erfasst und in angemessener Weise dargestellt werden können. Hierzu hat das Institut geeignete Indikatoren für die frühzeitige Identifizierung von Risiken sowie von risikoartenübergreifenden Effekten abzuleiten, die je nach Risikoart auf quantitativen und/oder qualitativen Risikomerkmalen basieren.

3 Die Geschäftsleitung hat sich in angemessenen Abständen über die Risikosituation berichten zu lassen. Zudem hat die Geschäftsleitung das Aufsichtsorgan mindestens vierteljährlich über die Risikosituation in angemessener Weise schriftlich zu informieren. Einzelheiten zur Risikoberichterstattung an die Geschäftsleitung und an das Aufsichtsorgan sind in BT 3 geregelt.

4 Unter Risikogesichtspunkten wesentliche Informationen sind unverzüglich an die Geschäftsleitung, die jeweiligen Verantwortlichen und ggf. die Interne Revision weiterzuleiten, so dass geeignete Maßnahmen beziehungsweise Prüfungshandlungen frühzeitig eingeleitet werden können. Hierfür ist ein geeignetes Verfahren festzulegen.

5 Die Risikosteuerungs- und -controllingprozesse sowie die zur Risikoquantifizierung eingesetzten Methoden und Verfahren sind regelmäßig sowie bei sich ändernden Bedingungen auf ihre Angemessenheit zu überprüfen und ggf. anzupassen. Dies betrifft insbesondere auch die Plausibilisierung der ermittelten Ergebnisse und der zugrunde liegenden Daten. AT 4.1 Tz. 9 ist entsprechend anzuwenden.

AT 4.3.3 Stresstests

1 Es sind regelmäßig sowie anlassbezogen angemessene Stresstests für die wesentlichen Risiken durchzuführen, die Art, Umfang, Komplexität und den Risikogehalt der Geschäftsaktivitäten widerspiegeln. Hierfür sind die für die jeweiligen Risiken wesentlichen Risikofaktoren zu identifizieren. Die Stresstests haben sich auch auf die angenommenen Risikokonzentrationen und Diversifikationseffekte innerhalb und zwischen den Risikoarten zu erstrecken. Risiken aus außerbilanziellen Gesellschaftskonstruktionen und Verbriefungstransaktionen sind im Rahmen der Stresstests zu berücksichtigen.

2 Regelmäßige und ggf. anlassbezogene Stresstests sind auch für das Gesamtrisikoprofil des Instituts durchzuführen. Dazu sind ausgehend von Art, Umfang, Komplexität und Risikogehalt der Geschäftsaktivitäten geeignete übergeordnete Szenarien zu definieren, die sowohl institutseigene als auch marktweite Ursachen berücksichtigen. Deren potenzielle Auswirkungen auf die wesentlichen Risikoarten sind kombiniert in einer Weise abzubilden, die die Wechselwirkungen zwischen den Risikoarten berücksichtigt.

3 Die Stresstests haben auch außergewöhnliche, aber plausibel mögliche Ereignisse abzubilden. Dabei sind geeignete historische und hypothetische Szenarien darzustellen. Anhand der Stresstests sind dabei auch die Auswirkungen eines schweren konjunkturellen Abschwungs auf Gesamtinstitutsebene zu analysieren. Bei der

BaFin

Festlegung der Szenarien sind die strategische Ausrichtung des Instituts und sein wirtschaftliches Umfeld zu berücksichtigen.

4 Das Institut hat auch sogenannte „inverse Stresstests" durchzuführen. Die Ausgestaltung und Durchführung ist abhängig von Art, Umfang, Komplexität und Risikogehalt der Geschäftsaktivitäten und kann qualitativ oder quantitativ erfolgen.

5 Die Angemessenheit der Stresstests sowie deren zugrunde liegende Annahmen sind in regelmäßigen Abständen, mindestens aber jährlich, zu überprüfen.

6 Die Ergebnisse der Stresstests sind kritisch zu reflektieren. Dabei ist zu ergründen, inwieweit, und wenn ja, welcher Handlungsbedarf besteht. Die Ergebnisse der Stresstests sind auch bei der Beurteilung der Risikotragfähigkeit angemessen zu berücksichtigen. Dabei ist den Auswirkungen eines schweren konjunkturellen Abschwungs besondere Aufmerksamkeit zu schenken.

AT 4.3.4 Datenmanagement, Datenqualität und Aggregation von Risikodaten

1 Die Anforderungen dieses Moduls richten sich an systemrelevante Institute und gelten sowohl auf Gruppenebene als auch auf der Ebene der wesentlichen gruppenangehörigen Einzelinstitute. Das Institut hat institutsweit und gruppenweit geltende Grundsätze für das Datenmanagement, die Datenqualität und die Aggregation von Risikodaten festzulegen, die von der Geschäftsleitung zu genehmigen und in Kraft zu setzen sind.

2 Datenstruktur und Datenhierarchie müssen gewährleisten, dass Daten zweifelsfrei identifiziert, zusammengeführt und ausgewertet werden können sowie zeitnah zur Verfügung stehen. Hierfür sind, soweit möglich, einheitliche Namenskonventionen und Kennzeichnungen von Daten festzulegen und innerhalb des Instituts zu kommunizieren. Bei unterschiedlichen Namenskonventionen und Kennzeichnungen hat das Institut sicherzustellen, dass Daten automatisiert ineinander überleitbar sind.

3 Das Institut hat zu gewährleisten, dass Risikodaten genau und vollständig sind. Daten müssen nach unterschiedlichen Kategorien auswertbar sein und sollten, soweit möglich und sinnvoll, automatisiert aggregiert werden können. Der Einsatz und der Umfang manueller Prozesse und Eingriffe sind zu begründen und zu dokumentieren und auf das notwendige Maß zu beschränken. Die Datenqualität und die Datenvollständigkeit sind anhand geeigneter Kriterien zu überwachen. Hierfür hat das Institut interne Anforderungen an die Genauigkeit und Vollständigkeit der Daten zu formulieren.

4 Die Risikodaten sind mit anderen im Institut vorhandenen Informationen abzugleichen und zu plausibilisieren. Es sind Verfahren und Prozesse zum Abgleich der Risikodaten und der Daten in den Risikoberichten einzurichten, mittels derer Datenfehler und Schwachstellen in der Datenqualität identifiziert werden können.

5 Die Datenaggregationskapazitäten müssen gewährleisten, dass aggregierte Risikodaten, sowohl unter gewöhnlichen Umständen als auch in Stressphasen, zeitnah zur Verfügung stehen. Das Institut hat unter Berücksichtigung der Häufigkeit von Risikoberichten den zeitlichen Rahmen zu definieren, innerhalb dessen die aggregierten Risikodaten vorliegen müssen.

6 Die Datenaggregationskapazitäten müssen hinreichend flexibel sein, um Informationen ad hoc nach unterschiedlichen Kategorien ausweisen und analysieren zu können. Dazu gehört auch die Möglichkeit, Risikopositionen auf den unterschiedlichsten Ebenen (Geschäftsfelder, Portfolios, ggf. Einzelgeschäfte) auszuweisen und zu analysieren.

BaFin

7 Für alle Prozessschritte sind Verantwortlichkeiten festzulegen und entsprechende prozessabhängige Kontrollen einzurichten. Daneben ist regelmäßig zu überprüfen, ob die institutsinternen Regelungen, Verfahren, Methoden und Prozesse von den Mitarbeitern eingehalten werden. Die Überprüfung ist von einer von den geschäftsinitiierenden bzw. geschäftsabschließenden Organisationseinheiten unabhängigen Stelle wahrzunehmen.

AT 4.4 Besondere Funktionen

AT 4.4.1 Risikocontrolling-Funktion

1 Jedes Institut muss über eine unabhängige Risikocontrolling-Funktion verfügen, die für die Überwachung und Kommunikation der Risiken zuständig ist. Die Risikocontrolling-Funktion ist aufbauorganisatorisch bis einschließlich der Ebene der Geschäftsleitung von den Bereichen zu trennen, die für die Initiierung bzw. den Abschluss von Geschäften zuständig sind.

2 Die Risikocontrolling-Funktion hat insbesondere die folgenden Aufgaben:

- Unterstützung der Geschäftsleitung in allen risikopolitischen Fragen, insbesondere bei der Entwicklung und Umsetzung der Risikostrategie sowie bei der Ausgestaltung eines Systems zur Begrenzung der Risiken;
- Durchführung der Risikoinventur und Erstellung des Gesamtrisikoprofils;
- Unterstützung der Geschäftsleitung bei der Einrichtung und Weiterentwicklung der Risikosteuerungs- und -controllingprozesse;
- Einrichtung und Weiterentwicklung eines Systems von Risikokennzahlen und eines Risikofrüherkennungsverfahrens;
- Laufende Überwachung der Risikosituation des Instituts und der Risikotragfähigkeit sowie der Einhaltung der eingerichteten Risikolimite;
- Regelmäßige Erstellung der Risikoberichte für die Geschäftsleitung;
- Verantwortung für die Prozesse zur unverzüglichen Weitergabe von unter Risikogesichtspunkten wesentlichen Informationen an die Geschäftsleitung, die jeweiligen Verantwortlichen und ggf. die Interne Revision.

3 Den Mitarbeitern der Risikocontrolling-Funktion sind alle notwendigen Befugnisse und ein uneingeschränkter Zugang zu allen Informationen einzuräumen, die für die Erfüllung ihrer Aufgaben erforderlich sind. Hierzu gehört insbesondere auch ein uneingeschränkter und jederzeitiger Zugang zu den Risikodaten des Instituts.

4 Die Leitung der Risikocontrolling-Funktion ist bei wichtigen risikopolitischen Entscheidungen der Geschäftsleitung zu beteiligen. Diese Aufgabe ist einer Person auf einer ausreichend hohen Führungsebene zu übertragen. Sie hat ihre Aufgaben in Abhängigkeit von der Größe des Instituts sowie Art, Umfang, Komplexität und Risikogehalt der Geschäftsaktivitäten grundsätzlich in exklusiver Weise auszufüllen.

5 Bei systemrelevanten Instituten hat die exklusive Wahrnehmung der Leitung der Risikocontrolling-Funktion grundsätzlich durch einen Geschäftsleiter zu erfolgen („Chief Risk Officer" - CRO). Er kann auch für die Marktfolge zuständig sein, sofern eine klare aufbauorganisatorische Trennung von Risikocontrolling-Funktion und Marktfolge bis unterhalb der Geschäftsleiterebene erfolgt. Der CRO darf weder für den Bereich Finanzen/Rechnungswesen („Chief Financial Officer" - CFO) noch für den Bereich Organisation/IT („Chief Operational Officer" - COO) verantwortlich sein. Ausnahmen hiervon sind lediglich im Vertretungsfall möglich.

6 Wechselt die Leitung der Risikocontrolling-Funktion, ist das Aufsichtsorgan rechtzeitig vorab unter Angabe der Gründe für den Wechsel zu informieren.

Rundschreiben 09/2017 (BA) vom 27.10.2017 - Seite 13 von 41

BaFin

AT 4.4.2 Compliance-Funktion

1 Jedes Institut muss über eine Compliance-Funktion verfügen, um den Risiken, die sich aus der Nichteinhaltung rechtlicher Regelungen und Vorgaben ergeben können, entgegenzuwirken. Die Compliance-Funktion hat auf die Implementierung wirksamer Verfahren zur Einhaltung der für das Institut wesentlichen rechtlichen Regelungen und Vorgaben und entsprechender Kontrollen hinzuwirken. Ferner hat die Compliance-Funktion die Geschäftsleitung hinsichtlich der Einhaltung dieser rechtlichen Regelungen und Vorgaben zu unterstützen und zu beraten.

2 Die Identifizierung der wesentlichen rechtlichen Regelungen und Vorgaben, deren Nichteinhaltung zu einer Gefährdung des Vermögens des Instituts führen kann, erfolgt unter Berücksichtigung von Risikogesichtspunkten in regelmäßigen Abständen durch die Compliance-Funktion.

3 Grundsätzlich ist die Compliance-Funktion unmittelbar der Geschäftsleitung unterstellt und berichtspflichtig. Sie kann auch an andere Kontrolleinheiten angebunden werden, sofern eine direkte Berichtslinie zur Geschäftsleitung existiert. Zur Erfüllung ihrer Aufgaben kann die Compliance-Funktion auch auf andere Funktionen und Stellen zurückgreifen. Die Compliance-Funktion ist abhängig von der Größe des Instituts sowie der Art, des Umfangs, der Komplexität und dem Risikogehalt der Geschäftsaktivitäten in einem von den Bereichen Markt und Handel unabhängigen Bereich anzusiedeln.

4 Systemrelevante Institute haben für die Compliance-Funktion eine eigenständige Organisationseinheit einzurichten.

5 Das Institut hat einen Compliance-Beauftragten zu benennen, der für die Erfüllung der Aufgaben der Compliance-Funktion verantwortlich ist. Abhängig von Art, Umfang, Komplexität und Risikogehalt der Geschäftsaktivitäten sowie der Größe des Instituts kann im Ausnahmefall die Funktion des Compliance-Beauftragten auch einem Geschäftsleiter übertragen werden.

6 Den Mitarbeitern der Compliance-Funktion sind ausreichende Befugnisse und ein uneingeschränkter Zugang zu allen Informationen einzuräumen, die für die Erfüllung ihrer Aufgaben erforderlich sind. Weisungen und Beschlüsse der Geschäftsleitung, die für die Compliance-Funktion wesentlich sind, sind ihr bekanntzugeben. Über wesentliche Änderungen der Regelungen, die die Einhaltung der wesentlichen rechtlichen Regelungen und Vorgaben gewährleisten sollen, sind die Mitarbeiter der Compliance-Funktion rechtzeitig zu informieren.

7 Die Compliance-Funktion hat mindestens jährlich sowie anlassbezogen der Geschäftsleitung über ihre Tätigkeit Bericht zu erstatten. Darin ist auf die Angemessenheit und Wirksamkeit der Regelungen zur Einhaltung der wesentlichen rechtlichen Regelungen und Vorgaben einzugehen. Ferner hat der Bericht auch Angaben zu möglichen Defiziten sowie zu Maßnahmen zu deren Behebung zu enthalten. Die Berichte sind auch an das Aufsichtsorgan und die Interne Revision weiterzuleiten.

8 Wechselt die Position des Compliance-Beauftragten, ist das Aufsichtsorgan rechtzeitig vorab unter Angabe der Gründe für den Wechsel zu informieren.

Rundschreiben 09/2017 (BA) vom 27.10.2017 - Seite 14 von 41

BaFin

AT 4.4.3 Interne Revision

1 Jedes Institut muss über eine funktionsfähige Interne Revision verfügen. Bei Instituten, bei denen aus Gründen der Betriebsgröße die Einrichtung einer Revisionseinheit unverhältnismäßig ist, können die Aufgaben der Internen Revision von einem Geschäftsleiter erfüllt werden.

2 Die Interne Revision ist ein Instrument der Geschäftsleitung, ihr unmittelbar unterstellt und berichtspflichtig. Sie kann auch einem Mitglied der Geschäftsleitung, nach Möglichkeit dem Vorsitzenden, unterstellt sein. Unbeschadet dessen ist sicherzustellen, dass der Vorsitzende des Aufsichtsorgans unter Einbeziehung der Geschäftsleitung direkt bei dem Leiter der Internen Revision Auskünfte einholen kann.

3 Die Interne Revision hat risikoorientiert und prozessunabhängig die Wirksamkeit und Angemessenheit des Risikomanagements im Allgemeinen und des internen Kontrollsystems im Besonderen sowie die Ordnungsmäßigkeit grundsätzlich aller Aktivitäten und Prozesse zu prüfen und zu beurteilen, unabhängig davon, ob diese ausgelagert sind oder nicht. BT 2.1 Tz. 3 bleibt hiervon unberührt.

4 Zur Wahrnehmung ihrer Aufgaben ist der Internen Revision ein vollständiges und uneingeschränktes Informationsrecht einzuräumen. Dieses Recht ist jederzeit zu gewährleisten. Der Internen Revision sind insoweit unverzüglich die erforderlichen Informationen zu erteilen, die notwendigen Unterlagen zur Verfügung zu stellen und Einblick in die Aktivitäten und Prozesse sowie die IT-Systeme des Instituts zu gewähren.

5 Weisungen und Beschlüsse der Geschäftsleitung, die für die Interne Revision von Bedeutung sein können, sind ihr bekannt zu geben. Über wesentliche Änderungen im Risikomanagement ist die Interne Revision rechtzeitig zu informieren.

6 Wechselt die Leitung der Internen Revision, ist das Aufsichtsorgan rechtzeitig vorab unter Angabe der Gründe für den Wechsel zu informieren.

AT 4.5 Risikomanagement auf Gruppenebene

1 Nach § 25a Abs. 3 KWG sind die Geschäftsleiter des übergeordneten Unternehmens einer Institutsgruppe oder Finanzholding-Gruppe sowie die Geschäftsleiter des übergeordneten Finanzkonglomeratsunternehmens eines Finanzkonglomerats für die Einrichtung eines angemessenen und wirksamen Risikomanagements auf Gruppenebene verantwortlich. Die Reichweite des Risikomanagements auf Gruppenebene erstreckt sich auf alle wesentlichen Risiken der Gruppe unabhängig davon, ob diese von konsolidierungspflichtigen Unternehmen begründet werden oder nicht (z. B. Risiken aus nicht konsolidierungspflichtigen Zweckgesellschaften). Die eingesetzten Methoden und Verfahren (beispielsweise IT-Systeme) dürfen der Wirksamkeit des Risikomanagements auf Gruppenebene nicht entgegenstehen. Besondere Maßstäbe für das Risikomanagement auf Gruppenebene können sich aus spezialgesetzlichen Regelungen ergeben, wie z. B. bei Bausparkassen hinsichtlich der Kollektivsteuerung oder bei Pfandbriefbanken.

2 Die Geschäftsleitung des übergeordneten Unternehmens hat eine Geschäftsstrategie sowie eine dazu konsistente Risikostrategie festzulegen („gruppenweite Strategien"). Die strategische Ausrichtung der gruppenangehörigen Unternehmen ist mit den gruppenweiten Strategien abzustimmen. Die Geschäftsleitung des übergeordneten Unternehmens muss für die Umsetzung der gruppenweiten Strategien Sorge tragen.

BaFin

3 Das übergeordnete Unternehmen hat auf der Grundlage des Gesamtrisikoprofils der Gruppe einen internen Prozess zur Sicherstellung der Risikotragfähigkeit auf Gruppenebene einzurichten (AT 4.1 Tz. 2). Die Risikotragfähigkeit der Gruppe ist laufend sicherzustellen.

4 Es sind angemessene ablauforganisatorische Vorkehrungen auf Gruppenebene zu treffen. Das heißt, dass Prozesse sowie damit verbundene Aufgaben, Kompetenzen, Verantwortlichkeiten, Kontrollen sowie Kommunikationswege innerhalb der Gruppe klar zu definieren und aufeinander abzustimmen sind. An die Geschäftsleiter des übergeordneten Unternehmens ist zeitnah Bericht zu erstatten.

5 Das übergeordnete Unternehmen hat angemessene Risikosteuerungs- und -controllingprozesse einzurichten, die die gruppenangehörigen Unternehmen einbeziehen. Für die wesentlichen Risiken auf Gruppenebene sind regelmäßig angemessene Stresstests durchzuführen. Regelmäßige und ggf. anlassbezogene Stresstests sind auch für das Gesamtrisikoprofil auf Gruppenebene durchzuführen. Das übergeordnete Unternehmen hat sich in angemessenen Abständen über die Risikosituation der Gruppe zu informieren.

6 Die Konzernrevision hat im Rahmen des Risikomanagements auf Gruppenebene ergänzend zur Internen Revision der gruppenangehörigen Unternehmen tätig zu werden. Dabei kann die Konzernrevision auch die Prüfungsergebnisse der Internen Revisionen der gruppenangehörigen Unternehmen berücksichtigen. Es ist sicherzustellen, dass für die Konzernrevision und die Internen Revisionen der gruppenangehörigen Unternehmen Revisionsgrundsätze und Prüfungsstandards gelten, die eine Vergleichbarkeit der Prüfungsergebnisse gewährleisten. Des Weiteren sind die Prüfungsplanungen sowie die Verfahren zur Überwachung der fristgerechten Beseitigung von Mängeln aufeinander abzustimmen. Die Konzernrevision hat in angemessenen Abständen, mindestens aber vierteljährlich, an die Geschäftsleitung und das Aufsichtsorgan des übergeordneten Unternehmens über ihre Tätigkeit auf Gruppenebene in analoger Anwendung von BT 2.4 Tz. 4 zu berichten.

AT 5 Organisationsrichtlinien

1 Das Institut hat sicherzustellen, dass die Geschäftsaktivitäten auf der Grundlage von Organisationsrichtlinien betrieben werden (z. B. Handbücher, Arbeitsanweisungen oder Arbeitsablaufbeschreibungen). Der Detaillierungsgrad der Organisationsrichtlinien hängt von Art, Umfang, Komplexität und Risikogehalt der Geschäftsaktivitäten ab.

2 Die Organisationsrichtlinien müssen schriftlich fixiert und den betroffenen Mitarbeitern in geeigneter Weise bekannt gemacht werden. Es ist sicherzustellen, dass sie den Mitarbeitern in der jeweils aktuellen Fassung zur Verfügung stehen. Die Richtlinien sind bei Veränderungen der Aktivitäten und Prozesse zeitnah anzupassen.

3 Die Organisationsrichtlinien haben vor allem Folgendes zu beinhalten:

a) Regelungen für die Aufbau- und Ablauforganisation sowie zur Aufgabenzuweisung, Kompetenzordnung und zu den Verantwortlichkeiten,
b) Regelungen hinsichtlich der Ausgestaltung der Risikosteuerungs- und -controllingprozesse,
c) Regelungen zu den Verfahren, Methoden und Prozessen der Aggregation von Risikodaten (bei systemrelevanten Instituten),
d) Regelungen zur Internen Revision,

e) Regelungen, die die Einhaltung rechtlicher Regelungen und Vorgaben (z. B. Datenschutz, Compliance) gewährleisten,
f) Regelungen zu Verfahrensweisen bei wesentlichen Auslagerungen,
g) abhängig von der Größe des Instituts sowie der Art, dem Umfang, der Komplexität und dem Risikogehalt der Geschäftsaktivitäten, einen Verhaltenskodex für die Mitarbeiter.

4 Die Ausgestaltung der Organisationsrichtlinien muss es der Internen Revision ermöglichen, in die Sachprüfung einzutreten.

AT 6 Dokumentation

1 Geschäfts-, Kontroll- und Überwachungsunterlagen sind systematisch und für sachkundige Dritte nachvollziehbar abzufassen und grundsätzlich fünf Jahre aufzubewahren. Die Aktualität und Vollständigkeit der Aktenführung ist sicherzustellen.

2 Die für die Einhaltung dieses Rundschreibens wesentlichen Handlungen und Festlegungen sind nachvollziehbar zu dokumentieren. Dies beinhaltet auch Festlegungen hinsichtlich der Inanspruchnahme wesentlicher Öffnungsklauseln, die ggf. zu begründen ist.

AT 7 Ressourcen

AT 7.1 Personal

1 Die quantitative und qualitative Personalausstattung des Instituts hat sich insbesondere an betriebsinternen Erfordernissen, den Geschäftsaktivitäten sowie der Risikosituation zu orientieren. Dies gilt auch beim Rückgriff auf Leiharbeitnehmer.

2 Die Mitarbeiter sowie deren Vertreter müssen abhängig von ihren Aufgaben, Kompetenzen und Verantwortlichkeiten über die erforderlichen Kenntnisse und Erfahrungen verfügen. Durch geeignete Maßnahmen ist zu gewährleisten, dass das Qualifikationsniveau der Mitarbeiter angemessen ist.

3 Die Abwesenheit oder das Ausscheiden von Mitarbeitern sollte nicht zu nachhaltigen Störungen der Betriebsabläufe führen.

AT 7.2 Technisch-organisatorische Ausstattung

1 Umfang und Qualität der technisch-organisatorischen Ausstattung haben sich insbesondere an betriebsinternen Erfordernissen, den Geschäftsaktivitäten sowie der Risikosituation zu orientieren.

2 Die IT-Systeme (Hardware- und Software-Komponenten) und die zugehörigen IT-Prozesse müssen die Integrität, die Verfügbarkeit, die Authentizität sowie die Vertraulichkeit der Daten sicherstellen. Für diese Zwecke ist bei der Ausgestaltung der IT-Systeme und der zugehörigen IT-Prozesse grundsätzlich auf gängige Standards abzustellen, insbesondere sind Prozesse für eine angemessene IT-Berechtigungsvergabe einzurichten, die sicherstellen, dass jeder Mitarbeiter nur über die Rechte verfügt, die er für seine Tätigkeit benötigt; die Zusammenfassung von Berechtigungen in einem Rollenmodell ist möglich. Die Eignung der IT-Systeme und der zugehörigen Prozesse ist regelmäßig von den fachlich und technisch zuständigen Mitarbeitern zu überprüfen.

BaFin

3 Die IT-Systeme sind vor ihrem erstmaligen Einsatz und nach wesentlichen Veränderungen zu testen und von den fachlich sowie auch von den technisch zuständigen Mitarbeitern abzunehmen. Hierfür ist ein Regelprozess der Entwicklung, des Testens, der Freigabe und der Implementierung in die Produktionsprozesse zu etablieren. Produktions- und Testumgebung sind dabei grundsätzlich voneinander zu trennen.

4 Für IT-Risiken sind angemessene Überwachungs- und Steuerungsprozesse einzurichten, die insbesondere die Festlegung von IT-Risikokriterien, die Identifikation von IT-Risiken, die Festlegung des Schutzbedarfs, daraus abgeleitete Schutzmaßnahmen für den IT-Betrieb sowie die Festlegung entsprechender Maßnahmen zur Risikobehandlung und -minderung umfassen. Beim Bezug von Software sind die damit verbundenen Risiken angemessen zu bewerten.

5 Die Anforderungen aus AT 7.2 sind auch beim Einsatz von durch die Fachbereiche selbst entwickelten Anwendungen (Individuelle Datenverarbeitung - „IDV") entsprechend der Kritikalität der unterstützten Geschäftsprozesse und der Bedeutung der Anwendungen für diese Prozesse zu beachten. Die Festlegung von Maßnahmen zur Sicherstellung der Datensicherheit hat sich am Schutzbedarf der verarbeiteten Daten zu orientieren.

AT 7.3 Notfallkonzept

1 Für Notfälle in zeitkritischen Aktivitäten und Prozessen ist Vorsorge zu treffen (Notfallkonzept). Die im Notfallkonzept festgelegten Maßnahmen müssen dazu geeignet sein, das Ausmaß möglicher Schäden zu reduzieren. Die Wirksamkeit und Angemessenheit des Notfallkonzeptes ist regelmäßig durch Notfalltests zu überprüfen. Die Ergebnisse der Notfalltests sind den jeweiligen Verantwortlichen mitzuteilen. Im Fall der Auslagerung von zeitkritischen Aktivitäten und Prozessen haben das auslagernde Institut und das Auslagerungsunternehmen über aufeinander abgestimmte Notfallkonzepte zu verfügen.

2 Das Notfallkonzept muss Geschäftsfortführungs- sowie Wiederanlaufpläne umfassen. Die Geschäftsfortführungspläne müssen gewährleisten, dass im Notfall zeitnah Ersatzlösungen zur Verfügung stehen. Die Wiederanlaufpläne müssen innerhalb eines angemessenen Zeitraums die Rückkehr zum Normalbetrieb ermöglichen. Die im Notfall zu verwendenden Kommunikationswege sind festzulegen. Das Notfallkonzept muss den beteiligten Mitarbeitern zur Verfügung stehen.

AT 8 Anpassungsprozesse

AT 8.1 Neu-Produkt-Prozess

1 Jedes Institut muss die von ihm betriebenen Geschäftsaktivitäten verstehen. Für die Aufnahme von Geschäftsaktivitäten in neuen Produkten oder auf neuen Märkten (einschließlich neuer Vertriebswege) ist vorab ein Konzept auszuarbeiten. Grundlage des Konzeptes müssen das Ergebnis der Analyse des Risikogehalts dieser neuen Geschäftsaktivitäten sowie deren Auswirkungen auf das Gesamtrisikoprofil sein. In dem Konzept sind die sich daraus ergebenden wesentlichen Konsequenzen für das Management der Risiken darzustellen.

2 Das Institut hat einen Katalog jener Produkte und Märkte vorzuhalten, die Gegenstand der Geschäftsaktivitäten sein sollen. In einem angemessenen Turnus ist zu überprüfen,

BaFin

ob die Produkte noch verwendet werden. Produkte, die über einen längeren Zeitraum nicht mehr Gegenstand der Geschäftstätigkeit waren, sind zu kennzeichnen. Der Abbau von Positionen ist davon unberührt. Das Auslaufen oder die Bestandsführung von Positionen begründet keine Produktverwendung. Vor der Wiederaufnahme der Geschäftstätigkeit in gekennzeichneten Produkten ist die Bestätigung der in die Arbeitsabläufe eingebundenen Organisationseinheiten über das Fortbestehen der beim letztmaligen Geschäftsabschluss vorherrschenden Geschäftsprozesse einzuholen. Bei Veränderungen ist zu prüfen, ob der Neu-Produkt-Prozess erneut zu durchlaufen ist.

3 Bei der Entscheidung, ob es sich um Geschäftsaktivitäten in neuen Produkten oder auf neuen Märkten handelt, ist ein vom Markt beziehungsweise vom Handel unabhängiger Bereich einzubinden.

4 Bei Handelsgeschäften ist vor dem laufenden Handel in neuen Produkten oder auf neuen Märkten grundsätzlich eine Testphase durchzuführen. Während der Testphase dürfen Handelsgeschäfte nur in überschaubarem Umfang durchgeführt werden. Es ist sicherzustellen, dass der laufende Handel erst beginnt, wenn die Testphase erfolgreich abgeschlossen ist und geeignete Risikosteuerungs- und -controllingprozesse vorhanden sind.

5 Sowohl in die Erstellung des Konzeptes als auch in die Testphase sind die später in die Arbeitsabläufe eingebundenen Organisationseinheiten einzuschalten. Im Rahmen ihrer Aufgaben sind auch die Risikocontrolling-Funktion, die Compliance-Funktion und die Interne Revision zu beteiligen.

6 Das Konzept und die Aufnahme der laufenden Geschäftstätigkeit sind von den zuständigen Geschäftsleitern unter Einbeziehung der für die Überwachung der Geschäfte verantwortlichen Geschäftsleiter zu genehmigen. Diese Genehmigungen können delegiert werden, sofern dafür klare Vorgaben erlassen wurden und die Geschäftsleitung zeitnah über die Entscheidungen informiert wird.

7 Soweit nach Einschätzung der in die Arbeitsabläufe eingebundenen Organisationseinheiten Aktivitäten in einem neuen Produkt oder auf einem neuen Markt sachgerecht gehandhabt werden können, ist die Ausarbeitung eines Konzeptes nach Tz. 1 und die Durchführung einer Testphase nach Tz. 4 nicht erforderlich.

8 Treten im Neu-Produkt-Prozess Häufungen von Fällen auf, bei denen

- die in den Konzepten getroffenen Annahmen und die damit verbundenen Analysen des Risikogehalts der Aktivitäten in neuen Produkten oder auf neuen Märkten im Wesentlichen unzutreffend waren oder
- die in den Konzepten und aus den Testphasen gezogenen Konsequenzen im Wesentlichen unzutreffend waren oder
- gemäß Tz. 7 getroffene Einschätzungen, dass Aktivitäten in neuen Produkten oder auf neuen Märkten sachgerecht gehandhabt werden können, sich als unzutreffend erwiesen haben,

ist eine anlassbezogene Prüfung des Neu-Produkt-Prozesses durchzuführen. Bei Mängeln ist der Prozess unverzüglich anzupassen.

AT 8.2 Änderungen betrieblicher Prozesse oder Strukturen

1 Vor wesentlichen Veränderungen in der Aufbau- und Ablauforganisation sowie in den IT-Systemen hat das Institut die Auswirkungen der geplanten Veränderungen auf die

BaFin

Kontrollverfahren und die Kontrollintensität zu analysieren. In diese Analysen sind die später in die Arbeitsabläufe eingebundenen Organisationseinheiten einzuschalten. Im Rahmen ihrer Aufgaben sind auch die Risikocontrolling-Funktion, die Compliance-Funktion und die Interne Revision zu beteiligen.

AT 8.3 Übernahmen und Fusionen

1 Vor der Übernahme anderer Unternehmen oder Fusionen mit anderen Unternehmen hat das Institut ein Konzept zu erarbeiten, in dem die wesentlichen strategischen Ziele, die voraussichtlichen wesentlichen Konsequenzen für das Management der Risiken und die wesentlichen Auswirkungen auf das Gesamtrisikoprofil des Instituts beziehungsweise der Gruppe dargestellt werden. Dies umfasst auch die mittelfristig geplante Entwicklung der Vermögens-, Finanz- und Ertragslage, die voraussichtliche Höhe der Risikopositionen, die notwendigen Anpassungen der Risikosteuerungs- und –controllingprozesse und der IT-Systeme (inklusive der Datenaggregationskapazitäten) sowie die Darstellung wesentlicher rechtlicher Konsequenzen (Bilanzrecht, Steuerrecht etc.).

AT 9 Auslagerung

1 Eine Auslagerung liegt vor, wenn ein anderes Unternehmen mit der Wahrnehmung solcher Aktivitäten und Prozesse im Zusammenhang mit der Durchführung von Bankgeschäften, Finanzdienstleistungen oder sonstigen institutstypischen Dienstleistungen beauftragt wird, die ansonsten vom Institut selbst erbracht würden. Zivilrechtliche Gestaltungen und Vereinbarungen können dabei das Vorliegen einer Auslagerung nicht von vornherein ausschließen.

2 Das Institut muss auf der Grundlage einer Risikoanalyse eigenverantwortlich festlegen, welche Auslagerungen von Aktivitäten und Prozessen unter Risikogesichtspunkten wesentlich sind (wesentliche Auslagerungen). Diese ist auf der Grundlage von institutsweit bzw. gruppenweit einheitlichen Rahmenvorgaben sowohl regelmäßig als auch anlassbezogen durchzuführen. Die maßgeblichen Organisationseinheiten sind bei der Erstellung der Risikoanalyse einzubeziehen. Im Rahmen ihrer Aufgaben ist auch die Interne Revision zu beteiligen.

3 Bei unter Risikogesichtspunkten nicht wesentlichen Auslagerungen sind die allgemeinen Anforderungen an die Ordnungsmäßigkeit der Geschäftsorganisation gemäß § 25a Abs. 1 KWG zu beachten.

4 Grundsätzlich sind Aktivitäten und Prozesse auslagerbar, solange dadurch die Ordnungsmäßigkeit der Geschäftsorganisation gemäß § 25a Abs. 1 KWG nicht beeinträchtigt wird. Die Auslagerung darf nicht zu einer Delegation der Verantwortung der Geschäftsleitung an das Auslagerungsunternehmen führen. Die Leitungsaufgaben der Geschäftsleitung sind nicht auslagerbar. Besondere Maßstäbe für Auslagerungsmaßnahmen ergeben sich bei der vollständigen oder teilweisen Auslagerung der besonderen Funktionen Risikocontrolling-Funktion, Compliance-Funktion und Interne Revision. Besondere Maßstäbe können sich ferner aus spezialgesetzlichen Regelungen ergeben, wie z. B. bei Bausparkassen hinsichtlich der Kollektivsteuerung oder bei Pfandbriefbanken hinsichtlich der Deckungsregisterführung und der Deckungsrechnung.

5 Eine Auslagerung von Aktivitäten und Prozessen in Kontrollbereichen und Kernbankbereichen kann unter Beachtung der in Tz. 4 genannten Anforderungen in einem Umfang vorgenommen werden, der gewährleistet, dass hierdurch das Institut weiterhin über Kenntnisse und Erfahrungen verfügt, die eine wirksame Überwachung der vom Auslagerungsunternehmen erbrachten Dienstleistungen gewährleistet. Es ist

BaFin

sicherzustellen, dass bei Bedarf - im Falle der Beendigung des Auslagerungsverhältnisses oder der Änderung der Gruppenstruktur - der ordnungsmäßige Betrieb in diesen Bereichen fortgesetzt werden kann. Eine vollständige Auslagerung der besonderen Funktionen Risikocontrolling-Funktion, Compliance-Funktion oder Interne Revision ist lediglich für Tochterinstitute innerhalb einer Institutsgruppe zulässig, sofern das übergeordnete Institut Auslagerungsunternehmen ist und das Tochterinstitut sowohl hinsichtlich seiner Größe, Komplexität und dem Risikogehalt der Geschäftsaktivitäten für den nationalen Finanzsektor als auch hinsichtlich seiner Bedeutung innerhalb der Gruppe als nicht wesentlich einzustufen ist. Gleiches gilt für Gruppen, wenn das Mutterunternehmen kein Institut und im Inland ansässig ist. Eine vollständige Auslagerung der Compliance-Funktion oder der Internen Revision ist ferner nur bei kleinen Instituten möglich, sofern deren Einrichtung vor dem Hintergrund der Institutsgröße sowie der Art, des Umfangs, der Komplexität und des Risikogehalts der betriebenen Geschäftsaktivitäten nicht angemessen erscheint.

6 Das Institut hat bei wesentlichen Auslagerungen im Fall der beabsichtigten oder erwarteten Beendigung der Auslagerungsvereinbarung Vorkehrungen zu treffen, um die Kontinuität und Qualität der ausgelagerten Aktivitäten und Prozesse auch nach Beendigung zu gewährleisten. Für Fälle unbeabsichtigter oder unerwarteter Beendigung dieser Auslagerungen, die mit einer erheblichen Beeinträchtigung der Geschäftstätigkeit verbunden sein können, hat das Institut etwaige Handlungsoptionen auf ihre Durchführbarkeit zu prüfen und zu verabschieden. Dies beinhaltet auch, soweit sinnvoll und möglich, die Festlegung entsprechender Ausstiegsprozesse. Die Handlungsoptionen sind regelmäßig und anlassbezogen zu überprüfen.

7 Bei wesentlichen Auslagerungen ist im Auslagerungsvertrag insbesondere Folgendes zu vereinbaren:

a) Spezifizierung und ggf. Abgrenzung der vom Auslagerungsunternehmen zu erbringenden Leistung,
b) Festlegung angemessener Informations- und Prüfungsrechte der Internen Revision sowie externer Prüfer,
c) Sicherstellung der uneingeschränkten Informations- und Prüfungsrechte sowie der Kontrollmöglichkeiten der gemäß § 25b Absatz 3 KWG zuständigen Behördenbezüglich der ausgelagerten Aktivitäten und Prozesse,
d) soweit erforderlich Weisungsrechte,
e) Regelungen, die sicherstellen, dass datenschutzrechtliche Bestimmungen und sonstige Sicherheitsanforderungen beachtet werden,
f) Kündigungsrechte und angemessene Kündigungsfristen,
g) Regelungen über die Möglichkeit und über die Modalitäten einer Weiterverlagerung, die sicherstellen, dass das Institut die bankaufsichtsrechtlichen Anforderungen weiterhin einhält,
h) Verpflichtung des Auslagerungsunternehmens, das Institut über Entwicklungen zu informieren, die die ordnungsgemäße Erledigung der ausgelagerten Aktivitäten und Prozesse beeinträchtigen können.

8 Mit Blick auf Weiterverlagerungen sind möglichst Zustimmungsvorbehalte des auslagernden Instituts oder konkrete Voraussetzungen, wann Weiterverlagerungen einzelner Arbeits- und Prozessschritte möglich sind, im Auslagerungsvertrag zu vereinbaren. Zumindest ist vertraglich sicherzustellen, dass die Vereinbarungen des Auslagerungsunternehmens mit Subunternehmen im Einklang mit den vertraglichen Vereinbarungen des originären Auslagerungsvertrags stehen. Ferner haben die vertraglichen Anforderungen bei Weiterverlagerungen auch eine Informationspflicht des Auslagerungsunternehmens an das auslagernde Institut zu umfassen. Das

BaFin

Auslagerungsunternehmen bleibt im Falle einer Weiterverlagerung auf ein Subunternehmen weiterhin gegenüber dem auslagernden Institut berichtspflichtig.

9 Das Institut hat die mit wesentlichen Auslagerungen verbundenen Risiken angemessen zu steuern und die Ausführung der ausgelagerten Aktivitäten und Prozesse ordnungsgemäß zu überwachen. Dies umfasst auch die regelmäßige Beurteilung der Leistung des Auslagerungsunternehmens anhand vorzuhaltender Kriterien.

10 Für die Steuerung und Überwachung wesentlicher Auslagerungen hat das Institut klare Verantwortlichkeiten festzulegen. Soweit besondere Funktionen nach Maßgabe von Tz. 5 vollständig ausgelagert werden, hat die Geschäftsleitung jeweils einen Beauftragten zu benennen, der eine ordnungsgemäße Durchführung der jeweiligen Aufgaben gewährleisten muss. Die Anforderungen des AT 4.4 und BT 2 sind entsprechend zu beachten.

11 Die Anforderungen an die Auslagerung von Aktivitäten und Prozessen sind auch bei der Weiterverlagerung ausgelagerter Aktivitäten und Prozesse zu beachten.

12 Das Institut hat abhängig von der Art, dem Umfang und der Komplexität der Auslagerungsaktivitäten ein zentrales Auslagerungsmanagement einzurichten. Zu dessen Aufgaben zählen insbesondere:

a) Implementierung und Weiterentwicklung eines angemessenen Auslagerungsmanagements und entsprechender Kontroll- und Überwachungsprozesse,
b) Erstellung und Pflege einer vollständigen Dokumentation der Auslagerungen (einschließlich Weiterverlagerungen),
c) Unterstützung der Fachbereiche bezüglich der institutsinternen und gesetzlichen Anforderungen bei Auslagerungen,
d) Koordination und Überprüfung der durch die zuständigen Bereiche durchgeführten Risikoanalyse gemäß Tz. 2.

13 Das zentrale Auslagerungsmanagement hat mindestens jährlich einen Bericht über die wesentlichen Auslagerungen zu erstellen und der Geschäftsleitung zur Verfügung zu stellen. Der Bericht hat unter Berücksichtigung der dem Institut vorliegenden Informationen bzw. der institutsinternen Bewertung der Dienstleistungsqualität der Auslagerungsunternehmen eine Aussage darüber zu treffen, ob die erbrachten Dienstleistungen der Auslagerungsunternehmen den vertraglichen Vereinbarungen entsprechen, die ausgelagerten Aktivitäten und Prozesse angemessen gesteuert und überwacht werden können und ob weitere risikomindernde Maßnahmen ergriffen werden sollen.

BT 1 Besondere Anforderungen an das interne Kontrollsystem

1 In diesem Modul werden besondere Anforderungen an die Ausgestaltung des internen Kontrollsystems gestellt. Die Anforderungen beziehen sich vor allem auf die Ausgestaltung der Aufbau- und Ablauforganisation im Kredit- und Handelsgeschäft (BTO). Darüber hinaus werden unter Berücksichtigung von Risikokonzentrationen Anforderungen an die Ausgestaltung der Risikosteuerungs- und -controllingprozesse für Adressenausfallrisiken, Marktpreisrisiken, Liquiditätsrisiken und operationelle Risiken gestellt (BTR).

BaFin

BTO Anforderungen an die Aufbau- und Ablauforganisation

1 Dieses Modul stellt vor allem Anforderungen an die Aufbau- und Ablauforganisation im Kredit- und Handelsgeschäft. Abhängig von der Größe der Institute, den Geschäftsschwerpunkten und der Risikosituation ist eine vereinfachte Umsetzung der Anforderungen in BTO möglich.

2 Für die Zwecke des Rundschreibens werden folgende Bereiche unterschieden:

a) Der Bereich, der Kreditgeschäfte initiiert und bei den Kreditentscheidungen über ein Votum verfügt (Markt),
b) der Bereich, der bei den Kreditentscheidungen über ein weiteres Votum verfügt (Marktfolge) sowie
c) der Bereich Handel.

Darüber hinaus werden folgende Funktionen unterschieden:

d) Die Funktionen, die der Überwachung und Kommunikation der Risiken (Risikocontrolling) dienen und
e) die Funktionen, die der Abwicklung und Kontrolle der Handelsgeschäfte dienen.

3 Grundsätzlich ist bei der Ausgestaltung der Aufbauorganisation sicherzustellen, dass die Bereiche Markt und Handel bis einschließlich der Ebene der Geschäftsleitung von denen in Tz. 2 unter b), d) und e) sowie den in BTO 1.1 Tz. 7, BTO 1.2 Tz. 1, BTO 1.2.4 Tz. 1, BTO 1.2.5 Tz. 1 und BTO 1.4 Tz. 2 genannten Bereichen oder Funktionen getrennt sind.

4 Funktionen des Marktpreisrisikocontrollings sind bis einschließlich der Ebene der Geschäftsleitung von Bereichen zu trennen, die die Positionsverantwortung tragen.

5 Die Funktionstrennungen sind auch im Vertretungsfall zu beachten. Die Vertretung kann dabei grundsätzlich auch von einem geeigneten Mitarbeiter unterhalb der Ebene der Geschäftsleitung wahrgenommen werden.

6 Die Mitwirkung des für die Funktionen des Risikocontrollings zuständigen Geschäftsleiters in einem von der Geschäftsleitung mit der Steuerung der Risiken betrauten Ausschuss steht dem Grundsatz der Funktionstrennung nicht entgegen.

7 Das Rechnungswesen, insbesondere die Aufstellung der Kontierungsregeln sowie die Entwicklung der Buchungssystematik, ist in einer vom Markt und Handel unabhängigen Stelle anzusiedeln.

8 Wesentliche Rechtsrisiken sind grundsätzlich in einer vom Markt und Handel unabhängigen Stelle (z. B. der Rechtsabteilung) zu überprüfen.

9 Bei IT-gestützter Bearbeitung ist die Funktionstrennung durch entsprechende Verfahren und Schutzmaßnahmen sicherzustellen.

BTO 1 Kreditgeschäft

1 Dieses Modul stellt Anforderungen an die Ausgestaltung der Aufbau- und Ablauforganisation, die Verfahren zur Früherkennung von Risiken und die Verfahren zur Klassifizierung der Risiken im Kreditgeschäft. Bei Handelsgeschäften und Beteiligungen

BaFin

kann von der Umsetzung einzelner Anforderungen dieses Moduls abgesehen werden, soweit deren Umsetzung vor dem Hintergrund der Besonderheiten dieser Geschäftsarten nicht zweckmäßig ist (z. B. die Anforderungen zur Kreditverwendungskontrolle unter BTO 1.2.2 Tz. 1).

BTO 1.1 Funktionstrennung und Votierung

1 Maßgeblicher Grundsatz für die Ausgestaltung der Prozesse im Kreditgeschäft ist die klare aufbauorganisatorische Trennung der Bereiche Markt und Marktfolge bis einschließlich der Ebene der Geschäftsleitung. Bei kleinen Instituten sind unter bestimmten Voraussetzungen Ausnahmen hinsichtlich der Funktionstrennung möglich.

2 Abhängig von Art, Umfang, Komplexität und Risikogehalt des Kreditengagements erfordert eine Kreditentscheidung zwei zustimmende Voten der Bereiche Markt und Marktfolge. Weitergehende Beschlussfassungsvorschriften (z. B. KWG, Satzung) bleiben hiervon unberührt. Soweit die Entscheidungen von einem Ausschuss getroffen werden, sind die Mehrheitsverhältnisse innerhalb eines Ausschusses so festzulegen, dass der Bereich Marktfolge nicht überstimmt werden kann.

3 Bei Handelsgeschäften sind Kontrahenten- und Emittentenlimite durch eine Votierung aus dem Bereich Marktfolge festzulegen.

4 Für Kreditentscheidungen bei Geschäften, die unter Risikogesichtspunkten als nicht wesentlich einzustufen sind, kann das Institut bestimmen, dass nur ein Votum erforderlich ist („nicht-risikorelevante Kreditgeschäfte"). Vereinfachungen sind auch dann möglich, wenn Kreditgeschäfte von Dritten initiiert werden. Insoweit ist die aufbauorganisatorische Trennung zwischen Markt und Marktfolge nur für Kreditgeschäfte maßgeblich, bei denen zwei Voten erforderlich sind. Falls ein zweites Votum nicht erforderlich sein sollte, ist eine angemessene Umsetzung der Anforderungen in BTO 1.2 sicherzustellen.

5 Jeder Geschäftsleiter kann im Rahmen seiner Krediteinzelkompetenz eigenständig Kreditentscheidungen treffen und auch Kundenkontakte wahrnehmen. Die aufbauorganisatorische Trennung der Bereiche Markt und Marktfolge bleibt davon unberührt. Zudem sind zwei Voten einzuholen, soweit dies unter Risikogesichtspunkten erforderlich sein sollte. Falls die im Rahmen einer Krediteinzelkompetenz getroffenen Entscheidungen von den Voten abweichen oder wenn sie vom Geschäftsleiter getroffen werden, der für den Bereich Marktfolge zuständig ist, sind sie im Risikobericht besonders hervorzuheben (BT 3.2 Tz. 3).

6 Das Institut hat eine klare und konsistente Kompetenzordnung für Entscheidungen im Kreditgeschäft festzulegen. Für den Fall voneinander abweichender Voten sind in der Kompetenzordnung Entscheidungsregeln zu treffen: Der Kredit ist in diesen Fällen abzulehnen oder zur Entscheidung auf eine höhere Kompetenzstufe zu verlagern (Eskalationsverfahren).

7 Die Überprüfung bestimmter, unter Risikogesichtspunkten festzulegender Sicherheiten ist außerhalb des Bereichs Markt durchzuführen. Diese Zuordnung gilt auch für Entscheidungen über die Risikovorsorge bei bedeutenden Engagements. Die Zuordnung aller anderen in BTO 1.2 genannten Prozesse beziehungsweise Teilprozesse liegt, soweit dieses Rundschreiben nichts anderes vorsieht, im Ermessen der Institute (z. B. die Kreditbearbeitung oder Teilprozesse der Kreditbearbeitung).

BaFin

BTO 1.2 Anforderungen an die Prozesse im Kreditgeschäft

1 Das Institut hat Prozesse für die Kreditbearbeitung (Kreditgewährung und Kreditweiterbearbeitung), die Kreditbearbeitungskontrolle, die Intensivbetreuung, die Problemkreditbearbeitung und die Risikovorsorge einzurichten. Die Verantwortung für deren Entwicklung und Qualität muss außerhalb des Bereichs Markt angesiedelt sein.

2 Das Institut hat Bearbeitungsgrundsätze für die Prozesse im Kreditgeschäft zu formulieren, die, soweit erforderlich, in geeigneter Weise zu differenzieren sind (z. B. nach Kreditarten). Darüber hinaus sind die vom Institut akzeptierten Sicherheitenarten sowie die Verfahren zur Wertermittlung, Verwaltung und Verwertung dieser Sicherheiten festzulegen. Bei der Festlegung der Verfahren zur Wertermittlung von Sicherheiten ist auf geeignete Wertermittlungsverfahren abzustellen.

3 Die für das Adressenausfallrisiko eines Kreditengagements bedeutsamen Aspekte sind herauszuarbeiten und zu beurteilen, wobei die Intensität dieser Tätigkeiten vom Risikogehalt des Engagements abhängt. Branchen- und ggf. Länderrisiken sind in angemessener Weise zu berücksichtigen. Kritische Punkte eines Engagements sind hervorzuheben und ggf. unter der Annahme verschiedener Szenarien darzustellen.

4 Die Verwendung externer Bonitätseinschätzungen enthebt das Institut nicht von seiner Verpflichtung, sich ein Urteil über das Adressenausfallrisiko zu bilden und dabei eigene Erkenntnisse und Informationen in die Kreditentscheidung einfließen zu lassen.

5 Bei Objekt-/Projektfinanzierungen ist im Rahmen der Kreditbearbeitung sicherzustellen, dass neben der wirtschaftlichen Betrachtung insbesondere auch die technische Machbarkeit und Entwicklung sowie die mit dem Objekt/Projekt verbundenen rechtlichen Risiken in die Beurteilung einbezogen werden. Dabei kann auch auf die Expertise einer vom Kreditnehmer unabhängigen sach- und fachkundigen Organisationseinheit zurückgegriffen werden. Soweit externe Personen für diese Zwecke herangezogen werden, ist vorher deren Eignung zu überprüfen. In unter Risikogesichtspunkten festzulegenden Abständen sind während der Entwicklungsphase des Projektes/Objektes Besichtigungen und Bautenstandskontrollen durchzuführen.

6 Abhängig vom Risikogehalt der Kreditgeschäfte sind sowohl im Rahmen der Kreditentscheidung als auch bei turnusmäßigen oder anlassbezogenen Beurteilungen die Risiken eines Engagements mit Hilfe eines Risikoklassifizierungsverfahrens zu bewerten. Eine Überprüfung der Risikoeinstufung ist jährlich durchzuführen.

7 Zwischen der Einstufung im Risikoklassifizierungsverfahren und der Konditionengestaltung sollte ein sachlich nachvollziehbarer Zusammenhang bestehen.

8 Das Institut hat ein der Kompetenzordnung entsprechendes Verfahren einzurichten, in dem festgelegt ist, wie Überschreitungen von Limiten zu behandeln sind. Soweit unter Risikogesichtspunkten vertretbar, ist für Limitüberschreitungen und Prolongationen auf der Grundlage klarer Vorgaben eine vereinfachte Umsetzung der Anforderungen in BTO 1.1 sowie BTO 1.2 möglich.

9 Im Hinblick auf die erforderlichen Kreditunterlagen ist ein Verfahren einzurichten, das deren zeitnahe Einreichung überwacht und eine zeitnahe Auswertung gewährleistet. Für ausstehende Unterlagen ist ein entsprechendes Mahnverfahren einzurichten.

Rundschreiben 09/2017 (BA) vom 27.10.2017 - Seite 25 von 41

BaFin

10 Das Institut hat standardisierte Kreditvorlagen zu verwenden, soweit dies in Anbetracht der jeweiligen Geschäftsarten möglich und zweckmäßig ist, wobei die Ausgestaltung der Kreditvorlagen von Art, Umfang, Komplexität und Risikogehalt der Kreditgeschäfte abhängt.

11 Vertragliche Vereinbarungen im Kreditgeschäft sind auf der Grundlage rechtlich geprüfter Unterlagen abzuschließen.

12 Für die einzelnen Kreditverträge sind rechtlich geprüfte Standardtexte zu verwenden, die anlassbezogen zu aktualisieren sind. Falls bei einem Engagement (z. B. im Rahmen von Individualvereinbarungen) von den Standardtexten abgewichen werden soll, ist, soweit unter Risikogesichtspunkten erforderlich, vor Abschluss des Vertrages die rechtliche Prüfung durch eine vom Bereich Markt unabhängige Stelle notwendig.

BTO 1.2.1 Kreditgewährung

1 Der Prozess der Kreditgewährung umfasst die bis zur Bereitstellung des Kredites erforderlichen Arbeitsabläufe. Dabei sind die für die Beurteilung des Risikos wichtigen Faktoren unter besonderer Berücksichtigung der Kapitaldienstfähigkeit des Kreditnehmers beziehungsweise des Objektes/Projektes zu analysieren und zu beurteilen, wobei die Intensität der Beurteilung vom Risikogehalt der Engagements abhängt (z. B. Kreditwürdigkeitsprüfung, Risikoeinstufung im Risikoklassifizierungsverfahren oder eine Beurteilung auf der Grundlage eines vereinfachten Verfahrens).

2 Bei Immobiliar-Verbraucherdarlehen sind auch zukünftige, als wahrscheinlich anzusehende Einkommensschwankungen in die Beurteilung der Kapitaldienstfähigkeit einzubeziehen. Alle für die Kreditgewährung relevanten Informationen sind vollständig zu dokumentieren und über die Laufzeit des Kredites aufzubewahren.

3 Die Werthaltigkeit und der rechtliche Bestand von Sicherheiten sind grundsätzlich vor der Kreditvergabe zu überprüfen. Der Wertansatz muss hinsichtlich wertbeeinflussender Umstände nachvollziehbar und in den Annahmen und Parametern begründet sein. Bei der Überprüfung der Werthaltigkeit kann auf bereits vorhandene Sicherheitenwerte zurückgegriffen werden, sofern keine Anhaltspunkte für Wertveränderungen vorliegen.

4 Hängt der Sicherheitenwert maßgeblich von den Verhältnissen eines Dritten ab (z. B. Bürgschaft), so ist eine angemessene Überprüfung der Adressenausfallrisiken des Dritten durchzuführen.

BTO 1.2.2 Kreditweiterbearbeitung

1 Im Rahmen der Kreditweiterbearbeitung ist zu überwachen, ob die vertraglichen Vereinbarungen vom Kreditnehmer eingehalten werden. Bei zweckgebundenen Kreditvergaben ist zu kontrollieren, ob die valutierten Mittel der vereinbarten Verwendung zukommen (Kreditverwendungskontrolle).

2 Eine Beurteilung der Adressenausfallrisiken ist jährlich durchzuführen, wobei die Intensität der Beurteilungen vom Risikogehalt der Engagements abhängt (z. B. Kreditwürdigkeitsprüfung, Risikoeinstufung im Risikoklassifizierungsverfahren oder eine Beurteilung auf der Grundlage eines vereinfachten Verfahrens).

Rundschreiben 09/2017 (BA) vom 27.10.2017 - Seite 26 von 41

BaFin

3 Die Werthaltigkeit und der rechtliche Bestand von Sicherheiten sind im Rahmen der Kreditweiterbearbeitung in Abhängigkeit von der Sicherheitenart ab einer vom Institut unter Risikogesichtspunkten festzulegenden Grenze in angemessenen Abständen zu überprüfen.

4 Außerordentliche Überprüfungen von Engagements einschließlich der Sicherheiten sind zumindest dann unverzüglich durchzuführen, wenn dem Institut aus externen oder internen Quellen Informationen bekannt werden, die auf eine wesentliche negative Änderung der Risikoeinschätzung der Engagements oder der Sicherheiten hindeuten. Derartige Informationen sind unverzüglich an alle einzubindenden Organisationseinheiten weiterzuleiten.

BTO 1.2.3 Kreditbearbeitungskontrolle

1 Für die Kreditbearbeitung sind prozessabhängige Kontrollen einzurichten, die gewährleisten, dass die Vorgaben der Organisationsrichtlinien eingehalten werden. Die Kontrollen können auch im Rahmen des üblichen Vier-Augen-Prinzips erfolgen.

2 Insbesondere ist zu kontrollieren, ob die Kreditentscheidung entsprechend der festgelegten Kompetenzordnung erfolgte und ob vor der Valutierung die Voraussetzungen beziehungsweise Auflagen aus dem Kreditvertrag erfüllt sind.

BTO 1.2.4 Intensivbetreuung

1 Das Institut hat Kriterien festzulegen, wann ein Engagement einer gesonderten Beobachtung (Intensivbetreuung) zu unterziehen ist. Die Verantwortung für die Entwicklung und Qualität dieser Kriterien sowie deren regelmäßige Überprüfung muss außerhalb des Bereichs Markt angesiedelt sein.

2 Die einer Intensivbetreuung unterliegenden Engagements sind nach einem festzulegenden Turnus auf ihre weitere Behandlung hin zu überprüfen (weitere Intensivbetreuung, Rückführung in die Normalbetreuung, Abgabe an die Abwicklung oder die Sanierung).

BTO 1.2.5 Behandlung von Problemkrediten

1 Das Institut hat Kriterien festzulegen, die die Abgabe eines Engagements an die auf die Sanierung beziehungsweise Abwicklung spezialisierten Mitarbeiter oder Bereiche beziehungsweise deren Einschaltung regeln. Die Verantwortung für die Entwicklung und die Qualität dieser Kriterien sowie deren regelmäßige Überprüfung muss außerhalb des Bereichs Markt angesiedelt sein. Die Federführung für den Sanierungs- beziehungsweise den Abwicklungsprozess oder die Überwachung dieser Prozesse ist außerhalb des Bereichs Markt wahrzunehmen.

2 Entscheidet sich das Institut trotz Erfüllung der Kriterien für den Übergang in die Sanierung bzw. Abwicklung und trotz wesentlicher Leistungsstörungen für einen Verbleib in der Intensivbetreuung, ist sicherzustellen, dass das Adressenausfallrisiko des Kredits verringert oder begrenzt werden kann. Das Vorgehen ist mit den auf die Sanierung bzw. Abwicklung spezialisierten Mitarbeitern abzustimmen. Rechtliche Risiken sind dabei zu prüfen.

3 Zieht ein Institut die Begleitung einer Sanierung in Betracht, hat es sich ein Sanierungskonzept zur Beurteilung der Sanierungsfähigkeit des Kreditnehmers vorlegen

BaFin

zu lassen und auf dieser Grundlage ein eigenständiges Urteil darüber zu treffen, ob eine Sanierung erreicht werden kann.

4 Die Umsetzung des Sanierungskonzeptes sowie die Auswirkungen der Maßnahmen sind vom Institut zu überwachen.

5 Die zuständigen Geschäftsleiter sind bei bedeutenden Engagements regelmäßig über den Stand der Sanierung zu informieren. Erforderlichenfalls kann bei dem Sanierungsprozess auf externe Spezialisten mit entsprechenden Kenntnissen zurückgegriffen werden.

6 Für den Fall der Abwicklung eines Engagements ist ein Abwicklungskonzept zu erstellen. In den Prozess der Verwertung der Sicherheiten sind Mitarbeiter oder ggf. externe Spezialisten mit entsprechenden Kenntnissen einzubeziehen.

BTO 1.2.6 Risikovorsorge

1 Das Institut hat Kriterien festzulegen, auf deren Grundlage unter Beachtung der angewandten Rechnungslegungsnormen Wertberichtigungen, Abschreibungen und Rückstellungen für das Kreditgeschäft (einschließlich der Länderrisikovorsorge) zu bilden sind (z. B. ein institutsinternes Forderungsbewertungsverfahren).

2 Die erforderliche Risikovorsorge ist zeitnah zu ermitteln und fortzuschreiben. Ein erheblicher Risikovorsorgebedarf ist der Geschäftsleitung unverzüglich mitzuteilen.

BTO 1.3 Verfahren zur Früherkennung von Risiken

1 Das Verfahren zur Früherkennung von Risiken dient insbesondere der rechtzeitigen Identifizierung von Kreditnehmern, bei deren Engagements sich erhöhte Risiken abzuzeichnen beginnen. Damit soll das Institut in die Lage versetzt werden, in einem möglichst frühen Stadium Gegenmaßnahmen einleiten zu können (z. B. Intensivbetreuung von Engagements).

2 Für diese Zwecke hat das Institut auf der Basis quantitativer und qualitativer Risikomerkmale Indikatoren für eine frühzeitige Risikoidentifizierung zu entwickeln.

3 Das Institut kann bestimmte, unter Risikogesichtspunkten festzulegende Arten von Kreditgeschäften oder Kreditgeschäfte unterhalb bestimmter Größenordnungen von der Anwendung des Verfahrens zur Früherkennung von Risiken ausnehmen. Die Funktion der Früherkennung von Risiken kann auch von einem Risikoklassifizierungsverfahren wahrgenommen werden, soweit es eine Früherkennung von Risiken ermöglicht.

BTO 1.4 Risikoklassifizierungsverfahren

1 In jedem Institut sind aussagekräftige Risikoklassifizierungsverfahren für die erstmalige beziehungsweise die turnusmäßige oder anlassbezogene Beurteilung der Adressenausfallrisiken sowie ggf. der Objekt-/Projektrisiken einzurichten. Es sind Kriterien festzulegen, die im Rahmen der Beurteilung der Risiken eine nachvollziehbare Zuweisung in eine Risikoklasse gewährleisten.

2 Die Verantwortung für Entwicklung, Qualität und Überwachung der Anwendung der Risikoklassifizierungsverfahren muss außerhalb des Bereichs Markt angesiedelt sein.

BaFin

3 Maßgebliche Indikatoren für die Bestimmung der Adressenausfallrisiken im Risikoklassifizierungsverfahren müssen neben quantitativen auch, soweit möglich, qualitative Kriterien sein. Es ist insbesondere zu berücksichtigen, inwieweit der Kreditnehmer in der Lage ist, künftig Erträge zu erwirtschaften, um den ausgereichten Kredit zurückzuführen.

4 Die Klassifizierungsverfahren sind in angemessener Weise in die Prozesse des Kreditgeschäfts und ggf. die Kompetenzordnung einzubinden.

BTO 2 Handelsgeschäft

1 Dieses Modul stellt Anforderungen an die Ausgestaltung der Aufbau- und Ablauforganisation im Handelsgeschäft.

BTO 2.1 Funktionstrennung

1 Maßgeblicher Grundsatz für die Ausgestaltung der Prozesse im Handelsgeschäft ist die klare aufbauorganisatorische Trennung des Bereichs Handel von den Funktionen des Risikocontrollings sowie der Abwicklung und Kontrolle bis einschließlich der Ebene der Geschäftsleitung.

2 Von der Trennung bis einschließlich der Ebene der Geschäftsleitung kann abgesehen werden, wenn sich die Handelsaktivitäten in ihrer Gesamtheit auf Handelsgeschäfte konzentrieren, die unter Risikogesichtspunkten als nicht wesentlich einzustufen sind („nicht-risikorelevante Handelsaktivitäten").

BTO 2.2 Anforderungen an die Prozesse im Handelsgeschäft

BTO 2.2.1 Handel

1 Bei Abschluss von Handelsgeschäften müssen die Konditionen einschließlich der Nebenabreden vollständig vereinbart werden. Das Institut hat standardisierte Vertragstexte zu verwenden, soweit dies in Anbetracht der jeweiligen Geschäftsarten möglich und zweckmäßig ist. Interne Handelsgeschäfte dürfen nur auf der Basis klarer Regelungen abgeschlossen werden.

2 Handelsgeschäfte zu nicht marktgerechten Bedingungen sind grundsätzlich unzulässig. Ausnahmen hiervon sind im Einzelfall möglich, wenn

a) sie auf Kundenwunsch erfolgen, sachlich begründet sind und die Abweichung von den marktgerechten Bedingungen aus den Geschäftsunterlagen deutlich ersichtlich ist,
b) sie aufgrund von internen Vorgaben erfolgen, die die Geschäftsarten, den Kundenkreis, den Umfang und die Ausgestaltung dieser Handelsgeschäfte festlegen,
c) die Abweichung von den marktgerechten Bedingungen gegenüber dem Kunden in der Geschäftsbestätigung offengelegt wird und
d) sie bei entsprechender Bedeutung an die Geschäftsleitung berichtet werden.

BaFin

3 Geschäftsabschlüsse außerhalb der Geschäftsräume sind nur im Rahmen interner Vorgaben zulässig. Dabei sind insbesondere die Berechtigten, der Zweck, der Umfang und die Erfassung festzulegen. Für solche Handelsgeschäfte ist vom Kontrahenten eine unverzügliche fernschriftliche Bestätigung zu verlangen. Diese Handelsgeschäfte sind vom Händler unverzüglich in geeigneter Form dem eigenen Institut anzuzeigen, besonders zu kennzeichnen und dem zuständigen Geschäftsleiter beziehungsweise einer von ihm autorisierten Organisationseinheit zur Kenntnis zu bringen.

4 Die Geschäftsgespräche der Händler sollten grundsätzlich auf Tonträger aufgezeichnet werden und sind mindestens drei Monate aufzubewahren.

5 Handelsgeschäfte sind unverzüglich nach Geschäftsabschluss mit allen maßgeblichen Abschlussdaten zu erfassen, bei der Ermittlung der jeweiligen Position zu berücksichtigen (Fortschreibung der Bestände) und mit allen Unterlagen an die Abwicklung weiterzuleiten. Die Weiterleitung der Abschlussdaten kann auch automatisiert über ein Abwicklungssystem erfolgen.

6 Bei Direkterfassung in den IT-Systemen muss sichergestellt sein, dass ein Händler nur unter seiner eigenen Händleridentifikation Handelsgeschäfte eingeben kann. Erfassungstag und -uhrzeit sowie fortlaufende Geschäftsnummern müssen automatisch vorgegeben werden und dürfen vom Händler nicht veränderbar sein.

7 Handelsgeschäfte, die nach Erfassungsschluss der Abwicklung abgeschlossen werden (Spätgeschäfte), sind als solche zu kennzeichnen und bei den Positionen des Abschlusstages (einschließlich der Nacherfassung) zu berücksichtigen, wenn sie zu wesentlichen Veränderungen führen. Abschlussdaten und Unterlagen über Spätgeschäfte sind unverzüglich an einen Bereich außerhalb des Handels weiterzuleiten.

8 Vor Abschluss von Verträgen im Zusammenhang mit Handelsgeschäften, insbesondere bei Rahmenvereinbarungen, Nettingabreden und Sicherheitenbestellungen, ist durch eine vom Handel unabhängige Stelle zu prüfen, ob und inwieweit sie rechtlich durchsetzbar sind.

9 Organisatorisch dem Handelsbereich zugeordnete Mitarbeiter dürfen nur gemeinsam mit Mitarbeitern eines handelsunabhängigen Bereichs über Zeichnungsberechtigungen für Zahlungsverkehrskonten verfügen.

10 Das Institut hat durch geeignete Maßnahmen sicherzustellen, dass die Positionsverantwortung von Händlern jährlich für einen ununterbrochenen Zeitraum von mindestens 10 Handelstagen an einen anderen Mitarbeiter übertragen wird. In diesem Zeitraum hat das Institut dafür Sorge zu tragen, dass kein Zugriff eines abwesenden Händlers auf die von ihm verantworteten Positionen erfolgt.

BTO 2.2.2 Abwicklung und Kontrolle

1 Bei der Abwicklung sind auf Basis der vom Handel erhaltenen Abschlussdaten die Geschäftsbestätigungen beziehungsweise die Abrechnungen auszufertigen sowie daran anschließende Abwicklungsaufgaben durchzuführen.

2 Grundsätzlich sind Handelsgeschäfte unverzüglich schriftlich oder in gleichwertiger Form zu bestätigen. Die Bestätigung muss die erforderlichen Abschlussdaten enthalten. Bei Handelsgeschäften über Makler muss der Makler benannt werden. Der unverzügliche Eingang der Gegenbestätigungen ist zu überwachen, wobei sichergestellt sein muss,

BaFin

dass die eingehenden Gegenbestätigungen zuerst und direkt in die Abwicklung gelangen und nicht an den Handel adressiert sind. Fehlende beziehungsweise unvollständige Gegenbestätigungen sind unverzüglich zu reklamieren, es sei denn, es handelt sich um ein Handelsgeschäft, das in allen Teilen ordnungsgemäß erfüllt ist.

3 Bei Handelsgeschäften, die über ein Abwicklungssystem abgerechnet werden, das einen automatischen Abgleich der maßgeblichen Abschlussdaten gewährleistet (so genanntes Matching) und Handelsgeschäfte nur bei Übereinstimmung der Daten durchführt, kann auf das Bestätigungsverfahren verzichtet werden. Sofern kein automatischer Abgleich der maßgeblichen Abschlussdaten erfolgt, kann auf das Bestätigungsverfahren verzichtet werden, wenn das Abwicklungssystem beiden Kontrahenten den jederzeitigen Abruf der Abschlussdaten ermöglicht und eine Kontrolle dieser Daten vorgenommen wird.

4 Die Handelsgeschäfte sind einer laufenden Kontrolle zu unterziehen. Dabei ist insbesondere zu kontrollieren, ob

a) die Geschäftsunterlagen vollständig und zeitnah vorliegen,
b) die Angaben der Händler richtig und vollständig sind und, soweit vorhanden, mit den Angaben auf Maklerbestätigungen, Ausdrucken aus Handelssystemen oder Ähnlichem übereinstimmen,
c) die Abschlüsse sich hinsichtlich Art und Umfang im Rahmen der festgesetzten Limite bewegen,
d) marktgerechte Bedingungen vereinbart sind und
e) Abweichungen von vorgegebenen Standards (z. B. Stammdaten, Anschaffungswege, Zahlungswege) vereinbart sind.

Änderungen und Stornierungen der Abschlussdaten oder Buchungen sind außerhalb des Bereichs Handel zu kontrollieren.

5 Für die Kontrolle der Marktgerechtigkeit von Geschäftsabschlüssen sind geeignete Verfahren, ggf. differenziert nach Handelsgeschäftsarten, einzurichten. Der für die Marktgerechtigkeitskontrolle zuständige Geschäftsleiter ist unverzüglich zu unterrichten, wenn abweichend von BTO 2.2.1 Tz. 2 Handelsgeschäfte zu nicht marktgerechten Bedingungen abgeschlossen werden.

6 Unstimmigkeiten und Auffälligkeiten, die im Rahmen der Abwicklung und Kontrolle festgestellt wurden, sind unter der Federführung eines vom Handel unabhängigen Bereichs unverzüglich zu klären. Für Unstimmigkeiten und Auffälligkeiten, die nicht plausibel geklärt werden können, hat das Institut angemessene Eskalationsverfahren einzurichten.

7 Die im Handel ermittelten Positionen sind regelmäßig mit den in den nachgelagerten Prozessen und Funktionen (z. B. Abwicklung, Rechnungswesen) geführten Positionen abzustimmen. In die Abstimmungsaktivitäten sind auch inaktive Portfolien („dormant portfolios") und fiktive Kontrahenten („dummy counterparts") einzubeziehen. Besonderes Augenmerk ist auf die Abstimmung von Zwischen- und Auffangkonten zu richten. Auffälligkeiten im Zusammenhang mit diesen Konten sind unverzüglich zu klären.

BaFin

BTO 2.2.3 Abbildung im Risikocontrolling

1 Handelsgeschäfte einschließlich solcher Nebenabreden, die zu Positionen führen, sind unverzüglich im Risikocontrolling abzubilden.

BTR Anforderungen an die Risikosteuerungs- und -controllingprozesse

1 Dieses Modul enthält unter Berücksichtigung von Risikokonzentrationen besondere Anforderungen an die Ausgestaltung der Risikosteuerungs- und -controllingprozesse (AT 4.3.2) für

a) Adressenausfallrisiken (BTR 1),
b) Marktpreisrisiken (BTR 2),
c) Liquiditätsrisiken (BTR 3) und
d) operationelle Risiken (BTR 4).

BTR 1 Adressenausfallrisiken

1 Das Institut hat durch geeignete Maßnahmen sicherzustellen, dass Adressenausfallrisiken und damit verbundene Risikokonzentrationen unter Berücksichtigung der Risikotragfähigkeit begrenzt werden können.

2 Ohne kreditnehmerbezogenes Limit (Kreditnehmerlimit, Kreditnehmereinheitenlimit), also einen Kreditbeschluss, darf kein Kreditgeschäft abgeschlossen werden.

3 Handelsgeschäfte dürfen grundsätzlich nur mit Vertragspartnern getätigt werden, für die Kontrahentenlimite eingeräumt wurden. Auf das einzelne Limit sind alle Handelsgeschäfte mit einer bestimmten Gegenpartei anzurechnen. Bei der Ermittlung der Auslastung der Kontrahentenlimite sind Wiedereindeckungsrisiken und Erfüllungsrisiken zu berücksichtigen. Die Positionsverantwortlichen sind über die für sie relevanten Limite und ihre aktuelle Ausnutzung zeitnah zu informieren.

4 Darüber hinaus sind bei Handelsgeschäften grundsätzlich auch Emittentenlimite einzurichten. Soweit im Bereich Handel für Emittenten noch keine Limitierungen vorliegen, können auf der Grundlage klarer Vorgaben Emittentenlimite kurzfristig zu Zwecken des Handels eingeräumt werden, ohne dass vorab der jeweils unter Risikogesichtspunkten festgelegte Bearbeitungsprozess vollständig durchlaufen werden muss. Der jeweils festgelegte Bearbeitungsprozess ist spätestens nach drei Monaten durchzuführen. Die maßgeblichen Vorgaben müssen Risikogesichtspunkten Rechnung tragen. Sie müssen mit den in den Strategien niedergelegten Zielen im Einklang stehen.

5 Die Geschäfte sind unverzüglich auf die kreditnehmerbezogenen Limite anzurechnen. Die Einhaltung der Limite ist zu überwachen. Limitüberschreitungen und die deswegen ggf. getroffenen Maßnahmen sind festzuhalten. Ab einer unter Risikogesichtspunkten festgelegten Höhe sind Überschreitungen von Kontrahenten- und Emittentenlimiten den zuständigen Geschäftsleitern täglich anzuzeigen.

6 Risikokonzentrationen sind zu identifizieren. Gegebenenfalls vorhandene Abhängigkeiten sind dabei zu berücksichtigen. Bei der Beurteilung der Risikokonzentrationen ist auf qualitative und, soweit möglich, auf quantitative Verfahren abzustellen. Risikokonzentrationen sind mit Hilfe geeigneter Verfahren zu steuern und zu überwachen (z. B. Limite, Ampelsysteme oder auf Basis anderer Vorkehrungen).

BaFin

7 Das Institut hat eine angemessene Erfassung der Erlöse aus der Abwicklung von Kreditengagements sowie der zugehörigen historischen Werte der Kreditsicherheiten in einer Erlösquotensammlung zu gewährleisten. Die Erkenntnisse aus der Erlösquotensammlung sind bei der Steuerung der Adressenausfallrisiken angemessen zu berücksichtigen.

BTR 2 Marktpreisrisiken

BTR 2.1 Allgemeine Anforderungen

1 Auf der Grundlage der Risikotragfähigkeit ist ein System von Limiten zur Begrenzung der Marktpreisrisiken unter Berücksichtigung von Risikokonzentrationen einzurichten.

2 Ohne Marktpreisrisikolimit darf kein mit Marktpreisrisiken behaftetes Geschäft abgeschlossen werden.

3 Die Verfahren zur Beurteilung der Marktpreisrisiken sind regelmäßig zu überprüfen. Es ist zu überprüfen, ob die Verfahren auch bei schwerwiegenden Marktstörungen zu verwertbaren Ergebnissen führen. Für länger anhaltende Fälle fehlender, veralteter oder verzerrter Marktpreise sind für wesentliche Positionen alternative Bewertungsmethoden festzulegen.

4 Die im Rechnungswesen und Risikocontrolling ermittelten Ergebnisse sind regelmäßig zu plausibilisieren.

BTR 2.2 Marktpreisrisiken des Handelsbuches

1 Es ist sicherzustellen, dass die mit Marktpreisrisiken behafteten Geschäfte des Handelsbuches unverzüglich auf die einschlägigen Limite angerechnet werden und der Positionsverantwortliche über die für ihn relevanten Limite und ihre aktuelle Ausnutzung zeitnah informiert ist. Bei Limitüberschreitungen sind geeignete Maßnahmen zu treffen. Gegebenenfalls ist ein Eskalationsverfahren einzuleiten.

2 Die mit Marktpreisrisiken behafteten Positionen des Handelsbuches sind täglich zu bewerten.

3 Es ist täglich ein Ergebnis für das Handelsbuch zu ermitteln. Die bestehenden Risikopositionen sind mindestens einmal täglich zum Geschäftsschluss zu Gesamtrisikopositionen zusammenzufassen.

4 Die modellmäßig ermittelten Risikowerte sind fortlaufend mit der tatsächlichen Entwicklung zu vergleichen.

BTR 2.3 Marktpreisrisiken des Anlagebuches (einschließlich Zinsänderungsrisiken)

1 Die mit Marktpreisrisiken behafteten Positionen des Anlagebuches sind mindestens vierteljährlich zu bewerten.

2 Ebenfalls mindestens vierteljährlich ist ein Ergebnis für das Anlagebuch zu ermitteln.

3 Durch geeignete Maßnahmen ist sicherzustellen, dass Limitüberschreitungen aufgrund zwischenzeitlicher Veränderungen der Risikopositionen vermieden werden können.

BaFin

4 Abhängig von Art, Umfang, Komplexität und Risikogehalt der Positionen im Anlagebuch kann auch eine tägliche, wöchentliche oder monatliche Bewertung, Ergebnisermittlung und Kommunikation der Risiken erforderlich sein.

5 Die Verfahren zur Beurteilung der Zinsänderungsrisiken des Anlagebuches müssen die wesentlichen Ausprägungen der Zinsänderungsrisiken erfassen.

6 Bei der Bestimmung der Zinsänderungsrisiken kann auf die Auswirkungen von Zinsänderungen auf das handelsrechtliche Ergebnis des Instituts oder die Markt- beziehungsweise Barwerte der betroffenen Positionen als primär steuerungsrelevantes Verfahren abgestellt werden. Die Auswirkungen aus der jeweils anderen Steuerungsperspektive sind angemessen zu berücksichtigen. Sofern sich hieraus weitergehende Zinsänderungsrisiken in bedeutendem Umfang ergeben, ist diesen im Rahmen der Risikosteuerungs- und -controllingprozesse sowie bei der Beurteilung der Risikotragfähigkeit Rechnung zu tragen. Bei einer Bestimmung über die Auswirkungen auf das handelsrechtliche Ergebnis ist eine angemessene Betrachtung über den Bilanzstichtag hinaus erforderlich.

7 Hinsichtlich der Berücksichtigung von Positionen mit unbestimmter Kapital- oder Zinsbindung sind geeignete Annahmen festzulegen.

8 Institute, die wesentliche Zinsänderungsrisiken in verschiedenen Währungen eingegangen sind, müssen die Zinsänderungsrisiken in jeder dieser Währungen ermitteln.

BTR 3 Liquiditätsrisiken

BTR 3.1 Allgemeine Anforderungen

1 Das Institut hat sicherzustellen, dass es seine Zahlungsverpflichtungen jederzeit erfüllen kann. Das Institut hat dabei, soweit erforderlich, auch Maßnahmen zur Steuerung des untertägigen Liquiditätsrisikos zu ergreifen. Es ist eine ausreichende Diversifikation der Refinanzierungsquellen und der Liquiditätspuffer zu gewährleisten. Konzentrationen sind wirksam zu überwachen und zu begrenzen.

2 Das Institut hat zu gewährleisten, dass ein sich abzeichnender Liquiditätsengpass frühzeitig erkannt wird. Hierfür sind Verfahren einzurichten, deren Angemessenheit regelmäßig, mindestens aber jährlich, zu überprüfen ist. Auswirkungen anderer Risiken auf die Liquidität des Instituts (z. B. Reputationsrisiken) sind bei den Verfahren zu berücksichtigen.

3 Das Institut hat für einen geeigneten Zeitraum eine oder mehrere aussagekräftige Liquiditätsübersichten zu erstellen, in denen die voraussichtlichen Mittelzuflüsse den voraussichtlichen Mittelabflüssen gegenübergestellt werden. Die Liquiditätsübersichten müssen geeignet sein, um die Liquiditätslage im kurz-, mittel- und langfristigen Bereich darzustellen. Dies hat sich in den getroffenen Annahmen, die den Mittelzu- und -abflüssen zugrunde liegen, und in der Untergliederung in Zeitbändern angemessen widerzuspiegeln. Den auch in normalen Marktphasen üblichen Schwankungen der Zahlungsflüsse ist in den Liquiditätsübersichten angemessen Rechnung zu tragen.

4 Es ist laufend zu überprüfen, inwieweit das Institut, auch bei angespanntem Marktumfeld, in der Lage ist, einen auftretenden Liquiditätsbedarf zu decken. Dabei ist insbesondere auch auf den Liquiditätsgrad der Vermögenswerte abzustellen. Der

BaFin

dauerhafte Zugang zu den für das Institut relevanten Refinanzierungsquellen ist regelmäßig zu überprüfen. Für kurzfristig eintretende Verschlechterungen der Liquiditätssituation hat das Institut ausreichend bemessene, nachhaltige Liquiditätspuffer (z. B. hochliquide, unbelastete Vermögensgegenstände) vorzuhalten.

5 Das Institut hat ein geeignetes Verrechnungssystem zur verursachungsgerechten internen Verrechnung der jeweiligen Liquiditätskosten, -nutzen und –risiken einzurichten. Die Ausgestaltung des Verrechnungssystems ist abhängig von Art, Umfang, Komplexität und Risikogehalt der Geschäftsaktivitäten sowie der Refinanzierungsstruktur des Instituts. Das Verrechnungssystem ist von der Geschäftsleitung zu genehmigen.

6 Große Institute mit komplexen Geschäftsaktivitäten haben ein Liquiditätstransferpreissystem zur verursachungsgerechten internen Verrechnung der jeweiligen Liquiditätskosten, -nutzen und –risiken zu etablieren. Die ermittelten Transferpreise sind im Rahmen der Ertrags- und Risikosteuerung zu berücksichtigen, indem die Verrechnung möglichst auf Transaktionsebene erfolgt. Dies gilt für bilanzwirksame und außerbilanzielle Geschäftsaktivitäten. Die Aspekte Haltedauer und Marktliquidität der Vermögensgegenstände sind bei der Ermittlung der jeweiligen Transferpreise zu berücksichtigen. Für unsichere Zahlungsströme sind geeignete Annahmen zu treffen. Das Liquiditätstransferpreissystem hat auch die Kosten für vorzuhaltende Liquiditätspuffer zu verrechnen.

7 Die Verantwortung für die Entwicklung und Qualität sowie die regelmäßige Überprüfung des Liquiditätstransferpreissystems ist in einem vom Markt und Handel unabhängigen Bereich wahrzunehmen. Die jeweils gültigen Liquiditätstransferpreise sind den betroffenen Mitarbeitern transparent zu machen. Die Konsistenz der eingesetzten Liquiditätstransferpreissysteme innerhalb der Gruppe muss gewährleistet sein.

8 Für Liquiditätsrisiken sind regelmäßig angemessene Stresstests durchzuführen. Dabei sind sowohl institutseigene als auch marktweite Ursachen für Liquiditätsrisiken in die Betrachtung einzubeziehen. Darüber hinaus sind beide Aspekte kombiniert zu betrachten. Das Institut hat die Stresstests individuell zu definieren. Dabei sind den Stresstests unterschiedlich lange Zeithorizonte zugrunde zu legen. Das Institut hat in den Stressszenarien seinen voraussichtlichen Überlebenshorizont zu ermitteln.

9 Das Institut hat festzulegen, welche Maßnahmen im Fall eines Liquiditätsengpasses ergriffen werden sollen (Notfallplan für Liquiditätsengpässe). Dazu gehört auch die Darstellung der in diesen Fällen zur Verfügung stehenden Liquiditätsquellen unter Berücksichtigung etwaiger Mindererlöse. Die im Fall eines Liquiditätsengpasses zu verwendenden Kommunikationswege sind festzulegen. Die geplanten Maßnahmen sind regelmäßig auf ihre Durchführbarkeit zu überprüfen und ggf. anzupassen. Die Ergebnisse der Stresstests sind dabei zu berücksichtigen.

10 Es ist zu überprüfen, inwieweit der Übertragung liquider Mittel und unbelasteter Vermögensgegenstände innerhalb der Gruppe gesellschaftsrechtliche, regulatorische und operationelle Restriktionen entgegenstehen.

11 Ein Institut, das wesentliche Liquiditätsrisiken in Fremdwährungen aufweist, hat zur Sicherstellung seiner Zahlungsverpflichtungen angemessene Verfahren zur Steuerung der Fremdwährungsliquidität in den wesentlichen Währungen zu implementieren. Hierzu gehören für die jeweiligen Währungen zumindest eine gesonderte Liquiditätsübersicht, gesonderte Fremdwährungsstresstests sowie eine explizite Berücksichtigung im Notfallplan für Liquiditätsengpässe.

BaFin

12 Das Institut hat einen internen Refinanzierungsplan aufzustellen, der die Strategien, den Risikoappetit und das Geschäftsmodell angemessen widerspiegelt. Der Planungshorizont hat einen angemessen langen, in der Regel mehrjährigen Zeitraum zu umfassen. Dabei ist zu berücksichtigen, wie sich Veränderungen der eigenen Geschäftstätigkeit oder der strategischen Ziele sowie Veränderungen des wirtschaftlichen Umfelds auf den Refinanzierungsbedarf auswirken. Möglichen adversen Entwicklungen, die von den Erwartungen abweichen, ist bei der Planung angemessen Rechnung zu tragen.

BTR 3.2 Zusätzliche Anforderungen an kapitalmarktorientierte Institute

1 Das Institut muss in der Lage sein, den erforderlichen Liquiditätsbedarf, der sich aus den institutsindividuellen Stressszenarien über den Zeithorizont von mindestens einem Monat ergibt, mit den nach BTR 3.1 Tz. 4 vorzuhaltenden Liquiditätspuffern zu überbrücken, die in BTR 3.2 Tz. 2 näher spezifiziert sind.

2 Zur Überbrückung des kurzfristigen Liquiditätsbedarfs von mindestens einer Woche hat das Institut neben Zentralbankgeld hochliquide Vermögensgegenstände vorzuhalten, die jederzeit ohne signifikante Wertverluste in privaten Märkten liquidiert werden können und zentralbankfähig sind. Für den weiteren Liquiditätsbedarf bis zum Ende des Zeithorizonts von mindestens einem Monat können andere Vermögensgegenstände als weitere Bestandteile der Liquiditätspuffer herangezogen werden, wenn diese ohne signifikante Wertverluste innerhalb des Zeithorizonts liquidiert werden können.

3 Das Institut hat Stressszenarien zu betrachten, nach denen auch die Liquiditätspuffer gemäß Tz. 1 zu bemessen sind. Im Rahmen der Stresstests sind zum einen Stressszenarien zu betrachten, die auf institutseigenen Ursachen beruhen. Zum anderen sind getrennt davon Stressszenarien zu betrachten, die auf marktweite Ursachen zurückzuführen sind. Darüber hinaus sind beide Aspekte kombiniert zu betrachten.

Ein Szenario, das auf institutseigenen Ursachen beruht, hat auch eine signifikante Ratingverschlechterung abzubilden, bei der mindestens folgende Annahmen zu berücksichtigen sind:

- Keine Verlängerung von unbesicherter Refinanzierung durch institutionelle Anleger mindestens innerhalb der ersten Woche des Stressszenarios,
- Abzug eines Teils der Privatkundeneinlagen.

Ferner sind für ein Szenario, das auf marktweiten Ursachen beruht, folgende Annahmen zu berücksichtigen:

- Allgemeiner Kursverfall von marktgängigen Vermögensgegenständen, insbesondere Wertpapieren,
- Allgemeine Verschlechterung der Refinanzierungsbedingungen.

4 Das Institut hat sicherzustellen, dass der Nutzung der Liquiditätspuffer keine rechtlichen, regulatorischen oder operationellen Restriktionen entgegenstehen. Die Diversifikation und die Aufteilung der Liquiditätspuffer auf verschiedene Jurisdiktionen müssen der Struktur und den Geschäftsaktivitäten des Instituts und der Gruppe entsprechen.

BTR 4 Operationelle Risiken

1 Das Institut hat den operationellen Risiken durch angemessene Maßnahmen Rechnung zu tragen. Für diese Zwecke ist eine institutsintern einheitliche Festlegung und

Rundschreiben 09/2017 (BA) vom 27.10.2017 - Seite 36 von 41

Abgrenzung der operationellen Risiken vorzunehmen und an die Mitarbeiter zu kommunizieren.

2 Es muss gewährleistet sein, dass wesentliche operationelle Risiken zumindest jährlich identifiziert und beurteilt werden.

3 Das Institut hat eine angemessene Erfassung von Schadensfällen sicherzustellen. Bedeutende Schadensfälle sind unverzüglich hinsichtlich ihrer Ursachen zu analysieren.

4 Auf Basis der Risikoberichterstattung gemäß BT 3.2 Tz. 6 ist zu entscheiden, ob und welche Maßnahmen zur Beseitigung der Ursachen zu treffen oder welche Risikosteuerungsmaßnahmen (z. B. Versicherungen, Ersatzverfahren, Neuausrichtung von Geschäftsaktivitäten, Katastrophenschutzmaßnahmen) zu ergreifen sind. Die Umsetzung der zu treffenden Maßnahmen ist zu überwachen.

BT 2 Besondere Anforderungen an die Ausgestaltung der Internen Revision

BT 2.1 Aufgaben der Internen Revision

1 Die Prüfungstätigkeit der Internen Revision hat sich auf der Grundlage eines risikoorientierten Prüfungsansatzes grundsätzlich auf alle Aktivitäten und Prozesse des Instituts zu erstrecken.

2 Die Interne Revision hat unter Wahrung ihrer Unabhängigkeit und unter Vermeidung von Interessenkonflikten bei wesentlichen Projekten begleitend tätig zu sein.

3 Im Fall wesentlicher Auslagerungen auf ein anderes Unternehmen kann die Interne Revision des Instituts auf eigene Prüfungshandlungen verzichten, sofern die anderweitig durchgeführte Revisionstätigkeit den Anforderungen in AT 4.4 und BT 2 genügt. Die Interne Revision des auslagernden Instituts hat sich von der Einhaltung dieser Voraussetzungen regelmäßig zu überzeugen. Die für das Institut relevanten Prüfungsergebnisse sind an die Interne Revision des auslagernden Instituts weiterzuleiten.

BT 2.2 Grundsätze für die Interne Revision

1 Die Interne Revision hat ihre Aufgaben selbständig und unabhängig wahrzunehmen. Insbesondere ist zu gewährleisten, dass sie bei der Berichterstattung und der Wertung der Prüfungsergebnisse keinen Weisungen unterworfen ist. Das Direktionsrecht der Geschäftsleitung zur Anordnung zusätzlicher Prüfungen steht der Selbständigkeit und Unabhängigkeit der Internen Revision nicht entgegen.

2 Die in der Internen Revision beschäftigten Mitarbeiter dürfen grundsätzlich nicht mit revisionsfremden Aufgaben betraut werden. Sie dürfen insbesondere keine Aufgaben wahrnehmen, die mit der Prüfungstätigkeit nicht im Einklang stehen. Soweit die Unabhängigkeit der Internen Revision gewährleistet ist, kann sie im Rahmen ihrer Aufgaben für die Geschäftsleitung oder andere Organisationseinheiten des Instituts beratend tätig sein.

3 Mitarbeiter, die in anderen Organisationseinheiten des Instituts beschäftigt sind, dürfen grundsätzlich nicht mit Aufgaben der Internen Revision betraut werden. Das schließt jedoch nicht aus, dass in begründeten Einzelfällen andere Mitarbeiter aufgrund ihres Spezialwissens zeitweise für die Interne Revision tätig werden. Beim Wechsel von

BaFin

Mitarbeitern anderer Organisationseinheiten zur Internen Revision sind angemessene Übergangsfristen von in der Regel mindestens einem Jahr vorzusehen, innerhalb derer diese Mitarbeiter keine Tätigkeiten prüfen dürfen, die gegen das Verbot der Selbstprüfung und -überprüfung verstoßen. Erleichterungen hinsichtlich der Übergangsfristen sind für Institute in Abhängigkeit von der Art, dem Umfang, der Komplexität und dem Risikogehalt der betriebenen Geschäftsaktivitäten möglich.

BT 2.3 Prüfungsplanung und -durchführung

1 Die Tätigkeit der Internen Revision muss auf einem umfassenden und jährlich fortzuschreibenden Prüfungsplan basieren. Die Prüfungsplanung hat risikoorientiert zu erfolgen. Die Aktivitäten und Prozesse des Instituts sind, auch wenn diese ausgelagert sind, in angemessenen Abständen, grundsätzlich innerhalb von drei Jahren, zu prüfen. Wenn besondere Risiken bestehen, ist jährlich zu prüfen. Bei unter Risikogesichtspunkten nicht wesentlichen Aktivitäten und Prozessen kann vom dreijährigen Turnus abgewichen werden. Die Risikoeinstufung der Aktivitäten und Prozesse ist regelmäßig zu überprüfen.

2 Die Risikobewertungsverfahren der Internen Revision haben eine Analyse des Risikopotenzials der Aktivitäten und Prozesse unter Berücksichtigung absehbarer Veränderungen zu beinhalten. Dabei sind die verschiedenen Risikoquellen und die Manipulationsanfälligkeit der Prozesse durch Mitarbeiter angemessen zu berücksichtigen.

3 Die Prüfungsplanung, -methoden und -qualität sind regelmäßig und anlassbezogen auf Angemessenheit zu überprüfen und weiterzuentwickeln.

4 Es muss sichergestellt sein, dass kurzfristig notwendige Sonderprüfungen, z. B. anlässlich deutlich gewordener Mängel oder bestimmter Informationsbedürfnisse, jederzeit durchgeführt werden können.

5 Die Prüfungsplanung sowie wesentliche Anpassungen sind von der Geschäftsleitung zu genehmigen.

BT 2.4 Berichtspflicht

1 Über jede Prüfung muss von der Internen Revision zeitnah ein schriftlicher Bericht angefertigt und grundsätzlich den fachlich zuständigen Mitgliedern der Geschäftsleitung vorgelegt werden. Der Bericht muss insbesondere eine Darstellung des Prüfungsgegenstandes und der Prüfungsfeststellungen, ggf. einschließlich der vorgesehenen Maßnahmen, enthalten. Wesentliche Mängel sind besonders herauszustellen. Dabei sind die Prüfungsergebnisse zu beurteilen. Bei schwerwiegenden Mängeln muss der Bericht unverzüglich der Geschäftsleitung vorgelegt werden.

2 Die Prüfungen sind durch Arbeitsunterlagen zu dokumentieren. Aus ihnen müssen die durchgeführten Arbeiten sowie die festgestellten Mängel und Schlussfolgerungen für sachkundige Dritte nachvollziehbar hervorgehen.

3 Besteht hinsichtlich der zur Erledigung der Feststellungen zu ergreifenden Maßnahmen keine Einigkeit zwischen geprüfter Organisationseinheit und Interner Revision, so ist von der geprüften Organisationseinheit eine Stellungnahme hierzu abzugeben.

4 Die Interne Revision hat zeitnah einen Quartalsberichtbericht über die von ihr seit dem Stichtag des letzten Quartalsberichts durchgeführten Prüfungen zu verfassen und zeitnah der Geschäftsleitung und dem Aufsichtsorgan vorzulegen. Der Quartalsbericht muss über

BaFin

die wesentlichen oder höher eingestuften Mängel, die beschlossenen Maßnahmen sowie den Status dieser Maßnahmen informieren. Es ist ferner darzulegen, ob und inwieweit die Vorgaben des Prüfungsplans eingehalten wurden. Die Interne Revision hat außerdem über die im Jahresablauf festgestellten schwerwiegenden sowie über die noch nicht behobenen wesentlichen Mängel in inhaltlich prägnanter Form an die Geschäftsleitung und das Aufsichtsorgan zu berichten (Jahresbericht). Die aufgedeckten schwerwiegenden Mängel, die beschlossenen Maßnahmen sowie der Status dieser Maßnahmen sind dabei besonders hervorzuheben. Über besonders schwerwiegende Mängel hat die Interne Revision unverzüglich zu berichten.

5 Ergeben sich im Rahmen der Prüfungen schwerwiegende Feststellungen gegen Geschäftsleiter, so ist der Geschäftsleitung unverzüglich Bericht zu erstatten. Diese hat unverzüglich den Vorsitzenden des Aufsichtsorgans sowie die Aufsichtsinstitutionen (Bundesanstalt für Finanzdienstleistungsaufsicht, Deutsche Bundesbank) zu informieren. Kommt die Geschäftsleitung ihrer Berichtspflicht nicht nach oder beschließt sie keine sachgerechten Maßnahmen, so hat die Interne Revision den Vorsitzenden des Aufsichtsorgans zu unterrichten.

6 Revisionsberichte und Arbeitsunterlagen sind sechs Jahre aufzubewahren.

BT 2.5 Reaktion auf festgestellte Mängel

1 Die Interne Revision hat die fristgerechte Beseitigung der bei der Prüfung festgestellten Mängel in geeigneter Form zu überwachen. Gegebenenfalls ist hierzu eine Nachschauprüfung anzusetzen.

2 Werden die wesentlichen Mängel nicht in einer angemessenen Zeit beseitigt, so hat der Leiter der Internen Revision darüber zunächst den fachlich zuständigen Geschäftsleiter schriftlich zu informieren. Erfolgt die Mängelbeseitigung nicht, so ist die Geschäftsleitung spätestens im Rahmen des nächsten Gesamtberichts schriftlich über die noch nicht beseitigten Mängel zu unterrichten.

BT 3 Anforderung an die Risikoberichterstattung

BT 3.1 Allgemeine Anforderungen an die Risikoberichte

1 Die Geschäftsleitung hat sich regelmäßig über die Risikosituation berichten zu lassen. Die Risikoberichterstattung ist in nachvollziehbarer, aussagefähiger Art und Weise zu verfassen. Sie hat neben einer Darstellung auch eine Beurteilung der Risikosituation zu enthalten. Die Berichte müssen auf vollständigen, genauen und aktuellen Daten beruhen. Die Risikoberichte müssen auch eine zukunftsorientierte Risikoeinschätzung abgeben und sich nicht ausschließlich auf aktuelle und historische Daten stützen. In die Risikoberichterstattung sind bei Bedarf auch Handlungsvorschläge, z. B. zur Risikoreduzierung, aufzunehmen

2 In den Risikoberichten sind insbesondere auch die Ergebnisse der Stresstests und deren potenzielle Auswirkungen auf die Risikosituation und das Risikodeckungspotenzial darzustellen. Ebenfalls darzustellen sind die den Stresstests zugrunde liegenden wesentlichen Annahmen. Darüber hinaus ist auch auf Risikokonzentrationen und deren potenzielle Auswirkungen gesondert einzugehen.

3 Neben der turnusmäßigen Erstellung von Risikoberichten (Gesamtrisikobericht, Berichte über einzelne Risikoarten) muss das Institut in der Lage sein, ad hoc

BaFin

Risikoinformationen zu generieren, sofern dies aufgrund der aktuellen Risikosituation des Instituts oder der aktuellen Situation der Märkte, auf denen das Institut tätig ist, geboten erscheint.

4 Die Risikoberichte sind in einem zeitlich angemessenen Rahmen zu erstellen, der eine aktive und zeitnahe Steuerung der Risiken auf der Basis der Berichte ermöglicht, wobei die Produktionszeit auch von der Art und der Volatilität der Risiken abhängt.

5 Die Geschäftsleitung hat das Aufsichtsorgan mindestens vierteljährlich über die Risikosituation in angemessener Weise schriftlich zu informieren. Die Berichterstattung ist in nachvollziehbarer, aussagefähiger Art und Weise zu verfassen und hat neben der Darstellung auch eine Beurteilung der Risikosituation zu enthalten. Auf besondere Risiken für die Geschäftsentwicklung und dafür geplante Maßnahmen der Geschäftsleitung ist gesondert einzugehen. Für das Aufsichtsorgan unter Risikogesichtspunkten wesentliche Informationen sind von der Geschäftsleitung unverzüglich weiterzuleiten. Hierfür hat die Geschäftsleitung gemeinsam mit dem Aufsichtsorgan ein geeignetes Verfahren festzulegen.

BT 3.2 Berichte der Risikocontrolling-Funktion

1 Die Risikocontrolling-Funktion hat regelmäßig, mindestens aber vierteljährlich, einen Gesamtrisikobericht über die als wesentlich eingestuften Risikoarten zu erstellen und der Geschäftsleitung vorzulegen. Mit Blick auf die einzelnen als wesentlich eingestuften Risikoarten kann in Abhängigkeit von der Risikoart, der Art, dem Umfang, der Komplexität, dem Risikogehalt und der Volatilität der jeweiligen Positionen sowie der Marktentwicklung auch eine monatliche, wöchentliche oder tägliche Berichterstattung über einzelne Risikoarten erforderlich sein.

2 Der Gesamtrisikobericht hat neben den wesentlichen Informationen zu den einzelnen als wesentlich eingestuften Risikoarten, den Stresstestergebnissen und Informationen zu den Risikokonzentrationen auch Angaben zur Angemessenheit der Kapitalausstattung, zum aufsichtsrechtlichen und ökonomischen Kapital, zu den aktuellen Kapital- und Liquiditätskennzahlen sowie zu Refinanzierungspositionen zu enthalten. Ferner sind auch Prognosen zur Entwicklung der Kapital- und Liquiditätskennzahlen und der Refinanzierungspositionen aufzunehmen.

3 In regelmäßigen Abständen, mindestens aber vierteljährlich, ist ein Risikobericht über die Adressenausfallrisiken, in dem die wesentlichen strukturellen Merkmale des Kreditgeschäfts enthalten sind, zu erstellen und der Geschäftsleitung zur Verfügung zu stellen. Der Risikobericht hat die folgenden Informationen zu umfassen:

a) Die Entwicklung des Kreditportfolios, z. B. nach Branchen, Ländern, Risikoklassen und Größenklassen oder Sicherheitenkategorien, unter besonderer Berücksichtigung von Risikokonzentrationen,

b) den Umfang der vergebenen Limite und externen Linien; ferner sind Großkredite und sonstige bemerkenswerte Engagements (z. B. Sanierungs- und Abwicklungskredite von wesentlicher Bedeutung, Kredite in der Intensivbetreuung von wesentlicher Bedeutung) aufzuführen und ggf. zu kommentieren,

c) ggf. eine gesonderte Darstellung der Länderrisiken,

d) bedeutende Limitüberschreitungen (einschließlich einer Begründung),

e) den Umfang und die Entwicklung des Neugeschäfts,

f) die Entwicklung der Risikovorsorge des Instituts,

BaFin

g) getroffene Kreditentscheidungen von wesentlicher Bedeutung, die von den Strategien abweichen, und

h) Kreditentscheidungen im risikorelevanten Kreditgeschäft, die Geschäftsleiter im Rahmen ihrer Krediteinzelkompetenz beschlossen haben, soweit diese von den Voten abweichen, oder wenn sie von einem Geschäftsleiter getroffen werden, der für den Bereich Marktfolge zuständig ist.

4 In regelmäßigen Abständen, mindestens aber vierteljährlich, ist ein Risikobericht über die vom Institut insgesamt eingegangenen Marktpreisrisiken einschließlich der Zinsänderungsrisiken zu erstellen und der Geschäftsleitung zur Verfügung zu stellen. Der Bericht hat unter Einbeziehung der internen Handelsgeschäfte folgende Informationen zu umfassen:

a) Einen Überblick über die Risiko- und Ergebnisentwicklung der mit Marktpreisrisiken behafteten Positionen,
b) bedeutende Limitüberschreitungen,
c) Änderungen der wesentlichen Annahmen oder Parameter, die den Verfahren zur Beurteilung der Marktpreisrisiken zugrunde liegen,
d) Auffälligkeiten bei der Abstimmung der Handelspositionen (z. B. hinsichtlich der Handelsvolumina, GuV-Auswirkungen, Stornoquoten).

Die nach BTR 2.2 Tz. 3 zu ermittelnden Gesamtrisikopositionen und Ergebnisse und die Limitauslastungen sind zeitnah am nächsten Geschäftstag dem für das Risikocontrolling zuständigen Geschäftsleiter zu berichten. Die Meldung ist mit dem Handelsbereich abzustimmen.

Die Berichtspflichten aus BTO 2.2.1 Tz. 2 Buchstabe d (bedeutende Handelsgeschäfte zu nicht marktgerechten Bedingungen) bleiben unberührt.

5 Es ist regelmäßig, mindestens aber vierteljährlich, ein Risikobericht über die Liquiditätsrisiken und die Liquiditätssituation zu erstellen und der Geschäftsleitung zur Verfügung zu stellen. Im Risikobericht sind auch die Ergebnisse der Stresstests und wesentliche Änderungen des Notfallplans für Liquiditätsengpässe darzustellen. Auf besondere Liquiditätsrisiken aus außerbilanziellen Gesellschaftskonstruktionen und aus verschiedenen Fremdwährungen sowie auf etwaige untertägige Liquiditätsrisiken ist gesondert einzugehen. Systemrelevante Institute sowie kapitalmarktorientierte Institute haben den Risikobericht über die Liquiditätsrisiken und die Liquiditätssituation mindestens monatlich zu erstellen. Dabei ist zusätzlich über die Höhe, die Qualität und die Zusammensetzung der Liquiditätspuffer zu berichten.

6 Die Geschäftsleitung ist mindestens jährlich über bedeutende Schadensfälle und wesentliche operationelle Risiken zu unterrichten. Die Berichterstattung hat die Art des Schadens beziehungsweise Risikos, die Ursachen, das Ausmaß des Schadens beziehungsweise Risikos und ggf. bereits getroffene Gegenmaßnahmen zu umfassen.

7 Die Geschäftsleitung ist mindestens vierteljährlich über die sonstigen vom Institut als wesentlich identifizierten Risiken zu unterrichten. Die Berichterstattung hat dabei das jeweilige Risiko, die Ursachen, die möglichen Implikationen sowie ggf. bereits getroffene Gegenmaßnahmen zu umfassen. Aus den Berichten muss hervorgehen, wie sich die aktuelle Risikosituation darstellt und ggf. mit welchen Maßnahmen diesen Risiken begegnet wurde bzw. begegnet werden kann.